10世纪后期到11世纪早期英文文献中的袖珍画（温彻斯特圣礼书，鲁昂市政图书馆）。

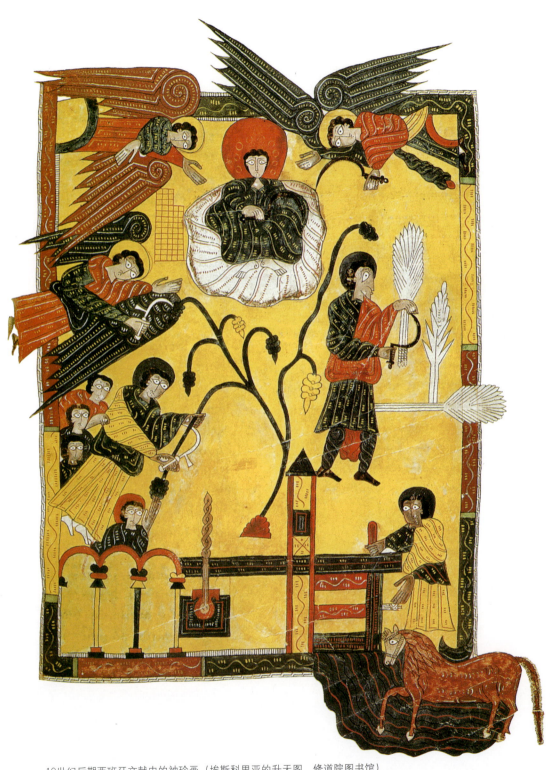

10世纪后期西班牙文献中的袖珍画（埃斯科里亚的升天图，修道院图书馆）。

12世纪早期西班牙文献中的袖珍画（西洛斯升天图，伦敦大英图书馆）。

12世纪后期君士坦丁堡的《圣马可福音书》中的插页（伦敦，维多利亚与艾伯特博物馆）。

11世纪中叶所建的特里尔大教堂，体现了加洛林式和奥托式建筑风格的影响。

落成于12世纪初的维泽雷修道院教堂的中殿和唱诗班的位置。

竣工于1130年前后的孔克修道院（阿韦龙），属于罗马式第二阶段的建筑风格。

建于1220年至1254年的索尔兹伯里大教堂，英国早期的哥特式建筑。

巴格达城堡里的伊斯兰教学校。沿着长廊的内角拱（muqarnas），阿巴斯时代末期。

阿勒颇的费尔杜斯伊斯兰教学校的诵经龛（Mirhab），13世纪中叶。

左拜德陵墓圆屋顶内部图，巴格达，13世纪早期。

伊斯法罕，12世纪查米尔大清真寺西部大殿，配有15世纪的陶瓷镶板。

西西里诺曼人的切法卢大教堂里拜占庭式全能基督的镶嵌画，12世纪中叶。

10至11世纪拜占庭丝绸的残片（伦敦，维多利亚和阿尔伯特博物馆）。

西西里巴勒莫的马托拉纳教堂里的罗杰二世与基督的镶嵌画，12世纪中叶。

波纳文杜拉·贝林吉耶里（Bonaventura Berlinghieri）画在木板上的圣弗兰西斯及其生平画像，1235年（佩夏，圣弗兰西斯教堂）。

10世纪晚期，罗马化前期的圣弗依（St Foy）木质包金雕像（孔克修道院收藏）。

11世纪加泰罗尼亚的"黑人圣母"的木雕像（多莱斯［Dorres］，西南部法国）。

边疆伯爵埃克哈德及其妻子乌塔，德国瑙姆堡大教堂里的彩色雕像，13世纪中叶。

圣母玛利亚的加冕礼。13世纪的彩色象牙雕像（巴黎卢浮宫博物馆）。

蒙塔塞古城堡（阿列日省），从1230年至1244年的15年间是清洁派的宗教中心。

13世纪下莱茵地区的奥滕堡城堡（Ortenburg Castle）。

12世纪后期位于安德烈斯（厄尔）的狮心王理查的要塞盖拉德城堡。

特里姆城堡（Castle Trium），爱尔兰。13世纪。

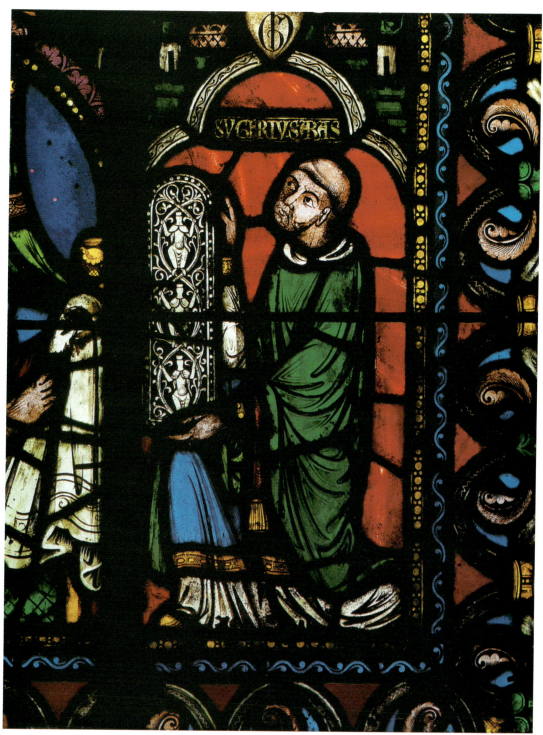

12世纪中期圣丹尼斯皇家修道院里表现修道院院长叙热的耶西树之窗。

1150年至1175年间英国巴尔弗珐琅镀铜圣体盒（伦敦，维多利亚和阿尔伯特博物馆）。

12世纪早期英国格洛斯特的镀金金属烛台（伦敦，维多利亚和阿尔伯特博物馆）。

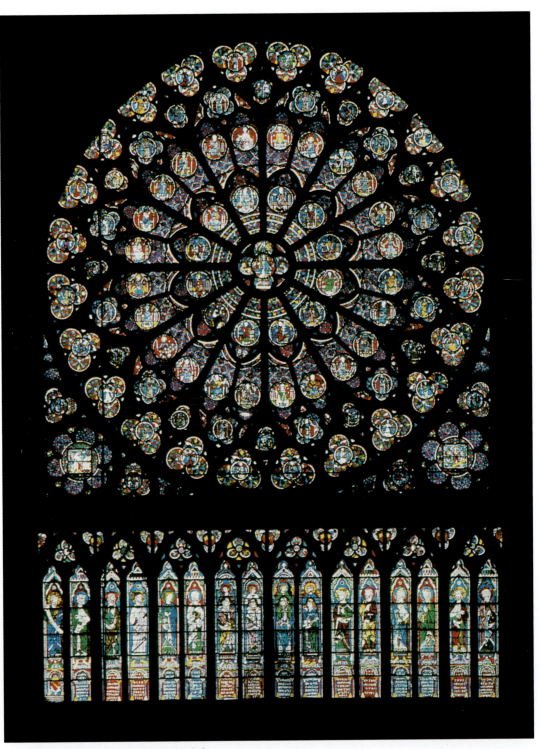

巴黎圣母院南面印有玫瑰图案的彩色窗户。

THE CAMBRIDGE ILLUSTRATED HISTORY OF THE MIDDLE AGES

剑桥插图中世纪史

中册（950～1250年）

主编　〔法〕罗伯特·福西耶（Robert Fossier）

译者　李增洪　李建军　陈志坚　杨　丹
　　　罗晓静　王建妮　田　明　韩洪文
　　　张振海

译校　李增洪

山东画报出版社

目 录

地图目录

Acknowledgements

Photographic agencies

Aerofilms
ANA
Atlas Photo
Bildarchiv Foto Marburg
S. Chitol
Gerard Degeorge
A. Dufau
Editions Arthaud
Foto-Enit
Fotogram M. Cabaud
Giraudon
C. Kutschera
J. Le Caisne
Mas
Perceval
Photothèque Armand-Colin
Pieterse Davison International Ltd
Rapho
Michaud-Rapho
Roger-Viollet
Scala
Yan
Yan-Zodiaque

Scholarly institutions

Cambridge, Cambridge University Collection
Cambridge, Corpus Christi College
Dijon, Bibliothèque municipale

Dublin, Chester Beatty Library
Jerusalem, The Israel Museum
London, The British Library
London, The British Museum
Munich, Bayerische Staatsbibliothek
New York, Metropolitan Museum of Arts, the Cloisters Collection
New York, Pierpont Morgan Library
Nuremberg, Stadtbibliothek
Oxford, Bodleian Library
Paris, Bibliothèque nationale
Paris, Collection de l'Ecole des hautes-études en sciences sociales
Paris, Réunion des Musées nationaux
Reims, Bibliothèque municipale
Rome, Biblioteca Apostolica Vaticana
Trier, Stadtbibliothek
Venice, Biblioteca Marciana
Vienna, Kunsthistorisches Museum
Vienna, Österreichische Nationalbibliothek

术 语 表

该术语表仅限于第一卷中没有涉及的制度或现象，教科书或一般词典中易见到的术语也不包括在内。

ACCOLA：附属于佃户住宅或特意授予佃户的耕地，因此属于领地的一部分。

ADJECTIO STERILIUM：强迫抛荒的土地，作为一种古老的习惯，在拜占庭帝国得以延续（epibole），由此确保国家财政的完整性。在西欧，除非是在继承人不明的情况下分配给邻人的土地上还可见到这种现象，这一习惯逐渐消失了。

ADJUTORUM, ADOHA：在带有役务性质的贵族土地上所征的一种税。

AFORESTATIO, AFFORESTATIO：预留的林地或未耕，既可作为领主土地扣留政策的预留土地，也可根据当地居民的意图收归为林地或作为狩猎地的土地。

AGRARIUM, AGRIERE：法国南部地区的一种代替支付款的实物，一般来说指以实物缴纳的地租，但也扩展到其他一般的税收。

AIOLE：呈四边形的地块（地中海地区）。

ALBERGA, ALBERGAGIUM, HERBERGE：领主的寄宿权或征用权。

ALBERGO："家族"——在利古里亚和中部意大利指扩大的家庭及其主要居所。

ALCADE, ALCALDE：来自阿拉伯语"al qadi"，指西班牙城市中主持司法活动的公职官员，后引申为市政团成员。

ALDEA：在西班牙，在被基督教国家所收复地区建立的基督教徒的村庄。

ALFOZ：在西班牙，依托于基督教徒村庄而建立的农耕安全区。

ALGARADE：对穆斯林地区发动袭击的西班牙骑兵。

ALLELENGYON：拜占庭帝国最贫穷地区的税收承包人所付的款项。

ALLMENDE：村社的公共土地，或者用于公共放牧的地区。

ALQUEIRAS：西班牙境内被基督教国家重新征服地区，以穆斯林人口为主的村庄。

AMBROSINO：13世纪米兰发行的金币（得名于圣安布罗斯，米兰城的庇护者）。

AMICI：某一世系的首领——血缘或社会组织——的被庇护人或亲戚。

APRISIO：给予佃户30年完全土地所有权的土地。

ARENGO：北部意大利城市中的群众集会。

ARTI：行业、职业，意大利和南部法国所使用的术语。

AS'AIFA：穆斯林对基督教徒占领的西班牙所展开的一年一度的袭击。

ASHKENAZIM：自11世纪以来对莱茵兰和中部欧洲的犹太人的称呼，他们有自己特殊的行为方式和对法律的解释。

AUBAINS：村庄或城市里的陌生人。

AUCTORITAS：诸侯和国王的权力特征之一，它是建立在精神或神赐能力而非物质力量之上的一种权力。

AULA：通常指王侯的接待室或审判大厅，也可指公共事务大厅。

AZYME：逾越节期间犹太人所用的一种未发酵的面饼。

BACADE：比利牛斯（Pyrenean）地区超大群落，常指各种不同类型的动物群落。

BAILE：城壁，用于容纳避难村民的城堡外庭，常常也是军队驻防的地方。

BAILLI：国王的司法和行政官员。

BALIA：意大利托斯卡纳（Tuscany）地区城市中的群众集会。

BAN, BANNUM：代表公共权力而发布的命令。

BANCO：在公共场所为货币兑换者和后来的放贷人设立的柜台。

BANIERE：旗帜；引申义指由某一特殊家族或行业所控制的某一城市的某一街区；旗帜本身象征着城市的统辖区域范围。

BARRI, BARRIO：市郊（地中海地区）。

BEDE：德语用来指税款，一般指常规征税。

BERCARIA：羊圈，牧场。

BESANT：流通于整个欧洲的拜占庭金币或银币。

BESTHAUPT："最好的一头"，例如牛；在德意志帝国和其他某些地区，指由领主从农奴，有时是自由人的遗产中扣除的部分。

BONIFACHI：在北部意大利，指新开垦的土地，通常指排水造田，或者在山区、台地造田。

BONI HOMINES：有资格在法庭上做证人或估价员的人。

BOURG：新设防的城市。

BRAZO：西班牙的一个社会等级，多指法律地位而非社会阶层或阶级。

BRUNETTI, BRUNOS：西班牙和意大利的一种劣质货币，其中用合金代替银的成分。

BUTEIL：领主从农奴，有时是自由人的遗产中为自己扣留的部分；在没有继承人的情况下可能是扣留的全部遗产（在神圣罗马帝国）。

CABALLEROS, CABALLERIA VILLANA：在西班牙指骑马的农民，尤其是负责保卫基督教村庄的农民，他们具有在国王骑兵军队中服役的义务。

CANADAS：北部西班牙用于牲畜季节性迁移的小路。

CANCO：欧西坦（occitan）或意大利的一种抒情诗。

CAPITANEI：北部意大利富有财产的领主，伯爵和主教的附庸，通常负责公共要塞的管理。

CARRUCA：晚期拉丁语中指两轮马（牛）车；12世纪时指带犁铧、犁刀和翻土板的不对称的犁。

CASANE：用于货币借用和兑换的商业建筑物、商业中心（意大利的皮埃蒙特）。

CASTELNAU：在城堡周围或附近建起的新村庄（加斯科尼 [Gascony] ）。

CASTLAN：在加泰罗尼亚指城堡的保有者，通常，在从属于统治者方面类似于北欧的城堡的主人。

CAUSIDICI：职业的法理学家，参与领主或城市的经营管理工作。

CENSE：大农场，常常指通过租契而获得的农场。

CENSUALES：依附于教会的人，通常是自由佃户，但有时也交付一定的税金；有时还称之为"cerocensuales"。

CHAMPART：封建领主向其佃户征收部分收获物的权利。

CHARISTIKION：拜占庭皇帝对教会财产的分配。

CHEVAGE：源于"capitatio"，人头税，作为对合法转让的确认，最早源于古代社会的释奴税。

CHORION：拜占庭帝国境内的自由农村公社，估价土地税的依据。

CHRESIS：指拜占庭的有用益权的土地。

COGNITIO FUNDI：誓证调查。

COLLEGANZA：联合商业合同，在合同中不参与管理的合伙人提供三分之二的本金，但却收取三分之二到四分之三的利润。

COMITATUS：伯爵的办事处；属于伯爵办事处管辖的区域。

COMMENDA：商人的合作合同，由此，不参与经营管理的合伙人提供全部资本并让给参与者八分之一到三分之一的利润。该词也用来指给某人的奖赏，或者是教会给予强大的土地赞助人的奖赏。

COMMUNIA：村社的公共土地、草地；参见"ALLMENDE"。

COMPAGNA：商人的联合组织，其中的成员既有同一家族的也有外来者，对特殊的短期交易，每一个成员都要贡献出一笔钱来；此类组织是可以变动的。

CONDUCTUS：由武装人员护送商队或普通旅客经过某一地区，由此当地领主要征收过境税，尤其是在举行市集期间。

CONSOLAMENTUM：在清洁教派中，由圣者主持的对临终者的一种承认和解的仪式，使后者得到净化，以便在克制中死去。

CONSORS, CONSORTERIE：广义来讲，指意大利城市中的家族组织，创立了地方和商业的控制网。

CONSULS：在地中海周边地区，负责城市管理的市民。

CONTADO：意大利语，意指伯爵领地控制的地区。

CORPO：一家公司的基础性资本，通常来自家庭。

DEFENS：通常是指用树篱圈起来禁止放牧的地区。

DELLE：定期耕种的区域。

DEMOSIARIOS：拜占庭境内的一种农民，以税收地为基础，直接向国库交税。

DEN：放牧猪群的地区（盎格鲁－撒克逊人）。

DIDASCALIA：赞美诗和使徒书（主要是圣保罗书）汇编，是拜占庭教会文化的主要成分。

DISPUTATIO：经院哲学方面的练习，其中两位或一位老师与其观众之间针对研究的教科书事先提出相互对立的观点。

DISTRICTUS，DISTRETTO，DESTRIOT：拘禁和审判的权力；也指这种权力的实际控制区。

DIVIETO：当城市中的库存减少时，对农村地区实行的谷物销售方面的禁令（意大利，13世纪）。

DIWAN：政府机构或部门，国王的接待室。

DOMICELLI，DONZEAUX：开始指年轻而未受封的贵族；13世纪后指小土地持有者。

DRAILLE：畜群随季节迁徙时所走的小路（比利牛斯山地区）。

DRYKKIA：斯堪的纳维亚的一种社会组织形式，起初以宗教为基础，后来则以职业为基础。

ECHEVIN：自10世纪以来，用以指负责地方行政的人（通常为贵族）以及城市或乡村的低级法官。

ECU：由圣路易发行的一种金币，1290年之后变成了一种常规货币。

EMPORIUM：卸载货物的港口；最终指对卸载下的货物所征的税。

EMPRIU：村民的集体使用权（比利牛斯山地区）。

ESCARTERON：指阿尔卑斯山（the Alps）南部地区，随季节而不断迁徙的牧人团体。

ESOTHYRA：拜占庭农村周围的菜园和草地。

EXACTIO：由领主征收的所有苛税，尤其是地租，此税的征收意味着领主的庄园架构也已经建立起来。

EXARICOS：西班牙的穆斯林奴隶。

EXEMPLA：用于帮助人们理解基督教信仰和道德教化的楷模集，其基础是公共布道。

EXKOUSSEIA：存在于拜占庭的一种税收和法律上的豁免形式。

EXOTHYRA：拜占庭境内的一种旱作农耕形式；葡萄栽培。

EXULTET：复活节前夕所唱的赞美诗；常常用说教性的插图做装饰、写有文字的羊皮纸卷。

FADERFIO（源自日耳曼人的父亲）：家庭世袭财产的一部分，是一个人为结婚的女儿准备的嫁妆（伦巴第法）。

FERIA：工作日；引申为举行特殊集会的日子，因此有了"集市"的含义。

FERRAGINA：在意大利和南部法国，围绕在村庄周围的果园、草地和菜圃。

FERRATA VIA：罗马人的驰道。

FESTUCA：象征着授予某人一块土地的一节秸秆或木棒，通常是授予附庸的。

FIDEJUSSORE：一个人为完成另一项任务而向当权者做出的承诺。

FIORINO：佛罗伦萨金币，上面镌刻有作为城徽的彩虹。

FIRMA BURGI：给予某村庄以特权的文本（西部法国，英格兰），主要是指作为城市的权利。

FOLLIES：拜占庭铜币。

FONDE：地处圣地的商业法庭。

FORAINS：陌生人，村庄或城市之外的人。

FORMARIAGE：在领主庄园以外结婚所缴的罚金，由农奴缴纳但有时自由人也要缴纳；在英格兰称为婚嫁纳金。

FRATERNE, FRAIRIES, FRERAGES, FRERECHES：由分享遗产的兄弟组成的协会，或者为虔诚的事业而使成员团结在一起的一种组织；也可指联合持有土地的组织、宗教组织、政治组织或地理组织；参见"CONSORTERIE"。

FRUITIERES：为共同开发土地，有时也指为开发畜牧经济（如在汝拉山地区）而组成的农民组织。

FUEROS：西班牙人的特许状。

GASTE：新开垦土地上的移民；也可指被剥削的农民阶级。

GEMEINENFREI：自由地持有者（神圣罗马帝国）。

GENICIA：专为妇女开辟的工作场所，如纺织的地方。

GENOVINO：热那亚的金币。

GEOPONIKA：指拜占庭的一种农业专题论文的摘要汇编。

GESCHLECHT：有着共同祖先的大家族、氏族或部落。

GHAZI：目的在于以示范或武力的方式使人改变宗教信仰的穆斯林帮会团体。

GHIBELLINES：意大利的政治"派别"，赞成在意大利建立中央管理机构，所以最终成为德国人的支持者（得名于霍亨斯陶芬王朝的地产韦伯林根）。

GOLIARDS：12世纪巴黎一带无拘无束的知识分子组织。

GONFALONIERI：意大利城市中，街区的领导者，因此指那些负责公共秩序的人。

GRADONI：在清理出来的山坡上以矮墙做支撑而形成的山坡地。

GROS：价值10个迪纳尔（deniers）的银币。

GRUARII：地产上的官员，后来指公共官员，负责维持和开发森林资源。

GUELFS：意大利的政治"派别"，赞成地方自治或依附于教皇，反对神圣罗马帝国皇帝（得名于12世纪反对神圣罗马帝国皇帝干涉意大利的巴伐利亚的威尔夫家族）。

HANDWERK：有组织的贸易。

HANSE：商人联盟；起初，该词指航行于波罗的海的德国商人和英格兰商人组织，但引申为其他的专业组织形式。

HARDINES：河岸边或河流滩地上的菜园。

HEERSCHILD：德国的贵族等级制；由法理学家人为创造的一种等级结构，用以划分德国贵族的不同阶层；公权或私权是根据贵族等级（严格的、有标记的）的社会地位来推算的。

HERBERGEMENT：起初指寄宿权或招待客人的权利（参见"ALBERGA"）；在西部法国，指新获得的相对自由的社会地位。

HEREDITARII：世袭租佃者（北部法国、低地国家）。

HERIOT：地产持有者死亡后，继承者付给领主的费用。

HERM：源自希腊语"EREMOS"，意为未开化的地方，西多会所处的"荒漠"。

HOF：庭院，产业。

HOLZBAU：木质结构的建筑。

HOMMES DE CORPS, HOMINES PROPRII：农奴、奴隶。

HORT, HORTILLON, HUERTA：参见"HARDINESS"。

HOTE：参见"FORAIN"。

HYPERETAI：指拜占庭帝国城市里的雇工，由于受委托人权利的限制而依附于雇主。

IMMATRICULATI：到接受公共捐助的机构登记的贫穷者。

INCASTELLAMENTO：在意大利建立的设防居住地（10世纪以后）。

INFANZONES：在西班牙，指出身高贵的统治者的追随者，通常拥有武器并被授予一块采邑。

IQTA：通常是指作为服役的回报而赠予的一块国有土地或国家税收。

IWAN：圆顶或平顶大厅，一头是开着的（伊斯兰教世界的大厅）。

JAHBADH：政府的银行家。

JAWALI：埃及人的吉兹亚的翻版，一种对非穆斯林征收的人头税。

JOCULATOR, JONGLEUR：不仅指贵族宴会上的表演者，也指处于社会边缘的流浪者。

JURISPERITI：职业法理学家，通常与公证人有着严格的区别。

JUVENES：指尚未安定下来的人，无论年龄大小。

KALAAT：穆斯林要塞，通常建于高处。

KARFAR：常常整体埋葬的斯堪的纳维亚统治者的大型船只。

KARIMI：埃及人，有时指犹太人、商人。

KASTRON：拜占庭带有城墙的城市。

KATEPANO：希腊行省统治者（在西方）。

KEURES：兄弟会（北部法国、低地国家）、互助会。

KEUTES：粗糙的羊毛毯，强迫征收的住宿或款待用品。

KLISOURAE：拜占庭帝国的区域组织，比塞姆（军区）要小。

KNECHT：男仆、男工。

KOMMERKION：拜占庭的关税。

KOOP：参见"RELIEF"。

KRAL：斯拉夫人的统治者（可能源于"CAROLUS"）。

KRITES：在拜占庭一般指司法区、税收区。

LAMBI：用于河流交通的平底驳船。

LANDFRIEDEN：和平特许证，当面临世俗和教会的处罚威胁时，由皇帝授予的保证公共秩序的特许证。

LANDSASSEN：德国农民对其持有物的自由使用。

LAUDATIO PARENTUM：上升为法律的习惯以及允许人们的亲属作为礼物而采取支持行动或反对行动的习惯，他们赞成的便记录于特许状中。

LAUDESI：起初指贫穷的流浪者；进而指组成乞丐的组织，通常在农村演唱一些悔罪歌曲（laudi）。

LEDING：用以装备战舰（斯堪的纳维亚）对船、人等所征的税。

LEIBEIGEN：奴隶、农奴，即一个身体不属于自己的人。

LEIHEZWANG：在神圣罗马帝国，直接重新授予一块不能继承的采邑的一种习惯。

LIVELLO：意大利的一种为期30年的保有权形式，承担极少的役务但却有着沉重的救济义务。

LOCA：由投资者分配给企业的股份，以便取得后续利润的所有权。

LOCATOR：负责招募农业殖民定居者的人。

LODS ET VENTES：土地销售和转让时应付的税款。

LOGISMA：拜占庭所实行的由国家授予像教会这样的富裕的土地所有者以土地的做法。

MADRASA：具有较高知识水平的伊斯兰学校，介于西方的大学与修道院学校之间。

MALSUSOS：西班牙语，11世纪时用以表示领主对"新来者"的不欢迎，参见"NOVELTE"。

MANADES：随季节迁徙的混合性牧群。

MANANTS：佃农。

MANNSCHAFT：效忠（德意志帝国）。

MANUS：根据罗马法，指属于丈夫、父亲、奴隶的主人等的职权。

MAQAMA：一种东方文学种类，由不同社会类型的冲突构成，以使听众获取一种朴素的道德观。

MARABOTIN, MARAVEDIS：铸币，一般为金币，铸造于西班牙的基督教国家，是对马格里布的第纳尔的仿造，流通于地中海周围地区。

MARRANOS：生活于地中海周围一带的犹太人，表面上皈依了基督教，但却继续秘密奉行自己的宗教信仰。

MESNIE：掌权者或家族组织中的亲属、家仆、委托人和仆人群体。

MESTA：随季节迁徙的牧主联盟（卡斯提 [castile]）。

MEZZADRIA：对分（收获物）租佃。

MORE DANICO："存在于丹麦人的习惯之中"，斯堪的纳维亚人的习惯，尤指个人生活方面的习惯，特别是法律认可的同居和纳妾。

MORGENGABE："清晨的礼物"：新婚之夜过后丈夫给予妻子的礼物。

MUDAE：由战船护送的威尼斯的商船队（通常是一年两次）。

MUNTMANNEN："不起眼的人"：乞丐、赤贫者。

MUNZ：钱币制造，引申为铸币权，也指造币厂；莫内塔（"moneta"）。

NIZARITES：极端主义者，埃及什叶派，由法蒂玛王朝（Fatimids）分裂出来，在黎巴嫩寻求保护。

NOMISMA：拜占庭金币。

NOVELTES：由领主引入的任何变化或新要求；参见"MALSUSOS"。

NUNDINAE：市集。

ODAL：自主地。

OPOLE：斯拉夫地区的邻里联合组织；引申为建立此种组织的区域。

ORDO：国王、皇帝或主教献祭时所举行的典礼仪式的文本。

ORTS, ORTICELLI：参见"HORTS"。

OSCULUM："东方人"，如在伦敦，称由波罗的海来的德国商人就是"东方人"。

OYLATA：所持有的种植橄榄树的土地。

PANNI：宽袍。

PARAGE：同等级之间的联盟组织；首先是指为了管理和开发财产领主间建立的联盟，无论相互间有无关系；也可指单纯的商业协议。

PAROIKOI：拜占庭帝国的自由农民，他们完全处于国库税收和富有者的经济控制之下。

PARIAS：西班牙的统治者向穆斯林征收的贡品，作为交换，缴纳贡品者受到军事保护或不受干扰。

PATARII, PATARINES："捡破烂者"，乞丐；最初用来污辱那些对米兰教会的腐败表示抗议的人，后来用来指所有处于社会边缘的人，无论是具有正统信仰者还是异端。

PAZIERS：被大伙儿指定来维持地方"和平"的村民，必须做的就是征收司法罚金和税收。

PEONES：乡村步兵（西班牙）。

PERRON：大型的石制台阶，领主由此发布判决结果。

PFAFFENSTRASSE："教士之路"，如莱茵河，之所以这样称呼是因为沿岸有许多教会城市和修道院。

PLESSIS, PLOICUM, PLOUY：由树篱或木栅圈围起来的场地。

POBLADOR：定居者。

POBLACIONES：在"重新收复的"西班牙地区，村庄的建立或人口的重新恢复；引申为授予居民以公民权。

PODESTA：意大利的帝国代表，起初是德国人，后来是意大利人，再后来指任何被授权驻守城市要塞的人。

POLIDION：希腊人的村庄。

PONTIFES：俗人的社会组织，他们承担建筑桥梁的义务并将之视为虔诚的行动，对此他们满足于接受施舍。

POTACIO：虔信组织或专业组织一年一度的宴请。

PRÉVÔT；PRÉVÔTE：国王的行政和财政官员；归其管辖的区域。

PROASTEIA：在拜占庭指财产权。

PRONOIA：在拜占庭帝国，通常指无条件授予权贵或军事首领的土地、税收和人。

PROSTASIA：对农民实行庇护，条件是交付一定的税收。

PSYCHOMACHIA："善行与恶行之间的斗争"；自从普鲁登修斯（5世纪）的著作问世以来，中世纪文学和肖像学方面较大的一个争论主题，带有强烈的道德说教色彩；《玫瑰传奇》是后来较为突出的例子。

QUADERNI：划分为方形的土地（意大利）。

QUESTA：保护税；也可指领主方面征收的各种各样的一般税。

QUINT：五分之一税；继承税的通常份额。

QUOTIDIANI：受到严格控制的家庭奴隶或农奴。

RAT, RATHAUS：城市委员会，城市市政大厅（帝国）。

REALENGUM：指西班牙的王室土地。

REGALIA：权利的总称，由这些权利而来的收入构成王权的基础。

REICHSGUT：皇室的土地。

REICHSKIRCHENSYSTEM："帝国的教会体系"；在奥托时代和萨利安（Salian）时代的

德国，高层教会人员进入王室的管理机构。

RELIEF，VERLIEF，KOOP：继承税，尤指封建土地继承税。

RIBA：穆斯林法律中的房地产租金。

RIBAT：聚集于设防的清真寺里虔诚的穆斯林团体，在圣战中由他们派出使团或远征军。

ROCCA：建有城堡的自然山丘。

ROGATA：普通领主权所具有的征用权。

ROMFAHRT：远征意大利时，神圣罗马帝国皇帝所征发的军役。

RONCIN：战争服役取代为主人服役。

SAKE，SOKE：司法管辖权（盎格鲁－撒克逊时期的英格兰）。

SALVAMENTUM：领主保护权；属于领主保护权范围的地区。

SCABINI：参见"BONI HOMINESS"。

SCHULTHEISS：德国的市长；从事新开垦土地开发的代理人；参见"LOCATOR"。

SCRIPTORIUM：抄写室，源自修道士集中在一起抄写手稿的地方。

SEPHARDIM：西班牙或葡萄牙的犹太人，他们对宗教文献的解释没有德国、波兰和苏联境
　　内的犹太人那么严格。

SEQUIN：威尼斯金币，杜卡特；名称源自"ZECCA"，威尼斯的造币厂和兵工厂的名字。

SERRANOS：山区居民，起初指比利牛斯山山区的居民，后来扩展为西班牙北部那些重新居
　　住于征服自穆斯林土地上的所有居民。

SHARI'A：伊斯兰教中的神圣法律。

SICARII：暴徒（意大利）。

SKALAI：希腊人的商业中心，一般专营谷物销售。

SOPRACORPO：家庭成员之外的商业组织的成员应承担资本的比例。

SORS：商业合同中由股东提供的资本股。

SPICARIA：公共粮仓；也可指家庭贮藏室。

STABBAU：木板结构。

STRATEIA：义务兵役制，最终演变为一种纯粹的财政税收负担。

STUBE：兄弟会或行会成员聚会的场所，也是每年宴请兄弟会或行会成员的场所。

STUDIUM GENERALE：指重要的学术中心，在大学时代以前，学者们在此不仅研究人文
　　学，还研究法律和神学。

SUNNI：逊尼派，承认历代哈里发都是合法的一个派别，是伊斯兰教中的多数派，他们声称
　　遵循先知穆罕默德的传统（逊奈）。

SUPANIS：斯拉夫人地区的氏族部落首领和富有的土地所有者。

SYNDICS：在地中海区域，被提名对领主授予的法律或财政特权进行监督的村民。

TAGESSCHALK：承担日常家务的家仆。

TAILLE, TALLAGE：货币税，参见"EXACTIO"。

TARI, TARINOS：银币，偶尔也有金币，地中海地区由穆斯林发行，后来被西西里的诺曼人和某些西班牙统治者所仿造。

TASCA：老一套的税收（南部法国）；可指各种类型的税收。

TAVOLA：兑换钱币者所用的桌子。

TERTIARE：播种前对土地进行三次犁耕的农业制度。

TERTARTERA：贬值的钱币。

THEME：军事单位和地域组织。

THEOW：盎格鲁－撒克逊或斯堪的纳维亚人的奴隶。

TROBADOR, TROUBADOUR, TROUVÉRE：诗人，特指南部法国的歌唱者，背诵和表演抒情歌曲及叙事歌曲的乐手。

TRUSTE：宣誓的团体组织；也可指城市组织、行业组织和王朝。

TYPIKON：拜占庭修道院的建立特许状。

VALI：穆斯林统治下的西班牙的行省总督。

VERLIEF：参见"RELIEF"。

VIRIDARIA：地中海沿岸地区城市周围的果园。

WASSERBURG：用来指普通规模的贵族式的建筑物，其周围有壕沟环绕，但不一定有护堤。

WATERINGEN：负责检查水渠和围海造田状况的农村联盟组织。

WEISTUMER：农村公社与其领主之间起草的相互具有约束力的文本，以确定他们之间的义务和权限。

WIEC：斯拉夫人的部落联盟。

ZECCA：参见"SEQUIN"。

Zeugariatos：拜占庭农民所拥有的仅有一个犁队（one plough-team）的土地。

　　死后的复活。公元1000年，受千年王国思想的影响，人们既有对世界末日的恐惧，也有对新时代到来的期待：西方的觉醒（出自11世纪早期，亨利二世的《圣经精选手册》，里森瑙修道院；慕尼黑，拜恩国家图书馆）。

前 言

在西方史学家眼中，10世纪的声誉并不好，常被描写为"星辰若隐若现的夜晚"、"黑暗时代"、"血腥和恐怖的时代"。在研究这段历史的时候，西方史学家们都意识到文献的缺乏——而文献就是中世纪史学家的日常食粮，但是史学家们依然能够辨认出，这一时代的背后，是正在减退着光亮的加洛林文艺复兴时期，前面闪烁着的是一个大有前途的黎明。在这两者之间横跨着的是一个过渡时期，它因为阿拉伯伊斯兰世界与君士坦丁堡的拜占庭世界的鼎盛辉煌而更显暗淡。我们如何才能避免浪漫的想象呢？这一想象认为，在"千年恐怖时期"，在愤怒的上帝面前，所有的人畏缩不前，似乎都在等待着一个不可避免的结局，即新千年的诞生或耶稣的受难。另外一个需要避开的诱惑是，对任何原因不明的发展，都可以安全地设定在这一时期。

然而，这样的"过渡期"不可能既是一个一无是处的黑暗时代，又是一个复兴的源泉，我们必须做出选择。当时的人们始终是短视和犹豫不决的。当时的作者是教士，这就要求我们对他们的偏见有所警惕，他们那几乎是毫无差别的判断给我们以更加强烈的刺激。他们赋予这一时代的说法是："末日审判的必经之路"，"在死亡的挣扎中日渐衰老的世界"，"人类的最后时刻"，如此等等。另外相反的说法也有，认为这一时代是"一个崛起于世界的容光焕发的黎明时刻"，"人类的快乐时代"。勃艮第（Burgundy）的修道士拉乌尔·格拉贝（Raoul Glaber）有一句常被引用的名言是这样描述这一时代的："世界刚刚抖落其旧袍上的尘土便又披上了基督教的白袍。"我们注意到，也是同一个作者，在这之后又对1033年可怕的饥荒做了描写，当时报道说，在图尔内（Tournus）发生了人吃人的现象。现如今问题解决了，文献不清楚的地方，出土文物则为我们提供了可信的依据。900年至950年间是系谱学家在"遗忘的港湾"中止步不前的时代，但考古学家则发现了这一时代矗立起的城堡，像新建的聚集在一起的墓地一样，人们也逐渐聚居在一起，城墙和城区也得以重建。通过泥沼地区一些植物样本的花粉孢子的分析，我们了解到，一些对人类有益的植物重新出现或者是出现了。所以，我们对中世纪欧洲的根基是建立在一个无底黑洞上的怀疑，并不仅仅是由于知识分子的懒惰。

"真实的"中世纪

"真实的"中世纪这一判定是近来的事，并为研究土地利用的历史学家以及考古学家和经济学家所认可。但是，为什么在德意志、意大利和南部法国这些产生这一判定的地方，这一判定却没有博得普遍赞同呢？原因在于，在一个多世纪的时间里，传统的历史编纂学所关注的是对私人组织、精神力量和政治组织的研究，而"真实的"中世纪这一判定是对有着十分重要意义的这一研究的连续性的一种否定。原因还在于，这一研究是建立在对农业工具、小的村舍、瓦砾及动物骨骸这些"不起眼的"物品，而非国王的战争和主教们的神圣事业之上的。而更重要的原因在于，这一判定将加洛林王朝的历史降低为一段毫无结果的插曲，对依附于查理曼"宫廷学校"的人们是一个沉重打击，对德意志来说是无情的割裂。在莱茵兰（Rhineland）、法兰克尼亚及其他地方的考古发现，似乎在有意降低查理大帝（Karl der Grosse）的威望。

因此，我们的第一个问题是：在西方，750年至850年间与1020年至1150年间有无连续性呢？750年至850年是致力于稳定和发展的一个时期，1020年至1150年毫无疑问是一个有着"巨大的发展"，并为下一个百年，即中世纪欧洲的极盛拉开了序幕的时期。说它们相互间没有连续性显然是不现实的，尤其是对那些早期的中世纪史学家所钟爱的领域来说更是如此，这些领域包括：书面语言的形式、法律章程、基督教的预言、古老的记忆和王权的威望。为什么如此，在第一卷中，我们的叙述已经谈到加洛林王朝的废黜、克吕尼（Cluny）修道院的建立以及维京人和匈牙利人的入侵。但是，即使有新事物的冲击，历史发展的联系依然可以直接追溯到中世纪的早期——例如，在对荣誉的追求中，在家庭的结构中，在商人的活动中。然而，正如乔治·杜比（George Duby）所说，直到这一阶段，仍然没有"外表上的搅动"；作为12世纪粮食生产激增的先兆，9世纪对贫瘠土地的开发，可能是不合理的；将加洛林时期的"维拉"（Villa）视为领主庄园的前身，从经济学的意义上看是没有意义的，从法律学的意义上看或许也没有意义。是否有联系？当然有，因为人类所创造的一切从来没有断绝过联系。是源头吗？不是，因为在结果当中存在着量的差别，要求我们除了寻求自然发展的进阶之外还要探寻其原因。

正因为如此，本书的描述必须改变其步调。到此为止，初期西欧诞生的迹象几乎还没有出现，更

磨坊主和他的磨坊（"神秘的磨坊"，12世纪，韦兹莱的柱头装饰）。

不用说是欧洲的获胜了；人们目光关注的是依然保存着罗马化迹象的黎凡特（Levant），然后关注的是伊斯兰教、希腊文化和波斯文明；在西方，初看起来，所显现的只有平庸和荒芜，但在这一巨大的受伤的躯体里，新的血液正在流淌，只是还不明显；欧洲也确实在一段时间突然重塑了自身，但900年时又衰落了。所以，我们首先要考察的还是东方。从事后聪明的立场上来看，900年之后，我们必须把目光由东方转向西方。根据这套著作的计划，我们必须这样做——展现围绕着西欧的古代世界的逐渐重组——现在我们已经站在了这一进程的门槛上了。当然，黑暗并不是一下子就降临在整个东方：不用说产生于伊斯法罕、格兰纳达（Granada）、巴勒莫（Palermo）和德里的杰作了，菲尔多西（Firdawsi）[1]、阿维森纳（Avicenna）[2]、阿维洛依（Averroes）[3]、伊本·卡尔顿（Ibn khaldun）[4]自身就是很好的证明，所有这一切都产生于10世纪之后；贫弱的拜占庭也产生了米哈依尔·颇塞留斯（Michael Psellos）、安娜·科穆宁（Anna Komnena）、米斯特拉以及圣山手稿。然而，在西欧，引起燎原大火的火炬已经点燃，摆脱依附地位获得自由的西方基督教世界重新焕发了生机。"真正的"中世纪已经开始。

何处寻找欧洲发展的原因？

许多事情说来容易，但实际问题却很多。如果说西方是逐渐成为世界中心的，而这又不是早期中世纪（加洛林王朝的文化胎死腹中之后的一种最新的罗马精神的产物）符合逻辑的发展结果的话，那么，我们就应该寻找这一发展的一个或多个原因。在写作这套著作之初，我就提到这一问题，这时真的需要回到这个问题上来了。

凯尔特人（Celts）、德意志人和斯堪的纳维亚人的创造力是众所周知的；此前不久，这种创造力便如同其弱点一样已赫然显露了出来。但是，此类解释仅仅值得布兰维利耶或罗森伯格（Rosenberg）之类的人的关注；还必须找到其他原因，因为与希腊人、波斯人和印度人的创造力相比，这种创造力出现得相当晚。不可否认的是，人口的压力激发出一种创业精神，并导致对土地的占有或对足够生存空间的追求。但事实上，这仅是这一时期最富新景象的一个方面，显然是间接原因。我们的探索必须更深入一步，即导致出生率上升和死亡率下降的原因是什么？对水和锻造用火的控制无疑是使生产提高的工具得以不断完善的源泉，勒菲弗·德·诺

---

① 阿拉伯帝国时期，波斯史诗《列王记》的作者，生活于940年至1020年。——译注
② 阿拉伯名子为伊本·西纳，阿拉伯帝国时期著名的医学家、哲学家、自然科学家和文学家，生活于980年至1037年。——译注
③ 西班牙的著名阿拉伯学者，阿拉伯名子为伊本·鲁世德，哲学家、医生、柏拉图和亚里士多德著作的评注者、基督教经院哲学家，约生活于1126年至1198年。——译注
④ 中世纪阿拉伯世界最伟大的历史学家，著有《历史学导论》，生活于1332年至1406年。——译注

茨（Lefebvre des Noettes）等20世纪30年代的一些历史学家，还将在牵引和耕犁上使用牲畜方面的改进视为西欧领先的源泉所在。然而，用机械方面的原因解释一种文化优于另一种文化是非常危险的，只有社会的或经济的背景才能对此类成功做出解释。考古学以及对文献资料方面更宽泛而详细的考察证明，带犁壁的犁、钉有铁掌的马、水磨都比较古老；最早的物证可追溯到8、9世纪和10世纪，从波希米亚、摩拉维亚、西里西亚（Cilicia）出土的马掌、不对称的犁铧和鼓风炉便属此例。不过这些地区肯定不能引领年轻欧洲走向经济的繁荣。建造熔炉和磨坊是辛苦而费力的，公元900年前是不可能普及的，即使是950年或980年前的加泰罗尼亚（Catalonia）、奥弗涅（Auvergne）、勃艮第和北部意大利，这些经济繁荣地区也没有出现——无论如何这也是在欧洲社会重建之后才会出现的。所以，我们应该将技术进步纳入到社会变化的结果之中，而不是纳入到社会变化的原因之中。

　　甚至在这一假设被放弃——仅仅只有30年——之前，研究者也已经意识到，这一原因的探究关系到人类历史的根本问题，并将目光转向了外部原因的探索。热爱"古典时代的"地中海世界的人们，连同"东方影响"的信奉者们提出了模仿论：西方是东方的孩子。这一假设之所以不能使人们真诚接受的原因有许多，这里列举三点就足够了：首先，技术、创业精神或借来的技能只有在适宜的环境中才能成功地扎下根来；其次，在欧洲得到发展的海军的武器装备、冶炼技术以及食品供给的平衡，依靠模仿地中海世界是不可能的；最后，塞维利亚（Seville）的伊西多尔（Isidore）[1]生活的6世纪与12世纪之间的这段时间里，无论是古代世界遗留下来的科学遗产，还是由伊斯兰世界传播过来的科学知识依然是原始的、不发达的。西方来东方的朝圣者寥寥无几，东方去西方的旅行者也是屈指可数，只有书本上的文化交往，但在很长一段时间内，这一点也做不到。直到1090年至1130年间，非洲的康斯坦丁（Constantine the African）、沙特尔的伯纳德（Bernard）和可敬的彼得（Peter the Venerable）发起翻译和改编的尝试的时候，西方的教育仍然建立在几个世纪前的基础之上，没有任何新的东西，至少10世纪之前没有什么新东西产生。

　　经济发展的动力或许来自外部而非内部。思想的形成是随时代而更新的，亨利·皮朗（Henri Pirenne）提出的富有争议也富有创意的假设是，地中海的丧失对欧洲产生了相反的影响，它成了古代和中世纪的分界线，现在人们对这一假设是接受的。皮朗认为，无论如何，8世纪时，正是因为伊斯兰的征服迫使西欧退缩到自己的领土之上，依靠自身的资源图发展。正是穆罕默德造就了查理大帝。我们在接受这种突变思想，并对皮朗关于伊斯兰征服的影响的评价不再持否定态度的同时，也会发现大量与此相反的证据——例如，欧洲与南部地中海地区的联系是持续不断的，穆斯林征服

---

①拉丁百科全书的编撰者。——译注

所造成的理论上的影响与西欧复兴的实际结果之间存在着年代上的差距。大约四十年前，莫里斯·伦巴德（Maurice Lombard）提出了与此相反的观点，同时认为，在这一时代，地中海南北之间是有联系的，是一个值得肯定的时代。他进而还提出：欧洲的繁荣应归之于伊斯兰金币的"注入"，正是伊斯兰金币使欧洲经济有了最初发展的动力。另外，斯堪的纳维亚和波兰到后来才成为重要的发展区域，原因就在于，穆斯林的金币是通过中继站才传到北方和东方的。不幸的是，在西方基督教世界，备受争议的伊斯兰世界的金币极少被发现，文献资料对此也没有记载。如果将农业发达之前的货币流通视为时代的经济条件的话，无疑是本末倒置。

因而，最好是从欧洲自身来寻找原动力。几年前，乔治·杜比仔细筛选过先前的理论，提出了一个合理的、似乎可信的解释。实际上，在10世纪末，欧洲已发生了明显的变化，所有的现代化研究手段都将这一时期锁定为新时代的黎明。但是，这一变化尚不十分清晰，原因有二：第一，通过分段运输的中继站加泰罗尼亚、南部意大利、亚得里亚海，多瑙河中轴线，由波罗的海到诺夫哥罗德（Novgorod）继而再到拜占庭的俄罗斯人的水路，斯堪的纳维亚和地中海的重心地位仍然发挥着作用。第二，加洛林王朝的历史不容忽视，发动袭击的过程中以及随后导致的国民的聚集形成了人员与资源的集中，其中包括贵重金属的集中，没有这一点，稍后的大发展便无法加以解释。在解释"欧洲起飞"过程的加速度时，杜比着重强调欧洲平静时期出现的重要性，最重要的时期是3至7世纪持续不断的"人口流动"。因为已经谈到或即将谈到的东方——到10世纪之后，便被土耳其人、保加利亚人、摩尔人、佩切涅格人（Pechenegs）、苏丹人和"法兰克人"撕裂和践踏——所展现的是剧变带来的破坏和混乱，并导致东方影响的缓慢衰落。相同事件在西方产生的不同结果表明了上述有关欧洲的解释的全部性质。

气　候

我会接受上述这种解释的，但是极易看到，这种解释并不能完全满足人们的要求。首先是因为我们必须寻找到这种"和平"间歇期出现的原因，其次是因为最先被唤醒的地区并不是那些维持和平最好的地区，而是西班牙、北部意大利和意大利半岛。但是，这种和平的序列（生产提高、工具改进、人口增加、商业扩张）从理论上来看是令人信服的，而从11世纪的实际结果来看则并非如此，历史学家们可以从中察觉出许多冲突和矛盾。所以，我们的理论仅是一个大概，或许比其他理论更令人满意一些，但仍然只是一个推测而已。

我们能找到更好的解释吗？坦率地说，就目前的研究状况来看并不能。但是，我们最好为我们的研究档案增添一些事实：有传说认为，840年之后，冰岛被殖民地化，从"绿色岛屿"（格陵兰岛）来的牛群便真的被发送至温兰德（Vinland）了。如果我们相信这一传说的话，那么，9世纪末的时候，由斯堪的纳维亚到冰岛和格陵兰岛的北大西洋航线是不结冰的。而这也确实不是虚构，因为在北纬72°的巴芬岛沿岸已发现11世纪的卢恩文字（runes）[①]。16至19世纪，瑞士的阿莱奇和格林德尔瓦尔德冰川，或者是蒂罗尔的费尔南冰川，在强劲的行进过程中碾碎了的针叶林和阔叶林树木，如今在被遗弃的冰碛之中找到了它们的归宿。上溯至10至12世纪，在早期中世纪由冰雪覆盖的阿尔卑斯山重又长满森林植被。与带有时间间隔的冰川融化过程相应的是海水的侵袭，即海水对陆地的蚕食。像A.沃赫斯特（A.Verhulst）一样的地理学家和历史学家，为了对海水撤退的情况进行列表显示，对资料进行了梳理，发现9世纪和10世纪早期的佛兰德尔（Flanders）是非常突出的。他们称这一时期为"第三次敦克尔克侵袭"，11世纪初就能觉察出来（1037年，英格兰的王后爱玛能够直接扬帆到达布鲁日），12世纪得到进一步发展，并使用排水、筑坝设施，尽管也发生过像1134年所发生的海水泛滥现象。还有其他类似的迹象吗？如今正在法兰克尼亚、上莱茵兰和南部英格兰进行的村庄考古发掘展现出了水位线的变更。7至9世纪水位线下降，导致早期中世纪居住点的遗弃，与11、12世纪时水位线上升相伴的是永久居住地的出现。在比利时和德意志所进行的古植物的考古发掘在日益增多，为我们提供了上述运动所导致的树木标本的变化和谷物花粉方面的证据，而法国在这方面则显得不足。

相信读者已经明白了我即将得出的最后结论：上述事实充分证明，长期的气候变化影响了北半球，至少从10世纪以来是有影响的。这一影响在中欧是积极的：水位线上升，土壤松软，光照规律。再往南则呈现出消极作用：沙漠的扩大，马格里布（Maghrib）、西班牙和西西里的贫瘠平原的发展。气候专家将这些变化解释为太阳活动周期的结果：众所周知，太阳的活动服从于其表面的"黑子"和持久稳固的裸露的电子和正离子的剧烈喷发周期。欧洲人（甚至穆斯林）在16世纪之前还不能对这些现象有定期性的观察，特别是因为确信亚里士多德和宗教信条中的说法，人们认为天体是不会朽坏的。然而，这些异常现象在亚洲则得到了解释，如朝鲜的高丽王朝（the Korean Ko-rynsa）时期。在950年至1350年的4个世纪的时间里，有29个10年期的太阳平均活动程度要低于正常水平，而此前300年的时间里，只有9个10年期是如此。太阳透过电离层后，地球上的人们所能看到的便是"火的面罩"、"血红的眼泪"、"火龙"等等。在编年史的记载当中，10世纪和12世纪的记载要少于加洛林时代。今天的人们认为，这种放射性活动的变化，是由太阳和地球在宇宙中阴影交叉所导致的，导致了大气流在极高的高度的置换，从而导致地面温度和降雨量的变化。900年至1250年是气候较规律的时期，天气较好而且相对干燥，这无疑有益于农作物的成熟和森林的利用。在这里，地理学家就止步不前了，这里需要的是历史学家，敢于就人类的全部努力做出结论性的解释便是我们的目的。

[①]3至13世纪斯堪的纳维亚地区的日耳曼人所使用的一种字母文字。——译注

看来将注意力集中于欧洲大陆是必要的，正是在这里经过长期的孕育欧洲才最终脱颖而出，而且，我们试图利用罗马传统的残余提出一个能够看得到的清单目录。

人口的聚集

持续了6个世纪并将古代政体与中世纪政体联系起来的一种生活方式，始终给历史学家们以深刻的印象，认为这一时期乡村和城市贵族的生活模式是固定的。显而易见的也是不可否认的是，这一新制度有着复杂的渊源关系，在不同地域也有着较大的差别，从根本上看，我们对此了解不多，以至于不得不暂时搁置一下。不过，数十年来，历史学家们都试图尽快解决这种生活方式的形成问题：一种说法认为，这是由于"国家"的衰落，另一种说法认为是由于向小的领土单位的退缩，尽管无人知道它们为什么成为惟一可控制的原因，但是，三分之一的人仍会毫不犹豫地宣布是由于这一时代的风俗习惯和"教士的背叛"。当然，这些原因当中没有一个是令人满意的。在北欧地区所进行的为期十年的考古工作和对南部欧洲的档案材料（南部欧洲比北欧的要古老得多）所进行的长期考察，就使这些解释都成为次要的了。现在，我们越来越认为西方历史上的主要变化是人口的聚集和定居。

根据我们了解到的情况，无论是在约克郡、汉普郡、图林根、哈茨山（Harz）、威斯特伐利亚地区的贵族宅邸和茅草屋，还是在早期中世纪孤立于社区边缘的墓地，8至10世纪之间已不再有人居住或使用了。考古学已经为我们提供了这方面的证据。在不稳固的临时的居住形式与我们称之为"村庄"的居住形式之间确实存在着极大的差别。"村庄"所围绕着的死者墓地和宗教场所此后也固定了下来，拉乌尔·格拉贝将之描述为"教会的白袍"。当然，这类人口的聚集可能围绕着令人尊敬的圣地而产生。在某些情形下，也可能围绕着附近的古代废墟或一座加洛林时期的村庄而形成。可以肯定的是，人们正在聚集并定居下来。地名学方面的问题并不能阻止我们的探索，茅屋聚集地的名称在不断的迁徙过程中始终不变，尤其是那些以人或图腾命名的地名。这样的名称提示我们，这些人是对自身的认可而非对居住地的认可。很长一段时间里，人们普遍认为这种情况只有"蛮荒之地"、"野蛮之地"才有。在想象中的"野蛮人"所崇拜的罗马人居住区，一切事务都是按照规定进行的。非常不幸的是，在考古学家们的剖析下，布列塔尼（Brittany）和高卢已被划入另一阵营。更有甚者，在考古学止步不前的地方，在对法国和意大利的文献资料进行分析之后，研究者们告诉我们，6至8世纪时，地处罗马化的西方的核心地带，整个的土地使用制度和基督教徒的宅邸、土地（corti）和建筑（massae），教堂（pievi）和圣所（oracular）均已解体和消失。

公正地说，我们必须承认，人口的居住状态被全部重组了。在实际过程中人口的重组存在着巨大的差别，我认为也正是这些差别使得某些历史学家抱定了一种连续不断的观念。一方面是被控制的定居，相伴随的是位于山上的村庄，在中部意大利和普罗旺斯以"地堡式结构"（incastellamento）为特征；另一方面是朗格多克（Languedoc）、伦巴第地区以城堡（rocca）为中心自然形成的"蜂窝状结构"；在南部意大利被称为"castelion"（城堡）；在其他地方则表现为一种新事物，有时是由移民住地发展而来的，但更多情况下是由一些分散的小村落的居民聚集而形成的。在阿基坦（Aquitaine）被称为"castelnau"，在卡斯提被称为"aldea"，在诺曼底（Normandy）或波瓦图被称为"bourg"（城市），在英格兰被称为"burh"（=burg，有围墙［或城堡］的城）；在更北一些地区，这种居住区围绕着柯提斯（curtis）、霍夫（Hof，庭院、产业）和较大的通常已经拥有一个小礼拜堂的庄园形成，呈现的是一种循序渐进的过程。在此我甚至还没有将德国的"官邸"（palaces）包括在内，在它的周围聚集了大批的手工业者的作坊和简易住房；也没有将奥弗涅的"capmas"包括在内，它也吸引了一些附近的住户；最重要的是没有将斯堪的纳维亚的军营包括进来。

　　如此变化多端、如此重要、持续时间如此之长的这一特殊现象，标志着当时农村居民的急剧减少。这并非是15世纪的短期调整时期，也不是18世纪个人住宅发展、基本模式的彻底变换时期。另一方面，我们对这一现象发生的年代也并不确定：900年至950年发生于意大利，至少一代人之后出现于普罗旺斯和北部西班牙，1020年或1050年才出现于西南部法国和欧洲的大西洋沿岸。相比之下，这一发展在英格兰、莱茵兰（9世纪和10世纪早期）发生得较早。在我看来，950年至1000年间北部法国、中部德意志和波兰就已经产生了。为建立更确切的编年史和更确定的类型学，我们有必要就有关这一定居现象的三个著名的参考意见做一介绍，即墓地说、教堂说和城堡说。墓地考古向我们提出的问题是，墓地常常是持续使用的，用木棺埋葬或直接入土使我们失去了比早期中世纪更多的人类的遗迹。至于教堂，了解其建筑过程是非常关键的一个问题，但是90%的情形是随后的建筑物都已毁无证据了。同样，贵族所居住的城堡常常是木质结构的，建在精心筑起的土墩之上，如果不是由于多虑的君主或贪心的农民，它们早已风化或毁坏了。

扩　张

　　直到很晚的14世纪之前，除了少数几种情况之外，欧洲的人口压力是测定不出来的，即使能够提供基准点，也不了解人口发展的程度。所以，我们必须广泛搜集散落的证据——宗谱的片断、编年史、当事人名单、埋葬地的考古调查以及新遗址的产生中所给予的暗示——以此来猎取这方面发展的某些概念。到11世纪中叶时，针对这一问题的画面开始变得清晰

城市中的居民点。圣戈当附近（上加龙省）一座圆形的古堡（salvamentum）。

了。在这一时期，这一活动在任何地方都是处于进行之中，关键证据就是旧有的大家族结构的解体，这一变化发生于格列高利（Gregory）改革或罗马法复兴之前。我们认为，这一运动在南部欧洲开始于970年或990年左右，但是，1025年至1050年之前文献资料缺乏，人们对卢瓦尔河（the loire）和多瑙河（the Danube）以北地区很难注明其发生的日期。由伐尔发（Farfa）、博比奥（Bobbio）、布雷西亚的圣朱丽亚（Santa Giulia in Brescia）、马赛（Marseilles）的圣维克托（Saint-Victor）、克吕尼、布里尤德的圣朱丽叶（Saint-Julien de Brioude）或塞奥德乌尔盖（Seo de Urgel）的档案资料所给予的信息是平淡的，但比这更多的信息我们还没有。

我们不知是否应将这一人口增长归之于遗传学的原因或某些原因的结合。死亡率降低是从饥荒中得到第一次缓解的结果，但是整个11世纪饥荒都在发生，如1033年大饥荒，再加上由于营养缺乏而导致的流行病，如1090年在德意志和罗退林基亚（Lotharingia）爆发的斑疹伤寒和坏血病。这似乎预示着潜在的产品与需要之间的差距仍继续存在。

上面已经提到人口增长与家庭结构之间所存在的明显联系，这里看一下欧洲人口史上的第二大主要特点：较大的组织结构分解成宗族、家族、氏族，在这些组织里，每一个人都是靠血缘关系，有时也只靠义务相互联系——无论是从法律上讲，还是从经济上讲，这都是真实的，并成为整个早期中世纪的标志。所不同的是，已婚的夫妇并没有地位和权利，尤其是较低的社会阶层。更坦率地讲，物质或精神利益的维护需要整个家庭的团结，但是对已婚夫妇的控制是始终如一的。所以，格列高利教会改革宣布夫妻独立自主和妇女独立自主的合法性是非常新奇的事情。这在社会历史中并非是微不足道的发展。

此外，我们现在理所当然地提及的欧洲，明显始于这一时期的领土扩张。整个欧洲大陆的北部此时被吸纳到欧洲版图之内，在斯堪尼亚（Scania）和哥得兰（Gotland）的墓地和财宝之中确有证据表明，9世纪和10世纪期间，冰岛、不列颠诸岛、丹麦海峡以及波罗的海沿岸的俄罗斯有着密切的联系，但是这些地区似乎与德意志或低地国家处于严重的隔离状态。在波罗的海沿岸建立的商站，如赫特比（Hedeby）或特来堡（Trelleborg），与其说是贸易性质的商站不如说是侵略的前哨站。无论如何，从11世纪之初圣奥拉夫（St.Olaf）改变信仰到1066年诺曼征服使英格兰附属于欧洲大陆期间，不列颠诸岛和北海地区逐渐被吸纳到欧洲版图中。在这一时期，孤立于欧洲之外的波兰人的世界已经开始了城镇化的过程，正当其原始手工业发展之时，波兰遭到德国定居者和贵族的野蛮入侵，被强行并入西方基督教世界。虽然这一进程是不稳定的，但也没有什么要特殊强调的，自985年左右德国人首次对易北河发起进攻，到100年后重新获得对托莱多（To-ledo）的控制权，"西方"获得领土的范围，在规模上有了非常可观的扩大。

稳定性

当涉及我所描绘的画面的第三个和最后一个新特征时，我有意使用了一个有争议的术语。实际上，我认为这一时代将突破"封建无政府"的陈腐观念。这是带有强烈法国味道的"雅各宾派的"概念，而且是非常独特的，它可以用于一切国家权力衰弱到混乱和虚弱状态的时期，因此在持有这种观点的人看来，罗马帝国和加洛林王朝有着较高的地位。但是，这并不意味着，就其适应于自然、精神和控制社会的社会结构来说，权力是惟一的。从本质上讲，乡村社会如果没有先进的交通工具、没有维护普遍接受的法律的地方精英、没有合理的易于接近的较高的权威，即使有剩余产品也不会被运送到很远的地方，显然乡村社会的视野是狭隘的，真正的权威是局部的。可是，确切地说，这些有限的组合——几个村庄——构成了"庄园"，庄园有着非常严密的社会结构，直到国家权力真正得以恢复它才归于解体。把这些小的人类群体看成是自发产生的或仅仅是因为恐惧和无知而建立起来的观点是非常错误的。这些小的群体不仅与其邻近的组织有着频繁的联系——我已经提到它们持续不断的相互交往——而且它们还决定着较大社会组织（郡、王的权威以及基督教世界的概念）的存在。最重要的是这种横向组织网的发展加强了因畏惧、需要和尊重而编织的纵向依附网。

联合既建立于虔诚、血缘关系之上，也建立于邻里关系、谋生方式、职业活动之上，没有了家庭或公认的社会地位，我们便成为流浪者，便开始漂泊。在自己的生活区域内，人们才有可能享受到舒适、互助、大学里的教育，享受到兄弟情谊。他不再仅仅是来自某某地方、是某某人的儿子，他还是注册的银匠、圣埃罗依兄弟会的成员、琅城（laon）的宣誓市民、库奇的领主的被保护人、圣文森特区的领袖，或者是治安官、教士团成员、拥有采邑者等等。这便是位于社会金字塔之上或之下的千百个事例中的一个。

严格组织形成的社会体制较前几个世纪松散的个人或现代市民来说更具有局限性，它是固定于某地的——就仍然保留着的相互服务的概念来说——一个构想完全不同于我们时代的社会。正因为如此，很难将我们现今的社会准则用于10至13世纪这一时期。我们即将讨论"秩序"这一概念时，一定要考虑到当时人的一个基本思想，即创世纪的时候，所有的人都由上帝分派于某一固定位置，相互间的平衡依靠每个成员各尽所能地对自身任务的圆满完成。相反，针对相互混杂在

末日审判时必须做的一件事：称一下人们灵魂的重量（来自圣通日地区索容的柱头装饰，12世纪）。

11

卡昂的圣艾蒂安教堂的正面。该教堂是移居英国的诺曼人的建筑杰作之一，约建于1070年至1080年，属罗马式建筑风格的第二个时期，是征服者威廉所建的男修道院的一部分。窗户与扶壁的强有力的线条相结合，构成平衡对称的基础，由此兴起了塔楼建筑。

一起的社会组织来说，"阶级"的概念是没有用场的，尽管人有出身、活动和利益的不同，这使许多抱着过时词汇不放并对此视而不见的史学家否认这一时期有"阶级斗争"的存在。R.摩根（R.Morghen）曾非常自信地宣布，我们从来不曾遇到像1890年那样的无产阶级专政这样的提法。这就是为什么异端或非异端、有目标或无目标的社会运动，必须按照社会要求考查和解释的原因。在任何情形之下这些运动都站在现存秩序的对立面，无论我们看到的是一些在火刑柱上受刑的知识分子，还是强暴管家之女的农夫。显然，13世纪中叶之后，一旦共识原则被打破，我们便再也不用对释放出来的"情感"的性质有什么怀疑了。

最后，如果这一社会团结起来了，原因是它浸染于共同的道德观之中——我们渴望对此有所体验，但是希腊异端将导致"民族的"分裂，或者说伊斯兰宗教仪式的存在可能产生血腥的报复，这又如何是好呢？从此，将东西方分开的便是渗透于生活各方面的、某种意义上对东方来说是异质的一种精神上的和谐。这种精神上的一致必然有其影响，即使在艺术领域也是如此，开始表现为罗马式，之后又表现为早期哥特式，这便是精神上独立的欧洲最早的表现之一。当然，在知识进步的名义下，人们会遗憾地发现，偶尔产生的"异端"运动对信众来说并没有产生很大的影响，只是成为孤立的知识分子关注的事情，或者说只具有社会内容而无教义内容，而且只是披着背离教义的外衣而已。然而，如果说宗教知识并不深入的话，有关超自然的知识传播则是非常广泛的：从誓言就足以将一个人绝对地约束住到对"末日审判"的肯定，再对神秘的和不可知事物的普遍接受，从反传统的描述来看，欧洲曾经可以被称为并非真正的"基督教的"，但是它的确兴起于宗教、相信宗教的。

第一编

西方的黎明：
约950年至1100年

第一章　公元1000年的欧洲

莱维－斯特劳斯（Lévi-Strauss）曾说过："西方的民族志学者一开始就陷入深深的悔恨之中，因为他们不得不面对各种迥异有别的社会中的自身形象。"近些年来，由于在这一时期末所展现出的显著特征，我们对中世纪有了不同的印象。

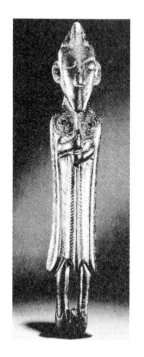

贵族和农民

10世纪末，尽管法兰克帝国的权力已经被分割，但是帝国权力仍属于加洛林文明影响下的特殊社会群体（social group），加洛林帝国时期的贵族建立了成百上千个法兰克人的、士瓦本人（Swabians）的和少数萨克森人的王朝。这些王朝互相联系在一起，至少其中的最有权势者与加洛林王室有着血缘关系。

帝国的组织

中世纪初期，大地产主（magnates）中流行的一夫多妻制加强了王公贵族之间的联姻（princely alliances）。虽然教会禁止一夫多妻，但是这一风俗依然盛行。因此，在9世纪末期加冕为普罗旺斯国王的博索家族（the family of Boso），常为本族的妇女成为几代王室的妻妾而感到骄傲。一个世纪之后，一个对此深为反感的牧师对博索家族的纳妾问题予以坚决的反对，该家族的一夫多妻行为才得以制止。

帝国贵族（Reichsaristokratie）（建立在日耳曼人土地上的修道院的纪念薄 [Libri Memoriales] 中也是这样称呼的）家族的另外一个特征是家族组织（kinship-groups）发展为一个巨大的关系网，这个关系网不是中世纪和后来意义上的"世系"（lineage），确切地说，是一个严格按照男性血统规范自己的族群。我们想知道，这些家族的谱系意识（genealogical consciousness）能够准确地追溯到何时？他们本来就打算做到如此准确吗？在没有书面记载的情况下，他们依靠集体记忆来确定谱系，这不是历史的，但也不是伪历史的，只是充满了传奇性和神秘性。当霍亨斯陶芬家族（The Hohenstaufen）掌握帝国权力后，他们对本家族的谱系发

15

王侯之间的联姻。1057年，莱茵费尔登的伯爵鲁道夫娶亨利四世的妹妹马蒂尔达为妻后，成为士瓦本的公爵。当亨利四世与格列高利七世发生冲突时，鲁道夫借机扩展势力。1077年，他被推选为德意志的皇帝。赢得几次战争胜利之后，鲁道夫死于1080年的梅泽堡之战（图片来自梅泽堡大教堂的墓板）。

展情况知之甚少，但这毫无关系，他们可能根据坐落在韦伯龙根（归他们所有）的一座罗马时期的雄伟陵墓开始追本溯源，从克劳迪乌斯－赫洛（Clodius-Hlodio）追溯到著名的墨洛温家族。同样，班贝格（Bamberg）的主教冈瑟（Gunther）也以自己的名字和自己的家族为荣。作为勃艮第家族或《尼伯龙根之歌》（Nibelun-genlied）中法兰克国王的后裔，他不需要书面记载的谱系去吹嘘和炫耀自己。作为一名尚武的主教，他毫不犹豫地带领一支全副武装的朝拜队伍向圣地进军，成为十字军东征的前锋。十字军东征为过于富有的骑士家庭的侵略野心提供了出路。所以，在当时的人们看来，主教冈瑟勇敢的征服行为恰恰证实，在10世纪，其家族所选择的名字是当之无愧的。他自己取名冈瑟的原因是，6世纪时，勃艮第的一个族长、沃尔姆斯（Worms）公国不幸的创建者以及齐格弗里德（Siegfried）公国的建立者、沃尔松家族（the Wälsung）的建立者克桑滕（Xanten）的国王都曾采用过此名。此外，这些家庭拥有加洛林血统，他们的傲慢情绪膨胀，于是要求与加洛林王室的地位平等，甚至要求其地位高于加洛林王室。因此，声望较高的名字就像一份通过联姻继承的共同财产，被这些家族的成员按照个人的喜好加以分享。

显然，这一阶级的凝聚力建立在一定的物质基础之上。然而，这一物质基础却引发了激烈的内部竞争，竞争对手包括：帝国的各个部门、公国的政府、前线的首领或大修道院的院长。贵族的竞争雄心促使他们联合自己的亲戚朋友共同出谋划策，试图轮流统治巴黎、维埃纳（Viennois）、巴伐利亚（Bavaria）、勃艮第、伦巴第、阿尔萨斯、奥弗涅（Auvergne）、加泰罗尼亚。北方各个大教堂编订的编年史，无论是官方的还是非官方的，几乎全部是关于贵族阶级的。这并不奇怪，因为我们正在分析的是关于法兰克君权的史料，这些文章的内容曾被来自帝国贵族（Reuchsaristokratie）家庭的僧侣抄来抄去。这些僧侣是宫廷里的常客，他们几乎每年都来宫廷里聚会。长期以来，中世纪的历史编纂一直深受，有时是甘受加洛林王朝的自私自利之害。这种自私自利表现为加洛林王朝总是假定这一时期的历史仅仅是关于罗伯特、博索和威廉三个家族，或者再加上伯纳德共四个家族的功过史。在这些家族背后，生活着忠诚的委身者（clientele）或卑贱的追随者。这里没有提到农民，编年史和牧师会法规（capitularies）的贵族作者总是把农民看做不知名的"贫苦"大众。在贵族看来，农民需要保护和救援，是他们慷慨施舍和仁慈施与的对象，因此农民从属于贵族的权力。这种情况的出现是由于贵族在意识上存在的盲目性所导致的，也是他们的意识需要。

10世纪的动乱试图驱除上述错误观念，至少使这种观念受到动摇。随着帝国的崩溃瓦解和贵族的各统一方，编年史的贵族作者原来高傲的声音变得沉默了。他们被地位较低的或地方的编年史家所代替，虽然这些编年史家名气较小，但是他们却是现实社会敏锐的观察者。他们塑造了形象各异的贵族，与以前的编年史强加于我们的贵族形象相比大不相同。

贵族的方方面面

事实上，因地区差异，贵族的形象是各不相同的，这绝不可能是历史的偶然。当时文献称为"法兰西亚"（Francia）的地区大致位于塞纳河与莱茵河之间，奥吞（Autun）、马孔（Mâcon）和朗格勒（Langres）之间的地区则属于"法兰克"的勃艮第。在这些地区居住着许多小贵族，他们或者作为拥有教会豁免权的大地产的守卫军，或者作为大地产主的随从，或者作为服务于大地产主的独立的小领主，这些大地产主是他们所居住地区的统治者或伯爵。因此，在庞迪耶（Ponthieu）的圣里基埃修道院（Saint-Riquier in Ponthieu），11世纪的编年史家认为，修道院的封臣隶属于加洛林时期的贵族，当时的人们也是这样认为的，因为他们聚会的小礼拜堂被称作"贵族礼拜堂"。在列日（Liège）教区的沃尔索修道院（the Abbey of Waulsort），与此相同的社会群体也有自己的"贵族墓地"。10世纪初期《圣伯丁显灵》（Miracles of Saint-Bertin）的作者对这些人把自己"委身"于领主、成为领主的封臣（因为他们还未拥有足够的土地）做了记载，他把两个社会阶层合称为"土地贵族"。勃艮第地区也存在地位较低的贵族。奥尔良（Orléans）地区弗勒里（Fleury）修道院的一名农奴逃脱，后来变得非常富有，像自由人一样生活着，甚至娶了一位被《圣本尼迪克显灵》的作者认为是"贵族"的妇女为妻，但是弗勒里修道院院长坚持认为他是该院的农奴，最后决定这个案件只有通过决斗才能得到解决。可能因为这位农奴是一个低劣的决斗者，也可能因为他害怕受到上帝的惩罚（上帝经常安排正义的一方取胜），所以他反客为主，试图以此混淆修道院派来的决斗者的视听。他宣称后者不是一位自由人，因此没有权利去决斗。此人则气愤地回答："我是自由人，而且我的贵族血统非常久远。我会让你领教到本尼迪克是怎样受上帝宠爱的。"这些小贵族和依附农的差别非常细微，以至于我们会遇到一些奇怪的个案。例如，10世纪末期，一名骑士与圣伯丁修道院发生了一起争执，原因是双方都想夺取博韦（Beauvais）地区的一块肥沃地产。骑士宣称自己从一名男子手中继承了该地产，依

17

靠的是"亲属关系，尤其因为他曾是这名男子的农奴"。

对许多人来说，正是在这一层面上社会界限才发挥作用：一边是所有的自由人，即全体贵族。贵族是自由的但却受到来自两方面的威胁。不可否认，这是一个非常古老的日耳曼传统。追寻伦巴第人（the Lombards）起源的作者对此有所叙述，在记述伦巴第人在人数不多的情况下如何保持独立地位时，他写道："他们为自由的荣耀而战。"在法兰克人中，处于这一级别的贵族，不是依赖与王室的联系而是依靠勇气和独立自主。紧随其后的联姻或联合仅仅是作为勇敢表现的一种奖赏。

与其对比，米迪（Midi）地区的贵族界限显然受到更大限制。加泰罗尼亚就提供了一个非常好的例证，在这里贵族的荣耀只属于大领主，他们是罗马－哥特贵族的后裔和古罗马国民会议（the comital assembly）的成员。这也是卢瓦尔南部地区除城市的小地产所有者之外的贵族成员的普遍构成情况。就像在罗马法中一样，这里的贵族和自由人之间有着明显的区别。因为贵族观念已深深地扎根于高卢－罗马家族成员的记忆中，以前每当罗马的元老院会议（the Senate）召开时，这些家族至少派一名成员出席，因此罗马城陷落之后，这些家族被称作元老院家族（senatorial families）。在由法兰克统治者主持的公国会议（provincial assemblies）中，贫穷的元老院贵族的后裔无视"罗马"一词的意义变化，仍然设法保持他们的"罗马"特征。当10世纪法兰克帝国解体时，这些"公国的王子王孙"（princes of the provinces）继续承袭罗马官员的头衔，例如"杰出者"（illustris）和"显赫者"（clarissimu）同样也沿袭他们祖先的名字，仅以那些最受人尊敬的名字为例，如庞斯（Pons）、卡利克斯特斯（Calixtus）、莫里斯（Maurice）和阿贝略（Abello）。

然而，作为贵族等级的意识被文献记载中的事实夸大了，它们描述下的贵族资格限制比在北方实际呈现的情况要严格得多。我们恰好找到一个宗谱片断（genealogical fragment），当时利穆赞（Limousin）地区圣伊艾斯修道院（the Abbey of Saint-Yiieix）的伪造者利用它让人们相信一份未经证实的对该院的捐赠。根据宗谱片断可以清楚地追溯到5至7世纪的六代家族成员，几乎每一名成员都具有传统的元老院贵族的名字。修道院的伪造者把其需要的主教和殉难者的名字精心挑选出来。两个世纪之后，奥弗涅的一个大地产主，欧里亚克的杰拉尔德（Gerald of Aurillac）宣称自己来自阿基坦，并列举了6世纪时自己的两个贵族祖先——利摩日（Limoges）的艾里斯（Ariès）和阿雷斯的恺撒利乌斯（Caesarius of Arles）。此外还有一些其他的线索能够证明他的出身。这些线索虽然细微，但是仍然能够显示他的血统渊源。10世纪早期，在普洛旺斯有一个势力非常强大的家族，他们占有旺图（Ventoux，现在的巴罗尼）北部的绝大部分土地，尽管一些土地属于尼翁修道院（the Abbey of Nyons）。11世纪时这一家族的后裔起用了这一地区的姓氏：米拉贝尔（Mirabel）、蒙托邦（Montauban）、梅沃林（Mévouillon）。因为他们控制奥朗日城（Orange），所以他们也是众所周知的奥朗日贵族，这一名称背后的财产相当可观。10世纪，按照传统习惯，出生于该家庭的一个男孩被取名庞斯。庞斯曾是一所建立在西梅兹古城废墟之上的古老修道院的名字。该修道院曾被毁掉，于10世纪重新得以恢复，这里埋葬着圣庞斯的遗体。7世纪尼翁修女院院长玛丽亚·鲁斯蒂库拉（Maria Rusticula）为他举行了特殊的礼拜仪式，并把他的遗骸带到阿雷斯。但是，据维埃纳的罗纳地区的一个传说，庞斯·皮拉特（Pontins [Pons] Pilate）后来在忏悔中回到这一城市，并终其余生。因此我们很容易理解名字对于10世纪普洛旺斯领主的意义。

只对过去进行零散的引经据典，而不联系法兰克时期的谱系来证明自己谱系渊源的做法，不仅发生在遥远的米迪地区，起家于加奈尔平原的安茹（Anjou）伯爵们也存在着同样的情况。其名字及其祖先享誉全地区，显示了与元老贵族的密切关系。这些伯爵宣称当地元老贵族，而不是王室周遭的高等贵族才是他们的祖先。他们用德尔图卢斯（Tertullus）作为自己祖先的名字，让人想起高卢－罗马时期。同样让人感到迷惑不解的是这些伯爵追随者的所作所为，他们被这些伯爵安置在安布瓦斯（Amboise）城堡，违背了父系传统，努力建立与一个叫做"千层前胸板"的叙尔皮斯（Sulpicius 'Mille Boucliers'）的关系。在卢瓦尔地区，这种贵族不可避免地让人联想到布尔日（Bourges）的叙尔皮西（Sulpicii）的元老院贵族家族和图尔（Tours）的圣马丁的传记作者叙尔皮斯·塞维鲁（Sulpicius Severus）。

当然，即使这些贵族的祖先确实存在，他们也有传奇性的一面。这些贵族作为社会的典范，招致世俗贵族最优秀后裔的积极效仿，但是这种社会典范并不意味着战斗中的英勇，而是代表秩序和稳健。欧里亚克的杰拉尔德的生活和安布瓦斯领主的故事与英雄暴力故事（英雄暴力故事是许多日耳曼和斯堪的纳维亚英雄传奇的主要内容）所代表的意义不同。在这些史料中，他们之所以神圣、高贵，是因为有着外在的稳健和内在的独立，其中，前者指协调意识和法律意识，后者则使人想起恬淡寡欲的古罗马贵族。他们对暴力的厌恶、对血统的憎恶和对文学的兴趣塑造出典型的南方贵族形象，这种形象使北方的同辈人感到迷惑不解。在他们眼中，这些典范既不是教士也不是俗人：欧里亚克修道院的创立者杰拉尔德受到"罗马化"的克吕尼修道院长弗兰克·奥多（Frank Odo）的大力尊崇；昂热（Angers）学校的监护人伯纳德对彼得这个人物异常着迷，形容他"来自最高等级的家族，是奥弗涅的教士，非常富有"。

那一年，我在从罗马返回的途中，恰逢彼得也从罗马返回。像平常一样，他被贵族护卫队簇拥着前进，护卫队都骑着强壮的骡子，佩戴着高贵的饰品……彼得，红头发，中等个，宽肩膀，给人一种机敏的印象。他却保留着大多数同胞最普通的习俗特征：他们尽管举止惯常节制，但却是短头发、留胡须。因为他留着胡须，我没有把他看做教士。

但是彼得的学识引起伯纳德的注意：“我问他是否是一名修士，他回答说他是一位修道院的院长。像他这样的人被称作修道院院长不是因为是修士，而是因为他们控制着修道院。”余下的故事表明，一方面彼得积极参与世俗事务，他手下控制着许多骑士，同时经常受到无数敌人的攻击；另一方面也表明他自己与世俗世界之间的距离。尽管他是一名英勇的、优秀的战士，并且“宽肩膀”，但是他却不与敌人战斗，宁愿让敌人从自己手中逃脱，因为他认为战斗是低等人的职责。我们所看到彼得的所作所为，正好与班贝格的冈瑟的行为截然相反，虽然冈瑟是一名主教，但是他却喜欢听赞颂阿迈勒王朝的迪特里希（Dietrich the Amal）英雄功绩的歌曲，而不是赞美诗。

只要这些文化模式的对立仍然存在，贵族对不同的人来说意义是不同的，我们很难断定两种贵族之间的融合，其中一种贵族继续沿用法兰克人的名字，然而用得不准确；另外一种贵族则坚持被称作“罗马人”或“阿基坦人”。但是，融合的进程毕竟开始了。在估计融合的结果之前，让我们先把目光转向促进融合的因素。

融　合

不可否认，在南方贵族中，融合进程的关键因素是其名字的“法兰克化”。当我们观察到何种名字被“法兰克化”的时候，这一现象就变得越来越重要：上文提到的阿基坦的杰拉尔德，其名字与其父相同，但是在上一代人中，这一名字源自一个法兰克人——奥弗涅的统治者。杰拉尔德的继承者的名字叫伯纳德或者威廉，这两个名字在南方贵族的名库（name-pool）中有规则地出现。相反，在法兰克的高等贵族或北方的小贵族中，“罗马人的”名字即使存在的话，也是寥寥无几，因为宗谱一直都不很可靠。法兰克人名字的优越性揭示了帝国贵族政治统治的存在。

难道这也意味着文化的统治吗？学者对这一点看法不一。中世纪这一时期的名字就像基督徒的名字一样，非常独特，因此儿子不必使用其父的名字，女儿不必继承其母的名字。但是，这些个体的名字不是随便起的，它们通常来自一位关系比较亲密的亲属，因此许多历史学家得出一个合乎逻辑的结论。他们认为，在米迪地区，当地贵族起用的法兰克人的名字是他们无数次与法兰克帝国贵族联姻的结果。这种情况是可能的，但不是绝对的。事实上，名字也可通过洗礼的关系传承。奥弗涅的统治者是阿基坦地区各家庭子孙后代的教父，他赐给这些子孙自己的名字。这一行为可以解释为什么妇女很少采用日耳曼人的名字，因为这些教父、教母关系具有政治意义，他们主要关心男子而不是女子的政治取向。

但是，即使在男人中间，日耳曼人的名字也不是完全占统治地位。在南方的大家族，男孩继续被赋予“罗马人的”，甚至高卢人的名字。杰拉尔德家族的一位成员名叫本尼迪克；在奥朗日，经常有名为庞斯的领主；在阿拜龙尼（Abellonius）的领主队伍中，应该有名为卡斯特拉内（Castellane）的贵族；在蒙特宾西（Montboissier）的领主行列中，肯定有名为莫里斯的贵族。

　　一些法兰克贵族家庭在对待罗马化问题上出现了相反的态度。这种现象在宫廷里非常明显，宫廷中的南方男子经常在教职中或公国政府中占据要职。以威廉家族为例，9世纪末，奥弗涅地区马奎斯（Marquis）的世袭贵族伯纳德极力赞赏杰拉尔德把他的男继承人送到自己家中抚养。伯纳德周围的一些法兰克人学习过罗马法。伯纳德的儿子曾经试图把自己的一个妹妹嫁给杰拉尔德。原来这个家庭热爱罗马的传统由来已久：早先法兰克法庭的一些法官想处死纳尔榜地区（Narbonnais）罗马－哥特人的代言人——阿尼亚讷（Aniane）的圣本尼迪克，这个家庭当时的立场是支持圣本尼迪克。这种法兰克家庭对南部的同情与它控制米迪地区的野心紧密相连，在每一代人中都会产生几个法兰克政权的"背叛者"。因此，这种有预谋的同化吸收不是"自发"的融合进程。他们对南方帝国贵族采取的特殊政策却被其他的法兰克人看做对法兰克集体权力的威胁。

　　然而，9世纪，即使最直接卷入同化过程的大的法兰克家族仍然维持着与法兰西亚（Francia）的联系。在9世纪的下半叶，当上文提及的奥弗涅的伯纳德蒙受耻辱时，便避难于北方，居住在洛林（Lorraine）、奥诺斯（Ornois）、梅斯（Metz）西部这些比较安定的、明显感觉比较安全的地区。他的儿子威廉，已经是奥弗涅的伯爵和阿基坦的公爵，享受着米迪地区部分王室（semi-royal）的公共权力。10世纪初，威廉仍然控制着洛林地区安维尔雅尔丁（Einville-aux-Jards）的地产。后来他放弃这块土地作为克吕尼修会在马孔内地区（Mâconnais）的土地。这种交换背后的意义显然更为重要，威廉让渡自己法兰克祖先的遗产——洛林的部分荒芜之地，为的是建立一所修道院，修道院将真正统治罗马高卢。

　　约在同一时期，一个强大的敌对势力，另外一个法兰克家庭控制着罗德兹（Rodez）、卡奥尔（Cahors）和图卢兹（Toulouse）地区，他们把目标对准了整个纳尔榜公国（现在的朗格多克），他们第一次取了罗马人的名字，把庞斯加在了传统名字雷蒙（Raymond）之上。一个半世纪之后，他的后代已经忘记了他们的祖先，认为自己是追随罗马法的罗马人。这是发生在南方的一种同化形式。

　　法兰克人的土地上也发生着变化。10世纪，或多或少都与王室有牵连的高等贵族的亲戚网（the kinship network），分裂成各个分散的王室支系血统，目的是让这种血统继续流传下去。无论是王公贵族，还是控制公共军事要塞和国库财产的追随者，都继续继承王室血统。因此，琅城主教罗退林基亚（Lotharingian）人阿达尔伯罗（Adalbero）宣布，"贵族血统皆来自国王"，这句格言清晰地表达了对11世纪末期法兰克庞大世系的感受。因此，高等贵族的族群模仿王室的族群，大地产主与其追随者在直接控制公共财产并加以世袭的过程中确立了这种族群系统。

　　这样一来，帝国贵族就不再作为一个完整的社会等级存在了。它的后代，公国的贵族即使不再冠以王族的头衔，也算是半王族，但是为了在人民群众中站稳脚跟，他们割断了彼此之间的联系。这就是帝国的终结，是"法兰克人民"力量增强的结果，是对依附国家和依附人民进行频繁军事远征的结果。法兰克最著名的修道院之一，普吕姆（Prüm）修道院院长雷吉诺（Regino），在最后一部编年史中写道："888 年，各个公国决定推选属于自己的王。"雷吉诺并没有写错。10 世纪时，尽管各个独立的王公都拥有法兰克血统，但是他们的确是由各自统治的公国推选出来的，这些王公的身份与地方的贵族没有任何区别。生活在同一时代的圣加尔的埃克哈德（Ek-kehard）表达了普吕姆修道院院长笔下隐藏的感情，他思慕向往"高卢人和阿基坦人以被称作法兰克农奴为荣"的时代。

　　帝国的终结和法兰克之外独立公国的创建，意味着巨大的法兰克家族已经被地方贵族合并，后者开始当权。虽然在地方上仍然存在一些古老公共机构的特征，但是这些机构已经让位给并且隐藏于联合的、强大的贵族新创造的体制之中了。在这种体制下，贵族试图完全统治农民，此时，地方贵族当权的重要意义马上就凸显出来。封建诸侯的权力（seigneurial power）渐渐向最底层的群众和最遥远的乡村地区渗透。古老权力结构的解体不能掩盖这样的事实，伴随着这场危机，另外一种新的结构开始形成。因为与旧结构相比，新结构在现实社会中扎根更深，所以新结构将会更加牢固，更加持久。我们必须退到社会现实中的下层人民中去，了解大部分人民群众，即农民的日常生活。在成百上千个农村和寒舍，未来封建社会的命运已经显现。在那里，几代人的时间里便产生了一致而深刻的转变：几乎在整个西部，农民失去自由；封建贵族权力基础——封建领主的司法权（seigneurial justice）得以建立。

南方的自由公社

　　19 世纪，政见不同的历史学家们，把中世纪有时想象为田园诗般的社会，有时想象为暴乱的社会，但是他们构建的社会结构是基本相同的，社会包括两大阶级——贵族和农奴，如果把教会也看做一个独立阶级的话，社会就包括三个阶级。其实，历史学家们内心非常清楚，被他们无意识地称作"小的自由财产所有者"（small free property-holders）的人是存在的，但是这些人占有的是无主之地（no-man's land），处于少数贵族和无数劳苦农民之间。作者叙述他们时，基本上将他们视为是孤立存在的，而不是看做真正的社会群体去分析解释，这只是图一时省事而已。随着时间的推移，这些社会边缘的自由人的数量已经超乎了人们的想象，已经成为一些历史学家，尤其是西班牙历史学家熟悉的身影。然而这些历史学家继续使用以前的过时的称谓来称呼这一群体。最近的研究表明，如果认为这些自由农微不足道，或者只

9世纪北方贵族的居所。从图中可以看到上帝的手，表示上帝赐福给接济穷人的人；小礼拜堂的顶部是一个十字架；士兵用矛、盾武装自身，保护小礼拜堂（图片来自《乌特勒支诗篇》。乌特勒支大学图书馆）。

是更新旧观念而不去真正改变他们的地位，以此认定他们是居中的团体，地位的上升只是借助于 10 世纪的动乱，或者通过对比，认为他们是旧社会的遗留，这些想法都是错误的。自由农，即我们的资料中所谓的自主地持有者（allod-holders）——拥有一块世袭自主地的农民，在这一时代初期，仍然是最大的阶级。他们构成了成百上千个自由乡村公社（village communities），其中一些公社组织得相当严密，一些公社却已受到威胁。

就像我们前面分析贵族的结构一样，下面我们从认定自由农的存在、北方和米迪地区的形势差异开始分析。

南方自由公社的一般特征已经众人皆知，纵观埃布罗（Ebro）到锡拜罗（Tiber），会发现许多相关事例。有资料表明，在西班牙的西部，这些特征尤其显著，那里的历史环境使这些公社长期存在，成文法律履行的时间也比其他地区长久。

一个乡村的"土地占有者"——"居民"，成群结队组成"宗族"（clans），这些宗族反过来形成"邻里"。乡村需要做出重大决议时，所有的"乡村（在此，乡村指领土）中拥有财产的邻里成员"将聚在一起，出席"议事会"（council）。每个村民都前往参加，例如，"我们所有里奥德波洛斯的公社成员"，或"在阿古森召开的大议事会，无论是重要头目，还是无名小卒都去参加"；再如，"我们，不论男、女、老、幼，都聚在一起参加伯贝亚（Berbeia）的议事会，

12世纪的阿雷斯。

因为我们是这里的居民"。有时，两三个乡村联合召开集会。当涉及与大地产主进行交涉的诉讼案件时，无论是关于共有土地，还是关于牧场、森林、河流、盐场和磨坊的权利，议事会不再人人参加，而是派"代表"出席。

但是，有时议事会也允许居住在当地的贵族参加，贵族有时屈就身份坐在比较低等的乡村农民中间。这并不奇怪，乡村议事会的对外开放是教俗贵族的一张王牌。像在南方其他地区一样，他们已经开始在这些地区实行扩张政策，尽管政策实施得比较缓慢，但却以不可抵挡之势向前发展着。

接下来，让我们看一下东边的情况。我们发现，在加泰罗尼亚存在着同样的"居民"公社，他们也拥有自己的财产，并且共同享用森林、牧场和河流。他们也有自己的代表，甚至他们能够伪造证据维护他们视为合法的权利。我们很容易从资料中辨认出公社的领导人物，在整个南方地区，他们被统称为"好人"（good men）。在由公共机构领导或其代表主持召开的地区司法会议上，这些"好人"经常作为法官出席。当一块土地即将交易需要评估价格时，当某人需要缴纳罚款或偿还债务时，这些"好人"又成为民众认可的专家。此外，他们还是边界之争方面诉讼案件的特殊证人，他们是公社的代言人和保护者。当我们对这些幸存的加泰罗尼亚特许状（charters）进行详细研究时，发现了一件关于自主地持有者的趣事：他们是有武装的。

在伊比利亚半岛的东北部和西北部也出现了同样的情况。1020 年前，在加泰罗尼亚的某个公共法庭，由伯爵和子爵主持召开的司法会议留下了 55 份记录，其中有 13 份记录是关于乡村公社如何参与司法审判、保卫共有财产的。令人感到非常有趣的是，资料不同，共有财产的合法定义不同。当卡尔丹亚（Cerdanya）地区帕列罗尔斯（Pallerols）的村民要求得到一块牧场的所有权时，他们宣称这块牧场是"他们的自主地"、是他们共同祖先的财产的一部分，但是根据罗马法，伯爵与其辩护人认为该块土地位于公共领域，农民只能集体享用，这种享用权叫做"the empriu"。然而，这种分歧造成的后果将超出法理的领域。

10 世纪，大众远不认可这种官方观点。我们可以清楚地看到伯爵们被迫同意给予边疆公社一些特权。有时他们发现自己竟然同意了一些不可思议的要求。卡多纳（Cardona）的人们列举了如下进行边界军事防卫的条件："假如现实逼迫你们做出行动，你们（就像伯爵在此讲话一样，"你们"指公社的成员）就一起行动起来，做出符合你们利益的相关安排。"针对相邻贵族侵犯他们权力的情况，他们进一步提出如下对策："假如一些邪恶的人，高傲地吹嘘自己，侵扰了此地或打算居住在此的居民，占有了他的财产，我们要让后者得到七倍的补偿，并联合所有的居民一起攻击他……假如一些邪恶的人，无论他是领主还是资助人，打算增加税收的话，决不能让他得逞……假如一些邪恶的人对你们的怨气增加，并侵犯了你们，反过来你们应该站起来，竭尽全力与其做斗争，一定要杀死他。假如你们中有人不参与这场斗争，你们的公社会议就宣布其不再是你们的一员。"

这篇文章的字字句句都值得我们注意，卡多纳的自由民深知自己将在怎样的情况下失去自由：贪婪的大地产主剥夺弱者的土地后，再把土地租赁给弱者使用，自己则坐收租金。这样一来，弱者就变成了贵族的依附农。这些大地产主，有时以高傲领主的面目出现，有时则以友好朋友的面目出现，最后的结果却是相同的：通过提高税收，把对农民的保护和"友谊"换成租金装入自己囊中。假如他们的目的不能得逞，他们就命令重装兵突击村民，或采用游击战术让农民筋疲力尽。针对这种情况，卡多纳的自由民这样回应：团结一致，武装反抗。他们知道要想保持团结一致，公社的任何一个成员都不能享有特殊权力。"假如你们中的任何人想比别人得到的更多，我们就像对待孩子一样对待他。"我们处在了一个转折点。在一代人的时间里，贵族逐渐占据上风，因而一些走出内地赴边境地区重新拓荒、定居的公社成员的强烈政治意识，可能源自他们在内地家乡的痛苦经历。

如果我们跨越整个比利牛斯山区，就会发现在卡尔卡松（Carcassome）、贝济耶（Béziers）、尼姆（Nîmes）、阿雷斯周围也存在着自由民公社。虽然这些地区留存下来的证据较少，但是仅有的这些证据依然可以把当时的情况清楚地显现出来。在这些地区，农民家庭环绕一块公共土地群居。他们在公共的牧场上喂养畜群，在公共的领地，即"自由人"的领地上砍伐树木。同样他们的公社也是作为合法的个体存在。我们可以从一份法庭诉讼案的记录看到尼姆附近卡斯特伯伦（Castebalen）公社是怎样把一块"公共自主地"（common allods）转让给一个属于夸特（Quart）地区的邻村的。对于转让土地，部分村民持反对意见，于是意见不同的双方聚在一起讨论，当时，对此事颇感兴趣的卢克（Luc）村的村民也参加了讨论会。我们从有关边界争端的记录中也可以看到公社的情况。由伯爵和子爵领导下的公共权力机构卷入了一起争端，于是他们主持了一个所有阿斯皮朗（Aspiran）"村民"（villiage-folk）参加的集会，即所有居住在阿斯皮朗的居民全部参加。我们对比萨克（Bizac）村做了类似资料研究，资料显示，与会的"村民"约有二百人。900 年左右，在纳尔榜地区，贵族并不因为生活在农民、"地位较低的民众"、"一大群普普通通的男女混杂的群体"中而感到卑贱。

我们还了解到，虽然普洛旺斯地区的资料稀少，但是伦巴第地区教会的大量资料，提供了许多关于阿尔卑斯地区的事例。在科洛尼亚（Cologna）的蒙泽斯（Monzese）地区，自主地持有者是一本详细专著的主题。这些资料集中体现了下面这一共同点：在南方，大地产虽然远远不占统治地位，但是也绝非居于次要地位，但是巨大地产的结构并非一成不变，它的出租农场与自由民的自主地毗邻。

北方"封建主义"的扩张

我们不能因为南方流传下来相对丰富的史料而产生一些误解，认为南方自由公社的数量比北方多。其实 9 世纪初，南方公社的数量可能并不比北方多。只是在北方地区，人们不常用文字记录现实，所以我们很难判断公社的情况，通常在无意中发现一些事实。例如，一块巨大修道院地产的管理者非常清楚自己领主的权限范围，只能召集居住在修道院依附农周围的自由民进行公共服役，他们记下了自由民两天的劳动情况。他们的记载让我们发现了自由公社的存在情况。在圣伯丁（Saint-Bertin，即圣奥梅尔）修道院所在地区，圭内斯（Guines）村的土地上生活着 40 名自由农，而修道院只有 16 名依附农；在维泽讷（Wizernes）村，有 21 名自由农，18 名依附农。事实上，这两个村的居住者主要是另外一类农民，我们将在后文加以说明。

法兰克里亚的公共权力机构经常从这些自由民群体中招收称为"fide jussores"的担保人。

担保人通过宣誓效命，自出财产进行公共服务，且责任自负。我们找到的普瓦图（Poitou）的阿尔丹（Ardim）村的例子有力地证明了这一点。但是这些"fide jussores"和公社就像豁免权特许状中的规则列举的那样，数量一定相当多。在一个或多个自主地持有者群体的土地上，"聚集宣誓者"（Gathering the oath-takers）是国王派遣的代表常用的管理方式。这就说明我们的研究对象是自由公社，因为奴隶没有资格宣誓。当国王的地方代理机构被大型宗教机构取代的时候，处理"聚集宣誓者"这类的事情就落在该机构的世俗代理人——调停者（the advocate）的肩上了。有时，这些宣誓者的名单被列在地产记录上，例如，9世纪初期，圣日耳曼德普雷（Saint-Germain-des-Prés）修道院的地产资料就记录了宣誓者的名字。

然而从整体形势上看，与南方的情况相比，北方自由农很快表现出了不稳定的状态。与其说有些人在自由民中比较富足、野心比较强，不如说这些人是"地区贵族"（nobility of the region）的成员，正如我们在圣伯丁修道院看到的那样，但是不稳定的问题涉及被加洛林僧侣称作"贫穷者"的那部分人。僧侣对他们的态度是怜悯中夹杂着轻视。9世纪初期的牧师会法规曾试图保护他们，使他们逃脱贵族的控制。我们通过阅读这些文章发现，瓦解这些乡村社区的手段事实上是联合他们的体制——部分"公共事业"，但是这种体制却被误用，造成了与社区最初意愿相反的后果。让我们在此简单介绍一下。国王的代表伯爵摊派给公国不同的社会群体，例如大地产所有者或自由的村民，许多"公共服务"（public service）义务，包括军事服役、税收等。为了摊派更多的服务义务，伯爵需要改变不同群体承担的数量。伯爵公然藐视牧师会法规明确禁止的东西，不断地从同一个村庄或牧场征集劳力，因而造成乡村劳动力明显不足。在乡村视察完毕后伯爵有权指定居住点，于是他指定追随者和自己居住在同一个村庄，他们通过索取供给的方式逐渐拖垮整个村庄。当他征收公共税收时，他可以利用虚假的税收数目和采取不正当的手段提高税额。

但是，如果自主地持有者拒绝遵守他的命令，接下来会发生什么事情？伯爵将命令他们缴纳30或60个苏（sous）的罚款。对低等的农民来说，这是一笔巨款。假如遭受这样处罚的家庭不能交纳罚金，村里的"裁判执行官"（judgement-finders）——助理法官（scabini）将奉伯爵的命令先去评估受罚者的财产价格，然后公布售价、售卖财产。谁会购入这些财产呢？买者通常是当地的贵族，他们是伯爵的朋友。如果农民想避免自己的财产被出售，就可以找到这位贵族，从其手中借回财产，这种借取通常需要支付一定的利息，利息是为交纳罚款所必备的现金。但是，如果恰逢来年歉收，农民不能偿还贵族罚金，他们必须找到"助理法官"，卖掉财产。有时借给他们财产的贵族非常慷慨，不向他们索取任何利息，但是为了换回这种"帮助"，他们可能要求农民借贷者转让土地的所有权。他们有时要求借贷者立刻转让，有时等到借贷者的一家之长去世之后才能得到所有权，这样可以达到无地的农民租借自己土地的目的，这些贵族则成为他们的领主。然而，这是确保他们与伯爵之间保持良好关系的最好办法吗？通常这一过程的受害者是孤儿寡母家庭，因为他们无法抵抗这种仁慈的压力。

有时农民家庭拒绝出售自主地。其家族聚在一起，参加在城墙外古老圣地前举行的自由民全体会议，在会议上发泄自己的怨气。假如伯爵遵守牧师法规，他应该审判这个案子。但是，伯爵拒绝对此案的审判，同时把这起诉讼推向地区会议，而地区会议受伯爵下属的监督，这些下属是当地贵族的代理人。但是，如果农民坚持在全体大会上讨论这件案子呢？嘲弄这种风俗的伯爵会不断改变会议的时间和地点，最终使会议成员间充斥着自己的同党。村民打算像 10 世纪末期一样，亲自向在勃艮第王宫举行的会议提起诉讼，他们的想法和行为再次受到了贵族的嘲弄，贵族认为王室法庭不是为他们这类人准备的：他们应该老老实实呆在家中。因此，这些农民是自由的，但却不够完全自由，他们被限制在狭窄的社会关系网中，致使视野狭小，仅限于自己的村庄和村庄周围的地区。他们没有资格参加大型会议。假如他们走进城市，他们就不可能去争取自由权利，而是去做使征税人受益的商品交易了。

压力增大

贵族破坏农民自由的上述策略并不新鲜，但是到了 9 世纪下半期，当维京人（Viking）袭击贵族的弃地时，这些策略变得更加有效了。现在这些村民试图保卫自身安全，奇怪的是，原来保护穷人的王室立法现在开始压制穷人。857 年，一个王室法令宣布废除由农民组成的抵抗"侵略者"（bandits）的民防兵团（the trustes）。由农民组成兵团的行为本应得到赞赏，至少他们的所作所为与在《萨利克法典》（Salic law）中记载的一样，与法兰克的风俗习惯一致。我们从 859 年的编年史中的一篇对事情的发生感到尴尬因而对事情轻描淡写的文章中了解到：位于卢瓦尔河和塞纳河之间的村民加入军队与维京人作战，却受到国王骑兵的攻击，农民组成的军队被摧毁。884 年，王室再次对农民提出警告，原因是，村民组成"人人都知晓的团队"（如古老的日耳曼传统中的宣誓组织）"正在抵抗侵略者"。

面对抵抗的失败，许多农民变得精神沮丧。既然只有受到保护才能生存，于是有的农民开始向教会势力求助，按"人头"交付年金，这样的人被称作交付人头税者（chevagiers，chevage：人头税）；其他的人向其守护神的神坛贡献一根蜡烛，这部分人就被称作蜡烛提供者（lu-miniers, luminaire：蜡烛）或被称作石蜡提供者（ciriers, cire：石蜡）。也就是说，现在他们附属于一名保护人。这种现象是广为人知的，若要估计其发展的规模和增长的速度，我们必须查看地产记录。我们知道，在靠近地产中心的乡村里，依附者的农田经常是与自由农和受保护者的农田紧密相连的。9 世纪初期，圣日耳曼德普雷地产上的居民大概由下面几类人组成：奴隶，占 7%；自由民（例如那些解除奴隶身份的人），占 3%；佃农，占 77.5%；受保护者，只占 12.5%。值得注意的是，奴隶所占的比例非常低。同一时期，假如马赛的圣维克托修道院的地产记录值得相信的话，那么米迪地区就是一个奴役劳动的地区，因为在这里我们发现奴隶总计占到总数的 44%，但是受保护者却不存在或者存在但人数不详。两代人之后，在香槟（Champagne）地区兰斯的圣雷米（Saint-Rémy）修道院控制的土地上，奴隶仍然占少数（占 13%），自由民的数量相对较高（15%），佃农仍然占多数（47%），但是受保护者的数量占兰斯地区家庭的 28%。再往北，在圭内斯和维泽讷，每有 20 个佃农，相

贝叶挂毯。毫无疑问，人们打算把贝叶挂毯悬挂在大教堂（1077年7月14日，官方在此召开了会议）中部的柱子中间。挂毯描绘的是诺曼底公爵威廉对英国的征服。该挂毯长 70 米，以亚麻布为底，采用8种不同色彩的毛线，绣出了58幅长度不同的图案，描绘了征服战争的胜利场面。其对日常生活的刻画反映了11世纪物质文明的方方面面。在这幅图中，诺曼人正在点燃未设防采邑上的房屋。

应就有 100 个受保护者。问题是造成这些差别的是地理因素造成的还是依附时间上的差别造成的呢？假定是后者的话，我们可以看到从 9 世纪中期就开始扩展的社会阶层——自主地持有者，现在变成了受保护者。其实，他们的社会地位最初就不太明确。

直到 11 世纪初期，这些把自己置于大的教会机构保护之下的农民自认为属于自由人，尽管他们从未取得真正的自由。一直以来，他们的主人甚至包括教会人士轻视的所有的依附者、奴隶、佃农，或受保护者。因为这些群体都是"他们的"人，所以他们用不着为这几类人的细微差别伤脑筋。因此，渐渐地，为数众多的依附农阶级形成了。后来混乱的附属"ministeriales"就是从这一阶级中发展而来的。这一阶级的规模让我们对北部乡村承受的压力印象深刻。加洛林王朝的结束见证了北方公共地产（尤其是教会财产）上"乏味的"（banal）领主权的建立，即一块领地上所有的农民都依附于一个领主。实际上，贵族是惟一的自由人。正如我们所看到的，10 世纪米迪地区爆发了封建主义的危机，而北方，封建主义正在确立。

巨大的转变

在 950 年或 980 年后的西欧和南欧，合法的王权已经失去了原来的意义。虽然米迪地区

非常注重王权的统治，但是，这时的贵族已经不再关心它的衰落，致使南方诸侯并起，脱离国王的控制。尽管公国各统一方，在某种程度上，传统机构，尤其是公共会议，仍然存在，只是它现在受贵族的控制。长期以来，集体需求决定实施的合法控制权——"the ban"，变成了贵族领主掌握的用来限制民众日常生活的权力。

这种危机的真实程度和深度令人怀疑，认为危机的到来只是僧侣们宣传出来的图景，因此我们必须重新审视现有的资料，脚踏实地的进行研究，分析进程与我们考察南方自由公社时一样。以这种方式进行研究，资料集中说明的东西就会清楚地显现出来。

从埃布罗河到阿尔卑斯山之间的内战

11世纪初，虽然发生了巨大的转变，致使贵族、公社和教会三者之间的力量对比一直在发生变化，但是加泰罗尼亚的总体局势还是平和的。1020年左右，教俗贵族的关系好像有些恶化。1035年后，双方之间的敌对形势已经非常明显。世俗贵族招募大量骑兵，建立强盗后备军，独占以前为地方人民所共有的公共森林。他们继续以新的堡垒为基地彻底控制乡村地区。在这些堡垒里，一旦受到侵害，他们就采取威胁和恐怖的办法在各地加强权力。这一过程揭示给我们的，只是何时教俗贵族才处于利益攸关的时刻。而此时的农民只能向法庭诉苦、抱怨，但是没有一个法庭敢于纠正贵族的侵犯行为。幸运的是，这些侵犯行为被记录了下来。

我们可以看到拉蒙（Ramon）伯爵对帕拉斯（Pallars）伯爵的"抱怨"："他骑马去唐迪（Tendriu）抢夺财物……他骑马去皮格蒙斯（Puigmanyons），亲手杀死好几个人，他又杀害了佩拉克（Peracalç）的村民，他也杀害了伯让（Beranui）的人……在圣科洛马（Santa Coloma），他围攻在神坛前避难的人……"。不幸的拉蒙也抱怨他的另外一个邻居，乌赫尔（Urgel）伯爵："他骑马来对付我，杀害了我的子爵和其他手下；他砍伐和烧毁我的庄稼，践踏我的土地。"最后拉蒙采取措施重新树立了自己的统治。他晚年忏悔"领导撒拉逊人攻击基督徒时犯下大量罪过，这些罪过致使许多基督徒遭受杀害和逮捕"。

自主地持有者被一连串的袭击和反袭击折腾得筋疲力尽，尽管他们不想，但是最终还是失去了自由。在这个地区，惟一设法保持独立的是遥远的安道尔山谷六个山村的"乡下人"（rustics）。尽管乌尔盖伯爵也对他们发动了战争，但是未能达到村民为其纳贡的目的。他只好放弃对该地领主权的索求，接受教区主教对该地的管理。在同一时期的南方边界地区，大堡主正在剥夺农民的自由。

纳尔榜（Narbonne）和贝济耶（Béziers）地区也正在上演堡主剥夺农民自由的情景。与赞美上帝相比，纳尔榜的大主教对获取权力更感兴趣，下面让我们倾听一下纳尔榜的子爵对大

遭受围攻的城市。曾被11世纪加泰隆（Catalan）的《圣经》描写过的这座城市基本上呈圆形，部分地区被锯齿状的石墙包围。这是一张采用图像学方式作的略图，因为实际上在这一时期，城市可能是木结构的建筑。图中的塔楼代表城市的建筑，在抽象的建筑群中，表现出活生生的日常生活：人们有的肩背柴草，有的头顶坛子，深感恐惧者则蹲伏在堡垒的遮蔽处（图片来自法华修道院《圣经》，梵蒂冈图书馆藏，拉丁文编号5729）。

主教的抱怨："我的叔叔埃芒戈德（Ermengaud）曾是纳尔榜的大主教，他在位期间，罗马和西班牙边界地区呈现一派繁荣的景象……（他死后，一个叫做吉弗雷 [Guifré] 的贵族亲戚接替了主教职位）。吉弗雷的所作所为就像一个魔鬼 ……他建造城堡与我作对，率领一支大军向我发动了残酷的战争，双方惨死1000人。"为控制这一地区，吉弗雷不遗余力地招兵买马为其卖命；他把抢夺的教会财产分给士兵享用；他违背和平、收缴罚款来支付雇佣兵的军饷。这位子爵并非像他自己描述的，是无辜的受害者。人们非常熟悉他所抱怨的情况，因为到处都是这样的景象，所以我们并不同情他所受到的侵害。

在形势严峻的年代里，卡尔卡松地区的伯爵和贝济耶地区的子爵共同镇压埃唐德绍（Etang de Thau）周围的乡村。他们与来自尼姆地区固守昂迪兹（Anduze）城堡的领主——"多毛者"伯纳德（Bernard "le Velu"）结盟。在行军途中，他们劫掠了孔克修道院的财产。于是我们有机会看到一份关于他们在卢皮亚（Loupian）地区所作所为的真实描述：

> 一个名叫"多毛者"伯纳德的骑士，率领一千骑兵和几乎同等数量的步兵围攻卢皮亚。他们挖掘战壕把卢皮亚团团围住。他们纵火、挥剑烧杀劫掠，所到之处，一片狼藉。

当地早就料到这种破坏行为的民众，带着值钱的财产到保护帕拉斯（Pallas）教堂的城墙后避难。居民们留下的是四壁皆空的寒舍，所以侵略者感到沮丧，因为掠夺的物品没有满足他们的欲望，于是他们把所掠之物放回营地后，继续向临近地区进发。

然而，孔克的僧侣却并不憎恨昂迪兹的领主，因为领主曾在一起法律诉讼中支持过僧侣，而被僧侣看做一位公正、正直的人。虽然僧侣与领主维持着良好关系，却未能逃脱匪徒们的贪婪目光。其中一名匪徒毫不犹豫地带领 50 人的骑兵向僧侣发起攻击，他们的目的是希望这次掠夺之后，就再也不想索取该地修道院的财产了。

领主们的野心也破坏了奥弗涅高原的和平。在奥弗涅，一个名为安布拉尔（Amblard，诺尼特 [Nonette] 的领主）的骑士，与邻居产生了矛盾。这位邻居认为自己的势力和安布拉尔的势力一样强大，所以在任何事情上都不向安布拉尔让步……双方的骑士厮杀在一起，纵火、挥剑破坏村民的居住区和生活必需品。好几个地方都发生了类似的事情，其他地区的农民感到非常害怕，担心他们的茅屋也被烧毁，于是熄灭炉子里的炭火，惟恐掠夺财物和烧毁乡舍的强盗找到点燃火把的火。

然而，从整体来看，骑士只是在毁掉一些乡村后，欲望仍未得到满足而感到沮丧的情况下，才向教会的土地发起进攻，因此教会人士的抱怨非但没有夸张，反而只是道出了侵略行为的一部分。实际上，这些教会人士没有受到直接攻击，他们根本不理解周围的乡亲所遭受的痛苦。

日常暴力

因为连绵不断的大小战争，人们每天都生活在恐惧之中。这一点我们可以从一个与农民关系比较亲密的修士雷诺（Renand）那里得到见证。雷诺帮马赛地区的圣维克托修道院照看普罗旺斯的威尔克罗兹（Villecroze）小修道院。晚年时，他对已故修道院院长伊萨恩（Isarn）的传记作者（一名修士）讲述自己和院长与地方贵族的头目——萨莱尔（Salernes）和蓬特维（Pontevès）的领主潘德尔夫（Pandulf）之间的争端。

> 曾经有一个名为潘德尔夫的人，他依靠自己的权势和各种卑鄙的手段控制所有的近邻。在他的要塞……有两位身体强健的年轻人向他索要一些金钱，他不但没有答应他们的要求，反而对他们施以绞刑，并偷偷地把他们的尸体丢弃在一个大岩洞里。事后不久，这种罪行被威尔克罗兹的修士发现，尸体被修士抬到修道院进行安葬……一段时间之后，有一个人在从沙托多布（Châteaudouble）返回的途中，遭到了潘德尔夫手下一群恶棍的围攻，

致使他从马上跌落下来，之后恶棍们把他的马强行拉走……我的主人修道院院长立刻派我去劝说正在那里劫掠的潘德尔夫；修道院院长自己去恳求潘德尔夫的妻子让她归还马匹，但是，他的恳求是徒劳的：那个妇人，像平常一样，脾气暴躁得像泼妇。修道院院长根本没有希望要回那匹马。潘德尔夫知道我在找他，在返回的途中，一路躲避。我虽然不在意旅途的劳苦，却对自己说服的失败感到气愤无比。回来后，赶紧忙于安排大家保卫我们的财产，尤其是保护我们喂养的猪群，但是我们怎样才能防卫穷凶极恶的人——这些人类的恶魔（假如我可以这样称呼他们的话）呢？白天这群恶魔躲藏在附近的森林里，当夜幕降临，我们放松警惕的时候，他们就突然出击，趁着黑夜，盗走猪群。

可能有人会认为这些骑士只是玩玩而已，但是这样的游戏有时会把农民推向痛苦的深渊。雷诺记起另外一件非常糟糕的事情：

> 有位世俗人士名叫艾德兰德，他势力强大、傲慢无比、邪恶凶悍。他不断地向位于拉格尼斯（Lagnes）的属于修道院的一个农庄的佃农索求大量物品，他强迫佃农向其交纳猪、羊等任何他感兴趣的东西。假如这些贫穷的佃农没有满足他的愿望，他就采取武力强行带走……一次，神圣的修士（伊萨恩 [Isarn]）恰好赶上一个报信者前来报告消息，说前一天晚上亵渎神明的匪徒抢劫了一个村庄。现在这群匪徒还暂时住在那里，用抢劫之后剩下的东西摆宴大吃大喝。伊萨恩周围的一家人都被激怒了，他们喊来邻居打算一起去援助受害者。他们准备手持长矛、盾牌冲向敌人，但是这位上帝的子民（伊萨恩）非常激动地摇着头，伸出双臂阻拦他们前行，言辞激烈地劝说他们不要采取这样危险的行动。他说农民们决意前行，必须先杀死他……他派自己的护卫队作为和平使者前去安排他与匪徒之间的会谈。

在受苦的农民公社和来自城堡的抢劫者之间，教会充当了调解人的角色。然而，他们的地位并不明确。我们回到他们充当调解人这一点上时，发现仅仅依靠劝诫行为是不行的，有时胆大的人决定自己控制整个事态的发展。

> （故事发生在罗格 [Rouergue]）孔克村,有个名为休的人。当地长官是他父亲的私生子,他借着这位私生子兄长的社会地位,鼓吹自己是贵族匪徒的一员。当地的人对他恨之入骨,然而有一个叫本尼迪克的村民坚决反对他的傲慢。平常休以各种极端恶劣的手段迫害本尼迪克。休不断地攻击本尼迪克,找各种借口与其争吵。本尼迪克在这些恶毒的攻击中深受伤害,最后盛怒之下把休打死了。因为害怕死者亲属找他算账,他放弃财产逃跑了。

他的妻子，不想离开丈夫便与其一起出逃，但是他们无法带上五岁的儿子一起逃命，最后儿子一人留守家中。

　　农民们认为，孩子在村里应该非常安全。不法之徒——死者的亲属只好躲藏在森林里，伺机报复。村民低估了这些高傲贵族的傲慢和残忍：死者的家属对这个男孩发泄仇恨，挖掉男孩的双眼，杀死男孩为死者抵命。村民把男孩的尸体找回，带到圣福瓦（Sainte Foy）的面前。这位圣徒"在男女老少的欢呼声中"恢复了男孩的视力。村民们赢得了一定的胜利。

　　但是，无论是村民的积极奋斗还是消极抵抗，都不能阻止暴力行为的发生。《圣福瓦显灵》(*Miracles of Sainte Foy*) 证明了这一点。越来越多的地区开始崇拜圣福瓦，包括阿让（Agen）、佩里戈尔（Périgord）、南部利穆赞（Sonth Limousin）、凯尔西（Quercy）、罗格、阿尔比基斯（Albigeois）、奥弗涅南部，还有尼姆和贝济耶地区。这次选用的著作与早期同类的著作相比，明显不同的，是攻击村民和没收财产的事件增多了。在最初两本关于圣徒显灵的著作中，有26%是关于调停此类事件的。这两本著作涉及的事件发生在980年至1020年。第三本和第四本著作涉及的事件发生在1030年至1076年，书中此类事件中圣徒降临奇迹的比例上升到36%，但是这两个比例仍然非常低。其实圣福瓦的降临创造了许多解放农民的奇迹，只是修士无法记住众多贫穷受害者的姓名，但是圣徒显灵后，教堂里堆满了解放者的脚镣。脚镣如此之多，以至于被运走融化，用作他途。即使关于这些脚镣的描述是出自后人的丰富想象，教堂不可能发生这样的事情，然而这些描述本身则说明了当时农民所遭受的苦难。一个时代必须有与之相适应的奇迹。

作为侵犯行为借口的法律

　　然而，如果认为上面的贪婪和残忍只是建立在强权基础之上的话，那就错了。当领主和他的党徒围捕马匹、骡子、驴子、猪和羊的时候，他们宣称自己只是在依法办事。按照古罗马的邮驿体系（cursus publicus），马匹和其他载重的牲畜都是国王特使需要的坐骑，10世纪奥弗涅会议上提到的"公共马匹"就是此义。载重的牲畜是国库向公共牧场征集的十一税。领主可以宣称需要好好招待国王的特使和他的护卫队，或宣称国王的军队需要供给，总之，每一件物品都被古日耳曼语"haribergon"（现代法语中"heberge"的意思是寄宿所），或"战士们的提神之物"囊括了。如果用一个词概括这些需要，那就是勒索（exactiones），这个词可以用来描述公共税务。就是在此时，勒索才获得了其在现代法语或英语中的意义——"比上级需要征收的更多，或者并非出于上级需要而征收"。虽然这样做一方面是为供给"当地国王的特使"的食宿，但是同时也是农民被迫承受当地骑士毫不软弱的双手不断制造的侵扰。

对大土地所有者来说，这与自己毫无关系。他认为这是自己权利之内的事情，他代表当时人们常说的公共权力，他的所作所为是在尽自己的公共职责。他的公共权力由国王的代理人伯爵授予。因此，获得公共权力的领主是被伯爵和国王任命的压榨人民的法官。于是他占领古老的要塞，而这些要塞是当地百姓在危险时刻避难的地方，是他们经常参加礼拜和会议的地方。领

被宽大的壕沟环绕的土堆上建立的一个圆形的防御工事。一座陡峭的人行桥通往狭窄的入口，只有通过该桥才能进入内部（里斯托默尔，康沃尔）。

主和其党徒还在未进行军事占领的山上设立防御工事。这样一来，整个地区都处于他们的严密监视之中。

当大规模侵略活动结束时，大量城堡的建立所显示出来的"封建的"不安全性开始困扰着人们。1030 年后，比特罗（Bitterois）的城堡数量和普罗旺斯的一样，增长了三倍。当然可以认为这些城市、堤坝、栅栏、壕沟就像过去一样，是用来保护"穷人"（the poor）和"手无寸铁的人"（the unarmed）的，但是我们必须解释，为什么与维京人、匈牙利人、撒拉逊人侵袭的时候相比反倒让人们觉得更不安全了呢？我们认为原因是当时"保护的竞争形式"增多。不可否认，村民居住在领主权力管辖的领地内，作为依附者受到领主（和他的下属）的保护。同时领主也保护他们免受另外一个领主——他的邻居的侵犯。与其相邻的领主，也试图带领着身体强壮的追随者扩展自己的势力范围。

当然，一些历史学家很难放弃对 11 世纪稍感安慰的印象，认为当时的人们由仁慈的领主统治着。虽然他们的统治非常严格，但是他们是为落后的农民伸张正义的领袖。他们认为所有这些"逮捕"、"掠夺行为"、"错误"、"暴力行为"、"强迫行为"、"抢夺"、"征税"、"勒索"和"要求"——总之所有这些"恶习"都是由那些妒忌世俗领主权力的修士发明的，而领主则是一次又一次地允诺放弃这些"习惯"。整个事件其实是历史在虚张声势，最初只是打算让领主放弃他们的合法权利，但是最终却误导了现代的历史学家，至少误导了那些有点同情农民的历史学家。实际上，稍稍懂得一点中世纪拉丁文知识就可以明白当时特许状里出现的这些词语大部分都是从方言转变到修士笔下的拉丁语的。当然，一定是修士和主教，至少是他们中的智者把这些词语吸收到拉丁文中，最后导致这些文章包含了上述词语，但是这些词语并非由他们自己杜撰。

教会与和平的维持

10世纪末期，一些教会人士似乎对世俗贵族持反对态度，目的是阻止当时的暴力行为，因此他们发动了上帝和平运动（Peace of God）。当这一运动开始发展并起作用的时候，他们又发起了著名的上帝休战运动（Truce of God）。对此进行详尽的考察是值得的，这样做既可以更加准确地定义封建危机的时间和地点，又可以更好地理解封建危机时教会所起的基本作用，但暂时不能考虑运动在教会史上的地位了。

长期以来，教会的土地对具有野心的强大的世俗领主来说是极大的诱惑。这些领主经常从外界寻找土地以壮大自己家族的势力。有时，一些教会耕地距离教士和修士管理的教会的地产中心很远，屈于世俗贵族的压力，教会通过著名的"康曼达"（commenda）这种契约形式把所有权转让给这些大地产主。这种形式的契约不仅存在于世俗领主和僧侣之间，寡妇，由于力量过于弱小而无法保有土地，也就把土地委托给大贵族。或者当大土地所有者居住地与地产距离较远时，就把整个乡村"委托"（commendare）给一个势力强大的贵族。有时一个亲族（Kin-group），甚至整个自由公社都委托给世俗领主。10世纪时，通过契约的手段，许多乡村处于贵族的控制之下。这种控制被当时的文章描述为"监护权"（wardship，这个词原指对未成年人的保护）。这正好对11世纪到12世纪在卢瓦尔南部土地上频繁发生的"委托"（commendations）事件做出了解释。一旦农田"委托"给世俗贵族，贵族就利用自己的社会地位，有时甚至不需要借助自己的公共权力（public power）和职位，向农民征税，实现自己对公共权威（public authority）的义务，因为他自身作为一名土地所有者或管理者要对公共权威负责。这一目的实现之后，他的下一个目标就更明确了。图尔附近，来自马木提（Marmontiers）的一名修士揭发了领主的这种勒索行为，他的观点让人非常信服："不需要定义或列举这些习俗，主要的习俗是我们提到的这种'委托'。它出现之后，其他的习俗跟风而起。"

可能是封建领主对公社施加的这种压力致使许多10世纪的农民转而向教会求助，要求得到教会的保护。在塞纳河北部和加泰罗尼亚都存在着这种情况。一位圣徒提供的保护更受人尊敬，起初这种保护还带来许多自由。毕竟教会领主不像世俗领主那么专制，至少12世纪教会的大多数教士不那么专制，但是教士的保护受到了改革者的指控。改革者控告他们太沉迷于世俗事物，行为更像一位老爷，而不是教友（brothers）。他们对此的回答是，农民选择我们作为主人，我们不能拒绝他们。

随着领主追回逃脱其控制的男男女女的企图的增强，领主对这些土地持有者施加的压力轮到教会来承受了。但是，世俗领主已不满足于通过合作式的"康曼达"从修道院得到一些偏远的地产或家庭赠与教会的地产，而是把目标盯准了教会的中心地产，即围绕着圣地的领地地

带。只要不危及到他们的生存，南方教会绝不
会同意这种要求，因此 10 世纪末期，由克吕
尼修士和一些主教领导下的运动的目的是阻
止骑士阶级的侵犯，并与其划清势力界限。

　　他们在当地圣徒的神圣遗迹周围召开大
会，同时把珍贵的遗骨匣从教堂的地下室取出
来放到阳光下。遗骨匣里装有圣徒神秘的骨
骼，引起人们疯狂的宗教崇拜。一些贵族是修
士的朋友和亲戚，也前来瞻仰。骑士被要求保
证"和平"，即发誓遵守一定的禁令。如我们
所料，禁令主要是关于暴力行为的，目的是保
护教会的土地和手无寸铁的僧侣。但是，它们
也禁止骑士逮捕农民和向农民勒索赎金，除非
农民犯了罪，向公共法官提出诉讼以求公正
时才能逮捕他们。《圣福瓦显灵》显示，骑士

乌尔盖的主教埃芒戈尔宣誓效忠于瑟达纳伯爵吉
弗雷德 (*Liber Feudorum Cerritaniae*，11世纪，巴塞罗纳
[Barcelona]，阿拉贡 (Aragon) 王家档案馆)。

经常对农民做出大会禁止的事情，这是骑士最喜爱的施压办法。大会限制骑士为主人征税，目
的是把勒索降低到可以忍受的程度。召开和平大会的目的是在这个特殊的时期，社会能够呈现
如上文描述的某种秩序。

　　和平运动好像开始于勒皮(Le Puy)。约在987年，改革者在那里主持召开了一个地方会议。
后来改革者把运动向西推进，发展到普瓦图。989 年在沙鲁(Charroux)召开了一次大会。次年，
运动往南扩展，改革者在纳尔榜召开大会；994 年，在勒皮，改革者再次召集所谓的全体大会。
但是，西部地区的教俗贵族在利摩日，东部地区的教俗贵族在里昂地区(lyonnais)的昂斯(Anse)
召开了更大规模的会议。在 989 年至 990 年间，推动运动发展的尝试不断增加，994 年的全体
大会表明了运动的真正影响范围。

　　在所谓"封建领主化"的进程中，这些会议算是转折点。在中心地区，全体会议或许已
经进行了几年了：它标志着该运动重要阶段的开始。在 11 世纪 20 年代，封建危机加剧；克吕
尼修士再次发起和平运动，他们试图把运动向卢瓦尔的北部推进，发展到卡佩国王（Capetian
King）的势力范围内，克吕尼修士希望能够看到米迪地区重建和平。1040 年左右，和平运动
的支持者又把运动往前推进一步，把他们在 1022 年至 1023 年间起草的措施制度化：他们不再
把目标对准某个地区或某个特殊的群体，而是把特定阶段指定为"无暴力"时期，这段神圣的
日子是奉献给一年一度的宗教节日庆典的。这样做旨在保护社会生活的更广阔的层面：在人人

熟知的各个朝圣地点，广大群众聚在一起享受节日快乐。他们进行的这种和平旅程曾是伏击和追捕的绝佳机会，此时禁止使用武力就意味着保护一个社会中至关重要的东西。

农民与和平：一场"变革"

由南方教会最积极的人士发起的上帝和平运动和上帝休战运动，因受到广大群众和一些大堡主的支持而日渐巩固。大堡主之所以支持两大运动，可能因为他们对属下骑士的行为感到非常恼火。这种共同联盟是时有摩擦的。1038年，利摩日的农民受一位性格鲁莽的主教的煽动，组成和平民团，向城堡发起进攻。这种行为超出了教会所立契约的界限，毫无疑问是例外，但是这种行为表明了农民向和平大会所施加的压力。

在运动的中心地区——奥弗涅、勃艮第和维埃纳（Vienne）的周围，在运动推行程度比较积极的米迪的其他地区，克吕尼的修士与支持他们的主教和领主不得不依靠村民，但是在加泰罗尼亚和西部（这里已经确立强大的封建王权）不存在依靠农民的情况。修士、主教和领主以农民所期望的方式与其交谈，向他们宣称：信仰上帝的人们不仅是团结的，而且是平等的；他们歌颂农民，却使用反对运动的讥讽的语调。琅城主教阿达尔伯罗的"第一父母之歌"是关于父亲亚当和母亲夏娃的，歌曲赞颂的是人人劳动时期不存在贵族血统的情景。过去，琅城主教因受到惊吓宣布废除"乡村会议"和民防兵团。他嘲笑农民的这些行为非常荒唐，他们以驴、野牛或骆驼为坐骑的骑兵就能抵御侵略，而不需要农民兵团的帮助。然而世界颠倒了，不久，主教们不得不去田里拉犁干农活，好战的骑兵身穿修道服，保持类似修道院禁闭时的沉静，农民却加冕称王；国王本身则成了穷人的奴仆，只是"顶着国王头衔的农奴"。这种嘲讽暗指和平运动下的民意，担忧农民激进运动的出现，害怕有力的颠覆运动将改变贵族或僧侣的统治秩序。我们确实看到了风起云涌的城乡人民的异端运动，一些人认为这是宗教范围内的异端。但是，从1020年至1025年的法国北部地区，到1050年米兰地区的帕塔雷尼斯（Patarenes）轰轰烈烈的"前格列高利"（pre-Gregorian）暴动来看，异端运动与和平运动有许多共同点，因此肯定有其他的因素在起作用。

法国乡村农民预言家厌烦了不断的哭泣和无限的痛苦，于是带领大家挑战这个邪恶世纪恶劣的生存环境，他们梦想建立一个没有罪恶的世界。下面我们举例说明这一点。临近千年的某一年，夏龙（Châlons）地区的韦尔蒂（Vertus）村，一个名为莱乌特德（Leutard）的农民受到神灵的感召，与妻子分离了。

一天，他发现田里只有自己一个人在劳作。劳累休息时，他睡着了，他好像感到一群蜜蜂通过秘道进入他的身体。后来蜜蜂从他的口中嗡嗡涌出，不断地叮蜇他。一段时

上帝的和平运动与异端运动。

间过后，他快要被蜜蜂蜇疯了，但是它们好像在对他讲话，命令他去做一个人无法做到的许多事情。

　　勃艮第的修士留给我们一份充满愤慨的记录，描述了莱乌特德在做弥撒的时候，突然站起来，把代表上帝和人类灾难的十字架扯了下来并踏了上去。接着他开始讲话，讲得头头是道，"不久他的声誉吸引了不少的听众"。一代人过后，尽管辩证古老的正义与邪恶的"摩尼主义"运动（Manichaeanism）遭受压制，但是在这一地区已经深入人心。

　　修士用指责11世纪农民叛乱的语调记述12世纪的农民暴动。北部的异端分子到离韦尔蒂不远的吉梅尔（Guimer）山区避难，这时他们的宗教已经发展到莱茵河、佛兰德尔（Flanders）

海岸线周围和皮卡尔迪（Picardy）平原。蓄着胡子的预言家，身穿带着披肩的黑色长袍，赤着脚不辞劳苦地向路上、田间的人们鼓吹无形的上帝的荣耀与没有魔鬼的世界。实际上，清洁派（Cathar）尽管没有满足孤陋寡闻的崇拜者的要求，但是毫无疑问，早期北方该派的势力远比米迪的势力壮大。

北方的主教：反对和平

让我们再回到 11 世纪。克吕尼修士让自己处在农民领袖的地位上，道出农民的心声。他们的所作所为使统治阶级的地位受到威胁。克吕尼修士也是统治阶级，但是他们是统治阶级中最开明的人。北部的主教废黜了他们认为无责任感的变革者。对克吕尼修士行为批评最严厉的当属塞纳河和莱茵河地区之间的主教，来自高贵的罗退林基亚的阿达尔伯罗。从总体情况看，这些地区各个教会的地位大不相同。我们看到，这一地区的危机可能开始得比较早，发展得比较缓慢。总之，长期以来，主教和修道院院长（如他们自诩的）是"王室权力最强大的支柱"。与米迪地区相比，修道院的地位尤其特殊。北方大修道院不像南方的修女只做祈祷，它们是加洛林王室的真正堡垒。巨大地产促使他们形成坚固的地产集团。修道院院长通过调停者（是国王授权由他任命的代理人）作为中间人为自由民伸张正义，并招兵买马，建立了一支季节性的纪律严格的骑兵部队。他的领地享受豁免权，也就是说，他们与王宫建立了直接的联系，不受伯爵控制。9 世纪末，科尔比（Corbie）地区享受豁免权的土地面积是 1700 平方公里；圣里基埃（Saint-Riquier）享受豁免权的地区包含庞迪耶的大部分；圣伯丁豁免的地区是布隆涅（Boulogne）的腹地；阿拉斯（Arras）地区圣瓦斯特（Saint-Vaast）豁免的领地非常广泛，包括来自日耳曼帝国康布雷（Cambrai）的一半教区。在这半个教区，主教直接对日耳曼帝国负责。在巴黎周围，圣丹尼斯修道院豁免的地产包括威辛（Vexin）；圣日耳曼德普雷（Saint-Germain-des-Prés）修道院豁免的地产包括塞纳河南部地区。

在这些地区，教会的财产不能与世俗贵族的财产相比，因为教会的财产远远不是占主导地位的财产。现在贵族的问题不是加强他们的权力，而是想方设法控制这些领地、建立自己的领主权。如果不去控制这些领地，他们就无法享受到领主权。他们采取的办法是转变调停者（advocate）的身份和作用。我们已经看到，调停者是修道院院长在世俗社会的助手，他们服从于修道院院长，通过修道院院长与国王建立关系。调停者从当地的显贵中选出，因而他很难放弃自己的这种服从地位。但是，到了 10 世纪，一些法兰克的大家族开始独立，调停者的职责被伯爵取代，因此伯爵不受修道院领导的控制，伯爵在自己的支持者中任命——"副调停者"（sub-advocates）担任各个职务。随之，这些地产按照调停者的利益被瓜分。原来居住在豁免领地上的自主地持有者如果犯罪，就被调停者带到修道院法庭接受审判，调停者让修士记录下他们的行为，用方言说就是"申斥"（坦瑟 tancer）他们的行为。如此，担任副调停者的地方领主们就拥有了整个村庄的申斥权(tancement)，北方的这种"tancement"，相当于南方的"康曼达"。虽然词语的来源不同，但指代的意思相同。

但是，北方领主以这种方式侵吞自由民的地产没有激起双方的残酷斗争。与其说这是结构的改变，不如说是原来公有地产所有权的贵族化、个人化。这种私有化与法兰

教会是王室的支持者。国王哈罗德不仅是盎格鲁－撒克逊人的领导者，而且是与其争夺王位的诺曼底公爵威廉的领导者。图中哈罗德正在接受大主教斯蒂甘德赐福的王权宝球和节杖（图片来自贝叶挂毯）。

克贵族共同关注目标的转向有很大关系。法兰克贵族停止了对国外的征伐活动，所以他们把注意力开始转向国内。其实，北方大的教会组织并未把所有权力都转让给城堡的领主。修道院院长，尤其是主教，还有他们的封臣，已经习惯于控制权力，习惯于把自己看做王室权力的代理人（representatives par excellence）。所以，他们认为自己的势力仍然强大，仍然能够让社会正常运转。

教会依靠自主地持有者的公社已经毫无意义。对他们来说，社会被完全分成两大阵营：贵族和田间劳作的农奴。最近有学者提出所谓的"印欧世界"（Indo-European）由三类人构成的说法，即祈祷者、战斗者和劳动者。对琅城的阿达尔伯罗及其同类人来说，所有的农民今后都是农奴，他们注定一生要饱受艰辛、劳苦和辛苦（辛苦"travail"在词源上是痛苦"pain"的意思），这个负担极其沉重的群体，除了艰苦的劳作之外，一无所有。谁能衡量出农奴们付出的汗水，走过的路程和做不完的苦工呢？创造财富和提供吃穿是农奴的命运。但是，作为教会人士，阿达尔伯罗认为"应该提醒人们"，"如果离开农奴，任何一个自由人（如他本人和他的贵族）都不能生存……领主们被农奴们供养，他应该感到骄傲。"一位拥有地产的优秀领主应该记住这句话，仁慈地对待作为劳动阶级的农奴。主教对这一问题思考过后，平静地做出结论："农奴的眼泪和怨恨永无止境。"

我们必须记住，在这些所谓的农奴中，有许多人曾是教会的委托人，而北方的主教没有想过与农奴结盟，只是打算让农奴屈服于自己的利益。我们能够理解为什么主教怀疑乡村会议，因为乡村会议建立在陈列和崇拜遗迹的基础上，好像是在进行偶像崇拜。到10世纪初，米迪地区基督教的势力仍然非常强大，足以铲除这种偶像崇拜。然而，正如我们将看到的，米迪地区的

形势与北方相比,差别很大。唤醒古老的魔鬼以夺取社会的领导地位有什么意义呢？从整体上说,北方的主教已经在使用这项特权了。不幸的是,从 10 世纪末开始,他们心安理得地将为其坚持不懈地劳作的"负荷群体"(burdened race)引诱过来,就像地下的河流,渐渐形成一股势力,但是北方的主教们却浑然不知。农村预言家的突然出现向主教们证实了他们的保守思想的危害。

　　在这样的背景下, 11 世纪 60 年代,北方的主教和一些王宫贵族,例如佛兰德尔的伯爵、诺曼底的公爵决定接受上帝休战运动,但是他们使运动符合自己的习俗,其目的不是保护弱者,而是限制封地。限制封地的做法正在毁掉十分之一的骑士亲族(knightly kin-groups),这不仅威胁到新贵的团结,而且威胁到他们强加给公国的社会秩序的形成。

　　最后总结的时候我们发现,上帝和平运动和上帝休战运动并不像开始显示的那样对社会产生突变性的影响。一旦自主地持有者的公社瓦解,乡村社会便分裂成农奴和乡绅两个阶级。乡绅以与旧贵族结盟为骄傲,旧贵族在人数上占绝对优势,他们在实行专制统治。其实,这种变化在我们第一次提到之前,已经开始。和平立法(Peace Legislation)这个新词,源自封建制度危机(例如骑士和农民的对立)。实际上,和平立法规范社会群体,它遮掩着,有时公开地声称自己要通过道德教化改变各社会群体的角色,因此和平立法限定着各种社会群体。封建领主的骑士转变成贵族的基督教战士后,他们就不再仅仅是强盗了,而是成为一个强大的、等级分明的统治阶级,他们的物质和精神地位全部建立在封地(fief)的纽带之上。骑士从男爵那里获得封地,男爵从伯爵那里获得封地,伯爵从国王那里获得封地,社会由此成为了封建社会。

自主地和封地的作用

　　如上所述,封建制度危机不仅担负着重新建立统治者与被统治者之间的关系的责任,而且暗含着上文关注的集体意识中深刻的精神变化。其中统治者和被统治者之间的关系是反映封建领主正义程度的简要概括。这时,新的骑士文学作品在不断创新,产生并形成了新的内容,成为迎合封地发展的新文化。这也标志着古体史诗开始服务于政治目的。这是一个非常值得研究的领域,但是在此我们并不关注它,因为它包含着公认的现代因素,其目的不是阐明 10 至 11 世纪形成的转变时期。这里我们必须试着阐明另外一个主题,虽然我们对它的了解比较模糊,但是必须阐述它:这就是自由公社的信仰、习俗和礼仪。前文我们已经见证了自由公社的衰落。我们只有趁自由公社瓦解之时才能瞥见这一主题的大体轮廓。这是人类文化学者非常熟悉的悖论:只有在文化开始衰落之时,人们才能真正理解它。

　　为了把握在这两个变化的世纪中农民的思想,我们必须放弃中世纪史学者提倡使用的拉丁文史料。这主要基于以下两个原因:其一,这些文章一般出自修士之手,而修士天生就是反对农民的思想的。其二，中世纪的拉丁文经过几个世纪的努力，已经被锤炼成"单意的和绝对的语言"，它们不适合描述与古代相连的农民世界。确实，拉丁作品能够传达一些有价值的信息，然而它们不能展示给我们一个有生气的农民世界。拉丁作品与用方言写成的文章不同，方言接近大众思想中使用的一些概念；接近中世纪僧侣嘲讽的"粗俗的语言"、"愚人的语言"中的概念，这些概念只有"文盲"、"白痴"才用；接近词语的最初意义中表达的概念。确实，僧侣很少用方言撰写文章。当他们偶尔听到此类文章时，感到无可奈何，就像我们记述11世纪预言家时看到的，只能认为它们是对乡村民众进行的煽动和蛊惑。我们要努力再现这种已被废弃的文字，至少再现一部分，再现两个要点，即内容有些重叠的法律和宗教。

从文化的多样性到阶级冲突

罗马帝国衰落后，整个加洛林时期，出生在各个小民族的人们虽然需要适应新的环境，却想方设法保持自己独特的、根植于自身古老文化中的法律传统。每个人都遵循他所属文化组织的"法律"，依此认定自己是"法兰克人"、"勃艮第人"、"哥特人"或"阿基坦人"（即"罗马人"）。法学家称这种现象为法律的个性，但是这种个性掩盖不了它的集体共性。非常明显，法律的个性并不意味着其法律的应用在时间和地点上存在着差异。法律的应用依靠的是宗教信仰和社会阶级。对由长期吸收本国文化的农民组成的大众来说，法律的多样性没有太大意义。"宣告法律"的地方小贵族知道，在康布雷的所作所为和在纳尔榜的所作所为没有区别，那些需要他们的法律伸张正义的人不会离开，而且会与临近的居民联姻。互相矛盾的法律问题，例如今天在国际司法领域里出现的问题，在社会下层却不存在，除非发生在文化交叉的地区，因为那里居住着庞杂的各类群体。

然而，在帝国贵族这一层面上，情况就不同了。政治谋划、巨大的联姻关系网、鞭长莫及的政府，促使贵族进行大规模的社会流动，而这是不为农民所知的。可惜，除法典外，几乎所有的法律文件，都是关于贵族的，这对史料中明显的矛盾对立是一个很好的解释。

10世纪中期，贵族仍然保持着法律所规定的古老特征：一方面，在昂古莱姆（Angoulême）和克莱蒙特（Clermont），有教养的贵族犹能记起罗马法，直到13世纪两地才不再实行罗马法；另一方面，在后来才实行罗马法的维埃纳或纳尔榜地区，一小部分人仍使用《萨利克法典》，这就是说，他们还遵守法兰克习俗。918年，在图罗森（Toulousain）的阿尔佐讷（Alzonne）召开了法学家大会，不同法律习俗下的专家互相辨别身份后，确定大会包括：八个罗马法官，八个哥特"rachinburgii"（法官），仅有四个法兰克"scabini"（会办、法官）。再如，位于实行罗马法的阿基坦地区的图卢兹，是哥特王国的首都，但直到933年仍由遵守《萨利克法典》

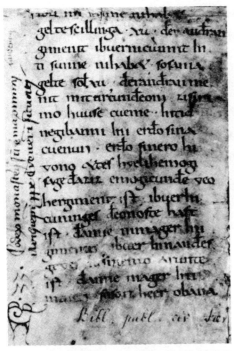

法兰克人的法律。古高地德语中的部分手稿（特里尔，国家图书馆）。

的法兰克家族的后裔，一位侯爵统治着。

　　然而，864年，加洛林的国王提起南部地区时，仍把它看做遵守罗马法的地区，因此涉及农民事务时，他就引用罗马法。相反，北部地区的罗马法正在消失，甚至在贵族中也不流行了。在关于两个修道院之间的诉讼中，尽管规定教会的案件必须用罗马法断定，但是没有一个法官能够运用巴黎留存的罗马法。这就说明在"法兰西亚"的大城市周围，有资格宣布法律的自由人不再了解"本地的"（vulgar）罗马法，只了解法兰克的习惯法。如果你想寻找一个罗马法学家，你必须从奥尔良启程，而且只有进入一个特殊地区——加蒂奈（Gâtinais）的时候才能找到。

　　因此，同一时期里昂（Lyon）的大主教阿格博德（Agobard），对他所在城市中庞杂的各类族群实施各种各样的司法体系充满着抱怨。这里值得注意的是，在这样一个边疆城市，在贵族群体的生活中，罗马法不仅受到了勃艮第、法兰克法律的影响，而且与意大利伦巴第的法律有联系。阿格博德所述事实证明了在里昂地区，各种各样的"法律"是怎样隐藏在"上帝的子民"（实际上只提到了贵族）的大家庭中的。他还宣布在周围的乡村，在一定程度上，也存在着多样性的"法律"，各种法律实施起来都有一定的困难。对此他提出了自己的建议，他认为把各司法体系缩减为两种：一是"法兰克法"，它是王室的法律，是使用最广泛的蛮族人的法律；一个是"罗马法"，它是教会的法律，是米迪地区人民大众使用的法律。

　　然而只是到了10世纪，阿格博德的愿望才得以实现，在某种程度上可能超出了他的希望。在这一时期，一篇来自普瓦图的文章第一次提到"公国的习惯法"；1095年，其他的城市有"波尔多习惯法"。1095年，图卢兹的伯爵，一个地地道道的法兰克人，却遵守罗马法生活。从这一时期开始，便不再是有关"罗马法"或"法兰克法"的问题，而是地区法的问题了。法律虽然是人定的，但是它不是一个"民族"的事情，不是一个种族群和文化群的事情，而是一个地区的事情。法律不再是"私人的"，而成为"地区的"。因此，法律实施的地域已经确立，这源于11世纪的政治地理，但是大部分法律实施的双重基础在9世纪就已显现出来了。

　　圣洛桑（Saintes-Lausanne）南部地区实行的是"成文法"，例如属于罗马法实施范围内的土地。当地的习惯法，也已经罗马化了。12世纪以来，为王侯服务的法学家都在加强这一点。

12世纪早期，南方的法学家受到意大利学校教育的影响，引进东罗马帝国的罗马法，致使东罗马帝国的罗马法在意大利，尤其是罗马的附属地区得到推广。在北方，实行狭义"习惯法"的地方，即法律基础不是罗马法的地区，法学家记录了全部是口述下来的地方习俗。地方习俗渐渐地转化成一个包罗万象的法律汇编（corpus）。在此基础上，法学家们对地方习俗重新进行编订。编订过程从"巴黎"的习惯法开始，因而法律逐渐向君主的利益倾斜。这样做的目的，与其说是通过固定习惯法的方式来改进习惯法（在任何情况下，都不能夸大习惯法的可塑性），不如说是牺牲迄今为止创造它的群体的利益，使其处于王室和其代理人的控制之下。

记录下来的习惯法让我们清楚地看到，北方存在着贵族和"农民"的阶级差别，这种阶级差别在法律中表现得相当明显。从12世纪开始，农民和贵族都有自己特殊的习惯法和"法律"。这种特殊性包括什么呢？

自由的社会

第一次谈到自主地持有者的时候，我提到了一个不可思议的错误。这个错误致使自主地持有者被称为"小土地所有者"。现在是纠正这个错误的时候了。11世纪南方的一些抄写员在拟定一份特许状的时候，常用地方的拉丁词语"allodium"来指代自主地持有者，"allodium"在古法语中变为"alluet"；他们也常用古典拉丁语中的"proprietas"，但是他们不对二者进行区分。在当时当地，他们犯下的错误不像今天对我们造成的迷惑不解这样严重。实际上，"property"和"allod"意思是相反的：按照古老的定义，其中"property"仅供个人"使用、赢利和滥用"（这就是说，个人有权转让和破坏财产）；而"allod"是"all-eaht"，表示"全体人的财产"，"all-eaht"这个词是日耳曼人迁入法国时的舶来语，最后它也为米迪地区的人们所使用。

后面这个词也吸收了两个互相关联的概念。一个是死去的祖先的概念：在日耳曼人的法典中，"allod"翻译为拉丁文是"terra aviatica"，指祖先的土地。一个享有继承份额的人必须放弃土地时，例如在遭受罚款或驱逐的情况下，他不得不进行"chene-chruda"，相当于盎格鲁－撒克逊人常说的"kin-hredde"，意思是"把自己从家族中解放出来"。另外一个是"odal"的概念。在斯堪的纳维亚，非常明显存在一种叫做"odal"的财产，这是一种死后被继承的财产，它使当前占有的财产合法存在：如果对当前占有的财产发生了一起诉讼，双方都要列举自己曾经"居住"在那里的已故亲属的名单，双方都列举尽可能多的亲属，并列举最早居住在那里的亲属。通过土地的名称可以证实早期的土地占有，正如我们从冰岛的英雄传奇中看到的：某个农场是一位祖先居住的地方；某条河流的浅滩是一位亲属战死的地方，他手中还握着武器；某个峡谷是另外一位亲属淹死的地方；最重要的是祖先的古墓，它们是无可辩驳的证据，斯堪的纳维亚法典中用"haug-odal"来表示这种土地，意思是"古墓矗立的自主地"。从全球的角度来看，无论是在土堆上还是高山上，死者就像"黑色的小精灵"继续监视着"所有家人的财产"。祖先死去的时候，所有生者不得不索求属于自己的那份权利，争取属于自己的份地。我们将看到，10世纪时死者的灵魂远没有被基督教徒的布道或主教的工作从乡下人的头脑中驱逐出去。

但是，正如我们已经看到的，封建领主的体制是自由公社的敌人。在它的压力之下，自主地逐渐减少。保存下来的一些珍贵数据可以让我们了解减少的程度。在加泰罗尼亚，这个罗马化的地区，有许多可供研究的遗嘱。通过对遗嘱的研究发现：990年至1000年间，80%的财产遗赠是关于自主地的；接下来遗赠的自主地财产所占的比例越来越少，1000年至1025年间，占65%；1025年至1050年间，占55%；1050年至1075年间，占35%；1075年至1100年间，占25%；1120年至1130年间，占10%。12世纪，在波尔多（Bordeaux）周围乡村地区，自主地的比例好像与加泰罗尼亚的差不多（10%）。从10世纪中叶开始，在沙特尔周围乡村地区，自主地持有者也把零星土地捐赠给大教堂；在这个非罗马化的地区，这一事实标志着自主地体制的衰落。其衰落的速度与加泰罗尼亚一样，自主地所占比例情况如下：940年至1030年间，占80%；1030年至1060年间，占45%；1060年至1090年间，占38%；1090年至1130年间，占8%。在皮卡尔迪和佛兰德尔交界处，我们发现情况完全不同：在占地面积为250平方公里的埃丹（Hesdin），1090年至1150年间有61%的土地交易包括自主地；这一地区另外一个乡村戏谑的起名为"pays d'Alleue"，其他类似的名字只代表乡村，例如萨伏依公国的"les Allues"、伊夫林（Yvelines）的"les Alluets"、阿登、安茹、尼奥尔以及普瓦图的"les Alleuds"。

然而长期以来，人们认为米迪地区剩下的自主地比北方多。实际上，这种观点混淆了两个地区在结构和性质上的基本区别。北方被称作"allodial"（自主地）的土地一块块地连在一起。我们可以这样说，虽然北方自主地不是很多，但是存在的范围广泛。在本质上它属于真正的归集体所有的一块自主地。因此，整个地区的自由农民继续保持他们的独立和习俗。我们将在下面讨论的特诺斯（Ternois）的"the pays d'Alleue"（自主地），还有伊沃特（Yvetot）的"公国"是这方面非常显著的例子。另一方面，南方的自主地规模狭小，法律文件中经常出现关于它们的记载。这就表明米迪地区的人们把法兰克词语用于不同的现实世界，用于不付租金的可继承的土地财产（property），但是在罗马法中，这些土地可被买卖。假如我们考察13世纪各家族遵循的习俗的整体情况时，这种差异表现得越来越明显。这时他们面对的问题是：继承土地，按照有资格继承的每一个后代成员的继承份额继承。因为米迪地区农民的习俗被第二层罗马法（the second layer of Roman law）所掩盖，这里只有北方引起我们的注意。封建危机的另一方面，从时间上说，自主地体制的幸存是非常重要的。

对农民继承问题的争论

在这幅根据习惯法史学家的著作勾勒出的地图上，有三个地区流行分割继承，并有着一系列解决该问题的方法。

首先是通行习惯法的诺曼底，此处的土地严格地按照分割继承的原则分配。12 世纪末，诺曼底习惯法（Très Ancien Coutumier）规定："虽然父亲生前已将财产分配给子女，且子女已持有各自分得的财产很长时间，但在父亲死后，子女则无法继续持有分得的财产。"之后，它又有这样的条文，"若父亲去世，某些子女应将因受宠而在父亲生前取得的财产交回，以便重新分配。子女在父亲死后有平等继承的权利，任何父亲不得以赠与、传承、出售等手段令某个子女多得，或偏向某个子女。"意即逝者的遗愿对自主地不起作用，死者的所有土地必须在其亲属中平分。那些曾从死者那里接受财产的人则有义务将它交还。当然，如若其余子女能得到合适的补偿，长子可以选择遗产中上好的土地，或称"核心地产"。

同样，整个北部也流行相似的习惯，北部各地都禁止确立"具有优越权的继承人（或称 a lief kind，佛兰德尔人则称之为 an enfant cheri)"，但各地具体习惯仍有细微差异。在西半部地区，例如安茹、曼恩（Maine）、图赖纳（Touraine）、普瓦图和布列塔尼部分地区，也流行上述"父亲死时子女交回原先分得的财产"的习惯，不同的是，需要交还的仅是经可信之人裁判后超出平均值的那部分财产。位于夏龙(Châlons)附近香槟地区的大部分也有类似的习俗，可能在佛兰德尔也流行此方法。上述各地区的财产分配习惯有一个共同的特征，即财产不是根据死者的遗嘱分配，而是作为一个整体流传，它明显带有族群体制(kin-group regime)的烙印，蕴涵着一种无限的（ad infinitum）思想。

这种体制往往被描述成苛刻的平均主义，或称带有个人主义色彩的平均主义。在这种体制下，任何一名男子皆可自由处置其某块地产，他可结婚并在别处安家，也可以为了探险而离弃地产，也可选择独身，或与兄弟姐妹居住在一起。通常情况下，土地仍然保持完整，以便众子女共同在土地上劳作，这一点与斯堪的纳维亚地区的习惯非常相似，但每人对各自的份额仍有决定权，即每人皆有自由处置其地产的权力，此即令一个男人（或一个女人）拥有自由权的真正原因。这里需要再次强调的是自由，而非个人主义，因为个人主义意味着分割土地（虽然土地分割的情况往往能得以避免）。

第二个地区以巴黎和奥尔良为中心，此地通行的习惯法即源自上述两地，其实质是可选择性继承，即在成婚时分得财产的子女有权选择"交回"或是"保留"分得的财产。此选择权的最后期限是在财产重新分配之前。子女可以选择作为"继承者"或"分割者"，但不能既为"继承者"又为"分割者"。迄今为止，学者对这种习惯的源头仍不甚明了。只知后来它蔓延至特

47

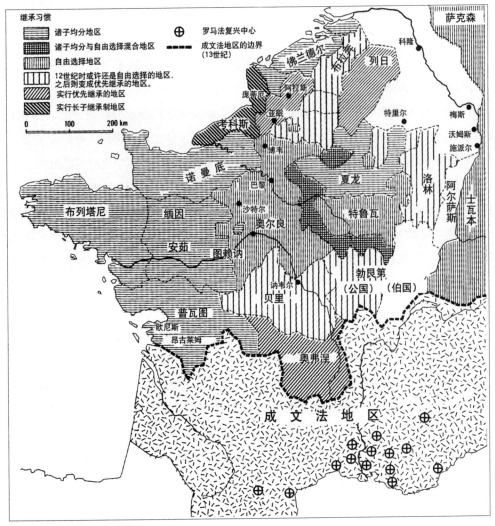

继承法与自主地的残留。

鲁瓦（Troyes）、韦芒杜瓦（Vermandois）、洛林、贝里（Berry）、尼韦奈（Nivernais）和勃良第等地区，或者说其习惯通用于上述地区。此种选择继承模式的兴起可能象征着绝对分割继承模式的衰落，过渡性习惯的存在也证实了这一点。在实行平均分割继承的夏龙地区与通行选择继承的特鲁瓦、奥尔良，甚至兰斯地区之间，存在着一个狭长的地带，此处的继承习惯从桑斯（Sens）地区的习俗延伸而来，也是对上述两种模式的折中。实行两习惯的地区相互包围是常有的事，比如在洛林、邓瓦（Dunois）和努瓦永（Noyon）地区。在选择继承模式下，某个继承人理论上可以享受一些优先权，但值得一提的是巴黎地区却极力强调平分。比如，若某继承人得到了"不合理的"、"过分的"优待，则会有"权威法官"对其超出部分进行核查，并强制其归还超出平均的部分。这一点与前面提到的实行平分继承的区域有着相似之处。从长远角度观察，选择继承模式的发展趋势是在偏离平分继承，但它并不完全否定平分继承。那些居住于家庭中的未成家的子女仍能平分父母的财产。

最后则是非平分继承模式流行的区域。庞迪耶（Ponthieu）和考科斯（Caux）地区盛行长子继承制，亚眠瓦（Amienois）和阿拉斯地区则实行优先继承制（Praecipuum），此种继承模式下，某继承人有权优先取得多于平均水平的财产。

平分继承、选择继承和优先继承之间并非毫无联系，在某些情况下，一些分配土地的主要方法在各地区都有体现。平分继承流行于遍布自主地的地区，如斯堪的纳维亚人居住的诺曼底以及埃丹和西北部的阿图瓦（Artois）。相反，11世纪以来，在阿拉斯附近的东南部地区，从前的自由人都已经沦为修道院的依附者。盛行选择继承的巴黎和博韦周围的土地多与"维兰"（Villeins，必须为其地主劳动和交租金的富有的非自由农人）有关。不自由的"维兰"既非农奴，亦非贵族。"维兰"经营的土地是13世纪当地惟一盛行的土地占有形式，这些土地已经不能被称为"自主地"，它们已经沦为"维兰"持有地。这使得我们能更好地理解选择继承模式的实质，它之所以能使子女以家庭中心形成一个团结的集体，是因为它最初规定，若子女选择在结婚时继承，则财产少于最终作为继承人所取得的财产。相反，奥尔良古老的分配模式则排斥已建立新家庭的子女，因其在结婚时已取得了财产。这表明，该地区的领主制试图改变农民的上述习惯，但未成功。最后是流行按出生顺序排列继承优先权的地区，它反映的是一种确定的经典土地持有方式：土地由一人掌握，在年老或患了不治之症时，他有义务指定其某个儿子（或长子，或幼子）取代其位置继续掌管土地。此种非平分继承的习惯在上文所述的北部条状地带非常流行，此处正是大地产盛行的地区。另外，在位于上述两种主流继承模式边界上的布拉奔特（Brabant）和于克勒（Uccle）地区，有两种不同的农民仍坚持着各自的继承习惯：被称为"mesniemen"的农民实行非平分继承，他们往往是一个大家族的成员；被称为"voegtmen"的农民是从前的自由人，也称被召回的农民，他们选择的是平分继承。

对上述两种截然相反的继承模式（即平分继承占统治地位的自主地区域和非平分继承盛行的区域）稍加考察之后，其结果使我们对后者的流行程度产生怀疑。实际上，自主地居多的平分继承区域也很广阔。以斯堪的纳维亚为例，那里丰富的物质资源让人很自然地去选择平分继承模式，这表明自由人实行平分继承，平等参与司法集会等内容已成为当地社会结构不可分割的一部分，而且它与封君的强大权力是不相容的。此模式中所蕴涵的明显的"分摊至个人"的思想实际上是当地公有习俗与合作制体系的一部分。很多的因素导致了这种社会平均主义的产生，比如，族群中的均分习俗，竞争者与同盟者之间的均衡等。正如斯堪的纳维亚传说中反映的那样，家族对个体权利的限制也助长了平分习惯。12世纪，在领主权力愈来愈强的地区爆发了农民起义，他们提出了原始的"均分"口号，这表明农民仍在捍卫其社会习俗，这不仅仅是一个梦想。

分封的开始

与此同时，贵族阶层已从本质上进入了分封时代。9、10世纪，大批起家于农民的骑士挤进了贵族阶层，他们持有的土地已成为整个封建地产的一部分，并形成了特有的独立运行体系，这样就冒着与农民持有的小块土地及农奴主占有的农场相混淆的危险。如果说持有封地不是一种逃脱依赖性的方式，那么它至少是对封地选择了一种更体面的解释：封地持有者崇尚的是效忠，而非服从。正像自主地体现的是族群对土地的关系一样，（其后来的形式）封地则真正代表一种新的思维模式。

封地（fief）源于古日耳曼部落中的"Feohu"（或作 Faihu）习惯。"Feohu"是日耳曼原始部落中最神圣的信仰，它是原始部落中第一个，也是最神圣的字符。之外，还有最负盛名的符号——"弗雷亚家族（the family Freya）"。"Feohu"之所以重要是因为它是统治古代文化的一系列观念中第一个表意符号，并只能在祭祀弗雷亚（Freya）和封赐封土时才可以使用的特殊符号。根据注释，"Feohu"意为"对所有人的一种安慰物，然而每人皆应慷慨地将之分配"。就物质意义而言，它是一种珍稀的事物，上面画有一种或几种特殊字符，可能有时是"女神弗雷亚"。这些字符随着时间的推移会逐渐模糊。到了3世纪，人们开始将字符刻在金属上，有时作为字母表供人练习，"画"依然被用来描述此程序。很多这些刻在珍稀物事（如外衣上的胸针、铜盒、悬挂在带子上的骨头等）上的符号都是一种"献辞"或是作为"爱心"的体现，如："Alu 赠送"、"Hariberga 赠给深爱的 Liubo"、"Boso 写下这些字符，并将此礼物赠于 Deotha"、"Arogis 和 Alaguth 将此礼物诚挚地赠于……"、"Joy 赠于 Godahid"。

这些"画"上的字符使"Feohu"不仅仅是一个简单的礼物，因其上往往还刻有另一个神秘符号——"gibu"，它使"Feohu"成了人类文化学者所称的"附加义务的礼物"，但最恰当的方式是将之视为一种建立友谊的礼物。正是有了这种慷慨赠与的礼物，并在"爱心"和女神弗雷亚的昭示下，和平的社会交往才得以维持。例如，有时为了维护和平，人们往往向有伤亡的敌方部族赠送此种礼物，以慰其心，补偿其损失。如当丹麦国王维尔芬加·赫萨拉夫（Wulfinga Haetholaf）被其友人之一埃杰森（Edagetheow）杀害后，赫罗特加（Hrothgar）决定涉入此事："我用'Feohu'来消弭血仇，并给维尔芬加（Wulfingas）家族送去古老且贵重的礼物。"在日德兰半岛（Jutland），一股撒克逊部族被由芬兰国王率领的弗里西亚人（Frisians）和朱特人（Jutes）恶意攻击，其宫室被焚烧殆尽。后来，为了和平，攻击者许诺为受害部族重新建造一座有着崇高王座的宫殿，条件是宫殿必须为他们与朱特人共同拥有。他们与朱特人

将拥有同等的地位。芬兰国王（福尔克瓦德
[Folcwalda] 的儿子）为了赠与 "Feohu"，
他总是给予撒克逊人（半丹麦人）很多荣誉，
就像他取悦于弗里西亚部族一样，他在宴会
厅中赠与撒克逊人象征荣耀的镯子（由珍贵
的黄金打造而成，一般由勇士佩戴），同时，
双方则宣誓维持永久的和平。在伦巴第也有
类似的盟约，此地新婚夫妇能收到来自新娘
父亲的礼物，称 "父亲赠与（Faderfio）"，
新郎自己带来的礼物则称 "宴礼（Metfio）"。

　　无论多寡，"Feohu" 都是用于建立或重
建友谊的。其时的书记员用拉丁文称赞道，"它
能宽慰人心，化解冤仇，确保友谊。" 另外，
它还能帮助部落首领维持部落的和谐与平衡，
对于他们来说，没有比无封土赐予下属更糟
糕的事情了。一些鲜有的证据也表明，此种
带有义务的赠与在加洛林时代仍然存在。

在妻子阿尔蒙德斯的陪同下，巴塞罗那伯爵雷蒙·贝
伦加尔一世将2000盎司黄金递给贝济耶子爵贝尔德，以购
买对卡尔卡松和拉泽斯地区的统治权。伯爵左手中的钱币
象征着黄金，右手与子爵的击掌则意味着成交（《封建法
汇编》，11世纪，巴塞罗那阿拉贡皇家档案馆）。

　　同时，加洛林皇室中还流行着一种从
古罗马帝国后期流传下来的奖励性赠与，即
士兵因其服役而获得的赠与。它曾被用于组建勇士团，勇士团则构成了之后加洛林军队的核心，
特别是北部大教堂提供的骑士。此种赠与的意义在于使士兵在执行任务时能集中精力，不为忧
虑之事所扰。它往往是一块恰好能供养一名士兵的土地，为宣扬这种赠与，9 世纪最著名的主
教之一，兰斯的欣克玛（Hincmar of Rheims）曾说道，"如若不养牛犊，何得耕地之牛。" 教
会在此继承了元老派贵族对士兵的鄙视，他们视士兵为走兽和嗜杀者。世俗大地产主有时亦给
予属下土地作为礼物，但此赠与应另当别论。它仅属于对有功奴仆的奖掖。有时此种赠与也发
生于下面的情况：某个有权势的贵族将某块自主地收回，并以封地的形式重新赠与原土地持有
者，经过此番变动，土地持有者的义务往往变得更轻松。

　　10 世纪时，由法兰克守塞军队带入米迪的名词 "Feù" 开始有了 "带义务的封地" 的意义，
并开始被称为封土（Feudum），即 feoh-ōd。因旧词 "Feoh" 从未有过 "土地" 之意，人们便
用新词 "Feudum" 代替之。新词于 11 世纪初期起流行于北部韦芒杜瓦和埃诺（Hainault）地区。
或许它更古老，长久以来居住于昔日西罗马帝国版图内的日耳曼武士和农民皆将商品视为礼物。

购买土地者的金钱和出卖土地者的土地皆被视为礼物或其代替物。意大利北部的公证人因长期处理蛮族之间的业务，因此不得不了解其习惯，并积极地在其作品中融入旧的蛮族仪式和习俗："若卖主是法兰克人（不管是撒利克族的撒利安人，还是佛朗克族的利普里安人）、哥特人或阿勒曼人（Aleman），其仪式程序如下：先将文书置于地上，并在文书之上放置刀、刻有神秘字符的棍子或其他有魔力的物件，有时还在文书上放些泥土、树枝和墨水瓶。之后由公证人将文书从地上拿起，并诵读文书上古老的信条（上文已有表述）。"在举行仪式时，公证人不会将上述所有物件都放于羊皮纸制文书上，不同的部族对不同的物件有所偏好。法兰克人偏好刻有图符的棍子，他们在离开自主地时也会使用它，他们称这种土地转移为"ant-daelang"。而阿勒曼人在转移土地时多使用具有魔力的事物"want"，其仪式被称为"want-daelang"。泥土与树枝象征土地，墨水瓶大概代表公证人对仪式的贡献。这种在北部流行了很长时间的仪式不一定有悠久的历史，它很可能创始于墨洛温王朝。直至12世纪时，人们在授予北部骑士封地时，仍在使用棍子和稻草，若他们欲与授予其封地的领主断绝关系，则会将稻草扔掉。此行为在某种程度上类似于其祖先在放弃土地继承权（renonciatio）时的行为：若他们想脱离自主地公社，则会将一些棍子扔掉。尽管在发展过程中有些改变和变形，这种仪式却一直保留了下来。

不像自主地，封地不能共享。自主地体现的是一种族内的平等理念，而日耳曼形式的封土制度将整个家族置于持有封土的人周围。在北部，当仅存的自由家族被吸纳入贵族的圈子时（其自主地被迫委托给大封建主，封建主再以封地的形式还给他们），日耳曼贵族颁布了自己的法律，并与旧日耳曼的平分习俗决裂。在诺曼底，12世纪时，人们仍保留着斯堪的纳维亚传统，此时正处于转变时期。在维兰和贵族中平分继承仍在继续实行，但一般是在世袭土地上实行。这种土地被称为索克地（socagia），索克曼（sokeman）视之为可继承的封地（索克曼即有权参与自由人的司法庭审的人）。封地本身是不可分割的，在其他各地区，此种土地的区别逐步转换成人与人之间的区别：农民分割其土地，贵族则不分割，或者说很少分割。而且封地法的范畴开始扩展到其他形式的财产。甚至于，封建领主强加于贵族家庭的这种封建关系已变成世袭的。

与自主地继承模式相反，贵族继承模式恶化了继承人之间的不平等性。首先，它排斥私生子，放弃（从教会的劝慰的角度讲）多重婚姻和9世纪时丹麦式的婚姻，并借此区分合法子女与非法子女。其次，它破坏了男性继承人与女性继承人之间的平等，后者虽可能得到嫁资，但往往既少且质量很差。再次，它通过长子继承或共享制在男性继承人中制造了不平等。在继承模式的限制之内，贵族继承还提高了家长的地位。家长对此世袭地产上的所有人都有管理权，分配及赠与财产的权利也掌握在其手中，年幼子女的物质生活状况完全取决于家长对其的喜好程度。

这样，贵族家庭中便形成了以单一男性传承为中心的继承模式，其外在形式也如此，用带有中世纪意味的词语表达，即直系继承已经形成。在此模式中，每一个家庭成员都依靠并服务于惟一可继承家产的男性，若此男性不去世，整个继承模式不会有任何改变。很自然，此种模式并非在每一地区都得以实行，但从北部一直到米迪，该模式是各地继承的一般发展趋势。在米迪地区，有少量骑士共享某些小村庄的收入，这大概是上述模式在此地区未获完全成功的标志。

此时的贵族都已基本转化为"封建贵族"，因其家庭结构已变得和农民完全不同，后者多少还保留了自由成分。此时自主地家庭已经让位于"封建家庭"。有些学者拒绝使用"封建"一词，认为它是一个缺乏表达能力的形容词，比18世纪的革命宣传的效果好不了多少。有人则反驳道，如果不将封建贵族占统治地位的社会称为封建社会，我们还能称之为什么？

仪式与义务

在"封建主义"发展的过程中，不管国王有意识的政策是否起了作用，也不论当时猛烈的私有化趋势是否有其存在的意义，在10世纪末至12世纪初的时间里，整个基督教化了的欧洲已经形成了封君封臣制度，并且它已经构成了整个封建制度的一部分。在法国米迪，书写的文书使封君封臣制度有了一种明显的契约特征。而在意大利中部，与封地相比，封君封臣关系显得无足轻重，在德国却正好相反。当然，有很多地区，如阿基坦（Aquitaine）和皮卡尔迪，受封建制度的影响则很小，或者说很晚才形成封建制度。而像诺曼底和英格兰则很早就完全封建化了。即使在持有自主地的贵族占优势的地区，或者说1200年之前，封建化贵族占少数的地区，也有一种普遍的社会规范在影响着整个贵族阶层。

12世纪初，土地封授仪式得以确立，它由一系列复杂的程序构成，并形成了一套固定的模式，从而得以推广至各地。封臣先作一简短陈述，然后解下武器并跪下，以此来证明他已成为封君的人。之后，封臣将双手置于封君的双手之中。然后，封君将封臣扶起，并亲吻封臣的嘴唇表示接受他为其封臣（德国人则反对此种行为，他们认为此举在封君封臣之间形成了一种不恰当的平等关系）。此即所谓的效忠仪式（在德国则被称为"mannschaft"）。另外，双方还需在圣物前相互起誓遵守诺言，而双方的这种"手与唇"的契约展现的是一种关系，几乎就是一种亲属关系，彼此约束的关系：封臣须尊敬封君，在适当的时候应向封君提供食宿，并有义务向封君提供经济协助（后来人们又具体规定了几种必须协助的场合）。封臣还有义务向封君提供建议，我们不应忽略，有时封臣的建议在某种程度上亦能达到控制封君的程度。封臣并非一定要服军役，有时他们需要做的仅是在封君的城堡中巡逻一遭，平时则靠下棋或与姑娘们调情来打发枯燥无味的日子，而在诺曼底、英格兰和圣地，军事义务则是效忠的实质内容。对于封君来说，他应像父亲对待子嗣一样爱护封臣，保护封臣，并经常赏赐封臣礼物，邀封臣同桌就餐，训练封臣之子，为封臣的女儿主婚。但在此理想化的模式中，与上文提到的

哈罗德向威廉起誓图。图中哈罗德每只手皆置于一个圣物箱上，此仪式发生在巴约，可能反映了哈罗德在忏悔者爱德华去世后正式承认威廉为英国国王的场景（巴约，挂毯饰品）。

赠与（benificium）一样，封地易被看成是封臣尽义务所得的报酬，而且此时这两种形式的赠与仍无明确的区别，至少在法律上并无区分。例如，一般骑士持有的封地与教俗大封建主持有的高官厚爵没有区别。在所有的场合中，封授仪式皆以赠送某些象征性的物品的形式进行，这些物品多少都会与封地相关，比如：一束草或是稻草、一根树枝、一面旗帜、一个十字架、《圣经》、钥匙，甚至有可能是教堂中的拴钟绳。在这里，以前各式各样的仪式皆被简化成统一的模式，古体文风也掩饰不住它所具有的新时代的特征。

封地的可继承性使贵族家庭间的永久性封君封臣关系得以加强，因为它可令双方各取所需。我们已认识到在9世纪之后收回封地实非易事，甚至在封地持有者去世的情况下亦是如此。法律允许双方毁约，背弃曾许下的诺言，封君也有权将封地收回，历史上有关的斗争也不鲜见。这样，双方都有必要践行契约以免封地落入他人手中。在贵族阶层，或其他阶层中，若将此种关系引入教会，则问题将会更加复杂。土地一旦被授予修道院，封君将无法将其收回了，且此土地亦不会产生任何义务，封君惟一能取得的是经济补偿。同样，封君也无法收取附属权利，因教会作为一种组织，它永远不会死，所以不管是主教去世或修道院院长去世，其接替者皆毋需向封君交纳继承金，这些财产就落入教会的"死手"之中。1100年之后，封地的可继承性在俗界逐步得到加强，其间未遇到任何障碍，这正解释了为何大批自主地持有者毫不犹豫地将土地转让给领主，并以"封地的形式再取回"其自主地，因为他们对于能继续持有其土地深信不疑。

12世纪末，虽然贵族内部貌似极具凝聚力，但因实行严格的继承制度，不免产生一些矛盾。国王和显赫的贵族皆拒绝采用分割继承，最著名的例子是德国萨克森王朝的奥托王们（Ottonian dynasty）坚决实行非分割继承的政策，因这些土地皆与公职相关联。正是出于对土地被分割的

担心，才导致了长子继承原则的产生，从而确保了
封君分封的封地仅有一个持有者。此原则意味着，
家族为了维护长子的权利将实行限制性婚姻，长子
得以居住于城堡之中。而幼子，在继承权得不到满
足的情况下，只能选择其并不感兴趣的教士或僧侣
职业，如此便在贵族中形成了"无产化"的趋势，
若长子一枝较弱，则此家族即会有绝嗣的危险。西
部则流行一种共享模式，在该模式下，长子对家族
所有地产负责，同时实行多种分配方法，即使这种
制度会产生痛苦与不安，但这是新形成的封建贵族
为维护其权力与统治地位而应付出的代价。

一个仆人伺候其主人的饮酒图（兰斯教堂宗教选文集，11世纪，手稿294号）。

　　人们好像试图用封建制度（feudality）特指贵族及其由贵族构成的社会结构之间的一系列关系，因此我们有必要仔细区分封建制度与封建主义（feudalism），前者多强调贵族之间的封君封臣关系，即以义务换取封地的习惯，而后者则侧重于因贵族统治而形成的社会结构，多指贵族对其属下及农民的剥削。这种区分虽有很大的意义，但却不甚明晰，后者实际上是德文"封建制度"的英文音译，而在德国史学史中，该词却是译自法文"féodalité"，它多为马克思和恩格斯使用，他们更多地以批判的和唯物主义的眼光来看待这个词。如此，"封建制度"与"封建主义"就有了区别，前者多强调封君封臣制度的政治和法律意义，而后者则多从生产和经济的角度去理解。

　　不论是否采用这一区分，我们都能发现封地还附加有统治权。现代读者有时被中世纪微妙的语言误导。比如："此城堡（或要塞）以及周遭的土地皆属于某封臣从封君那里获赐的封地。"但对于居住在那里的农民而言，此领主即是被分封的贵族，他对自己有统治权，此即所谓的领主权（seigneurie）。当时人们很少使用该词，但领主对农民确实实施很多统治权。这种统治权源自古代的公共法，但就其实施程度来看，显然是有所加强，范围亦被扩大。

　　于是地租成了整个农民阶层应尽的义务，但多亏了领主拥有成队的骑兵、城堡和对农民的司法决定权，他们才能从农民那里征收额外的劳役。劳役是地租的发展，人们可以想见到起初它定然是不受农民欢迎的，所以更需要使用暴力来维持。在此意义上，封建主义可以说是庄园制度的最高形式。因为这种制度要求农民提供额外的地租或劳役，所以可以认为这是"欧洲经济发展"的缘由，或许用"欧洲进步"或"欧洲奇迹"来表达更恰当，但不能忘却的，是这一奇迹的制造者是不情愿的农民。他们在监工的督促下不情愿地为领主付出额外劳动。监工是一个特殊的阶层，他们亦来自农民，与劳动者甚至是同村居住，但他们以牺牲同村人的利益为

　　具有保护和统治功能的城堡黑汀汉姆城堡（Hedingham Castle）的俯瞰图（埃塞克斯，11世纪），这是一个典型的诺曼式城堡。

代价受雇于领主。他们贪婪、傲慢，忘记了其低微的出身，梦想着与领主有同等地位，但他们充其量只是中产阶级，而不属于贵族。

由教会认可的封建领主权成了镇压暴乱、保持统治区域稳定有序的保障，同样也被农民认为是维持稳定的力量，是危害较小的一个魔鬼。后期的农民起义提出了原始的平等、自由等口号，使领主权受到挑战。其实这种挑战在封建制度萌芽时期就已存在，表明社会一致赞同的制度也是有局限性的，但封建制度之所以能够建立，不完全是因为有骑士暴力带来的恐惧，有些东西比剑更有影响力。自主地持有者公社的解体不仅仅是政治史或军事史上的问题，同时也是一种文化史的问题。

野蛮思想的驯服

为解释围绕着自主地思想形成的一系列观念，我们已经在上文提及了北部农民文化的另一个基本方面，即长期以来被称为异教信仰的农民宗教。这里我们发现一件独特的作品，它揭示了大部分顽固农民的精神世界。它就是沃尔姆斯主教布尔夏德（Burchard）编著的《皈依者与抚慰者》（*The Corrector and Physician*）。虽然它是教会文献，但其深入的分析却比老套的文献更让人了解农民的信仰。作品附注则让读者能与异教文化建立联系，使人们了解到，异教在当时主要流行于欧洲北部，法国的民间传说中亦有反映，这些传说主要来自法兰克部族。

布尔夏德的著作大概成书于公元1000年左右，被收集在他的教会法文集中。从本质上说，这部作品是一本忏悔录，其中详细记载了大量忏悔者的忏悔记录，讲述他们是如何皈依的，至少从理论上是如何被转化成基督徒的。这部著作是同类著作中最完整的一部，是由位于莱茵河红山地区（red hills of Rhine）的沃尔姆斯教区主教编辑而成。但从作品的开始部分看，其目的不止于仅仅记载这些忏悔记录。布尔夏德在编辑此书过程中得到其朋友，同时又是相邻的施派尔（Speyer）教区主教的帮助。布尔夏德本人属于著名的列日（Liège）教区的洛布（Lobbes）修道院。正是在那里，他发现了写作的基本素材，他的大量编辑工作旨在为他在科隆和美因兹的教友提供参考，并通过他们向当地的牧师提供参考，因为在当时教区系统刚刚起步的阶段，当地牧师的信仰和当地民众一样都不甚坚定。

布尔夏德是自古以来传教工作的集大成者，传教工作可以上溯到教士们在不列颠用福音使盎格鲁－撒克逊蛮族部落皈依的时期。当时最著名的传播福音者是坎特伯雷的西奥多（Theodore）。他受罗马的派遣，并在罗马的指导下来不列颠传教，同时他还得到了爱尔兰教会的鼓励和帮助。爱尔兰教会是当时不列颠较早的教会组织之一。之后，两个盎格鲁－撒克逊显赫贵族的后代接过了西奥多传播福音的火炬。一个是约克的大主教埃格伯特（Egbert），另一个是美

因兹大主教温弗里茨（Winfrith），他给自己取了一个罗马名字叫卜尼法斯（Boniface）。他的足迹踏遍整个法兰克帝国，并在那里以最高的热情转化人们的信仰，当时，该地的基督教信徒寥寥无几。他鼓励加洛林统治者加尔洛曼（Carloman）在743年至744年推行牧师会法规，在靠近洛布的莱普汀斯（Leptines）或埃斯蒂斯（Estinnes）地区，这些法规几乎都已散佚了。惟一幸存的主要条目显示，此法规为传播福音提供了重要的依据。例如法规详细规定了基督教禁止的活动，同时法规还用本地语言明确了人们埋葬死者时亵渎灵魂的活动。卜尼法斯的活动被他的继承者们持续了一个多世纪。他们有伟大的加洛林教士、康布雷（Cambri）主教哈利特加（Halitgar）；美因茨大主教（847～856年）赫拉博纳斯·毛鲁斯（Hrabanus Maurus）；普吕姆（Prum）修道院院长雷吉诺，他曾于899年至915年为特里尔（Trier）大主教雷巴德（Ratbod）工作过。这一系列传教活动由布尔夏德接替并在他的努力下臻于完善。他修订并发展了先人的记载，增加了不少内容，使之更详细，更明了。

莱茵女巫的魔力

当散乱的资料被集中在一起时，以前只是部分地被人们了解的异教文化的全貌终于显露了出来。我们这里不谈男巫、占卜者和炼丹者，因为这些人物不能反映新事物，而且这类人在历史上广泛分布于世界各地，无特殊价值。同样也略过"宴饮"和"狂欢"不做介绍，此时，人们的行为就像雄鹿或小牛一样发泄欲望、贪吃。这些在12月或四旬斋日（复活节前40日，埃斯蒂斯会议，the council of Estinnes斥之为猪一样的贪吃的2月宴会）举行的盛会在中世纪早期多次被教会会议禁止。12世纪这些宴饮多少都被基督教化了，也开始被教会容许。布尔夏德的著作表明很多其他有趣的活动的普遍存在。

　　布尔夏德明确地知道他要反对什么：不是要反对那些有点偏离基督教信仰且处于信仰边缘的人，而是要反对与基督教完全敌对的另一种信仰。为抵制人们对星宿的信仰（特别是对月亮），他多次向人们宣扬他在雷吉诺著作中发现的古西班牙会议条款，但他也不是丝毫不加鉴别地采纳，而是批判地借鉴。他说："你实际上仍在坚持祖先流传下来的异教信仰，并把它作为一种父子相继的信仰传承至今。"布尔夏德特意选在禁止人们向月亮祈助的禁令颁布之前，在月亮被云层遮住时宣读了这句话。月亮被云层遮住，象征着人们对月亮的胜利，这是在一百多年前赫拉博纳斯首次这样描述之后，布尔夏德重申这一观点。据记载，在赫拉博纳斯的教区，当时人们曾公开向月亮祈助。

　　"父子相继"这个词在这里虽然很恰当，但通过对布尔夏德著作的仔细研究，我们发现信仰大多来自母亲而非父亲。以该异教信仰为例，在宣扬异教的集体仪式中，女性扮演着核心角色，这也可以从日常生活中得到验证。在纺织的时候，她们大多聚在房中的阴暗温暖处念咒语以巩固自身的信仰，而破坏敌对者的信仰。在圣诞节的第八日，她们本应休息以等待神圣救世主的降临，而她们却在纺织或缝纫，以至于她们在新年来临时还在工作。

　　家制面包也是她们注意的对象，她们一般要在房中用手工研磨谷物。若她要想除掉其丈夫，只需将事先涂抹在身上的蜂蜜粘在要研磨的谷物上，并以太阳运行的反方向研磨即可。若她想获宠于丈夫，只需请朋友将上述研磨物抹在其臀部即能奏效。若整个家庭想知道来年的兆头，妇女有其妙法，她只要观察面包发起的样子即可做出判断。若是孩子发烧了，妇女会立即将他像烤面包一样放进烤炉。

　　妇女在铺餐桌时也颇为讲究，在一年中的某些时候，比如在秋季，她们会设供三处以飨诺斯（Norns）三仙女（三仙女指 Urd、Verdande、Skuld），旨在获其恩宠。我们还了解到，这些传说中的神有很大的法力，他们能使新生儿具有变形的能力，比如变成狼，当地迷信的居民称之为"狼人"。在莱茵河以西，该词演变成具有浪漫意义的词"Garou"。下文还将再讨论这一使人迷惑的"狼"。值得注意的是，部分的日常法术虽然于事无补但却是公开举行的，虽然用面包"咒死人"或"祈人爱"的活动可以秘密进行，而"将孩子投入烤炉"和"为仙女设宴"则不可以。

　　关于死者，则有更多的讲究。死者由附近居民轮流看守，同时还伴随着暴戾的歌舞，大量地饮酒。妇女会将死者生前的梳子置于棺木上。之后就到了将棺木抬走的时候了，时辰一到，便有人迅速地取一瓢水泼在棺盖上。当抬棺人通过门槛时，他们应将棺木尽量放低，至少应低于膝盖。在放置棺木的房子门口，早就备有一个拆散了的四轮车，抬棺人务必将棺木掠车而过。而在曾存放过尸骨的房间，人们则燃起谷物，据说，如果没有这些程序生者将受到死者的纠缠。

　　有些死者更富有威胁性，因为他们去世时皆非常绝望，所以对世人有害。例如：未被命名而死的婴儿、难产致死的妇女等。妇女则会用一根木桩将其钉在坟茔中，使之永不得离开地下。传说生产中死去的婴儿定会变成吸血鬼或狼人。正是狼人在月食时吞没了月亮，至少赫拉博纳斯的美因兹教区居民相信这一点。

最后，妇女还与天气有关。村里的女人负责求雨或求晴天。她们先是集合村里的小女孩，选择其中一个使其赤裸。之后她们会抬着这个女孩不停地走，直至遇见一种叫天仙子的草，布尔夏德注释道，此草即"bilse"，是法兰克男巫最得力的工具，除此之外，还包括颠茄，盎格鲁－撒克逊人称之为天仙子，龙葵、棘果（thornapple）或曼陀罗。如将"Bilse"与明矾混合成绿色物质，则能减轻分娩的疼痛，还能作为堕胎药剂；在另一篇章中，布尔夏德极力抨击了堕胎饮剂。但"Bilse"还有更多功效，掌握它的人能有洞穿阴界的能力，被它掌握的人可能会丢掉性命。此属于两种不同意义的力量，善与恶被不可分地混合在一起。我们继续求雨的话题，一旦遇上此草，人群就会停下来，小女孩走近此草，并用右手小指取一些草，之后将草系在右脚的小趾上。我们可以猜想，小女孩的小指（趾）究竟意味着什么。之后，队伍继续前行，女孩仍被抬着。然后她们走到河边将女孩投入水中，随之所有随行人员也都进入水中并激起水花泼在小女孩身上，同时唱歌撒咒。最后抬起女孩返回村中，回来的路上，仍要让刚才的小河展现于脑海之中。所有这些活动皆在光天化日之下公开进行。还有一些人来自莱茵河流域的大教堂。

上述歌舞、求雨仪式虽然可笑，但却明显地继承自他们的祖先。更可怕的一面，也是罪恶的核心，即这些仪式或文化的控制者（确切地说是女主持人）。莱茵地区的这些令人震惊的萨满活动曾被普吕姆的雷吉诺在加洛林牧师会法规中揭露过，而布尔夏德则又增加了一些篇章继续批判此类活动。

> 有些妇女分辩说，她们必须从事这些活动，因为她们接受了神的命令，而非出于自身的需要：夜晚她们不由自主地骑上不知名的野兽，追随着一群有着妇女形象的恶魔，愚昧的人们称她们为"Holda"（霍尔达，善意者）……有些邪恶的妇女相信并教唆别人说，她们在夜晚会骑上不知名的野兽，与她一起的则是异教女神狄安娜（Diana）或希罗蒂安娜（Herodiana），在静谧的月夜与其他妇女一起，她们掠过广袤的田野，听从被尊为女主人的狄安娜的命令，有些晚上她们要随时候命。大批民众皆被这一幻觉欺骗，相信这一切都是真的。

稍后我们会在不流畅的拉丁文中看到狄安娜或希罗蒂安娜以不流畅的拉丁文成对出现的背后隐藏着什么。后来为了区别于《圣经》中的希罗底（Herodias），其文献还改动了原文。不管怎样，在莱茵兰地区的妇女中便形成了这样的信仰，这些夜游团体不是由祸害人的魔鬼率领，而是由女神率领的。

这些飞翔的团体是与其他邪恶团体作战的："某些妇女相信，在静谧的夜晚，你跟随着一个恶魔般的团体从关闭的窗户中飞出，之后便能升入半空，直达云层，在那里与其他妇女恶战，有时使别人伤亡，有时自己伤亡。"在有雾的夜晚妇女们加入了一个有魔力的保卫战，抗击来自敌村的女巫，但具有保护性质的力量同样也是具有杀伤力的。

> 许多女性相信并传播着如下一种思想：在静谧的夜晚，当你上床之后，你的丈夫躺在你的身边。虽然你的身体仍然在床上，而你却能穿越禁闭的窗棱，飞越广袤的田野，与其他妇女一道……虽没有可见的武器，你却能杀死那些受洗和喝基督之血而获救的人。你烹煮并吃掉他身上的一些肉，并在他们的心脏部位放置稻草、木棍或类似的东西。即使他们的心脏已被吃掉，你却能让他们复活，正是你有力量让他们再生。

两个世纪以前，法兰克国王曾有效地在弗里西亚人和撒克逊人中推行基督教，并将"那些食人肉的男女"处以极刑，但却没有找到他们吃人的真正证据。很明显这些懂法术的人最想要的是人的心脏，因为凭此他才能拥有对付受害者的法力，有时对付鬼魂也需要法力。埃斯蒂斯会议已经抨击过那些"妇女若能向月亮示以忠贞，就能取得挖取人类心脏的法力"的说法，同时还把妇女与女巫之间的关系比做封臣与封君的关系。这些食人女巫仍在作怪，"她这样做能换来基督的愉悦吗？"布尔夏德或他的著作对此怒斥道，"她们应该因其背信弃义而死，不应该让更多的人丧心病狂。"

"大批的民众……无数妇女……很多人民……"我们不应被它们欺骗。经过布尔夏德的揭露，这种信仰的影响在10世纪逐渐消退，然而这种信仰在讲日耳曼语的莱茵河流域中部地区，在法兰克尼亚（Franconia）和帕拉蒂纳特（Palatinate）地区的自由或半自由小农中，以及在与其比邻的撒克逊人和弗里西亚人中（这些人最近才皈依基督教），还有不小的影响，但若要找到一个异教占统治地位的地区，就要到遥远的丹麦沼泽地区、世界上最北边的地区和斯堪尼亚（Scania）的大部分地区，此处是农民的发源地，即传说中的莱茵农民祖先的发源地。

两个多世纪以前，异教仍统治着莱茵河西部地区，甚至城市，比如在梅斯，金发的公主全被他们用灰褐色魔杖埋葬。在图尔奈（Tournai），当主教反驳市长官府中的差役时，他们竟威胁主教，并取笑他。当时的宗教会议也承认教会衰落了。之后，加洛林帝国重建了基督教权威，并迫使异教隐退至其老巢：夫里斯兰的沼泽地带，那里生长着一种叫"upstalboom"的高座树（the Tree of the High Seat）；由萨克逊人占据的条顿堡林（Teutoburgorwald）的森林地区，那里出产一种被称作"Irminsulr"的奥丁树。这些神圣的地区在罗马军团的统治崩溃后，一直流行着异教，现今却是基督教占了绝对统治地位，至少在理论上是。布尔夏德继承并发展了伟大的皈依任务，并将之发展到极致，后来又有加洛林王朝的努力。我们应该记住布尔夏德

61

的详细调查，这是我们信息的来源，是整个系统得以有效运行的重要手段。

因为他的努力，之前某些地区公开进行的异教仪式皆已转入地下，整个超自然的异教文化逐渐消亡，在基督教文化的不断围攻下，人类的野蛮思想被削弱和分解了。

死者的精神世界

从地区上看，越往南，希罗狄安娜和霍尔达（Holda）与麦洛西纳（Melusina）的命运越相同，皆被逐渐转化成没有威胁的民间传说，下面将要探讨的正是这些地区。

12世纪后期的智者知道有一种会在夜幕里飞行的鬼魂。这些"新出现的哲学家"几乎未曾踏出其修行的修道院半步。他们出身低微、游历不多以及想取悦于极具好奇心的国王的愿望，意味着他们关于夜行游魂的讲述必须要包含一些其先辈抛弃的东西。或因其证据不充分，或在当时讨论此问题仍很危险，他们并未在此问题上纠缠不休。他们中有一个来自巴黎叫威廉的人，是常向人炫耀他是无所不知的12世纪版的百科全书式专家。他在谈到此问题时也很谨慎，只是告诉读者："夜行游魂，在法国叫'Hellequini'，西班牙则称之为远古军团。我不能让读者满意，因为在此问题上我不想多说，事实上，我也不敢确定他们是不是鬼魂。"可见哲人威廉不愿将"夜行游魂"定性为魔鬼团体，他也不想在此问题上多谈。他同时代的纯文艺学者，生机论者以及布卢瓦的彼得（Peter of Blois）涉及到此问题时皆避而不谈。

古日耳曼死亡女神赫尔的墓砖像（墓砖，哥特兰岛，7世纪）。

这些本土语的日耳曼形式非常清晰，比如"夜行游魂"（Helle-kin 或 Helle-tegn），传说它是死亡女神赫尔（Hel）的族人，并试图将之译成死亡女神的同伴或其麾下的封臣等形式。就像同义复合词"Loup-garou"（狼人）一样，后来人们又称夜行游魂为"Mesnie-Hellequin"，"mesnie"与"Hellequin"同义，只不过将层次限定在贵族层（含有贵族层的意味）。通过这种方式，他们忽略了法国古代伟大的死亡女神赫尔，传说她在遥远北部的内伯尔黑姆（Nebelhaim）沼泽中登基，身边围绕着狗、狼和蛇，而且她的登基之地常有云雾天气。13世纪，冰岛地区的史料编纂者对赫尔很熟悉，对日耳曼异教文化也有很深的了解。但是，作为基督教信仰者，他们将赫尔看做一个魔鬼形象，并把奥丁（众人之父）与之相提并论，以此为宣传我父（耶稣）奠定了基础。北欧的英雄传奇则总是歌颂"Disir"或"Wael-kur"，前者是食尸乌鸦，后者则是悄悄跟随人类猎物的雌狼人。与他在一起的有在空中飞舞的鬼魂、被黑云环绕着的黑侏儒精灵、巨怪（Trolls）和随心所欲变化身形的男巫与女巫。这一系列可怕的人物并非形单影只，他们也有朋友，即他们所奋力保护的人。比如在沃尔姆斯，他们通过站在其立场上战斗或赠以新生儿能控制其一生的礼物来保护朋友。

赫尔及其麾下统治着北部大片地区：斯堪尼亚、哈兰（Halland）、日德兰半岛、海勒兰（Helleland）、莱茵河口的荷兰地区，在不列颠的盎格鲁族人中，还有沃什湾（Wash）的荷兰。但是，斯堪的纳维亚学者的详细研究揭示了这一信仰的仪式及习惯的其他更多细节，特别是在洛林，甚至是莱茵河西部地区。

但令人惊奇的是，关于赫尔的线索是在法国北部某些地区的民间传说中发现的，如在佛兰德尔、洛林、诺曼底和布列塔尼南部。通过对这一信仰演变的考察，我们发现19世纪的人们还相信夜游鬼魂，人们称之为"Helquin"、"Heletchien"、"Herlequin"、"Hierlekin"、"Hannequin"或"Hennequin"，人们甚至称之为猎人者（Hellemen），只不过已将原来的信仰做了有意的调整。一提到该词，便使人联想到一大群妖魔、恶狗和恐惧。在诺曼底，这一传说留下的痕迹很多，在很多地区，人们相信众妖魔系由一个名叫"Harpine"的圣母领导，也称"Cheserquine"或"Proserpine"，意思是从尸体军团来的杀手，或称"Here-bwana"或"Hraes-here-beana"，此名与沃尔姆斯的布尔夏德提到的希罗狄安娜非常接近。

但在诺曼底某些地区，有关的传说与之有很大出入。人们认为：众妖魔系由一名男性率领，而非女性，人们称他为"Hugbercht"，意思是伟大的"于吉"（Hugi），这也是人们对奥丁神的另一种称呼。多亏列日的一位死于727年的主教，"伟大的于吉"才得以神圣化。另外，还有一些地区，也有类似变化，如法兰克南部部族内，图赖纳和贝里地区附近，还有勃艮第和瓦赖斯（Varais）等地区。而在有些地区，虽然统率众妖魔的也是一名男性，但其名称又有所改变，如"Gallry"、"Galeria"、"Valory"、"Galiere"，以上名词均意为"Waelhere"，意思是停尸间军团的首领。人们还认为他是奥丁神（the lord of Valhalla）的使者，经常以乌鸦（Galopine、Galipote、Wael-beana、Wael-bada）的形状出现，具有召集四处游荡的魂灵的能力。流行上述说法的地区有普瓦图、马尔什（Marche）、波旁（Bourbonnais）、曼恩南部（Lower Maine）和士瓦本人曾居住的地区。关于"夜游魂灵"的统帅的不一致在莱茵东部也出现过。在撒克逊部族的传说中，军团是由一位叫"Were"（或Holle）的女巫统率，而在德国中部和南部地区，则是由一位猎人率领。冰岛的法师则企图调和诸神而将它们全部供奉于万神殿中，他们的解释是死魂灵的统帅应是赫尔、弗雷亚和奥丁三人，而非单独一人。但实际上，信仰者仍将他们严格区分，信仰其中之一而排斥其他的神。

　　除此之外，军团亦有其共同的特征。众魂灵飘荡于夜空，跟随着它们的是狗和红眼狼。死者的魂灵亦混迹其间，有时也包括逝去的孩子的灵魂。它们行动时会发出叫喊声，有时是因相互追逐而发出叫声，如嗬哇里（Houvari）和哈勒（Hallah）。有时也可能是一般的叫喊声，如哈啰（Harro）或喳里哇里（Charivari）。对于呼应其叫喊的人，它们会扔去猎物，但人们皆不敢直呼其名，因为与之招呼便意味着将成为其友人。猎物一般是人肉，吃了即意味着要加入它们的行列。当然这些实质性内容会在民间传说中衍生出无数变化，每一种说法都值得单独研究。考虑其可能的发展方向，如统帅的变化，或男性，或恶魔；对其可怕礼物的道德化，从人肉变成非正常途径取得的财产。随着这一军团光顾人间，以及从日耳曼词汇及布尔夏德的描述中，我们都可逐渐认识到这种夜游军团的可怕面貌。很清楚这种信仰已经不局限于沃尔姆斯教区了，事实上，它已流行于相信女巫统领的妇女军团夜间出没的所有地区。综上所述，我们对死者社会的精神状态便能描述出一个大致轮廓了，借助于这一轮廓则能更清楚地了解到生者的世界，包括男性和女性。

　　南部地区很少相信这一信仰。大概是此地农民的信仰受基督教之前罗马帝国后期神秘宗教和太阳崇拜影响太深的缘故。而基督教进入这一地区后，其各派均在该地各方占据了统治地位。基督教对这些异教皆采取安抚的政策，因为它们皆属于可同化的类型。对半自然崇拜性质的信仰的宽容，仍是11世纪初基督教在南部政策的主要内容。而所谓的和平运动正是建立在此种宽容基础之上的，而这引起了北方主教们的鄙视。12世纪起，恶魔变得无处不在，但人们还是能看到它掩盖了众多的异教崇拜：在北部有赫尔或沃尔，在米迪有圣雅各或圣约翰，甚至还延伸至西班牙。同时北部各统治阶层亦不再对流行的崇拜予以抵制：法国皇室与圣丹尼斯崇拜相结合，德国皇帝则向科隆引入了发源于意大利米兰和帕维亚（Pavia）的祆教僧侣（Magi）崇拜。

　　11世纪初，法国国王面临着在当时流行的宗教中择其所从的困难，首先是北部的加洛林式的天主教会，由沙特尔（Chartre）的主教福尔伯特（Fulbert）率领。其二是奥尔良地区的禁欲主义者，其中摩尼教学说占了上风。其三是作为圣像崇拜的领导者的克吕尼派教会（Cluniacs）。福尔伯特与克吕尼派结成了联盟，于是在他们的联合影响下，国王罗伯特将其异教的朋友判以火刑。而在封建制度陷入危机的时刻，在农民起义的压力下，在思想论战中，可供选择的途径有两条：其一是选择相当正统的天主教，其特征是吸取南方天主教的妥协态度，在强有力的教会与被驯服的异教文化之间建立桥梁。其二是走中世纪摩尼教的路子，以暴力杜绝对死者、死亡及尘世的一切崇拜，此信仰粉碎了罪恶的世界，将希望寄托于某处的无罪恶的世界。

　　令人惊奇的是，先知运动也源起于农民社会。沙特尔和勃艮第的僧侣一开始就谴责此种在静谧的夜里聚集的活动，因为在那里人们会喝下有毒的药剂，包括新生儿的骨灰。为了能够飞翔，人们都竞相加强自己的信仰。但这一切好像是僧侣的一种诽谤，因为它缺乏必要的证据，而且未经证实。尽管摩尼教从古代的原始文化中借鉴了某些象征物，比如蜜蜂，但它仍是一个全新的信仰，这也是它能在诸多城镇和米迪得以成功的主要原因。从这一角度来看，这种信仰要成为"真正的基督教"的口号不是夸张，尽管它连耶稣受难都不承认。他们是禁欲主义的先驱之一，其纯洁化的理性趋势源自基督教，对于 11 世纪的知识分子来说，正是它使异教具有一定的吸引力。13 世纪，它在商人与借贷人中的成功与后来基督教运动在知识分子与银行家中的成功并非简单地相似。最重要的是，我们必须记住，像摩尼教和所谓的圣徒崇拜这样明显的反潮流宗教，都是朝着背离异教的方向发展的，一个是直接否认了异教，而另一个则是通过淡化或转变异教形式完成了从异教中分离出来的过程。从 10 世纪开始，市镇的信仰不再局限于城市或附近的区域，它开始侵入乡村，甚至荒野。但赫拉博纳斯出示的证据表明，"直至加洛林时代，北部的大部分农民，（大概是绝大多数）仍然保持着其原始信仰"。

为了理解这一变化的真正意义，我们必须回到物质世界。不仅仅考察猪、羊、小麦等原始生产和积累，还要考察更基础的东西——再生产，在摩尼教徒那里，这是最糟的事情。

早期的人类生产

在自主地公社与农民信仰同时衰落时代的西欧，"荒野"的面积逐渐缩小。来自古老村庄的开拓者以开垦的名义清理了荒野和森林，整治了沼泽。过去人们一直认为，在中世纪，修道院是野蛮文化的汪洋大海中的"知识孤岛"，是推动拓荒运动发展的首要推动力，正是修道院推动了成群的农民去开垦森林，使那时就已基本成型的乡村地貌一直延续至一百多年前没有变化。实际上，教会远非这一垦荒运动的第一推动者，它只是后来逐渐加入进来的。贵族至少在开始时也不支持垦荒运动，加洛林国王禁止农民开垦其森林地产，旨在保护其狩猎的习俗，而且小片荒野的开垦对地产经营者（特别是王田管理者）的管理不利。这种思想只有在大地产盛行的地方才能发现。

尽管农民的垦荒运动不顺利，但是，是什么令人信服的原因驱使他们放弃在原有土地上的日常劳作，而选择艰巨的垦荒任务呢？

新土地，自由的土地

作为最经典回答的"人口过剩"是显而易见的原因。"荒野的渐渐消失"以及与之相联的生活方式的变化，同"人口增长"之间确实有着因果联系。我们对这一进程的考察将从 10 世纪农民家庭中人口统计的数字变化开始，并在后面的章节中考察其影响。

当现代史学家更细致地考察 9 世纪土地使用状况时，他们对土地使用的极度不均衡很是

尽管上文有所叙述，但僧侣真的支持垦殖运动吗？在12世纪的西多修会的文献中有这样一幅图：一个俗人正在修剪树枝，而僧侣则正在用斧子将树砍倒（第戎，市政图书馆，手稿173号）。

震惊。有些土地上人口密布，而有些土地则无人问津。比如在帕莱索（Palaiseau）和韦里耶尔（Verrieres）地区。佛兰德尔地区的圣伯丁修道院周遭，有的土地上布满了住户，有的则只有荒凉的村庄。此现象有时还发生在同一地区。9世纪末，在隶属于普吕姆修道院的一个叫阿登（Ardennes）的小村庄中，116户居民皆集中居住在34处农场上，而其他的土地则被遗弃。学者对洛林地区的土地使用情况调查解释了上述现象。在洛林，人们情愿居住于原有土地上，也不迁居至新垦殖的土地。即使领主以低赋税作为引诱，农民也不买账，因多占有土地意味着更大的劳动量，而仅占有原有土地则备显轻松，如此看来，新开垦的土地对农民并无吸引力。

当来自领主的压力愈来愈大时，农民有时的确会选择离开，农奴更会毫不犹豫地步农民的后尘。比如在沙洛讷（Chalânnais）地区，大批农奴试图逃脱圣雷米修道院的控制，却被抓回并赋予更繁重的义务。在理论上农民是自由的，所以也是难以控制的。10世纪初，圣雷米修道院的僧侣不得不承认耕种其土地的自由人有权弃地而去，条件是由七名与其地位相当的人证明他确因贫困而无力持有该土地。米迪大地产主面临的形势也不容乐观。另外马赛地区圣维克托修道院的土地已无人耕种，在普罗旺斯南部亦是如此，而与其相邻的村庄则被自主地持有者占有。学者是从修道院监工的记录中得知某些土地在当时遭遗弃的信息的，耕种者一旦离去，监工则会在其记录中写道"该家庭待查实"。

在奥弗涅，欧里亚克的地产的创建者、大地产主杰拉尔德的佃户，皆携行李及工具离去了，原因在于杰拉尔德在自己与佃户之间又新增了一层分封关系，插入了一个新领主。杰拉尔德家族的家丁对此表示不满，他们认为这是一个不好的预兆。其他人则毫无顾忌地强迫自由人在其土地上耕种，比如在沙洛讷地区，从前的自由人被王室用暴力束缚在王田上劳作。

在康布雷，主教的封臣声言要将一个家庭用同样的手段置于其奴役之下。在米迪，某大地产主的继承人通过贿赂法官试图达到继续奴役已故大地产主的奴隶的目的，而这些奴隶之前皆已被释放。如此看来，人口逃逸与人口密集就有了同样的缘由：其一，佃户为了改善或维持与领主的契约会与之进行不懈的斗争，他们在斗争中会做出自己的决定，或离去，或留下继续耕种。可见，大地产上缺乏的不是土地，而是耕种土地的人，因此土地垦殖运动并非始于大地产。

很久以来，在大地产的边缘，一批外来的陌生人被接纳并被允许在边缘地带开辟小块土地耕种，条件是交纳少量的赋税。10 世纪前后，据兰斯地区圣雷米修道院的登记簿显示，这种边缘地产在各大地产上都有所增加。这种情况在同时期皮卡尔迪地区也得到发展。

这种对边缘地产的开垦是否就是垦殖运动的源头呢？当代文献所能反映的是否仅是其中的一部分？若我们接受了这种分析，就要对垦殖运动发生于有着较好记录的不时为空白所打断的边缘地区做出解释。推动人们垦殖的因素主要不是地产上的“人口过剩”，因为我们已经了解到，人口过剩是对农民有利的，而且农民也有能力分解处理领主不断施加的压力。人们开垦新土地的真正目的在于保持或取得自由，而不是为了避免人口过剩。这一点是挪威人进入冰岛垦殖的原因，也是比利牛斯山人进军加泰隆（Catalan）边界的无人区进行耕种的动力。一些决意逃跑的奴隶到阿尔卑斯山的不毛之地生活亦是为了自由。同样是追求自由的愿望驱使异教农民（他们在西方是少数派）进入曼恩和安茹地区的森林，他们于 12 世纪在那里建立了异教区域的前哨。后来，也是同样的愿望引诱着居民定居于新垦殖的村庄中，并享有一定的特权，此时的领主也正尝试着新的统治策略，授予垦殖农民以特许状，因为在可供垦辟的荒野越来越少的情况下，这一妥协还是必要的。不管该运动的深层原因到底是什么，事实证明，对于当时的农民而言，是自由驱使着他们移居新土地，而不是其他因素。下面就让我们继续考察农民的人口变化情况。

教会、技术与食物

19 世纪的史学家对早期基督教在乡村的发展的描述产生了很多有害的影响。他们的描述使人感觉教会在婚姻、性和生殖方面的教化对 9、10 世纪的世俗文化产生了深远的影响。若将这一先验的理论应用到历史统计学中便会推理出一个机械的结论，即人口在不断增长。实际上，这一时期教会的有关规则并没有太大的改变。若农民忠实地遵守教会的规则，则人口统计学上的增长只能归咎于一些与他们的精神世界不相干的因素。简而言之：10 世纪末及 11 世纪的农民夫妇能养育更多的子女是因为他们的食物增多了，食物增多是因为产量的提高，而食物的大量生产正是得益于生产技术的进步。此时领主制度的确立，虽然对地方领主的创业精神仅仅是一个很小的促进，却使封建制度成为推动社会进步的动力，使之作为人类社会进步的积极面貌展现了出来，虽然它也有缺陷，但这是在近代才暴露出来的。这一意识形态的展现与其被否定时一样是显而易见的。

带轮犁的传播在西方标志着社会的巨大进步。图中的场景来自圣泽诺的巴西利卡地区的青铜门雕（11世纪晚期），这是带轮犁的首次出现。图中该隐将亚伯杀害后自己成了农夫。

我们不应否认食物与生产技术的重要性，用更精确的语言表达是物质力量在社会关系中的重要性。值得怀疑的是在这些社会关系发展的过程中，是否应将技术作为一种无中介、无区别的操作方式加以分析。我们都知道那句很有影响力的格言"给我牛轭和水力磨房……"这一格言谴责技术革新，认为它们就像在历史发展中不断出现的机械之神（dei ex machine）一样。

上述对中世纪人口统计的分析被第二种假说削弱了：有见地的史学家都或多或少地、无意识地经常从几近赤贫的第三世界借用"前工业时代的人口统计学"、"原始的人口统计学"等词语。因前工业社会很古老，军事和经济的扩张趋势与其贫困的状态是相连的。传统的史学家所青睐的古代征服性王国的成功与辉煌，却并不表明当时人们的生活水准定然得到很大改善。以此推断，幸福的人们是没有历史的，或者说没有我们过去习惯于研究的历史。

在反对者的阵营中，很多人种学家近来的探讨认为，原始的狩猎者和采集者获得的食物比19世纪的农民还要丰富，确实石器时代是一个富足的时代。此种富足预示出人类社会在发展的过程中少有定数。在中世纪早期的垦殖运动到来之前，这种局面仍未完全消失，很多地区仍分布着广袤的森林和沼泽，人口居住得仍很分散。在"公共地"和"自由地"上狩猎和采集的活动仍很盛行，同时还附以广泛的家庭养殖业。而9世纪微不足道的文献资料能为上述辩论提供什么依据呢？下面就从发病率、饥馑和营养不良三个方面简单地考察当时的社会状况。

虽然9至12世纪没有经历中世纪晚期所遭受的瘟疫，却也没有逃脱疾病的困扰。最近在对当时社会中的医疗奇迹进行研究的过程中，研究发病率的学者们发现，在一些案例中，疾病可能是由营养不良引起的。然而在相关的医疗奇迹的记载中，人们发现9至10世纪和12至13世纪两个时段的疾病发病率是一样的，因此被称为历史性转折点的11世纪并未标志着任何进步。另外，考古学者通过对病理学历史的考察，也证实了"11世纪是历史性转折点"的观点是错误的。甚至在史前史研究领域，此观点也遭到批判。

学者对饥馑的研究向人们提供了惊人的数据。根据传统观点：西欧9、10、11、12世纪各有26、10、21、32年的饥荒。而令人不解的是10世纪同时又是生产进步、经济增长、人口激增的世纪，与之相伴的则是食物供应的日益匮乏。

上述变数致使我们对农民是否总是不能获得充足的食物产生怀疑。近来研究此问题的学者发现，富足和贫困的标准在同一地区的两个不同的佃户家庭中亦有区别，其饮食亦有很大出入。之前，史学家曾用罗马人的饮食结构与日耳曼人的相比较，发现前者多以谷物类食物为主，这种生活习惯被后来的修道院继承下来，而后者则多食牛奶、奶酪、肉鱼等，这在7世纪盎格鲁－撒克逊部族法律中可以得到证实。在大型的宗教团体中，或在王室土地上，人们的饮食结构很简单，以面包为主食，其所需的大量小麦一部分来自自己地产上的收获，一部分来自佃户的租子，还有一些来自前来借用磨坊的自由农民交纳的作为磨坊使用费的谷物。在小土地持有者和自主地持有者居住的地区，因没有足够的土地供其耕种，故为了能在纳租后养活家庭，他们必须有惊人数量的好收成。同时其饮食结构也因谷物缺乏而比大地产上的仆从更少地依靠谷物。骑士对在半荒野中觅食的牧群的袭击，与其说是因为他们在贵族的庭院中吃得过多，不如说他们正是通过这种破坏自由农食物来源的手段来抑制他们的自由。以狩猎捕鱼为业的人们也遭受了同样的破坏，这正是12世纪诺曼农民起义的重要原因，因为当地的农民已经习惯于斯堪的纳维亚地区的自由气氛。至少在北部，农民的肉食习惯遭到了破坏，同时，其谷物饮食习惯也遭干涉。11世纪之始，领主开始强迫农民使用庄园磨坊，往日农民为了方便才会使用领主的磨房，而今已成必须。莱茵兰地区妇女使用的小型家用磨面机被禁止使用。领主也可通过征收额外租税的方式控制农民的收成，若农民的耕作不合格或小麦收成未达标，则会被加收租税，而农民的选择则或基于急需和真正的贫穷，或是为了选择不同的生活方式。因此，封建主绝不是农民生产活动的支持者，而只是其寄生虫，他们千方百计鼓励农民生产更多，却从未顾及农民的生活水平。12世纪逐渐增多的饥荒使这一问题更不容忽视。目前的研究表明，基本的食物消费在强制的状态下是得不到改善的，甚至还会恶化，我们还应研究其他领域以考察经济发展的源泉。

自然人口统计学的建立

如果我们周密考察一下9世纪的人口统计数字，会发现它属于传统的数据，但绝不自然。尽管地产记录中有很多不可避免的不确定因素，若详细考察之，却能提供给我们以很有价值的数据。首先，农奴渴望与自由人或与受保护的人婚配。此种现象的发生率在圣日耳曼德普雷地区是70%，在兰斯的圣雷米地区是30%，男性农奴比女性农奴更渴望这种混合婚姻，其比率是4：1。此比率意味着更多的混合婚姻发生于男性农奴和女性自由人之间，女性农奴与男性自由人之间的婚姻则稀少，原因在于：若无特殊规定，男性自由人与女性农奴的后代为农奴，而男性农奴和女性自由人的后代则是自由人。至少从理论上讲，领主总是希望更多的人居住在其土地上并为其劳作。据12世纪列日地区的文献记载，领主为了增加女性农奴结婚的比例，命其与男性农奴结婚，此举旨在使其后嗣世代为奴，这样领主就能从中牟利。

我们所关注的正是在大批农奴拒绝通过婚姻将农奴的枷锁传给后人的现象。据资料显示，农奴比自由人生育要少，而且，与自由人相比，他们更多地生有男性后代，女性后代则很少。将上述事实上升为理论（此处的数据相当可靠）即是：一个家庭越是自由，其地产就愈广，其生育男性后代的可能性就愈小，尽管其养育条件比农奴优越得多。

这种差异是常理无法解释的，只能从以下两个方面分析：其一，农奴生育大量男性后代的主要原因在于女婴常被溺死，农奴一般重男轻女，而忽略了古老的规矩"partus sequitur-ventrem"（生男生女是由养育婴儿的子宫的条件决定的）。以短期效应而言，农奴的这种想法与领主不谋而合，领主也希望农奴生育更多的男性，从而为其赋税的实现奠定基础。以长远利益看，地产上女性农奴的缺乏将会带来灾难性的后果。其二，不同的生育状况是受避孕、堕胎等人为因素的影响，这两种人为因素皆受到布尔夏德的谴责。

上文所述的对生育的人为控制皆需要一定的知识，配置堕胎药剂的人或是一些毒草采集者，或是一些具有一定智商的妇女。当其同伴需要引诱、蛊惑男人时，这些妇女就给她们提供建议。这些妇女亦应对分娩中死去的婴儿负责，因为正是她们在妇女生育条件不良的情况下建议她们喝下堕胎药剂。她们与其女性助手在村落中形成一个控制生育的团体，然而有效的生育控制旨在与土地以及土地上居住的人达成和谐的关系。然而，自这些妇女的权力被破除之日起，随之而存在的堕胎知识也衰微了，人们只能用一些大杂烩般的方法来控制生育，有些方法经常造成事故，有的则是直接将出生的婴儿掐死，有的则使用教区牧师反对的巫术。而且，这些方法皆有愈演愈烈的趋势。女巫师涌向森林，正像农民逃脱领主制的枷锁一样，在那些边缘地带，其文化才得以长存。在别处，人口则几近自然增长，不受人为因素的控制。

尽管如此，在某些偏僻的小村庄，有时孩子的出生是不受欢迎的，这在13世纪栋布（Dom-bes）地区的状况中得到证明。此地位于垦殖地与森林的交界处，信仰状况让里昂的宗教裁判所愤怒不已。在那里，有些新生儿喝干了母亲的乳汁，同时遭受着病痛、饥饿与腹泻的折磨。人们相信在其出生时，来自森林、地下，或水中的魔鬼的婴儿的魂灵潜入了其体内，并将其灵魂排挤出窍。因而，新生儿的灵魂需要被召回其体内。为了达到此目的，母亲在知晓"召唤"仪式的老妇的带领下走近圭尼福特（Guinefort）森林。在用盐飨宴过鬼魂之后，母亲将其指甲置入树中，并将其婴儿在树杈之间往复九次。与此相似的另一种仪式也遭到布尔夏德的谴责：人们先在小山丘下挖出一个洞，并在洞的上方将婴儿往复数次，如此即能将被鬼魂带走的婴儿灵魂召回，就像栋布地区的母亲从森林中召回其婴儿的灵魂一样。之后，母亲将婴儿置于两根蜡烛之下，而后妇女会离开其婴儿一段时间。她们相信在此时间里森林中的魔鬼会将魔鬼婴儿的灵魂带走，并将自己婴儿的灵魂送还。有时森林中觅食的狼会发现此婴，有时烛火会点燃婴儿稻草编制的摇篮，有时孩子会死于寒冷。伺烛火燃尽时，两个妇女回到婴儿放置处，若此婴儿仍然活着，则会被在附近冰冷的溪水中浸泡九次。

　　此种"灵魂交换"是在一个异端神圭尼福特的名义下进行的，他是一条与蛇或虫为敌的灵犬，因此是新生婴儿的保护者。民间传说中幸存的祈祷词总结了垂危婴儿的母亲的惊人的祷词：圭尼福特神啊，让我的孩子康复吧，

主流文化与非主流文化。教会谴责法术的信仰，图中表现的是魔法师西蒙倒下的情景（来自欧坦地区的柱头雕刻，12世纪初期）。根据圣徒传，西蒙以其制造符咒的能力著称，他曾向圣彼得建议从其手中购买授予圣职的权力（这就是"买卖圣职"这个词的缘起），彼得义正辞严地拒绝了他。

或让他死去。一般情况下，这些婴儿皆体质赢弱，经不起如此仪式的折磨而死去，宗教裁判员斯蒂芬辛辣地嘲讽道："那些幸存的婴儿定然有强健的体格"，而事实绝不是这样，只有幸运而已，不信这一切的斯蒂芬则视之与杀婴无异。而对此问题颇有研究的施米特（J.-C.Schmitt）则揭示了农民的真实想法，她们认为，被夺去生命的不是自己的婴儿，而是鬼魂的婴儿。母亲则认为，此举在于找回其真正的婴儿，而非为了除掉不幸的入侵者。农民对"灵魂交换"仪式的笃信也从侧面说明当时疾病肆虐的状况，此举是她们对付疾病的最后的可依靠手段，但完成此仪式也非易事，有时母亲未等仪式结束就必须返回，与狼争夺其婴儿。

　　这是一个值得注意的例子，但不应夸大。13世纪的审判者面对的已不是占统治地位的异教文化，仅是其顽固而被动的残余。里昂的审判者完全可以轻松地到达栋布地区，集合当地的民众，并向其布道。可以砍掉人们认为有魔力的森林，并切实惩罚那些因为损失财产而常去森林的人。幸亏有了当地领主维拉尔（Villars）的强有力的统治，这一切皆极易实现，然而这些严厉的措施并不能将人们的圭尼福特神完全镇压下去。直至19世纪初，生病或发烧孩子的母亲还会去森

林，并给那里居住的隐士带些礼物，但这些隐士只有在取得了主教的批准后，才可以继续其崇拜活动。因此，此信仰不再危险，只是让人气恼。主教派去的神父则说："当地民众只是很迷信，一些对某事物着迷，一些却迷信另一事物。"这已不再是一种农民文化，而是残存的迷信行为。

封建社会的危机一旦过去，教会在庄园领主的帮助下又恢复了对乡村的稳固统治，而后是现代社会的到来。在对此前几个世纪教会的地位进行评价时应当谨慎，应当注意强加上去的被歪曲的观点，认为农民文化接受了教会文明的洗涤，其野性以及与主流文化的无法减小的陌生感得以掩藏了起来。这是一个非理性的时代，北部大片地区不是被基督、玛利亚的光辉恩典占据，而是笼罩着模糊的星宿信仰，如对大脚伯萨女神的信仰：传说她将沼泽鸟类留下，只带着其忠心的男巫师、勇士、行天骑士。他们持有栗色魔杖，带着各式符咒：人骨、灰烬、熄火的木炭、男女头发、毒草、蜗牛、蛇以及一切与彩线交织在一起的事物。另外，他们还带有能引起幻觉和能呼风唤雨的药剂。这使我们想起霍皮族（Hopi）的"Talayesva"，或更原始的雅基人（Yaqui）的男巫师、"Tarahumara"、"Bororo"、"Acheh"和"Yanomani"。是基督教将我们与这些异教人物分割在鸿沟两侧，理性、牧师不懈的传教活动及其对人们思想的耐心研磨皆起了很大的作用。教会还通过神化罗兰（Roland）的思想来教育人们，罗兰认为，就像人们将猪的身体割成两半做成过冬的食物一样，人也应将自己的思想分成两半，但教会在面对莱茵地区由女子组成的巨大的夜行团体时仍觉困难重重。这一时期是欧洲腹地遭受外来信仰入侵的时代。

11世纪，人们见证了教会文化和城市文化对农民文化的胜利。不管农民文化代表友善，抑或威胁，都被打倒了，或是在教会文化的威慑下以某种不确定的状态在小范围内存在着，虽然体现着其被驯服的历史，却已失去存在的价值。信仰圣圭尼福特的地区与信仰死亡女神赫尔的地区相比，显得无足轻重。若波旁的斯蒂芬（Stephen of Bourbon）和维拉尔的领主离开了他们统治的区域，那该地区的情况又会如何？总之，没有自身的伟大革新，教会无法赢得这场胜利。同时，11、12世纪的神职人员明显地也继承了被称为"经典神学"的传统神学。而他们现又处在一个历史的转折点上，此时新兴宗教迭起，有的甚至比基督教更流行，更有成就。

第二章　基督教欧洲的诞生：950年至1100年

　　10世纪末到12世纪初，西方（迄今为止仅仅是一个地理名词）基督教世界真正诞生了，那些把拉丁语作为礼拜仪式用语的人们看到了一种超出他们差异的一致性。这是一个分水岭，因为在加洛林帝国瓦解之后，还没有一个政治或精神力量有足够的威望打破不同国家的界限行使权力。自从约翰八世在882年结束教皇生涯之后，教皇职权就一直受罗马贵族的控制，经历了它最黑暗的一段历史时期。虽然奥托一世在962年重建了罗马帝国，但这一帝国既不够广阔也没有足够的凝聚力成为那些不愿接受封建割据的人们的聚集中心。只有在德国的土地上，罗马帝国才能让人们感受到它的力量，如果范围再缩小点儿，就只有北部和中部的意大利。即使在这些地方，皇权通常也会受到暴动和叛乱的考验，致使这些野心勃勃的君主所占领的土地急剧减少。与此相适应，作为帝国复兴观念的主要支持者，神职人员的生存空间也减少了。实际上，西方是在另一个基础，即宗教联合的基础上，逐渐重建起文化共同体意识的，这一意识将以前分散的人们聚合到了一起。

信仰的力量

　　整个中世纪早期，拉丁基督教的势力范围一直向北部和东部扩张。同样，法兰克人在日耳曼人中一直保持着优势。在查理曼时代，帝国的所有居民都要受洗，而那些拒绝的人，特别是撒克逊人，会被迫接受统治者的信仰。在经过9世纪和10世纪早期的第二次入侵浪潮后，从爱尔兰到意大利，从比利牛斯山到德意志，把新征服的居民吸收到同一宗教团体中来的努力更是有过之而无不及。

在基督教世界的边缘

　　在新的入侵者中，维京人在快速接受其新臣民的信仰方面表现得尤为显著，在法国和英国

瑞典的一个教区集会。这张挂毯出自斯考克（Skög，1100年左右），在装饰风格和布局格式方面与巴约挂毯（Bayeux Tapesry）有很大的差异，它描绘的是正在教堂举行的礼拜仪式：牧师站在圣坛前面，钟声正在回响；巨大的狮子从两边奔向教堂（斯德哥尔摩，斯塔滕斯历史博物馆）。

都是这样。作为获得承认的代价，维京人完全加入了"文明人"的团体，这些"文明人"的生活方式和政治组织形式，对那些以前生活在边境的人们有着极大的吸引力。斯拉夫人和匈牙利人也是同样的情形，基督教在他们中的确立如同在斯堪的纳维亚人中的确立一样绝不是偶然的，同时确立的还有国家机器，特别是君主制度。有些部落首领被国王的头衔及随之而来的声望所吸引，并且知道怎样使他们尚武的部落接受西方宗教，教会对他们予以颂扬，让人们牢记在心。波兰的梅什科（Miesco I）一世、匈牙利的圣斯蒂芬（St Stephen）、波希米亚的圣文策斯劳斯（St Wenceslas）和挪威的圣奥拉夫（St Olaf），在皇帝或教皇派遣的传教士的帮助下都建立了独立的民族国家以及地方教会组织。但是，他们在命令所有的臣民接受洗礼并保护新信仰反对异教徒的同时，他们的民族正在被吸收进一个更大的共同体：基督教共同体。这些基督教徒用拉丁语举行宗教仪式并承认罗马教皇的至尊地位（虽然界定还不明确）。因此，公元1000年左右，新的都主教教区出现了（布拉格 [Prague]、马格德堡 [Magdeburg]、格涅兹诺 [Gniezno]、埃斯泰尔戈姆 [Esztergom]、兰德 [Lund]、尼德罗斯 [Nidaros] 等等），这些教区也是传教士的活动中心，随着11世纪的逝去，天主教信仰从这些中心地区渗入到大部分边远的农村地区。

　　然而，这一发展并非一帆风顺。例如，斯堪的纳维亚人的皈依就是一个长期的过程。这一事业是由德国神职人员开始的，接着由来自英国和法国的修道士继续进行，而实际上只有在12世纪时，瑞典、冰岛和芬兰才纳入到罗马教廷组织的框架内。直到14世纪时，在遥远的东方，波兰的北方邻居——立陶宛人才接受了西方的宗教。在斯拉夫人的土地上，拉丁传教士和希腊传教士之间有着激烈的争论。在塞尔维亚（Serbia）和摩拉维亚（Moravia），基督教两个对立派别间的界限在经过一系列复杂的反复之后变得更明显了。在宗教仪式和领土边境上的冲突，使罗马和君士坦丁堡的两个教会统治集团陷入越来越深的敌对状态，最终导致了1054年的分裂。无论在分裂之前还是之后，教皇和大教长都把对方看做是竞争对手，都设法把新近改变宗教信仰的人纳入自己的势力范围。这在最后倒向了拜占庭阵营的保加利亚人身上表现了出来。最为显著的是在俄罗斯人的信仰转变上，当基辅大公弗拉基米尔987年在第聂伯河（The Dnieper）受洗时，俄罗斯的宗教命运就决定性地转向东方了。

教区的发展

在那些长期属于基督教徒的地方，随着密集的教区网络的建立，教会对虔诚徒众的控制加强了。教区在不同的地方有不同的形式，这是早期封建时代最重要的成就之一。实际上，从古代末期，教会就在主教管区的基础上自己组织了起来，这些教区转而被划归为反映后来罗马帝国行政区划的教省。虽然在墨洛温时代晚期，这些制度看起来有崩溃的危险，但它们被保存了下来，并在加洛林王朝时期变得更加完善。加洛林王朝增强了主教的权力，并把都主教变成能对副主教（或主教。——译注）行使权力的大主教。但这些有关宗教职位等级制度的结构，几乎涉及不到地位低下而虔诚的城镇以外的教士，他们与高级教士几乎没有什么接触。在许多地方，教区几乎是不存在的，虔诚的信徒们不得不聚集到一个大教堂（像意大利的皮维[Pieve]、英国的敏斯特[Minster]）进行宗教仪式，接受圣餐。这种教堂不是旧的主教机构，就是以前修道的传教士的活动中心。

8至12世纪期间，西方世界享有地方权利的乡村教堂的数量有了极大的增长。乡村教堂数量的激增与领主制和封建制度的逐步确立有关。那些想马上具有无上权力的领主们，在领地上建起了以便更好地控制其臣属的礼拜场所。这些领主不仅亲自挑选主管祭司，还把这些教堂和他们捐赠给教堂的财产看成是自己的。当然，教会的教阶制度中是有缺陷的，因为教区和主教之间的联系虽然没有中断但却减弱了，教区的财产也常被那些把教区置于自己司法范围的世俗贵族所盗用或瓜分，但被法律学者和历史学家称为"私有教堂"（Eigenkirche）的这一体系并不是只有负面结果的。每个人，上至国王、大修道院院长和庄园领主，下至最卑贱的土地所有者，都会建造并拥有一个或更多的圣所，这无疑有助于在公元1000年的时候遍及西方国家的"教堂的白色外袍"现象的出现。同一时期，教区的领地边界固定了下来，在许多地方往往与庄园或村庄的边界取得了一致。像当时的世俗社会一样，11世纪的教会以最小的组成部分为基础重塑了自身。

11、12世纪的宗教改革家的目标，是使现存的大量礼拜场所脱离俗人的控制，并使它们服从教会统治集团的权力，但有关领主并没有轻易屈服。神职人员的确成功地使他们感到焦虑，并让他们感受到教规上所给予惩罚的威胁，但这并没使他们像教皇所希望的那样，把教堂还给当地的主教，而通常是给了修道院，并以此为报偿要求修道院为他们及其祖先灵魂得到安息进行祈祷。不仅如此，在由贵族家族建造或资助的圣所中，有许多属于教会的机构，例如大修道院、小隐修院、农村和城市的大教堂。从理论上讲上述教堂没有教牧的作用，只是举行宗教仪式的中心而已，但在实际上，这些团体无论多么与世无争，并不能对它们周边的世界保持冷漠。通过这些团体，虔诚的信众包括领主和农民与教会之间接触的机会增加了。宗教从而使自己在人们心中留下了深刻的烙印，即使我们现在遗忘了这一过程的确切本质，但它的现实意义却是不可否认的。

世间的上帝

对俗人来说，无论是一个教区的教堂还是一个附属于隐修院的教堂，都是一个笼罩着神圣氛围的让人有着距离感的地方，也是一个避难所和实行诸如开除教籍之类神圣处罚的地方。它最初的特征是拥有一个或几个圣人的遗物，这些圣人可以惩罚任何敢亵渎此地的人。但正如我们所见，教堂也是村庄或管区男女聚集的地方。在受到入侵或攻击的时候，人们会到那儿避难；当需要决定涉及当地生活的事情时就要在那儿举行会议，这种会议在法国的部分地区被叫做教区的"général"（总部），也就是家族

加泰罗尼亚的一个乡村教堂，巴尔巴拉（Barbera）的圣玛利亚教堂（Santa Maria，11世纪晚期）。欧洲南部早期罗马式艺术品中保存完好的一个例子，主要属于拜占庭。

长的集会；最后，教堂还是举行圣礼的地方，开除教籍的判决和禁令都在那儿颁布。在它的周围会有一些尸体的残骸，后来这些残骸被埋葬在邻近墓地中神圣的地方。

另外，诸如"基督教化"和"转意归主"之类专有名词的含义并不十分明确。除了犹太少数民族外，11世纪西方国家的居民们实际上都接受了洗礼，并宣称自己为基督徒，但其宗教信仰的实质却经不起一个神学家或宗教法规学者的严格审查。那个时代的宗教信仰并没有牢固地建立在教义的基础上，广大信徒甚至神职人员几乎都不理解那些教义，他们只知道"我们的主"和信条。更确切地说，这种信仰扎根于一个基本信念之中，这一信念有普遍的支配力量。每个人都相信有死后的生活，

邪恶势力和道德天使的战斗。两个骑士装扮的道德天使击败了两个邪恶势力的代表，反映了《灵魂论》(Psychomachia) 的主题思想，它是4世纪基督教诗人普顿修 (Prudentius) 所写的一篇广受欢迎的作品（克莱蒙特-费朗 [Clermont-Ferrand] 的圣母大教堂的柱头）。

也就是相信另一个世界的存在，并最终相信另一个世界的生活比现在的要好。教会教导说（在这儿它的寓意很容易理解）人类永生始于在世间消失。对于信徒，这种教导的结果不是对死亡的恐惧，因为对它太了解了以至于激不起真正的恐惧，而对有一个好的结局则是关心的。而要想有好的结局就要在临终时（in articulo mortis）放弃一些不义之财，断绝丑恶可耻的通奸。当俗人意识到自己的生活方式不道德和不够虔诚时，就会更多地向教会和穷人捐赠以图赎罪，从而在面对天国的审判时获得支持。他们相信修道士的祷告特别有用，于是通过自己的名字登记在社区的纪念名册上，与修道士建立"信徒组织"上的联系，这样就可以从他们的祈祷中获得长期的帮助。不止是封建贵族这样做，有钱的债主也是如此，当他们觉得末日即将来临时，会毫不犹豫地吐出所获得的利润并让神职人员对受害者进行适当的补偿。

对那个时期的人们来说，世界就是上帝的力量无休无止地对抗邪恶力量的战场，上帝就等同于善，邪恶就是魔鬼。这种二元论思想根深蒂固，他们相信后者和前者一样是真实存在的。这不仅仅只是抽象的思考：在被创造的世界的日常生活之中，撒旦始终在发挥着作用；他会以不同的伪装出现并试图诱惑人们；如果人们加以抵抗，他会嘲弄人们并将之打得遍体鳞伤。但上帝是无处不在的——首先存在于事件本身之中，这些事件实际上是正确理解上帝的征兆。在人们面前出现的新的自然灾害和非自然现象都被认定是天国愤怒的表示和上帝给罪人的警告，上帝对人类

圣本尼迪克的遗物游行。圣本尼迪克死于547年，葬于他在意大利创办的蒙特卡西诺（Monte Cassino）修道院。大约在672年，位于卢瓦尔河的弗勒里本笃会隐修院的院长发现本尼迪克遗体所在的隐修院遭到了蛮族的破坏，于是他派遣了许多隐修士去营救圣人的遗骨，这些隐修士的名字后来被隐修院记载了下来（卢瓦尔河畔圣本笃会隐修院）。

的行为了如指掌，他就是内在的公正。但这些征兆也是在人们心中占支配地位的罪恶的反应和结果，善和恶在人心中进行着永久的斗争——这是无数罗马式壁画和插画稿所表现的《为灵魂而战》（psychomachia）的主题。一个人在上帝的帮助下可以从这场战斗中获得胜利，因为上帝会毫不犹豫地积极帮助祈求他帮助的一方；他会在奇迹中显露自己，这些奇迹不仅通过使人恢复健康来在人类身心中重建法则，而且还通过释放俘虏、解救定罪之人，在全社会重建法则。简而言之，就是庇护虔诚信徒，使他们免受周边所有的伤害。这个时期的人们都坚定地相信这些奇迹是真的，至少也是有可能的。这在一个自然法规和超自然法规尚没有严格确定界限的世界，是没有什么令人惊奇的，那时世界存在的许多问题人类通常好像无法解决，只有通过上帝的干预才行。

　　声称人们无论何时发现自己处于不能克服的困境中上帝都会介入其间，这难道不是对上帝权威的冒犯吗？事实上，这个时代的人们倒是愿意向更易接近的中间人寻求帮助，也就是圣徒，人们相信他们的遗物有使人受益的力量。我们几乎不能想象，这些保存在箱子里或贵重匣子里的骨头碎片，在那个时代的生活中能起到什么作用。人们在它们面前发出最神圣的誓言，它们会被从一个地方列队护送到另一个地方，以防止瘟疫、获得丰收、驱赶围攻村庄的敌人。它们是聚集到圣所的朝圣者的朝拜目标，在圣所它们得以保存并被崇拜。教会鼓励这种虔诚并不断地在各地转移圣徒遗物，这就为一直想参加仪式的世俗统治者提供了机会。这些"转移"吸引了大量的人群，奇迹通常会在这一过程中出现，这样做最大的作用就是会增强信徒的信念和热情。从11世纪后期开始，教会势力把大众的虔诚导向更有价值的对象。除了那些出身和经历都含糊不清的本地圣人外，还发展出了对基督教历史上重要人物的崇拜：施洗者约翰、使徒，尤其是圣母玛利亚。这种虔诚所采取的古怪甚至荒谬的形式（在某地，人们膜拜圣母玛利亚的一滴奶，在另个一地方膜拜的会是施洗者约翰的头颅，同时其他教堂也声称拥有这些东西）

吞食人类的恶魔。这个巨大的恶魔在吞食捕获到的人之前把人紧紧地握在手爪中，类似民间传说中的贪婪的狼神（12世纪维埃纳的肖维尼的圣皮埃尔教堂[Saint-Pierre-de-chauvigny]的柱头）。

是不会使这一发展的重要性变得模糊的，它的目的在于把热诚集中到基督和他的第一批使徒身上，否则这种热诚会在无数中间人中消散。到孔波斯特拉(Compostela)的圣雅各的圣地（当时西方最有名的圣地之一）朝圣的流行证明了这一努力是成功的。

神迹和仪式

除了修道士和高级教士中的杰出人士，这一时期，宗教生活对人们来说仅仅是精神上的。用文字体现的信仰并没有用可见的、具体的神迹体现的那么多，而且人们的心理使他们从一个极端转向另一个极端。那种狂热也会影响道德行为，一个人可以表现出最令人恐惧的暴力和完全的堕落，通常紧接着就是一场惊人的转变。这场转变最突出的特征就是进行严格的禁欲主义并脱离世俗，对世俗突如其来的蔑视就如同曾对它的快乐和价值的渴望一样强烈。这些剧烈的转变使人们着迷，结果导致一个又一个的骑士放弃战斗的乐趣，以便能在修道院平静的环境中通过祷告度过余生。这是隐修士不断增加的原因之一，隐修士数量增加的现象在11世纪后半叶基督教世界的许多地方变得非常显著。森林深处和"荒芜"地区被不同类型的人当作避难所，他们相信要得救的惟一方法，就是与快速富裕的社会和怠慢于改革的教会组织完全断绝关系。对接触他们的人来说，这种自发的返回荒野和独居是表明他们是上帝的仆人的最清楚的标志。获得宗教声望的隐修士，随之而来的是大量追随者的加入，不断增加的拜访者会祈求他们为受难的人类而展示奇迹。如果答应了这些要求（这是常见的事）他们马上就会被视为圣人，但增强了的声望会使他们丧失平静的独居生活。有些人在追求禁欲主义方面显得很有节制，并愿意穿上出家或不出家的修道士的服装，他们自愿为慈善收养院服务，或者为那些立志于互助的慈善的宗教团体服务。

然而对大多数人来说，宗教仪式仍是一种需要奉行的事情。圣礼（教会对它做出了明确的规定）与其他仪式的差异并不能被人们清楚地感知出来。如果每个人都理解洗礼和忏悔的有利影响，坚信礼和圣餐仪式的益处对虔诚徒众来说似乎就不会那么明确了，并且神职人员也仍在思索着结婚的性质问题。另一方面，祷告、喷洒圣水和赎罪祈祷的过程被给予了重视。驱逐邪魔的仪式无疑是由主教进行的，但遇上精神错乱或着魔的情况，通常认为较好的办法就是把受折磨的人送到一个有名的圣地。教会本身试图通过给世俗生活附加上神圣的特性来维持这种模糊的状态。在这种影响下，诸如皇室加冕和新骑士受封的仪式都充满着宗教内容，这在以前是没有的，至少二者不属于同一范畴。至于虔诚的信徒，他们往往会实行对身体最苛刻的宗教行为：斋戒、禁欲、朝圣，并认为越苛刻越有效益，而对定期的教会活动或祷告就不那么重视了。这并不奇怪，因为只有神职人员，至少是其中的一部分，懂得拉丁语，与《圣经》有直接接触，为防止翻译过程中有所亵渎或是出现错误的解释，教会反对把《圣经》译成方言。

1000 年的希望

接近 10 世纪末的时候，西方国家出现了对普遍信奉的宗教（在这种宗教中，代理人在人和上帝之间调解，超自然现象用具体的说辞来理解）的反抗。这一反抗在不同的宗教骚动中心表现出来，它们惟一的共同点就是宗教热情强烈。大约在公元 1000 年，在法国和意大利活跃着的早期异教中，这种反抗趋势是显而易见的。在马恩河畔的沙隆（Chalon-sur-Marne）附近的韦尔蒂，一个叫莱乌特德的农民破坏了他所在教堂的十字架，并煽动信徒们停止向神职人员缴纳十一税。在拉文那，一位名叫威尔加德（Wilgard）的语法教师使他的听众大为惊奇，因为他告诉他们基督教启示录经文所包含的真实内容与古代作家叙述的传说差不多。1020 年前后在阿基坦，1022 年在奥尔良，1025 年在阿拉斯，1028 年在孟福尔（Monforte），异教徒遭到揭露和谴责。当时的编年史家认为，他们正目睹古代世界的摩尼教的复苏。对这些激进的宗教派别来说，虔诚的表现形式和善功对于寻求救赎是没有用的，教会本身也是没有用途的。有些人甚至怀疑基督作为中间人的作用。这些趋势通常会以福音运动的复兴来表现，或以对正在形成的封建制度所带来的负担的反抗表现出来。实际上，它们完全是另外一回事：那些拒绝宗教和人类环境中所有物的和世俗因素的人们（之所以提到人类环境是因为他们对婚姻和生育也是谴责的），试图表明这样就有可能与上帝取得直接的联系，并在圣灵的支配下采取行动。这一理想在小的封闭的团体中获得了生命力。在那里，为大多数人否定的价值观得到了承认和实践，例如手足情谊（在孟福尔城堡，领主和农民生活平等）、纯洁、按照内心启示行动的自由。如果没有直接的对世俗常规提出质疑，这些富有热情的组织，对那些想脱离好战和功利主义社会的人们来说会特别有吸引力。在那里，妇女、农民和一些有学问的神职人员发觉自己所处的时代令人反感，他们宁愿在地中海的古老文化中，甚至在早期基督教徒所撰写的伪《福音书》和异端著作中寻求灵感，而不是在《圣经》中。

这些孤立的、持不同信念的运动很快就被教会和世俗政权镇压。此时的异教徒，不论是被迫自杀还是以火刑处死都欣然接受，因为这会使他们脱离肉体状态进入梦寐以求的天国，但这也似乎断绝了这一代异教徒的继承人。然而，值得注意的是，与这些被镇压的受害者们所持观点非常相似的启示和信仰在当时的确已经浮出水面。

尤其是在修道士的运动中，甚至在部分主教看来，所关心的是把基督教信仰和教会从周围社会环境的影响中解救出来，因为世俗社会正在使其堕落。像维罗纳（Verona）的拉捷（Ratier）和欧里亚克（Aurillal）的热尔贝（Gerbert，后来成为罗马教皇西尔维斯特二世，[Silvester Ⅱ] 997～1003年）之类的神职人员希望通过充分的讨论来说明"什么是上帝所不许可的"，以回击那些甚嚣尘上的威胁言论，这种言论说，上帝是通过他所选择的客观事物来展现自己的。其他一些人则被一种将精神力量从世俗的控制中解放出来的信念所感动。弗勒里的阿博（Abbo）和克吕尼的奥多关于性欲和婚姻的观点，实际上并没有太多地脱离阿拉斯或孟福尔的异教徒的思想，因为这些异教徒并不赞同生育。另外，在与世俗政权的关系方面也存在着一种值得注意的类似趋势。如果说还有一些修道士，如《虔诚国王罗伯特的生活概要》的作者弗勒里的赫尔高德（Helgaud）仍在称颂君权的地位，其他人则坦然承认恶魔是世俗力量之父，在其影响下"买卖圣职的异端行为"被引入了教会，这就是为了金钱买卖圣职和圣礼的可憎习俗。把11世纪的改革家同公元1000年的异教徒区别开来的，是他们对悲观主义的抵制的行为，因为异教徒们相信他们身边的社会和宗教制度是完全堕落的。新隐修院制度的杰出人物，圣罗曼亚尔德（St Romuald）、圣彼得·达米安（St Peter Damian）、沃尔皮埃诺（Volpiano）的威廉肯定不会再将这个社会视为放任的，他们相信人们要与世俗的及其流行的价值观念断绝联系才能获得救赎。在封建时代早期，武装暴力、性欲和金钱这三者是所有宗教运动都拒绝的，不论他们最后的目标是什么。然而，实干家们既不会消极被动，也不会为救世主的幻想所迷惑，在对基督及其教会坚定信仰的鼓舞下，他们热心地致力于建立虔诚的宗教团体，以图在今生今世创立"上帝之国"，并期望目睹新秩序的产生。通过奉献给上帝完美的爱和纯洁的圣餐，上帝与人世之间所有重要的联系都将得以重建。

教会控制社会

在中世纪早期，教会对基督教社会有很深远的影响但并没有试图成为它的领导者，并且野蛮民族的国王也不允许，即使是加洛林王朝，无论他们多么尊重教皇和神职人员，王朝的主人也是打算自己做的。当然这两股势力之间并没有彼此忽视，事实上他们存在着紧密的合作：统治者从主教和修道士中选择他们最信任的人做咨询，像伦巴第、盎格鲁－撒克逊人的宫廷一样，墨洛温王朝的宫廷也成了高级教士的活动中心。800年罗马帝国重建之后，教会与国家之间的联系更紧密了。查理曼召集并主持教会会议，颁布关于改造神职人员和礼拜仪式的法规。教皇和主教有义务支持君主的事业，并祈祷其冒险获得成功。这种教会体系使国王成为基督教民众的领袖（在《旧约》中基督教民众被看做是上帝的子民，被犹大的国王统治），并在奥托和萨利安家族统治神圣罗马帝国时保持着活力。大约在1000年时这一体系达到了巅峰，那时奥托三世让他的朋友兼同僚欧里亚克的热尔贝（奥托三世使他成为教皇西尔维斯特二世）在罗马为他加冕。在东方的拜占庭，君士坦丁堡的主教职位通常由皇帝授予其随从之一。以此为榜样，西方的罗马教会好像也变成德国君主的私人教会，在亨利三世时期，他们从地方贵族的魔掌中夺取了教会的控制权，并任用德高望重之人担任教皇。

思想体系与理想国

拜占庭与西方之间的这一类似之处只在短期内存在，而且更停留于表面。非常明显，从 9 世纪末开始，中央权力不能再维持基督教世界的内部秩序了，尤其是在法国和意大利。当面对斯堪的纳维亚人、匈牙利人和阿拉伯人的第二次大规模入侵时，它已经没有能力防守了，这导致帝国分裂成许多地方公国，而公国的领导者马上把自己当成自治君主。在 10 世纪和 11 世纪，社会逐步向封建主义转变，结果使许多地方的公共权力都转移到城堡主人的手中，他们很快就将曾是君主掌握的土地和官职让自己的子孙继承了，或者按自己的意愿处置它们。在意大利，奥托诸帝恢复了一些秩序，德国君主也定期造访罗马，这曾一度掩盖了转变的程度，但在法国，卡佩家族的上台（987 年）并没有能够改变事情发展的进程。公元 1000 年，对所亲历的这一转变能够独自思索的教士们突然发现自己正面临着一种新的局面，但他们的反应并不一致。他们所勾勒出来的思想体系非常重要，作为他们给统治阶级的意识所留下的持久烙印，通过对这一思想提供的唯意志论的解释，对引导西方社会的发展起到帮助作用。

在对封建社会的"解释"中，最为著名的是 G·杜梅泽尔（G.Dumézil）的论述，即我们所谓的"三个社会等级的思想"。对这一思想表达得最清楚的是关于教会起源的一些文献，其中最著名的是琅城的主教阿达尔伯罗大约在 1015 年所写的一首诗。写这首诗是为了纪念他的朋友虔诚者罗伯特国王的。在这首诗里，他将世俗社会看成天朝王国的低级反映，与三位一体的教义相适应，社会结构既是一也是三——三位一体的整体，即所有受洗的基督教徒毫无疑问是单一的人类，但他们实际上是被划分为三个阶层：负责祷告的（神职人员）、负责打仗的（世俗贵族）和负责劳动的（农民和工匠）。在这三种人中存在着（据阿达尔伯罗所说应该存在）从属关系和团结一致的关系。教会人士在社会的最高层，因为他们履行着最崇高的职责，为了人类向上帝说情；接下来的就是领主，他们不用干仆人的工作但掌握着政权和司法权；最低一层就是附属于前两个阶层的农奴，他们存在的理由就是满足大家的物质需要。每个阶层的作用都是必不可少的，谁离了谁都不能生存。

受各种印欧人中所呈现的社会模式的影响，这种三个等级的社会模式所感兴趣的是多个层面而不是一个层面。首先，这一社会模式是对加洛林时代以来影响西方世界的变化的反映。

阿达尔伯罗很清楚地意识到，世俗人士不再被看做是一个毫无差别的种类，现在贵族构成了军事阶级，掌握着真正的权利，农奴属于那种遍布农村的阶层。这个时期随着封建制度的确立，人们强烈地感觉到社会关系的紧张，承认地位的差别旨在缓和这种局面。把社会分为三个阶层并强调各阶层之间的必要联系，实际上是避免"potentes"（掌权者，无论是教界的还是世俗界的）和"pauperes"（被剥夺了权利和劳动手段的劳苦大众）之间冲突的一种方法。最后，阿达尔

三种社会等级的思想体系：

负责祷告的人。在与上帝灵交的时候，牧师会转向上帝之手，以此表示他希望忠实于上帝的意愿（圣奥古斯丁对《诗篇》的评论，11世纪晚期，勒芒图书馆 [Bibliothèque du Mans]）。

负责打仗的人。诺曼骑士粉碎了盎格鲁－撒克逊人的敌人，剑是专门匹配贵族的武器，但盎格鲁－撒克逊人正使用丹麦的战斧。马被装上了马鞍和铁掌，它们的骑士使用马镫和踢马刺。战斗者用盔甲和头盔保护自己。盾牌从10世纪时开始使用（贝叶挂毯）。

负责工作的人。收获葡萄。整个家庭，包括妇女，都参加了。这种场景出现于意大利南部，在那里葡萄缠绕在树上（1028年的微型画，蒙特卡西诺修道院）。

伯罗分配给每个社会阶层特定的职责并定为秩序，试图以此固定他所在时代的社会结构，并赋予其神圣的性质。如果这个由三部分组成的社会是上帝的意愿，那么要改变它的结构或运行方式就是对上帝的亵渎。

　　当然我们会怀疑这种关于社会关系的构想是否真的普遍存在，对那个时代是否产生了真正的影响，因为即使在教士中也没有多少人了解它们，面朝黄土背朝天的农民或辛勤劳作的手工业者毫无疑问是从来不会听说这类事情的。据我们判断，对他们来说，只存在着两类人：领主和其他人，在其他人中就包括他们自己。无论前者是教会领主还是世俗领主，对他们的从属者大都表现出同样的方式，即对那些靠辛勤劳动使自己勉强糊口使领主衣食无忧的人类社会最下层的劳动者，普遍采取一种蔑视的态度。然而，大多数人的这些观念并不重要，真正重要的是社会精英们的意见，他们及时采纳了这一便利的计划，即使它意味着改变其内部结构。12世纪时这种情况就已出现，那时骑士致力于从神职人员那里取得统治集团中最高的地位。大概这种类别划分的影响最后才为统治阶级之外的人们所了解，尽管出现了一些反抗和试图提高个人社会地位的尝试，但普遍流行的观点是，每个人都应清楚自己所处的位置并保持不变。与现代社会相比，中世纪社会原则上是敌视变化的。那些希望改变现状的人还些微被看做是无耻的野心家和破坏分子，因为他们对按上帝的意愿建立的社会秩序提出了疑问。这样一来，诸如10世纪末诺曼底农民暴动之类的叛乱总是遭到领主的有力镇压，统治者的意识时刻保持着清醒，因为他们认为这些运动纯粹是渎圣放肆和疯狂的表现。

修道院：一个完美的社会

　　在阿达尔伯罗创作他的著名诗文的时候，其他的教会人士，特别是克吕尼的修道士们，也正试图找到一种能治疗折磨他们的社会疾病的方法。对公元1000年时的人来说并不明显，同样我们也是事后才明白的一个问题是，那时影响着基督教世界大部分地区，特别是法国的无政府状态和暴力风气，实际上是一种新秩序"封建制度"诞生的标志，事实证明它有能力在几个世纪内维持西方社会相对平静地运转。确切地说，当时人意识到了古代社会结构的衰朽、对传统权利的违背和对财产的不断侵占，因此一些人得出了一种悲观的结论并想从社会秩序的动乱中看到最后灾难的前兆，许多神职人员都撰写了关于反基督时代即刻降临的专著。

　　这些恐惧和希望（因为世界末日也意味着对正义的报复）不仅仅表现在文字中，也表现在艺术上。从利伯纳的贝尔多斯（Beatus of Liebana）的西班牙彩绘到穆瓦萨克（Moissac）

的山墙装饰，在 11 世纪前半期，这种用图画说明《启示录》的方式使人们对末世的紧张达到了最高点，后来这种情况在许多场合再现过。我们虽不再相信"千年恐慌"，但当时的社会现象使那些敏感的人们觉得他们正在度过世界的最后几日。为了逃离一个不能使之重新获得平衡的社会，人们在"荒野"中或在恪守圣本尼迪克条规的宗教团体中寻求庇护。在克吕尼和诸如意大利的蒙特卡西诺、洛林的高治（Gorze）和诺曼底的勒贝克（Le Bec）之类的改革派修道院的影响下，隐修院制度进入了相当成熟的时期，这些"祷告避难处"马上变成了基督教世界重要的精神中心。它们的影响力与祈祷的效果和礼拜仪式的质量紧密相连。正如编年史家拉乌尔·格拉贝对克吕尼修道院的描写那样："在那里使万物恢复生机的献祭举行得非常频繁，以至于哪一天如果这种仪式没能从恶魔的手中拯救灵魂，那天就不算度过了，这些仪式举行得如此虔诚、纯洁和隆重，与其说这是人类的工作不如说是天使的工作。"最后的这些话意义非常重大：即使不完美，修道院也已成为理智和情感（在无伴奏圣歌的和谐中表达了出来）合一的实体，并伴随着世俗社会所缺少的真正的兄弟情谊和安宁。这并不是一种抽象的推测：在 11 世纪，修道院制度正值巅峰，它给世俗社会提供了选择的余地。这个时期著名的修道院院长，从克吕尼的奥迪罗（Odilo）到蒙特卡西诺的德西德利厄斯（Desiderius）都是足够明智的，因为他们并没有试图把周边的世界"修道院化"。他们把隐修院看做是"诺亚方舟"，只有人类中的杰出分子才能进入这里得到救赎，因此他们企图使所有特别有天赋的人都遵从宗教习俗。抱着同一种想法，他们设法扩大自己的影响力和财力，并使人数不断增加的神职人员和信徒能从团体的有益影响中获利，这就是像克吕尼之类有实力的宗教团体（历史学家甚至称之为"修道院帝国"）这种新生事物的形成的原因所在。到 11 世纪末，克吕尼的势力范围覆盖了从英国到伦巴第，从西班牙到匈牙利的广大地区。凭借各个大小修道院的集中的网络系统，宗教和道德情绪在整个西方国家传播开来，这对统一的基督教世界的形成做出了巨大的贡献。

从上帝的和平到为上帝的战争

如果所有这些努力不断受到封建社会骚乱的威胁的话，那么改革隐修院和恢复常规宗教典礼的目的何在呢？鉴于此，在一些中央政权已经严重衰弱的地方，高级教士和修道士们试图重建他们周遭社会最低限度的秩序和安全。实际上这是具有突破性的一步，当时人也有着相同的看法。仍认为法国国王是三个社会阶层的仲裁者的琅城的主教阿达尔伯罗，对克吕尼修道院院长所进行的讽刺批判是毫不留情的（称其为"奥迪罗国王"），后者在公元 1000 年左右的和平运动中承担着领导者的职责。另外，在 1033 年，另一个高级教士康布雷的杰拉尔德拒绝向最高统治者德国皇帝的至高权力挑战的运动进入他的教区。他认为，如果这种运动通过承担与其使命无关的政治责任而成为正当权力的替代品，那对教会来说是很危险的。沉浸于加洛林王朝时期的教会体系中的保守主义者们的态度，认为君主是信奉基督教的人们的精神领袖和世俗领袖。但在卢瓦尔河和比利牛斯山脉之间的地区，没有任何权力能够制止到处泛滥的无政府混乱状态和暴力行为，于是教士们立即实施具体的措施恢复最低限度的秩序与和谐。正如我们所见，从989年起他们就召开关于和平的会议，从加泰罗尼亚到勃艮第，相关地区的领主必须承诺不再攻击教士和手无寸铁的俗人。教士把没有防御能力的乡村民众、朝圣者、商人、妇女儿童置于保护之下，这就认可了农民与新军事贵族——"骑士"之间越来越明显的差别；教会当然是站在穷人一边的，一些主教——例如1038年在布尔日——甚至鼓励他们攻击城堡，迫使惹是生非者遵从曾经达成的协议。当然教会也要保护自己，为自己的成员在封建社会内部争取一个特权地位，强调教会人士及其财产的神圣不可侵犯性。一些民众自发地在教堂附近寻求避难所，作为对他们情感的响应，修道士以十字架为标志圈定并扩大圣所。因此，在公共场所和社区组织中，宗教因素的出现及其所表现出来的力量是很明显的。

990年至1020年，西方基督教世界和平运动的成功，对教士们继续推进这项事业是一个鼓舞。起初，他们试图"把暴力行为限制在基督教民众的小部分人身上：那些手持宝剑和盾牌骑着马旅行的人"。（乔治·杜比）但新兴统治阶级地位的稳定，特别是随着耶稣受难千年期的到来而形成的末世紧张气氛的加强，教会的目标更高了。教会对那些受末日审判折磨的信徒提出了一种涤罪和禁欲的理想，按当时编年史家的话来说就是：共同放弃财产以免遭日渐显现的天罚。教会要求俗人，尤其是骑士，在他们感到最大愉悦的战争中自我克制。此后，和平运动的目标有所不同，它不再是一个社会协定而是与上帝的协定，试图通过加强苦修的锻炼洗清世上的罪孽。在1037年至1041年的阿雷斯会议上，上帝休战的意义得到了明确阐述。从此，星期二晚上到星期天早上，像神职人员被严格禁止买卖圣职、发生性关系一样，领主被禁止从事战争。

无论是武士还是神职人员都没有完全遵守这些新的禁令，但新禁令也并没有变成一纸空文，在修道士和主教的支持下举行的这些集会相对成功的原因也是值得探究的。在革新了的修道院制度与骑士贵族之间形成的紧密联系中一定能够找到其中的一个原因。实际上，大多数修道士都来自于骑士贵族阶层，因此克吕尼修道院院长们尤其善于及时提出适合该阶层生活方式和能力的宗教理想。早在10世纪时，克吕尼的奥多就赞美过欧里亚克的圣杰拉尔德（909年逝世）这个人物。他是一位逗留于尘世的世俗贵族，曾达到一种高度完美的境界，他具备以前只属于英明国王的美德：虔诚、尊重神职人员、正直、对穷人慷慨大方。修道院世界和城堡世界之间的合作关系是不能完全靠其本身做出充分解释的。为了强制实行他们的法规，神职人员就要依靠虔诚徒众对圣徒力量的信仰，在圣徒的遗物面前起誓维护和平，发假誓者会遭受以最明确的方式发出的诅咒的威胁。实际上修道士们会毫不犹豫地对那些难以根除的暴力加以诅咒，人们对诅咒的恐怖程度如同对祈祷的请求程度一样。凭借这种威胁、教会法令（一个信徒如果被剥夺了葬礼就意味着要进入地狱）和圣徒遗骨的巡行，他们在一定程度上成功地镇压了反抗，并在周边建立了社会所需要的最低限度的和平与安全。

然而，仅仅是天国恐惧的威胁是不够的，封建社会的暴力可以被暂时控制，但它有再次爆发的危险，除非能找到一种管理途径。克吕尼修道院和罗马教皇都清楚地意识到这一点，所以，从11世纪中期开始，他们就鼓励基督教骑士到西班牙北部援助那些正受到伊斯兰教发展威胁的小王国。在11世纪60年代，教皇亚历山大二世发起了新的倡议：不要只满足于在基督教世界实行拥护上帝休战的措施，呼吁骑士们停止再让基督徒流血的战争，到基督教世界的边境与那些不信奉基督教的敌人战斗。在克莱蒙特会议（1095年）上他的观点被乌尔班二世（Urban II）重申和扩充。在十字军的宣传下，世俗力量马上集聚了起来，特别是骑士：作为忏悔者和朝圣者到东方去能够解放耶稣的墓地，士兵们到东方去能够找到适宜于他们信仰的活动地，而西方社会也可以就此摆脱最令人不安的因素。寻求和平的结果就是教会处于这场运动的首位，在传教士和隐修士的号召下，十字军的队伍第一次沿着通往耶路撒冷的道路出发了。

通向完美的新途径

并不是每一个人都想或能够启程到耶路撒冷的，即使是到孔波斯特拉，而且，让人流血——即使是异教徒的血液——并不能吸引所有的人。难道修道生活就不能给需要解救的灵魂提供其他的救赎方法了吗？克吕尼修道院的势力遍布世界，它的方法看上去并非对每个人都是最好的。圣休（St Hugh，1109年逝世）任修道院院长之职六十年，他的权力似乎非常接近教皇，在卡诺萨（Canossa）他是除了教皇格列高利七世之外见证过皇帝忏悔的人，皇帝是他的教子。修道士不从隐修院的财富中获取个人利益，他们的生活无疑是无瑕疵的，然而在圣休推动下，克吕尼修道院开始建立大教堂（在贝尔尼尼［Bernini］建造圣彼得大教堂之前它一直是基督教世界最大的宗教建筑物），促使人们关注一些黑衣教士在贵族中有计划有步骤地招募新成员的政策，关注他们可观的财富。此外，克吕尼修道院脱离主教控制获得的独立自主和克吕尼修道院院长权力的过于集中激怒了在俗教士。即使早先的克吕尼派，例如教皇乌尔班二世——圣卡利克斯特（Callixtus II）二世更强烈地重复过这一点——也在提醒修道院院长限制所建机构的规模，12世纪初波提乌斯那样的修道院院长的不良管理则会遭到更严厉的批判。

其实，克吕尼修道院不应从光辉中跌落，它那高深莫测的智力活动、对上帝的完美的确信以及对苦行中需要一定程度的节制（圣本尼狄克特所用的关键词）的信念，使人们有更多的活力和喜悦去赞美上帝，但所有这些都不能满足信徒们日益强烈的要求变革的期盼，诸如弗勒

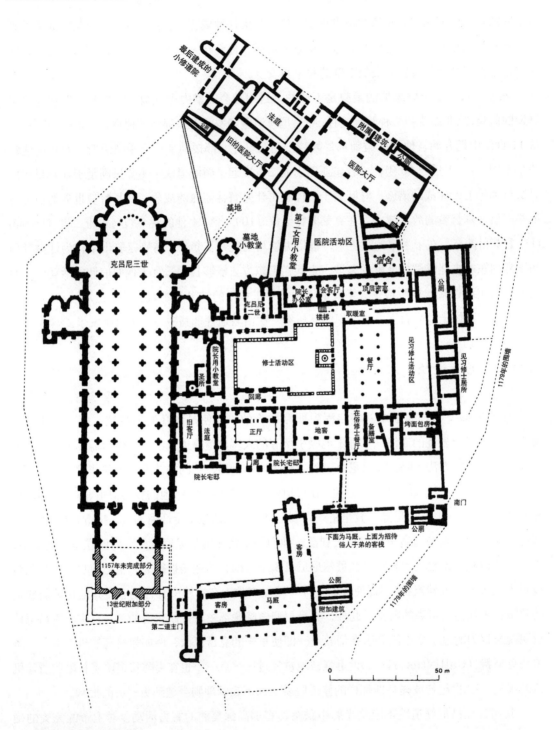

克吕尼修道院的平面图。

300个修道士固定住在这儿，还有许多世俗兄弟（conversi）和见习修士，更不用说那些必不可少的做杂役的人员。这是一个真正以教堂为中心的城镇。最后教堂变得太小了，于1088年到1121年重建。

里、科尔比和圣高尔之类著名的修道派别已经意识到其赞助者正在逐渐减少，他们招募新成员也遭遇到困难。已建立的教会组织想让信仰也深入到灵魂，并正在寻找将修道士的榜样作用传播出去的方法：确信修道士就是"见证人"。

如果允许苦修和贫穷存在，那么布道与劝告还要存在吗？或者说默祷和祈祷还要存在吗？1039年至1100年，中世纪最富有宗教性的时期之一，期间有大批的人试图回答这一问题。一些人选择远离尘世独自冥想。起初，这种活动常常是一个离群索居者、一个厌世的独居修道士或一个不切实际的苦行者的行为，但追随者也随之蜂拥而来。对与世隔绝者心存疑虑的教会，非常乐意把他们纳入一个正规的机构中。这些教会人士太多了：开始是在意大利的瓦隆布罗萨（Vallombrosa）的约翰·卦贝多（[John Gualbert]，1039年），接下来是法国西部第戎的伯纳德，萨维尼（Sarigny）的维塔利斯（Vitalis）和拉索夫梅杰朱尔（La Sauve Magjeure）的杰拉尔德（1079年）。在这一系列人物中，米雷（Muret）的斯蒂芬（Stephen）的立场是模棱两可的。1074年他在利摩日附近的大山（Grandmont）上安顿下来，但他的那些"好心的人们"则在走向外面的世界，帮助社会地位低下的人。清贫、退隐和默祷的美德怎样才能与服从和坚定协调一致呢？在圣布鲁诺，在乌尔班二世的支持下对这种想变圆成方的问题提供了解决方法，在香槟尝试过之后，1084年他在普雷阿尔卑斯（Préalpes）定居了下来。沙特尔（Chartreuse，加尔都西会的寺院）是一个"隐修士集团"，他们每个人都独居于自己的茅屋，只有星期天才聚集在一起，在"在俗修士"的帮助下他们处于一种绝对寂静的状态中，完全依靠自身的努力存活。这是一种艰难的祈祷生活，到1200年为止，加尔都西会只建立了39所修道院。至于布道方式的选择，遭到了主教的反对，因为布道属于主教们的活动领域。1043年，在拉沙西迪约（La Chasse-Dieu）的利夫拉杜瓦（Livradois），以前曾是一个大教堂的教士来自图尔兰德（Turlande）的罗伯特，根据传统的方式创办了一个团体，但目的却是要把上帝的指令带入乡村。然而到12世纪末，该修会只有15所修道院获得了适度的成功。尽管有一个令人吃惊的成功的开始，但这也证实了阿布里塞尔（Arbrissel）的罗伯特所独创的精神的正确。他是一个神秘主义者，在11世纪末的时候吸引了受奴役的人们的注意，并被寡妇、女性罪人和与家庭不和的年轻女孩们所追随。这种龌龊的情况虽然令人发愁，但后来被主教们逐步导向体面与高尚。1100年，罗伯特在安茹的丰特芙罗（Fontevrault）建立了妇女修会，但猜疑仍然限制着这种最初的妇女修会的发展。

可能所有这些都太极端了，那些被阻止进行传教事务和修道行为的弱者，他们那值得赞美的期望，就没有可利用的了吗？11世纪末正值正规的教士团大会（chapters of regular canons）成功建立的开始，称之为"教士团"（canons）是因为他们保持着一定行动上的自由，密切关注着现世事务，还因为他们教书、传教并提出忠告；"正规"（regular）是因为他们生活在一个固定的大教堂或修道院，必须学会服从、行修道士的礼拜仪式、生活在团体之中。从12世纪开始，据说他们中的大多数人都遵从"圣奥古斯丁法规"，虽然杰出的教父实际上永远都不会给他身边的朋友和信徒制定一份那样的法规。这是一种生活方式，它不会太多地强调禁欲，在誓言方面也相对温和，因此对许多并不喜欢冒险的人，尤其是那些地位低下的人和市民来说是一种诱人的前景。由于一个修道院的建立和资助通常不是一个贵族家族的财力所能承担的，许多贵族就试图仿效那些家族坟墓位于圣地的国王和诸侯，建立教士团式的教堂以荣耀家族名望。这种运动最早处于自发阶段时没有世俗的压力，大约在1050年至1065年开始于欧洲的地中海沿岸：在阿维尼翁、普罗旺斯大部分、西班牙、加龙河沿岸。但在卢瓦尔河以北尤为盛行：在皮卡尔迪地区的阿鲁埃（Arrouaise，1090年）、德国的马尔巴赫（1094年）。中心则是巴黎的圣维克托的尚佩的威廉（William of Champeaux at Saint-Victor，1100年）。尝试最成功的是以前曾是亨利五世的王宫附属教堂教士的克桑滕（Xenten）的诺伯特（Norbert），1118年他在琅城附近的普雷蒙特创立的一个教士团修道院，很快便获得巨大成功，此后他成为周游四方的传道士。

　　这种宗教生活最基本的组成部分就是祈祷、唱圣歌、抄录文章和耕种土地。这些活动在士兵的生活中并不常见。在神圣的事业中成为"基督的战士"是否可以继续战斗呢？圣伯纳德（St Bernard）本身来自于士兵阶层，对此非常明白，当意识到叙利亚的拉丁国家需要一支有经验的常备军来保护解放了的圣墓时，1119年他鼓励来自香槟佩恩的休（Hugh of Payns），在1120年鼓励来自奥弗涅的勒皮的雷蒙德（Raymond）组建训练有素的骑士和僧侣士兵构成的军队：圣殿骑士团和医护骑士团。这是一种奇怪的僧侣生活方式，实际上与来自突尼斯或埃及的穆斯林里巴茨（ribats）那种狂热的武装组织没什么区别。"军事修会"是为战争而建立的，由骑士、军士和指挥官组成。在将近一个世纪的时间里，不管他们在黎巴嫩作为武装信仰者的武士是否真的配得上在欧洲拥有土地和大本营，但他们似乎成功地扼制了所有问题。

西多会的星火

　　可能还有更多的途径可以选择。武士、劳动者、苦行者、布道者，所有这些潜在的角色都反映了11世纪晚期人们的渴望，因为修会新会员的人数清楚地证明了这一点。那些最苦恼和最苛求的人仍在继续他们的寻找。

　　起初，虔诚的罗伯特是一个修道士，后来成为托奈尔的圣米契尔（Saint-Michel-de-Tonnerre）修道院的院长。他认为克吕尼修会的体制并不能令人满意，于是在1071年退出并考虑不同的计划。1075年他和一些信徒在墨尔萨姆（Molesome）建立了一个新隐修院，但由于他个人力量的微弱使这一团体变得松散，最终在1090年放弃了它。这时他又被苦行主义吸引，并于1098年返回，但却被自己的修道士驱赶，他安顿在勃艮第公爵授予的在西托森林的一片

"荒地"上的少数人不在其列。1099 年教皇曾迫使他重回墨尔萨姆。就在他的西多会基础注定要消失时，1112 年英国人斯蒂芬·哈丁（Stephen Harding）接受了它并使年轻的来自方丹（Fontaine）的伯纳德的隐修思想得到了决定性的和意想不到的强化，同时还有其他 30 个年轻人，他们都被他说服并产生了脱离这个世界的想法。

1118 年西多会在自身的教规"Carta Caritatis"（"爱的规章"）之上确立了一套制度，这一制度的发展似乎并没有完全背离本笃会教规的特征。恰恰相反，修士们希望不折不扣地遵行的是：极度的清贫、朴素的环境、繁重的体力劳动。它最终的目的是要消除个人的欲望，断绝一切与世俗有害的联系,在"荒野"忏悔,还有就是要广施仁爱（他们要求定期咨询彼此的祝愿）。在这儿既没有社会上的势利之徒，与外部世界也没有协定。相反的是，既不存在对世俗教会或教皇控制的傲慢拒绝，也没有"君权"，取而代之的是"全体教士大会"。全体隐修会长每年集会一次制定并颁布法规。作为世俗兄弟支持者的组织，他们不能进入教堂的唱诗班但可在田间充当劳动者，能够容留最穷的和最没知识的人，但只要想加入，所有的人都能被接受，上至国王的兄弟下至流浪汉。这种改进旧方法而非建立新途径的做法毫无疑问会吸引各行业的人并刺激捐赠，但也有圣伯纳德非凡的作用。正是由于他，宗教感情才爆发了出来，修会才从中受益。他大声训斥君主，为十字军布道，是军事信仰和信念的孜孜不倦的维护者，是圣母玛利亚的狂热信徒、神秘主义哲学家和上帝的卫士。他激情雄辩，在使狂热的宗教活力爆发为熊熊烈火方面起着重大作用。他的布道与其说是一个亲切的牧羊人的，不如说是一个修道的士兵的；他对彼得·阿伯拉尔（Peter Abelard）的自由思想和克吕尼隐修会长彼得的宽大加以批判；他那令人难以忍受的苛刻的介入常常引起骚乱。他于 1153 年去世，然而公众舆论和教皇在此之后不到一年的时间内就正式封他为圣者。

西多会迅速普及：拉斐德（la Ferté,1113 年）、彭地尼（Pontigny,1114 年）、摩里蒙和圣伯纳德任院长的克雷佛（1115 年）。到 12 世纪中叶，西多会有四百多所大隐修院，遍及整个基督教世界。他们拒交十一税，正确对待普通人，使用机械，用最好的技术进行经济管理，但赢利不是他们考虑的主要因素。在避免损害其他隐修院运动的情况下，西多会为"墨守成规"的组织能够做出什么成就提供了榜样。信徒的慷慨行为与它们的榜样作用是相匹配的，但也正是这种慷慨扼制了其发展，这样说也并不矛盾，所以用"星火"来形容这一短暂的运动是恰当的。当然理想破灭并不是即刻的:大约在 1300 年，西多会有六百五十多所大隐修院，对男女都开放，但自 1160 年起，买卖贸易和大量的捐赠所供养的寺院劳动力为牟利敞开了大门，从而改变了修道院的使命并使它与世俗社会相一致了。

精神至上

　　虽然修道士是第一批有志于改造社会的人，但与世俗社会相隔离的渴望限制了他们在这一方面的作用。从 11 世纪中期开始，一些来自隐修院但却在世俗神职人员的行列中占据权力职位的教士意识到，教会要避过封建社会引起的分裂危机，惟一的希望就是使自己从国王和领主的"保护"中解放出来。与其对立的国王和领主，按照自己的意愿安排圣事（从主教职务到教堂和圣坛），教士们断言有必要恢复两者之间的区别，把神职人员从对世俗人员的屈从中解救出来。琅城的阿达尔伯罗在有关三种社会阶层的大纲中就包含有这一主张，他把专门进行祷告的人（ora-tores）置于三个阶层之首。从穆瓦延穆捷的安贝尔（Humbert of Moyenmoutier）到格列高利七世这些改革家为"教会的自由"奋斗着，从而引起了一场充满争议的转变。

1125年，西多会的院长史蒂芬·哈丁(Stephen Harding)拜访了西方最富有的隐修院之一——圣瓦萨特（St Vaast）隐修院，想与他自己的隐修院建立联系。在右边，西多会隐修院的相对贫穷是很明显的。在圣母玛利亚面前，两个隐修院院长把隐修院奉献给她，这证明了她在西多会精神生活中的重要性（《圣哲罗姆对耶利米书》[Commentary of St Jerome on Jeremiah] 的评论，第戎图书馆）。

需要改革的神职人员

　　当德国皇帝处于教会之上时，这些改革家把世俗当权者看做是压迫者，因为这些世俗当权者用不正当的手段挪用教会财产，并把圣职卖给出价最高的人，导致神职人员滑向世俗名利的深渊。这种情况不仅在道德上是丑恶的，实际上对灵魂的救赎也是一种威胁。一些信徒还以武力反抗这种滥用和丑行。1057 年之后，意大利北部最大的城市米兰，一位名叫阿里亚德（Ariald）的教堂执事通过布道，挑起部分当地人反对大主教和地方教士，他指责他们贪污、不讲道德。他和他的支持者们攻击那些买卖圣旨、结婚或有情妇的牧师，从言词抨击一直发展到采取行动。受抨击的牧师的服务被拒绝，在强大的压力下之他们放弃了女性伴侣。曾遭受大主教谴责的帕塔雷尼斯——来自反对者对他们的称呼，该词源于乞丐（patarii）一词——不久就获得了教皇的支持，特别是教皇格列高利七世把这一运动置于了自己的保护之下。类似的运动在伦巴第和托斯卡纳的许多市镇都发生过，在这些地方修道士和僧侣们——他们因为苦行的苛刻和超自然的力量被世人钦佩——对可耻的牧师进行了斗争。其中有一人名叫彼得·伊奈斯（Peter Igneus），安然无恙地走过燃烧着的木炭，为的是迫使买卖圣职的佛罗伦萨大主教离职，目的果然达到了。

这些动乱在不同的地方有不同的形式，但道德因素一直起着决定性作用。从这些动乱中产生了一种关于牧师职位的新理念。组织起来的信徒中的大部分绝不会试图取代那些被他们从圣坛上拖下来的牧师，至少在运动的最初阶段是这样的。相反，正因为视教职为一种崇高的职位，他们才希望牧师的生活方式与其职责的神圣性相符。那些接受基督委托执行宣讲他的言语、指引人类的人们，当然应起到表率作用。对改革的支持者来说，神职人员的地位不应只在公共机构或教规的条款中限定，而应符合精神和道德方面的要求。如果神职人员不能达到那些要求，他们所做的圣事就毫无价值，对那些接受圣事的人可能还会造成有害的影响。

11世纪晚期，周游四方的布道者人数增加了，我们应把这方面的成功归之于这种精神和宗教的环境。在法国、德国和意大利，隐修士，甚至修道士都走出了他们的静居之所，向人们发表情绪激昂的演说。他们的个人苦行主义给人留下了深刻印象，也引起了大多数人的尊重。对许多世俗人士来说，与像阿尔布里塞尔的罗伯特、隐修士彼得、萨维格尼（Savigny）的维塔利斯这样的"圣人"相遇，是会激起他们的热情的，这可能是他们第一次面对恪守戒律的人们所宣讲的福音。结果，他们有时会转而激烈地对抗那些本应给他们带来这一启示的人们，那些明目张胆地违背启示的教士。在一种明显的自相矛盾中，在致命的反教权主义的示威游行中，世俗人士的精神觉醒也结束了。在某些情况下，这一点直接导致对真正的教会结构发生疑问，像低地国家的坦切尔姆（Tanchelm），1100年之后不久法国米迪地区布吕耶（Bruys）的彼得即是例证。

神职人员地位的提高

很明显，教皇不希望依靠这样的手段进行改革。在教皇利奥九世（1049～1054年）任职期间，罗马教会恢复了道德名誉，1059年之后，由于教皇由红衣主教自由选举产生而获得了自由。鉴于此，罗马教会把自己当作"所有教堂的头领和轴心"，希望自己关于精神权力与世俗权力关系的观点能够盛行。这种观点在教皇格列高利七世（1073～1785年）的思想与言行中真正形成了体系，为了达到目的，他毫不犹豫地引发了一场震撼整个西方世界的政治与宗教冲突。

格列高利和他的支持者们坚决主张宗教力量（即教皇处于领导地位的教会）应控制基督教社会。世界的堕落是罪恶的结果，撒旦支配世界的结果，但它也期待一场能从恶魔的手中解放人类事业的变革。由于作为罪恶的世俗界已经渗入教会的最内部，因此首先要做的就是排除一切带有尘世迹象的东西，最开始就从世俗界对教会的控制着手。这就是格列高利七世1075年谴责世俗授职的真正含义，因为世俗界授予圣职即允许皇帝和国王任命大主教和隐修会长，但罗马教会并不只满足于拒绝世俗权力的支配地位，它还主张重新安排力量的对比，使其对自己有利。后来教皇自称有权力惩罚君主，甚至可以因为他们的行为有违这些原则而废黜他们，1075年这种情况曾发生在皇帝亨利四世身上。教皇对基督教世界领导的结果是主教在社会上权力的加强，如今在教会的指引下，该是实现上帝指派给的最高目标的时候了：在尘世建立基督教的秩序，期盼人世间的天国。格列高利的末世论观念不逊于前几代修道士，但它施展的舞台要大得多。满足于把上帝挑选的一小撮人聚集到少数几个大隐修院的时代已经过去，此后，整个基督教世界不得不尽可能地以神圣的耶路撒冷为中心来安排一切。

到那时为止，一些尚未听说过的主张激起了强烈的反响。在许多地区，作为地方权力的创造物的主教，至少人们习惯于这样认为，觉得君主比教皇更亲近一些，他们有足够的理由害怕教皇的独裁。至于国王们，大多数拒绝承认自己是罗马主教的封臣，尤其是德意志帝国理所当然地觉得自己的合法存在受到威胁。继承了加洛林王朝和奥托帝国的德意志君主并不准备丢掉他那神圣的光环，对他来说，最重要的就是能依靠神职人员的忠诚。他经常交托给神职人员以政治职责，控制教阶集团的任命权。在关于世俗和教会的两种看法之间，冲突在所难免。结果导致似乎永无止境的授职权之争（1075～1122年），使教会和帝国长期不和。这是一场可悲的争斗，折磨着已经在旧有的忠诚和改革需要之间分裂的神职人员的良心。经过数年外交和军事方面毫无结果的对抗，其间发生了一些标志性事件，如在卡诺萨城堡（1077年）德皇在教皇格列高利脚下乖巧地长时间忏悔，直到曾通过不稳定的联盟寻求来自坎帕尼亚（Campania）的诺曼军队保护的教皇的惨死，才达成了双方的妥协。

1111年，皇帝亨利五世巧妙地向教皇帕斯卡尔二世（Pascal II）提出了一个解决方法，这一办法的优点在于它的简易性。由于争夺的主要目标是主教和修道院院长的授职——在授职仪式上，国王把象征世俗权力和宗教权力的牧杖和指环授予候选人——为解决这一问题，高级教士放弃君主赋予他们的权利和地位就足够了。如果主教不再拥有作为财富来源的财产和政府授予的统治权，那么他就可以由神职人员自由选举，由同行们祝圣了。这一建议会使教会返回到使徒时代的贫穷并会使世俗事务完全落入世俗权力的掌握之中，帕斯卡尔曾一度被这一建议所吸引，最初也接受了这一妥协方案，但面对大部分来自德国的主教和许多意大利主教的愤怒抗议，他不得不马上放弃了这一方案。在他们眼中教会必须拥有物质资源，特别是在当权者越来越依赖经济基础，土地权力是统治的惟一基础。而且，"格列高利的"改革家们始终如一的目标之一，就是要使宗教职位与它们所涉及的权力紧密相连，任何对教会收入的交易都会被视为买卖圣物罪。帕斯卡尔的拒绝有着重大意义：在大多数神职人员看来，主张精神的首要地位并不意味着会产生一个贫穷、顺从的教会，而是一个有足够能力威慑反叛分子和罪人，有足够财富对宗教阶层、病人和穷人负责任的教会。

本笃会修士（赫拉博纳斯·毛鲁斯[Hrabanus Mourus]的手稿，蒙特卡西诺修道院，梵蒂冈图书馆）。

由于世俗政权不想在各个阵线都失败，于是迫使教会接受了一个妥协方案，这一妥协虽然在原则方面并不特别尽如人意，但在实际上对双方都是有益的。这一协议是在12世纪初与法国和英国国王缔结的，接着在1122年与皇帝亨利五世也缔结了类似的协议，它是建立在宗教和世俗的区别之上的，这种区别对我们来说很寻常，但在那个时代确是非常新颖的。

协议承认了罗马教会的自由和教皇的独立，但皇帝的权力也得到尊重，皇帝放弃主持主教以上的神职人员的授职仪式，一个俗人不再任命主教也不再授予他权力。虽然如此，自由选举并没有恢复，由于一些地区的特点不同，高级教士的挑选在很大程度上仍掌握在君主手中。就像一对老夫妻在分离了很长一段时间之后再次发现了一起生活的妙处一样，教会和世俗权力也认识到它们有相互依赖的必要。它们之间的联系太紧密、太错综复杂了，不可能一下就中断了。在教会教权和世俗统治（sacerdotium and regmun）之间建立互助合作的关系对双方都有利，这些关系虽有一些沉浮，但一直保留到旧秩序结束。然而在短时间内，无论是教皇还是神圣罗马帝国都不会放弃支配基督教社会的企图，在这种情况下，沃尔姆斯协议仅仅标志着那一次又一次突然爆发的冲突的暂停。

此刻当精神至上的主张在政治舞台上受挫时，在教会内部却得以坚持并取得了巨大的成功。穆瓦延穆捷的安贝尔在格列高利改革的英雄时代就已经明确地说过："俗人就负责世俗事务，而教士就负责宗教事务。"这种把忠实信徒限制在尘世的意愿是掩盖不住其真实意图的，这就是使他们屈从于神职人员的权威并使其沦为被动的代理人。在某种程度上，只有国王和贵族凭借其社会和政治地位能摆脱教会的监督。尽管格列高利七世承认俗人可以使自己成为卑劣教士的审判者，如有必要还可迫使他们放弃职位，但他的继任者意识到有被颠覆的危机后，便竭力使神职人员免受其教民的责难。关于这一点，教会的教义没有说清楚，直到11世纪的最后时才给予了明确的解释：那些具有可疑甚至丑恶行为的神职人员所施行的圣事绝对不会丧失其有效性，只要与此有关的教士的职位是正式任命的，是按教会法规授予的。教会当局通过加强教阶体制，提醒忠实信徒履行其特殊义务，如缴纳十一税，尊重教会的人和财产，广布施舍，回击那些挑战新规定的人们。这样，在许多地区由各阶层的世俗人士积极参加宗教改革运动，最后却以神职人员在教会和社会中地位和作用的提高而告终。

11 世纪的"文艺复兴"

相对于世俗人士来说，神职人员，至少是其中的某些人有一个优势，那就是他们对学术和文化的垄断，即应用写作的能力和拉丁语知识。大批日耳曼人和斯堪的纳维亚人的入侵导致西方的"野蛮化"和城市文明的衰落是出现这种状况的原因。加洛林王朝控制下的王国和教会所采取的某些措施也是一个重要因素。即使神职人员也曾一度对拉丁语只有些微的认识，书写的版本在不同的地方也有明显的不同，查理曼和他的顾问阿尔库因（Alcun）决定不提倡方言（即使在以前罗马人的土地上也已经完全从拉丁系语言中分离出去的方言），而是推广教父的语言。

从古代遗产到教会文化

查理曼及其顾问们认为要能阅读和理解圣奥古斯丁或圣杰罗姆的作品，就必须对古典作家的著作有一定的基础知识。正是因为这种实用主义的观点使得古典文学重获光彩。同时，书写的简单化和标准化使加洛林小草书体（8 世纪晚期在科尔比隐修院形成的一种手写体）遍及所有大修道院和主教座堂的缮写室（书房）。随之建立的学校，特别是在最重要的主教城市所建立的学校，目的是为了培养有学识的神职人员。某些法令集所预见的教区学校的繁荣似乎还看不到——但不管怎样，这种想快速提高西方文化水平的尝试，因为加洛林王朝的衰落和帝国的分裂而终止了。结果，直到 12 世纪初修道士仍是重要的知识宝库。

在 9 世纪，圣本尼迪克法规成为所有西方修道士遵守的标准，它所指定的进行神圣阅读（lectio divina）的重要地方，修士及其团体每天都会在那儿度过几个小时。除此之外，每个修道院都有一些能够阅读，有时也能写作的属于唱诗班的修道士。对于他们，拉丁语知识和一些文化基础是一种接近上帝之道和教规的媒介，对这些东西的阅读是他们生活的中心。有些修道院学校，会教授见习修道士阅读诗篇并要求他们通晓拉丁语的语法规则。无论是将来要成为修道士在大修道院的寄宿学校学习的学生，还是在大修道院的私立走读学校学习的年轻世俗贵族，都要学习《新约全书》和《旧约全书》中的选段，对《圣经》进行论注，这是对能提升灵魂的神圣文本进行精神冥想的一种形式。

对那些生活在修道院的人来说，《圣经》不是获取知识和信息的媒介而是救赎的工具，因此对《圣经》怀有无限崇敬，并通过对圣书的抄写、解释、保存表现出来，而且修士对古典文化的态度也摇摆不定，对它的学习通常会引发良心问题。例如，克吕尼派的奥多有一天想阅读

　　圣本尼迪克正在写教规。他桌子上的鹅毛笔和角制墨水台显而易见。在缮写室（缮写人的工作室），一种新的古典传统和基督精神的综合体得以产生（手抄本中的鹅毛笔和墨画是在1138年至1147年出自茨维法尔腾 [Zwiefa- lten]；斯图加特 [Stuttgart]，符腾堡国家图书馆 [Württembergische landesbiliothek]）。

维吉尔的诗句，但他做了一个梦，在梦中他看见了一些蛇从一个华丽的瓶中爬了出来并相互缠绕在上面，这导致他放弃了这个计划。其他更大胆些的人毫不犹豫地投入到西塞罗（Cicero）和奥维德（Ovid）的著作中，但在这一知识领域里，他们却能做到安然无恙，并最终把丰富的异教徒的遗产导向真正的目标：在教会中对上帝的崇拜。因此，即使那时的教会文化用人文主义的外衣来装饰自己的时候，涉及的也是一种非常不同的灵感来源，还是根据基督教的启示对古典作家重新加以解释。不过修道院文化仍然被它试图吸收的外来文化遗产打上了深深的烙印，这应归功于这种文化遗产所具有的独特的文学性质以及它优美的语言和正规典雅的修养。正如欧里亚克的热尔贝（后来的教皇西尔维斯特二世）在接近 1000 年时所写的："哲学不能使关于生活方式的知识和关于说话方式的知识隔离开来，所以我必须同时研究正确生活的艺术和良好表达的艺术。"在修道院和缮写室发展出了一种独创的古典传统和基督教精神的综合体，这个综合体是建立在这样一种信仰之上的，即只要它是能够使人的灵魂高尚的恩惠，它就是一种能使它完善、增色并作为彰显上帝荣耀的文化。

"学校教师"的时代

把 10 世纪和 11 世纪的学术性文化想象成大众文化是错误的。在许多地区，由于 9 世纪晚期和 10 世纪初期的危机和入侵，加洛林王朝的教育制度崩溃了，例如在公元 1000 年左右的诺曼底，仍很难找到具有足够拉丁语知识的神职人员，但并不是整个西方世界都是失败的，当总的形势变得更加有利时，一些文化活动的中心地区仍有足够的能量为新的开始提供动力。这发生在罗马帝国境内，尤其是在德国的土地上，这里文化的觉醒早于别处。在这里，拉丁语也没有受到地方语言的污染，在急于提高神职人员道德和宗教标准的奥托国王们的宗教政策的帮助下，它得到了快速发展。萨克森（Saxony）的甘德什姆（Gandershiem）女修道院院长赫罗斯维塔（Hrotsritha）创作的短篇拉丁喜剧，其灵感来自特伦斯和诺特克（Notker）关于礼拜仪式顺序的著作，诺特克是一个修士，曾担任过圣加尔修道院学校的校长并把一些古典著作翻译成德文。在 11 世纪早期，维森堡（Weissenburg）的里森瑙（Reichenau）和泰根塞（Tegernsee）、雷根斯堡（Regensburg）的圣埃梅拉姆（St Emmeram）的隐修院，见证了若干令人瞩目的文献的产生，这些文献通常是受到了地方文学作品的启发（例如埃克哈德的《瓦尔塔里斯》[Waltharius] 和《鲁特利普》[Ruodlieb]）。这一运动还扩展到了罗退林基亚。在列日、图勒和梅斯的大教堂学校，在让布卢（Gembloux）、洛布和斯塔沃洛（Stavelot）的大修道院，神职人员还学习语法和音乐理论；像让布卢的西格伯特（Sigebert）等人还撰写编年史和历史故事，他们的影响范围远至意大利和波兰，但这在本质上仍是一种学院式的文化。在传播加洛

林王朝遗产并以此传播罗马拜占庭
文化遗产方面，这种学院式文化起
到了极其重大的作用，但新的灵感
应是来自其他中心和不同的地区。

自 10 世纪末和 11 世纪初，知
识浪潮涌向了盛行修道院生活方式的
法国。这主要并不是因为当时的氛围
特别有利于学习，而是因为通常都以
暴力方式建立起来的封建社会体系正
在确立，但在像兰斯和沙特尔这样少
数的几个主教城市或像弗勒里（卢瓦
尔河的圣伯诺）和利摩日的圣武教堂
(St Martial) 之类的大修道院，出现
了文化活动的复兴。例如在沙特尔，
一个曾在兰斯受教育的意大利人福
尔伯特主教（Bishop Fulbert，1029

卢瓦尔河畔的圣伯诺（弗勒里）罗马式大教堂，建于1067年至1108年。在11世纪建成的修道院，到查里曼时期作为知识的中心在基督教世界中非常有名，那里会教授神学和七艺；抄写和解释手写稿；编年史家记录了他们所处时代的历史；它的主人们对农业和医学感兴趣。

年逝世）的学生们，在下一辈人中成为神学复兴的缔造者：他们有列日的阿德尔曼（Adelman）、图尔的贝伦加尔（Berengar of Tours）和帕维亚的兰弗朗克（Lanfranc），这些教士作为"学校教师"正在显现出来。在 10 世纪末成为兰斯的教师之前，热尔贝被送到穆斯林世界的边境——加泰罗尼亚学习雄辩术（辩证法，这门学科在修道院学校是不教授的），更重要的是学习"四艺"（算术、几何、天文和音乐）。人们从各地赶到沙特尔，目的都是为了找菲尔贝看病，他是那个时代少数具有医学知识的人之一。还有一个例子就是弗勒里的阿博，他试图在兰斯完成他始于修道院的学习，但找不到人教授他音乐。在绝望之余，他不得不向一位来自奥尔良的牧师求助，这位牧师虽然同意了但却要求保密并收取费用。这几个例子显示了那些学校极其孤立和脆弱的性质，它们的光辉只能依赖于一两个教师的个人影响，就像忽明忽暗的火花，还没有达到文化指路人的地步。

批判性思维的发展

不过，随着时间的推移文化生活真正复兴的迹象开始越来越显著了。1079 年教皇格列高利七世复兴加洛林王朝时期的法律，迫使每个主教在他管区的主教座堂维持一所学校，使神职人员能够在那里接受教育。虽然教皇的命令没有立即见效，但在那些政治和经济条件非常有利

的地区（如法国北部和意大利），学术机构却得以发展，并尝试着重建图书馆和档案馆。在校长的（某大教堂的教士，一般充当学校的校长）的监督下，教师（magistri）开始在教堂的回廊和教堂邻近的建筑物里进行定期的授课，通常都是初级水平。和注定要从事传教士职业的神职人员一样，其他学生也受到了教育并从同样的特权和自由中得到了好处。

然而，在11世纪，修道院仍是最兴盛的文化中心。在意大利，蒙特卡西诺修道院在院长德西德利厄斯（Abbot Desiderius，1058～1086年）的管理下经历了一段异常辉煌的时期。拜占庭、意大利这些邻近地区的影响，甚至穆斯林世界的影响，经过阿马尔菲（Amalfi）和萨勒诺（Salerno）港口的过滤，促进了对手写本的抄写和解释，它们的文体质量和独创性在著名的《复活颂》（Exultet）卷档中有最好的表现。在蒙特卡西诺的缮写室，古典文学形式得以复兴，后来教皇的主事加埃塔的约翰（John of Gaeta）在这里学到了优雅的书信文体——韵律，他还把这种韵律运用于1089年至1118年期间罗马教廷发出的文件中。此时另一个文化繁荣的地方就是伦巴第，像兰弗朗克那样的教师就来自这里，他于1045年在贝克的诺曼人修道院建立了一所学校，这所学校获得了西方最优秀的学校之一的美誉。在这个学校，兰弗朗克培养了后来在他们那个时代的生活中起到非常重要作用的一些人，例如也是意大利人的圣安瑟伦（St Anselm，1033～1109年），继他之后成为了贝克修会会长和坎特伯雷的大主教，还有沙特尔主教著名的精通教规者伊沃（Ivo）。由于这两个人物，11世纪的学术文化向前迈进了一大步，它不再只限于"教师"所传播的陈旧而神秘的知识这一方面，还有具有独创性的思想家运用智慧解决所处时代的基本问题的事例。在对神学奥秘的探索中，圣安瑟伦开始使用辩证法，即形式逻辑。当然，对他来说信仰仍是一切推论的基础，但是通过把推理应用于启示（知识取决于信仰）中的事实，这些推论可以帮助解释信仰的含义。但是，从当时诸如"虔诚"、"真理"和"上帝"这样一些表达"一般概念"的术语中表现出来的"一般概念"是完全真实的还是概念的问题，把唯实论和唯名论区别开来。唯实论有教会作后盾，相信"一般概念"是预先存在的假定；唯名论认为所有这一切都只是一种形式"a nomen"（即要求提供合理的论据进行证明）。对教会统治集团来说，后者的观点太危险了，因此唯名论的拥护者或是被处以火刑或是放弃信仰（图尔的贝伦加尔）。

在本体论的论证中，这种拉近神学与哲学之间联系的新方法达到了顶峰，首次试图对上帝的存在进行完全理性的论证。出于自己立场的考虑，沙特尔的伊沃致力于研究教会与国家的微妙关系问题。他确定了世俗事物和宗教事物之间的基本界线，从而为结束授职仪式之争做出了贡献，这一界线是他在思索争斗的中心——主教权力的概念时构想出来的。实际上，正动摇着基督教世界的统治阶层的许多大的争论，促进了这一时期文化的发展，在社会下层也产生了真正的反响。支持在教皇的领导下进行教会改革的人与支持帝国体系的人之间发生的冲突，引起了一场广泛的笔墨之争，争论涉及一些基本问题，例如僧侣和君主权力的基础问题和教皇在教会中的地位以及神职人员与世俗人员之间的关系问题。罗马教廷在牢固的传统之上提出新要求的需要，导致对旧的法律文集的系统审查，从而促进了教会法规文献的编制。那些起源模糊、被凯尔特人或日耳曼人掺杂讹误的文献都试图被删除，只保留那些符合罗马传统、对罗马教廷赞颂的部分。虽然起初对法律文献的分类和恢复是杂乱无章的，但它显示了文化不再是空谈家的私人独占地，或只是一种学者的练习，而是成为了与社会有直接关系的分析工具。

愚昧无知的俗人？

加洛林王朝选择拉丁语作为宗教语言，因此西方的文化、语言在神职人员与世俗人员之间制造了一条相当宽的鸿沟。对神职人员来说，至少到 12 世纪为止，俗人还显得那么愚昧，没有文化。实际上在公元 1000 年左右，甚至在高级贵族的行列中也只有少数出众的妇女，例如皇后、女王、大家族中的贵妇人，能通过她们身边的教士学习《诗篇》获得拉丁语的基础知识。到 11 世纪，这种情况开始改变，除了那些注定要从事教士职业的人，一些贵族的儿子也能够学习拉丁语，至少是初级水平的拉丁语，学习的渠道既可以是家庭教师的帮助，也可以通过参加修道院对外开放的学校。然而这种趋势只影响到了极少数人，即使在骑士阶层中，大部分人对学术文化仍是一无所知，但这不是全部的情况：对拉丁语无知或拒绝学习并没有给世俗文化的发展制造不可逾越的障碍，世俗文化最终在它自己的文学作品中展现了出来。

真正的问题在于书写的范围。除了加泰罗尼亚和意大利，11 世纪的大多数世俗人士甚至连契约书后面自己的名字都不会签。1106 年，在给帕维亚女修道院的证书中，托斯卡纳女伯爵书写的部分与她随从中的一个神职人员起草的其他部分的专业和整洁相比是那么拙劣、生硬。除了在教士阶层中，书面文件似乎是特殊的事情，远远没有形成表达人类思想的标准方法。它不仅对大多数人没用，而且由于是用拉丁语写的，所以也很难理解。拉丁语是一种失去了实用性的语言，只能通过大致的形式体现当时的现实情况。有人甚至把这段时期描绘成反书写的时期，因为它失去了实际应用的作用。例如在卡佩王朝的统治范围内，从 11 世纪起契约的数量很少，它们仅仅是个备忘录，上面的条款还不如见证人的姓名和身份重要，因为见证人会保证文件上规定的内容得以实施。

书面文件的衰落和新的政治体系的出现有必然的联系。国王和帝国权力的衰落以及伴随封建体系的建立而出现的政权中心的增多，导致了法律的衰退，甚至像加洛林王朝的法令集那样的尝试性实行都没用了。此后，人与人之间的法律关系只能由"习俗"规定，不同时间和地点的"习俗"的内容根据特定的领主与他的依附者之间权力的平衡而定。在法国，平民法庭曾一度消失，不再有公众的法庭；审判只是当地领主、他的一小撮朋友及其身边法律顾问的事情。

佩皮尼昂（Perpignan）的贵族们向阿斯图里亚斯（Asturias）的国王阿方索十世宣誓效忠（《大分封书》[Liber Feudorum Major]，12世纪；巴塞罗那，阿拉贡皇家档案馆）。

神职人员激烈地谴责这些由强权随心所欲推行的"坏习俗"，其中最可怕的是它们通常不采用书面形式的记录。但即使在教会内部，教规的内容也远远不是构成法律的惟一来源，在许多需要作证的案件中，以考验的形式求助于"上帝裁判"（即把判别正确与错误、公正与不公正的任务交给水或火）的情况越来越多了。

当时的人不认识拉丁语，几乎不依靠书面文件，这意味着他们完全没有文化吗？远非如此，实际上，他们有着与教会文化大不相同的自己的文化，但我们知之甚少，因为它本质上是一种口头和肢体的文化。关于人与人之间的相互关系，这个时期见证了完全世俗化的象征性仪式的确立：宣誓效忠仪式和授职仪式。为了使一份协议或契约生效，必须在有资格的见证人面前举行一场有意义的仪式：有关人士必须把紧握的双手放在他的领主手中，并从领主的手中接过一小束麦秆或一个牧杖。如果有神职人员在场并作了笔录，它的目的仅仅只是作为补充，帮助保留仪式的记忆。它和传递仪式完全一样，其中最重要的就是骑士的授封仪式——用猛的一击来传递一种生命力——和刺靶的比赛。从最早的文字资料的陈述中可以看出，骑士的授封似乎起着非常重要的社会作用。它的意义随着士兵阶层（为城堡堡主服务的骑士）把他们自己的价值体系强加于整个贵族阶层而增加了。

在那样的环境中，很难知道什么能算作娱乐。有迹象表明，那时存在着一种高度发达的口头民间文化，不幸的是我们只能通过神职人员编写的文章，或者像后来出现的原来的中世纪的英雄史诗、圣徒传记和奇迹集这样文学作品的变形镜来了解它们，这并不能使我们完全掌握他们一笔带过的情节和实际的重要性。

为了接触其势力范围之外的大量的人们，神职人员发展了一种地方文学。10世纪开始，出现了一种用罗马地方语言编写的用于辅助礼拜仪式的文献，例如《圣欧拉利亚的秩序》（Sequence of St Eulalia）或者是编订于孔克（Conques）修道院、利摩日的圣式教堂和弗勒里的附加句（附加于中世纪教堂素歌曲调上的附加句或解释。——译注）。与此类似，11世纪经历了圣徒传记的创作高潮。通过使用 977 年来自东方的传记形式，1040 年左右，一个诺曼人的神职人员创作了《圣亚力克西斯之歌》(Song of Ste Alexis)。差不多二十年之后，孔克的一个修道士使用押韵的方法写了《圣福瓦之歌》(Song of St Foy)。最后是勃艮第和阿基坦地区第一批史诗的编写——《罗兰之歌》(The Song of Roland)、《维埃纳的杰拉德》(Girard of vienne)、《奥朗日的威廉的故事集》(The William of Orange Cycle)。这些文献吸收了加洛林王朝时期的史诗传统，并赋予了它们新的含义：基督教信仰对恶魔般的伊斯兰教势力的胜利。这些在 12 世纪获得了巨大成功的著作，提供了理想化的行为模式。勇敢的骑士罗兰在感到生命即将结束之际向上帝祷告并进行忏悔，与背叛者加内隆相反，他为对领主的忠诚而死。凭借这些娱乐文学（存在于俗人中的神职人员的著作），教会企图使新贵族的心性基督教化，并通过提供一种宗教理想给骑士阶层套上神圣的光环。

一种西方意识的首次表现

在艺术作品中，尤其是建筑物的艺术作品中，西方基督教世界的一种新精神在广泛传播着。遗留下来的许多建筑物都成了那个实际上极度混乱年代具有创造力的证据。为了解释这种表面上的矛盾，历史学家寻求到了许多解释：9、10 世纪入侵浪潮之后重建的需要；人口的增长，它的影响在乡村地区尤为强烈；还有隐修院制度的发展，它意味着圣地数量的增加。所有这些因素都很重要，但最主要的大概是封建社会内部权力的分裂。以建造大教堂的君主们为榜样，新的地方领导者们为了触及上帝神圣建筑物的荣耀而相互竞争，因为这些建筑物是对他们自己权力的一种见证。因此在诺曼底，罗马式建筑的发展与公爵宅邸的建造是同步的，从费康（Fécamp）的三位一体修道会到卡昂（Caen）的女修道院（Abbaye-aux-Dames），修道院的建立，标志着统治王朝的进步。类似的情况出现在基督教的西班牙，这儿坐落着一些小王国，紧挨比利牛斯山南面的斜坡。政治上的分裂促进了教堂和王室墓地的建立：纳瓦尔（Navarre）的雷尔（Leyre）的圣塞尔瓦多（San Salvador），阿拉贡的拉佩纳（La Pena）的圣胡安（San Juan）和莱昂（Léon）的圣依西多禄堂（San Isidoro）。

起初，这些新的教会建筑中没有任何艺术上的革新相伴随。950 年到 1070 年，在德意志帝国，奥托时期的艺术不断地重复并完善着加洛林王朝的建筑形式，直到使自己满意为止。在地中海地区，罗马式艺术的第一个阶段是以史为鉴的经验综合体。虽然有些建筑物，例如加泰罗尼亚的莱伯（Ripoll）修道院、居扎修道院（Cuxa）的圣米歇尔（St Michel）教堂、伦巴第科摩的圣阿邦帝欧（Sant' Abbondio of Como）教堂，在艺术方面是成功的，但它们只是显示了在这些地区永远都不会完全被打碎的罗马传统的力量和东方影响的活力，不仅包括拜占

公元1000年的罗马式建筑，卡尼古的圣马丁（Saint—Martin—du—Canigon）修道院，建成于11世纪早期。它的独块巨石的柱子和厚厚的东墙使人想起它最初的构造，不久之后成为穹状。在海拔1000米的高山上，四方形的钟塔耸立于壮丽的环境之中。

庭的影响，还有安纳托利亚和叙利亚的影响。艺术水平就如同智力水平，它的第二个黄金时代"不是以变革而是以对古代世界的复兴为开端的。"（H.弗西隆 [H.Focil—lon]）在一些地区新的解决方案和新技术正在出现，然而这些最初打算用来改进教堂存在形式的方案和技术实际上导致了西方教会建筑的整体设计、构造和装潢方面的根本性变化，因此梵蒂冈大教堂的古代示意图中增添了一个具有创造性的耳堂；小教堂拱顶不再散光。几乎每个地方都尝试着用雕刻过的石头来解决屋顶问题，就如我们在图尔内和讷韦尔（Nevers）所见到的那样。实际上罗马式艺术完全是在1070年之后产生的，随之还产生了独创方案，也就是使传统与个人经验相结合而形成的一个有效的新的综合体。

这种独特的风格最初在一些地区得到初步显现，迄今为止，这些地区与地中海和莱茵河流域（诺曼底、勃艮第、阿基坦、阿普利亚 [Apulia]）相比似乎已经过时了。在那些地方，大建筑物以带有幅射状小礼拜堂的回廊而出名。这些大建筑位于以三到五个由一块巨石覆盖的侧廊中心，同一块石头既用来做墙又用来做屋顶。柱形物发展成为有固定位置的柱子，可以说这意味着墙壁被有规律地分隔开来，它们支撑着拱顶确保建筑物的不同部分之间有机的连接。尽管存留下来的资源有时会传递这种印象，但在较小乡村的教堂，这些实验并不能实行。正相反，罗马式艺术首次完全兴盛根源于大隐修院的圣地、著名的朝圣者教堂和城市大教堂。主要中心之一，就是克吕尼隐修院。它的建筑者们知道怎样把罗马、伦巴第和拜占庭的风格融为一体，而不仅仅是数字的堆砌。在一些地区，受克吕尼修道院的影响，新的艺术传播并兴盛了起来，有些地方迄今为止已是西方基督教世界的边缘，有些地方仍遵从着现在已经消亡的传统思想，例如法国的西南部（阿基坦和朗格多克）、西班牙北部。图卢兹、孔克修道院和穆瓦萨（Moissac）的圣塞尔南（Saint-Sernin）大教堂今天仍然屹立着，证明了连接这些地区与西方国家其他地区以及罗马的风格迁移的巨大成功，从艺术的角度讲，这些风格是基督教世界的标志。

　　其他地方，在意大利的南部、奥弗涅和佩内戈尔（Périgord），艺术创造力受到外部影响的刺激。这些影响之所以能够传播开来，是因为贸易的复兴和那些毅然要去东方的人们（朝圣者、商人和十字军）所引起的流动性的增加，因此地区风格得以形成并传播，大小建筑物都是如此。这些风格可以在地方公国内形成，但永远不可能与公国的边境完全一致。"国际风格的地方综合体"推进的罗马式艺术和艺术史学家成功划分出来的每种"类别"一起，把新引进的形式与他们当地文化中的活跃因素、自我创造的能力与民间传统结合在一起。与马克·布洛赫（Marc Bloch）的观点相反，这不仅仅是封建制度的反映和西方的种族差异，也是那些以各种方式自发地获得艺术成就的大量个人努力的结果，把它看做是新的基督教世界的不同地区与国际文化主流一系列接触所引发的精神与艺术觉醒的征兆可能更准确些。罗马式艺术显示了封建社会所有的财富与创造动力。那个社会通常被看做是政治分裂的负面进程的结果，然而这一观点没有承认封建社会在重组方面的积极努力，正是这一重组解放了那时被黑暗所埋没了的创造力。

　　在同一时期，西方雕刻艺术的复兴和消失已久的人物塑像的重现，并不是偶然的。奥吞的夏娃雕像以其巧妙纯真的裸露成为这种复兴最完美体现的代表。圆柱状的雕像使人的身体不再受几何图形的抽象派条条框框的限制，而是能够重新发现它的真实比例和体型。在对雕塑和人体立体感的重现方面，西方艺术坚定地背离了野蛮民族的传统和东方的影响。如其他领域一样，大约在1100年，拉丁基督教世界通过对抗在艺术领域内肯定了自身。伊斯兰和拜占

上图：阿维安庞斯（Avy-en-pons）（夏朗德省）的罗马式教堂的门口。
下图：贝克－埃卢安（Bec-Hellouin）的圣本笃会隐修院，建成于11世纪。

105

穆瓦萨克修道院的浮雕像。

穆瓦萨克的回廊和修道院教堂（11世纪晚期）。

奥吞的夏娃，雕刻家
吉赛伯特（Giselbert）的作
品（12世纪中期），大教堂
北部入口处前过梁的片断。

庭现在面对着的是一个有自我意识独立的西方，他们对这样的西方做出了不少的贡献。　既相
异又统一：这就是1096年以进军东方的实际行动来响应教皇号召的西方人，他们的敌人用一
个单一的名字来称呼他们，那就是法兰克人（the Franks）。

第三章　国家的建立

直到前不久，老一辈的历史学家仍喜欢将他们的兴趣限制在政治生活的框架内，而且将国家的历史置于最重要的位置，认为王朝、战争、条约便涵盖了全部的历史。这充其量是对约束人类行为的行政结构的研究。这种思维模式继承自古代政体和 19 世纪的国家主义。很不幸，正是这种思想，造成了那些对跨越许多历史时期的统治的枯燥描述，人们认为它们是雷同的。同样的原因造成孩子和成人面对中世纪历史时严重缺乏兴趣，其厌恶情绪就更不用提了。对于那些充

满好奇心的人来说，这种历史喧嚣没有什么重要性。在 20 世纪的前 25 年之后，历史学家的关注点转向经济和社会，中世纪恢复了生机，此外历史学家还关注社会心态和日常生活，这是我们这个动荡社会的特征，中世纪史因此而受到人们的青睐。"战争的历史"让位给了"社会结构的历史"。

不论政治史甚或军事史如何卷土重来，这些新领域的研究课题如此之多，要一切恢复从前看来是不可能了。然而，这种政治军事史已不再只是编年表，而是根植在社会群体研究或思想研究的基础之上。因此，有必要奉劝读者在这些政治军事事件的层面上短暂停留一下。否则，面对接下来中世纪盛期的大规模扩张以及之前已发生的历史（这一戏剧的场景的布置），我们有陷入晦涩不明的危险。而且，欧洲并非产生于乡村亦非仅仅在人们的想象中：今天，欧洲的轮廓仍明显带有政治秩序建立时的印记，这一点即使将来也是无法抹掉的。

北部世界加入欧洲

900 年至 1100 年，中世纪政治地理学最本质的特征，是那些仍非常孤立的边缘地区被纳入封建制度的主流和基督教的时代潮流。这些地区包括：靠近伊斯兰或希腊世界而不是德国的北欧沿海一带；被同样的希腊人或穆斯林侵占达几个世纪的南部边缘地区；最后，是面对着逐渐形成的日耳曼－凯尔特人（Germano-Celtic）世界，尚处在模糊状态的斯拉夫人所在的东部地区。正如这套书开始所说的，这些事件所围绕的主题是欧洲核心地区对边缘文化的整合，其中一些地区在很长一段时间内曾一度占据着主导地位，例如地中海地区；而其他地区则

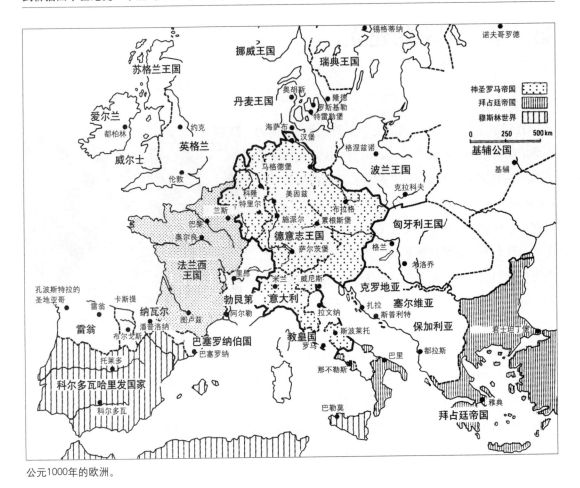

公元1000年的欧洲。

仅仅成为附属物，如东部地区，所以审视这一过程及其最初阶段是很重要的，而11世纪至12世纪仅仅只是其第一个时期。之后我们将更详细地审视其经济和社会方面，但现在让我们先尝试着概述一下这位主人公（dramatis personae）。

北部地区隐藏着的奥秘

对于去丹麦或瑞典探险的基督教会神职人员而言，如由加洛林或奥托皇帝们（Ottonians）派出的那些人，进入一个完全陌生而又充满敌意的地区的印象，同古代的探险者一样是非常深刻的。此外，正是从这些崎岖不平（harsh）而又雾气弥漫的地区，突然产生了令人意想不到的海盗探险。他们的残暴行为不亚于被其杀害的猛兽——但是，在很久以前，撒克逊人、弗里西亚人和北部的日耳曼人的祖先很可能与海盗来自同一地区。

斯堪的纳维亚的珠宝。10世纪东约特兰省（Ostergotland）的埃里克斯道普（Erikstorp）的托尔之锤（斯德哥尔摩，国家古代博物馆）。

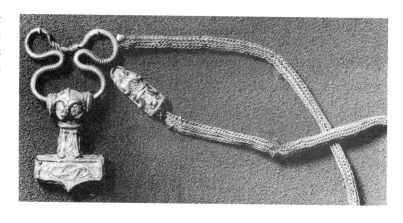

这些北方人，作为渔夫，伐木工，捕猎海豹、鲸和熊的人，在气候恶劣的海洋上驾驶着船只的无畏的水手无视危险和恐惧的持斧的卫士，似乎并不喜欢与基督教国家建立和平有序的联系。而且，他们似乎并未建立起政治权威，只是确立了沿海地区的首领而已。就是这样一幅粗略的画面，此后至少五十年内一直保持这一老套的形象。

此后，考古学完全改变了我们的认识，一个新的世界展现在了我们的面前。8 至 10 世纪，在日德兰半岛、哥特兰岛（Gotland）、乌普萨拉（Uppsala）、奥斯陆（Oslo）、卑尔根（Bergen）及滕斯贝格（Tongsberg）的墓穴中，艺术品与金银币堆积在一起，还有大量珠宝和钱币的碎片（这些珠宝、钱币来自于土耳其斯坦 [Turkestan]、伊拉克、希腊世界，甚至是中国）。此外，在波罗的海的南部和西北部海岸，遗留下来的建于 9 世纪早期的贸易商站，如赫特比（Hedeby）和比尔凯（Birka）以及巨大的军事防卫营地（特雷勒堡 [Trelleborg]，尤斯博格 [Jomsborg]）的废墟，体现了当时北欧人的社会活动和组织水平已经相当发达，而当时的基督徒对此则知之甚少。在 11 或 12 世纪，关于传奇的长篇英雄故事，印证了在格陵兰岛与拜占庭以及拉普兰与里海之间所进行的商业航行和勇士探险活动。在这一次的大规模扩展中当然包括北欧海盗的侵略，虽然他们的动因我们仍不甚了解。大概是因为北欧海盗强烈地想获取琥珀、爱尔兰奴隶、铁以及由他们称之为瓦兰吉亚人（Varangians）的瑞典人所提供的木材，以此来换取贵金属或毛皮。盎格鲁－撒克逊人和法兰克人所遭受的这些困难是立陶宛的斯拉夫人和白俄罗斯人所没有经受过的。

挪威人在爱尔兰（始于 800 年）、冰岛（870 年）、英格兰的丹麦法区（870 年以后）以及诺曼底等地（始于 910 年）的殖民，使得北海与波罗的海形成一个整体，在这一整体内，相同的航海技术和耕作技术得到了传播；这一事实可以解释历史上的很多疑团，例如考科斯区（the pays de Caux）和肯特郡的独特风貌以及海峡两岸的土地为什么以德拉（delle）和弗隆（furlong）为单位进行计量。挪威人的这次定居同样可以解释当时的社会组织的形成以及当时居民使用的术语：丹麦人大规模征兵称之为 "leding"，让人想起了盎格鲁－撒克逊的民兵（fyrd）；斯堪的纳维亚自由民阿辛（althing 冰岛式议会）让人联想到英国的贤人会议（witenagemot）；

挪威的贵族（jarls）则让人想起了英国的伯爵（earls）等。

这一状况持续了很长一段时间。或许斯堪的纳维亚人对基督教的皈依——尽管这是一个非常缓慢的过程（例如，大陆的撒克逊人直到最近才接受这一新宗教）——是通过汉堡这样一些在大陆和北部地区之间有脆弱联系的地区来实现的。基督教的

苏格兰北部，奥克尼的挪威人居住地废墟俯视图。

信仰虽然是王室贵族的信仰，却仍然受到在漫长冬季、雾霭、森林环境下培育起来的魔法信仰的影响。卡纽特（Cnut）国王在1034年游历罗马时曾亲吻过教皇的手，但他同时又因将幼童挑在他的矛上而臭名昭著。从政治意义上讲，公元1000年前诸位国王——这些国王当时已开始划定自己的势力范围——之间的斗争既不重要也不持久，他们的主要兴趣在于海上战争，但现在人们仍有一种想法，这些孤立分散的人口大部分都未受这些争端的影响。

在丹麦国王"八字胡"斯温（Svein "forkbeard"）尝试从英国的丹麦法区出发征服整个英格兰（1002年）的过程中，这种发展达到顶点。他死后，将其未竟的任务留给了他的儿子卡纽特来完成（1014年）。由于卡纽特与"jarl of Rudhu"（鲁昂公爵）、佛兰德尔伯爵及罗马帝国皇帝之间建立起了良好的关系，加之他占领了瑞典的部分地区，所以历史上他有"大帝"的称号。从伦敦到俄罗斯境内的贸易商站诺夫哥罗德，北部世界似乎真的形成了一个联合的整

1066年9月28日，诺曼人登陆英格兰。他们在黎明时分上岸。此图显示他们正在降下船帆、放倒桅杆和卸下马匹。卸载了的船只已经在沙滩上排列就绪（贝叶挂毯）。

体。更为重要的是，在这一政治统一体的框架内，农民定居过程的最后阶段正在进行之中。在丹麦，这一过程的进展情况我们不甚了解，但通过对像英国的查尔顿（Chalton）某地的发掘我们可以看出，殖民过程呈现出持久状态，与阿尔弗烈德及其后代在抗击北欧海盗时期于9世纪晚期和10世纪建立城镇（burhs）几乎是同期进行的。

1066 年及其影响

这一题目是对英国历史的一种机智的概述，这一表达方式概括了对西方国家来说一个十分重要的事实：英格兰开始与大陆建立牢固的联系（还看不到这一状态的结束）。

1035 年卡纽特国王的逝世意味着其短命帝国的瓦解：北部发生暴乱，南部的赫特比遭到德国人劫掠，西部一位盎格鲁－撒克逊国王重新掌权，与此同时，诺曼底公国正在威廉公爵的牢固统治下发展成一个强大的"法兰克式的"（Frankicised）国家。到 1030 年或者更早些时候，英国海峡两岸的联系进一步加强：在教会人事安排、宗教机构及招募军队等领域经常进行相互交流。在英国随后的历史发展中，对盎格鲁－撒克逊人和诺曼底人所分别扮演的角色这一问题，英国历史学家中存在着尖锐的分歧。对于一个大陆历史学家来说这一问题显露出极不自然的窘态，因为在所讨论的社会结构问题上并没有根本性的不同：他们中的大多数自由人与领主已经开始形成附庸的关系（vassi，thegns），贵族政治的等级制度——双方都有强大的军队（伯爵和公爵、子爵和郡长）；相似的军事习惯和惯例（feorm，firma，统治者的随身护卫等等）；设防城镇（burhs）和城堡一前一后地矗立着。当然这并不意味着所有这些发展都是可预见的，虽然出乎意料的事情数以万计，但是出人意料的发展也会使当时那些幼稚的人大为吃惊。

事件的轮廓众所周知。盎格鲁－撒克逊的最后一个国王纯真却并不称职的爱德华逝世后，英国的头面人物在 1066 年选举他们中的一员，取了一个令人讨厌的典型的丹麦人名字的人哈罗德（Harold）为国王。此后的三年，主要讲述大规模的殖民活动：最初，丹麦国王哈罗德在丹麦法区登陆，但英格兰的哈罗德与之展开对抗并将其杀死。后来在 1069 年，挪威国王斯温（Svein）也来英国碰运气，结果没有取得任何成功。在这两个插曲之间，真正的剧目已经上演：由于风向不顺耽搁了一些时间后，威廉公爵开始大举入侵英格兰南部。哈罗德率领他疲惫不堪的军队应战，双方在黑斯廷斯展开决战，结果哈罗德被威廉公爵战败。"征服者"威廉现在控制了他的王国，威廉花费了九年的时间完成了他所面临的严峻任务，对一些人免职甚至是驱逐，最重要的是将大量的诺曼底、布列塔尼、皮卡尔迪地区的人接来并安置在岛上。威廉面临的困境，促使他严厉地削减英国自由民的权利，并通过封建军事系统来强化其在英国还不十分稳定的个人依赖关系，而封建军事体制则是威廉在统治诺曼底时维持其权威所主要依赖的。

诺曼征服就其本身而言是一个重大的成就，但其成就并非仅仅局限于一次成功的登陆，它同时还使海峡两岸在同一政权下连接在了一起，不列颠群岛转向欧洲大陆。如果当时的诸位诺曼公爵对他们的丹麦起源有更多了解的话，那么这种定位上的转变也许并不会发生。但是，在鲁昂（Rouen）和卡昂的社会生活中，与北部世界所拥有的共同的历史，不仅仅使他们在家庭法则的习惯上（如合法的纳妾）有一些共同点，而且恰恰说明了他们与当地居民的融合，当地居民在罗洛（Rollo）建立其公国150年后占据了人口的大多数。而且，正如我们将看到的，继位事件导致安茹王朝在1154年开始统治英国（征服者威廉后两代），这只会使英格兰与大陆的联系进一步加强。

然而，北方世界并没有完全瓦解：大约在1100年，英国商人在诺夫哥罗德遭遇丹麦人的竞争，就他们而言，如果当时属于"东方人"（österlingen，斯特林"sterling"一词大概就是从这一词派生而来）的波罗的海船只没有选择鲁昂的话，则仍然会涌向伦敦，但是此时，斯堪的纳维亚国家似乎正在失去他们的活力。王权的发展、皈依工作和教会的组织工作转由德国人控制，商业和对海峡的控制亦转由德国人控制。因此，德国"汉萨"同盟（Hase）的成员成为这一地区政治上的经纪人，欧洲北部地区更进一步与大陆联系在了一起。

一度开放的东部边界

要想界定西部斯拉夫人到达中欧的时间是很困难的。当然，这一时间应该是在3世纪或4世纪早期，斯堪的纳维亚人及其日耳曼亲戚哥特人、伦巴第人向南部和西南部迁移之后，向多瑙河两岸和波希米亚移动的某个时期。但是，伦巴第人到达波河平原，与540年至620年间斯拉夫人侵入巴尔干似乎同时发生，同时代的人对此是有评论的。于是从波罗的海到亚得里亚海，建立起的斯拉夫人部族，一直延续到今天，并因此与侵略时代之后一直定居于此的日耳曼人建立了联系，包括撒克逊人、图林根人、巴伐利亚人，许久之后还有他们的法兰克主人。这样，从8世纪末期开始，这两个部族群体间就形成一种激烈的，显然难以调和的敌对状态。这一冲突在中世纪未能解决，接下来的许多世纪，甚至是现在亦是如此，然而，我们必须要探究其根源。

惊人的成熟完备期

二次世界大战之后，中欧历史学家和考古学家——特别是波兰人——不再关注编年史、宪章、统治精英这些深受德国人影响的传统研究领域。取而代之的是，他们致力于恢复德国化之前的斯拉夫人的物质文化的研究。所有的这一切努力再次得到回报：该领域——西方编年史家认为，直到日耳曼人的东进（Teutonic Drang nach Osten）时期，这一领域在各个方面的进展都处于原始阶段——显示了一个不可否认的迹象，那就是东部德国人所展示的高度发达的文化和经济比其西方邻居的任何方面都要先进。

在波希米亚、摩拉维亚及波兹南（Roznan）墓地的挖掘现场，发现了 8 至 11 世纪断断续续使用过的遗物。这或许能证实这些地区曾有过快速的定居。除此之外，对土地使用的研究，如对瓦尔塔河（Warta）上施皮塞默兹（Spicymierz）的研究，提供了 9 世纪和 10 世纪农业土地的聚集和人口定居情况的早期证据，它甚至比意大利的"incastellament"还要成熟。而且，在 8 至 10 世纪之间这段时期，这些地区已经使用的最古老的冶金熔炉、犁铧也开始在欧洲使用。在那些要塞城堡围绕着的乡村和城镇地区，如波兹南、格涅兹诺、奥博蕾（Opole）、格但斯克（Gdansk），甚至比斯库佩茨（Bis Kupiec），聚集了大量金属匠、皮毛工人，他们极可能是为地方贵族服务的，这表明当时社会已经分层。另外，商业中心、城镇（gorods 或 grods）遗留给我们大量不同寻常的来自 10 世纪的栅栏、街道以及木质建筑物的遗迹，而在西欧是找不到同类物品的。

这些发展有可能受益于存在于波罗的海和多瑙河之间的联系。在 10 世纪，许多来自伊斯兰地区、西班牙和伊拉克的犹太商人，沿着大河而行，在 940 年至 975 年间，这些德意志－斯拉夫人控制下的大河似乎已经成为交流的轴线。这种控制一直持续到草原上的入侵者佩切涅格人（Pechenegs）在多瑙河南部定居为止。例如伊本·雅克布（Ibn Yakub），曾于 940 年至 950 年间游历了葡萄牙和克拉科夫（Cracow），看到法国和德国的银子、拜占庭和穆斯林的金子、谷物以及金属都在进行流通。在这一时期扮演双重角色的北部斯拉夫人似乎已经成为谷子、小麦、大麦和小米的收集商和销售商，并作为波罗的海和多瑙河之间的媒介进行着上述的商业运作。但是，形成于前伊利里亚（Illyricum）行省范围内的南部民族，如塞尔维亚－克罗地亚人（Serbo-Croats）和斯提尔人（Styrians），却未能从这一财富增长中获得利益。这样他们的发展就很低，他们的行为就十分野蛮，如在亚得里亚海的海盗式掠夺。到 10 世纪，他们对来自拜占庭的压力的抵抗已十分微弱，尤其是对基督教会更是毫无招架之力。

相反，捷克和波兰——即使分裂成二十个部落（任何一位消息灵通的加洛林分析家都不敢卖弄学问地对这些部落进行分类）——从 9 世纪之后，展示出了强大的生命力和定居人民良好的生活状况，这大概与日益增长的人口密切相连。与其说是改变当地人信仰和征服的欲望，不如说是人口和财富的双重诱惑导致加洛林君王穿越易北河发动了无休止的袭击。这些侵袭引发了奴隶买卖，"奴隶"一词即来源于"斯拉夫人"这类词素。不过，索布人（Sorbs）、柳蒂兹人（Liutizi）、威尔兹人（Wilzes）、波兰人和其他奥博德里特人（Abodrites）的力量看起来似乎并没有因袭击而受到影响，反而由于 9 世纪末加洛林王朝力量的撤退，使这些地区的许多群体得以在易北河，甚至萨勒河以外，几乎接近盛产银的哈茨山或者更北一些的霍斯坦

德国向东入侵。皇帝奥托二世在维罗纳授予布拉格的捷克主教阿达尔伯特以权杖，阿达尔伯特试图改变斯拉夫人的宗教信仰（12世纪波兰格涅兹诺的青铜门）。

（Holstein）和汉诺威（Hanover）地区定居了下来。东法兰克受威胁最大的地区显然是萨克森，因此在 10 世纪初，亨利公爵及他的儿子，后来的奥托一世，在成功地继承王位后都采取了防御措施，这并不令人吃惊。在 955 年，即奥托国王阻断匈牙利人进攻的同一年，他在雷克尼茨（Recknitz）打败了斯拉夫人的军队并将他们赶回了易北河。

德国与波兰的早期关系

基督教信仰的转变以及匈牙利人侵袭的结束导致斯拉夫人分成两部分，衰弱的南斯拉夫人暴露在了德国东部边区（Ostmark）——未来的奥地利——的士兵和萨尔茨堡大主教阿恩（Arn）的面前，在北方，开始了长达千年的冲突。1020 或 1050 年之前的这一时期尤其有意义。因为这一时期似乎正是斯拉夫人占上风之时。毫无疑问，奥托一世和他的三位继承者都将自己看做是加洛林式的皇帝，负有征服和转变信仰的使命，因此他们采取多次的进攻，但是他们取得胜利的真正原因则是布拉格主教阿达尔伯特（Adalbert）或者帕绍（Passau）主教皮尔格里姆（Pilgrim）派出的传教士们的宗教渗透。波兹南于 968 年，克拉科于 1000 年相继建立起主教辖区，这被认为是德国人的成功。我们也已注意到上面所提梅什科公爵的转变（amicus imperatoris），但是这些辖区很快就被极少受德国影响的波兰人占领。

事实上，从政治角度来说，德国人几乎不能从他们位于易北河的基地进行任何的移动。的确，奥托一世已经计划沿着可接触地区建立边界——例如，北部边区（Nordmark）和索布边区（Sorbenmark），以征服为由开放东部——实际上是防御性的。该时期斯拉夫社会处于其最后的形态：农村公社（opole 奥博蕾，拉丁语翻译为 vicinia）表现为强大的农民组织。不同的部落逐渐地开始结合，形成维克（wiec），由宗族首领和大土地所有者，如我们熟知的苏帕尼斯（supanis）控制。他们每个人都有一支武装起来并向其宣誓效忠的支持者队伍围绕在周围，其特点类似于早期阶段的家臣效忠组织。最后，在最高阶段，部落首领被任命为国王，卡尔（kral）一词的辞源大概来自于许多加洛林君主的名字查理。这一发展在10世纪末得到正式确认：999年，在格涅兹诺，勇敢者波列斯拉夫（Boleslav Chrobry）从奥托三世皇帝手中获得一枚戒指，使他在与君主的联盟而非臣服中成为君主。就像匈牙利的斯蒂芬（Stephen）举行的类似仪式那样，该仪式进一步确认了波列斯拉夫对欧洲的归属。毫无疑问，这是屈服于德国权利之下的。事实恰恰相反，因为波列斯拉夫打算利用亨利二世面临困境这一有利时机，占领波美拉尼亚（Pamerania）、马索维亚（Mazovia）、波兰北部、甚至暂时占领波希米亚（Bohennia）。就像一位西方统治者那样，他或多或少地编造了一个神话中的祖先，追溯到皮亚塞特（Piaset）中的神话人物，一位农民国王。自此波兰诞生了。

对于斯拉夫人来说，不幸的是，他们没有足够强大的屏障阻止德国人的扩张。扩张是在人口压力、对新土地的渴望以及对其邻居不屑的驱动下发动的。经过11世纪相对的间歇期后，12世纪是德国人进攻的伟大世纪，他们缓慢移动式的进攻最终欲将斯拉夫人一点点地逐回到奥得河（Oder），或者更远的地方。这在地区定居史上是一个具有重要意义的阶段，此后我们还将会讨论到这一问题，但现在我们应该注意到，现代欧洲的主要特点已经展现出来了。

在南方：再征服运动序幕的拉开

到9世纪末，骄傲自大的阿拔斯王朝哈里发自诩说，基督徒甚至连一块木板也划不起来了。这一说法近乎事实，至少对西方人而言是这样的。从西班牙和巴利阿里群岛（Balearic Islands），从莫尔山（Maures）和科西嘉（Corsica）海岸，从被征服的西西里岛到他们设在坎帕尼亚的桥头堡，撒拉逊人控制着海岸，洗劫了塔林顿（Tarentum）、巴里（Bari）、罗马和整个朗格多克海岸。在西班牙，撒拉逊人负责检查在比利牛斯山脉和阿斯图里亚之间的山谷里居住的山民。而且，在10世纪初，正如我们所看到的，匈牙利人到达亚平宁和塞文山脉。这是一个灾难性的状况，但是正是在这种极度黑暗中，出现了最初复兴的星星之火，继而火焰变旺，这一现象必需加以解释。

不屈不挠的西班牙

8世纪时，在比利牛斯山区无法接近的栖居地范围内，从卢恩河（Rhune）到勒帕修斯（Le Perthus），或者在靠近加利西亚（Galicia）省和阿斯图里亚海岸的地区，少数农民和牧民们仍将自己看做是基督徒。科尔多瓦（Cordoba）的埃米尔（emir）似乎并不怎么关心地处山上的栖居地，只有衰弱的加洛林王朝在向加泰罗尼亚北部前进时才感到担忧。事实上，是否是穆斯林迫使定居于此并与这些小群体建立联系的人群撤出，同时产生了一个无人区以及一个由一支建立在卡拉茨（kalaats）的安全警备队负责监视的缓冲区域，对此是有争议的。极有可能是这样的：季节性转移牲畜的制度使没有宗教信仰的牧群定期地穿过这些无人区，就意味着一定有人曾在此逗留过。

　　虽然埃米尔阿布杜勒·拉赫曼三世（Abdal-Rahman Ⅲ）在历史上广为人知，他于929年在科尔多瓦自立为哈里发（在他得知法蒂玛已在开罗自称为哈里发之后），但他似乎对其周围地理状况的控制十分微弱。因为，如果他和他的随从消息灵通的话，他们本应意识到北方基督教已显示出十分强大的力量，正如事情不久被证实的那样。首先，在没有大量士兵涌入的情况下——1020年或1050年之前并未显示出太多此种迹象——西班牙的基督徒拥有法兰克世界和免受撒拉逊海盗侵袭的海洋作为他们的强大后盾。从那里，他们可以获得马匹、鱼和谷物；他们拥有覆盖着茂盛树木的山谷，不仅肥沃而且易于防御。此外，这里是伊比利亚金属矿层的重要组成地区，还有阿斯图里亚、巴斯克以及加泰罗尼亚等著名产铁区。藤本植物的栽培以及与之相伴的公社种植协议，有利于将农民公社捆绑在一起。这些组织十分牢固，山区生活的艰辛进一步增强了它的稳定性。现在最值得回顾的是，正是在这里，在奥洛龙（Oloron）、哈卡（Jaca）和潘普洛纳（Pamplona），较早地宣布了乡民的权利。此外，这一小撮人通过他们的文化、语言，甚至种族起源而非他们的信仰培养了一种不屈不挠的精神：这些人是巴斯克人，很可能是伊比利亚人（Iberian）的遗民，他们有那瓦尔人、哥特人和苏维汇人（Sueves）做兄弟，从6世纪开始便都被圈到这里来了。他们结成战士兄弟互助会，查理曼曾在隆塞瓦克斯（Roncevaux）领略过他们的勇气。最后，但同样重要的是，他们拥有一种继承自许多世纪之前的法律上的约束力量，即哥特式法律（the lex gothica），该法律是罗马法和西哥特人习俗的混合物。这些联合起来的山民，彼此十分不同，但他们在伊斯兰人面前展示出了他们共同的身份。

　　最初，他们进展得十分缓慢：在每年夏季的几个月中，当动物爬到高山上吃草时，人们便按一个被称为"国王"（通常是部落首领）的人的指示组织起来，发动对南部地区的袭击（as'aifa），最远到达维哥（Vigo）、萨哈冈（Sahagún），甚至是杜罗河（Douro）的巴利亚多利德（Valladolid），至于东部低地的埃布罗河地区则更易占领。他们在人口稠密地区所取得的成功使一部分首领以"国王"头衔自称——884年阿斯图里亚（之后是卡斯提）在布尔戈斯（Burgos）称王。912年莱昂（león）先在奥维耶多（Oviedo）后在莱昂称王，925年那瓦尔在潘普洛纳称王，但是在东部，巴塞罗纳周围则一直使用"郡主"的称号，因为这一地区原则上说是加洛林王朝的领域。这些前进并未真正威胁到哈里发的辖区，但却愁坏了那些穆斯林的高官大臣，以致于在985年至1008年间，维齐尔曼苏尔（al-Mansur）和其儿子残酷地驱逐了基督徒，重新夺回了巴塞罗纳、乌尔盖和孔波斯特拉。当然了，再征服运动（reconquista 列康吉斯达运动）的时间还未到来。

在 1020 年至 1060 年间开始出现了转机。首先，伊斯兰的抵抗减弱，哈里发的统治终结，他的权威分裂成许多部落王国（taïfas）。与此同时，受孔波斯特拉圣雅各的遗骸及获取土地和荣誉的诱惑，全副武装的朝圣者和贪得无厌的年轻人，踏上了经由勒帕修斯、松波特山口（Somport Pass）或伦塞斯瓦列斯（Roncesvalles）穿越比利牛斯山脉的漫漫征途。这些人来自图卢兹、普罗旺斯、勃艮第，甚至是布列塔尼。一些人沿着朝圣者走过的通往孔波斯特拉的路线进发，此路线的沿途点缀着许多克吕尼修道院的隐修所，另外一些人则不得不为一些公共权威们服务，并顺势混入教士阶层或在某些伯爵的城堡下建立起城镇区（barios francos）。不仅如此，所有西班牙小王国的社会构成同时也都发生了迅速的变化。在经历了 1020 年至 1050 年间一场严峻的危机之后，地方权威只在很低的程度上发挥作用：城堡里的贵族、堡主（the castlans）将全副武装的家臣（infanzones）圈围在他们的周围，这些家臣拥有土地并以国王的名义招募乡民组建一支骑兵军队（caballeria villana），这一现象引发的暴行扩展到比利牛斯山脉更远的地方。这些军队的士兵都是季节性的，他们有足够的自信获取战利品或土地，最高级别甚至可以从国王或他的代理人那里获得"tanencia"和公职，其他人则可以从异端那里夺取城堡（kalaat）的控制权。所有这些活动都受到教会的支持，因为格列高利七世已做出许诺救助那些赞助圣战的人。

在 1060 年，尤其是 1075 年之后，通过在历次运动中为自己保留的城市权利，或通过收集已经被征服的穆斯林首领进献的金币（parias）以及提供雇佣兵的方式，国王重新获得了权利，其力量日益强大，收复失地的战争便正式开始了。从那时起，王室财产（the realengum）成为西班牙君主权利的坚实后盾，除此之外，还有什么能让他们将如此之多的土地授予新迁入的人，并支付士兵薪水和修缮城堡的呢？而且，在 990 年至 1000 年之后，商业的恢复，特别是加泰罗尼亚商业的恢复，使得穆斯林金币以每年 30 千克进贡给巴塞罗纳伯爵的方式在基督教国家得以流通。财政富足、奴隶贸易、在重新占领地区的放牧权（poblador and bastidor），使得 11 世纪的西班牙君主与其他基督教国家君主相比可能经济状况更好一些，能享受到更好的服侍，也就更令人羡慕了。

随着这些财产的获得，怎样使用它们的问题也随之而来。从 1009 年至 1065 年，收复失地运动局限于大规模的袭击（the algarades）。袭击远达科尔多瓦，但是随着卡斯提和莱昂联合王国的形成，收复失地运动也步入正轨。这一联合王国位于由勃艮第建立并为之服务的葡萄牙王国和那瓦尔王国的后面，巴塞罗纳和阿拉贡王国的侧面。至于收复失地运动将偏向比利牛斯山脉的哪一方面仍不能确定。到 1070 年，可因布拉（Coimbra）、萨拉曼卡（Salamanca）、塞戈维亚（Segovia）和索里亚（Soria）形成联合阵线。1085 年，托莱多被占领，这一行动唤醒了罗马－哥特人的过去。到1120年，萨拉戈萨（Saragossa）和托尔托萨也被占领。尽管伊斯兰的力量并未完全摧毁，但是正如不久我们将看到的，半个西班牙已在基督徒的控制之中，此外再度被占领的领域所引起的人口（poblacio）问题是严重的，代价是高昂的，也是十分复杂的，但是历史已经注定：在12世纪初期，基督教将控制整个伊比利亚半岛，这一点是毫无疑问的。

不可征服的意大利

从伊特鲁里亚人（Etruscans）开始到现在，谁能吹嘘曾控制意大利呢，更不用说曾控制过伶俐可爱而又敏锐的意大利人了？从中世纪以来，作为这块土地上的居民，意大利人完全暴露在这种混合文化的好坏因素当中。邻居们曾无休止地试图将并非是他们所追求的秩序强加给他们。10至13世纪，意大利人承受了日耳曼人对意大利的进攻，其过程我将在这里进行追踪。这一过程的轮廓十分明了，结果亦是可预测的，因为查理曼曾经到过那里，因为南部的希腊人不会忘记东罗马帝国皇帝查士丁尼，因为仅仅在教皇被征服的情况下德国教会才受到控制，还因为——为什么不呢？——富饶，美丽，所以意大利是战士的理想战场，从950年的奥托一世到奥托一世逝世三个世纪后的腓特烈二世（Frederic II）的德国君主，都一直致力于将意大利并入德国。

德国君主既有动力又有手段来完成此项任务。正是在罗马，他加冕称帝。正是在意大利，他直面异教徒并同拜占庭皇帝谈判。同样是在意大利港口，来自阿尔卑斯山北部经济区的产品得到销售。此外，在冬季，布伦纳山口（Brenner）是惟一未被冰川封住可以穿越阿尔卑斯山的通道。德国君主以战利品为诱饵做出承诺并以此要求他的士兵（Romfahrt）为罗马皇帝履行义务，远征这座永恒之城，德国主教则随行服侍。但是，不管是意料之中还是意料之外，困难很快随之而来。首先，由于意大利人精于法律，拒不服从，导致德国不得不重整大计，因而费用增加且麻烦不断；一旦皇帝离开，意大利人就会漠视一切已经达成的协议。所以，德国存在双重反叛的危险。其次，由于长达数月的背井离乡，再加上在意大利疾病、传染病肆虐，致使大批习惯于北部不同生活节奏的同盟军大批死亡。最后，德国认为可以通过狡诈或暴力很容易地处置意大利人的抵抗（但是事实上，意大利人是相当狡诈的），事实上，这只会使抵抗变得更加顽固。在格列高利改革之后，最激进的反对者也开始支持教皇本人，虽然大规模反教皇仍十分流行，但他们就像是稻草人一样很快就销声匿迹了。然后是遍布古罗马地区的城镇，这些城镇并非像帝国城市（königsstädte），皇帝和他的主教可以拥有无法挑战的支配力，恰恰相反，皇帝和主教的代理人若不听话就会遭到驱逐，因此必须要包围这些城镇，事实上是毁灭它们。这是个徒然的过程，因为假如米兰被摧毁，亚历山大港无疑就会出现。至于意大利南部地区的梅佐格尔诺(Mez-zogiorno)，则很快丢弃了它的设施。奥托二世已经在这里被穆斯林打败，就像亨利三世被希腊人打败那样。1050 年至 1080 年后，正如我们将看到的，不屈不挠的诺曼人又来到这里，带来新的威胁。

德国人一次又一次的失败，使德国君主面对 12 世纪不断增加的困难，欲设法开辟一条通往罗马的道路，但留守在城镇里的子爵和市长（podestàs）则背叛了君主或放弃了他们的职责。1037 年康拉德二世（Conrad Ⅱ）、1154 年腓特烈·巴巴罗萨（Frederick Barbarossa）都意识到真正需要的是一场对社会结构的变革，至少是在波河河谷地区。康拉德二世的想法是将小诸侯直接与君王或他本人相联系，以绕过上层贵族（capitanei）中的中等贵族这些最为危险的因素，但他并未取得太多成功。腓特烈·巴巴罗萨，在隆卡利亚（Roncaglia）试图建立一个德国风格的社会金字塔，而他本人则位于塔顶。除此之外，城镇使他意识到他们的民兵不应该受到德国骑兵讽刺性的评论（莱尼亚诺 [Legnano]，1176 年）。现存的解决方法就是成为意大利人。根据腓特烈二世的生性、嗜好、定居地及其智慧都可判定他是意大利人，但这恰好颠倒了问题，因为对于他而言，在意大利对德国进行统治是鞭长莫及的。

所以，并非是这一系列毫无结果的事件，而是两件毫无关系的事件促成了现代意义上的意大利：城市的扩张性发展是预料之中的，而诺曼人的定居却是极其复杂且出乎意料的。

就像在有关意大利的历史著作中往往被忽略的设防的居住区一样，再度形成的乡村殖民过程不如城市发展显著，城市发展导致了南部城市的形成和今天看来仍可辨别的生活方式的形成。并非是这些南部城市特别发达，事实上，在意大利成为一个整体之前，许多北方中心地区已经十分完备成熟，但是在意大利，城市发展过程涉及城市生活的所有方面，包括人们的地位、政府的结构、经济活动及城市状况。这证明，人们普遍持有的观点是正确的，即中世纪"典型的"城市是佛罗伦萨和热那亚而非布鲁日或科隆。城市扩张运动的特殊之处在于，即使城市里的所有社会团体为争夺权利而激烈斗争，但他们却极大地削弱和打击了德国人，同时在城市解放运动中也做出了一定程度的贡献。这些形形色色的社会团体所包含的，首先是旧有的作为古代城市残存者的市民（cives）这一核心，在奥古斯都时代曾经被称为罗马公民（quirites）或市镇元老

德尔蒙特（del Monte）城堡。1240 年由神圣罗马帝国皇帝和西西里国王神秘莫测的腓特烈二世建于阿普利亚。这一雄壮的建筑物坐落于一座孤寂的山上，八个八角形塔台围起一个内部庭院。

(curiales)（然而事实上，他们是在主教、子爵或伦巴第的王室领地的管理人员 [gastald] 周围提供服务的附庸骑士 [ministeriales] 的后裔）。其次是幻想并积极努力使自己成为自由人的平民（populus）和手工艺人联合形成的阿提（arti），还有地主代理人，他们专为古代称为"战士"（arimanni）的人服务。最后是贵族及其家族（familia），他们来自乡村，并在那里积攒了大量财富，然后来到城市并长期定居下来。他们建造塔楼及家庭式小教堂并雇佣士兵来保护其"家族"——"case"、"alberghi"、"consorterie"。这些社会阶层非常均衡，管理各自的辖区并关心财政和司法事务。从 11 世纪末期开始，在维罗纳、帕尔马（Parma）、热那亚和克雷默那（Cremona）等北部意大利地区，市民公会（universitates civium）有时类似于一种自治机构，但"执政官"（consular）组织或"公社"组织的建立是后来才出现的，一般说来有的是王朝意外事件的结果（1035 年威尼斯），有的是人民起义的结果（1055 年米兰），还有的是君主授予特权所致（1081 年热那亚），但是必须意识到城市自身生命力并非取决于这些发展。下面我们将看到 1013 年以后的比萨（Pisa）、卢卡（Lucca）和热那亚是怎样开始在伊特鲁里亚海（Tyrrnenian Sea）联合发起了基督教徒的反击，以及 1050 年以后又是怎样进一步发展并最终在 11 世纪末期达到高潮的。众所周知，商人这一中世纪意大利的代表性人物，似乎在城市解放运动中扮演着极度受限制的角色，尽管这并不能妨碍大胆的商业活动的发展。

诺曼人的冒险

威尼斯或热那亚一直被看做是意大利最亮丽的明珠，意大利人深以为荣，尽管这是天然的，但意大利南部地区的特色仍值得我们仔细研究。罗马似乎被并未注意到南部地区的特殊之处，包括在罗马之前受到希腊影响的西西里，还有汉尼拔发现并被深深吸引的"圣殿"。对于现代意大利南部地区而言，最为重要的气候和自然状态，只是在地中海南部海岸干涸以后才充分发挥作用。正如我们所提到的，这也许是个长期的现象。可以这样简单地说，伴随着"罗马人"的再度征服，东罗马帝国皇帝查士丁尼及其后继者将领土扩展到罗马南部地区，并在 6 世纪伦巴第人侵犯之后将其控制区再度扩展到贝内文托和特罗亚（Troïa），至此意大利南部地区的梅佐格尔诺诞生了。

在穆斯林强占西西里以及卡拉布里亚（Calabria）和坎帕尼亚（Campania）的部分地区之后，该地区的差异和东方特征可以说明显地增强了。希腊人仍呆在那不勒斯和阿普利亚，但是所了解到的阿马尔菲（Amalfi）、加埃塔和萨勒诺居民的商业交流情况表明，在 10 世纪和 11 世纪早期，这些城镇的商人们从事着三角贸易，埃及和拜占庭在其中扮演着相同的角色。即使拜占庭皇帝在公元 1000 年左右重新恢复了对这些地区的统治权威，事实上，从加埃塔（Caeta）到巴里的

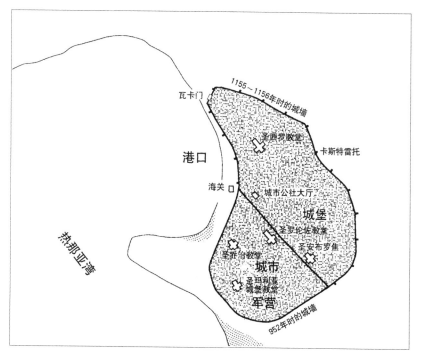

900年至1160年热那亚商业和政治发展状况。952年建立的城墙保卫着港口免遭撒拉逊人的攻击，并将城堡和主教城围绕起来。1115年的城墙包括了向北伸展的商业中心及城市公社大厅周围的政治中心。在11世纪和12世纪，热那亚先是通过其海上的海盗袭击，继而通过十字军运动期间其商人的商业活动而发展强大起来。

地方性对抗仍然存在。因为急需人手，假如一些有能力的人恰巧在城镇逗留，就会被征募为新兵，1016 年，一支大规模的诺曼人的朝圣队伍在这里登陆时，萨勒诺人所想的就是开辟一条通往圣地的线路。

　　这里我们有一个不符合历史事件常态的典型例子。有关贝叶地区勇敢的士兵们获得了成功并因此得到丰厚的收入的消息，不断传到年轻人、私生子以及在诺曼底混得相当糟糕的人的耳中。从 1025 年或更早些时候开始，这些人便大量涌入该地区，有时受雇于希腊人，有时则受雇于意大利人，许多更有技巧的人则设法获得土地和称号，如阿威尔萨（Aversa）伯爵（1030 年）和梅尔菲（Melfi）公爵（1043 年）。豪特维尔（Hauteville）家族领导了这一运动并努力实现其最终目的：诺曼军事首领罗伯特在阿普利亚开辟出一个公国，驱逐了希腊人，还俘虏了教皇利奥六世，于 1059 年厚颜无耻地自封为卡拉布里亚和阿普利亚的公爵。西西里是下一个目标，德国皇帝的权威公然受到反抗，诺曼人登陆到了东方帝王的领地上，1130 年罗杰二世加冕为西西里和那不勒斯国王，为了使这一行为合法化，他也照例于 1139 年拘捕了教皇英诺森二世（Innocent Ⅱ）。

　　当人们考虑到这三个文化区域——伊斯兰、拜占庭和从前的加洛林欧洲的成功融合的时候，这种融合本身便是一段辉煌的插曲。罗杰的曾孙，出生于巴勒莫的腓特烈二世是这一非同寻常的——直到当时——无耻的世界主义的代言人，但是简而言之，这一插曲使得意大利南部地区梅佐格尔诺的整个历史进程受到阻碍。这一地区特殊的自然及文化特征通过这一插曲得以融合并形成一定的模

令人怀恋的雄心。奥托三世登基（见下图）获得了各国的效忠。他将其政府所在地迁往斯拉夫地区、德国、高卢和罗马，并向恺撒的继承者赠送礼物。

一位梦想基督教罗马帝国复兴的皇帝，被全副武装的大主教和廷臣围绕着（来自998年班贝格文库的《奥托三世之福音书》，慕尼黑，巴伐利亚图书馆）。

式，这是政治偶然性的结果，但同时也使其坚决抵制了北方的影响。从某种意义上讲，南部意大利在过去和当时所经历的艰难是由于诺曼人、士瓦本人、安茹人（Angevins）、阿拉贡人、西班牙人、法国人和波旁人的控制所造成的，这种艰难时期一直持续到1871年意大利的统一。如果考虑到这些灾难的话，我们可以得出结论：1016年萨勒诺人所谓高明的构想事实上根本不明智。

对权力的渴望

上帝和平运动在1030年之后达到高潮，奇怪的是，在这一时期，该运动一度遭到著名的不可否认具有高尚道德的高级教士的严厉批判。因为哀悼其时代的卑鄙，琅城主教阿达尔伯罗转而效法国王，康布雷主教杰拉尔德则援引皇帝的形象以抵制侵入其主教教区的"和平运动"。两位主教面对这场和平运动都拒绝自力更生，并且丝毫没有考虑基督教世界的重要支持——也就是说，君主是当时和平的惟一捍卫者。在宣誓就职时，国王维护和平的角色就在主教和教皇的要求下发誓予以履行了。阿达尔伯罗和热拉尔生不逢时，前者晚了五十年，后者早了三百年，在他们的时代，君主的权力还没有从加洛林帝国的解体中得以恢复。

帝国之梦

已经说过，德国人的野蛮行径是德国

皇帝在意大利的计划受挫的主要原因。很难预测是法国国王还是其他别的什么人将会更加成功。考虑到当时的现实情况,加洛林诸位帝王存续的时间并不长(800～855年),所以他们并没有时间来证明帝国在欧洲是否可行。

原因大概可以从"普世之王"(dominium mundi)的概念中去寻找,因为它是由加洛林时期的思想家做出详细解释并由德国人开始施行的,特别是在罗马法再度出现之后。原则上,最高君主必须赢得其他君主的归顺,像巴巴罗萨这样的小国之君(reguli)就不屑于遵从他们。问题从一开始就产生了,因为这些统治者不再像9世纪时那样,他们彼此间已不再有兄弟或亲戚关系。我们并未提到"民族荣誉"的问题,因为这种说法当时是没有的,人们也许期待远在西班牙和斯堪的纳维亚的统治者,或者是那些确信其辖区具有独立性的人,如法国和波兰的统治者——亦或是那些事实上并不关心会因不守规则的行为而导致身价降低的统治者,如英国国王——不再优柔寡断。但是,即使皇帝满足于做出一些象征性姿态以配得上他的称号,他也必须要以罗马方式兼具行动(actio)的三种要素,即劳动力(potestas)、道德与司法审判权(allctoritas)和最高军事权(imperium)。

在850年,奥托一世赢得德国皇冠之后,开拓了许多途径。奥托一世本人按加洛林模式建立了一个基督教帝国:他加冕典礼的仪式(ordo)、处理与教皇关系的方式、系统控制主教(the reichskirchensystem)的企图、以他为中心的王权(regna)、名义上服从于他的领地的建立——所有这些要素都是加洛林模式中最本质的内容。试图恢复过去的尝试并未奏效,尽管奥托个人获得极大成功并称霸整个西法兰克,但是他缺乏能够将其权威和语言(verbum)直接传达到社会金字塔底层的舆论体系的支持。他的第二任继承者是奥托三世,一位希腊妇女的儿子,亦是欧里亚克的热尔贝的学生,当他尽力用拜占庭的梦想代替加洛林的梦想时,冲动的性格致使其走上另一个极端,除了任命热尔贝为教皇之外,他还试图带来一个弥漫着宗教气息的新世界(renovatio mundi)。他定居于金色的罗马(aurea roma),建立元老院,忙于处理与其他国王的事务。1002年他21岁时逝世,他的死敲响了这一伟大却不现实的构想的丧钟。剩下的就是传统途径,封建战略日益被各地君主所接受:拥有采邑和城堡,控制主教和封臣,自行支配士兵和财富,并通过这些引起人们的敬畏和顺从。在德国,稳健的统治者们在尽力扩展他们的权利之前,首先是将自己在德国的事情安顿好。像亨利五世或巴巴罗萨这样更有野心的统治者是注定要受挫的。

虽然,他们尽了最大努力,但德国的国王们仍不能积聚有利于实现其宏图的资源。首先,意大利的影响阻碍了德国,致使其在阿尔卑斯山以北开展的任何行动都陷入瘫痪,耗费大量金钱并引发忠诚危机。其次,国王没有一块属于自己支配的地产做基础,这使他不得不祈求帮助,而这总是要付出很高代价的,帝国领地(Reichsgut)扩展到一千五百多个地区,但仅仅只是一些毫无意义的城堡和修道院。至于奥托一世用来支撑其权威的主教的地产,根据1122年在

丹麦王国

维格利亚
荷尔斯泰因
易北河

佛里西亚
佛里西亚
不来梅
勃兰登堡边区

波兰王国

荷兰伯国
乌得勒支
奥斯纳布吕克
明斯特
奥斯特伐利亚
马格德堡

萨克森公国
威斯特伐利亚
帕德博恩
卢塞舍边区

布拉奔
亚琛
科隆
图林根
迈森边区

埃诺尔特
下洛林公国
富尔达
爱尔福特

康布雷
法兰克尼亚公国
布拉格

特里尔
美因兹

沃姆斯
班贝格
波希米亚王国

上洛林公国
施派尔
奥尔米茨
摩拉维亚

图勒
斯特拉斯堡
累根斯堡

法兰西王国
阿尔萨斯
多瑙河
奥地利边区
维也纳

奥格斯堡
帕绍

士瓦本公国
巴塞尔

勃艮第伯国
巴伐利亚公国

洛桑
蒂罗尔伯国
卡林西亚边区

罗讷河
维罗纳边区

里昂
博洛尼亚
阿奎利亚
匈牙利王国

维埃纳
萨伏伊
伦巴底
伊斯特里亚边区

米兰
威尼斯

阿尔勒王国
克雷莫纳
波河
拉文纳

意大利王国
博洛尼亚

热那亚
锡耶纳

普罗旺斯伯国
佛罗伦萨
安科纳
达尔马提亚

阿尔勒
比萨
安科纳边区

罗马涅

斯波莱托

0 100 200 Km

教皇国
罗马

阿普利亚王国

10世纪和11世纪的罗马帝国。

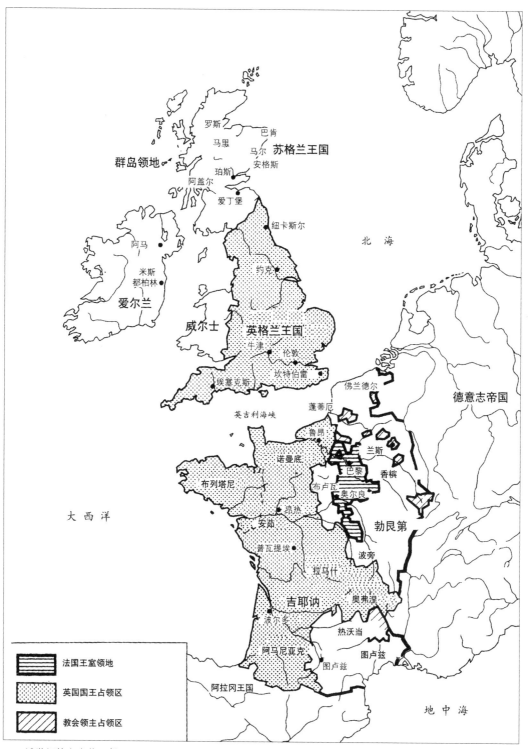

罗斯
马里
巴肯
马尔
安格斯
苏格兰王国
群岛领地
珀斯
阿盖尔
爱丁堡

纽卡斯尔

北 海

阿马
米斯
都柏林
约克
爱尔兰
威尔士
英格兰王国
牛津
伦敦
坎特伯雷
埃塞克斯
佛兰德尔
蓬蒂尼
德意志帝国

英吉利海峡
鲁昂
兰斯
诺曼底
巴黎
香槟
布列塔尼
布卢瓦
奥尔良

大 西 洋
昂热
安茹
勃艮第

普瓦提埃
波旁
拉马什

吉耶讷
奥弗涅
波尔多
热沃当
图卢兹
阿马尼亚克
图卢兹

阿拉冈王国
地 中 海

法国王室领地

英国国王占领区

教会领主占领区

12世纪的金雀花王朝。

125

沃尔姆斯就有关授职权的冲突达成的协议,皇帝失去了对它的使用权。国王不顾一切地努力避开在有关冲突中所达成的协议的原因,从这一沉重的失败中得到了解释。至于地方上的忠诚,国王增加了对地方军事服务的要求,但他也被迫为此授予地方上更多的权利,包括地方贵族渴望获得的司法审判权。最后,在皇帝的使命,尤其是皇帝在意大利的使命与德国乏味的现实之间的牵扯下,皇帝未能将他的世界主义理想变为现实。最后需要指出的一点:也许是最重的一点,除了三个成功的王朝之外——奥托国王时期、撒利安王朝时期和霍亨索伦王朝时期——剩下的都未超过一百年。时间是皇帝们失败的一个因素。

英国在联盟问题上的错误

从 8 世纪甚至更早一些时候开始,盎格鲁-撒克逊国王和他们的斯堪的纳维亚继承者们就已经支配了一个统一的王国。该王国人口稀少,农村占支配地位,同时还有别具特色的文化和社会结构。1066 年,那场毁灭性灾难所带来的结果就是大陆的历史学家对盎格鲁-撒克逊王权丝毫不感兴趣。尽管英国历史学家也承认,他们的国家已严重诺曼化了,但他们仍高度重视盎格鲁-撒克逊时期为以后发展所奠定的非同寻常的坚实基础。首先,是给人留下深刻印象的、可以与大陆的法令集相媲美的法律遗产。其次,是强大而又直接的王室行政,包括国王的加冕典礼、主教和世俗官员组成的国王议事会,还有郡守(国王在郡里的代表)。除此之外,还有定期提出和确认的公共权利,尤其是对自由民进行大量的军事征募,即民军 (the fyrd) 的征召,以及受庇护和被征用的权利,即 "the feorm" (国王所获取的一种租金以维持其家族的生存。——编注)。至于引进封建奖励制的社会结构,包括不同起源的各种习惯,拥有特权者的远祖对个人权利的保护,包括百人区法庭、庄园法庭及其他,这也是英国人引以为荣的。我们上面提到的内容没有一项与征服者威廉相抵触,事实上,一旦他征服了英国,便在旧有的基础上,加入了许多新的内容。作为皇室私有财产的森林随着征服的扩大增加了,几乎整个英国的四分之三都成为威廉及其家族的私产。威廉按人头 (in capite) 系统地授予土地,并要求收授土地的人直接服从于他本人,使奖励原则得到进一步发展。

在这些成就中,英格兰和诺曼底被海峡分离的缺憾是不可回避的,尽管如此,在 1087 年威廉去世时,他仍被认为是当时最有权威的统治者,亦是教会最喜爱的儿子和和平的捍卫者。在 12 世纪初,威廉的第三个儿子亨利一世 (Henry I) 将其领土重新统一起来。亨利的权威似乎并不弱于他的父亲,但是乌云已经积聚:英国人非常直接地感觉到他们已经轻易地失去了权利地位;苏格兰北部和威尔士西部的凯尔特人不断地向诺曼人施加压力。在南方,法兰西卡佩王朝的国王煽动安茹和佛兰德尔的封臣反对诺曼底的统治者,因为诺曼底的统治者不仅拒绝向其表示效忠,甚至在 1119 年的战斗中将其打败。这一时期未来发展走势的偶然性极大。由于亨利一世没有法定的男性继承人,遂引发了一场关于继承权的战斗,并一直持续到 1153 年,这一过程极大地损害了国王的统治。争斗的胜利者既不是英国人也不是诺曼人,而是安茹伯爵金雀花王朝(Plantagenet)的亨利,他娶了阿基坦的女公爵,这位女公爵因为没有为法国的路易七世生下一个儿子而刚刚与路易七世离婚。

这是导致中世纪历史上法国反对英国达三个世纪之久的重要因素之一。事实上埃丽诺(Eleanor)完全有能力生育儿子,她为第二任丈夫生下了四位继承人,所以金雀花家族相当稳固。亨利二世几乎控制了从克莱德河(Clyde)到比利牛斯山脉的整个欧洲大西洋沿岸,此外还控制着伦敦、鲁昂、图尔、普瓦提埃(Poitiers)和波尔多,亨利本人作为英格兰的国王,处处表现出对法国卡佩国王的不尊。英格兰国王的权势在地图上给人留下的印象更加深刻,这也是法国对此的传统观点。不仅如此,亨利二世还组织了鼓舞人心的活动,他的司法改革和巡回审判制也助其一臂之力,各级法庭官员亦纷纷响应(如财政署官员及分散于安茹帝国各地的郡守、执事),更不用说还有波尔多的葡萄酒、与巴巴罗萨的谈判、一位英国籍教皇(至今惟一的一个)等这些有利条件,这些都是对英国王权的有力支持,但是我应该更谨慎些:1154 年的胜利在英国历史上是最大的欺骗之一。在巴斯克人(Basque)和英国约克郡人之间存在着何种关系?什么样的公共旨趣才能将威尔士边境地区的贵族与佩里戈尔(Périgord)的城堡主联合起来?在这种多民族的群体中,王权是不稳定的。一些地方服从于成文法,其他地方则遵从习惯。在这一地区,人们讲着英语、北方法语(oil)、布列塔尼语、普瓦图语、南方法语和巴斯克语。这些民族从来没有被任何经济法则统一过,而且往往要花费国王一个半月时间才能跨越自己的疆土,不管它是否有自己的军队陪伴——所有这些都是不能掌控的,事实也的确如此。正是金雀花家族,这个阴险之人的非凡的庇护所,不断给英国人带来战争或赔款的烦恼——毫不夸张地说——因为在安茹和马尔什之间发生过许多王朝争斗。对国王来说所需要的就是顾左右而言他,正如约翰在 1212 年至 1213 年间所做的,而英国贵族则可以从国王那里获得让步的《大宪章》(the Magna Carta)。鉴于这些,可以断言:1214 年当卡佩王朝的君主腓力·奥古斯都(Philip Augustus)在布汶(Bouvines)将约翰联军驱散,进而成功吞食了塞纳河和卢瓦尔河之间的整个地区时,他的确给英格兰带来了好处,这一断言并非自相矛盾。就像德国皇帝受制于意大利一样,英格兰也已经被拴在大陆上并遭受到同样的境遇。

法国国王的辉煌与不幸

西部加洛林国王似乎比他的时代活得还要长。932 年,他被一个反叛的诸侯打败后,又被另一个叛臣俘虏。在被叛臣完全支配之前，因一位封臣的善意帮助，936年又得以恢复了王位。但是，后来又不幸沦为德国奥托一世的傀儡，照看着恩河（Aisne）和巴黎之间残存的作为财政来源的土地。这些地区逐渐地被纳入到纯朴者查理（Charles the Simple）和胆怯者罗退尔等国王给予特许状的地区。955年以后，主教也开始独立行动了，阿基坦也不再响应加洛林王室的号召。尽管如此，911年至987年，德国加洛林王朝的最后阶段到法国国王路易五世突然逝世之间的这段时间内，仍是有积极意义的，盎格鲁－撒克逊国王和良心不得安宁的奥托皇帝们之间的斗争，有助于法兰克国王扮演一个杰出的角色，即使是一个新式"宫相"的后代休·卡佩（Hugh Capet）继位后也是如此。与其他国王相比，法兰克国王代表着稳定、和平、安全，是上帝保佑的国王。在物质及道义状况极度悲惨的情况下，他仍然是一个施涂油礼的国王，在他统治时期，即使卢瓦尔河南部也签署了特许状。

乍看之下，卡佩王朝似乎非常不利：支持他的教士的忠诚深受怀疑，而且教士们或许曾支持过皇帝；他的随从亦是他的封臣并不尊重他的权威和尊严；勃艮第、图卢兹、安茹及普瓦图的大贵族们本身就反对城堡主、官员、子爵日益增长的权势，1050年之后甚至反对小贵族的权势。只有佛兰德尔伯爵和诺曼底公爵在他们各自的领地内成功地树立了自身权威，这要感谢他们所领导的维持和平的机构。作为和平的保卫者，不管是什弗留兹（Chevreuse）山谷还是瓦兹（Oise），抑或是通往奥尔良的布满城堡——库西（Coucy）、蒙特雷（Montlhery）、奥当、勒普伊塞特（Le Puiset）、埃唐普（Étampes）的路上，国王都尽力去赢得这些地区对自己的尊严，但困难重重。

进一步审视，法国国王的情形并不是太糟糕，首先，他身上的光环保护着他，而且正是他的王国为饱受德国皇帝重压的罗马教廷提供了安全的避难所。皇帝本人并不惧怕挑战声名显赫的墨洛温王朝继承人，1023年，在伊瓦斯（Yvois），皇帝甚至同意接见并承认他。至于王室的私有地产及权利，传统教科书上一直宣称十分有限。然而，事实上，王室的私有地产比大多数封臣的地产都要优良得多，即使是神圣罗马帝国的帝国领地（Reichsgut）也比不上法国的王室地产，因为王室地产多位于王国最富饶且人口稠密的地区以及税收、警备队和修道院遍布的蒙特勒伊（Montreuil）和勒皮（Le Puy）之间。所以说，国王完全靠自己而生活，即使他的地产并不壮观，但却足够为其提供人力、物力和金钱了。

当然必须承认，从休·卡佩的儿子虔诚的罗伯特的统治开始，教会抱怨国王并不能使远方归服。1050年之后，国王的直接追随者仅包括小的封臣、国王的朋友及来自法兰西岛的领主。但是国王仍旧控制着以前加洛林宫廷的各机关，包括吏务部、国库、小教堂等。在朝臣（palatini、curiales）的帮助下，国王执行着他的神圣职责和宗教使命（ministerium）。朝臣有的出身下层，但他们却保证了与共和国（Res pulica）的联系。这里没有必要再来阐述政府的一些具体系统，亦没必要像德国皇帝那样，与那些同样持普世主义主张的竞争者展开无休止的争论，从而使自

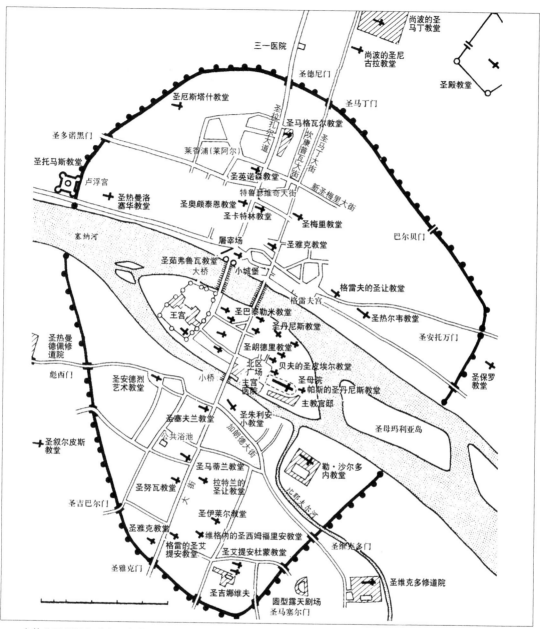

　　大约公元1200年腓力·奥古斯都统治时期的巴黎。巴黎成为法兰西君主的主要财产。作为王室所在地，不仅有附属国国王的来朝，同样也有西方最富裕的最受欢迎的王国大诸侯的造访。同时，巴黎也是一个消费中心和手工业的中心，但还不是商业中心。最后，巴黎还是基督教世界知识汇聚之地和重要的宗教中心，巴黎大学吸引着来自各地的学者和学生。此时，在西欧城市中，巴黎是惟一能够具有上述吸引力的地方。

已精疲力竭。为了获得拯救，西班牙有足够信念一个山村一个山村地搜寻，不惜以国家的全部财力为代价，而不列颠则不顾内战的危险。但是，法国国王拥有他的军队，警备队及侍从，他是不可替代的，没有人，即使是诺曼底公爵，亦不曾想过要取代他。法国国王可以像德国那样，利用教会的支持，亦可像西班牙那样利用封建性征调的支持，还可像英国那样利用其家族的支持。只有一个方面易使其受到致命的打击，那就是他的王朝必须生存下去。

他的王朝的确幸存了下来，这一点只是强调了卡佩王朝最终胜利的基本原因。由于男性子孙在需要他们的时候正好达到了法定继承年龄，还由于他们兄弟般的合作和长寿，父死子继使得卡佩王朝一直延续达 350 年之久。王室成员没有必要成为令人尊敬的非凡之人，才能收获王朝持久延续所产生的丰硕成果。事实上，卡佩王朝的历代国王并没有很好的名声：害羞、不庄严、缺乏天赋。虔诚的罗伯特看起来呆滞；亨利一世的性格十分苍白无力；腓力一世受制于教会，除了像个贪婪的农民之外一无所事；路易斯六世热衷于战争，却鲜少获得胜利；路易七世则一次又一次地误算。两个世纪之后，腓力二世（奥古斯都）娶了一位加洛林血统的公主，这使卡佩王朝无可厚非地成为加洛林王朝的继承者；至此打破王室地产的局限，强迫别人服从的时机已经来临。随着法国腓力·奥古斯都王室正统地位的确立以及优良装备的配置，使得法国很快成为基督教国家中首屈一指的君主国。

这一简短而又必不可少的简述，是对欧洲架构更为详细考察的序曲，欧洲架构最终得以形成，大约在 950 年或 1000 年间，加洛林世界的最后余烬散去，取而代之以封建结构。之后，这一封建结构存在达六七世纪之久——12 世纪中叶，分散的基督教国家开始趋于稳定，但是仍有许多接合处并不稳定，尤其是意大利南部和沿德国－斯拉夫分界的一带地区。所有的表演者都已就位：凯尔特人边界、北欧的日耳曼人世界、德国和高卢的大部分及斯拉夫或穆斯林的边界地区、伊比利亚人和意大利人。还需要什么以使现代欧洲轮廓变得更清晰呢？虽然向西部的推进受到海洋的阻遏，但向东部、北部、南部的推进仍在进行，但如果不提到得以进行的基础，那么这一跳跃式的前进将是很难理解的。

第四章　伊斯兰世界的繁荣发展：875年至1200年

从 9 世纪的最后 25 年到 11 世纪末，伊斯兰世界经历了两方面的重要变化，即伊斯玛仪教派中断和被破坏了的地中海经济的复兴。在 812 年，伊斯兰教君主政体观念的危机已经凸现，它已无法在合法的中央权威与军队将领赤裸裸的武力之间建立一种稳定的关系，行省统治者开了分裂的先河，在伊斯玛仪派信徒中发动了一场大规模的"千年至福"运动。将军和士兵一直从政府获得金钱，现在他们给国家财政带来的压力增加了，尽管将他们描述为局限于"城市中产者"自由权范围内的"封建贵族"并不确切。在社会底层，乡下并无改变，旧的依附方式仍在继续；然而在城市社会中，一切都在进行着再调整。在军事领袖及其官僚的霸权下，知识分子的地位得到提高，因此面对埃米尔的权威，他们在道德、宗教和政治问题上的"不一致"原则得到广泛支持。通过伊斯玛仪派的振兴，以及对麦地那世界与希腊科学之间的结合的探索，知识分子的活动的重要性得到加强。伊斯兰世界的基本平衡并未被打破，只是商业网络的路径最后被西方力量的慢慢上升而扰乱。

在东方的失败

麦蒙时期的内战，什叶派信徒与呼罗珊（Khurasan）之外的弱小帝国政府之间的不一致，使得恢复伊斯兰教君主政体的希望破灭了；阿拔斯王朝致力于推行一种国家观念，但在巴格达却遭到猛烈的挑战，阿拔斯王朝的权威仅仅依靠行省长官加以维持，而行省长官实际上已获得自治。

中央的危机

从哈伦（Harun）时代开始，西部的易弗里基叶（Ifrikiya）在阿格莱卜（Aghlabid）家族统治下拥有自己的埃米尔国，只向巴格达和萨马腊（Samarra）缴纳年贡；在东部，820 年之后，塔希尔（Tahir）的儿子和孙子是阿拔斯王朝的真正支柱。塔希尔本人在区域广袤的东方政权中已经显示出了独立性，他的后裔成为帝国和平与安定的保障者也就不足为奇了。除首都尼沙普尔（Nishapur），他们还统治了呼罗珊、克尔曼（Kirman）、里海南部的省份和外药杀河区（Transoxiana 即 beyond the Oxus River。——译注），这些地区的官员一般都是从萨曼（Samanid）家族中选拔出来的。然而这些地区却经常是混乱的，822年塔希尔的儿子与巴格达的维齐尔合作征服外药杀河的上游谷地，并镇压了哈利吉教派（Kharijite）在锡吉斯坦（Seistan）的叛乱，进而又与科普特人的反叛进行斗争，阻止宰德派（Zaydite）进入泰伯里斯坦（Tabaristan）。

为了从伊朗的迅速伊斯兰化过程中受益，阿里派（Alids）试图在边界地区建立王朝，以此威胁哈里发辖区（caliphate）的中心。834年阿里派在呼罗珊进行了一次短暂的尝试。另外一次则是在864年之后，是在里海南部代兰姆（Daylam）山区原有王朝的支持下进行的。可以看出，哈里发的权势正在不可避免地由中央政府转到地方政府，泰伯里斯坦前任统治者的后裔马扎亚尔（Mazyar），变成了一位伊斯兰教徒，获得麦蒙的承认，并成为麦蒙的委托人。马扎亚尔重新成为行省长官，改变了统治阶级的信仰，建造了一百个左右的清真寺，并通过清除其他家族和自己氏族里的对手巩固了自己在山区的权威。他所施加的繁重的财政负担，导致该地区怨声载道，827年，人们将其告发到麦蒙那里，但是马扎亚尔的职位却得到了巩固。他抓住伊朗王国快速推进伊斯兰化和塔希尔王朝权势日益强大的有利时机，为了自己的利益而与部落的过去决裂了。马扎亚尔建立起全新的埃米尔帝国的统治，拥有由1200名贪图钱财的奴隶组成的警卫队，由96,000个第纳尔（dinars）和180万第尔汗（dirhams）构成的国库贮备。但是，839年时，这段早熟的尝试便告失败。面对萨马腊的武力，马扎亚尔的军队未做任何抗争便投降了。马扎亚尔的事业同玛兹达教徒（Mazdakist）的社团传统无关。不可否认，马扎亚尔侵占了其敌人的许多财产，但并没有从阶级基础上予以攻击，它只能算是一个地方性的起义事件。

如今塔希尔王朝一片混乱，锡吉斯坦必须利用自己的资源。现在伊朗出现了出身卑微者的叛乱，引发了伊斯兰历史上的第一次震动，打破了帝国的统一，并导致与部落、军事及宗教的合法传统的决裂。一支志愿者组成的军队聚集在叶耳孤卜·萨法（Ya'qub al-Saffar）周围。861年此人宣称自己为锡吉斯坦埃米尔，他们攻击了哈利吉教派而且将其合并到自己的军队中，接着发动了对阿富汗的攻击，掠夺了异教的寺庙，占据了安达拉巴（Andaraba）的银矿。萨法尔将其权势扩展到塔希尔（Tahirid）王朝的行省（克尔曼、呼罗珊），他向哈里发穆台米德（Caliph Mu'tamid）支付大量钱财以获取哈里发对其征服的承认。僧祗奴（Zanj）的叛乱使他转而进军巴格达，但却在城门口被摄政穆瓦法格（Muwaffaq）击败。878年萨法尔死后，王位平稳地传给了他的兄弟阿慕尔（Amr）。阿慕尔曾获得了官方的许可统治法斯（Fars）、呼罗珊、克尔曼、锡吉斯坦（Sijistan）和信德（Sind），前提是每年交纳100万第尔汗的贡物，889年则上升到1000万第尔汗。900年萨曼王朝抓获了阿慕尔，将其遭送到巴格达，并在那里予以处决。这标志着一个显赫的个人权势的终结，在他们反对阿拔斯王朝时从伊朗人的爱国精神中获得了极大的支持。

在波斯复兴过程中，对好政府和对胜利的荣誉的回忆起到了非常重要的作用，这极大地繁荣了萨曼宫廷和加兹尼王朝（Ghazna）的诗歌创作。

　　这些剧变并未带来阿拔斯王朝权威的恢复，王朝缺乏精干的领袖和将军，但摄政的穆瓦法格例外。他自己不是哈里发，但他的儿子却在896年镇压了哈利吉教派的谋反并抵制了伊拉克的卡尔马特教派（Qaramita）。穆瓦法格的主要成就是镇压了该世纪最主要的叛乱：伊拉克的僧祗奴叛乱，这场叛乱威胁到哈里发权力的核心。就像前一个世纪伊朗人的运动一样，僧祗奴体现了一群被剥削的少数人的希望，即从自身利益出发施行麦地那政权模式。自7世纪开始，黑人被作为奴隶被带到库法（Kufa）、瓦西特（Wasit）和巴士拉（Basra）等沼泽地区，他们受雇为劳动者来打碎富含天然碳酸钠的土层，因为这样的土层使伊拉克土地无法耕作。869年爆发了第一次奴隶叛乱，这在中世纪的伊斯兰教世界是个例外。奴隶的处境和人数（泰伯里［Tabari］说有15,000个奴隶）促使其很快地发展成一支队伍，并通过什叶派的宣传出现了空前的团结。哈里发政权在与叛乱者的抗争中遭到削弱，这给冒牌者阿里·伊本·穆罕默德（Ali ibn Muhammad）提供了机会，阿里·伊本·穆罕默德的身世尚有争议，只能确认他属于贝都因人（Be-douin）的种族，在869年解除奴隶叛乱之后，他很快控制了整个区域。阿瓦士（Ahwaz）的城镇被攻陷烧毁，然后是巴士拉，在871年也被摧毁。

交战中的先知的后裔。自8世纪以来，相互混战的各个伊斯兰王朝有着先知所奠定的一个共同的根基。在这幅17世纪土耳其人的家谱中，可以看出在最顶部的先知的直系祖先可追溯到传说中通过诺亚而得救的亚当的第三子塞特那里。穆罕默德的身份被习惯性地掩饰着，在他周围的是最初的四大哈里发：奥马尔（Omar）、阿布·伯克尔（Abu Bakr）、阿里（Ali）、奥斯曼（Othman）（土耳其手稿《历史之精华》［Zubdat al-Tawarikh］；都柏林，切斯特·毕提图书馆）。

　　叛军普遍认为，他们能够抵抗阿拔斯将领统率的土耳其军队，并在沼泽地区建立了军事政权，一个由僧祗奴和贝都因人中的同盟者组成的军事公社。他们的指挥官阿里（Ali），曾宣布自己是救世主，身处哈里发一样的宫廷，然而该宫廷却不包括僧祗奴。叛乱领袖还铸造硬币，而且他的第尔汗具有哈利吉式的传奇。他建造了首都穆赫塔赖（Mukhtara）和迪万

(diwans) 制度①，还有竞技场（hippodrome）及宫殿，国家的经济则依赖战利品和地区税收，但是所统治地区的社会结构并未改变。通过与东部叛军合作，并尝试与卡尔马特教派联合，878 年叛乱达到高潮，形成一股军事力量，"僧祇奴的主人"能够对巴格达展开攻击，并阻止朝圣者去麦加朝圣。穆瓦法格用了五千多人历时五年镇压了这场叛乱。883 年穆赫塔赖墙被突破之前，摄政及其儿子亲自上阵，却遭受重创。并非是盲目绝望导致僧祇奴凶猛的抵抗：那些投降的士兵都被合并到了统一正规的阿拔斯军队中去了。正是在这种情况下，谋反者的救世主个性毕露无遗，因为如果在社会环境中其基础非常清楚的话，就极易被纳入伊斯兰世界，他所明确提出的激进的什叶派主张，暗示出伊拉克和叙利亚大规模的伊斯马仪派运动即将开始。

902 年穆塔迪德(Mu'tadid)去世之后，埃米尔和大臣迫使年轻软弱的哈里发臣服于他们，并对其进行监督管理，一切都为了维持王朝的继续存在。哈里发政权提供了伊斯兰教地区惟一的合法准则，这一准则的继续存在对那些在权利争斗中沉浮不定的统治者来说是完全必需的。哈里发被迫在埃米尔之间挑拨离间。哈里发的第一次尝试以失败告终：寻求西部地区首领支持的穆台基（Muttaqi），在 944 年被罢免，而塔伊尔（Ta'i）则因同样类似的尝试，于 991 被罢免。嘎迪尔（Qadir）和嘎义目（Qa'im）在 991 年至 1031 年和 1031 年至 1075 年期间长期执政，由于法蒂玛的威胁，迫使白益王朝（Buyid）埃米尔加入联盟，受此保护他们便指望强大埃米尔之间不断增加竞争。这样，嘎迪尔和嘎义目便可接受加兹尼王朝（Ghaznavids）和塞尔柱王朝(Seljulss)的礼物并获得尊崇。他们努力将自己与正在形成中的传统主义者的观念(逊尼派教义)结合在一起，因此嘎迪尔接受了穆瓦太齐勒派（Mu'tazilite）的纯洁主义的谴责，受到了伊斯玛仪派(Ismai'lis)的公开指责，并接受了使他与传统主义者密切相连的信仰的表白。哈里发有他自己的支持者：梦想恢复哈里发权威的纯洁主义者和宗教人士，最著名的是勇敢的马韦尔迪（Mawardi）。1018 年，他反对号称"王中之王"的白益王朝的伊朗人埃米尔的篡权。在党派的支持下嘎义目的力量得到加强，使其可以长期抵制塞尔柱土耳其人和托格鲁尔（Tughrul）的索求。最后，在嘎义目的高度精神权威得到维护的条件下，他与其继承者阿尔普－阿尔斯兰（Alp–Arslan）达成妥协协议。虽然退却为仲裁者的角色，更多关注的是传道者的舆论气氛，但伊斯兰君主政体依然保持其潜在的力量和源泉。

埃米尔和维齐尔：经常性的动乱

伊斯兰君主政体的政治结构的主要基础是维齐尔制度、军队和课税系统，但是这些基础已不

---

① 迪万，波斯语，愿意为诗集或登记册，后用做国家机构的名称。哈里发奥马尔时期创立，是国家财政机关，奥斯曼土耳其帝国时期指国务会议。——译注

再是统治王朝惟一的活动领域，事实上，它们逐渐在变成行省政权的基础。虽然行省政权还未获得那种有组织的、边缘化的、类似于联邦政府的地位，但除萨曼的埃米尔之外，它们只是追逐中央权利和至高的埃米尔职位的跳板。然而这些发展确实显示出行政组织的极端灵活性，以及行政组织是如何为野心勃勃的将军和省长服务的。行省仍受到监督并继续纳税，通过迪万制度而不是权力委托的旧惯例，使控制首都并分割哈里发权力的财政基础和军事基础的建立成为可能。

起先，在巴格达和萨马腊，维齐尔制度与其他政府形式出现了矛盾。举例来说，在穆尔台绥木（Mu'tasim）统治之下，维齐尔服从于"首席大臣"、"伟大的卡迪（Qudi）[①]"艾哈迈德·伊本·阿比·杜艾德（Ahmad ibn Abi Du'ad），此人负责监察帝国的政治和思想趋向。在麦蒙统治之下，权力掌握在巴格达的埃米尔塔希尔（Tahirid）手中，他担任着警察和军事机构首脑这一理想职位。穆尔瓦基勒（Mutawakkil）统治时期，重设维齐尔一职，由与哈里发家族，尤其是与王子或哈里发本人有着紧密的精神联系的人担任。在刺杀哈里发以及哈里发诸子之间的内战结束之后，维齐尔制度导致了代表土耳其乌塔米什人（Turk Utamish）的"摄政"的首次出现，但受摄政穆瓦法格的控制，只是在10世纪前半期当埃米尔相互争斗时其职权才得以恢复。

于是维齐尔卷入了派系的斗争之中，其本身成为两个相互斗争的管理者宗族之间长期争斗的目标：虽然有属于哲拉哈（Banu al-Jarrah）和马赫拉德（Banu Makhlad）家族的聂斯托利派基督教书记员和佛拉特（Banu al-Furat）的什叶派财政专家支持，但他们并不能阻止极端分子为阿拔斯君主政权服务，亦不能阻止他们参与阴谋并在其中扮演重要角色，950年之后，这场阴谋达到高峰。

为争夺维齐尔一职而进行的斗争和埃米尔之间的竞争，增加了王朝的不稳定性。这使得长期的政策得不到推行，看起来无效而又令人厌烦的、任何人都可以参加的辩论会则耗尽了省长和军事指挥者的能量。但是，在政府级别上，应该注意官职、个人及管理者权威的连续性，因此行政机器仍不失为一件完好的工具，这一工具在强大的行省军队将领手中，在萨曼王朝的布哈拉（Bukhara），在加兹尼、设拉子（Shiraz）运作良好。在白益（Buyids）王朝中，保存了所控制地区的必要信息——由于财政资源以伊克塔（Iqta）的形式转让了出去，其数量曾一度减少——和财政效率所必需的数学技术。如此一来，《百科集成》（Kitab al-hawi）向官员们详细阐述了计算公式，包括征税面积、土地税的评估基础、货币管理者的部分配给量以及对收集物的定价。

阿拔斯王朝的维齐尔制度本身成为埃米尔模仿的对象。萨曼王朝形成了由维齐尔、财政主管、官员组成的官僚体系，而且他们还保留了管家和军队指挥官之职。至于加兹尼王朝，他们

[①] 卡迪，受过伊斯兰神圣法规训练的民事法官。——译注

模仿维齐尔制度，建立起强有力的军事注册机构，该机构负责检查军队记录与军队实际数量是否相一致或者维持平衡。白益王朝将维齐尔制度牢固地依附于埃米尔统治之上，仅仅授予哈里发的大臣以表面上的管理权。就在白益王朝之中，一些老练的统治者，如伊朗行省中势力强大的伊本·阿巴德（Ibn Abbad）就保持着高效的统治。伊本·阿巴德最初为秘书，之后成为一位行政长官，此人非常有教养。他在《书信》（Epistles）中留下了一本有关法官法庭、政治和政府方面的手册（在这本书中，他非常清晰地表达了他对城市宣布独立和对"年轻人"及福图瓦[Futuwwa][①]激进主义的反感）。除此之外，他还写过大量有关穆尔太齐勒派（Mu'tazilite）的理论及历史、词典编纂、语法等相关方面的著作，此外还写有一本诗集。伊朗的维齐尔在波斯文学复兴中起到了很大的作用，如阿维森纳（以伊本·西纳 [Ibn Sina] 而闻名的阿卜·阿里·侯赛因 [Abu Ali Husayn] ,980～1037年）在"伊斯兰家园"（Dar al-Islam）的科学发展中发挥了作用。阿维森纳是布哈拉萨曼官员的儿子，青年时期是一位哲学家兼医生，事实上他是一位博学之人，在担任哈马丹（Hamadhan）和伊斯法汗（Isfahan）的白益王朝的顾问和维齐尔的间隙中，他写下了大量的书籍。

专业军队的发展逐渐提高了官员的独立地位，当协议签署并根据贝都因世界的古老习俗解决了纷争之时，阿拔斯家族的革命标志着部落统治时代的结束。专业雇佣军队的形成，即是忠诚于王朝和信仰的统一的军事团体的形成，这必然导致阿拔斯王朝哈里发和东部地区官员之间冲突的进一步加剧。然而事实上，招募同类人并允许具有不同团体精神（esprit de corps）的人一起作战，可以防止由于分散和竞争团体的增加而带来的政变（coup d'etat）危险。最可靠的战士是土耳其人，他们的语言使他们与宗教冲突隔离。830年之后，土耳其人成为了重装骑兵这一新型军队的脊柱。土耳其人并不是惟一被招募的人，还有来自加兹拉、库尔德的阿拉伯人，埃及的黑人奴隶和东方边界上的印度人，他们像贝都因骑兵和伊朗步兵一样配备斧头和标枪。代兰姆族与他们在山地和沼泽地区战斗方面的专家一起被土耳其人所制服，因为土耳其人引入了驻扎兵营、派遣步兵和弓箭手等新的手法，到11世纪中叶土耳其的对手都黯然失色了。

由于巨大的开销，这支军队的负担（军队的真实力量估计在5万至10万人之间）加重了。费用确实很高（从财政区获得的收入在一个骑兵身上的花费估计是1000到1200个第纳尔，花费在一个埃米尔身上的大约在1300到2000第纳尔之间），主要通过以货代款，以及在重大场合获得的特别拨款来加以补充，如哈里发的宣言中提到的拨款，还有由于军队压力迫使政府做出姿态为其拨款。总之在穆塔迪德（Mu'tadid）（892～902年）统治时，主力军队一天需要5550个第纳尔（一年约需200万个第纳尔）。维持一支5万人军队的总费用，其中包括装备

---

① 福图瓦，阿拉伯语，指中古时期中东地区各种城市运动和城市组织。——校注

防御性战略和专业军队。外国雇佣兵，主要是伊朗人和土耳其人，是伊斯兰世界的力量之所在和弱点之所在，与此同时，在城市防御的安排上也非常精明，如摩苏尔的这一低矮的拱形门廊(右图)是被设计用来阻拦骑兵的（使用长矛的伊朗骑兵的细部图片，象牙制品，西雅图艺术博物馆。手执斧子的土耳其人的细部图片，黄金雕刻而成。巴黎卢浮宫）。

及维修费用，估计约500万第纳尔，几乎是帝国预算的一半，最高时达到1600万第纳尔。军队机关迪万加什（Diwan al Jaysh）[①]和一直保持无误的注册几乎耗尽了政府全部的财政储备，注册表中记录了军人的名字、宗谱和身体特性，目的是保证名册上的军队力量和战场上的真正力量相符合，因此在加兹尼王朝统治下，军事注册机构的领导人成为埃米尔职权中的首要人物之一，在精力充沛的白益王朝埃米尔的直接统治下，军队接管了财政系统的各个方面。

伊克塔：伊斯兰特色的发展

事实上，军队的需要，特别是白益王朝军队的需要，促使埃米尔建立起一项新的财政收入的分配体制。历史学家时常倾向于对伊斯兰封建主义的初期情况的了解，但是伊克塔这一新

---

① 迪万加什，专门负责土地分配的军事机构。——校注

的发展与西方封建制度模式是不同的。起初，伊克塔确实加强了那些掌握特许权之人的权威和影响力，尤其是加强了土耳其官员们的权威和影响力，但是它并未侵害政府权力的公众性质，亦未导致世袭财产的产生，而且它没有引起社会关系的改变。在9世纪，伊克塔是由国家地产部门控制下缴纳宗教税的不动产分配构成的，持有人从农民那里征收土地税并向政府交纳十分之一，还要负责灌溉工作和土地开发，因此可能增加其收支差额。地产的经营要遵守土地法，而且持有人只能通过保护邻近乡村公社免受盗贼和滥用公款侵害的方式来增强其力量，而在租地体系中，乡村公社的地位日显重要。这种类型的"大地产"有明显的局限性，即使它曾经一度得到巩固，但是持有人没有权利执行法律，在伊斯兰法律中他们也无法享受特权，最重要的是逃脱不了继承法，继承法使它瓦解并且很难得到恢复。

征收土地税的其他合法方法，促使新的伊克塔产生：契约移交给军事指挥官或享有征税专权的纳税农民——不再受任何政府机构的控制——作为每年缴纳税款的回报。这些契约在边疆地区特别普遍，伊拉克的白益王朝将其系统化，随后由塞尔柱人以"财政"伊克塔的形式将其引入伊朗，依此持有人穆格台（muqta）负有征税的职责，从理论上讲，税收可与政府亏欠他的一致。所有地区的财政收入都归持有人所有，而且不受财政管辖权限制，这一特点使行省的财政压力达到最高点。虽然政府仍然关注土地持有人应缴纳的财政税收，但官员和民众之间的个人关系并未形成制度。每个战士，不管是骑兵还是埃米尔，事实上都是一份伊克塔的持有者，其持有的伊克塔与其薪金一致。至于农民，土地税负担、高利贷、暴力及严厉的封建束缚使他们的处境更加恶化：农民降为租地人和法律上的受庇护者。省长、财政管理者及穆格台，单纯作为官员或维齐尔经常联系在一起，经历了权威和财政收入控制区的无限扩大，导致大地产的形成。然而，这些"大地主"常常是不稳定的，他们的剥削达到竭泽而渔的程度，伊克塔重新被用来填充国库，但是只有得到统治者的雇佣和支持，伊克塔持有者才能得以生存。

虽然并非整个伊斯兰世界都经历过这一过程，但是伊拉克白益王朝的确经历了这一过程，在这里掠夺只会增加逃亡的比率，迫使塞尔柱人（Seljuks）进行艰难的改革。尼扎姆·艾尔-穆尔克（Nizam al-Mulk）打算采用白益王朝的体制，但是他对授予官员的伊克塔进行限制，并且强迫他们每隔三年互换管辖权，以避免财政资金受到侵蚀。萨曼王朝的呼罗珊和伊朗东部的加兹尼王朝则实行由国库支付薪水的传统政策，国库收入来自与土耳其的贸易税收和边界战争中的战利品。塞尔柱人扩展了伊克塔的类型，整个伊朗建立了许多由土库曼（Turkoman）首领和塞尔柱君主支配的区域。最后，在土伦王朝（Tulunids）统治下的埃及，发展为一种大规模的新型伊克塔，法蒂玛王朝密切关注那些被授予财政管辖权的官员，而在叙利亚除政治和军事上的控制之外，他们主要依靠财政拨款来维持对国家的控制。因此，在东方世界，伊克塔的扩展显示出两个普遍的问题，即定期支付士兵和管理者薪金与哈里发和埃米尔权利的分散。

在白益王朝政权中，军事力量的上升尤为明显，也并未产生一个稳定的等级制度。军队依然与王朝发展中的转变息息相关，这些转变首先依赖个人的权威，其次则是团体精神。

在白益王朝统治下，军人势力的不稳定性和易被废除的特点非常明显，受到保护的情况下会迅速发展，之后便消失了，例如针对纳税农民的委托制度（无论是以法律虚拟的方式支付实物——该方式有效地剥夺了农民们的土地，还是以直接税的方式支付），监管人员对商人和不动产拥有者进行的敲诈，还有政府将保护交通要道的任务移交给了私人经营，由私人征收通行费和通行税。财政的聚集和权力的加强对地方权力网的发展提供了条件（这或多或少得到政府认可），地方势力有时也与伊克塔合作，但由于塞尔柱人的侵犯，地方权力网被打破。因此，白益王朝远未形成一个稳定并且思想一致的等级结构，实际上权威的增长受到阻止，因为他们缺乏牢固的根基并遭到学者们的反对，这些学者对不同模式感兴趣，而最主要的兴趣则集中在能激发和动员民众的哈里发和救世主身上。

边疆地主的良好表现：哈里发受到严密控制

安定、和平和持久是强大的周边王朝的特征。这可以确保哈里发之间的权力平稳传递，例如在埃及，从867年开始，由一位土耳其官员艾哈迈德·伊本·土伦（Ahmad ibn Tulun）统治，此人乃是一位来自布哈拉的雇佣奴隶之子。872年，艾哈迈德·伊本·土伦获得了财政独立，而他与萨马腊的关系只是上交120万个第纳尔的贡金，当摄政穆瓦法格重新召回他时，遭到他的公然反抗。在与穆瓦法格的斗争中，伊本·土伦向哈里发穆台米德寻求支持，在穆台米德的尝试失败之后逃跑时，土伦于882年收留了他，之后土伦继续征服叙利亚共和国边界区域。很明显，好的行政管理和内在和平是与哈里发的权术相连的，至于伊本·土伦，最终与穆瓦法格签订休战协议：884年穆瓦法格接受土伦为期30年的委派并同意向土伦交纳20万第纳尔贡金，893年则上升到30万第纳尔。905年埃及被再度征服,936年被放弃。面对法蒂玛王朝的压力，巴格达意识到了大马士革（Damascus）的一位官员的强大势力，他是一位伊朗将军，取了个颇似王公贵族的名字叫伊赫什德（Ikhshid），承袭费尔干纳（Farghana）[①]前任国王的称号。

虽然埃米尔维持其在地方上的权力是必须的，但是埃米尔的权力并不为哈里发政权所接受，并很快变得十分危险，萨曼王朝先后由艾哈迈德（Ahmad），其儿子奈斯尔（Nasr）和伊斯玛仪（Isma'il）以及伊斯玛仪的儿子艾哈迈德及奈斯尔二世（Nasr II，艾哈迈德的儿子和继承者）统治，其中奈斯尔二世的统治是萨曼王朝发展的鼎盛时期，其统治于943年结束，看

---

① 费尔干纳，古代中亚国名，位于帕米尔西麓，锡尔河上、中游，中国史书中称之为"大宛"。——校注

起来似乎只有萨曼王朝没有控制哈里发的野心。从900年开始，埃米尔的权势控制了法尔斯（Fars）之外的伊朗领土，他们通过土耳其省长间接统治这些地区。他们对巴格达的管理堪称典范，帝国很容易便设立了分担其权力的许多职位，包括维齐尔、管家、财务主管、驿站站长，以波斯人的"sipah-salar"称号命名的军队的总司令，还有通用两种语言的官僚机构管理大城镇——撒马尔罕（Samarkand）、布哈拉和尼沙普尔——控制着巨大的商业运输方面的利润，包括来自俄国和西伯利亚来的毛皮，但最重要的是土耳其奴隶。

虽然萨曼王朝避开了伊拉克的攻击，但三支主要力量已卷入到这一戏剧里，它们分别是哈里发警卫队的土耳其将领、来自贾兹拉（Jazira）的阿拉伯哈姆丹王朝（Hamdanids）以及代兰姆的伊朗雇佣兵（condottieri），这是白益集团最强大的王朝。首先提到的土耳其将领，表现出非同寻常的同化能力和旺盛的经历，但是他们没能长期控制哈里发政权。他们只是一些军事指挥官，为争夺掌握实权的埃米尔头衔而彼此争斗。他们没有建立长久的王朝以传递他们的权势。

只有贾兹拉的阿拉伯哈姆丹王朝从930年至990年维持了长达60年之久的统治，成为至高的埃米尔之职的有力竞争者。哈姆丹王朝与贝都因部落和库尔德（Kurdish）游牧部落的融合，使之能够获取能量并从摩苏尔（Mosul）地区的氏族的团体精神中获益。860年至890年哈姆丹王朝卷入哈利吉教派之间的竞争。在这之后，除部落武装之外，哈姆丹王朝得到允许进入阿拔斯政府部门。通过战胜卡尔马特教派（Carmathians）和在埃及掠夺富斯塔特（Fustat）的货物使他们变得十分富有。930年之后哈姆丹王朝加强了在摩苏尔的权势，最后在942年获得了至高的埃米尔之职。他们的领袖名叫纳绥尔·道莱（Nasir al-Dawla）。哈姆丹王朝的情形展现了纯粹军事政权的脆弱本质，纳绥尔·道莱享有中央集权带来的权力和利益只有短短的一年时间，一年之后他即遭到驱逐。纳绥尔·道莱撤到摩苏尔，他是否支付贡金（200万到700万第尔汗）则取决于他与白益王朝之间均势的变动情况。哈姆丹王朝中的对抗和贾兹拉的阿拉伯人（他们中的一些人宁愿迁居到拜占庭成为基督教徒也不愿向哈姆丹王朝屈服）之间残暴的部落冲突导致他们重新征服巴格达的企图失败，尽管纳绥尔的兄弟阿里（人称赛弗·道莱［Sayf al-Dawls]）在叙利亚和亚美尼亚（Armenia）之间建起一支规模巨大的前线部队来有效抵御希腊人。从931年到967年，哈姆丹王朝的赛弗·道莱指挥的战役表明，面对拜占庭的再次进攻，哈姆丹王朝是伊斯兰世界惟一的抵抗者，而作为哈里发，叙利亚的伊赫什德王朝和白益王朝则放弃了他们的职责。赛弗·道莱去世时，哈姆丹王朝的一个高官留在了叙利亚，并且向拜占庭交纳贡金，他在北方的统治逐渐受到侵蚀（在一次战斗之后阿勒颇和安条克（Antioch）最终被攻破），一直持续到1002年，都是由埃米尔的官员、土耳其指挥官和奴隶管家负责管理，他们是真正的政权经营者。

哈姆丹王朝极好地表现了埃米尔统治的特点：单一的军事政权并由此产生其自身的政府组织，但这样的政权很容易产生派别，尽管如此，政权的生存依然要依靠部落和家族的凝聚力。相反，哈里发的统治长于埃米尔的统治，而且埃米尔不具备任何理论支持来取代哈里发的统治，但是埃米尔之间的斗争却深陷王位之争中，因此巴格达君主们有的死亡（932年），有的遭罢免甚至失明（933年、944年和946年）。白益王朝的军队进驻首都并且颠覆了阿拔斯王朝，但是他们并不敢将其灭绝，尽管白益王朝信仰什叶派，大概是因为他们怕被更强大的阿里家族的哈里发所取代。来自代兰姆的波斯"雇佣军"白益的三个儿子，他们都是官员，控制着伊朗西北部的军队，而且在935年前还是法尔斯的主管，945年他们获准进入巴格达政府任职，按照维持团结的审慎原则分割了军队。艾哈迈德从哈里发那里获得了摄政者的职位并担任了主管，哈桑是法尔斯省长。年长的阿里伊麻德·道莱（Imad al-Dawla）以设拉子为统治中心掌有最高权威。

尽管巴格达仍是首都，但已开始走下坡路，卡尔马特教派的战争已使其与外界隔离了，更面临伊朗境内强大经济中心，如赖伊（Rayy）、尼沙普尔和设拉子的挑战，这就为白益王朝提供了将其意愿强加到巴格达埃米尔头上的机会。这些强大的经济中心是一个很灵活的联盟，权力在家族内传递。事实上，这样的发展被认为是萨珊王朝的重现："万王之王"称号的使用；宝座、王冠、官服等波斯王位标志的重现；狮子星座的占星术符号；还有圣章上的巴列维（Pahlavi）铭刻；特别是为谋求好感而取了波斯名字的君主；最后是权利二元论（先知把遗物给了阿拉伯人和哈里发，而把王权授给了波斯人）。不过这是一种双重意识形态，波斯符号是供宫廷和代兰姆族军队使用的，而白益王朝在铸币和祷告方面则为穆斯林公社提供了其他称号。他的孙子尽管很软弱，但却滥用哈里发授予的"王中王"（shah-an-shah）称号，最终引发了1027年的暴动。

白益王朝政府逐步结束了无政府状态，他们已和哈姆丹王朝、萨曼王朝，最重要的是和库尔德人（Kurds）达成了协议，而库尔德人的部落和游牧扩张意味着在库尔德有许多政治集团。沿呼罗珊大道的防卫设施得到重建，伊拉克的一些大型工程正在进行，例如巴格达的重建和灌溉工程的重建。1012年之前短暂的内战和权力不断加强的白益王朝君主之间的竞争，并未危机到埃米尔统治集团的地位。在塞尔柱部族的领导下乌古斯土耳其（Oghuz Turks）得到发展，导致埃米尔统治集团地产的破裂。1040年伊马杜丁（Imad al-Din）将破裂的地产重新统一起来。1048年伊马杜丁去世时，他的儿子库斯劳·费鲁兹（Khusrau Firuz，两个萨珊王朝的名字很值得注意）起了个有点儿亵渎神明的称号，即仁慈国王马立克－赖希目（Malik al-Rahim），但他的势力却在不断缩小，1055年他不得不与塞尔柱的托格鲁尔（Seljuk Tughrul）分享权力，不久即遭废黜。哈里发政权知道如何应对白益王朝、加兹尼王朝和塞尔柱王朝的竞争来确保自己的生存。它采纳了汉巴里派（Hanbalism）广泛推崇的官方观念，即逊尼派学说（Sunnism）的第一形态。因此，哈里发嘎迪尔的信仰是与什叶派流行观念相悖的，嘎迪尔之子嘎义目（Qa'im）重申并极力宣传其父的逊尼派信仰，而白益王朝则发展什叶派并举办许多什叶派活动形式，例如侯赛因（阿里之子）的殉难周年纪念日盛宴、先知任命阿里的纪念日

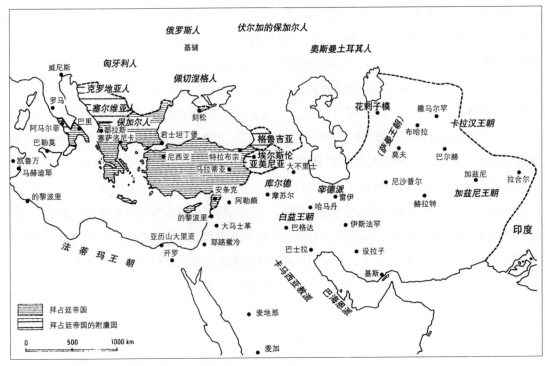

公元1000年左右的近东地区。

盛宴、在巴格达修建什叶派清真寺、由阿布·塔里布（Abu Talib）后裔组成的团体以及阿里之父等。事实上，正是逐渐被土耳其奴隶分遣队取代的代兰姆族联队的消亡，破坏了白益王朝的军事力量，使整个王朝任由其军队摆布。

土耳其人登上历史舞台

土耳其埃米尔在东部崛起预示着一场规模巨大的强迫移民运动的开始，这将会改变伊朗各省的人口和社会结构。这些发展在阿尔颇退卿（Alptakin）和萨布退卿（Sabuktakin）领导的独立埃米尔国家的形成中首次表现了出来。阿尔颇退卿和萨布退卿是萨曼王朝阿富汗加兹尼省的省长，他们曾在印度边境与企图抢劫异教徒寺庙的探险队进行了一场圣战。包括呼罗珊在内的这一片区域被萨布退卿的几个儿子分割之后由麦哈穆德（Mahmud）（998～1030年）重新统一起来，之后则处在马苏德（Masud）（1030～1040年）的牢固统治下。这样，就像其他许多王朝一样，一个埃米尔王朝开始形成，它经历了典型的继承权的争论，其力量依赖于伟大将领的个人能力。这些将领对印度发动了有力的进攻。他们并未试图改变印度人的信仰，而是把行动限制在摧毁寺庙（尤其是1026年摧毁了索姆纳特［Somnath］神庙）和强迫印度交纳贡金上。贡金收入加上抢劫，使他们得到了哈里发的承认，此外还获得了特许状和尊贵的头衔。上述这些是信徒祷告书的主要内容，亦是铸币和第拉兹（tiraz）铸造或编织图案的内容。第拉兹一词源自波斯语，经阿拉伯化，意为"刺绣"，后表示用绣有铭文的缎带进行装饰的袍服，也指生产宫廷服饰织物的工场。他们的政府及军队和萨曼王朝并没有什么区别，尽管他们很熟悉伊朗文化（在加兹尼，他们喜欢波斯诗人，包括斐尔多西（Firdawsi）），但他们是土耳其人而且讲土耳其语。他们对阿拔斯王朝无条件的支持巩固了哈里发的地位，并且有效制止了什叶派激进主义，尤其是信德的伊斯马仪教派。此外他们与塞尔柱强硬的逊尼教派建立了沟通。

毫无疑问，由于大草原上人口的快速增长导致了土耳其人力量的爆发。然而，长期以来由于部落和大批不断迁往穆斯林帝国的奴隶之间的斗争，致使土耳其人的力量受到压制，而这些奴隶大都是在袭击中被宗教圣战分子抓获或被敌对部落贩卖来的。穆卡达西（Muqaddasi）以萨曼王朝的名义向哈里发每年移交 12，000 人。即使这一数目有点儿夸张，但某些人的职业还是证实了在伊斯费得亚布（Isfidjab）和沙什（Shash，塔什干境内）的庞大的奴隶市场的重要性，其中萨布退卿就是在沙什被卖掉的，军队需要男孩，而女眷，尤其是哈里发的女眷，则需要女孩。已经发生的转变一定是土耳其部落改变宗教信仰的结果，如今他们都加入到穆斯林社会中来了，但他们仍坚守着当地的传统，现在他们需要更强大的政治体系，即地方埃米尔国家和部落联盟。令人惊奇的是，这些军事政权似乎是哈吉兰（Hagiran）模式的再现，他们代表了一种受部落宗派主义（asabiya）驱动的决定性军事力量，以及前伊斯兰时代威猛的军队风格。从一开始，他们就阻止埃米尔国家招募奴隶来充当军人，向东部地区的大规模行军，是部族按他们的游牧生活方式进行的，资源匮乏使他们认为战争是十分重要，也是必要的。在外药沙河流域，葛逻禄（Qarluq）在凯赫嘉（Kahgar）和霍坦（Khotan）的哈喇汗王朝（Qara-khanids）的领导下，于 992 年攻陷了布哈拉。1034 年呼罗珊被土库曼或乌古斯土耳其人控制，土库曼人和乌古斯土耳其人都曾在加兹尼王朝和白益王朝的政府部门任过职。

在托格鲁尔和塔查格里（Tchaghri）兄弟的塞尔柱王朝的领导下，土耳其人是一个庞大但却并非坚实的团体。1040 年在梅尔夫（Merv）附近进行的丹丹坎（Dandanqan）战役中他们派出 16，000 名战士参战，此战役结束了加兹尼王朝向伊朗西部的扩张。恐怖政策的熟练部署（对赖伊的洗劫确保了所有城镇向他们开放）、与哈里发嘎义目建立联系和对伊斯兰义务的崇敬，这些都促进了托格鲁尔势力的迅速扩张。虽然哈里发并不急于承认他，直到 1050 年他才得到令人尊敬的头衔，到 1057 年才受到接见，但塞尔柱君主自称为哈里发的委托人，把哈里发权势的衰弱变成自己的有利条件，并以此来证明他向巴格达的进军是正确的，1055 年他以朝圣者的身份进入巴格达。虽然托格鲁尔的对手匆匆忙忙地在法蒂玛王朝集会以寻求支持来对抗他，但他却可以毫不费力地除掉他们。到 1057 年，塞尔柱王朝的势力已延伸到东部。

作为"忠诚"和"权势"（苏丹）基石的托格鲁尔是武装战斗中的人民的首领，他们的移民在经过最初的动荡之后极大地促进了伊朗的繁荣。乌古斯土耳其人把外药沙河流域、阿塞拜疆和凡湖（Lake Van）两岸的亚美尼亚人赶走并在此定居。这必然会导致该地种族结构的变化，一种新的游牧生活进入安那托利亚（Anatolia），对牧场的需求和精力充沛的土耳其人，意味着小亚细亚地区将面临巨大的压力。当1071年拜占庭边界在曼济克特（Manzikert）意外崩溃之时，大量土耳其人毫无计划地大规模涌入今天看来仍十分偏远的省份。

在伊斯兰教国家中，土库曼是废除酋长权利按传统政策进行管理的。面对土库曼军队的屡次叛乱，塞尔柱王朝加强了自己的力量。他们用苏丹和其他令人印象深刻的称号来"强化"国王的头衔；他们为哈里发安排婚姻，不过哈里发都会抵制他们的安排并继续推迟承认他们，因为一旦承认，哈里发将会失去调动的自由和对托格鲁尔的影响力。塞尔柱王朝还在伊朗发动了一场战役，并使外药沙河流域被阿尔普－阿尔斯兰重新占领。之后，从1073年至1092年在马立克沙（Malik-Shah）（一个著名的名字，是阿拉伯和波斯的"国王"）的统治下，尼扎姆·艾尔－穆尔克重新组建了政府。波斯人维齐尔尼扎姆·穆尔克是哈里发的老师和教父，他在1091年发表的《政治论》（Siyasat-Nameh）（政府书卷）一书记载了大量的政治原理。在塞尔柱王朝的鼎盛时期，波斯人维齐尔和土耳其苏丹的合作体现了波斯文学、语言，甚至从某种程度上的"民族的复兴"的现实性。

伊朗的文艺复兴

完全伊斯兰化的伊朗开始复兴，只有什叶派可以进行传教活动。如伊斯马仪派的纳绥尔·库斯劳（Nasir-i Khusrau），写了一本有关旅游的实录《游记》（the Safer-Nameh），此外他还拥有多重身份：军人、有灵知的哲学家和伟大的波斯作家。波斯文学的复苏并不意味着分离主义，只是随着埃米尔国家的发展和伊朗文化在加兹尼王朝、塞尔柱王朝的传播加强了伊朗人特殊的荣誉感和霸权野心。复兴的第一要素是新波斯语言的出现，即从波斯中部地区的方言中演化而来的达里语（dari）的出现，它已经取代了古代巴列维文学语言。新波斯语吸收了大量阿拉伯语词汇成分，并使伊朗音律适合阿拉伯的韵律学。继萨曼宫廷之后，首先在加兹尼宫廷里，一些诗人已为波斯语言修复者斐尔多西铺平了道路。940年斐尔多西出生在图斯（Tus）的一个律法学家的家庭，为了工作他竭尽全力。他把皇室的记录和图斯统治者收集整理的口述历史结合起来，并形成大批的史诗素材。《帝王书》（Shah-Namah）赞美了开明的国王，其中包括鲁斯特目（Rustam）在内的伊朗英雄，还有萨珊王朝贵族的美德（纯洁、积极、谦逊）。在困境中，正义与邪恶永恒的斗争唤起了人们对前伊斯兰哲学的回忆。当时哲学的繁荣又引

"恒星"：仙女座。尽管有塞尔柱人入侵，伊朗文化的影响仍很大。这幅描绘仙女星座的缩微图选自1009年的手稿，该图是受供职于白益王朝宫廷的著名天文学家阿尔-苏非（al-sufi）的著作鼓舞而创作的（阿拉伯手稿，马什144，牛津，牛津大学图书馆）。

发了同时代伊斯兰人对自己未来的思考。即使伊斯兰的未来是未知的，但它的科学却处于繁荣状态，在 9 世纪复兴之前撒播的种子现在要收获了。知识门类日益完善并发展成为一个成熟的综合体，这可以从一些人的著作中体现出来，比如在西方被称为拉齐斯（Rhazes）的阿布·伯克·拉齐（Abu Bakr-Razi），最著名的是被称为阿维森纳的伊本·西纳。他们关于血液循环、骨骼组织、传染病和外科手术的研究都被收录在古代医学百科全书中。波斯人的知识和实验在欧洲得到广泛应用，哈津（al-khazin）的光学著作在开普勒之前一直是该领域的权威。

　　在这当中非常令人吃惊的是，宗教的和政府的建筑物质量都不高，可能是因为战争使修建建筑物成为非常危险的行为。但在事实上，这一时期有两座建筑物是例外的，分别是富斯塔特的伊本·土伦清真寺（约建于 878 至 890 年）和阿富汗的马立克沙清真寺（约建于 1090 年），它们突出了艺术史上明显的隔阂。但如果我们转向在这之前就已繁荣起来的所谓"微型艺术"就会发现，有些画看起来风格完全不同。"微型艺术"在伊斯兰文化中是一个错误的称谓，因为布、镶板、毛毯不仅仅是装饰物，也可以当作礼物或信物，此外财富也是用上述物品的数量而非房子或第纳尔来衡量的。埃及和叙利亚的木制雕刻是世俗生活的缩影：狩猎、跳舞、音乐会和饮酒会。在埃及，挂毯和毛毯用飞翔的鸟和奔跑的野兔图案来装饰，而在伊朗是用古老的交织凸起的线条、车轮和卵状物等图案来装饰的。织物和丝绸上配有复杂而又神秘的图案；陶器被涂以棕色或其他颜色。所有这些，不管是奇异的情趣，还是朴素的印象，都体现了伊朗的重要影响。在这方面，土耳其人只能在伊斯兰教的区域范围内增强东方的影响。他们着重强调了两条错误的路线，正是这两条路线最终导致伊斯兰世界一分为三：一条是伊斯玛仪人（Isma'ilians）开创的，另一条则将他们与西方隔离开来。

繁荣城市的幸存

　　哈里发政权正面临危机，因君主和官员的阴谋而分裂，因王朝的合法性受到质疑而衰弱，还因伊拉克叛乱和新生埃米尔势力的增长而动摇。所有这些发展都意味着阿拔斯王朝的财政基础正在不断萎缩。9世纪初，伊拉克的财政收入为1亿第尔汗，而到10世纪则减少为3000万至4000万第尔汗；900年之前，美索布达米亚北部各省的财政收入为1000万第尔汗，959年降为300万，到965年则降到了120万。哈里发的国库最先受到伊克塔特许权的影响，这要比行省税收体系受到的影响严重（叙利亚和伊朗并未出现类似的下降）。从哈里发暂时放弃了高质量的铸币便足以看出王朝的贫困。倭马亚王朝和阿拔斯王朝早期在巴格达及萨马腊发行高质量第纳尔，而在穆台绥尔统治下其标准（含金量）从96%至98%降到76%。在白益王朝、萨曼王朝、加兹尼王朝统治期间经历了长期的下降（保持在50%至87%之间，只有在尼沙普尔金属含量保持稳定）。第纳尔的重量更是有所减轻，金币第纳尔从4.25克降到4克以下。这要求有效地操控货币流通，不过这只是没落王朝解决财政危机的权宜之计。所有的情况似乎都蕴藏着一场城镇危机，一旦危机发生，中心区域将首先受到冲击，因为他们的消费主要依赖于国库收入。

巴格达丰富的社会生活

　　事实上，在10世纪之初，穆斯林社会便呈现出旺盛的生命力，表现为：多种多样的城市活动、都会城市的幸存，以及与向阿拔斯王朝首都供应必需品的贸易网有密切联系的重要城市商业中心数量的增加。地中海沿岸城市运动的复兴和法蒂玛王朝统治下大城市数量的增加，附和了如尼沙普尔这样的伊朗城市的繁荣，这些城市尽管经历了长期的内战、860年至950年的叛乱以及党派斗争的拖延，但依然十分繁荣。巴格达的成功是这些变化中最直接最显著的例子：健全的经济与哈里发先前的政治相结合，此外还有地方职能的发展。

　　巴格达市场的生产类型，实质上就是大规模的作坊生产。工匠聚集在消费中心地区，来自图斯塔尔（Tustar）的织布工和来自摩苏尔、阿瓦士、阿富汗的木匠、泥瓦匠及石匠，都由白益王朝招募而来。在巴格达，纺织品作为主要产品是所有技术产品的代表。985年，巴格达的丝、棉产品预计将会带来1000万第尔汗的税收。然而事实上并没有那么多，根据叶尔孤比（Yaqubi）在889年的记录可知，当地税收为1200万第尔汗，985年所期望的税收也只比城镇作坊的传统消费税收稍高一点，但这表明了哈里发政权的首都已经不再仅仅消费从别处运来的商品。在克尔赫（Karkh），建造了许多适用的厅堂用来出售纺织品工业的原材料。那儿的刺绣工业，生产出了高质量的织物，尤其是面纱（taylasans）。白益王朝的出现连同哈里发

从10世纪开始，首都巴格达的地位日益具有象征意义，不过在11世纪，它的城防仍然得到了加强。现在仅剩下一些断壁残垣，如这座底格里斯河旁边的城门。

政权都意味着不断地大兴土木——新的市场、医院（例如982年的阿杜德·道莱 [Adud al-Dawla] 修建的医院是从前的华尔德 [Khuld] 宫殿改造而来）、大量的宫殿——和对建筑业及公众事业的支持。埃米尔高度重视底格里斯河上防洪堤岸的修建。从描述中我们可以看到，巴格达展现出的非凡活力和复杂的市场。在伊本·阿齐尔（Ibn Aqil）写的关于巴格达的颂文中，回顾了鸟市和花市的繁荣。他还强调了书市的重要性，知识分子常在那儿聚会。手稿作品的规模在伊本·奈迪木（Ibn al-Nadim）的《书目》中有所记录。虽然这些商业活动似乎展现了与现代有点相像的文化传播模式（卖花或鸟一直很流行），然而军队的存在也可能会使一些特殊市场应运而生（买卖武器、马和饲料的露天市场），这种市场聚集在埃米尔的官邸周围。作为消费者，军队在城镇发展中起了重要作用。

向首都东部的迁移扩张仍在继续，导致首都面积大幅度增加，在穆格台迪尔（Muqtadir）统治时（908～932年）超过了8000公顷，但大部分土地是空闲的，如花园（塔希尔王朝的哈里木和属于哈里发的面积为32公顷的扎希尔果园）、公墓、军营和环绕城市的各城门外的阅兵场，更别说舍马西叶门（Shammasiya）遭到破坏的宫殿。单纯是城市的规模就给当代人留下了深刻的印象：993年，一位伯爵式的人物拥有1500个浴室、869个医生和30,000条船；971年，克尔赫城区的33座清真寺和300家商店在火灾中遭到破坏，死亡17,000人。在这片广阔的土地上，由于饥荒和物价上涨引发的移民导致分化的产生。巴格达面临分化为敌对街区的威胁和被遗弃地区的隔离。这些街区是以具有强烈的深入人心的相同观念来划分的——逊尼

一座伊斯兰教学校（madrasa），宗教和法律的教学中心。该机构与清真寺提供的学校教育保持着密切联系。这是地处阿勒颇的费杜斯宗教和法律教学中心（al-Firdus madrasa），是保持伊斯兰教学校古典风格的典型实例之一。

派（在哈比亚 [Harbiya]，伊本·罕百勒的坟墓附近和东岸的巴布塔克 [Bab al-Taq]）和克尔赫的什叶派。党派之间不断发生冲突的明显迹象就是示威、暴动和军队的调遣。底格里斯河两岸相互对抗，双方动用了法官（qadi）和警官。哈里发－埃米尔的两头政权将哈里发政权中心哈里发宫（Dar al-khila-fa）建在埃米尔王国官邸宫殿（the dar al-mamlaka）的对面，哈里发宫是为白益王朝的阿杜德·道莱于980年在靠近德莱穆军队阅兵场的穆哈里姆（Mukharrim）建造而成的，此外武器市场亦坐落于此。

尽管宗教团体之间和地区之间不断发生暴力对抗（在1002年、1007年、1015至1016年、1045年、1051年、1055发生过，1072年、1076年、1082年、1089年又再次发生），但在首都仍存在一些共识，这是其力量的一部分。早在812年至813年和865年遭到围攻的时候，巴格达人就表现出了强烈的爱国热情。很多时候政治合作会暂时中止派别之间的斗争，1049年，什叶派和逊尼派为殉难者阿里和侯赛因共同进行了一次朝圣活动。虽然并不存在真正的市政团体，但两个理智的派系还是维持了政治稳定，大臣们一直把伊拉克有效的行政结构维持到蒙古人入侵之时。学者乌力马（Ulama）是城市道德和智能的支柱。他们大多是律师和党派人士，但他们并不生活在象牙塔中，他们拥有广博的知识和强烈的求知欲，就像那些具有深厚文化底蕴的人物，如伊本·阿齐尔那样，他们广泛接触社会环境。例如从哈伦时代起，乌力马和诗人就开始在舍马西叶门的书市集会。党派、宗教和知识分子派别的存在保证了思想和著作的权威在乌力马和志愿者团体之间的传播，乌力马和志愿者团体一直与他们地区内的不道德行为及异端邪说进行抗争。在没有任何市政代表的情况下，这些学术界人士便成立了一个多方面的政府权威机构并与城镇党派密切联系。

学者、派别、青年

在巴格达，罕百里派（Hanbalite）传统主义者，通过与什叶派和穆尔太齐赖派的长期斗争取得了支配地位，很早以前托格鲁尔或尼扎姆·艾尔－穆尔克就建立了他们的新式伊斯兰大学或"智能殿堂"来反对什叶派的教义。首都政治史上的大事主要是宗教之间的争辩和放弃信仰："起毛工人的领袖"持不同政见者曼苏尔·哈拉耶（Mansur al-Hallaj）在922年3月22日被处决；志愿者为圣战而在1031年领导了反白益王朝的暴动，他们在沿途与拜占庭人展开搏斗；抛弃穆尔太齐赖派的喀底（qadi）① 赛麻里（Saymari）的投降；1067年反对穆尔太齐赖派伊本·韦立德（Ibn al-Walid）的暴乱以及伊本·阿齐尔遭受的放逐和后来的引退。土耳其人的到来并未导致罕百里派物力论的改变，他们的逊尼派教义不能简单地看做是十足的军事暴力，托格鲁尔和他的维齐尔都是宽容之人，而尼扎姆则把他自己的基地尼扎米亚伊斯兰大学（madrasa Nizamiya）发展为巴格达的法律和哲学学习中心。11世纪后半叶，伊斯兰大学在伊斯兰世界发挥着越来越重要的作用。大约在1020年左右，专门为研究教义的访问学者建造的宫殿首次在伊朗出现，后来这座宫殿发展成为学术中心，聘请了一些教师（以清真寺里的讲座为模式），学院成为慷慨资助人的个人基金会，而学生则可以得到奖学金。这一举措不但增加了专业知识分子的数量，巩固了他们的社会地位，还可以民主地招募雇员，此外还产生了法官和检察官阶层，一旦有滥用权力现象就可以快速诉诸法律。

在伊朗的派别争斗中能看到一种类似于巴格达的城市独立组织。在这里我们又一次看到城镇团体的组织和发展都是由宗教团体掌握的，在尼沙普尔，与神秘主义相连的沙斐仪派（Shaf'ite）反抗着与穆尔太齐赖派断绝关系的哈奈斐派（Hanafites）。这些派系之间的斗争导致当地政权的动摇，正如在喀底的抉择中所表现出来的那样，喀底属于萨曼王朝统治下的哈奈斐派，之后属于省长控制下的沙斐仪派，后来又恢复为加兹尼王朝统治下的哈奈斐派。在尼沙普尔和巴格达，埃米尔王朝曾一度卷入这些冲突中，并出资修建了伊斯兰大学，此外他们还迫害敌对派系的领导人，审判并迫使他们放弃信仰。这些冲突在塞尔柱王朝统治下才得以消除，塞尔柱王朝确保哈奈斐派获得胜利的同时消灭了与之对立的派系，以此使争斗暂时停息。通过长期争斗，社会冲突是否已经结束了呢？神秘主义鼓吹者们迁入迈纳什克（Manashik）的贫困地区，此举引起了希拉山山民中势力强大的商人团体的反抗。这并不重要，真正要紧的是许多传统法律与哲学观念的冲突，双方势均力敌。

在伊朗，就像整个伊斯兰世界一样，与许多党派的崛起相伴随的是中央权力的下降，897年，哈里发阻止了城市居民要求承认其市民身份的示威活动，并发现在行省城市之间（在阿瓦士，图斯塔尔对苏萨[Susa]）与城市派别之间（在尼沙普尔，迈纳什克对希拉[Hira]）或不同家族的支持者之间，他们的表述是相互冲突的。因此，在伊朗西北部的卡兹维（Qazvin），两大

---

① 喀底，伊斯兰教中法律的解释者和实施者，相当于法官。——校注

家族分权共同管理城市，双方集中于一个世袭的首领（Ra'is）①麾下。第三支力量由大土地所有者组成，当埃米尔任命的行政和军事权威人士进行仲裁，并在冲突还未侵害地方自治的情况下阻止其进一步恶化时，大土地所有者就会介入到他们的斗争中去。这些派别争斗为那些在缺乏高效警察机构的情况下试图恢复公众秩序的武装团体提供了条件。"青年"民兵组织(ahdath)动员起来是为当地首领服务的，他们起初为社会底层边缘的非正规军，之后则在集市上保护人们免遭敲诈并加入了补充正规军的"城市警卫志愿者"队伍，他们有时甚至可以代表正规军。970年左右在卡兹维出现流氓无赖对抗高贵的贾法里（Ja'fari）的现象。

城市"青年"组织是一个军政联合政权。它根植于"年轻人"长期的造反传统中，这些年轻人大多生活在离群索居的单身汉团体中。这些联合形式令权威人士十分不安，从8世纪之前开始，它们在大城市中就已经相当活跃了，例如，在巴格达抵抗麦蒙的斗争中他们就发挥了作用。在伊朗、巴格达和叙利亚，"青年"团体的数量在10世纪后半叶迅速增加，并加入到反法蒂玛派系中。在埃及，他们则出现在提尼斯（Tinnis）的科普特人（Copt）中，只是在遭到处于领导地位的基督徒抗议之后才被哈里发消灭。"青年"团体的扩展——这些青年人由两部分人构成，一部分对财富聚集在既得利益的一代人手中感到很沮丧，另一部分则是局外人和社会依赖性群体的人，他们所生活的社会只允许权威掌握在年龄和等级都够资格的人身上——非常明显，即使在小的宗教分支中也很明显，尽管这些宗教组织十分严密。在犹太人井里沙抄本（Genizah）中的记载，揭示了当时社会的领导者面对这些群体时所表现出的不安。这些群体经常聚成各种社团，时时威胁着"老者"的权威。到处都在赞颂"青年"团体的品质：慷慨、体力充沛、富有英雄主义和团结意识。在波斯，他们成为"年轻英雄"的代称，但是这些派别的宗教基础是易变的，他们只是普遍存在的城市冲突的外在表现。

伊斯玛仪派的脱轨

在一场影响阿拔斯王朝的信任危机中，从伊斯玛仪派中发展起来的哲学政治运动确立了他们的思想体系和行动计划。虽然这一思想体系十分复杂——结合了宇宙哲学、历史解释及法律（正如每一次穆斯林运动中那样），还有它本身的传统（Sunna，伊斯兰教规）——政治计划表现为千福年的形式，它建立于牢固的历史哲学的基础之上，由"一位时代大师"（Master of time）支配，并允许它的追随者活过赎罪的天启时代而获的拯救。

---

① 阿拉伯语"首脑"、"首领"之意，"头儿"的意思。——校注

伊斯兰教深刻的思想危机

　　主要运动是伊斯玛仪派或巴颓尼叶派（Batiniya，"神秘之人"），虽然它的教义十分复杂，存在内部争论且无法得到应用，但它还是吸引了广泛的支持。群众，不管是伊拉克贝都因人、北非的柏柏尔人，还是伊拉克和也门的城里人或乡下人，都对高层的不公正异常愤怒，他们重整标语，重新发现了麦地那公社的原始启示，但是智者和学者们同样广泛支持伊斯玛仪派的哲学和历史观念。事实上，他们得出了一个合理结论，即由穆斯林学者发展的知识大厦是与希腊思想相联系的。他们以一种大胆的理论方式将毕达哥拉斯和新柏拉图主义者的宇宙推测吸收到伊斯兰教中，他们宣称知识和理性是首要的，但到达真理要有一个渐进的开始，这就给政治错误留下了回旋余地。这首先是加强了派别的知识霸权，然后是加强了国家的知识霸权。

　　伊斯玛仪派是伊斯兰什叶派飞翔的翅膀，它是在阿拔斯王朝革命和巴格达及萨马腊的阿里君主集团间无休止冲突的氛围中产生的。可以确信，在该派的等级中有一位伊玛目，他被授予了超自然的力量，但很难识别他。这种困难和对可以为他们遭受的迫害报仇的"马赫迪"（mahdi）会突然归来的希望，导致什叶派运动分裂为许多派系。这种不确定性最终驱使大多数的支持者与阿拔斯王朝结盟，"隐藏"理论（暂时隐蔽）对过去的历史进行了思考，但却将希望置于遥远的未来。自先知以来已经有十二个完美的伊玛目继任者，他们的殉难就是他们正统继位的证据。第十二位"隐藏"看不见的伊玛目将在"真理时代"的开幕典礼上重现，主持"最后的审判"，平反冤情。虽然他们秉持崇高公正的立场，但什叶派的确发展了对殉难伊玛目的祭仪和对马赫迪的希望，他们支配着知识界和宗教界甚至影响了阿拔斯王朝，但并没有任何实践影响。另一方面，军事激进团体追随什叶派传统政策，赞同立即制定公正的规则，这将意味着正义在世界范围内的传播和阿里家族合法性的恢复。他们的成就虽然无可争辩，但却影响甚微，在泰伯里斯坦埃米尔国家一直持续到12世纪初，在成立于897年的也门埃米尔国家该派拥有坚固的基础但却与世隔绝。

　　伊斯玛仪派，最初为围绕在伊斯玛仪·伊本·贾法尔及其儿子穆罕默德周围的小教派运动，后来在不断反叛的氛围中得到发展。他们用大胆的推理获得了令人惊奇的突破：一个军事派别，它从事严格的什叶派运动并吸引激进主义分子；最初作为一项秘密运动，它有着持久性和死灰复燃性，对其秘密领导人也有庇护能力。它的伊玛目并非完全隐蔽，事实上，如果他完全隐蔽那么就是点名也是不确定的。此外从11世纪开始，他们的敌人宣称北非的法蒂玛王朝并不属于阿里家族。事实上，他们的创始人欧贝杜拉－马赫迪（Ubayd Allah al-Mahdi）遗传自另一族系，即眼科专家麦蒙，这就为秘密活动的法蒂玛家族提供了代表他们的"精神上的血族关系"，以此法蒂玛家族组织了党派、发动了革命运动。根据早期的原始资料可知，马赫迪大概是一位假冒伊玛目，但他很可能收养了隐蔽伊玛目的儿子，真正的阿里－嘎义目（Alid Qa'im）。

存在两种类型的伊玛目，其中"活跃的伊玛目"只是暂时的保护者，而"沉默的伊玛目"才是永恒的真正的保护者，对于上述说法，人们已经产生怀疑。但是，即使不能被进一步证实，这一理论非常清楚他们系谱上的可疑性及神秘谱系关系和师承关系（正确的世系线路是师生相传）的重要性，至于其谱系的可疑性，马赫迪叶（Mahdiyya）和开罗的法蒂玛家族在他们传递给其追随者的秘密信息中从未成功地加以解释。秘密指示和伊玛目统治国家的传承意在推翻那些毫无意义的空幻的有关血缘关系的断言。正是这一点一次又一次地分裂了这一运动。

新柏拉图主义观念的逐步传入，把宇宙哲学引入到了伊斯玛仪什叶派的历史和政治哲学中去。它的特点是完全控制信徒，证明革命行动是完全正确的，并将此作为一项无条件执行的世界法律。这在 961 年至 980 年间编纂的《贞洁教友使徒书》（*Epistles of the Brethren of Purity*）一书中得到极好地体现。这是一本包涵各门类的百科全书，不仅思考了理性知识还顾及到古代启示并将它们合并为一个整体的伊玛目体系。虽然伊斯玛仪派并未接受单纯从血统上讲的灵魂转世说，但他们的确相信，个体灵魂的轮回会在千年的七个周期中发生，每个周期都会有一位先知来主持：亚当、诺亚、亚伯拉罕、摩西、耶稣、穆罕默德及嘎义目，而伊玛目则是"复活的一位先知"。因此，伊玛目的存在是必要的，他被不断地提及并提供了上帝与人类之间的联系，此外还为灵魂召回提供了证据。

在这一负载教义的整体哲学中，行为是最本质的因素，只有道德、精神和政治成就才能将灵魂从其物质重负中解放出来。下一步则开始进入神秘的巴颓尼（batin，内在的）中。

即使在新的训诫宣布之前，政治活动仍通过一个划分等级的地下组织进行，该组织被比作共济会成员，这是公正的。在上帝之城的运转中，社会作用与人类的才能和德行相符，"神圣"的伊玛目、"诚实的"国王、"善良"的审判者以及"虔诚的和富于同情心"的做工者构成了社会的基本结构，这也是人们崇拜的原因。手工劳动者的存在并不能掩盖社会革命，尽管接纳了广受欢迎的异端分子和颇有抱负之人，不过这只是好战知识分子领导的末世学运动。

899 年之前，伊斯玛仪派的秘密运动在一个中心领导阶层的领导下始终维持一致，最初以阿瓦士为基地，之后是巴士拉，最后是叙利亚沙漠边缘的萨拉努亚（Salanuya）城。与阿拔斯王朝革命相似，伊斯玛仪派运动也采用"复活"形式并迅速传播到整个阿拉伯世界：877 年左右，一位传教士把这一运动引入赖伊；881 年，另一位传教士在也门及也门商路沿线地区建立了一个国家；883 年同一家族在信德成功地建立了一个革命公国；893 年艾卜·阿巴斯·什叶（Abu'l-Abbas as-Shi'i）使基塔麦柏柏尔（Kutama Berber）部落改变了信仰；891 年后，伊拉克南部开始形成一个巨大的持不同见解者的区域，该区域建立在乡村公社基础上并由不同信仰者组成。在这里，反叛者共同享用战利品、家畜、工具和财产。这些财富的迅速获取正是一场暴乱分裂的序幕，萨瓦德（Sawad）和库法的伊斯玛仪派领导人哈木丹·盖尔麦兑（Hamdon Qarmat），继承了什叶派古老的战斗传统，与隐蔽的伊玛目欧贝杜拉绝交，哈木丹·盖尔麦兑也因此失去了巴林（Bahrayn）的支持。对叙利亚贝都因人的领袖来说，他已经重整运动并宣布自己为马赫迪，一位神秘的"母骆驼的主人"，并在叙利亚（902～903年）和伊拉克赢得了一系列令人惊奇的胜利，直到他于907年去世。他与欧贝杜拉绝交致使他被迫逃亡才得以躲过暗杀。欧贝杜拉此时刚刚躲过暗杀逃到了也门。907年之后，在前任卡尔马特教派指挥者的领导下，运动在伊拉克继续进行。卡尔马特教派领导者仍宣称马赫迪即将到来。伊拉克卡尔马特教派传教士进行的大量政治及学术工作，成功地将不同派别在马赫迪即将到来的共同希望中重新联合起来。

在巴林建立的"卡尔马特教派"中心，将对救世主的期待与军事行动相结合，扰乱了整个东方。928年在占星术推测的基础上（木星与土星会合）宣布救世主时代即将来临，930年当朝拜者被屠杀和黑石被移走时，一场反对麦加的远征宣告救世主时代的开始。931年（琐罗亚斯德教［Zoroastrian］时代的1500年）深受新柏拉图派宇宙循环论影响并得到伊朗人支持的卡尔马特教派，承认一位来自伊斯法罕的占星家为马赫迪，并宣布了伊斯兰时代的消逝。但是，马赫迪试图恢复对火的崇拜导致了他的死亡。现在士气受挫，卡尔马特教派运动破裂，它的许多成员作为雇佣兵在埃米尔国家的军队中服役，而另外一些人仍留在巴林据点等待马赫迪。不过，远离法蒂玛王朝并放弃唯信仰论，已经成为928年至931年间救世主时期的主要特征。与埃米尔人、土耳其人一起参与了毁灭哈里发帝国的最初革命的卡尔马特教派，已经变成一个更加传统的精英社团。1045年左右，纳绥尔·库斯劳描述了这一情形：共同拥有3万黑奴并由建立者子孙组成的参议会管理，就像是一个仿效9世纪伊拉克反叛的农民公社而建立的福利社会。

法蒂玛阿里派的胜利

这些运动引发的风暴阻碍了但却不能阻止法蒂玛伊玛目国家的增加，在也门，马赫迪欧贝杜拉已经为他的"希吉拉"（Hegira，逃亡，原指公元前622年穆罕默德从麦加流亡至麦地那）做好准备。当也门的"传教士"投奔卡尔马特教派时，马赫迪欧拜德·阿拉被迫进行了一次前往马格里布库塔马部落中心地带的漫长而又危险的旅行。在北非阿格莱卜王朝的首都赖盖达（Raqqada）被征服之后，他于903年被捕并被带到西吉勒马赛（Sijilmasa），909年他的支持者将其从西吉勒马赛解救出来。910年马赫迪的成功侵入标志着救世主期望的实现，但是取自先知女儿之名的法蒂玛王朝的继位，标志着一个合法性遭到挑战，教义遭到不断的废弃。在隐蔽之时，伊玛目就已经将自己看做是伊玛目统治的国家的卫士，953年，为了赢得不同政见者团体，特别是忠诚于新柏拉图主义学说的知识分子的回归，穆仪兹（Mu'izz）不得不引进了他们的宇宙哲学，还宣布穆罕默德·伊本·伊斯玛仪是真正令人渴望的嘎义目，并把他当作法蒂玛的祖先。这些理论的现实问题和不间断的家族冲突，一定程度上导致了 11 世纪可怕的末世论的危机。

　　法蒂玛王朝毫无意义的盛衰消长的历史，导致人们忽视救世主推动力的重要性，包括忽视早先救世主曾试图驱使法蒂玛建立一个普世的君主国这一史实，虽然该目的并未实现，事实上最终被取消。王朝的历史进程十分不稳定。它的观点看起来毫无逻辑性：909 年至 969 年，虽然王朝仍紧紧地控制着马格里布和西西里，但它所有的努力都集中在东部，集中在征服埃及上。913 年开始第一次远征，919 年、921 年和 935 年又进一步尝试征服。伊斯玛仪派的征服在号称伊赫什德的伊朗的埃米尔的抵抗下宣告失败。920 年在沿海建立首都马赫迪叶，预示着他们即将与北非分裂，并试图通过海陆将战争带入东方。对阿拔斯王朝和西班牙倭马亚王朝进行直接的挑衅性宣传，宣传强调家族的合法性注定要成为普遍规则，并"通过密切的精神联系与上帝会合"。法蒂玛王朝的统治者把自己当作真正的哈里发，与花天酒地的土耳其埃米尔不同，法蒂玛的统治者是伊斯兰道德的拥护者。他们实行一夫一妻制并且生活节俭；他们宣称捍卫宗教权利，951 年，他们设法说服卡尔马特教派将黑石恢复原位。969 年当西西里人贾哈尔（Jawhar）最终进入富斯塔特并于次年建立新的王朝首都开罗时，"胜利者"法蒂玛似乎成为了精英兄弟会的领导者。伊斯玛仪派的宗教孤立似乎结束。贾哈尔承诺尊重埃及人的习俗和法律，他采取注重实效和宽容的姿态，向基督徒和犹太人这样的少数派开放并且只通过传教和教育的方式来设法改变人们的信仰。此外，在叙利亚人征服卡尔马特教派之后，战争暂时停止，但并无打破阿拔斯政权或驱逐白益王朝的企图。

　　事实上，王朝经历了内部暴力冲突，965 年，穆仪兹试图修正法蒂玛的教义和宗谱以缓和卡尔马特教派危机并重申家族的阿里血统。一场继承权之争标志着穆仪兹统治的结束。贾哈尔的自传表明，大众的期待和信仰已经渗透到伊斯玛仪派统治集团的中心。在局外人看来王朝呈现出完全的穆斯林化，但王朝仍乐意雇佣基督徒为大臣（在出身于犹太人但信仰伊斯玛仪派的伊本·基里斯［Ibn Killis］之后，埃及由科普特人伊萨·伊本·奈斯突里思［Isa ibn Nas-taris］管理）。救世主即将来临的信仰已经深入人心，但实现来世的希望却被无限期推迟，这奠定了王朝成功的基础。艾尔-哈基姆（al-Hakim）作为"教历 400 年的伊玛目"的压力猛然增大了。996 年在阿齐兹去世时哈基木被宣布为哈里发，他是一位基督教妇女的儿子，还是耶路撒冷与亚历山大里亚、奥列斯特斯和阿森尼瓦的麦尔凯特大主教的侄子。由于他只有十一岁，权利遭到库塔马柏柏尔人首领和宦官巴朱旺（Barjuwan）的分割与争夺。公元 1000 年哈基姆通过谋杀方式将他们除掉。1009 年，伊斯兰教历纪元 400 年时，哈基姆似乎做出了相反的决定，可见他承受着巨大的压力。1003 年至 1007 年，他重建伊斯兰传统伦理规则，禁止男女乱交、酗酒、奢侈浪费（例如屠杀耕牛，穿着招摇），此外他还修订了关于少数民族的穿着规则。检察官普遍的好战姿态加上什叶派和伊斯玛仪派炽热的宣传（1005 ~ 1007 年间），正好与西班牙倭马亚王朝的反哈里发宣言不谋而合。宣言反对先知的同伴，反对智能殿堂的授课，反对教派对皈依者开放。1008 年，对基督徒和其他少数派别进行了迫害：没收教会的瓦克夫（waqfs，宗教公产）、礼拜堂，摧毁属于伊斯兰规则的宗教象征，折磨并迫使一些政府高官，包括哈里发母方的叔叔大主教阿森尼瓦（Arsenios）改变信仰，这已变成检察官行为传

骑马的战士（阿拉伯手稿3929，巴黎，国家图书馆）。

统的一部分。最后，教历 400 年（1009 年），在世界末日的气氛中，教堂被摧毁，其中最著名的是圣墓（Holy Sepulchre）大教堂。无疑哈里发和他的追随者期待在新的世纪能有根本性的变化，期待通过废除其他宗教达到救世主历史的巅峰并重新实现统一。

1014 年迫害停止，1021 年在一定程度上被消除，随之财产得到归还，建筑物亦得以重建，被迫皈依者可以恢复他们原来的信仰。迫害的失败导致什叶派的恢复。什叶派的新加入者坚信，哈基姆是真正的嘎义目，是人们所期待的"复活者"。从 1017 年到 1019 年，在暴乱之中，在未得到哈里发允许和授权的情况下，他们在"达瓦"（da'wa）内部组织了一个派别。这位谦逊、慷慨而又轻率的哈里发的古怪行为无疑是他自信的反映，通过运动进一步证实了这一点。从一开始，他的随意行为掩饰着的目的在前后联系中才能看清，但是在 1021 年，晚上独自漫游的习惯导致他惨遭谋杀。从天启的失败中可以看出伊斯玛仪派运动和法蒂玛王朝的被摧毁，但是在外围地区，如伊朗、也门和印度，革命仍在继续进行；在埃及，哈木宰（Hamza）的追随者继续布道并建立了德鲁士（Druze）社团。至于王朝，已经变得异常萧条。1094 年，最后一次分裂打断了王朝的连续性，在这之中伊斯玛仪派的尼扎尔（Nizar）给人留下了不可磨灭的印记。

那些承认尼扎尔为合法伊玛目的人的隐退导致黎巴嫩山区庇护国家的建立，而什叶派的隐蔽传统与迄今仍不确知的献祭精神的结合，则巩固了阿拉木图（Alamut）要塞周围地区的独立。伊斯玛仪派用骇人的谋杀方式来恐吓逊尼派。阿拉木图统治者的路线一直持续到 1256 年，而他的后代则在多项政策间犹豫不决，在天启的设想中继续实行恐怖统治（两位阿拔斯哈里发都是这一统治的受害者），或通过宣布自己为尼扎尔的后代而建立一个小型的阿里家族的哈里发组织（就像法蒂玛利用伊斯玛仪派那样），再或采纳逊尼派法律并担任微不足道的埃米尔之职。企盼救世主和现实之间的不确定性很容易引起人们对卡尔马特教派创立之初的追忆，但是这些犹豫并不能阻止阿拉木图的尼扎尔人和中心的叙利亚人继续制造一系列的谋杀，他们的敌人将其对死亡的蔑

视态度归结为他们吸食大麻并称他们为"haschischiya"或"刺客"(阿萨辛派 Assassins)。他们加速了穆斯林世界的分裂,他们的组织是依据军事领导者和政治领导者的个性而形成的,而且个人派系和与知识分子忠诚的相对立占据了整个政治领域。作为暗杀者的长期的邻居,圣地基督徒迅速抓住了其领导者"大山之父"支持的这一有利条件,当然他们未必试图理解他的哲学。

开放海洋,开放航道

一种大规模的新式商业的发展,加强了城市活动的基础并留下了大量考古和档案证据。这种新式商业展现了一种伊斯兰世界的新元素:在这种经济区域版图本质上并未改变的扩张中,确立了转向西方的红海-地中海轴线。事实上从此以后西方——穆斯林和基督教——成为下述巨大转变产生的驱动力:首先,正如我们将看到的,安达卢斯(al-Andalus,西班牙穆斯林)发生了变革,乡村之外,部落和军事社会均产生了一个全新的城市社会,即使没有完全伊斯兰化亦是一个十足的阿拉伯化国家,秉承了巴格达时尚精致的风格,因此开罗藏经阁(genizah)的文献使我们了解到安达卢斯是经由西西里和突尼斯而要到达的最终目的地,穆斯林的传统消费品正是沿着富斯塔特-迈扎拉(Mazara,马赫迪叶)-阿尔梅里亚(Almeria)港这一轴线进行流通的。商业扩展了阿拔斯王朝东部地区的组织和地理范围,但并未转变它或打破它。同时,通过新的代理商,如阿马尔菲商人及后来意大利北部海上共和国的商人活动,法兰克世界也卷入到城市和复杂的东部地区的商品及奢侈品贸易中。

地中海轴线的重建

东西方交通的发展给已经荒无人烟的大海注入了新的活力。在穆斯林衰落、军事活动减少的时期,东西方交通的发展已经成为海上力量和海盗掠夺区之间的前沿阵地。两种敌对力量的削弱使后来地中海交通线的发展十分便利,法蒂玛哈里发忙于国内事务并愿意与拜占庭长期休战,而拜占庭的马其顿皇帝则倾向于重新征服叙利亚边界地区,所以他惟一关心的是维持拜占庭的战略优势。显然,他们并未试图干涉再度被征服的克里特(Crete)沿昔兰尼加(Cyrenaica)海岸一线进行的贸易,虽然这条路线极易受到袭击。但是,可以看到在再度觉醒的地中海地区,拜占庭和穆斯林作为两个独立世界仍继续存在,两者在经济上也少有联系。他们之间的主要联系仍在特拉布松(Trebizond),即通往亚美尼亚的路上。正像 940 年伊斯泰赫里(Istakhri)所证实的那样,穆斯林在那里购买希腊的锦缎和其他物品。

地中海上这一新贸易的规模十分巨大,11 世纪时每个季节大约会有十艘来自迈扎拉和西方的船只到达富斯塔特。每艘船载有400至500名旅客，相当于或多于商队人数。它们沿着一条与麦加朝圣时期相似的路线航行，从西吉勒马赛和凯鲁万（Kairouan）最远可达富斯塔特，从那里旅客可以加入到去麦加朝圣的信徒队伍中去。西西里和突尼斯的贸易商站负责穆斯林的地中海两岸及内陆交换产品的配销：安达卢斯和西西里的丝绸，伊里利亚的矿产，特别是铜、锑、汞，还有西班牙的橘黄色香料、铅、优质纸张，西西里和突尼斯的棉花可以用来换取埃及亚麻。西方大量进口这种亚麻，其价格（每100镑2.5至4第纳尔）是富斯塔特市场价格的两倍，平均价格为7至11第纳尔，在西西里和突尼斯有时还会高达17.5第纳尔。

另外还有一些产品，如埃及的陶瓷、油、大米、玻璃，甚至碎玻璃，这些碎玻璃被送到意大利的玻璃作坊。这些玻璃作坊技术十分低劣，以埃及人废弃的东西为原料并仿制埃及人的产品。此外还有来自埃及和叙利亚的药品和香料，当然也有远东正在运送中的商品，因此奈特伦河谷（Wadi Natrun）的氨盐、沙漠的胶黄蓍，还有肉豆蔻、漆器、巴西木，最重要的是胡椒粉都在富斯塔特的市场上进行交易。在富斯塔特和西西里、突尼斯商站间胡椒粉的价格落差达两倍或三倍之多，每100镑的价格从18到34第纳尔不等，甚至高达62第纳尔。而的黎波里（Tripoli）则出口叙利亚蔗糖、玫瑰果酱和紫罗兰果酱。很明显它们都是非常昂贵的产品，其巨大的利润弥补了海运的风险和市场突然饱和的不确定性。大宗产品，如谷物和牛却惊人地缺乏。然而西方消费者的需求有助于埃及的蔗糖业和纸业形成产业化的生产特点，虽然技工的正常生产模式仍为家庭作坊或许多合伙人联合的方式，但精炼厂已经发展成为需要投入大量资金的大规模产业单位。

与阿马尔菲贸易的快速发展为交通贸易提供了新的空间。直到9世纪，意大利南部地区似乎并未与埃及和充满敌意的西西里产生贸易联系。该地区受到穆斯林军事扩张的打击，十分贫穷并以农业为主，只有很低的商品消费能力。然而，10世纪时，坎帕尼亚发展了起来。阿马尔菲半岛的障碍得到清除，穆斯林金币塔里（tari）也伴随着商业冒险而广泛流通开来，它重约四分之一第纳尔，轻便利于使用。第一个迹象出现在871年，这一年来自凯鲁万的阿马尔菲人警告萨勒诺王子，他们即将发起一场阿格莱卜式的进攻；959年，在巴比伦（Babilyun）的古老中心富斯塔特，建立了一个"希腊人"市场。"希腊人"这一名称（阿拉伯语中的"Roum"）用来指代所有的外来基督徒，尽管在埃及并没有拜占庭人。978年，第一份合同证实，在埃及存在阿马尔菲商人，而安条克的叶哈雅（Yahya）的原文中则记述该合同签署于996年的5月5日，即法蒂玛舰队在开罗被焚，柏柏尔军队突袭"阿马尔菲门户"导致160人死亡之时。之后意大利的达马内克(the Dar Manak)贸易商站遭到抢劫，基督教和麦尔凯特派的教堂被焚毁，价值9万第纳尔的货物丧失殆尽。在这场不同寻常的纠纷中，有几点吸引了我们的注意。首先，人们似乎分不清阿马尔菲商人和拜占庭商人，因为他们受到了阿马尔菲商人的蓄意迫害，很明

正驶往印度等地的船只。9、10世纪占领大陆贸易路线之后，海上贸易进入繁荣时期，尽管航海相当危险，但海上路线仍从波斯湾发展到印度等地甚至更远的东方（《哈里里的遭遇》(Séances de Hariri)，13世纪；巴黎，国家图书馆）。

显这些迫害能为拜占庭商人带来好处。第二，有很多商品和船只出现在富斯塔特（在开罗哈里发城的南面，因而处于埃及的心脏地带），它们并不只是来自地中海港口——这些船只构造轻捷，便于度过三角洲（Delt）。毫无疑问，还应包括在哈里发宫殿附近强制建立的一块贸易地带，这里允许监视外国人并实行哈里发统治区域的购买垄断权，这使我们能够断定这里就是达马内克，可能是西方人的商品集散地。最后，阿马尔菲贸易活动向东转移，很明显为数不少，死去的160人中就有数名船员。贸易仍处于早期阶段，阿马尔菲的收益是延续的，在坎帕尼亚的香料和药品主要用来换回农业产品——榛子、栗子和白酒。我们可以把阿马尔菲向西的扩张，归因于他们对西西里和法蒂玛突尼斯的熟悉，为了法蒂玛而占领埃及的贾哈尔是一个改变信仰的西西里人，而塔里也伴随着葡萄的种植在坎帕尼亚流通开来。关于葡萄酒贸易的假设，在13、14世纪得到证实，是可信的。阿马尔菲商人把许多东西带到了埃及，有木制品、奶酪、蜜、酒和一些值钱的布料（薄纱、锦缎），这些布料可能来自拜占庭。大量商人在这里聚集致使意大利词汇开始渗入到阿拉伯商业用语中。从1030年开始，在富斯塔特"码头"被称作伊斯卡拉（isqala，源于意大利语scala）。而早在1010年，"大捆货物"就被称为"巴克洛"（barqalou，来自于意大利语barcalo）。伴随着马洛（Mauro）与其儿子潘塔莱奥尼（Pantaleone）的远征，阿马尔菲商人的成功一直持续到11世纪。1070年左右，他们在耶路撒冷恢复了圣玛利亚·拉丁娜教堂（St Maria Latina），该教堂的医院演变为圣约翰医院，成为巴勒斯坦、罗得斯和马耳他的反伊斯兰教军事教团的最后堡垒。埃及亚历山大港的复兴非常迟缓，它的发展首先受到外来商人（远至开罗商人）渗透的限制，其次受到来自尼罗河口岸其他港口竞争的限制。到1076年，法蒂玛王朝才在那里重建造币厂，直到12世纪末的萨拉丁（Saladin）时期，亚历山大港才成为对意大利交往的专用港口。

埃及很早就与阿马尔菲进行着广泛的贸易往来，欧洲基督教文明的显著发展，对奢侈品的需求在不断地增长，与此同时在埃及这个古老的商业地区发生了一场真正的商业革命——法蒂

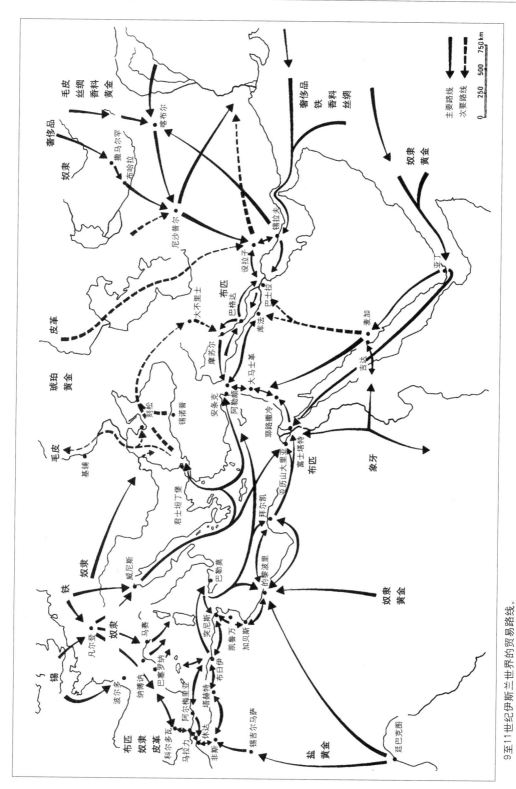

9至11世纪伊斯兰世界的贸易路线。

159

玛王朝积极参与了这场革命。无疑他们曾经试图开辟一条独占的东方商业路线。他们已经控制了穿越撒哈拉的道路，这些路线在9世纪时已具雏形。10世纪在黄金白银贸易的基础上形成了许多非洲国家，随之这些路线亦开始使用，并与穆斯林商界和沙赫尔（Sahel）政府机构密切相连（加纳王国、奥德苟斯特 [Awdaghast] 城、博努－卡奈姆 [Bornu-kanem] 王国）。法蒂玛王朝也试图接管厄立特里亚（Eritrea）和北部叙利亚的东方商业路线。如果说最后一点尚不确定，排外的商业目标也仅仅是法蒂玛王朝复杂政策的一部分的话，那么至少有一点可以确定，商业运输确实已经从印度洋到达了埃及，红海变得更加繁荣，而波斯湾已经被完全遗忘了。

东印度群岛路线

转变发生在两方面事件中：从870年开始，反叛者切断了巴士拉和瓦西特之间的香料和柚木路线；10世纪巴士拉的毁灭和卡尔马特教派的反叛标志着伊拉克的衰弱，致使船只被迫撤退到法尔斯海岸。虽然霍尔木兹（Hormuz）海峡与克尔曼和锡吉斯坦相连，但设拉子城的一切生活必需品的供应则是由西拉夫（Siraf）港口来提供的。从近代考古发掘物中可以看出，这一时期确实是西拉夫的繁荣时期。但是，海湾的不安全因素在增长，卡尔马特教派以巴林群岛为依托建立了一个海岛王国；西拉夫不得不通过巨大要塞获得保护，很快就衰弱了。大约在公元1000年，西拉夫的居民离开城镇到达盖斯（Qays）岛，与此同时许多商人也将他们的生意带到了新的商业中心——亚丁（Aden）。到10世纪末叶时，亚丁已经非常具有活力了，例如，死于1140年的百万富翁拉米什特（Ramisht），曾用中国丝绸覆盖整个克尔白神庙（Ka'ba），以此来显示他的商业成就。虽然海湾市场很大，但却依赖于阿拔斯城市与埃米尔国家首都的短暂繁荣，新的哈里发政权的首都不断发展，通过埃及向外扩展并获得了对印度、东非和中国产品的专卖权以适应本身和消费者的需求。"萨曼王朝的"在东欧和俄罗斯大草原上的商业路线受到公共危机的影响，主要证据是，11世纪国库中发现的带有1002、1013和1014日期标志的最新式货币。这是以撒马尔罕和布哈拉为目的地的皮货贸易混乱的标志。毫无疑问，由于土耳其对外药沙河流域和花剌子模（Khwqrazm）施加压力导致了贸易混乱，或许还因为，半个世纪以来，位于印度边界的加兹尼成为伊朗新的政治中心且十分富足，萨曼王朝控制的地区只是一个偏远的省份，已不再需要泰加群落（the taiga）的产品。但是，根据地区名称可以得知，从970年开始，尼沙普尔和呼罗珊的远距离联系逐渐减少，因此我们可以认为初期的衰弱与土耳其大草原的剧变有关。

原始资料对埃及香料路线发展的描述与藏经阁（genizah）文献是一致的。这条路线起初是亚丁（胡椒粉、桂皮、生姜、丁香和樟脑的贸易中心）、上埃及（通过一个边境停泊地点与阿得哈布 [Aydhab] 相连）和淘金者的绿洲阿拉奇（Allaqi）之间联系的纽带。之后它沿着夜间停留站：商队旅馆。陆地路线往往点缀着这样的建筑物，通常是设防的，特别是在开放的国家，在这里商人和他们的车队可以做旅途中的短暂停留和休息（《哈里里的遭遇》[*Séances de Hariri*]，13世纪；巴黎，国家图书馆）。

一条常受贝贾（Beja）族强盗袭击的危险道路延伸到阿斯旺，再后来，沿阿得哈布－阿斯旺沿海道路而行。最后，伯尼斯（Bernice）港口的重新开放和一个短途路线的开辟（1060～1070年）使商队可以到达吉夫特（Qift，古代的卡普托斯 [Coptos]），这样香料路线就在尼罗河北部上埃及的商业中心古斯（Qus）附近形成。

在那里，大型驳船（usharis）满载产品沿着河流安全抵达富斯塔特。如果商人们将这条线路再向北移动——很难穿越红海，因为有海盗的侵扰——他们就能避开阿斯旺与卢克索（Luxor）之间的争斗。这是一段危险的地区，阿拉伯部落之间相互争斗——南方的盖斯部族、萨迪(Saīd)的阿曼尼斯部族（Yamanis），加之还经常面临贝贾族袭击的威胁。后来，1360左右古赛尔（Quseyr）港口的开放进一步缩短了陆地线路，使得到西奈半岛和从苏伊士到开罗更加便利。

一个又一个巨大的露天贸易中心，勾画出了埃及通向亚丁的线路，商人们也开始在艾赫米姆（Akhmim）、古斯和达赫拉克群岛聚集。在印度路线上形成了一个大规模社团，通过藏经阁文献我们了解了犹太参与者及其商业基础，这是伟大的卡里米人（Karimi，埃及人，有时指犹太人、商人）贸易的开始，在马木路克王朝（the Mamluks）达到顶峰，但那时，红海却被穆斯林商人独占了。法蒂玛王朝认真保护海上交通，为此还组建了一支红海舰队，在它的保护下，商人社团联合穆斯林、犹太人、基督教徒和印度人共同从事大规模的贸易活动。这项贸易估计有3000大包的香料和贵重货物。从11世纪起，船主、海员（nakhudas）和商人积聚了大量财富。在13世纪，一位商人的财产大约为100万第纳尔，相当于一位开罗商人财产的30至100倍。在第一个马木路克王朝统治时期，有200个这样的商人，他们每个人都拥有自己的巡回奴隶代理商。首领的指导，或者更确切地说管辖非正规商人公司是靠家族关系联合并巩固起来的。

然而埃及与印度之间的贸易，并没有耗尽埃及的现金储备和贵重金属，埃及人学着提高他们的出口额，增加出口的品种——丝绸织品、亚麻布、化学产品（酒精、氨树胶）——还学习怎样

上埃及存在商路的稀有证据，号称危险之地。这座"悬空的"清真寺（13世纪？）实际上建于著名的卢克索(Luxor)寺庙的废墟之上，之后几乎全部被风沙吞噬，1883年由马斯佩罗(Maspéro)挖掘出来，而这一挖掘是只有在他尊崇清真寺的情形下才会有的。

经过红海，将俄罗斯的布匹、金属（西班牙的铜、铅）、银盘和西西里岛的珊瑚雕刻进行再出口。埃及从印度进口用来染色的巴西木、胡椒粉、麝香和缎带(Laquer)——根据1097年至1098年的年度账目可知，埃及进口产品的90%是用货物来支付的，仅有10%是用黄金支付的。由此可知，这种收支差额对埃及是十分有利的，即使当局已被完全反对重商主义、鼓励资本输出的偏见所支配。的确，法蒂玛王朝的税收是不鼓励输出的，王朝根据进口商品的价值征收附加税，正如《埃及税收知识便览手册》(*Kitab al-Minhaj fi' ilm Kharaj Misr*)中揭示的那样，这是一份依据法蒂玛王朝的文献由迈赫祖米(al-Makhuzimi)签订的阿优布王朝的财政协议。法蒂玛王朝用征收重税来打击商业——有些税率甚至高达20%至30%，然而这并未使商人泄气，无法约束的对奢侈品的需求就是证明。在埃及明矾向西方的销售上，法蒂玛王朝实行垄断，但到12世纪时这已变得不重要了。

形式和基础

叙利亚和巴勒斯坦经济的复苏，进一步证实了地中海贸易的恢复。早在969年，拜占庭和阿勒颇居民之间的协约，就允许向希腊产品征税，在希腊的保护领地又重申了这一点。990年左右的城市暴动体现了城市新的生命力和雄心勃勃的贵族阶级的富裕，这在提尔尤其显著。藏经阁文献指出：1030年到1040年左右，在提尔(Tyre)、西顿(Sidon)和的黎波里有大量的西方商人（可能是来自安达卢斯和马格里布的犹太人）；在这些港口和阿什凯隆(Ascalon)、阿卡(Acre)及拉塔基亚(Latakia)地区的航海活动也恢复了。不久前，塞浦路斯(Cyprus)、安塔利亚，甚至帖撒罗尼加的联系也得以重建。长期的休战，拜占庭在阿勒颇的保护领地、安条克附近以及的黎波里的独立——从1070年至1109年，由担任喀底的班努·阿穆尔(the Banu Ammar)家族管理，是一种商人家族庄园式的管理——这些都有助于打开通往拜占庭和整个西方的大门。1047年纳绥尔·库斯劳是这样描述的黎波里的：这里商贾云集，来自"Rum"

（大概是阿马尔菲）、拜占庭、西西里以及法兰克地区（包括意大利北部）的船只在这里进进出出，港口呈现出一派繁忙景象。然而，我们不应把叙利亚经济的复苏归因于海湾的贸易活动。在塞尔柱人到来之前，叙利亚的经济情况并不乐观，甚至到 11 世纪下半叶，叙利亚也未能像在罗马帝国时期那样再次成为印度贸易的中心市场。取而代之的是，在的黎波里平原与沿海灌溉地区，农业，尤其是蔗糖业有了新的发展并提供了大量出口商品。1039 年，商人雅各布将货物从的黎波里运送到突尼斯的马赫迪叶。他运送的货物主要包括果酱、中国漆、棉布服装、特拉家康斯树胶（tragacantu），有时还包括乳香酒、香紫罗兰、蔗糖等。

埃及地峡的再次开放，为宗教少数派的发展提供了条件，从而产生了新的经济活力。宗教少数派一直参与经济贸易，至少大众团体拥有麦基派教徒（Melkites）、聂斯托利派教徒和由两大拉比领导下的犹太人。远距离的商业贸易必须根植于以下几个基础：强制性教派、大众教育以及维持教育所付出的努力（尤其是在伊拉克和巴勒斯坦的犹太教拉比，他们到处建立学院）和统一的司法审判。犹太人的家庭模式是与当地的或远距离的名门望族联姻，他们明智的组家模式强调旅行是非常必要的学习手段，并鼓励巡回学习和朝圣。这两点与以宗族关系和友谊为基础的商业结构的技术要求不谋而合，这也是商业机构往往是由一个家族来控制的原因。这种模式还通过一种师徒关系和教育关系将雇员束缚在雇主身旁。在富斯塔特，我们考察了势力强大的班努·塔博蒂（Banu Taberti）家族、起源于马格布里（提亚雷特 [Tiaret]）的家族多是巴浑（Barhun）和图斯塔立（Tustari）的后裔，当然还有犹太人，但是来自阿瓦士的商人则主要与法蒂玛王朝的统治者的私人财产管理机构进行贸易。

不过，认为犹太人垄断了藏经阁地区的主要贸易可能是错误的。同样的错误导致对约瑟夫·伊本·菲纳斯（Joseph Ibn Fin'as）和哈兰·伊本·伊姆兰（Haran Ibn Imran）做出了过高的评价。这两个人是阿瓦士著名的犹太银行家，还是维齐尔伊本·福拉特（Ibn al-Furat）的代理人；他们被认为是大规模银行业的开拓者，起着贾赫巴德赫斯（jahbadhs）的作用，即税收管理者并能够进行大规模的投资，但他们并没有高贵的地位，往往被当作下属而遭到蔑视。在开罗，更确切地说是在富斯塔特，少数派在商业活动中很受限制。尽管他们为其阶层中的大商人进行了编号。如伊本·沃克尔（Ibn Awkal，活跃于 1000 年至 1038 年间）和凯鲁万的纳赫雷·伊本·尼森（Nahray Ibn Nissin），但这毕竟是少数，其他大部分商人的命运都很悲惨，破产者有之，沿街叫卖者亦有之。犹太人的宗教法规要求在安息日休息并禁止进食，这对远距离旅行构成了严重的障碍，并且少数派根本没有自己的船只，至少在地中海是这样的（12 世纪一些犹太人在印度洋获得了船只）。基督教徒的活动——例如意大利人的活动——受到监视，至少在埃塞俄比亚路线上是这样，就像西方基督教徒被禁止经过红海旅行一样，基督徒的活动无疑也遭到禁止。此外，法蒂玛王朝的税收系统不再对穆斯林商人和顺民（dhimmis）区

一位犹太人的婚礼。宗教上的少数民族从穆斯林世界享受到更多的宽容，尤其是犹太人在伊斯兰的政治和经济生活中扮演着重要角色，但是这一时期几乎没有什么文献可供我们窥见他们的日常生活。然而这份15世纪的手稿，是对他们婚礼仪式的极好图解（雅西达哈加达，耶路撒冷，以色列博物馆）。

分对待，如果法蒂玛王朝怕麻烦而不愿确保穆斯林商业的霸权地位的话，那么很可能是因为收支方面对他们仍十分有利，甚至是十一税的征收也不是很重了。

随着交通贸易的发展，商业世界的结构变得更加复杂了，它不再只是单纯的买卖旅行，不同类型的贸易被联系起来，实行远程管理，商人不在场的情况下贸易可以继续得以运作。"交易"增多，在富斯塔特有很多仓库（指储存棉花、丝绸、糖、米等的仓库），还清理出了一个用于公共买卖的空间（圆形物）。代表商人管理其库存物的宣誓代理人和贸易仲裁者逐渐成为一种官职。他们从简单的代理人开始，逐渐掌握了管理权，获得了佣金，同时还担任农民的税收官之职。其代办处（dar al-wakala，黎凡特诸港口"代办处"）主要提供交易和官方公证人方面的服务，在大的港口有许多这样的公证人和代理人。这里往往成为邮寄的地址和商人的活动中心，因此从 11 世纪末到 12 世纪末，犹太人哈桑·伊本·本达（Hasanibn Bundar）家族在亚丁继续经营代办处，往来于印度商业路线上的犹太人可以在这里碰面。他们的仓库是必不可少的邮政地址，其影响不言而喻，以至于 1150 年之后，哈桑的儿子成为了纳吉德（nagid），即也门犹太人的官方首领。

地中海两岸贸易关系得到恢复的同时，城市得到迅速发展，黄金也十分充足，因此 10 世纪后期到 11 世纪这段时期被称为穆斯林的"黄金时代"。没有那时西方伊斯兰的繁荣，就不会有持续近百年的全面辉煌。我们必须沿着与法蒂玛人方向相反的西方人的路线返回，探寻其成功的方方面面及其背后的原因。

安达卢斯的辉煌

　　10世纪经常被认为是西方穆斯林政治发展的顶点，在这一时期，凯鲁万和科尔多瓦这两个相互竞争的哈里发统治区突然代替了东部衰弱的阿拔斯王朝哈里发统治区。易弗里基叶的法蒂玛政权的建立，颠覆了马格里布的政治平衡，此外还有塔赫特（Tahert）埃米尔国家的灭亡和凯鲁万的什叶派哈里发试图——最终未成功——将其影响延伸到整个马格里布西部的尝试。在科尔多瓦，哈里发所发布的统治公告，标志着倭马亚王朝和整个安达卢斯中央政权的恢复，此外还标志着一场漫长政治危机的结束。在9世纪的最后几十年到10世纪初，这场危机极大地影响了西班牙穆斯林。埃米尔穆罕默德三世自封为哈里发，断言他的声望可以与凯鲁万新建立的法蒂玛哈里发（910年）相匹敌。什叶派的宣传活动依然可以在安达卢斯引发威胁倭马亚政权的活动，就像10世纪初（901年）一段插曲中所显现的那样。这一插曲的最初阶段与基塔麦部落欧贝杜拉那段插曲非常相似。一位相同类型的政治宗教狂热者煽动西班牙中心地区的柏柏尔部落进行一次大规模远征，发动一场反对莱昂王国边界的基督教城镇萨莫拉（Zamora）

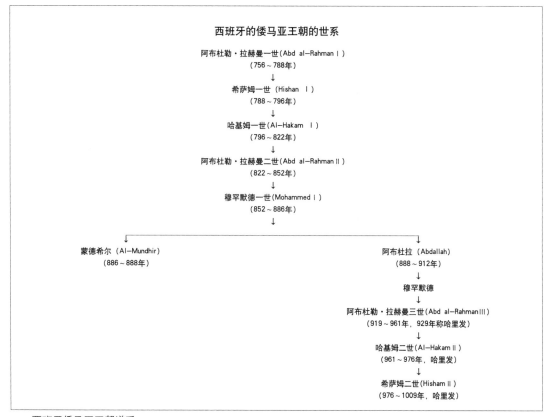

西班牙倭马亚王朝谱系。

的圣战。由于柏柏尔首领的背叛，入侵最终以悲惨的失败告终，柏柏尔首领起初支持反叛，后来则开始为自己的权势担心。反叛失败了，但它可能已经动摇了政权。

西班牙穆斯林的开放

埃米尔阿布杜勒·拉赫曼于929年宣布自己为哈里发。两年前，他抓住凯鲁万的法蒂玛王朝在马格里布中心和外部面临困境这一有利条件，占据了位于摩洛哥东海岸的梅利利亚（Melilla）。931年后，倭马亚王朝的舰队成功地攻克了休达（Ceuta）。不久以后，该地区势力最强大的柏柏尔首领，曾经是法蒂玛王朝的支持者的穆萨·伊本·艾比·艾斐亚（Musa ibn Abi al-Afiya）与倭马亚王朝结盟。因此，马格里布的绝大部分地区，在整个10世纪内，都成为受科尔多瓦哈里发政权保护的地区。然而必须捍卫倭马亚王朝的支配地位免遭法蒂玛王朝和齐里王朝（Zirids）的袭击，斗争一直蔓延到海区。955年一支西西里岛海军分遣舰队袭击了阿尔梅里亚港，摧毁了大部分停驻在那里的战舰。作为报复性劫掠，一支倭马亚王朝的舰队于次年掠夺了易弗里基叶海岸，洗劫了马尔萨勒－海赖兹（Marsal-Kharaz）并彻底摧毁了苏萨和塔伯克（Tarbarqa）周围地区。

除了阿尔梅里亚港之外，科尔多瓦政权的舰队随后在托尔托萨拥有了另一个重要的基地。该基地拥有一个兵工厂（它的奠基碑文上写着944年5月建造）。据我们所知，至少在929年，倭马亚王朝曾派遣一位总督（税款包收员）来到这个被称为巴利阿里岛的港口地区。而在937年，科尔多瓦才第一次向该地派遣了一位法官（qadi）。在《穆格台比斯》（Muqtabis）第五卷中，伊本·哈彦（Ibn Hayyan）重点描述了10世纪中期倭马亚哈里发政权的地中海战略。他提到940年科尔多瓦政府与欧洲地中海沿岸各种各样的基督教君主签订了许多条约，其中包括巴塞罗纳伯爵，最有可能的是意大利国王以及普罗旺斯的休（Undjuh）。

根据这些原始资料可知，普罗旺斯的休向科尔多瓦派遣大使，为本国商人谋求在安达卢斯的安全通行权。他们的要求得到了满足，这方面的协议书传递给了弗赖克西奈图姆（Fra-xinetum）的主管人以及巴塞罗纳和安达卢斯海岸港口的政府官员。此时，普罗旺斯的撒拉逊侨民也处于倭马亚王朝的控制之下，在这之前，他们似乎已经独立发展了很长一段时间。942年阿马尔菲商人第一次来到科尔多瓦进行贸易活动，这些协约便迅速生效。在同一年，撒丁岛大使馆也要求与哈里发签订安全协议。正是在这段时间，地中海西部沿岸出现了大量的远距离联系恢复的迹象，上个世纪末，首先从穆斯林中心开始发展。主要中心为半岛东南部的佩齐纳（Pcchina）和阿尔梅里亚周围地区。佩齐纳镇是由东海岸的安达卢斯水手于884年建立的，水手们最初是为了寻找贸易港口，即现在的阿尔及利亚港，而来到这里的。9世纪末10世纪初

科尔多瓦，从瓜达尔基维尔河(Guadulquivir)桥上看到的景象。711年，这座古老城市在阿拉伯人的统治下获得辉煌复兴，之后在后倭马亚王朝统治时，将其定为首都。929年，阿布杜勒·拉赫曼三世在科尔多瓦宣布为哈里发，由此对整个安达卢斯加强其权威，使科尔多瓦成为凯鲁万危险的竞争者。

是无政府主义时期，这个城镇作为一个小的独立共和国得到迅速发展。922年，当倭马亚王朝在这里建立政权时，它已经成为一个重要的文化商业中心。阿布杜勒·拉赫曼三世把该城作为其战舰的主要军事基地。从955年开始，阿尔－玛丽亚（Al－Mariya）港承担了大量的航运，该港口位于安达赖克斯（Andarax）两岸，这里离最初的城市中心较远，现在最初的城市中心已向内陆发展了。这个新的城市很快便超过了佩齐纳（Pechina），到世纪末佩齐纳已衰弱为一个中小规模的城镇，而此时阿尔梅里亚则成为了一个繁忙的港口和半岛上最大的城镇。

　　关于佩齐纳－阿尔梅里亚（Pechina-Almería）发展的经济基础，我们没有多少确切信息。艾尔·拉齐（Al-Razi）在9世纪中期以前留下了一些记录，谈到了造船业与丝绸、锦缎的生产。然而城镇繁荣的主要原因之一是最初的奴隶交易，这些奴隶都是海盗在袭击基督教国家沿海时抓获的。10世纪的东方地理学家曾讲到白人奴隶（saqaliba）是安达卢斯的主要出口物之一。其中一位地理学家详细描述了阉割奴隶的方法，指出这种手术由犹太商人在佩齐纳附近的一个地方实施。在这些事例中提到来自法兰克地区的奴隶，但是考虑到佩齐纳的地理位置，它很可能也是地中海西部地区买卖撒拉逊人的中心。同一时期，犹太商人易卜拉欣·伊本·叶尔孤比（Ibrahim ibn Ya'qub）在他的965年的西欧游记中指出，托尔托萨与法兰克世界存在明显的联系。在佩齐纳发展的同时，其他贸易港口也相继得到发展，这在安达卢斯商人的记录中亦有所涉及，如坦尼斯（Ténès）（875年）和奥兰（Oran）（902年）。10世纪由于安达卢斯贸易的发展，沿安达卢斯至易弗里基叶一带海岸线的新港口也迅速发展，例如刚刚提到的港口以及那些已经存在但一直未被提及的港口，如泰拜尔盖（Tabarqa）。

撒拉逊海

在 9 世纪末及整个 10 世纪，西部地中海似乎再次成为远程贸易的中心。一个半世纪以来，西部地中海一直处在无政府、海盗盛行的混乱状态中，但是现在它屈服于倭马亚官员和法蒂玛王朝舰队的政治上和军事上的控制。无疑以下两个事实是相互联系着的：中央政权并不能立即制服那些正远离海滨的袭击和抢劫，因为这些袭击和抢劫都打着合法圣战的旗号，而且还能为国库带来收入，但是一旦他们获得国际地位，当权人士将不能容忍这种不可控制的行为。直到 10 世纪中叶，弗赖克西奈图姆的撒拉逊人基地一直受到科尔多瓦的政治控制，这一点是很有意义的。970 年左右，恰恰是在后倭马亚王朝哈里发统治权威的高峰期，弗赖克西奈图姆的撒拉逊基地不复存在了，而后倭马亚王朝哈里发并未给予任何支持。

法蒂玛王朝的海上力量是相当强大的。他们接管了阿格莱卜人创建的大舰队，并控制了西西里与地中海中部的传统联系，在整个中世纪早期一直维持这一局势。但是，就在他们闲暇之时，易弗里基叶一度成为地中海贸易的枢纽。916 年，法蒂玛王朝的首位哈里发建立了易弗里基叶（哈里发欲将其作为自己的新首都），它起到了重要的军事作用，但并没有替代凯鲁万。从 10 世纪中叶开始，易弗里基叶就一直与王公贵族统治的曼苏拉（Mansura）城保持联系，但有趣的是，法蒂玛王朝将第一个首都的地址选在了沿海地区。关于这一点，最有意义的是，为了将曼苏拉连接到海岸的大运河，哈里发穆仪兹在他离开埃及之前所做的调查计划。75 年之后，在齐里王朝统治之时，这一计划重又恢复，但已属徒劳。960 年左右，由北非柏柏尔领导者布伦金·伊本·齐里建立的阿尔及尔（Algiers）基地，反映了马格里布中心地区与安达卢斯之间日益增多的贸易活动。10 世纪与 11 世纪早期，连接马格里布内陆城镇与沿海城镇的路线得到发展，就像连接沿岸港口与安达卢斯沿海城镇的道路一样，当然将这些分成两大部分的是连接西班牙与易弗里基叶的海洋线路。

11 世纪 30 年代小国林立，因此这一时期又被称为塔里法（小王国）时期。它们包括位于半岛东部沿海地带的托尔托萨、巴伦西亚（Valencia）、德尼亚（Denia）、穆尔西亚（Murcia）和阿尔梅里亚。这并不仅仅是消极政治事件的后果（科尔多瓦哈里发政权的倒塌），还由于，直到 10 世纪在一些仍然十分幽静的小城镇地区，大城市中心的早期发展已经可以成为一个地区的政治首都。在每一个城市中，我们不能确定都有哪些政治、经济因素卷入到这些城市的发展中。但有一点是确定的，总体上说，作为一个政治中心，经济活动先于城市振兴。例如，拉齐在10世纪中期的地理调查中提到的德尼亚，在此之前它并不起眼，在阿拉伯史料中仅仅被描述为不错的港口。1011年左右，在菲特纳（fitna）时期或是科尔多瓦的中央政权陷入瘫痪的无政府时期，一个斯拉夫人出身的统治者将根据地驻扎在德尼亚，并建立自治政权。无疑是利用现存的海军资源（以前曾经是撒拉逊海盗基地），伴随着和平的海上活动的发展，他迅速地将其权威扩展到巴利阿里岛地区，甚至在1015年试图占领撒丁岛，但是被热那亚人和比萨人击退。木查希德·艾尔－阿米尔（Mujahid al–Amiri）是11世纪安达卢斯塔

白人奴隶。除了巨大的政治声望之外，科尔多瓦还有一个久负盛名之处，那就是俘虏会集中心之一。俘虏主要是法兰克人，他们或者当场被卖掉或者被遣送到其他伊斯兰地区的奴隶市场（《阿方索十世的赞美诗集》[Cantigas d´Alfonsox]，13世纪，马德里，埃斯科里亚尔建筑群）。

里法国王中最著名的君主之一。他是一个很开明的资助人，他在首都建立学校以学习《古兰经》，这使他在同时代的穆斯林世界中享有很高的威望，此外他还召集各方面的博学之人到其朝廷中供职。开罗的藏经阁文献所记载的德尼亚，已经成为半岛最主要的港口之一，沿着阿尔梅利亚和塞维利亚，直接通过海洋与埃及相连。德尼亚的统治者还与巴塞罗纳公爵们建立了外交关系，在那里，11世纪上半叶，穆斯林最主要的流通金币是休达－马拉加（Malaga）的哈姆德王朝（Hammudids）以及阿米尼德德尼亚（Amirid Denia）的第纳尔。

10世纪至11世纪，马迪纳·默尤尔卡（Madina Mayurqa，马略卡岛的帕尔马[Palma in Majorca]）和巴勒莫，两个具有不同政治经济背景的岛屿也得到了发展，它们的快速发展显示出西部地中海所具有的新活力。10世纪初，已经融合到穆斯林世界之中的巴利阿里群岛，开始成为直接针对基督教国家的海盗活动的基地。征服这些岛屿的原始资料显示，征服者很快在那儿修建了清真寺、仓库（funduqs）和浴室，也就是说，此前该地区的城市根本没有任何穆斯林城镇所应该具备的宗教、经济、和社会生活的基础元素。"东方群岛"新首都的快速城市化的另一个特征就是精神生活的显著发展。自10世纪以来，在人物传记和学者参考书目的列表上——宗教法学家（fuqaha）——可以找到马略卡的法律博士的名字。11世纪20年代，帕尔马成为当时安达卢斯地区最著名的两位知识分子伊本·哈兹木（Ibn Hazm）和阿尔贝吉

(al-Baji) 之间进行公开论战之地，并引发了骚乱。这种公众辩论方式显示了岛屿上很高的文明程度。1070 年至 1080 年，巴利阿里岛建立起独立政权，1114 年至 1115 年，成为比萨和加泰罗尼亚十字军进攻的目标。这一切随着首都的沦陷而结束了。因为屡遭海盗侵犯，加泰罗尼亚极欲捣毁海盗的老巢，但对于比萨而言，这将会削弱或消灭一个贸易竞争者。我们知道，在几十年后的 12 世纪后半叶，在班努·盖尼亚 (Banu Ghaniya) 的独立的穆拉比特（Almoravid）王朝统治下，马略卡人的力量再度复兴。

当西西里成为穆斯林世界的一部分时，巴勒莫亦开始得到发展。9 世纪，阿格莱卜王朝的征服则促进了巴勒莫的显著发展。作为从凯鲁万延伸出来的行省的首府，该城成了行政和军事首都，因为它一方面成为西西里与易弗里基叶之间的中继站，另一方面在西西里与意大利南部的商业城市之间也起到中继站的作用。法蒂玛王朝时期，在凯勒比（Kalbi）省长的统治下，西西里获得了更多的自治权。事实上，973 年哈里发离开凯鲁万到达开罗之后，凯勒比就获得了独立。地理学家伊本·霍克尔（Ibn Hawqal）详细描述了 10 世纪中期的巴勒莫，为我们展示了这个穆斯林西部最大城市之一的景象，还有它充满商业、手工业活动嘈杂声的露天剧场（suqs）。正如我们所看到的那样，藏经阁文献指出了商业的重要性，它不仅将西西里的首都与基督教国家和马格里布相连，而且，在 11 世纪上半叶，还将西西里首都与西班牙穆斯林和埃及密切相连。通过藏经阁文献可知，巴勒莫成为指甲花染料、蓝靛染料、胡椒粉以及埃及亚麻的主要进口区，而杏树、棉花、皮革，最重要的是丝绸大都出口到易弗里基叶、埃及以及中东。此外，西西里将大量小麦托运到凯鲁万、马赫迪叶以及已经成为城市中心的突尼斯。无疑有很多次级港口，比如南部海岸面向易弗里基叶的迈扎拉，在一定程度上非常活跃，但是我们注意到很有趣的一点是，现在被称作帕尔马的地区，当时被称为"马迪纳·默尤尔卡"（即只是重要的"东方岛城"）。位于海岛上的巴勒莫——虽然规模不同——作为首都，吸收了所有的海岛经济活动。实际上，在藏经阁文献中，西基利叶（Siqillya）这一单词开始代表巴勒莫本身，巴勒莫使古老的拜占庭人的首府锡拉库扎黯然失色，在那个时代已经很少再提到它了。

一个充满朝气、思想一致的乡村世界

事实上，在阿拉伯地理学家的文献中，西方穆斯林世界乡村经济和社会历史，只是留下了一些产品目录，并用繁荣等模糊的词语来加以修饰。不过，了解一下是很有用的：塞维利亚地区出产大量石油，易弗基里叶的贝贾地区则生产大量小麦，苏斯（Sus）则产棉花，这类特产和生产特产的地区被结成一个城镇与乡村之间的交换网络，但是除了这些简单目录式的描述之外，人们还希望能够了解当时农村生产者的情况以及土地所有制状况。通过我们对 11 世纪安达卢斯人的

农艺学的了解可知，半岛穆斯林地区的耕作方法是相当复杂的，旱作农业（secano）中的灌溉同样也是复杂的。这些技术基本上并没有背离古代的传统方法。但是，他们在此基础上又创立了更好的技术，并通过实践加以强化，使其变得更加合理化。此外，他们还吸收了东部的先进技术，尤其是水的合理利用技术。通过强化传统方法，他们在传统地中海农业结构内获得了最大可能的高产。关于技术，我们只能说这么多，我们不能确定塞维利亚和托莱多的农业技术与此相差多少。在城市附近的灌溉果园（huertas）中，在贵族的大地产上，这种集约农业也得到实施。但是其他地方是什么样子呢？田地属于谁？那些种植它的人的社会经济状况是什么样子？

就西班牙而言，大多数作者普遍认为，其常规模式为大地产和小持有者。虽然仍有许多本地贵族出身的财产持有者，但隶属于国家的大地产或阿拉伯社会结构中的大地产都是在征服时期建立的。即使在西哥特时代，土地主要由小佃农耕种，他们是事实上的奴隶，西班牙裔穆斯林（Hispano-Muslim）的地产一般都是采用这种方式，没有任何突然的变化。E.莱维－普罗温卡尔（E.Levi-Provencal）撰写了安达卢斯哈里发政权的衰亡史，被公认为是这段历史的权威之作，他曾举例说：

> 世代附着在土地上的农民，从法律上看土地是不属于他们所有的，如同他们在西哥特人统治时期那样，无疑或多或少地保持着同样的地位，即附着在地产上的农奴心照不宣地与地产主相连。根据谷物分成制的永久性契约，他们只能为自己保留小部分的收成……四分之一、三分之一，非常特殊的情况下为二分之一。安达卢斯农民在其日常劳动之外，仍受兵役和强制征税的约束，更不用说上缴国库的来自土地上的产品的税收，即使是自由民或被认为是自由民的人亦是如此。人们可以设想如果没有剥削存在，他们通常过着平凡的生活，甚至也不会从其主人或庇护人那里寻求任何真正的保护。

最近的研究并未对土地所有制和工作模式的传统看法形成挑战，尽管他们倾向于对有关生产者物质条件的先前认知中的悲观看法进行修正。因此，虽然穆瓦莱德（muvallad，本地穆斯林）移民并不拥有所耕土地，土地大都是属于政府、统治者或大地主的，但其境况比起西哥特时代已有了相对的改善。这主要是由于奴隶制转变为谷物分成租地制，佃农可以由此获得相当大比例的收成。此外，尽管哈里发统治下的财政税收很重，但在塔里法（taifa）时期的分散状态下，税收负担趋于减轻，这种乡村经济的有利境况促进了这一时期安达卢斯农业的显著发展。"安达卢斯精耕农业的发展……之所以成为可能,似乎要感谢11世纪的地方分权化。"而且，"穆斯林乡村（安达卢斯）的主导社会类型就是夏瑞克（sharik，谷物分成租地者或佃农），许多作者将其看做是农奴的一种，但事实上他们是自由民，可永久租地并偿付固定租金。"

支持这一观点的史料主要是12世纪再征服运动开始之后写成的基督教文献,这些文献证明,在西班牙东部,特别是在埃布罗山谷,存在着一类被称为"exaricos"的穆斯林农民,他们的状况与上面的描述相符。然而,为了重现穆斯林时期的社会而依赖基督教时期的文献(论述社会－政治结构的基本性变化)是不明智的。有关10世纪和11世纪安达卢斯乡村人口情形的阿拉伯文献十分少。一方面我们拥有以公证方式保存的分成租地契约,另一方面,塔里法时期的资料显示出一些统治者占有土地范围的迹象,据说这些统治者拥有其所在郡县三分之一或二分之一的土地,却还抱怨该时期政府施加给他们的税收惩罚。在这一点上,11世纪的历史学家伊本·哈彦写过一本特别有意思的书,他指控塔里法时期巴伦西亚最初的两位斯拉夫统治者在1011年至1017年间强制征税并强迫人们离开他们的村庄或乡村地区(qura),导致这些地区的住户锐减。统治者毫不犹豫地将人们被迫离弃的村庄据为己有,将其变为自己的私人地产,有时还将先前的居民召回作为他们地产上的佃农。这本书清晰地描绘了乡村公社结构中的自由民地产逐渐庄园化的过程,暗示了在哈里发统治末期,土地占有的普遍模式不仅是大地产(latifundio),还有乡村或村庄结构中的小农或中等农民的地产。无疑这对地产领域的延伸有很大的影响,但在基督教再征服时期,巴伦西亚和穆尔西亚的分派劳役制(repartimientos)的确表明,村庄中拥有土地的独立农民,在13世纪重又获得大量可耕种土地。在同一地区,同期还有一些文献揭示了乡村公社(aljamas)的活力。

通过研究巴伦西亚的文献,我们开始对乡村社会的传统描述产生质疑,这无疑还会扩展到西班牙穆斯林的其他地区。我们可以说,紧靠城市周围的果蔬园和地产主要属于富裕的市民阶级,但却不能由此断定,散布于安达卢斯乡村的大量乡民根本就不是中小地产的拥有者。在黎凡特地区和安达卢斯的大部分地区,家族名称频繁地用地名来命名,体现了一种集体所有制形式。但是,关于它的实际持续时间或这种根据族群组织起来的地产占有制的本质,史料并未给我们提供任何说明。穆斯林征服时期这些

灌溉这一永恒的问题导致不断的技术探索。这里是两头水牛拉着一个边缘带槽的车轮(《哈里里的遭遇》,13世纪;巴黎,国家图书馆)。

具有公社自治性质的土地占有结构，在深受柏柏尔人影响地区的地名上留下了标记，在后来的资料中有时会发现根源于马格里布的踪迹。因此，如贝尼欧奇巴（Bani Uqba，今天的贝尼欧帕 [Beniopa]，巴伦西亚南部，甘地亚城 [Gandia] 附近）的盖尔亚（qarya），在 11 世纪末被描述为纳夫扎（Nafza）的柏柏尔部落一位受过教育的人的出生地，这似乎在巴伦西亚地区留下了特别强烈的印象。与我们从叙述西班牙穆斯林乡村生活的大量读物中所获知的相比，衰弱的部落组织或单一乡村公社结构的残余可能在安达卢斯乡村社会结构中扮演更重要的角色，直到现在，学者似乎仍只关注那些消极屈服于政府和地主统治的依附农民和劳动群体。

马格里布附近

在马格里布亦是如此，甚至更甚，因为这里的权力和部落或村庄结构的范围更强，也更大。根据不同土地契约形成的书面资料，只能供我们研究城市地主和租种其土地的佃农之间的公开关系，但是土地所有制的最普遍形式为定居农民或一定程度上尚处于游动状态的牲畜饲养者的公社所有制，在马格里布中心和西部地区更是如此，因此易德里斯（al-zdrisi）对被称为密克纳萨柏柏尔-梅克内斯（Miknasa Berbers-Meknes）的城市的描述，揭示了以宗族群体划分为基础的原始的地域组织。这种宗族群体是按照父系来划分的，这与"部落"相类似，每个地域组织都建立在自身的地产之上，如兹亚德家族（Banu Ziyad）、塔乌拉家族（Banu Tawra）、阿拉什家族（Banu Atush）等等。这些小的偏远地区或宗族地区最初都有一个公共的"古老市场"（al-suq al-qadima），"所有的密克纳萨家族都聚集在这里"。在穆拉比特王朝时期，伴随着设防的酋长驻地、集市、浴室以及花园环绕的无疑属于统治贵族的宫殿的建设，这些地区便开始城市化了。假如我们相信易德里斯的话，那么集体所有制的原始状况在"城市"中心已有所改变，但这一地区之外却仍能发现古老的部落土地所有制。易德里斯还说："在阿图什家族的住宅毁坏的地方，被称为伯纳斯家族（Banu Burnus）的密克纳萨的小部落建起了他们的住地……居民们种植麦子、藤本植物，还种植许多橄榄树和果树，而且那里的水果非常便宜。"

在易弗里基叶，地产的范围无疑更大，至少在希拉利（Hilali）侵略之前是这样的。但是，大地产并未导致部落或乡村土地所有制的消失。在安达卢斯、易弗里基叶和马格里布地区，城市货币经济得到发展，而且这些地区的政府组织提出了两个以我们目前的知识水平根本无法解决的问题：一个是乡村税收的性质和方法，另一个是授予或转让给个人的收税权和规模。在安达卢斯和易弗里基叶都存在国有土地，常常很难将国有土地与统治者自己的地产区分开来。地产可以分割授予个人，此外最高权威（苏丹）也认可伊克塔（iqtu）中的无主土地（ard mawat），这就导致了富裕的个人在地产领域的扩展和对新土地的开垦。

173

此外，在曼苏尔统治时期，科尔多瓦政府似乎已将直接征税的义务移交给了军队。塔里法时期肯定延续了这些措施，至少在格林纳达（Grenada），军事领导者不仅获得自己的地产，而且从阿布杜拉的回忆录中可以看出，他们很可能还在乡村"采邑"（inzal）中征税。我们仍不甚清楚政府对农产品征收的是什么，或者相对多大规模的土地要征收土地税（kharaj），抑或什么地方只征收十一税。情况很可能是这样的，尽管存在个别辱骂现象，但乡村税收趋向于与《古兰经》制定的规则一致，而且税收权利的转让主要是在该地区以契约的方式将所有政府特权转让给政治或军事领导者（换句话说，这是一个政府代表团 [wilaya]，它并未从根本上改变社会政治关系的实质）。这种特许或转让，就像与《古兰经》并不符合的税收一样（这种税收的存在和不受欢迎，在城市比乡村地区更明显），无论如何只是一种不稳定的现象并受到法律和流行看法的批评，不管中央政权何时恢复，它们都将会受到严重的挑战。只是通过苏丹代理人及乡村、部落、城镇的社会小团体来运作，没有任何"封建制度"或"封建大贵族"（"seigneurial"）阶层调节的政府结构模式仍对集体主义幻想保有影响。此外，集体主义也是可行的——举例来说，安达卢斯的穆拉比特王朝驱逐了塔里法国王，废除了非法的税收并恢复了公社的统一和政府的权威。

西方伊斯兰教的诞生

在西方经济世界和上述地中海东部盆地地区，巴勒莫只不过是以梅迪亚（Madiyya）和凯鲁万两大首都为中心的易弗基里叶势力范围的一部分。其他城市中心，如突尼斯、斯法克斯（Sfax）以及内陆城市实际上是通向大城市路线上的中转站。特别是在法蒂玛政权扩展到整个马格里布的中心地区之后——甚至一度扩展到马格里布西部——这些城市成为运送苏丹金银的商队的目的地，亦是运送安达卢斯商品的船只的目的地，这些安达卢斯商品注定是要再度出口到埃及和叙利亚的。尽管在地中海出现新的活力，两大经济政治中心的边缘亦有迅速发展——位于基督教世界的边缘的巴勒莫、与撒哈拉和黑非洲相连的西吉勒马赛，但在 11 世纪初期，西方穆斯林世界仍在两大城市聚集地科尔多瓦和马赫迪叶－凯鲁万（Mahdiyya-Kairouan）的周围保持着巨大的向心力。尽管我们看到这两大权势为控制政府与部落混淆的马格里布西部地区而相互竞争，但他们之间仍处于一种政治和经济的平衡状态。

苏丹的黄金

10 世纪至 11 世纪早期，在阿尔及利亚子午线和大西洋之间的北非地区发生了尖锐的冲突，先是法蒂玛王朝的涉入，然后是齐里科尔多瓦哈里发、摩洛哥易德里斯埃米尔，还有居住于马格里布中部和西部的大部落联盟的相继涉入。对此通常的解释是，他们为控制撒哈拉路线的末端而斗争，因为正是通过这条路线，苏丹的黄金才能被运到马格里布。1947年莫里斯·伦巴德（Maurice Lombard）认为：通过摧毁塔赫特并将权威扩展到西吉勒马赛，凯鲁万什叶派哈里发成功地控制了运送苏丹黄金的所有必经的路口和路线，正是在此基础上，法蒂玛王朝的财政才得以健全并取得在埃及的军事胜利。另一方面，在10世纪末科尔多瓦的倭马亚王朝通过他们的扎纳塔（Zanata）柏柏尔联盟（控制着那孤尔－斐兹－西吉勒马赛路线），开辟另一条通往西班牙的路线进行黄金贸易，此举导致了曼苏尔"专政时期"（980～1002年）科尔多瓦哈里发的巨大财富和权势。

这些理论的基础，是经济史上的"货币主义者的"观点和中世纪马格里布强大的城市政权所建立的远途商业活动的发展，在这一思想中几乎没有涉及地方社会经济背景。"每一个国家都致力于获取更大的权威，为此他们专门致力于最重要的黄金贸易，这是其权势和经济重要性中最重要的因素"。正是由于这一原因，科尔多瓦哈里发"依附于他们的非洲桥头堡休达或直接通过联盟系统，竭力维持他们与西吉勒马赛的联系。然而通过在法斯（Fez）、特莱姆森（Tlemen）、塔赫特，尤其是休达的一系列大规模袭击，法蒂玛统治者及其继承人，竭力阻止科尔多瓦哈里发的影响扩展到西吉勒马赛，以防止他控制一部分黄金贸易"。对横穿撒哈拉路线所经过的马格里布西部地区的强占，导致了那些曾成功控制马格里布的强大帝国，如10世纪的法蒂玛王朝、11世纪的穆拉比特王朝、最后是12世纪的阿尔穆哈德（Almohads）王朝的迅速发展。相反科尔多瓦的倭马亚王朝的扩张，一方面影响到整个马格里布西部，并导致另一条通往西班牙的黄金贸易路线的开辟，另一方面独立国家的发展或齐里自治军事贵族（哈木德政府和易弗里基叶南部的采邑）在西部和南部的艰难行军，体现了经济和社会的困难以及11世纪中期希拉利到来之前凯鲁万政府

　　从苏丹到马格里布和埃及的黄金运输穿越浩瀚的撒哈拉沙漠的道路，为凯鲁万哈里发带来源源不断的财富，但是除经济之外，政治和社会环境亦是众所周知的。像这幅从天空中拍摄的突尼斯沙漠南部的一部分地区的图像中所表明的，陆地本身经常险象环生。

的衰弱。因此，在 1050 年的财政大危机中，法蒂玛王朝的货币从流通中撤出，被一种新的严重贬值的齐里第纳尔所取代，这可能与凯鲁万政府需要在易弗基里叶储备足够的黄金有关，一旦苏丹金币的流入枯竭，这些储备可供养并保持国家富裕一世纪之久。通过倭马亚王朝的征服或新的杰里德（Djerid）政权的发展，现在黄金路线日渐占优势并重新打开局面。

城镇：贸易和货币的制约

　　对同时期与殖民地化相伴随的马格里布历史的一般解释持反对意见的历史学家们，其观点是建立在反对种族组织（柏柏尔人和阿拉伯人、扎纳塔人和萨哈哲人 [Sanhaja]）、流浪的和定居的生活方式的基础之上的。他们坚持以下事实是正确的，F·布罗代尔（F·Braudel）也已经对此有所强调，即在中世纪穆斯林地区西部，城镇的发展常常与周围乡村没有关系，只是后来才将其周围的乡村组织起来——而在中世纪的西方情况则相反，在那里，城市繁荣深植于乡村环境并从中受益匪浅。早前提到的阿尔梅里亚港也不例外，阿尔梅里亚港在地理条件并不利的环境下快速发展，这首先要归功于贸易，其次是政治因素。最显著的是撒哈拉北部和南部边缘地区城镇的发展，如西吉勒马赛和奥德苟斯特。在奥德苟斯特，有许多肥田沃土，土地精耕细作并实行人工灌溉，但是尽管如此，仍不能满足城市需求，食物以高价从远方进口。

　　很明显，这些只是个别例子，但是安达卢斯的大城镇、易弗基里叶的首都、巴勒莫及马格里布的中心城镇，它们的发展很大程度上也依赖已有的贸易和城市本身发展程度对贸易的促进，否则这些城市——最大的一个大概有几十万居民——将很难幸存下来。城市当局从征收进口税的贸易中直接获益——统治阶层和统治者本人直接参与商业活动，这里已不存在反对他们的贵族偏见。商业和制造业的财政收入有利于维持强迫乡民纳税的行政军事体系。城市里的富裕阶层和统治者本人通过财政和暴力手段强占了城市周围的"fahs"（乡村地区）的大部分地产，并根据各种不同类型的租地契约在其地产上雇佣农业劳动者或佃农。然而，基于贸易和制造业创造了大量财富，因此城市的大部分供应都是从更偏远的乡村地区进口而来的（例如凯鲁万，从贝贾和西西里平原进口麦子，从遥远的阿尔及利亚海滨地区进口无花果，从托泽尔 [Tozeur]进口椰枣，坚果则来自泰贝萨 [Tébessa]）。

　　因此，城市的发展是与重要商业网和政权维持国家机构的能力相联系的，只是局部地依赖地区经济作为基础。这意味着大的城市团体通常是很脆弱的。即使在许多小城镇，我们有时也会在记录中看到城市的快速发展与乡村环境无关这样含糊的表述。因此，编年史家在阐明伊本·齐里·麦那德（Ziri ibn Manad）于 935 年至 936 年建立的阿契尔时说，他召集来自姆西拉（Msila）和图伯纳（Tubna）的泥瓦工和木匠建造新的城市，而凯鲁万哈里发则派他的代理和工匠到马格里布中心地带，同时还运去物资，尤其是铁。一旦要塞建成，学者、商人、律师便大量涌入。但最有意思的细节是，作为城市基础性成果的货币流通体系在该地区的建立，直到那时，交易并不是以货币而是以食物支付，特别是以牛来支付。齐里铸造钱币并开始用现金支付他的军队，其结果是大量第尔汗和第纳尔在新首都周边的乡村地区流通开来。

通过国家机构将货币重新分配到行政和军事部门，是 10 至 11 世纪西方穆斯林社会和经济生活中的重要因素。在这里，伊克塔的发展并不重要，尽管在同一时期伊克塔正削弱着东方阿拔斯王朝的政治和行政机构。在法律学者的著作中，有许多关于这方面的令人感兴趣的文章，文章对个人使用来自非《古兰经》所规定的税收货币的合法性、国家以支付士兵和政府工作人员薪水的方式所进行的重新分配以及通过人们通常购买的方式将货币注入到经济中等内容进行了思考。因此，科尔多瓦的伊本·哈兹木对 11 世纪安达卢斯塔里法统治者如火如荼的征收非法不洁贡物进行了生动的描述。在士兵获得报酬之后，这种热情得到迅速增长，"因为他们从此可以从商人和工匠那里购买所需之物，货币在他们的手中变成了蝎子、蛇和毒蛇，而商人则可以从其他人那里购买自己所需要的东西，这样，金币和银币最后就像车轮一样在地狱之火中流通。"

在中世纪穆斯林世界的西部国家中，货币流通很难显示出更明显的重要性以及生活货币化方面非常本质东西。10 至 11 世纪，经济生活中的一个最重要的事实是，黄金货币在安达卢斯和马格里布的发展，这是这些国家将自己的货币结构与东方世界的货币结构相互校准的结果。直到那时，安达卢斯和摩洛哥的铸币工场仍只铸造第尔汗，阿格莱卜王朝统治者发行的金币，似乎主要是作为贡物献给巴格达的哈里发，内部流通主要以银币为基础。当科尔多瓦的倭马亚统治者宣布为哈里发时，便开始铸造第纳尔了，目的似乎是为了恢复王朝的威信。然而，在倭马亚哈里发统治的前十年，安达卢斯并没有充足的黄金。事实上，直到 940 年左右，铸币场仍很少，主要发行的是少量的第纳尔。在第二个十年内，发行有所增加，可能是由于艾布·叶齐德（Abu Yazid）大起义（943～947 年）致使法蒂玛王朝在马格里布遭受困境，使得倭马亚王朝的同盟国扎纳塔在马格里布西部的权势更加牢固。之后，金币有计划地铸造，并不总是与马格里布的政治事件直接相连了。在所有的可能性中，科尔多瓦对整个摩洛哥北部地区影响的扩展以及科尔多瓦与阿尔及利亚－摩洛哥高地的扎纳塔部落的联盟，在"西班牙－摩尔人"的经济和金融集团的形成中起到重要作用。该团体在曼苏尔时代开始形成，并从 11 世纪末期开始，凭借自身的实力，在穆拉比特和阿尔穆哈德帝国统治下的西方穆斯林政治、文化生活中备受关注。

个别地区：从埃布罗到塞内加尔

在西方穆斯林历史上，很难准确地说"对黄金线路的控制"扮演着什么角色，即使在安达卢斯铸造最大数量第纳尔之时，黄金铸币也从未代替白银铸币，例如在曼苏尔政府统治的最后五年（998～1002年），我们仅有92个倭马亚第纳尔样本和7个第纳尔碎币，相反约有1500个第尔汗。假如我们从每一种硬币中取一定数量为标本，绘制一幅图表（在缺乏更精确证据的情况下，图表可以给我们提供产量变化的粗略认识），我们观察到在整个10世纪最后20年存在着显著的相似性，这暗示了两种金属铸币都是由复杂的经济、财政和政治因素所决定的。这些因素现在不易看清楚，但却导致了黄金的发行数量与白银相同。至于黄金，将其重要性归之于通过对到达地点和商业路线的政治控制而实现直接供应的可能性似乎是错误的，因为这一因素对于发行比率基本相同的白银来说并不重要。此外至少在书面资料中我们可以看到，第纳尔通过支付给军队和农民以及转让给柏柏尔领导者属下的方式大量外流，这体现了科尔多瓦政府为维持其在摩洛哥的支配地位而进行的外交上和军事上的努力。最后，苏丹的黄金是怎样进入国家金库的？一部分可能是通过铸造过程本身——但这在马格里布并不多——更有可能的是通过对哈里发统治区域的商业活动的税收来实现。

　　在10世纪后半叶和11世纪初，这方面的联系得到极大加强。沿着马格里布最远的河段或多或少平行地延伸开来两条大的贸易路线：一条向西沿阿特拉斯（Atlas）高山经由艾格马特和法斯到达直布罗陀海峡；另一条沿着高处的平原（现在阿尔及利亚-摩洛哥境内），从西吉勒马赛通向特莱姆森和乌季达（Qujda，该城于994年由科尔多瓦的倭马亚王朝的同盟者柏柏尔人的埃米尔伊本·齐里·阿提亚 [Ziri ibn Atiyya] 所建，并以此为其根据地）地区，再从那里，到达沿海港口，如塔拜赫里特（Tabahrit）或阿什古尔（Arshgul）。在白克里（Al-Bakri）的叙述中提到了马格里布中西部港口和与安达卢斯海岸相应数量的港口之间的大量联系，从中可以看出，11世纪连接这两大海滨地区的商业网是何等的稠密。摩洛哥北部和阿尔及利亚西部则是发达的农业地区，这里供应大量谷物、水果、牲畜、蜂蜜，更多的则是特产，如摩洛哥西部地区的棉花和苏斯的蔗糖。伊本·霍克尔（Ibn Hawqul）指出，10世纪在摩洛哥存在甘蔗种植，而白里克则强调，接下来的一个世纪，由于该地区大量种植甘蔗导致蔗糖价格相当低廉。所有这些农产品越来越多地出口到西班牙，以换取工业产品，其中纺织品可能是最重要的。在整个安达卢斯东部，大的中心地区，如巴伦西亚、穆尔西亚，尤其是阿尔梅里亚港有大量不同规格的作为奢侈品的丝织品，甚至非常偏远的小城市，如博凯伦特（Bocairente）和钦奇拉（Chinchilla）亦是如此。大部分丝织品通过摩洛哥、西吉勒马赛和西撒哈拉路线出口到东方、马格里布和黑非洲。从10世纪中叶开始拉齐记录了阿尔梅里亚港和巴伦西亚地区的丝织品情况。而一个世纪以后当乌德赫里（al-Udhri）提到连接西班牙东部乡村，如贾提瓦与比拉德·艾尔·苏丹和加纳的商业联系时，提及的很可能就是这一贸易。

　　如果我们认为经济的繁荣、黄金的供应和中世纪穆斯林国家政权之间是一种非常有序而机械的关系，我们将很难理解为什么消失的科尔多瓦倭马亚哈里发政权会出现分裂现象。恰恰在它的政治权力达到顶峰并延伸到马格里布西部和信仰基督教的西班牙地区之时，中央权力在1009年到1031年的危机中开始瓦解，政治权力转移到大的行省城市，这些行省城市已经成为小国的首都。倭马亚哈里发政权曾经控制过的整个区域，很多在政治上独立了。在海峡两岸，即丹吉尔（Tangier）和阿尔及利亚－马拉加（Malaga-Algeciras）地区，哈姆德王朝控制着一个公国，该公国是科尔多瓦在摩洛哥权势衰弱的情况下建立的。那些在血统上为易德里斯王朝（Idrissid）的倭马亚军队的前任将军们按哈里发政权确定的货币类型铸造了大量金币，这些金币在整个半岛内得到流通，特别是在信奉基督教的西班牙地区，它们被称为曼克索斯塞普提诺斯（mancusos ceptinos, 如来自休达的）。在11世纪上半叶，巴伦西亚、德尼亚，尤其是在塞维利亚继续铸造第纳尔，而其他塔里法王朝则铸造小金币（例如托莱多和萨拉戈萨）。非洲黄金似乎依然被运抵半岛，自1018年开始，尤其是1037年之后数量更大，大量的曼克索斯用从休达进口的铸块模仿哈姆德第纳尔的方式铸造而成并在巴塞罗那发行。

一幅有关这段时期加泰罗尼亚黄金流通情况的图表清楚地显示出，从980年到1015年黄金进口量经历了一段快速增长之后，在1020年到1050年间因政治因素而逐渐陷入了低潮（在这段时期，国王议会的短暂衰弱导致加泰罗尼亚人在穆斯林西班牙国家影响力的减弱），尔后在1050年到1080年之间，伯爵雷蒙德·贝伦加尔一世（Raymond Berengqar I）的干预主义政策促使黄金进口量再次明显上升，伯爵强迫他的穆斯林邻居们交纳大量的贡金。11世纪末则又一次突然下降，这主要与穆拉比特人的到来和埃尔熙德（El Cid）在巴伦西亚的出现有关，双方都停止了对贡金（parias）的征收。看到这一连串的事件，我们似乎很难接受一些作者所固守的观点，即哈里发政权危机导致了半岛对非洲黄金进口量的突然下降。另一方面，科尔多瓦政权在马格里布西部达到鼎盛，这一事实使我们很难将西方穆斯林国家政权与控制非洲黄金路线联系起来。根据先前提到的假设，对苏丹到伊比利亚半岛运送黄金的路线的重新设定，是导致11世纪上半叶，甚至是希拉利到来之前，马格里布东部地区经济和社会陷入困境的原因之一。当科尔多瓦对马格里布西部的政治影响力达到最高峰时，安达卢斯则出现了危机，这似乎是相互矛盾的。

然而，塔里法末期尚有劣质货币流通表明了珍贵金属的缺乏，此时没有人否认在哈里发统治之后，尤其是11世纪后半叶塔里法西班牙的黄金流通数量趋于减少。此外，劣质货币与著作中所描写的，该时期西班牙穆斯林君主宫廷生活的奢侈以及北方基督教地区对安达卢斯财富的嫉妒，形成了鲜明的对比。很可能当时贡金从流通领域的大量回收导致了货币质量的下降，其影响是很难估计的。事实上塔里法的经济和社会历史一向不为人们所了解。塔里法长期被认为是衰弱的时代，但现在人们不得不重新认识该时期。历史学家认为政治上划分的区域事实上可能激励经济的

西班牙倭马亚王朝的弟纳尔（巴黎国家图书馆）。

增长，并且促进了城市阶层和农业生产者之间的社会平衡，它们已经部分地减轻了哈里发统治时期沉重的中央税收。这样的解释可能与实际情况不太一致，但是可以肯定，哈里发统治时期的政治分割局面与观察到的10世纪社会统一趋势并不相矛盾。的确，尽管在政治上处于分裂状态，但安达卢斯人的社会却比倭马亚人统治时期的社会更加文明，更加和谐。这种社会同质性和法律专家（fuqaha）的影响力——尤其是城市地区——将促进穆拉比特的势力在1086年之后扩张到整个半岛，而早在25年前，穆拉比特政权就已经扩张到摩洛哥。马格里布和西班牙的穆斯林的政治统一，是10世纪末以来一系列发展的必然结果，象征着一个巨大经济文化地域的形成。在12世纪，这一"西班牙－摩尔人"的地域，伴随着阿尔穆哈德帝国一直存在着。

穆拉比特人的商业是伊斯兰教历史上最令人惊诧的事情之一。萨哈哲联盟的柏柏尔游牧部落在阿特拉斯的南部游牧，在黄金产区和产盐区之间，如奥德苟斯特与班布克（Bambouk）之间以及图厄特（Tuat）的欧赛斯（Oases）和德拉（Draa）之间担当中间人，在9世纪末，他们未改变宗教信仰，甚至还将伊斯兰教远播到了尼日尔。大约在1048年，一个被萨哈哲酋长阿布杜拉·伊本·亚辛（Abd Allah ibn Yasin）称为教法学家（faqih）的摩洛哥人在塞内加尔岛建立了一个军事团体（ribat里贝特）。这一小团体的成员"里贝特（ribat）之民"，穆拉比图人（al-murabitun，自此以后的"穆拉比特人"）奋力向加纳的苏丹控制的领域扩张，另一方面则朝西吉勒马赛和塔菲尔特（Tafilelt）进行扩张。在北方，1055年左右他们的指挥官叶海雅·欧麦德（Yahya Umer）穿越了阿特拉斯山，其堂兄弟尤素夫·伊本·塔什芬（Yusuf ibn Tashfin）于1060年在马拉库什建立了兵营，并推进到法斯（1062）、特莱姆森、奥兰和阿尔及尔（1084年）。托莱多陷入到卡斯提尔的阿方索（Alfonso）的控制之中，这使阿方索得以穿越海峡，虽然他在撒拉戈萨（Sagragas）发动了一次强有力的反对基督徒的行动（1086年），但他并未坐上塔里法埃米尔的交椅（1090年）。在埃尔熙德死后，他接管了巴伦西亚（1102年），而他的儿子则接管了撒拉戈萨（1110年）。整个安达卢斯与附属于它的非洲西北部地区再度得以统一，为经济区域的形成提供了政治保障。

　　我们可以描绘一幅11世纪晚期和12世纪早期穆拉比特统治地区政治、经济状况的生机勃勃的画面。总的说来，摩洛哥和安达卢斯的屈服是以一种和平方式获得的。新政权宣称尊重该地区的伊斯兰宗教信仰。考虑到这一点，新政权的税收，至少在最初的十年内必定很轻，并且与《古兰经》的要求是一致的。伴随着新创立的马拉喀什（Marrakesh）的扩张、法斯的联合（迄今已被分成两个分离的城市）以及西吉勒马赛、特莱姆森和安达卢斯大城市，如阿尔梅里亚港的商业活动的发展，城市也在不断地增长。艾尔·希木叶里（Al Himyari）这样描写阿尔梅里亚港：在穆拉比特统治之下，这里有800个丝织业工场、900多个可兼做旅游者和商人（funduqs）客栈的仓库。城市还生产铜器和铁具。来自埃及和叙利亚的船只停泊在港口，安达卢斯最大宗的私人财产也在该城发现。大量金币的发行，主要经济和行政中心的铸币（西吉勒马赛、艾格马特、法斯、特莱姆森、塞维利亚、格拉那达、穆尔西亚和巴伦西亚），被称为马拉布丁（marabotins）的地中海基督教世界货币的流通数量，都成为穆拉比特帝国经济统一和扩张的象征。因此，科尔多瓦处于发展的最高峰：它的图书馆可与东方的相媲美；它的清真寺在11世纪早期维齐尔曼苏尔统治之时就已经达到了现在的规模，清真寺的陈设融合了伊比利亚和阿拉伯的风格；最后，是伊斯兰教的大学在觉醒的西方基督教世界里声名远扬，产生了一种逐渐成熟的哲学，正是这一哲学成为促进欧洲自身思维成熟发展的最强有力的动力来源之一。

第五章 拜占庭帝国的最后辉煌：950年至1070年

虽然10世纪中叶并不是拜占庭历史的一个转折点，但很明显，到960年时帝国获得了新的国际地位。在众多的挫折甚至灾难中，再征服的初始阶段被打断了，之后，帝国在各条战线上都摆出一幅永远胜利者的样子。武功盖世的皇帝们的统治时期——尼基弗罗斯二世福卡斯（Nikephoros II Phokas，963～969年）、约翰一世齐米西兹（John I Tzimiskes，969～976年）以及巴西尔二世（Basil II，976～1025年）——被认为是开创英雄事业的时代。

一个稳固的帝国？

只要仍然认为武士探寻所产生的动力所带来的不可抗拒的压力只是恢复旧日罗马帝国的话，这便是一种误导。仔细观察可以发现，这项事业出现时并不显要，但却是精心策划的。事实上，960年至976年所制定完成的政策后来几乎未变。正如马其顿王朝的第一位统治者所阐明的那样，该政策是指沿着拜占庭古老的自然边界——如东部的托罗斯（Taurus）山脉和西部的罗多彼（Rhodope）山脉——建立一条防线，以避开未来针对帝国领土的任何直接侵袭。

从大马士革到西西里

征服使拜占庭掌握了海上霸权，从而具备了分裂穆斯林的力量。在东方，征服了克里特（961年），之后又征服了塔尔苏斯（Tarsus）和塞浦路斯（965年），与此同时，还侵袭了北部的叙利亚，尼基弗罗斯·福卡斯统治时期于969年控制了安条克。其后，齐米西兹统治时期继续深入，974年和975年的战役使其成功进入大马士革并征服了耶路撒冷之外的整个巴勒斯坦。十字军则推进得更远，但必须记住的是，这些皇帝们已经超越了他们的既定目标。根据传说，尼基弗罗斯·福卡斯放弃对安条克的最后袭击，是由于一位现实主义者预测侵袭将会导致他的死亡，皇帝很少受毫无意义的征服战争的诱惑。此外，阿勒颇的埃米尔管辖区并未遭到吞并，只是被解散并签订了一份投降协议而已。还要记住的是，齐米西兹之所以深入到小亚细亚腹地，是由于新的穆斯林对手埃及的法蒂玛王朝于 971 年发动了对安条克的侵袭，公然挑战该地区的权势平衡。

在西方，拜占庭并非实行不受控制的扩张政策。在意大利，从 956 年开始，穆斯林的威胁或多或少已经改变，拜占庭选择与德国新皇帝和解而非对抗：968 年，当奥托大帝（Otto）推进到贝内文托（Benevento）时，尼基弗罗斯·福卡斯派一名使臣前往拜见，并提出与之和平联盟的建议。事实上，德国进攻所带来的危机一直持续到 972 年。对此，拜占庭再次将注意力放在了维护防线上，萨勒诺和贝内文托的伦巴第公国即是例证。972 年，奥托二世为了保住王位而与西奥发诺（Theophanu）公主结婚。尼基弗罗斯对保加利亚的政策显得同样毫无技巧——保加利亚这个正统王国一直处于拜占庭的保护之下，并与拜占庭维持了 40 年的和平关系——看起来皇帝并不想摧毁保加利亚。虽然他确实交给基辅大公斯维雅托斯拉夫（Sviatoslav）一项旨在严惩保加利亚的任务，但当皇帝看到俄罗斯人正在建立自己的国家之时，他便与保加利亚建立联盟。很明显，正是俄罗斯人和佩切涅格人带来的危险而非任何征服的欲望，促使约翰·齐米西兹在 971 年镇压斯维雅托斯拉夫之后，吞并了保加利亚的大部分地区，并把它合并为帝国的一个行政区，沿着多瑙河，建立起一条永久的防线。他的举动赢得了历史学家执事利奥（Leo）的赞扬。利奥断定，约翰·齐米西兹对和平的珍视远在战争之上，因为他知道，和平给人民带来健康，相反，战争则只会给他们带来毁灭。

拜占庭最著名的皇帝巴西尔二世也不例外，通过分析显示出，11 世纪的作品中有关描写皇帝统治的词汇中，具有防御涵义的词语占据着优势。我们同意颇塞留斯的说法，在巴西尔统治期间击退了野蛮人的侵犯并保卫了边境。当士兵们对严酷的训练表示出强烈不满时，他曾经说过，"不这样做，我们将永远不能结束战争。"在他统治之时，东部行动的迟缓表

巴西尔二世，"保加利亚屠夫"（希腊手稿，《诗歌集》，11世纪；威尼斯，马尔西亚那图书馆）。

明，巴西尔只是对新近确定的边疆进行轻微的调整，除此之外并未做任何其他的展望。而994年至999年，叙利亚人的远征只是对法蒂玛王朝袭击的回应，最终以一个长期的休战协议而结束；对高加索、格鲁吉亚和亚美尼亚的占领与合并在1023年结束，其主要目的是进一步加强帝国防御以应对塞尔柱土耳其人日益增强的威胁。在巴西尔统治的大部分时间里，他的战争计划事实上主要集中在巴尔干。由于统治初期叛乱引发的麻烦，导致齐米西兹的征服未能到达伊斯克河（Isker）的北部和西部地区，恰恰是在这些地区，塞缪尔（Samuel）建立了保加利亚－马其顿帝国。在保加利亚－马其顿帝国大规模扩张期间，接近1000年时，它分别从亚得里亚海和黑海对巴尔干展开夹击，打破了多瑙河防线并切断了拜占庭与西方的联系，而都拉基恩（Dyrrachion）港则是这一联系的关键。因此，从986年到1018年，拜占庭帝国一直在为存活而斗争，经过一番血战，保加利亚和马其顿最终并入拜占庭世界，在此基础上形成的防御维持了近两个世纪。几乎同一时期，巴西尔巩固了他对意大利南部地区的控制，该地区由于得到威尼斯和比萨的援助而未受到穆斯林袭击的影响，并在著名军事总督（katepano）的领导下实现了统一。在1009年到1018年，伦巴第的梅洛（Melo）反叛期间考验了意大利南部地区对拜占庭的忠诚。梅洛的征服者总督巴西尔·博伊奥纳斯（Basil Boioannes）在自己的行省内构筑一道防线，首先取得伦巴第公国的臣服，但最主要的是，通过在北部前线构筑的防线，使1021年德国皇帝亨利二世掠夺主要根据地特洛亚（Troïa）的企图没有得逞。这项工作本应在1025年开始的再度征服西西里之前完成，但由于皇帝的逝世而中断。

绝对均势的局限

960年至1025年间，帝国进行了大量行政改革，有效地加强了帝国的稳定。自罗曼努斯一世莱卡佩诺斯（Romanos I Lekapenos）时代开始，小的行政区已在新近被征服地区的外围出现，大多聚合在一个或多个城堡周围，尽管它们也被称为"行省"，但不应与古老而伟大的罗马行省相混淆。这些小的行政区扮演着以前边界要塞（klisurae）的角色，特别是在尼基弗罗斯·福卡斯统治时期，他们意欲改变帝国的边界，在东部和西部形成一个共同行政机构管理之下的坚固的防御线。这里的防御者往往拥有财产，并锤炼出一种英雄精神。而事实上，他们了解敌人甚至与敌人建立了友谊，这一点在"边塞史诗"中能够看出，其中，最著名的史诗当属创作于10世纪的《边防战士迪格尼斯》（Digenis Akritas）。不过，由于有了这条防线，帝国管理趋于太平，并认为和平会一直持续下去。"Strategos"（将军）的作用体现了文官权利与军事权利的有效结合。到11世纪末期，将军的作用日益衰退，无疑，不同地区变化亦应不同，甚至"strategos"一词也已回归它原来的意思，即战斗中的军队指挥官。另一方面，古老的法官（krites）称号再次出现，拥有这一称号的人主要负责行政区的司法、行政管理和财政。至于军事任务，则由中央军的分遣队（tagma）首领（doux）负责，到11世纪，他不依附于任何特殊行政机构，这一状况一直持续到11世纪末。这里要说明的重要一点是，帝国重新回归到强有力的内政管理上。11世纪上半叶给人的普遍看法是，帝国最终实现了梦寐以求的完美平衡。

这一均势持续的时间的确比普遍认为的要长得多，帝国以平和的心态维持均势，这一状况至少持续到1060年，而这并非归因于所谓"平民高尚品德"之优势。值得注意的正是艾萨克一世科穆宁（Isaac I Komnenos，1057～1059年）这位军人皇帝拒绝吞并献给他的领土，因为"吞并需要大量钱财、勇士和充分的储备，当这些条件不具备时，增加的领土就会变成了减少（自身的财政）"。因此，可以说巴西尔二世的继任者们一直遵循了10世纪中期所建立的模式，即主要目标是防御和边境的巩固，至少到1056年马其顿王朝灭亡之前是这样的。上述目标政策体现在1041年米哈依尔四世（Michael IV）反对保加利亚人叛乱的战役中，也体现在1043年针对俄罗斯人的侵犯而做出的反应中。同样还体现在乔治·马尼埃克斯（George Maniakes）在西西里东部领导的战役中，即使战役的胜利被他的反叛抵消，甚至在1054年兼并亚美尼亚首都阿尼（Ani）时也有所体现。在后两场战役中，他们试图将巴西尔二世的计划推行到极致，但是在这两个地区并未完全实现。

这样一项审慎并一直贯彻执行的政策，最终形成了一种傲慢但却是和平的心态，这一心态是以拜占庭帝国大厦完美无缺和坚不可摧的信仰为基础的，因此个别统治者偶尔产生的进攻意图也会因为违背信条而遭到普遍反对，1030年当罗曼努斯三世阿尔吉罗斯（Romanos III Argyros）未遭挑衅而违约发动对阿勒颇埃米尔国家的袭击时，颇塞留斯将溢美之词献给了穆斯林，却很难找到有关皇帝行为的话语。此外，"对已经做过的事情后悔不已"成为这位皇帝的象征，自此以后他全身心地投入到对公共财政的管理上。12世纪初，安娜·科穆宁娜（Anna Komnena）很好地表达了一种意见，认为，"这是坏君主的标志"，她写道："在和平时期通过个人行为将他们的邻居拖入战争，因为和平是战争的目的。"所以说，她提出了一个巴西尔二世也认可的原则。

这种观点只有在世界或帝国没有任何变化并且拜占庭人认可的条件下才能站得住脚，但是除了我们即将谈到的内部变化之外，从12世纪中叶开始，几乎所有的边界线都有大量不可预知的情况发生。在意大利，诺曼人最初作为雇佣兵受雇于伦巴第君主，到1050年，他们已经延伸到拜占庭边境。1053年，他们击溃了拜占庭总督阿尔吉罗斯及其同盟教皇利奥九世（Pope leo IX），当罗马将拜占庭的行省授予罗伯特·吉斯卡德（Robert Guiscard）时，诺曼人推进的速度更快了，但诺曼人遭到了强烈的抵抗，这表明了偏远地区愿意归属拜占庭帝国的真实情感。尽管如此，1060年时诺曼人还是征服了卡拉布里亚。1071年随着巴里的倒台，拜占庭帝

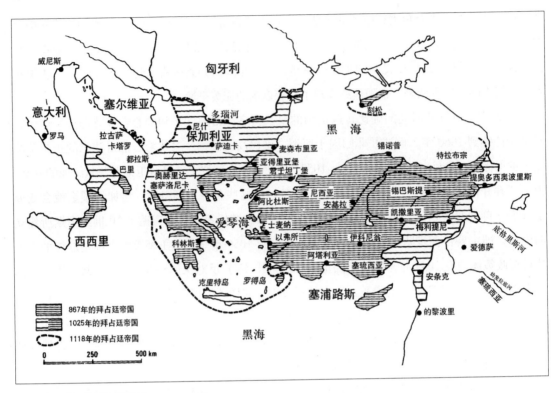

9至13世纪的拜占庭帝国。

国的权势最终被驱逐出意大利。至于多瑙河，佩切涅格人于1048年跨越了它，1056年乌古斯人也洗劫了它，君士坦丁十世杜卡斯（Constantine X Doukas）被迫将这些土耳其人安置在马其顿。最后，在东方，拜占庭与法蒂玛王朝的和平并不能抵消塞尔柱土耳其的发展所带来的威胁。1048年，塞尔柱土耳其人开始袭击亚美尼亚。虽然防御得很好，土耳其严重受挫，但是在1064年夺取阿尼（Ani）之后，土耳其人的远征便深入到了小亚细亚的中心地带。尽管罗曼努斯四世戴奥杰尼兹（Romanos IV Diogenes）在早期取得了几次胜利，但是战役结束时，他最终还是被击溃。1071年8月26日他被关进了设在亚美尼亚的曼济克特监狱。

不能简单地说960年到1071年是帝国从辉煌转变为逆境的时期，事实上帝国的重心正在慢慢地由东部行省（到10世纪末，东部行省在帝国命运中仍扮演首要角色）转移到了巴尔干地区。具有深远意义的是，巴尔干地区自巴西尔二世开始就已经成为主要战区。对此我们将会分析它的原因，但现在我们需要指出的是，这是一次根本性的变化——帝国从一个根植于小亚细亚的国家日益变成一个欧洲国家。

1071年，当东部和西部的防御几乎同时崩溃时，我们要暂停，以便关注维持了长期的均势却迅速崩溃的国内因素。

爱琴海周围地区的人口增长

　　尽管我们在这方面的文献证据十分有限，但很明显，因为没有快速增长的人口，帝国未能繁荣发展起来。基督教关于"增长与繁殖"方面的教义所能发挥的作用不应被过分强调。当然，庞大的父权制家族，如约伯（Job）家族，就是一个范例，是以修饰见长的文稿和文学课本中经常出现的形象：史诗《边防战士迪吉尼斯》就讲述了一个英雄家族中"12个叔父与6个堂兄弟姐妹"的故事，但是这类模式化的人物形象如此常见，以至于很难从中推断出结论。原则性法律所扮演的"鼓动"性角色亦是如此，它在理论上支持早婚，规定的法定结婚年龄为女子12岁，男子14岁。坦白地讲，这类婚姻很常见，正如12世纪大教长路克·克里索伯杰斯（Luke Chry-soberges）所得结论指明的那样，小于法定年龄结婚的处女以及失去童贞的女子都应该与丈夫分开。的确，我们明白当面对更多物质需求时，这些教义因素就显得非常有价值：由于皇族在两个世纪内并未起到多育的示范作用，使得富人和穷人阶层都为了保有遗产而在他们的女儿很小的时候就将其出嫁，以减少继承人的数量。

　　很明显，为了承担防卫重担，各条边境都重建了安全设施。从10世纪初开始，阿拉伯人的侵犯已不再影响亚洲和欧洲。在欧洲，匈牙利和斯拉夫的袭击已成为回忆。毫无疑问，在东方的战争以及在巴尔干的战役及内战（976年至989年间由巴尔德斯·斯克莱勒斯 [Bardas Skleros] 和巴尔德斯·弗卡斯 [Bardas Phokas] 挑起的反叛）造成了重大军事损失，这些损失是无法估量的，当然平民的损失更大。在帝国领域内很少通过战争解决问题，也没有理由认为在塞缪尔时代巴尔干的扩张就是异常血腥的。可以确定的是，在这段时期帝国亚洲和欧洲部分的人口统计趋向并不相同。

　　9世纪中叶命运不佳的小亚细亚，如今在没有任何内部麻烦的情况下逐渐发展繁荣起来，并且一直持续到1060年：一个重要的迹象就是城市中心的成熟发展，这已为主教管区的大量增加和考古证据所证明。不过，很重要的一点是城市景象并不能预测乡村的人口。的确，城市的发展是大量人口离开乡村的征兆，所以在10世纪和11世纪，安纳托利亚地区的地产日益集中表明开发地产是非常有利可图的了，但并不能证实地方市场也获得了巨大扩展。事实上，小亚细亚看起来似乎成为了"殖民"一类的场所，背负着供养帝国其他地区的重担。实行剥夺大量农民地产这样的政策，只会加速大量人口流入地方城镇，可能还会到达欧洲省区。因此，我们在进行预测时必须小心谨慎。以下两种迹象表明，到1060年，小亚细亚已成为一个人口稀疏的地区：首先是从10世纪末开始，在东部和安纳托利亚中心地区执行的海外殖民政策；其次是编年史给我们留下的关于土耳其侵略前夕的画卷。它这样描述该地区：拥有大片空旷土地，缺乏资源，零星点缀着孤立设防的城镇，还有帝国军队的中途站。这一令人困惑的画卷让

187

安那托利亚要塞。拜占庭帝国试图通过建立一个相当松散的要塞网而保护安那托利亚的广大地区。一旦边境防线被突破，这些要塞将很难牵制塞尔柱人的进攻。

我们明白，一旦边境的防御崩溃，将很难阻止敌人呈扇形散开后所形成的包围之势，1071年前后，塞尔柱人发现从托罗斯山到爱琴海之间没有任何阻碍。诚然，安纳托利亚地区存在着很大的地区差异，令人沮丧的内陆地区与充满活力的沿海地区形成对照，这无疑会带来许多进步，特别是爱琴海及其周围地区。人口分散的东部地区与人口异常稠密的西部省份形成对照，显示出近三个世纪以来土耳其人的打击完全是徒劳的。

欧洲的状况则不同，当然城市的进步，如帖撒罗尼加、塞雷斯（Serres）、德米特里厄斯（Demetrias）、科林斯（Corinth）、底比斯（Thebes）、帕特拉西（Patras）以及斯巴达（Sparta）——我们仅此一次提及一下——不应被估计过高，《麦塔努埃特的圣尼康传》（the Life of St Nikon the Metanoeite）就认为，到10世纪末，斯巴达只是一个壕沟围绕着的城墙后面的小城市。尽管如此，城市的进步是不可否认的，阿拉伯地理学家伊德里西（Idrisi）强调，伯罗奔尼撒半岛在12世纪时相当富裕，在他列出的至少50个城市中，他认为有16个城市是更为重要的。此外，城市发展是在不同背景下进行的，除色雷斯（Thrace）、保加利亚、阿尔巴尼亚之外，巴尔干地区的分裂不利于建立大地产，所以自由的农民阶层得以很好地幸存下来。这意味着乡村人口十分稠密，而城市人口则相对要少得多。当地希腊人的健康状况尤其引人注意，这一事实可以从大量希腊人在附近地区或其他被占土地上的定居行为看出。甚至在969年之前，希腊人在保加利亚王朝中的势力如此强大以致被看做是导致该地区叛乱和鲍格米勒派（the Bogomils）的社会反抗的原因之一。1018年的吞并之后，在保加利亚进行了一场殖民化运动，这场运动表明，不管是充满活力的希腊人，还是巴西尔二世试图保护的被动消极的保加利亚人，都反对过度的扩张。在这里我们应该强调的是，这一时期在小亚细亚地区根本看不到希腊人向被征服行省迁移的类似趋向。

在欧洲和亚洲地区还有另外一个标志性的变化。自利奥六世时代开始，尤其是在8世纪之后，已经很少有外国移民群体迁居欧洲，最初皇帝是为了填充空旷地区而引入外国移民并建立殖民地的。惟一一个重要的例外就是1048年之后，尤其是1064年之后，在保加利亚和马其顿王国定居的佩切涅格人，这也只是证实了巴尔干北部地区在人口统计学方面的相对薄弱。相比较而言，至少从尼基弗罗斯·福卡斯统治时期开始，不管是自愿移民抑或是被迫移民，总之，小亚细亚成为移民选择的地区。出于安全原因，福卡斯及其后继者们曾经在边境地区——叙利亚、西里西亚、美索不达米亚——有计划地驱逐穆斯林居民并努力向这些地区再度移民。965年之后，帝国政府鼓励叙利亚保王党人（Jacobites）向美索不达米亚，尤其是梅利泰内（Melitene）地区移民，936年至1072年间，在该地区出现的56所修道院以及约30个从未被提到过的主教辖区即是证明。尽管早在934年梅利泰内就已经被遗弃，但到1096年它仍表现为一个叙利亚城市，大约拥有7万居民。虽然这项政策有利于促使萧条地区恢复活力，但应该强调的是，这一政策并未实现巩固边境的目标。这些叙利亚社区的建立，导致一种无人区的形成，从而使边境变得模糊不清，而叙利亚人的亲属则仍生活在伊斯兰领土上。另一个原因是，990年之后，日益增强的亚美尼亚殖民地化并未取得更好的结果。亚美尼亚人在宗教教育上比叙利亚人更坚定，他们在再度被征服的叙利亚地区（塔尔图斯 [Tartus]，谢赫沙 [Shayzar]）建立军事殖民地，在安条克和阿塔利亚（Attalia）之间建立商业殖民地，但是他们的主要活动地点仍在从塞巴斯蒂安（Sebastea）到卡萨里亚（Caesarea）的卡帕多西亚（Cappadocia）地区。毫无疑问，这些迁居最先是由于亚美尼亚人口增长引发的，而1021年土耳其第一次袭击并占领德温（Dvin）则进一步推进了迁居潮流；巴西尔二世颁布宗教容忍政策并授予亚美尼亚贵族大量土地，通过这种方式鼓励避难者或移民向拜占庭帝国的荒芜地区迁移。这样，那些曾一度被抛荒的土地又重新得以使用。帝国曾给予亚美尼亚人一定程度的自治，但随着独立的亚美尼亚群体在帝国境内重新建立起半封建的社会结构，这种自治最终宣告结束。这样亚美尼亚移民区逐渐发展为独立地区，帝国很难通过常规管理来对其进行控制，尤其是1070年土耳其大袭击之后，亚美尼亚移民达到高潮之时更是难以控制，但是应该记住的是，亚美尼亚人对帝国的其余地区还是做出了有益贡献。从10世纪开始，几乎每个拜占庭城市都有亚美尼亚移民群体，他们一方面促进了人口增长，另一方面也带来了活力。行政机构的最高层，甚至皇帝，也不再排斥亚美尼亚人，最好的例子即是约翰·齐米西兹皇帝。

在一个大部分不为人所知的地区，有两个事实是确定的。其一，至少到11世纪中叶，帝国人口的总体平衡看起来是积极的。其中一个可考虑的因素就是这一时期没有出现任何大规模的传染病，惟一知道的就是，斯巴达约在990年，君士坦丁堡约在1010年爆发过"瘟疫"。另一方面，非常重要的，是1053年至1054年爆发了一场严重的流行病并蔓延到首都，增加了当时首都的困难。我们还要注意到，就在同时，穆斯林世界的人口统计曲线呈下滑趋势，即使拜占庭本身没有任何大规模的人口扩张，这足以成为有利于帝国的决定因素。其二，也是最重要的，到10世纪末，特别是11世纪，在人口上，帝国的欧洲部分绝对胜过了东部各省，从而导致了传统地理政治学的转型，而且这一新的趋势是不可逆转的。12世纪，遭到土耳其征服的亚洲部分的人口继续平稳地下降，而欧洲则是适度并稳健地增加，因为巴尔干并没有受到1071年大灾难的影响。此外，尽管不能确定数量，但很明显，拜占庭从土耳其和诺曼侵略中获益匪浅，到1080年，它似乎已经成为一个爱琴海帝国。

成就和焦虑

人口增长主要是在农村，中世纪各地普遍都是这样的，农村的资源是帝国最基本的财产，农业仍是不可缺少的。

仍然至关重要的农业

尽管缺乏文献证据，但是我们仍可断言拜占庭的农业是十分传统的。在拜占庭没有任何农业改革的迹象，而在8世纪农业改革就已经成为穆斯林世界的特征。在拜占庭也没有出现类似于清除大地产的迹象，而在11世纪通过清除大地产使西方世界获得了决定性的进步。这一传统特点解释了为什么《农业法》（Geoponika），这部生于帝王之家的君士坦丁七世统治时编写而成的农业文集是拜占庭原稿摹本中最好的一部。这部借鉴希腊和拉丁农学家的精华编辑而成的文集，详尽叙述了10至11世纪的物产和技术。

土地上的物产很容易列出来，除了无处不在的谷物外，还有蔬菜（豌豆、绿蚕豆、野豌豆）来补充经常短缺的肉类，水果类最重要的是藤本植物，同时还有苹果树、樱桃树、杏树，特别是无花果树。很可能会引起人们争论的是，与古代相比，农作物的变化非常可怜。更让人吃惊的是，在幸存的文献中，则几乎没有提到过橄榄树，只是在叙利亚北部曾提到过橄榄树的种植。另一方面值得重视的是，11、12世纪桑树在希腊和伯罗奔尼撒半岛的大量种植，这表明从斯巴达到科林斯和帕特拉斯地区丝织工业的重要性。但是，拜占庭对已经由阿拉伯人引入到地中海区域的大规模工业化耕种仍无动于衷，例如，蔗糖直到14世纪威尼斯接管克里特岛之后才得以传入。

的确，与那些从波斯和印度传入的蔬菜一样，这类农作物全年需要充足和正常的灌溉。在这方面，拜占庭世界大概是可以满足的——拜占庭几乎没有一块真正意义上的沙漠化地区，而且还有许多常年不断流的河流流经帝国，但是没有一条河流可与尼罗河和美索不达米亚的河流相提并论，事实上，流经季节性降雨区的最大的一条河流也不能满足农作物持续一年的生长周期的供水。必须承认技术还很原始，尽管史书为水利的益处大唱赞歌，大的谷地和排灌不利的河口地区想起来便令人厌烦，更别说具有什么吸引力了。乡村和耕地通常靠近水流，但只是一些小溪或小的河流，很难满足密集型灌溉的用水所需。当然，有关资料，特别是有关天气方面的论文显示，得到浇灌的土地是最有价值的，因此也是最重要的，但是这些充其量只能算作肥沃的土地却成为最适于耕种的土地的中心。没有任何技术创新，他们用铁铲耕作，利用自然引力来灌溉，这就意味着那些既不是斜坡又非高原的地区将很难成为获利地区。而且，优质土地的缺乏意味着牛、山羊、绵羊，甚至是猪，都要在不适宜于耕作的边缘地区和森林地带觅食。此外，拜占庭似乎并不熟悉在伊斯兰土地上早已被采纳的土地改良技术，毫无疑问，在未灌溉的土地上也不会有任何精耕细作，因此拜占庭的土地明显地被划分为两个部分：一部分为伊索泰拉（esothyra），包括靠近乡村用来种植花木的土地，有时有些土地还会用来刈草，另外就是谷物高产地。除此之外，另一部分是埃克索泰拉（exothyra），这种土地上只生长旱作谷物和藤本植物，而且到处散布着丛生的树木。

很明显，这种农业是十分脆弱的。虽然灌溉或半灌溉农作物的丰产可以降低自然灾害，特别是干旱对穆斯林世界的打击，但是对于几乎没有任何肥沃土地的拜占庭农民而言，灾年根

落后的农业。在伊斯兰农业发展很快并不断探索新技术的时候，有所不同的是，拜占庭却仍采用十分古老的耕作方式。这些出自11世纪手稿中的陈旧老套的田园情景，与6世纪手稿中所展现的情景惊人地相似（以Oppiano 著称的希腊手稿：威尼斯，马尔西亚那图书馆）。

本没有办法从干涸的土地上获得短缺的谷物。这一状况至少产生两大后果：首先，相对说来拜占庭帝国没有实现城市化，主要是由乡村以生存目的为基础结成的团体组成，仅靠帝国自己的土地并不能自给自足。其次，基本的农作物，尤其是谷物价格很高，因为它们的产量有限且风险很大，所以说即使是在拜占庭势力最为强盛的时候，它也要依赖外国的供给，特别是随着人口增长，依赖更大。在这方面，多瑙河大平原对拜占庭来说是必不可少的，这有助于阐释拜占庭在保加利亚的扩张，因为 11 世纪在保加利亚，一种能够耕种泥泞粘土的犁开始得到应用。谷物种植的有利可图导致大地产的增长，特别是在色雷斯、阿尔巴尼亚平原和小亚细亚地区。

食物供给的平衡是非常不稳定的，因为拜占庭帝国并没有一项计划经济政策，至少这是《主教书》中得出的强有力的结论，我们没有证据证明对该时期的考虑是否符合实情，因此个人的创造便成为规则。当农民们获得商业剩余时，他们就会亲自用货车将其运到城市市场，但是只有在最富裕的地区，规模才会比较大，因此米哈依尔·阿塔利亚迪斯（Michael Attaleiates）给我们展示了 1070 年色雷斯农民在罗德斯托（Rhodosto）市场用他们的货车销售麦子的景象。当然，地产所有者亦是如此，只是规模更大。同样，在色雷斯，同一时期，同一位作者告诉我们地产所有者们划定了一个用来销售其产品的沿海港口的线路。正如我们所了解的，在意大利商人侵蚀帝国之时，即使当地产品严重匮乏，地产主仍会毫不犹豫地将其产品卖给外国购买者或帝国其他地区的购买者。

农村公社的衰落

我们确信，这些特殊的农业状况表明，11 世纪，社会不平衡性在日益增长，已成为拜占庭乡村的特征。毋庸置疑，从 950 年到 1070 年，越来越多的自由的农村公社（chorion）迅速瓦解，尽管出于行政目的，它仍然作为财政估值的主要基础（就像幸存下来的"西比斯的房地产估值薄"的碎片所真实反映的 11 世纪末期的情况那样），但是人们必须记住，乡村的自由农和依附农之间的冲突——关于这一些我们以后会讲到——与定义这种反抗情绪高低时所参照的他们之间的财富差距比较来说并不重要。毫无疑问，1073 年的一项法令很好地确定了乡村的社会金字塔：顶端是拥有两个牛队的农民，其次是拥有一个牛队的农民（the zeugaratos，一般农民都能靠自己过活），再下面是只有一头牛的农民，最后是贫穷的农民，有些人可能拥有一头驴子，但大多数人根本没有任何耕畜。

然而依靠农村公社一致纳税原则来维系的古老的公社制度，越来越不适应新的经济学和人口统计学状况。公社制度所依赖的是人口数量、食物需要以及提供所需食物的技术工具都处于平衡状态，到 10 世纪时已不可能再维持那种平衡状态。那些拥有劳工、生产效率高但缺乏足够土地的农民与那些一开始装备就很差，产量也不高甚至不能偿付自己的份额税的农民之间的鸿沟日益扩大。我们知道无继承人土地归还领主（klasma）的制度是政府（dynatoi）增加地产并最终打破公社结构的手段之一，该系统涉及被农民抛弃的农村公社地产和通过国家展开销售等内容（通常是由那些传统的大地主或者更多的是由那些农村公社的活跃分子所为）。此外，即使没有离开土地，很多贫困农民仍不得不将土地的使用权（chresis）交给势力强大的邻居们或者将自己置于他们的保护（prostasia）之下，以此作为对租金的偿付。其他一些接管方式更多关注的是所有权类型而非耕作方式，这在法律和财政原文中并没有清楚表述。因此，那些被限制在自己土地上的农民绝大多数是佃农。通过临时契约，他们变得更加富有，最后自然获得大量丰产的土地。由于国家对世俗或教会地主的捐赠（logisima），致使农村公社进一步衰弱，而教会地主，尤其是修道院出于宗教原因仍获得大量的个人捐赠。

面对这种状况，国家继续执行由第一任马其顿统治者所制定的政策，但很明显，到10世纪末，这已是一项无法实现的计划了。该政策的原则就是不惜任何代价一味保护农村公社，但政府面临一系列不可回避的矛盾：虽然国家颁布了严厉措施来保护农村公社（税收的基础），但它却不能容忍归还土地（因为被抛弃而不再属于农村公社的土地）成为不利于财政增收的地产——尽管如此，国家仍禁止豪强接管这些土地。这一事实可以解释这些土地上公共农民（demosiario）出现的原因，这些农民和农村公社无关而只向国家直接纳税，因此正是国家导致了它所希望拯救的农村公社的逐渐削弱。当农村公社的控制力削弱之时，对于那些孤立的居住于乡村的农民来说，他们甚至没有任何武器来抵抗他们周围豪强的侵袭。962年罗曼努斯二世所颁布的《新律》（the Novel）对这一矛盾有所阐释。少数农民不得不偿还他们从豪强那里非法购买土地所欠的钱，可他们又拿不出这些钱。为了处理这一特殊问题，提出了两个解决方法：或者土地与农村公社分离，双方协商解决，或者在偿还欠债期间由公社替代销售者并占有这些土地。不管哪一种方法，结局都是灾难性的，即或者导致农民逃离或者导致农村公社缺乏钱财而无法更好地使用这些多余土地，即使可以，也意味着增加财政负担，还会带来更多的荒芜土地和公社方面的新问题。

帝国政府忠实地执行其既定政策，即使在建立新的结构时，也不取消旧的结构，并不愿意为农民建立一套新的普通法来代替垂死的公社，因此它无意支持豪强的所作所为，而豪强则利用每一个机会开发各种土地以不断建立大地产。

试图抵抗豪强

虽然国家完全了解它所面临的危险，但它所能做的就是采取禁止措施来冻结这一状况，这是一项危险的任务，因为它依赖于长期实行严厉的控制。我们必须记住，这些措施被认为是具有决定性作用的，当帝国机器逐步达到完善之时，没有人会想象它的停顿，因此统治者，如尼基弗罗斯·福卡斯和巴西尔二世都采取极端有力的措施来确立对世俗或基督教大地产的限制。976 年颁行的尼基弗罗斯的《新律》被认为——非常错误地认为——是对豪强有利的，事实上，尼基弗罗斯试图通过《新律》一劳永逸地解决问题。从此以后，豪强只能从豪强那里获取土地，贫穷者也只能从贫穷者那里购买土地，同时，土地贵族的那些显而易见的朋友挥舞着几乎是前所未闻的法律来威胁他们——任何一个在弱者中挑起麻烦的人都必须将其遗产充公。就巴西尔二世来说，996 年他再次有力地肯定了罗曼努斯·莱卡佩诺斯的政策：豪强可以保留他们在罗曼努斯统治之前的合法获得物，自此以后，他们将无权利用命令进行欺骗性购买。有趣的是，皇帝所强调的是农民所受到的威胁，从严格意义上来说，不仅来自豪强，还受到那些"由弱势变为强势的人"的威胁，例如费罗凯利斯（Philokales）便是一个真正的乡村恶霸，他所控制的建筑物被摧毁了。至于基督教豪强，尼基弗罗斯·福卡斯在他 964 年发行的那本著名的《新律》中再次提到了莱克皮纳斯的政策，指出那些拥有修道院财产的人对"获得物有明显的癖好"。这位皇帝描绘了一幅修道院地产的雄壮画卷，包括"数不尽的大片土地，奢华的建筑物，成群的牛、骆驼，还有其他数量更多的牲畜"，并严格禁止向修道院捐赠更多的土地，因为修道士缺乏工具耕作土地，只会增加荒芜土地的数量。从此以后，惟一允许给予的是金钱和劳动者，这使得常被忽略的修道院地产得以重新恢复耕作。996 年，巴西尔二世以严禁修道士占有远离农村公社的虔诚农民所建立的私人礼拜堂的方式结束了该项措施。最后，大约在 1000 年左右，巴西尔已不再满足于现状，通过互保制度（allelengyon），以极大兴趣致力于让豪强替那些不履行义务的农民支付税款。

在 964 年发行的《新律》的末尾，尼基弗罗斯·福卡斯写道："我清醒地知道，一旦我宣布这些法令，大部分人将把我看做在做一些难以忍受并与他们意愿相反的事情，但这与我并没有关系，因为就像保罗一样我想取悦的人不是人民而是上帝。"的确，反对是很强烈的，969 年通过暗杀前任而掌权的齐米西兹被迫同意暂时废除 964 年的决议。在巴西尔二世死后，世俗的豪强们致力于获得一度被罗曼努斯·阿尔吉罗斯查禁的互保制度。即使没有制定新的法律决议，但这并不意味着反抗权势的斗争已经结束。1057 年至 1059 年，艾萨克·科穆宁（Isaac Komnenos）没收了大量修道院财产用以重组军队，向那些贪得无厌的修道士宣战。然而，这一努力并未持续下去，长期的中立已使大地主获得了新的进步。这的确是 1025 年至 1056 年间的实情。根据阿塔利亚迪斯所说，这种情况愈演愈烈，在君士坦丁十世杜卡斯（Constantine X Doukas, 1059 ～ 1067 年）统治时期，皇帝"决不与僧侣为友"。因此，纯粹约束性政策的脆弱性是很明显的，国家无可匹敌的权威也只是使豪强徒增苦恼，并未给农民带来任何新的保护。

从严格的法律意义上说，拜占庭农民一直保持自由民身份直到帝国结束，但事实上乡村居民已逐步地失去了对份地的控制，而且他们的个人地位也正受到威胁。即使是保护最好的一类，如重装骑兵（stratio-tai）也趋向绝灭，从尼基弗罗斯·福卡斯时代开始，军役税（strateia）永久地变为一项单纯的财政义务，这只会增加重装骑兵与普通农民之间的混乱，因为重装骑兵通常拥有其兵役地产和地产上的普通权利。由于这一体系本身的效率日益低下，君士坦丁（单独战斗者）（1042～1055年）最终批准重装骑兵可以通过缴纳罚金的方式偿还他们的义务。至于公共农民，因为与公社是分离的，使得他们更易遭受攻击，齐米西兹的两项法令表明这些地产不断扩充的豪强急需劳动力耕作，从974年开始，他们毫不犹豫地将公共农民诱骗到土地上充当农奴（paroikoi）。在这种状况下，这些孤立的自由民根本无力抵抗，此时他们已不再受衰弱的公社的保护，亦不可能再利用与国家的特殊联系。自由民由于欠豪强邻居或农村公社的债而陷入困境，被迫出售或抛弃他们的土地，他们只能期待卖个好价钱以再建一块土地重新开始。此外，国家对那些直接依赖于它的重装骑兵，尤其是平民提供优先保护。齐米西兹法案于974年颁布，其目的是使平民恢复社会地位，寺院将这一法令付诸实施并采纳了君士坦丁七世（生于帝王之家的）的一项法令，此外还接受了1060年6月君士坦丁十世的敕令。这些法令和敕令禁止将重装骑兵、平民和"被免除义务的人"（exkoussntoi）转变为农奴。至于那些自此以后被称为"不再对国库负责的自由人"的无地农民，国家所能做的就是延缓他们卷入到大地产中来。因此，1044年，君士坦丁九世（单独战斗者）将希俄斯岛（Chios）上的新莫尼（Nea Mone）修道院的农奴人数限制为24个。在1060年的法令中，君士坦丁·杜卡斯禁止拉夫拉（Lavra）修道士拥有100个以上农奴。1079年，尼基弗罗斯三世博塔尼埃蒂兹（Nikephoros III Botaneiates）允许拉夫拉修道院拥有100个农奴，但规定这些人必须是从修道院业已存在的农奴中直接延续下来的。

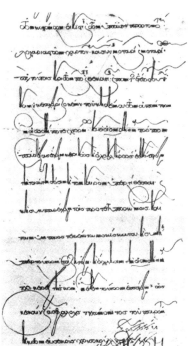

上图为金册敕令，这是加盖刻有皇帝肖像金印（训令）的官方法令的名称。此图是关于11世纪向阿陀斯山修道院授予特权之事（拉夫拉一世的法令，阿陀斯山，1057年1月）。

取缔边界线。农民由于背负沉重税收负担而大量抛弃土地，对此政府为了阻止世俗和教会地主的贪婪，试图限制授予未经耕种的土地（土耳其宫廷八书：伊斯坦布尔，托普卡匹博物馆）。

这些大地产，尤其是 1025 年之后在土地和人口上有显著增长的基督教会地产，都尽力获取其他的特权。直到 11 世纪，政府才授予他们财政特权，其他特权并未授予。在君士坦丁九世（单独战斗者）统治时期出现了更危险的趋向：1045 年，他将合法免税权授予新莫尼修道院，并禁止国家官员染指修道院的财产。在 11 世纪后半叶，一种更重大的包括财政和法律在内的豁免权授予了被免除义务者，但是必须再次强调的是，这类豁免权并不属于行政类型，只是一种特权。这就是金册敕令（chrysobull）所要表达的理念，通过这一法令尼基弗罗斯三世于 1079 年向艾维农（Iviron）的阿陀斯山修道院承诺，该法令只在塞萨洛尼基（Thessalonika）公爵的宫廷里生效。同时一些普通信徒，尤其是那些正将农奴安置于自己地产上的信徒也成功地获得了豁免权，但是与修道院所获得的豁免权相比，他们要少得多。另一方面，普通信徒还有另一项好处，根据《教会私有财产接管法》(charistike) 规则，正在耕作的教会土地或那些被废止的土地可以由普通信徒接管进行耕作，这一规则在 1016 年仍得到主教塞吉罗斯二世（Sergios II）的赞同。然而 1027 年之后，就有人反对滥用《教会私有财产接管法》，1071 年的宗教会议也反对这种由普通信徒接管富饶的教会土地的习俗。

为了更好地了解 1070 年左右这段时期，我们应该尽量回避 "灾祸理论"，必须记住拜占庭农民仍然是由很少在土地上耕作的自由民组成，奴隶除外，农奴则在分配的土地上劳动并获得大量权利。在某些方面，如农村公社的瓦解程度上，政府本身主要是通过公共农民机构来直接控制土地和人口。总的说来，直到 11 世纪后半期，这种控制仍十分有效，从农奴的指定分配数额中即可看出。但是，随着农业利润的提高，对土地和劳动力的渴求也日益增强，这就使得那些失去公社组织的农民必然会大量卷入到大地主的地产上，尤其是在政府控制力严重削弱的情况下。这是 1040 年之后的必然事实。事实上这种控制早在 10 世纪时就已经非常不均衡了，在远离首都的省份，尤其是在安纳托利亚，所谓控制仅仅只是一种设想，并未真正实施。这就是 996 年巴西尔二世异常愤怒的原因，他发现在安纳托利亚，许多家族，如福卡斯和马莱诺斯（Maleinos）已经占有非法财产达一个世纪之久。就像 1001 年巴西尔二世没收马莱诺斯家族地产那样，大量地产被没收，这一措施尽管严厉但最终归于无效。所有的一切说明，帝国的经济和社会平衡政策完全被打乱了，并且它在东方边远地区的易受攻击性也是一个令人很不安的因素。

活跃的手工业者阶层

在乡村背景下，城市角色经常因高估其重要性而受到误解。如果拜占庭文明无可争议地是城市文明，那么城市在经济方面的作用并没有乡村地区大，这也是事实。

如果我们一味坚持教科书上的说法，那么我们将很难解释拜占庭特殊的城市经济。事实上，在城市和乡间都存在经济活动。就拿冶金工业来说，特别是冶铁厂，尽管他们都集中在铁矿周围，但一般规模比较小而且分散于各地。在乡下有许多到处流动的铁匠——制造并修理犁等农具的"奔走于各乡村的人"（koinochomoi）。大庄园，无论是世俗的还是教会的，都拥有这样的一些手艺人，《阿陀斯的圣亚瑟纳西斯传》（*Life of Athanasius of Athos*，拉夫拉修道院的创建者）中曾提到过铁匠修道士。君士坦丁·波菲洛革尼图斯（Constantine Porphyrogenitos）也在有关希腊、尼科波利斯（Nikopolis）和伯罗奔尼撒的题目下提到矛和盾的制造。在这一背景下还讨论了纺织品、陶器和玻璃制品，但是很明显在这点上不可能证实城镇和乡村的相对重要性。

然而，在10世纪和11世纪出现一种新气象，那就是明显重视城镇加工制造业，这标志着生产专业化迹象的出现。考古学发现这一时期科斯林的冶金业达到一个高峰，在那里有各种各样的产品：犁地农具、航海器具（例如锚）、铁制品（例如铁和青铜钥匙）、武器（例如短剑、始于11世纪的长矛）还有一系列异常精细的外科手术器具。同一时期，克里米亚（Crimea）半岛的克尔松（Cherson）也出土了成堆的坩埚，它可以浇铸出铁夹钳、钉子、螺栓、十字镐、钩镰、钓钩、针和锅。无疑帕加马也是如此，这里专门生产铁箭，尽管那里的地层年代还不能确定。在这一背景下，就像其他地区一样，君士坦丁堡是一个必须要谈论的地方，在这里不可能进行任何重大考古工作，正如我们所知道的，那里的安全法规禁止任何涉及城墙内燃火的行业存在。一些边远地区可能有冶金工厂。我们知道在君士坦丁堡有许多锁匠，因为齐米西兹为了获得尼基弗罗斯·福卡斯寝室钥匙的蜡模而于969年奖赏过锁匠。而且首都显然还是帝国最大的金匠聚集地。11世纪金工制品达到顶峰，这时景泰蓝陶瓷的上釉技术也已经相当完美，就像在威尼斯圣马克博物馆（St Mark's Treasury）和匈牙利圣冠（Holy Crown）所展示的制品部件那样，它们大都可追溯到米哈依尔七世（Michael VII）统治时期。

在制陶艺术上也可看到相似的集中体现。在10世纪的君士坦丁堡，引人注目的彩饰和涂漆的细粘土制品达到了顶点，然后扩展到整个帝国，从普雷斯拉夫（Preslav）直至雅典和科斯林，这些陶制品并不包括我们所熟知的来自于科林斯但也可能是在其他地方生产的粗糙的、微红略

这件华丽的银制品是11世纪的圣骨匣，再现了原萨洛尼卡的圣迪米特里圣所的八角型形状（莫斯科，克里姆林宫，军械博物馆）。

带棕色的普通陶器。然而在10世纪中叶又有一个新的发展，当君士坦丁堡式的产品变得更加普及时，科斯林开始以一种白色粘土为基础并应用浮雕装饰手法制造出了更好的陶器。类似的进步也发生于雅典和斯巴达，虽然帖撒罗尼加发展为红土陶器的主要制造中心，但白色粘土陶器却继续占统治地位。12世纪，君士坦丁堡的陶器制品迅速衰退，以至于它开始越来越多地从其他地区进口陶器。

在拜占庭（甚至整个中世纪社会），纺织品行业具有重要的基础地位，11世纪时随着棉花的引入，纺织业经历了重要的转变，特别是在达尔马提亚（Dalmatia）和伯罗奔尼撒半岛，如今棉花也加入到自古以来就为人们熟知的原料（羊毛、亚麻布和丝）中来了。即使这种原材料大多是以家庭方式生产的，但城镇依然成为工业的真正中心。在君士坦丁堡和希腊（斯巴达和科斯林，特别是底比斯），不论是皇家还是私人作坊，蚕丝都是最普遍的纺织原料。生活于11世纪的尤斯塔修斯·罗曼尼斯（Eustathios Romaios）认为染色业已发展为一个独立行业，染色业经常是在犹太教区内发展起来的，在科林斯也有很大发展，因为曾经在科林斯发现过纪念一个叫埃利亚斯（Elias）的染色工人的墓碑。

这些事实表明，即使将小亚细亚地区的细微发展也考虑在内，欧洲城市的发展仍比亚洲要快得多。在这一时期，960年至1070年间的决定性进步以及作为重要指标的产量实际上是城市发展的结果而非原因。正如我们所看到的那样，拜占庭城镇始终是首要的变化区，而这也是它的主要缺点；还应注意到拜占庭重新夺回制海权是其城市得以快速发展的一个重要因素。海洋的重要性日益突出，它在拜占庭世界在爱琴海地区中心地位的重新确立起到了重要作用，同时商队主要集中在安纳托利亚。除了土耳其侵略未及的地方，也就是亚美尼亚轴心地区确实得到了复苏之外，旧的商路并未复苏。当然，10世纪和11世纪，意大利（阿马尔菲和威尼斯）商人移向君士坦丁堡和希腊的色萨利（Thessaly）和埃皮鲁斯（Epiros）港口的原因并不是因为距离近。

静态中的城镇

虽然如此，城镇的革命却并没有改变帝国的结构，城市的结构依然十分稳固。这其中有很多因素，最主要的是某些商业的转移和战略性削减导致了老城市的消失和新城市的发展，但是这两种结果并不是很普遍，例如，当尼基弗罗斯·福卡斯最后一次修筑工事以巩固城防之时，马其顿的腓力比（Philippi）于965年之后开始走向衰弱，与此同时阿尔巴尼亚的戴博里斯（Deabolis）城则在新马其顿路线上发展起来，因为古老的埃格纳提亚大道（Via Egnatia）已逐渐被废弃。然而总的说来，城市中心的分布与5世纪并没有太大差别，但是我们应该注意到，这一时期的主要特征就是城镇相对重要性的转变，当然很难说行省制度的改革是这一转变的原因还是结果，但可以肯定的是，改革是与城市的扩张和衰减相伴随的。特别是大行省的解体可能削弱了行省首府的重要性，而那些长期在首府阴影下存在的中心，甚至是古老中心却焕发新的生机，并有可能超过首府。整个帝国都进行了城市功能的重新分配，尽管1071年的灾难使亚细亚地区陷入停滞，但在欧洲仍继续进行，一直持续到12世纪。

通常拜占庭城市的规模不大，这有利于加强稳定。当然，不断上升的人口数量曲线，反映出整个帝国只有一个非常大的城市，那就是君士坦丁堡。似乎可以确定即使在11世纪，首都的人口也不到40万人。此外，像帖撒罗尼加或梅利泰内这样可能超过6万人的城市已是非常大的中心了，几千人就足以组成一个城镇，而在今天看来也只能算作一个较大的村庄。尽管没有爆发流行病，这意味着城市可以保持一定程度的自然发展。尽管有大量的人口从乡村移居城市，但是大量城市中心的同时存在，势必会导致城市自身发展规模不大。然而，城镇规模不大是一种力量的体现，因为这体现了某段时间内城镇与乡村关系的和谐，而此时在比邻的穆斯林世界，首都的庞大发展则意味着其他城镇和乡村的消失。当然城乡关系也有许多变化。9世纪，防卫设施的重建促使土地所有者开始在城镇建立宅邸，尽管他们仍与其庄园保持密切联系。由于拜占庭城市居民主要依靠围墙内的土地和上层阶级控制的乡村土地过活，因此是乡村组成了拜占庭的城市而不是拜占庭的城市支配乡村。10世纪和11世纪的确出现了相反的趋势，当旧贵族明确获得城市意识，并且通过国家职能的作用这种意识得到进一步加强的时候，一种新的社会阶层——完全依靠国家扶持，起初与土地毫无关系——正在首都和行省中形成。到11世纪时，旧贵族和新兴社会阶层便达成了同盟和同谋的关系，自此以后这一模式成为城市统治农村的重要手段。但是，至少是在一段时间内，城市中心，特别是欧洲和爱琴海沿岸城市中心的多样性阻止了这种城乡不平衡的继续恶化，因为每个城镇的受影响地区是非常有限的，但是安纳托利亚分散分布的城镇却可以控制大片地区，还可以建立大规模地产。

然而，拜占庭各个城镇仍然在发挥着作为一个集中群体的地方管理中心的作用，不管是世俗的还是教会的都是如此，而且拜占庭城镇并不是那些在社区内发展起来或者权势人物控制的自治机构的首府。国家职能的确给一些人带来了相当高的社会地位,但是国家职能的变更及重叠,尤其是有利于文官的平衡重建之后，没有一个人能确保自己在城市中心的统治地位。尽管如此,拥有地产和官职的人可以获得许多受庇护者（prostasia）,由于国家税收越来越重,尤其是君士坦丁五世统治初期普及了税收制度,导致许多人为了逃避税收重负而不得不向那些拥有地产和官职的人寻求庇护。在地方权贵（大概与anchontes同义）的周围有大群的"随从"（hyperetai）,据科考门诺斯（Kekaunenos）说,豪强称他们为"追随者"并授予他们统治行省居民的权利。人们从未怀疑过国家的权威,然而这种权威并不是直接加在全体公民身上的,而是经过这些官僚群体的参与。如果中央无力确保管理和安全,将会面临这些团体发展为独立自卫组织的危险。

城市演变的根源在于其自身的结构,到11世纪时已经有许多私人基金会（私人基金会推动周围地区建立起商店、作坊、医院、居住区,以上机构全都豁免纳税）,通过这些私人基金会,教会和富人们夺取了古代统一体的残余职能,并将它们变成了有各自中心的面对不同地位、负责依附者的管理单位,这使得对城镇的总体管理异常困难。当然由于人口增长所导致的这一演变有助于恢复那些古代晚期以来常常遭废弃的城市,因此许多教堂和修道院在9世纪至12世纪期间重新占据了科林斯大广场并形成住宅群和作坊,但是人们怎能不注意到这些"聚居地"——这些聚居地是人们居住的固定场所,并且由于援助机构长期固定的驻扎已经变得声名显赫——已经面临着危险,已经大难临头了呢？正像国家正在失去对乡村的控制一样,国家控制城市区域也是几乎不可能的了。

1070年左右,就像新兴商人阶级的失败不是必然的一样,贵族对城镇的统治也并不是必然的,但是如果国家的介入能力明显变弱,那么一切都有可能打破。

黄金的流通和政府的贷款

在拜占庭很少关注"第三等级"的活动。从那些来源于上流阶层和教会的文学作品中,不加批判地所获得的普遍印象就是,除了在土地上劳作和供职于教会或政府部门之外,只能通过卑鄙手段才能获得金钱。这当然是轻视"商业贸易"的表现,在11世纪,颇塞留斯曾傲慢地辱骂过那些他称之为"商人"的人。稍后科考门诺斯（Kekaumenos）竟然劝告人们不要以商业投资为目的把钱借贷给别人,他强调这是识别敌友的好方法,而且钱一旦借出去将很难再收回来。然而除了这些原则上的事之外,合法工作和应得奖赏是无可厚非的,《厄斯德拉书》（Book of Eparch）明令禁止某些业主通过长期契约来约束工人,因为这会阻碍工人们继续寻找更好的工作机会,此外《厄斯德拉书》承认失业工人有权解除契约。颇塞留斯在他写的圣徒奥克森蒂厄斯（Auxentios）的传记中描述了许多"失去工作，关闭作坊"的工人，最令人丢脸的是圣徒忙于为这些工人重新找工作。至于安娜·科穆宁娜的母亲艾琳·杜凯娜（Irene Doukaina）女皇则建议穷人们外出找工作，而不是"到处游荡，四处乞讨"。

　　然而商业与其他工作不同，因为从表面意义上来看，商业只是由金钱生金钱，还经常因为高利贷导致混乱，这是基督教明确反对的。我们注意到，有息贷款实际上十分普遍，即使不普遍也肯定广受欢迎，这时科考门诺斯定会不再坚持反对。此外法律已允许有息贷款。《查士丁尼法典》中有关这方面的规定似乎并未被废除，法典规定显贵家族的利息税为4%，普通市民为6%，商人为8%，而海运贷款契约则为12%（这无疑是有很大风险的）。这些投资在11世纪的一个司法条约里得到很好阐述，这个条约是法官尤斯塔修斯·罗曼厄斯的一位姓氏不祥的学生写的。这个条约告诉我们，现金不仅仅投资于土地，还经常投资于建筑业（房屋、商店、作坊）、贸易以及风险大利润高的海运冒险事业。这种行为如此普遍以至于国家自身也开始通过出售官职和爵位进行私人资本投资以获取利润。的确，所有的高级职位和官职都可以以与其相称的价格买到，拥有了它们，你就可以终生享受年金（roga），这一年金同样也是与投资成比例的。《培拉》（Peira）告诉我们，正常情况下，每磅投资资本（相当于72诺米斯马塔［nomismata］）可获得6诺米斯马塔的利润，即8.33%，但是未来的食利者可以超出成本进行更大规模的投资，这将使他们获得更高的年金，资本越大，利润也就越高，每磅资本可以获得7诺米斯马塔利润，即9.72%。除了让人尊敬的头衔，还有想象中的职能，年金制度表明国债这一格外吸引人的形式的存在。为了吸引分散资金，它既对那些自负之人有吸引力，同时又对那些想将资金投入到最安全地方的人有吸引力。11世纪时，强大的帝国当然可以满足这方面的要求。此外安全因素促使国家吸收储备金，但利率很低。私人之间的利率一定很高，但是交易的巨大风险很可能会导致许多人更喜欢政府年金提供的"信誉可靠的投资"。尽管经过几十年的持续战争，到1025年巴西尔二世逝世时，国库已经积累了价值约二十万英镑的黄金，但是对运作方式的无知使我们不能全面了解国库财产。不过很明显，就像一切都要靠投资者的信心那样，一旦帝国命运受到质疑，整个大厦必将坍塌。

　　国债的存在以及人们对获取国债的贪婪，表明了大量资本以及货币流通的存在，似乎囤积金钱比11世纪时还流行。通过一些文章，尤其是圣徒传记可知，在偏远省份存在货币流通。农民在完工时可以获得工钱（例如搬运和建筑工作），而他们的妻子则可以通过纺织和编织增加家庭收入，最重要的是，乡村产品可以在城镇市场上换取金钱或手工商品。在乡村，一些乡村集市的存在表明农民也参与了一些商业活动。此外，科考门诺斯曾建议当地政府将这些远离城镇的集市组织起来，而安娜·科穆宁娜也曾提到世纪末都拉基恩和阿弗罗纳（Avlona）附近的集市。寺院周围成为市场的首选之地，因为这里朝圣者云集，11世纪末保加利亚的巴赫科沃（Bachkovo）

寺院即是如此。这些集市不仅成为当地小生产者的聚集地，也是那些为了追求好价格来自各地的商人们的聚集地，这些商人有时身携巨款（超过1000诺米斯马塔）。的确如此，根据《厄斯德拉书》所说，这些商人们为了购买牲畜甚至深入到小亚细亚地区。至于大的城市集市，比如以弗所，尤其是帖撒罗尼加的集市，不仅有来自帝国各行省的希腊商人——从伯罗奔尼撒半岛南部（莫尼姆瓦西亚［Monemvasia］）到东部的安纳托利亚（西里西亚）——还吸引了大批外国商人云集于此。在12世纪的基督教世界，它们无疑是惟一具有国际规模的集市，因此整个市场等级表明，交换经济使整个帝国充满活力（当然是伴随着地方上的重要变化），内部流通并非是闭关自守，而是通过集市或地理上有着战略地位的君士坦丁堡与世界市场紧密相连。根据内部贸易所具有的合法地位，我们应该修正帝国的主要商业活动仅限于国际贸易的传统描述了。

货币贬值的幽灵

10世纪到11世纪的货币史证实了贸易的异常繁荣。然而直到最近仍普遍认为，在尼基弗罗斯·福卡斯统治时期就已经出现严重危机，11世纪40年代危机进一步恶化，到11世纪后半叶则变为一场巨大的灾难。在100年内，拜占庭货币的重量和成色都减低了，这表明国库面临日益严峻的困境，而在这之前，拜占庭货币一直是地中海世界的货币标准。这一发展轮廓现在需要进行彻底考查。

约翰·司基利兹（John Skylitzes）和约翰·仲纳拉斯（John Zonaras）详细叙述了尼基弗罗斯·福卡斯是如何引进新的更轻的货币梯塔特伦(tetarteron)来取代了诺米斯马(nomisma)的。这一创新的最终结果被证明是一次有组织的敲诈，因为皇帝虽然引入了一种更轻的货币作为国家支付方式，但他仍要求继续用重货币缴纳税收。现在看来这与建立金币的双重流通无关。尼基弗罗斯的确正计划用新币完全取代诺米斯马塔（海克沙吉亚［hexagia］、黑斯塔迈纳［hist–amena］），而且新币的黄金含量略低（22克拉，过去则是24克拉）。这一改革是在特殊的国际背景下进行的，随着贸易的增长，超重的诺米斯马，尤其是与第纳尔相比，使拜占庭的货物价格增长到一个不能接受的水准，因此福卡斯的改革产生了一种与法蒂玛第纳尔重量相当的货币并非是偶然的。但他们主要关注的是国内市场，也正是国内市场赋予了皇帝以灵感。当帝国矿藏资源无法弥补借贷损失时，在这种开放经济中，当国外市场所获利润不再超过大量现金外流时，面对贸易的不断增长，由于贵重金属的缺乏，整个货币制度将面临失灵的危险。当然黄金本身并不具有商业性，但是在这种货币的复本位制度中，每个诺米斯马值12个米利阿里夏（miliaresia）银币。金币的数量决定了银币的数量，这是国内外交易的基础，其结果是产生了轻型金币，虽然保留了它们名义上的价格，但实际上相当于在不增加金币数量的情况

约翰一世齐米西兹（969～976年）时的一枚梯塔特伦金币和一枚弗利斯（follis）铜币，前者的重量在尼基弗罗斯·福卡斯推行货币改革之后有所减轻，由过去的4.46克变为不足4克。弗利斯在同时期则仍采取追寻先前铸币的模式（巴黎，国家图书馆，硬币室）。

下增加了货币的流通，从介质上讲这无疑给贸易带来了便利。不幸的是福卡斯的改革不但不被理解反而遭到破坏，人们储藏旧币而不是交换货币，这致使商业活动发展缓慢，商品短缺，国内价格上升以及普遍的贴现，这一切都直接导致了皇帝在969年的突然垮台。

改革的失败带来了长期的负面影响，福卡斯的继任者让诺米斯马塔和梯塔特拉（tetartera）同时流通，并从11世纪初开始，对这些贬值的货币进行了各种组合并给予了许多特权，例如从罗曼努斯·阿尔吉罗斯统治时期开始，阿陀斯山修道院就分别用黑斯塔迈纳和梯塔特拉来付税。这样所有被认为改革应予以治愈的恶果依然存在：货币的短缺、生活的高消费、缺乏竞争和黄金的流失加剧了货币市场的混乱。

面对困难，11世纪40年代君士坦丁九世（单独战斗者）统治时期开始实行一项新的货币政策。这次改革不涉及钱币的重量，贵重金属的含量则显著减少。当然新货币政策并不完全是新的，在巴西尔二世统治时期，一些铸币的黄金含量就已下降到87%，自此以后含量逐步在有系统地减少。到君士坦丁九世（单独战斗者）统治末期，货币的黄金含量已下降到81%。此外，作为组成金币的主要合金，铜的含量则逐渐增加，因此一些梯塔特拉的含金量不超过72%，其余的则由24%的银及4%的铜来铸成。最后伴随着白银的逐渐贬值，黄金也遭受贬值，这意味着必须要保持两种金属货币之间兑换关系的稳定，此外还要限制白银外流，尤其是向穆斯林世界的外流。10世纪穆斯林世界的白银缺乏已相当普遍。

然而必须强调的是，这次贬值和财政危机并不一致，直到1070年以后在米哈依尔七世（Michael VII），尤其是尼基弗罗斯三世统治时期，财政危机才日益显现出来。钱币流通量似乎很稳定，价格没有太大上涨，循环率亦没有太多变动，因此除非每年平均增加0.5%的交易量，否则很难解释黄金重量减少20%的原因。这可以通过铜币产量和流通增长的微小变化得到证实。我们注意到，11世纪，科林斯的货币流通量比9世纪增长了10倍，而且对铜币的要求要早于黄金的贬值。这清楚地表明，基本的商业活动引发了对黄金需求的增长，从而引发了货币的贬值。很明显，贬值并不是危机的标志，相反贬值反映了货币的繁荣和扩充，并有助于维持繁荣景象。面对市场的扩大，维持金银含量的要求只会导致硬币的更加缺乏，从而抑制经济的繁荣。这些结论对一些传统看法形成挑战，拜占庭政府对这类偶发事件并未表现出强烈的蔑视，而是密切关注变化并采取实用主义立场予以应对。

此外，拜占庭不是一个封闭的世界，其经济发展主要是在地中海历史背景下进行的。由于某些相似的原因，在拜占庭货币贬值的同时，意大利北部地区的第纳尔和穆斯林铸币也出现了贬值。

商业和"暴发户"

这样我们可以肯定，在 950 年至 1060 年间，贸易获得极大的扩展，但令人烦恼的是，很难确认这应该归功于商人还是企业家。当然合理的辩解就是我们几乎很少听说过他们，因为他们是一个正在发展中的阶层，充满活力并且势力强大。他们的壮大将会损害到旧有的统治阶级，而不动产与付酬职位之间密不可分的联系构成了旧有统治阶层的权势基础。正是旧有统治阶层的成员控制着文化，因此这一时期几乎所有的著作都是他们传给我们的。抛开相互指责，我们不能期待从他们那里得到任何有关社会组成及发展阶段等方面的线索。

不过即使是从咒骂中我们也能看出地位上升的新方法的本质。回顾皇帝米哈依尔五世的父亲的一生，颇塞留斯告诉我们他本是安纳托利亚农民，后来则从事填塞船缝的工作，再后来成为海运商业家，可见海运贸易多么有利可图。至于科考门诺斯，这个精力充沛之人规劝人们不要成为一个纳税农民，并指出这是致富的普遍方式。一般说来正是各种形式的贸易产生了这个由不同成员构成的新阶层。新阶层的权势已经由公证员的重要性得到证明，凡是与货币贸易有关的一切事务都是由公证员负责草拟和批准的。公证员受国家监督并按价目表提供相应服务，他们在专门的学校接受培训并受到普遍尊敬，所有这些都进一步证明在财政利润管理上是分外小心谨慎的。

新阶层渴望在仍由旧有统治阶层垄断的国家机器中获得一席之地，这当然是很自然的。在利奥六世统治下，一位来自圣索菲娅（St Sophia）的老领唱人通过某种途径变得十分富有，用 60 镑买下了皇家卫兵司令（protospatharios）一职。显然部门和政府贪赃枉法的协议只会有利于暴发户们融入到权势机构，并相应地进入到至高特权群体元老院阶层中。由《培拉》（the Peira）可知，皇家卫兵司令一职恰好是一个参议员生涯的起点。很难想象国家怎么可能拒绝暴发户们主动进献的钱财，因此从 10 世纪之后开始，某些中产阶级开始渗透到国家机构中去，在下个世纪这成为地位晋升的基本途径，同时这些渗透者们如此努力地向顶层推进，以致元老院欲保持排外性已是不可能的了。即使在 1040 年之前，中产阶级就已经成为国家机构的一部分，当颇塞留斯祝贺米哈依尔六世没有因为更换参议员而使他们贫穷时，他受到了当时和旧时习俗的谴责。这些习俗一定是赞同中产阶级偶尔实现最终的晋级的。正是君士坦丁九世（单独战斗者）（1042～1055年）进行了坚实的社会政治改革。他将元老院向商人的男性后代和行省的中产阶级开放，这些中产阶级作为公务员自此以后形成了君士坦丁堡的中产阶级。当颇塞留斯说"他将元老院向所有的乌合之众和市场无赖开放"时，其意思就是针对上述事实而言的。颇塞留斯承认，在地位晋升之后，所有资本家欢欣雀跃，认为"这样一位心胸宽广的君主应该是国家事务的最好领导者"。此时，颇塞留斯在不知不觉中强调了皇帝的这一姿态作为一项公正的法令正是中产阶级所急切企盼的。

　　考虑到这一背景，我们现在就能很好地理解11世纪后半叶的权利之争了。斗争并非在那些利益与旧参议员阶层密切相连的所谓文官贵族和军事贵族之间展开，而是在颇塞留斯称之为"文官"（civil body，politikon genos）的人与旧参议员阶层（synkletikos genos）之间进行，他们都有其军事联盟支持（stratiotikon genos）。然而，在君士坦丁九世（单独战斗者）制定的规则里，权力大都授予了新兴阶层。在米哈依尔六世（好勇斗狠者）统治时期（1056～1057年），高级官员从本人为老资格贵族的官僚中招募——也就是从君士坦丁堡的中产阶层中招募。导致艾萨克·科穆宁将军于1057年掌权的政变（coup d'etat）是对旧统治阶层的严重反抗。当新统治者开始着手废除前任统治者的施政措施时，颇塞留斯明确表示，这样做迅速并且无法挽回的结果是，"群众"（demotikon plethos）疏远了他。1059年艾萨克的倒台使中产阶级恢复了原先的职位。此外，颇塞留斯强调众多民众支持君士坦丁十世（杜卡斯），于是，他顺理成章地继承皇位，并接管了其前任者的工作。他使中产阶级融入到象征荣誉和官职的上流阶级中，并打破了导致民众与旧参议员阶层分离的屏障。他将分散变成了联合。中产阶级与政府的融合极大地促进了财政的增长，这一政策平稳地持续到1081年。如果它在新的军事攻击下失败，人们肯定会说"作为中产阶级的商人"的统治要负一定责任，因为他们不重视防卫问题。对于商业扩展至关重要的和平统治模式是以帝国边境没有受侵略为前提条件的——但是1067年之后土耳其人的侵略改变了一切。然而外部灾难显示了这一新社会政治体制的牢固。一位军事国王罗曼努斯四世（戴奥杰尼兹）于1068年登位，但他并未想改变政治体制，更不支持战争，正如艾萨克·科穆宁在1057年所试图去做的那样。1071年他的垮台并不仅仅是其军事失败的结果，还由于平民利益联盟所致，该联盟1081年之前一直占据统治地位。即使在最高贵的皇帝尼基弗罗斯·博塔尼埃蒂兹统治之下亦是如此。科穆宁王朝依然要明白，真正的防御政策要求对行政和社会结构进行根本改善。

　　对外国商业贸易的分析，清晰地阐释了商业是怎样成为最重要产业的。10世纪关税体制下，国内外关税都十分完备并由政府官员（kommerkiarioi，他们留下的印章表明其无处不在）负责全境和帝国边境地带的关税征收（kommerkion）。帝国牢固地位于大商贸路线的十字路口地带，商贸路线汇聚于帝国境内的海峡，帝国控制并管理商业贸易达一个多世纪之久。在同外国

哲学学校。11世纪在一些行省和君士坦丁堡开办了许多这类学校。长期以来，帝国政府将其置于私人基金的控制下而没有一个条理性的策略。教学仍十分传统且主要为少数精英服务。

人签订的协议中，经济利益是首要的考虑。960年与阿勒颇埃米尔国签订的协议中，对以安条克为中心的希腊商人的航运制定了详细对策。至于同俄罗斯的协定，尤其是971年的协定，他们对与君士坦丁堡相连的交通进行严格管理，大量俄罗斯人一直攻击该城市直至1043年，可见帝国对海峡要塞的控制是多么牢固。1043年的危机具有重要意义，因为危机是由于希腊商人与俄罗斯商人在君士坦丁堡的争吵引发的，在这期间一位来自诺夫哥罗德的商人惨遭杀害。

　　拜占庭人清楚地知道如何迫使其西方一侧的地区承认其统治。在意大利港口，尤其是巴里港的航运，远离纷争，直到1071年才臣服帝国，阿普利亚的商人旅行到君士坦丁堡以至更远的小亚细亚地区。此外海上共和国阿马尔菲和威尼斯正式臣服于帝国，直到10世纪末，他们的移民才与帝国其他商人一样接受相同的关税规则。征收关税的官员确信自己的实力，无论如何从未惩罚过他们，992年之前，每艘装载船进出威尼斯都要付30诺米斯马塔。之后，威尼斯人从巴西尔二世那里获得了首个特权，规定入关税为2诺米斯马塔，出关税为15诺米斯马塔。这为以后的扩张提供了基础，但税收仍然太高，致使西方不能完全控制拜占庭市场。令人吃惊的是，大量外国人涌进帝国，而拜占庭商人则很少跨出国境。事实上这并不令人吃惊，就像帝国制订对外均势政策并动议进行国内社会政治改革一样，帝国的全面繁荣证实了帝国掌握自己命运这一观念的正确性。这一观念鼓励希腊商人等待顾客上门而不是去恳求他们。控制着北部和东部的交通干线，帝国处于一种半垄断地位。从帝国的观点来看，允许外国人进入帝国市场并进行交易，这已经是给予他们很大的特权了。然而，当帝国不再控制大部分贸易之时，这种被动的心态就变得很危险。宣称贸易繁荣不能产生真正的贸易精神，这无疑是错误的。更确切地说，恰恰与普通观点相反，正是帝国国内贸易优先接管了国际贸易。这就使得商人阶级观念受限，而且从性情和技巧上都不符合意大利商人的标准（拜占庭从来没有建立起自己的银行制度），意大利实业家的技能是与此完全不同的。

古代世界最后的繁荣

巴西尔二世的统治，使颇塞留斯颇感疑惑。他写道："这个国王并不关心学者，事实上他完全鄙视这些学者。让我吃惊的是，那时本应是哲学家和演说家辈出的时代，但皇帝却是如此地鄙视文化。"在 12 世纪初，安娜·科穆宁娜也强调了这个明显的很难理解的矛盾。

文化交流的尝试

我们不能高估拜占庭帝国的文化，虽然拜占庭文化和同时代的西方文化相比是优越的，但它只是局限于一个相对狭小的社会范围内。与 10 世纪中叶一样，普通教育通常是私人开设的而且是要付报酬的，所以只有那些社会名流才能享受，包括官员的后代、法庭和教会的显贵人物。此外，这种学校主要设立在首都，其他行省的城市通常没有。940 年左右，阿布拉米厄斯（Abraamios），即未来的阿陀斯的圣亚瑟纳西斯，不得不离开特拉布松到君士坦丁堡接受教育。即使他们看起来非常谦卑，但是君士坦丁堡学校的学生——920 年至 930 年间为 200 至 300 人——给人的印象是，只有极少数人能够在高于初等教育的领域内有所进步。虽然如此，到该世纪中期，在君士坦丁七世（生于帝王之家的）的统治下，学校数量有所增加。政府注意到这种新现象，觉得有必要建立相应的控制措施。当然学校仍然是私人机构，但是已经出现了官方的"督学"。这是一个拥有惩戒权力的职位，而且在皇帝的承诺中要求其进行全新的教学。这样的发展不难理解，当政府机构成为发展的主要推动力量时，学校是未来政府官员的培养基地，所以关注教育质量是很自然的。

10 世纪后半叶，几乎没有任何关于学校的信息。在 11 世纪，我们发现学校的数目有所增加而且行省的立法也更加健全。但是，与我们推测的正好相反，政府的管制有所放松。君士坦丁堡的学校是一个庞杂的群体，仍然为私人学校而且要收费，但是种类却是各种各样。圣保罗学校是国立学校，由政府出资，但圣彼得和戴厄科尼萨（Diaconissa）的校长则是由创办人任命的。另外，学校的层次也不尽相同。虽然圣彼得学校为学生提供大学层次的教育，但也只是局限于教授修辞学和哲学，有的甚至只是教授写作和语法课。我们应该注意到这一令人不安的事实：最具威望的圣彼得（St Peter）学校，很大程度上依靠教会，这表明国家对教育并不感兴趣。

缺乏兴趣还表现在"高等"教育或"第三级"教育上。10世纪初，君士坦丁七世（生于帝王之家的）本人曾试图让沉寂的大学恢复生机，但是由于哲学、修辞学、几何学和天文学等方面的高等教育对宫廷群体的冲击要大于对大学的冲击，所以很快便湮没无闻，到10世纪下半叶便消失殆尽了。埃德萨的马修（Matthew of Edessa），一个相当不可靠的资料提供者，当他描写齐米西兹统治下君士坦丁堡的哲学家和学者们时，我们不能确定他所指的就是公立高等教育。事实上，正如我们在圣彼得学校见到的那样，11世纪有教养之人很可能是在这些私立学校接受教育的。1028年欧什埃塔（Euchaita）未来的主教约翰·茂罗普斯（John Mauropous）规定这类私立学校可以自由开放。颇塞留斯是那一时期最博学的人之一，门下有多位高徒。他针对那些供职于公共机构和可以教授初学者的高年级学生开设了口语教育。毫无疑问，颇塞留斯此举为学校培养出了君士坦丁·莱希欧德斯（Constantine Leichoudes）、约翰·希菲利诺斯（John Xiphilinos）和拜占庭的尼科塔斯（Niketas）等著名人物。颇塞留斯在给大主教约翰·希菲利诺斯写的送葬挽歌中说：众所周知他是演说家、法学家和哲学家，而不是听众和领袖。我们已经看到高等教育组织异常紊乱，它只能惠及一部分"幸运儿"，而且大部分学生也只接受了中等教育。他们没有勇气继续深造，按颇塞留斯的话来说是因为统治者不愿意招募那些文化底蕴单一，难于管理的人。

因此君士坦丁九世（单独战斗者）的"改革"应该是正确的设想。最新调查表明，单独战斗者并未创建哲学高等教育，在这样的学校里颇塞留斯肯定是"最为学校增色的人"。1050年至1070年，颇塞留斯被推崇为"哲学家的首领"，使其可以凭此资力视察现有的哲学学校，但这似乎只是个人荣誉而已。关于单独战斗者领导下的法律学校的历史，更令人感兴趣的是它最终失败了。在10世纪和11世纪早期，法律知识完全依赖公证团体，他们在教授法律的学校里拥有绝对权力，我们并不甚清楚公证人任命的教师是否得到了君士坦丁堡主教的批准。无论如何，政府无法控制那些社会地位逐步提高的君士坦丁堡中产阶级后代的学习内容和水平。这种情形是皇帝无法接受的，他欲在1047年发布的《新律》中予以答复。从那以后，"司法总监"（nomophylax），最先是约翰·希菲利诺斯，专门负责教授法律并监督学习。学生们将从理论和实践两方面学习法律知识，同时还要学习希腊语、拉丁语和其他学科以防止律师们陷入"抽象的诡辩论"。从那以后，这些课程成为公证人的必修课。在他们入校时，"司法总监"必须检测他们的法律和文学水平，任何违反这一规则的人都将被淘汰。这项改革旨在恢复对已卷入政府运转中的法律行业的控制。为此皇帝向新学校的学生们许诺，把他们安置到帝国最好的部门中，在那里文官开始受到重用。但这一改革注定要失败，一方面是因为"司法总监"势单力薄，另一方面史料中没有留下他们活动的重要线索。这无疑是因为在经济扩展时期，其教学被认为缺乏效率和经验而遭到了律师和公证人的反对的结果。

政府不应对教育漠不关心以致将其全权委托给他人。应该记住拜占庭的私立学校是传统的而非宗教的，不提供宗教教育。这意味着直到11世纪中叶皇帝才开始担心教会——其活动领域一直受到拜占庭国家政策的严格约束——会影响政府官员所学知识的性质，甚至会影响他们的权利观念，至少就眼前看来是这样的。然而，将来这种危险会更大。从10世纪起，许多教会的显要人物开始庇护学校并给予资助。我们知道在11世纪，君士坦丁堡最重要的学校圣彼得学校很大程度上要依赖于大教长。当然，文化和政治方面的教权主义危险还比较小，因为中产阶级的发展使该阶级操控神职空位。但是，新兴统治阶级力量的任何削弱都会使神职人员有机会潜入政府机构并建立一套不同的思想体系。

此外，不谨记10世纪编纂百科全书的成就将很难理解私立学校所扮演的角色。君士坦丁七世（生于帝王之家的）编纂了一系列实用性著作。这些著作几乎涵盖了所有的知识领域，有普通智力和教养的人可以依此进行更高层次的学习。丛书的编纂导致学校数量在世纪之交猛增，从此没有了特殊的限制，勤勉的校长可以教授易于掌握的知识。尽管如此，这些编纂的书籍十分庞杂且不易掌握。到11世纪，情况有所改变，人们意识到所有必要的知识都应载入一个巨大的手册，并按字母顺序排列：这就是《绍达》(Souda)，"编辑中的编辑"，依照字典里的排序提供定义、语法的详细解释和人物传记的信息。从那以后，倘若人们知道怎样读和说，再拥有这样一部字典便可担当老师一职。字典讲述了基础文化，非常适合商店老板和办公室雇员之类的人。

政府和公众都从这种教学中受益，私立学校肯定抵制这种方式并有足够能力迫使政府的干预不起作用。大多数家长和学生不再要求更多，很可能是圣彼得学校的老师的颇塞留斯说过，他的大多数学生只对有利于他们就业的科目感兴趣。这意味着他感兴趣的不是科学四科（指算术、几何、天文、音乐）的基础讲解，而是以拼字法、语法、法律和修辞学为基础的文学教育——简而言之就是一种抄写员的培养。对这种枯燥无味文化的最好的表述就是学院式教学方式(Sche-dographia)，一种纯粹的技术培训，包括详述大批演讲题目 (topoi)，同时尽可能地运用已知词汇。首都各学校之间竞相传授学院式教学方式以及教学手册，这表明这种"专门技巧"方面的能力是一种重要的生存之道。我们也许会蔑视这种毫无意义的技巧，包括颇塞留斯在内——他从未向他的初学者传授过这种技巧——但我们不该忽略它积极的一面。这种"新的修辞学"有助于改进写作语言，到11世纪末它达到了最高水平，而且这种二流文化得到了广泛普及，它可以使人们正确地阅读和书写并清晰地表达复杂思想——这对于高效的行政部门和店主及商人来说都是非常重要的。就行政部门而言，从首都官员到微贱的执行者可以正确地传递并理解行政部门的指示，就店主和商人而言则可以保证其合同的清晰和准确。这一独特技能在11世纪不断发展，给拜占庭行政部门带来了不可否认的高效率，即使在其中央权势开始动摇之时也是如此。由于这些技能得到普及，也使中产阶级在行政部门的地位得到提高，并能更好地经营事务。

在 10 世纪，学知识并不普遍但水平很高，受教育的人十分缺乏，这意味着每个人都渴望获取知识。政府求贤若渴，重用提拔知识分子。在接下来的一个世纪，当涌现出大批技术人才时，追求更高层次的教育仅仅成为个人爱好。精英集团中有些人曾经十分贫穷（茂罗普斯和颇塞留斯即是如此），但是一旦收入得到保证（通常通过受雇于政府来获得），便能以一种完全不同于上世纪的方式使自己融入古代文化之中。这导致了古典哲学的复苏。最重要的是柏拉图哲学的复苏，颇塞留斯牺牲了深层次的含义以达到和基督教相一致，但颇塞留斯对古典哲学的精髓有了真正的理解。尽管颇塞留斯仍是一个忠诚的基督教徒，尽管他很可能会像柏罗丁（Plotinus）、普尔菲利·埃姆伯利科斯（Porphyrys Iamblichos），尤其是普罗克洛斯（Proklos）那样从新柏拉图主义者（Neoplatonists）的角度看待柏拉图，但是一旦形成这种局势，可能又会产生基督教教义和柏拉图不相容的状况。因此，就在教会为教徒阐释其特殊教义之时，危机显现了出来。11 世纪中叶，拜占庭第一次出现真正的以"三师傅"（《圣诗集》、《使徒书》和《福音书》）为基础的教会教育，只有那些与基督教相一致的亚里士多德的书才被认为是哲学。显而易见，颇塞留斯继承人不能依赖公众观念，公众观念往往很少涉及思辨问题且始终准备支持教会权威。

自信的教会

总的来说，11 世纪的教会还只是秘密地发展着，在政治和教义上都死气沉沉。教会最引人注目的就是遗产的保留和增加，这只有对政府十分顺从才能实现。大部分主教都是平庸之人，只有从事过前政府行政工作的主教才比较有名，比如君士坦丁·莱希欧德斯或约翰·希菲利诺斯。显然，这样的主教不会不支持自己任职的政权，甚至从道德上讲亦应如此。1071 年当罗曼努斯·戴奥杰尼兹因叛逆被捕并致盲时，希菲利诺斯的沉默很让人感动。1024 年至 1058 年间担任主教之职的米哈依尔·克鲁拉里奥斯（Michael Keroularios）是个例外，正所谓有例外才证明有规律。他在一次阴谋失败后开始受制于人，这个野心勃勃的宗教狂热者的政治影响力很大，时常与皇帝意志发生冲突（比如 1054 年），但他从未成功地复兴教会，人们也不视他为教会的化身。1058 年艾萨克·科穆宁未遭任何反对就将其取而代之。

此外，宗教神学还很传统，当莱希欧德斯和希菲利诺斯不是律师的时候，主教对阿莱克修斯·斯图迪提斯（Alexios Stoudites）这样的人还是很虔敬的。如果想了解 1054 年教会分裂的历史，这是一个重点。我们应该记得当时罗马和拜占庭没有任何分裂倾向，他们建立反诺曼联盟以抵御南部意大利的诺曼人，但克鲁拉里奥斯不愿不惜任何代价与罗马结盟，因为这需要对教皇做出让步而且会阻止克鲁拉里奥斯得到他梦寐以求的东西：对罗马和君士坦丁堡这两大教区同等程度的认可。毫无疑问，1053 年初《圣经》文句经克鲁拉里奥斯仆人之口出人意料地传出，唤起了两教之间长久以来的争论，现在的主要争论点是仪式问题（没有发酵的面包、星期六禁食，尤其是牧师禁欲）。这一争论使人们想起了东正教学说和天主教教义之间不可逾越的鸿沟，但1054年7月15日和20日，教皇使者宣读教皇诏书，开除克鲁拉里奥斯的教籍，紧接着克鲁拉里奥斯宣告对罗马教皇使者及随从的诅咒，这一戏剧性的举措并未真正解决他们的关系。这些举措完全是徒劳的，因为利奥九世在那时已经死了，而同时代的人则只把它们当作一段插曲。虽然拜占庭方面的资料对此只字不提，但罗马并没有放弃寻找根据。1058年，教皇斯蒂芬九世（Stephen IX）派蒙特卡西诺的德西德利厄斯去拜占庭执行一项任务。是政治环境铸就了伟大的修道院院长，一听到教皇去世的消息，德西德利厄斯马上从去君士坦丁堡的路上返回。格列高利七世本人长期坚信一定会和拜占庭达成协议。11世纪末，双方宗教信条的分歧越来越大，但却没有人提到"分裂"。

与两种信仰关系不大的事件能更好地说明这样一个事实，即在同时代人眼中，它们基本上是相同的。南意大利的情况众人皆知。我们知道希腊修士，如罗萨诺（Rossano）的尼洛斯（Nilos）很受国君和希腊牧师的欢迎和尊敬。尼洛斯本人在蒙特卡西诺用希腊语主持宗教仪式并与罗马保持良好关系，在那里有许多希腊修道士。影响教皇和大教长关系的管辖范围问题，在人群混杂，两方典礼同时举行并分别受到尊敬的时候，无疑只有微弱的附和。其他基督教国家，如俄国，同样存在共存现象。我们现在知道来自欧洲中部、斯堪的纳维亚以及德国的拉丁牧师改变了俄国人的宗教信仰。国王弗拉基米尔于987年在基辅接受洗礼。989年他和拜占庭公主安娜的结婚，即使按常规它导致了希腊牧师先进编制的建立，也并不能认为是向"东正教的转变"。当地的牧师力量和传统的西方化促进了俄国教会向东正教行列的缓慢进步。直到1037年一位希腊主教才被派到基辅，1081年至1118年阿莱克修斯·科穆宁统治之时，正式宣告基辅为君士坦丁堡的依附城市。此外虽然它的宗教命运与俄国相反，但匈牙利却在两教之间和谐地发展着。罗马的勇士斯蒂芬一世（King Stephen I），在其统治期间只支持基于希腊文化之上的修道院，最著名的是维斯普雷姆沃尔吉（Veszprémvolgy）修道院，尤其是在安德鲁一世统治时期，其他修道院纷纷建立，希腊修道院直到13世纪才消亡。

11世纪拜占庭教会真实地反映了帝国本身的实际情况、帝国文化甚至经济。由于没有侵略行为，加之变化缓慢，在一切事务中的要求都非常适度，我们从中所获得的成功印象是需要很长时间才能消退的。

艺术巅峰

在拜占庭历史上，马其顿王朝时期拥有很高的地位，不仅因为与其他时期相比它给我们留下了更多手稿和马赛克画，还因为它促进了成熟审美学的繁荣。也许从中我们能找到破坏圣像行为的正当理由。为了勾销过去的错误从新开始，8世纪，皇帝广开门路寻求合作，但由于艺术家们对古典文化的崇敬而受阻。并不是说这已不复存在，悬挂的礼袍，运动员的肌肉结构、透视法都运用了象征手法，体现出明显的希腊风格。虽然10世纪的艺术家的经验往往根植于过去，但他们思考的却完全是现在——在首都，在亚美尼亚，在卡帕多西亚和保加利亚。在灾难降临前夕，一种新的艺术产生了。随着"罗马风格"在西方的出现，基督教两部分的差别不再只是政治方面的了。

这里我们不谈建筑，无疑那是东方艺术的弱项。11世纪以希腊十字架形状修建而成的小教堂在整个帝国迅速发展，与6世纪的巨大建筑物相比，它算是比较小的了，至少他们允许忠实信徒看一下圣像计划建筑图。它可以被保留下来，这是教义压制的主要目的：神圣的特权阶级和普通人平起平坐，包括皇帝自己。这就是全能的基督(Christ Pantokrator)，可怕但又和蔼，在中心的圆顶屋里登基，有少女在教堂半圆形后殿侍奉。以希俄斯岛上新莫尼修道院、阿提卡的达弗尼修道院教堂、福基斯的斯特里斯的圣卢卡斯修道院的金色马赛克为背景，配以强烈表现力和卓越的色彩技巧，衬托出醒目的人物形象，这完全优于拉文纳或圣索非亚的公式化模式。在下个世纪，保加利亚和俄国的艺术家，包括巴勒莫和托西罗(Torcello)的艺术家就只能模仿这些庄严而神圣的表现手法了。

不管是修道院还是城区都崇尚奢华。首都的画家工作室、阿陀斯山(Mount Athos)并不知名的画室、卑斯尼亚(Bithynia)的奥林匹斯山以及帕特莫斯岛的画室，给我们留下了大量配有插图的手稿，那都是世界艺术杰作，生动详细地为医学和农业论文配画插图，用最奢华的纸张来描绘《福音书》以及克里索斯托或纳济阿苏斯的格列高利(Gregory of Naziazus)布道募

捐的情景，还有诗篇和圣餐，艺术家们运用了遮避色彩技术，注意了轻微色彩间的细微差异，还使用了玫瑰色和灰棕色，可以说印象派是在1020年至1080年间的拜占庭诞生的。

事实上，这些都是杰出人物的卓越作品。考虑到每天的写作都要进行审慎的思索并要保证质量，很难相信不同的社会阶层没有任何共同点。也许知道灾难即将来临的历史学家被这最后的闪光所感动而大叫"太迟了"。尽管如此，他们依然向即将灭亡的拜占庭表示最后的敬意。

这一罗马式动物寓言集中的一个奇妙动物的造型为中世纪的水罐，做弥撒时装水用来洗手，是一个龙吃人的造型（出自12至13世纪的洛林，纽约，城市艺术博物馆，修道院收藏品）。

第二编

欧洲的崛起：
约1100年至1250年

第六章　欧洲扩张的开始

现在欧洲释放出了极大的创造力。沙特尔的伊沃（Ivo of Char-tres）的听众、克吕尼修道院的创始人、托莱多的征服者、圣地的十字军——所有这些生活在 1075 年至 1100 年之间的人都是新千年之初辛苦劳作者的后裔，他们是第一代欧洲人。我们现在所要关注的欧洲，当然并不限于与世隔绝的学者或士兵以及在古代废墟上四处游荡、穷困潦倒的零散居民。由于他们所拥有的势力和声望，有可能被来自南欧（来自于拜占庭帝国或伊斯兰世界）的人推翻。自此时起，我们还将关注村民、商人、骑士和"中产阶级"，他们正在日渐摆脱古老地中海的庇护。从这些人当中，我们看到历史趋势发生了重大转折，日耳曼人地区和凯尔特人地区逐渐占据了主导地位，当然，这并非意味着西班牙、意大利或斯拉夫

地区就应该败落。其实约在 1260 年或 1270 年，在开罗、中国、巴格达、卡法（Caffa）、里弗和俄罗斯中部地区，我们发现有许多西方人，而且并不仅限于法国人和德国人。不过有一点是毋庸置疑的，这里是欧洲的主要发源地：波那文杜拉（Bonventura）是意大利人，雷蒙德·勒尔（Raymond Lull）是西班牙人，罗杰·培根（Roger Bacon）是英国人，大阿尔伯特（Albert the Great）是德国人，亚当·德·拉·哈利是法国人（Adam de la Halle），马可·波罗（Marco Polo）是威尼斯人，杰汉·波奈布鲁克（Jehan Boinebroke）来自杜埃（Douai）。智者阿方索统治着卡斯提尔，圣路易统治着法国，还有安茹的查理统治着那不勒斯，库尔特内家族（Courtenays）统治着君士坦丁堡。正是这一外部扩张和同时发生在欧洲内部的各种冲突共同促使欧洲发生了决定性的变化，自此以后欧洲拥有许多孤立群体。从 1080 年到 1280 年，韦兹莱（Vézelay）和科隆的建筑、萨恩·萨维尼奥（San Savinio）的壁画和吉托（Giotto）的壁画、圣安瑟伦和圣托马斯·阿奎那（St Thomas Aquinas）、《罗兰之歌》和吕特博夫（Rutebeuf）、加泰罗尼亚的法典（fuero）和西里西亚的智慧（weistum）、圣徒奥默（Saint-Omer）行会和佛罗伦萨的羊毛商行会（Arte della Lana）章程、加泰罗尼亚的曼克索斯（mancusos）和威尼斯的杜卡特（ducats）之间，仅有量的变化而无质的变化。在这两个世纪中，我们看到欧洲的政治和经济开始起步了，或者说"起飞"了，现代的经济学家可能这样说。尽管随后个人主义领域的特征凸现，从表面上打破了这一统一进程，我们仍须阐明这一发展在历史延续进程中的最初表现，有时甚至需要追溯到 1000 年左右来寻找它们的源头。

荒野被开垦，人们集体外迁，从长期来看村庄面积增大一倍，城镇郊区范围扩大了。这些绝非是代偿性现象，它们同时发生，而且只能出于一个共同的原因——人口稳定增长以至过剩。事实上，这是欧洲大陆所经历的范围最大、时间最长的人口增长（一直持续到18世纪晚期）。人口增长问题还远未解决，它必须是我们研究的起点。

人口增长

1400年，甚至1350年之前的中世纪人口统计学的声誉极坏（现代的统计学家嗤之以鼻，"现代主义者"不屑一顾），各地人口数模糊不清，某一有限的数据也纯属一种"估测"。即便这样，如果没有统计学头脑的话，我们也从中得不到任何有价值的东西。与人们一般所认可的方法相比，我们有更多的方式来处理这个问题。12世纪传记中提到的家庭成员构成、证人名单、城镇面积、土地面积的增大，还有13世纪以人头计数形式对佃户进行的人口普查，都是我们可资利用的资料。优雅的骑士之爱、武功歌（a chanson de geste）或某一习俗与以后的资料相比，或许常常是婚龄、生育、性欲和寿命方面更好的资料来源。而且，即使这一时期的墓地并不像中世纪早期的墓地是一个丰富的资料来源的话（因为墓地被占用后，死者就已经与前几个世纪的死者混在一起），至少工具、家具和肖像画还可以提供有价值的补充性证据。

人口的计算

让我们把这些数据集中一下。目前，惟有美国的历史学家对整个欧洲的人口总数做过估算——尽管他们并没有达成一致。据拉塞尔（Russell）估计，950年欧洲有2300万人，1100年约3200万人，1300年前5000多万人；贝内特（Bennett）的估计更确切一些，他认为1000年欧洲有4200万人，1050年4600万人，1100年4800万人，1150年5000万人，1200年6100万人，1250年6900万人。此外还有许多针对各个地区的估计数字。虽然这些都是估测性数字，但我们还有一份可靠的资料来源——《土地赋役调查簿》（Domesday Book）（《末日审判书》[The last Judgement]）。这份记录的产生，连同早期英国王室和领主的经营账目，共同说明英国在中世纪经济研究方面的优势地位。"征服者"威廉去世前不久实行的这个逐村调查如此精确和严肃，以至于几乎从一开始它就被冠以延续至今的名字：《末日审判书》。从中我们得到英格兰1085年的人口总数为130万人（在严格意义上说 [stricto sensu]，包括几乎遍及整个英格兰的英格兰人、诺曼人、丹麦人和布立吞人 [Bretons]）。这的确是惟一的一份有着不容置疑的重要意义的地区性文献，现在借助于推断和计算，奇波拉（Cipolla）得出同一时期的意大利有 500 万人，德国学者阿贝尔（Abel）提出，同一时期的法国有 620 万人。

不幸的是，为了找到这方面的有效数据，我们必须追溯到 14 世纪，不过，显然没有这样一个终点时段，我们不可能接近主要问题，即欧洲人口增长的速度和程度。1350 年之前，只有少许数据可以利用，它们或者来自于一般性文献，诸如法兰克王国部分地区实行的《家族调查》（*the Etat des feux*）；或者来自于地域范围更小的统计名单，如意大利的一份关于农夫的统计名单；或者来自于英格兰、西班牙和法国的专门文本，通常是财政方面的，从中可知英格兰诸岛有 350 万人，法兰克王国有 1200 万到 1600 万人，意大利有 800 万到 1000 万人。事实上，至关重要的是两个世纪之间的人口差别（或者也许是 3 个世纪，如果我们把 1000 年作为人口增长的可能性起点的话），对此 200 到 300 年时间内的人口数目进行的比较表明：意大利的人口增加了 1 倍，英格兰的人口增加了 2 倍，法国的人口增加了 2.5 倍。我们所掌握的有关德国和斯拉夫国家人口增长的有限数据表明，这些地区的人口增长率似乎等同于，甚至超过远方的地中海地区。不过，这些地区从一开始是不是人口更少，或者自此以后，人口增长是不是更快了都无关紧要。以上内容所要突出强调的结论已显而易见：欧洲北部地区的人口赶上继而又超过了欧洲南部的人口。如果有人密切追随微观年代学的变化的话，这一点甚至更为显著，他会发现，恰好在 1250 年之后，德国和斯堪的纳维亚地区出现了"人口泛滥"般的增长，而与此同时，欧洲西部和南部地区的人口似乎已停止增长。

事实上，我们有可能更加清晰地界定这一形势，例如，对诸如每户家庭中儿童的人数、孩子夭折不能再生育的夫妇的比例，或者独身者的比例等特例进行细致的分类、整理和鉴别。拉塞尔提出的关于欧洲整个西北部地区的人口数据似乎太高了，我们将采用斯利克·范·巴思（Slicher van Bath）、W. 阿贝尔（W.Abel）、L. 格尼科特（L.Génicot）、R. 福西耶（R.Fossier）和 A. 谢德维尔（A.Chédevine）对卢瓦尔河和莱茵河之间地区的人口估计数字，它给了我们以下有关每个有后代的家庭中儿童平均人数的数据：

1050—1100	1100—1150	1150—1200	1200—1250	1250—1300
4.2—5.7	4.8—5.3	4.3—5.2	5.3—5.4	5.2—5.75

如果我们推测不足三分之一的男子和女子没有孩子的话，那么我们据此就可确定，12 世纪包括各个阶层（尽管这本身就是一个问题）在内的人口年均增长率：英格兰 0.46%，法国西部 0.48%，穆斯林地区 0.44%，皮卡尔迪地区 0.34%。不过与当今第三世界所经历的人口增长相比，这是一个极低的人口年均增长率，因为它持续了特别长的时间（整整二百多年），人口才增长一倍，或在某些情况下增长两倍。

还剩下一个非常重要的统计领域——人的寿命或"寿命预期值"。拉塞尔运用"寿命预期值"

葬礼。国王爱德华被葬入刚刚献祭过的威斯敏斯特（Westminster）的圣彼得大教堂。八位皇家人员抬着裹尸布包扎的尸体，歌祷堂的男童摇着手铃，教士和主教们唱着祈祷歌，上帝的手停悬在上空（贝叶挂毯）。

的准则（我们知道这与现实没有多大关系），仅仅注意到人的寿命在 1100 年至 1275 年间肯定从 22 岁增长到 35 岁，因为我们所知道的权势人物在此时间段内的死亡年龄向我们提供了相当可靠的人均正常死亡年限的数据——君主从 48 岁到 56 岁，教会人士的寿命甚至更长一些——而且，因为没有理由认为这些数字仅适应这一个阶层，所以寿命延长似乎只有一种解释：死亡率下降。

　　一方面,这一点可以从 10 岁以下儿童的死亡率中看出,瑞典、波兰、匈牙利的墓地挖掘揭示,12 世纪的尸骨残骸中，10 岁以下儿童的比率是 20% 到 40%；另一方面，母亲的死亡率也可做出证明，虽然除了利用贵族家族谱系之外，确定这种死亡率还比较困难，但我们可以仿效"医生"和"学者"的做法，利用 1100 年之前萨勒诺、巴勒莫和瓦伦斯（Valence）地区的阿拉伯或古代产科医生的纪录，对此问题进行阐释。

　　在朝着这个有着重要的基础性意义却被忽视的研究课题进发过程中，尽管我们装备并不精良，但结果向我们表明：成年妇女的高死亡率——在一个缺乏药物预防的社会里，这是一个典型现象——或许正好与年轻男子的高死亡率相平衡，后者的发生遍及所有世纪，至少在欧洲一直如此。两性间的年龄关系，或者男女结婚时基本的数字联系都是欧洲社会的一个重要特征。许多女孩很小就已结婚，剩下的进了修道院；很少有男孩急着结婚，即使当时妇女分娩死亡率仍然很高，他们也一直等着，而且挑三拣四。许多想成家立业的约 30 岁的单身男子——不管是士兵、手艺匠还是耕地农——在城镇和乡村形成了一个真实存在的"阶层"，他们缺乏耐心、独立自由、放荡不羁，但是当最终安定下来时,他们有时比妻子大 10 岁或 15 岁。这一婚姻"模式"在文学、宗教和法律领域里有着广泛的寓意——社会的、情感的，甚至经济方面的。众所周知，那时在诸如丈夫与妻子的关系、父亲与子女的关系、舅舅与外甥或外甥女的关系方面，也与我们的时代形成了鲜明的对比。

人口增长可以得到解释吗？

我们看到，1050 年至 1250 年间，几乎各地的人口增长都达到一个最高峰，如果难以对此进行量化的话，要探究它的起源或原因就更加困难。公元 1000 年之后，或者更早一些，即使最先的征兆并非如一些人所认为的是"婴儿出生高峰"而是死亡率下降，那么欧洲人口为什么增加了呢？我们可以直截了当地说，除了当时人提出的认为上帝之手遮掩了他的子民的原因之外，当前研究中提出的各种假设都是严肃、合理和值得重视的。另外，外出旅行或垦荒的男子都是来自各地的乡下人，像在城镇里一样，他们也有自己的先辈，所以我们必须排除坚持单一的地区性原因的观点。较为完好的尸骨保存状态、无可否认的技术传播、谷物产量的增长都显示出，在 12 世纪，存在于欧洲的持久饥荒状态正日渐消退。学者们试图寻找生活条件改善和婴儿出生率提高的技术性原因，但起源是什么？阶段如何？推动力又是什么呢？

即便这样，我们也须谨慎，不要太乐观。严重的粮食危机在 1005 年至 1006 年、1031 年至 1033 年、1050 年和 1090 年袭击了整个欧洲。自 11 世纪前半期发生了如此严重的警告之后，饥荒并没有减缓下来，1123 年至 1125 年、1144 年、1160 年、1172 年、1195 年至 1197年、1202 年至 1204 年、1221 年至 1224 年、1232 年至 1234 年、1240 年、1246 年至 1248 年、1256 年和 1272 年发生的饥荒都很严重，尽管灾难并非毁灭性的。不过因为它们仅在彼此孤立的地区发生影响，所以以上这些令人忧伤的数字罗列显示了最为重要的一点，即最初的欧洲社会被有效地分成各自独立的几个地区，相互之间没有货物流通，也不存在相互抗衡的力量。

11 世纪之后，欧洲在 3 至 10 世纪里所受到的骚乱和暴力冲突逐渐减少（除了 13 世纪一扫而过的对蒙古人的恐慌以及随后土耳其人的最后一次扩张），学者们将此作为人口增长的又一可能性原因。其实，直到现在我们（至少，我们当中的一些人已注意到）才看到欧洲缓慢地、和平地接纳着来自地中海西北部和非洲的人们。"基督教和平主义"为此开创了极为有利的背景，但是为什么欧洲在 14 世纪就衰落了，恰好在"传统"灾难之前？我们需要关注一下社会结构方面的原因吗？人类的组织形式——他们被合并进领主的庄园机构里——无疑与人口增长是同时代的现象，但前者是后者的原因，还是后者的一个结果呢？或者我们还应把人类的命运与气候的变化无常和诸如气温、湿度、生命自身繁衍之类的因素简单地联系在一起吗？在种种可能性中，最后一种目前还缺乏任何合理性的估测，历史学家已经适度地提出了一些经研究证实的事实作为参考——不过也仅限于此——值得我们关注一下。

经探究，一个被人夸张地称为"保育革命"的现象，早在 13 世纪就已经产生了。通过把婴儿送给领薪保姆（即给那些自己的孩子出生没多久就夭折的母亲），然后再使用各种方法使乳汁干涸，许多妇女发现自己可以不受哺育婴儿所需的长时段间隔（总计 18 个月）的限制而

一位整装上路的旅行者（出自《圣苏尔比斯圣经》［Bible of Saint-Sulpice］中的中产阶级，中产阶级是12世纪文献对自治城市市民的称呼）。

再次怀孕，婴儿出生间隔更为密集的机会增多了。

另外还有人关注杀婴行为，或者简单的避孕措施或流产方法（因为没有篇幅详谈这一点，在此仅提一下，这些方法的使用在13世纪就减少了），在一些介意头胎是女婴的地方，这些方法特别流行。有人说，这类儿童被杀死是中世纪早期人口增长停滞的原因之一。这类行为减少，除了教会的作用之外，无疑还有社会对女性的重新评价方面的原因，这一点我们以后再讨论。除此之外，寡妇的再婚——12世纪晚期，在许多贵族家庭里显而易见——使得婴儿出生率因连续再婚而提高了，尽管此做法已日渐不得人心。

令人不安的人口流动

五十多年前，马克·布洛赫发现影响欧洲社会群体的"布朗运动"——在当前动荡的年代里，我们比自文艺复兴之后定居下来的先人们更容易理解这一点。人们持续不断迁徙的原因并不比人口增长的原因更为清晰：对明天的不确定，对贫困的恐慌，各阶层的不安全感（例如，受首领支配之士兵的忐忑不安），还有物质享受的缺乏，饥饿的威胁，世俗依附的脆弱，以及现世仅是末日审判之后通往永恒生命的一个驿站的感觉。最近，历史学家又强调庄园制度在保护弱者方面几乎没有起多大作用，反而把大量的边缘人（marginal）、贫民、"流浪汉"驱逐出庄园。他们还强调必须把人口迁徙与社会和家庭结构紧密地联系在一起。尽管他们的研究仅限于中世纪后期，但至少结论是毋庸置疑的，庄园制度鼓励了导致其自身消亡的两大毒素的发展，即不受束缚又无特殊技能之人的无产阶级化、货币流通和用市场取代劳役。

在罗马大道上（尽管多少都已破损，但仍在使用），甚至更早出现的羊肠小径上，人来人往，络绎不绝：外出探险的贵族幼子、自比武大会返程的年轻武士的队伍、商

人的骆驼队、逃离修道院的修士、上学的学生、为看到和听到他们所要履行的义务不得不来回
跋涉早已精疲力竭的王公贵族和他们的侍从、流浪汉和朝圣者，还有朝着信仰衰微的地方或者
期盼他们去传教布道的离出生地 100 里格（league）①开外的地方进发的传教士和教会高级僧侣。
欧洲各地浪漫的爱情故事、武功歌、诗歌或编年史书之类的作为社会缩影的作品，几乎无不向
我们展示着这些内容。不过，对于历史学家来说，更为困难的是如何抓住这个最基本的细节问题：
村与村之间的人口流动。各地的证人名单将向我们指出这些"陌生人"、"客人"、"艺人"的出
生地，他们的确来自于外地，即使仅 100 里格之外。内部之间的人口流动才是最为根本的，它
正是以下这些事情发生的主要原因：适宜耕种的空闲地被开垦了，种植粮食的小块耕地面积扩
大了，在此之前彼此孤立的各村之间有了来往。不过，超过 5 公里、10 公里或 30 公里之类的
迁徙都是单个家庭或者小的群体集体进行的，因为需要攀登羊肠小径，翻越深山老林，穿越荒野，
像这类的迁徙根本不可能立刻完成或持久进行，而且在某种程度上，永远不可能统计出全部人
数来。1247 年，英格兰一个沼泽村的 47 位族长中有 3 个是不久前从 10 公里以外的地方迁徙
而来的。至于这些族长的孩子，就男孩而言，12 人进了教会，7 人去了城镇，24 人外出碰运气，
只有 23 人仍然留在村里等着成家。就女孩而言，27 人已在外地结婚且都已返回。这些都是一
些合理的数据，与稍后得到证实的皮卡尔迪和博韦地区人口统计数字相类似。

持续不断的垦荒

自 1000 年（如果不是在此之前的话），开始了大规模的垦荒运动，在欧洲西部的大部分地区，
人们支配的耕地面积在 1100 年至 1125 年间和 1250 年至 1275 年间达到高峰，莱茵河地区耕地面
积持续扩大直到 1300 年，不过，自 1200 年起，地中海地区耕地面积就开始减少了。这为我们的
研究提出了新的难题，尽管允许垦荒的特许状并不乏见（在皮卡尔迪地区，1152 年至 1180 年间，
每三个文件中就有一个垦荒特许状），但是在我们所研究的时间段的初期和后期，垦荒最频繁的
方式是个人主动进行或者至少以如此有节制的规模进行，以至于没有与此有关的书面文献记载。
所以我们必须研究地名，至少研究那些无疑与人们伐木和填海有关的地名，例如，德语中的"ried"、
"rod"、"schlag"，英语中的"hurst"和"shot"，北部法语中的"sart"和"rupt"以及南部法
语中的"artiga"。尽管事实上砍伐森林的斗争在后期仍然持续不断，但作为另一种可供选择的
方法，我们可以检验树木和低矮灌木的土壤成分或腐烂植被的成分，此领域六十多年前就已引
起加斯顿·普鲁纳尔（Gaston Roupnel）的注意。最后，我们还可以把希望寄托在孢粉学的发

---

① 里格：长度单位，相当于3.0法定英里（4.8公里）。——译注

现上，根据赫西（Hesse）、阿登、吕内堡（Lüneburg）、肯特（Kent）、瓦莱斯（Valais）泥潭沼泽地的土壤中树木的、草的和谷物的花粉各自比例的检测，人们可以从中得出可信的结论。不过，尽管有这些希望和可以确定的事实，我们仍不得不承认没有什么可为我们提供 1100 年至 1250 年间所有新增耕地面积的总数据。欧洲凯尔特人地区或许有 10% 的土地已被精耕细作，地中海地区有 10% 的生荒地得到开垦，斯堪的纳维亚和德国通过森林砍伐，新增 40% 或更多的耕地。这些数据仅仅是"印象"而已。与此同样困难的，是如何确定我们的档案资料里日渐增多的有关地产交易（改善自己世袭财产的一种手段）的文件所代表的确切意义。

人与生荒地

首先我们必须弄明白中世纪生产机制的内在矛盾，这一矛盾从未得到解决。所谓的"公共"地就是围绕在或多或少被人所控制的土地周围的土地，并不仅仅是边界，公共区域（haya），最后还变成了避难所，而且是中世纪经济的基本组成部分。在那里可以放牧牛和猪，人们——虽然来自于不同的阶层，各怀不同的目的——在那里打猎，采摘水果，挖掘可食的树根或者采集干果或树叶，收集柴火，以满足当时的生活必需。如果人们的挖掘深入到被翻耕的土壤以下，就会破坏谷物生长所必需的养分，但是人口增长的压力迫切需要额外的产量来予以缓解。这就是中世纪经济在最初两到三个世纪的扩张中，保持一种极不可靠的平衡状态并且出现地区发展不平衡的原因。只要有可能缓解每个居民最低额度的基本生活所需与领主的额外需要——作为一个贵族，维持其保护、审判之权和力量的费用——之间的矛盾，这一经济体制就能对所有可能发生的事情发挥作用，正是这一体制的瓦解标志着处于研究中的这一段漫长时期的结束。

人们对土地的渴求在历史上留下了许多清晰的印记，在此我们不打算追溯 12 世纪的土地契约给我们的启示。我们看到，在许多地区（加泰罗尼亚、伦巴第、萨宾 [Sabine]、巴伐利亚、佛兰德尔、奥弗涅、普罗旺斯），教会世袭财产和极少能被瞥见的世俗财产正在更加有利可图的基础上重建，有时甚至改变了分布区域，但这一事实并非是获得土地的无可争辩的证据，尽管它或许证明了人们对利润的一种关注，不过难以确定这种关注是土地增多的原因还是结果。但是，小农自由财产——"自耕地"，我们的观察靠近 1100 年时，有关这方面内容的文献便突然增多起来，这标志着新耕地得到了开垦。事实上，这一时期产生了原有耕地普遍私有化的变化。如果这些小块耕地不是自主地的话，它们也被小农以相当自由的条件占有，但租期很长，在意大利是三十年期限（livello）。这方面的文献几乎全部来自于土地征服的第一阶段，尽管 1100 年之前的花粉沉淀物显示了山毛榉树的消失和谷物的出现，此阶段的进程依然时断时续，而且仅靠个人的努力。

不过 1100 年之后，可以更加确信我们的证据了，因为书面文献给了我们关于正在发生的事情的更为详细的纪录：在法国和莱茵兰，领主们正为一种新的什一税（a novale tithe）——对迄今尚未有产出的土地征收的一种税——的征收争论不休。根据《末日审判书》得知，森林里放牧的牲畜正日渐减少；意大利中部的农民要求领主重新恢复他们对那些已被平整、圈围和开垦的林地的使用权；最后，虽然时

11世纪俄罗斯伐木工在诺夫哥罗德地区开垦土地（现收藏于莫斯科科学院图书馆）。

间不一，但几乎各地都有土地开垦或沼泽地排水的冲突发生。诸如此类的原始资料能使我们把握垦荒的规模。对肥沃土壤的开发，因缺乏有效的工具常被放弃，耕地又变成森林，组成了土壤的最基本元素，因为白垩质基础——泥灰土——上的黏质冲积土是我们今天最好的土壤。不过，开发土地的早期，或许在重大技术进步出现之前，都有一个对可能先于耕种活动的丰富牧区进行调查的预备阶段。既然这样，我们是不是只需等待，直到1140年或1160年布里尤德（Brioude）或图阿尔（Thouars）、图卢兹（Toulouse）周围的博克尼（Bouconne）、佩尔什（Perche）、皮卡尔迪、哈茨山和莱茵兰的乡村的灌木继而茂密的小树林消退呢？在这里人们种植小麦，但在巴伐利亚人们栽培葡萄，在英格兰的威尔德（Weald）和苏塞克斯，大部分敞地（open dens）仍然用作牧场。新获得的粮食生产区和牧场相混合的情形与排水地区正相适宜，这是堤堰建筑的主要时期，有诸如1160年至1270年出现于洛林地区的河塘（turcies）之类的堤坝，还有欧尼斯（Aunish）堤堰和布赖尔（Brière）堤堰。水渠、排水沟和下水道（waterstraat），从夏朗德（Charente）到弗里西亚随处可见，英格兰东部伊利周围的沼泽地也有这类东西。1080年至1160年，人们在罗纳河（Rhône）下游、卡马戈（Camargue）和朗格多克的咸水湖地区精耕细作，稍后又劳作于波河浸泡的地区。人们对峡谷和峭壁进行的徒劳的、无休止的、精疲力竭的征服常常被遗忘，典型的例子是地中海人征服不定期爆发洪水、布满山石、峭壁和沟壑地区的劳动，如出现于伦巴第平原的布尼法奇（bonifachi）、翁布里亚（Umbria）的格拉多尼（gradoni），普罗旺斯的奥茨（orts）和西班牙的灌溉冲积平原（huertas）。虽然不能确定此类活动的时间，但这的确是一项伟大的成就——人们用篮子搬运泥土，一个接一个地装卸石头。此类征服获得的土地最初只利于橡树、葡萄树和樱桃树的生长，而不适合小麦的生长，因为它的根很细，难以从土壤中吸收养分。

土地征服的状态和影响

　　同样，如果只关注相对短暂的十年间或者仅使用一种研究方法，将什么也做不成。如果我们从资料中筛选出无关紧要的内容，并把注意力集中于它们的共同特征上，我们会观察到北部地区（波河流域、加泰罗尼亚、普罗旺斯和奥弗涅）是垦荒最先引起轰动的地方，或许早于1000年，可以确定在1040年之前。直到11世纪中期，甚至到1100年，普瓦图、阿基坦、诺曼底、佛兰德尔才变得活跃起来。12世纪此类活动出现于巴黎周围地区、巴伐利亚、洛林周边地区以及英格兰的中心地带。12世纪末和13世纪初又见于英伦岛中部、萨克森和法兰克尼亚地区。在每一地区，对大自然的这一征服似乎都分两个阶段进行，中间间隔三十到四十年，原因无疑是第一阶段结束后需要花时间恢复秩序，每个阶段持续两到三代人的时间。此类活动之前或许是单个人的开拓性努力，个人在这方面的努力是孤立进行的，甚至被排除在一般性群体之外，而且没有被任何文献所记载。如果13世纪领主法庭审判风行一时的现象可以作为任何向导的话，此类活动之后便出现了农民暗地里持续不懈地进行违法砍伐依然受领主管辖的树木的垦荒活动。所有这些都有可能发生，不过我们的资料中并无诸如此类的纪录。尽管最后出现于人们生活中的土地是如今最好的麦地，甚至在当时就已经成为人口密集区，我们仍须接受这样一个事实，即在古代垦荒运动中，只有条件具备时，需要劳动力和技术的对橡树林或灌木林（maquis）的砍伐活动才会发生。

　　纵观土地征服运动，其产生的社会影响似乎比其发展规模更具有明确的意义。不管是个人主动（违法的），还是被领主招募，这些开拓者（垦荒者或伐木工，他们长期辛苦地劳作，三年、五年甚至十年都没有一点获利的前景）都与领主签订或者迫使领主签订对自身有利的契约，这一做法也影响了原来的地产。这些契约包括减少或取消为领主提供劳役或无偿耕种的天数；以缴纳部分粮食作物（terrages、champart、agrière）的方式占有小块耕地。按最严格的意义讲，原先不占有土地而缴纳收获物的做法是一种分成制，其中缴纳收获物的一半是最为普遍的做法。现在，甚至在分成制依然牢固的地方（如意大利或阿基坦），也只征收不到三分之一的收获物，或者实际只征收六分之一。在1200年之前，这一做法似乎对双方都非常有利，因为我们看到只几代人的时间，它就传遍了整个西部地区，因而伴随而来的几乎遍及各地的个人解放也就不足为奇了，领主给他的农奴颁发集体解放证书的做法与这些垦荒活动正相吻合。

　　当然，我们在文献中看到的对象仅限于领主，我们须等到13世纪中期（在英格兰稍微早一点），才会发现一些允许我们观察领主之外的人的资料，即使不能很精确地确定身份最低微之人在可耕地面积扩大中所起的作用，至少可窥见耕地面积扩大在农民小规模生产的集约化中发挥的作用。现在，我们正处于经济和社会的交界处。垦荒或排水的实际情形，我们从"契约"

中可略见一斑。它揭示了两个主要特征，首先，劳动者的划分并不仅仅依据特定的技能（这类划分依然是都市里的主要现象），而且还依据责任和利益：发起人，经常都是教会人士（在我们的资料中占绝对优势），他们征收什一税；世俗承办者（locater），地方领主或富农，他们获得"正当利润"，经常而直接的收入是地租；佃农，为生产基本产品的人；雇工，为领取工资的人。由此我们看到货币经济正日渐支配农村社会，因而在旧耕地的边缘，或者更为经常的是在休耕地或森林中间，一片片彼此相连、中等规模的耕地被开垦出来了，经常由占有者直接耕种或雇佣日工劳作。此类生产单位很快就在更古老的耕地上推广开来。当然这些新出现的"mas"和法国南部的"albergues"，洛林北部的"hehergements"或"heriberg"，诺曼底或皮卡尔迪的"maneria"和"censes"以及填海得到的土地周边的"bercariae"或"vaccarie"都有可能变成领主的地盘，所以西斯特教团的修道士（Cistercans）和普雷蒙特雷会的修道士（Premon-stratensians）开垦出来的庄园都倾向于与世隔绝，真正封闭起来。不过也有更多中等规模的农民耕地，例如，早在 12 世纪，拉丁姆（Latium）地区就显示出大小均等的土地边界分属于其他佃农或已掌握相当数量地产的土地所有者的现象。不仅土地之间的鸿沟随着空地被开垦而消失，而且，此类补缀结构显示越来越多的小块土地掌握在农民手中。正是这一现象解释了人们，尤其是德国人长期坚持的一个希望，他们认为研究小块土地的大小和形状就可以鉴别和测量新加的土地，事实上，这样的"Siedlungsgeschichte"仅仅提供了人们于 1200 年或 1250 年之前定居下来后产生的结果，一会儿我们将返回此时间段。

局　限

因为总是热心于追溯所认定的属于持续变化的现象的源头，所以学者们已经探究出 1100 年之前反对垦荒运动的标志：橡树的保护、反对滥用的诉讼、普瓦图到拉丁姆之间出现的猎场。事实上，我们将看到这些过度控制实际上是领主谨慎维护土地占有机制的部分表现，再往后，我们还会看到其他显示垦荒受限的标志。让我们再看一下害怕森林被滥用的领主反对公社居民的诉讼案。领主针对放牧牲畜和采摘果子所设计的限制条件，可能只是为了增加他的税收，而不是要保护土地上的覆盖物。我们的资料中有关此方面内容的文献约在 1225 年至 1230 年之后显著增多，或许在此时间段内，个人暗中的开垦活动正缓慢让位于集体性活动。

虽如此，但还有更为清晰的迹象，可耕地价格缓慢而确定无疑的提高在 13 世纪初期已是比较明显了。在 1200 年至 1250 年的德国（德国的垦荒起点相对较低，而且有更多可供利用的土地），小块土地的价格指数从 100 涨到 175；法国 1 英亩土地价格从 2 里佛尔涨到 4.5 里佛尔；1200 年至 1230 年间，英格兰一小块土地的价格从 2.5 个苏涨到 4.5 个苏。不过货币贬值

1952年拍摄的法罗（Falow, 什罗普郡）空中鸟瞰图，现存的树篱显示了众多小块土地间的边界和持续垦荒的界线（收藏于剑桥大学）。

将明显改变人们的印象，因为它只关注以记账单位表示的价格。如果根据原先金属货币的价值表述的话，我们看到欧洲西北部的土地价格平均增长率显然非常接近德国。不过，另一个因素必须考虑进来，新开垦的土地经常用于葡萄栽培，或者用作牧场，或者种植染色业所需的植物。所以更为显著的现象是，谷物价格的增长比土地价格的增长更快，这暗示了一种需求，反映了人们对粮食生产的需求或对商业利润的追求。我们可以确定，在英格兰，土地价格一开始非常缓慢地上升（以银币盎司来度量），1220 年至 1239 年间，稍微下降，之后急速上涨：

1180—1199	1200—1219	1220—1239	1240—1259	1260—1279
100	108	104	114	190

　　1240 年至 1280 年间，土地正由够用向获利显著转变，有关这方面的证据最初显示的似乎是对土地管理的某种关注，把耕地闲置保留或划入管辖区，防止人或动物自由靠近。这种"aforestatio"对欧洲北部和地中海边缘地区征集粮草的活动也有影响，此种排外形式背后的原因可能仅是鉴于生态平衡的考虑。大约在 1245 年至 1250 年间，出现于蒂耶拉什（Thierache）地区或香槟地区许多领主的森林里，以及随后又出现于法国中部（约 1290 年，出现于皇家森林里）的排外行为，反映了人们急于促进某些树种的更新换代，并且控制各物种衰落的间隔时间的愿望。西斯特教团（西多修会）的修道士在此方面为世人树立了榜样——森林管理的确起源于他们，1317 年之后，被卡佩王朝取代。所有这些做法都是合理、正当的，而领主把灌木丛辟为狩猎场或体育、军事训练场的做法似乎已不再是理所当然的了。大约 1270 年时，城镇里鲜肉的销售量日渐增长，领主对野味的明显偏爱（这促使其圈围森林，饲养牲畜）是一个阶级的反动，它无疑损害了农民的利益，因为他们被迫在过度放牧的土地上放养牲畜。如果纠纷不是关于狩猎的利润所得，譬如教会人士的例子，就是关于林木的出售或关于偷猎行为的罚款征收。1240 年至 1280 年间，在圣丹尼斯（Saint-Denis）修道院的财政收入中，森林税收所得从 5% 上升到 9%。但这些并非全部，不仅森林有可能被禁止砍伐或收集木料，有时甚至被禁止放牧，而且领主们也试图反攻，不再允许耕种那些已开垦出的土地。这个问题产生于 13 世纪中期左右。不过很显然，许多土地贵族

已经容忍或的确积极鼓励公地（commuia，广义地说就是"公有地"）的发展，这些土地一般是新开垦出来的耕地或村落边缘的土地，而且被授予整个社区所有。1210 年至 1240 年间，皮卡尔迪、埃诺、洛林和法兰克尼亚地区起草了许多诸如此类的特权证书，非常谨慎地确定各方的权利，因而各方一定已经为此争论过，领主们在合法程序之外，又增添了许多强制性措施。1235 年，英格兰国王不得不在默顿（Merton）颁布一项决议，禁止掠夺此类公有地，更不许将它们"圈围"起来，这是英格兰在这场事关重大的戏剧性事件中颁布的第一个法案。

一个颇有特色的特征从所有零散因素中凸现出来：中世纪农牧体系的脆弱，对此我们先前讨论过。尽管早在 1100 年这一制度就已确立，但直到 1240 年之后才衰弱。同时各种各样的补救措施也被采纳进来：改变生产结构的内部组织，增加产量，开放贸易区。但是，在我们考虑那些使 12 世纪成为中世纪"伟大"世纪的因素之前，我们必须简略地看一下另一个完全不同的解决方式，它更简便，并且总是可以利用的，即从邻居那里索取自己家里缺少的东西。

欧洲的扩张

欧洲的第一个核心区——法国、德国、意大利北部和中部——是通过征服形成的，而且或多或少都从野蛮状态皈依基督教。在外围，各种力量——意大利的希腊人、西班牙的柏柏尔人、凯尔特人和盎格鲁－撒克逊人、依然过着分散的部落生活的斯拉夫人以及广大的斯堪的纳维亚人——依然徘徊在这一进程之外。12 世纪初期，事情已经发生了巨大变化，波兰和匈牙利已经变成基督教国家，将这些地区与拜占庭联系起来的政治和商业关系已把它们带入了西方世界，虽然俄罗斯和立陶宛仍然徘徊在基督教传教士的传教范围之外，还不能说已经被纳入西方世界。在北方，从冰岛到诺夫哥罗德，斯堪的纳维亚人在广大地区内扮演着同样的角色，北部海域是他们的势力圈，当政局稳定下来的时候，它们就与基督教欧洲合为一体了。尤其重要的是，诺曼底公爵威廉 1066 年征服英格兰，将不列颠岛与欧洲大陆连接了起来。与此同时，西西里和南意大利的征服（追随罗伯特·吉斯卡德 [Robert Guiscard] 和罗杰 [Roger] 的诺曼人所为）使欧洲与东方的古老联系丧失了。最后，西班牙的命运也落到了基督徒手中，塔古斯河（Tagus）至埃布罗河的防线牢固地阻挡着马格里布的反攻。在欧洲中部和北部地区，从西班牙高地（meseta）到意大利南部地区的梅佐格尔诺，有大片土地吸引着那些需离开村子并且做好了冒险准备的人。

德国的东进 (Drang nach Osten)

为争夺萨克森、西里西亚、波希米亚和波兹南这些适合小麦生长的冲积平原地区、波罗的海海岸线和鱼以及波美拉尼亚或普鲁士的木材和毛皮、多瑙河和黑海的航线，德国人和斯拉夫人彼此争斗达千余年之久。斗争的第一阶段，即从开始到 1100 年，双方势均力敌。双方轮番试图征服对方，互有胜负，而且斯拉夫人的基督教化过程与萨克森人的基督教化过程相比非常缓和。双方的攻击，一方面导致了 1000 年后波兰人统一意识的增长——约 1005 年，他们将勇敢者波列斯拉夫之流的国王驱逐到远至易北河和布拉格的地方，另一方面还导致德国周边构建了一个牢固的边缘地带，它是地处东部边界的开放的军事区域，即"边区"——北方边区或比隆格（Billungs）边区、索布边区、面对波希米亚人的诺德郜边区（Nordgau）以及作为奥地利的发源地的东部边区，武士和拓荒者在这里拥有一展身手的自由空间。我们借助波兰五十多年来的考古发掘，能够清晰地看出这一形势产生了多大的轰动性效应。它成功地揭示了波兰市民、手工业者和士兵组成的公社的顽强生命力，无论如何他们也不愿意和平地屈服于任何把他们推出基督教世界和禁止用拉丁文书写统治者法令的企图。

决定性的进攻发生于 12 世纪初，战争持续了两个世纪，但其最宏大的场面呈现于 12 世纪，因为这一时期发生了几乎是中世纪历史上惟一的一场可以看得比较清楚的种族迫害。自 1100 年起，不仅最晚来的外来移民——不管是德国人、佛莱芒人（Fremish）还是弗里西亚人（Frisian）——因受到可得到土地和金钱的许诺的诱惑大肆掠夺"异教徒"（尽管都已基督教化），而且还被一些评论异教徒的描述（尤其是波兰人，被描述成"顽固不化的野兽"）煽动起蔑视和憎恶之情。这仅仅是一种过分的宣传吗？更有甚者，圣伯纳德毫不犹豫地保证，天堂之门向那些帮助帝国处理掉这些可恨的邻居的人敞开着。因为农民有军事力量做后盾，所以最后的结果是，帝国政治的延伸和斯拉夫部落据点的东移。又因为所有的工商业活动都集中于奥得河和维斯瓦河（Vistula）平原地区，由此向北至波罗的海和易北河逐渐减少，所以后来被汉萨同盟开发出来的这些地区发挥了内地贸易区的作用，并因此弱化了拜占庭或地中海世界与北欧之间的联系。

很容易理解德国在 12 世纪的进步、稳定和不可抵挡。它依靠的是一些野心勃勃而又贪婪无度的诸侯王公，例如，黑熊阿尔伯特（Albert the Bear），他在 1130 年至 1135 年间统治勃兰登堡（Brandenburg）；狮心王亨利（Henry the Lion），在北方建立了吕贝克（（Lübeck，1143～1161 年），并在南方占有卢萨提亚（Lusatia,1158 年），之后又吞并了西里西亚（1160 年）和波美拉尼亚（1180 年）。如果波兰王公在波兹南和克拉科夫周围多少维持一点权威的话，那么德意志城镇法在 13 世纪将影响整个大波兰，甚至马索维亚（Masovia）和加里西亚。1208 年，尤其是 1231 年之后，修道院的僧兵、条顿骑士团的骑士接管波兰，并切断了它与波罗的海的所有联系。他们手执火把和剑，横扫格但斯克（但泽 Danzig）、普鲁士、库兰德（Courland）和爱沙尼亚（Estonia）的广大地区，最远到达佩普斯湖（Lake Peipus）。1242 年，由于诺夫哥罗德大公亚历山大·涅卡斯基（Alexander Nevski）的进攻，他们在此止步。

这场征服战争的物质条件更让人难以想象。为了吸引农民，中德地区领主庄园强制征收的习惯税有所减轻。分配给佃农的土地面积较大，地租主要以货币形式缴纳。公社的自主性很强，法律和保护比西部更加明确。一项地名研究显示，新增加的地方都以德国人的方式命名或重新命名。这向我们提出了一个不易解决的难题，波兰人在民族认同方面的凝聚力和卓越的技艺使得同化不可能迅速而和平地进行，但在我们所掌握的文献中并没有任何暴力冲突的记载。波美拉尼亚的斯拉夫人城堡区（Kietze）的存在、卢萨提亚和勃兰登堡地区各种民众大会的保留或集会场所的保存、斯拉夫语和西里西亚波兰语的持续，无疑是当地居民从一些被驱散和重新组织起来的人群中幸存下来的例证。不过其余的无疑都消失了，或被屠杀，或被向东驱逐。

向北极圈进发

已被人们详细讨论过的斯堪的纳维亚人的探险，当然是 9 世纪、10 世纪和 11 世纪最为显著的特色之一。从格陵兰到北叙利亚，从伦敦到巴勒莫，诺曼人在许多领域里扮演着主角——培植新的商业联系，开辟新的河流和海上航线，发展新的航海技术。他们还迫使希腊人东移，并且将巴尔干地区、英伦岛与法兰克世界联系起来。虽然这样，但到 1100 年时，这一史诗般的时期就结束了。不过，剩下的工作仍然十分重要：定居和开发。

在遥远的北方，形势与此截然相反，格陵兰、冰岛和斯堪的纳维亚北部的冰山、冰川堆石、火山灰之间或原始森林里无一人居住。在洛佛登（Lofoten）岛附近还有少数拉普兰人，来自于巴芬岛（Balfin Island）的首批爱斯基摩人定居在格陵兰北部地区，但是在挪威人于 10 世纪涉足之前，冰岛上荒无一人，甚至在斯堪的纳维亚半岛，除了丹麦及其附近地区人口密集以外，仅有少数几个渔夫群体和猎手群体散居于挪威海岸的峡湾和岛屿上。瑞典的比尔克（Birk）和乌普萨拉也有一些较为集中的居民点，不过，没有或者说几乎没有人群定居于北纬 65 度以上的地区，这是冰岛所在的纬度，基督教化范围也没有越过此线。直到 12 世纪和 13 世纪，人们由于渴望土地和金属，才深入内陆森林，并向北推进，最先形成一些随季节迁移的小村庄，而后形成一些自治性村落。在这里，服从集体的力量比欧洲大陆其他任何地方都强，海水泛滥和森林火灾的威胁将当地村落紧密联系在一起。他们形成了一股足够强大的力量，致使国家的权力仅限于对外军事征服方面，1100 年之后，基本转变成军事防御了。

几乎不可能极其详尽地追溯这一征服的各个阶段，北欧的英雄传说讲述的是远洋航行的故事，而非手握斧头的日常战斗。一份有关 13 世纪格陵兰西海岸（北纬 72 度）北欧古风的描述是斯堪的纳维亚人前进至北大西洋的地理上的证据。1200 年左右，冰岛约有居民四万人，但可耕地的种植都围绕着冰岛的边缘进行。1150 年之后，斯堪的纳维亚，甚至芬兰南部海岸都被瑞典人占据，拉多加湖畔（Lake Ladoga）也是如此，存在于奥斯陆北部和乌普萨拉北部耶姆特兰（Jämtland）地区的少数几个教会据点证实，在这些地区的内部定居下来是多么的缓慢和零散！15世纪之前，波的尼亚湾（the Gulf Bothnia）沿岸和挪威北部海岸可能并没有人永久性定居。至于剩下的地区，人类在这样的条件下居住必然要受到特定地理环境的限制，也就意味着这里不可能有大量的外来移民，这是英格兰历史学家提出的证据之一。他们认为11世纪沿丹麦东北部海岸出现的村落（尽管地名或族名所提供的证据不应被估计过高）是人口过剩的一种表现方式，就像在此之后的挪威士兵过剩，大量涌向英格兰或西西里一样。不过，这些都是发生在11世纪的事情，1100年之后，只有在罗杰二世（Roger II）统治时期的南意大利和西西里经历了诺曼殖民者的入侵，他们在卡塔尼亚（Catania）和阿马尔菲周围地区立足（这几乎不能作为人口爆炸的证据），首领可能是诺曼人，不过拉丁人、希腊人、伦巴第人和柏柏尔人构成了人口的主体部分。

再征服运动

波兰人或被杀或被驱逐，斯堪的纳维亚的茫茫冰川中见不到一个人，而伊比利亚半岛却经历了另一种类型的扩张。如果人口是与再征服运动相伴的，并且翻越比利牛斯山而来的移民与阿斯图里亚或加泰罗尼亚剩余的人一样多，那么毫无疑问，这里或者拥有广阔的空间，或者曾经历过人口的大批死亡。令人惊奇的是，我们看到西班牙历史记载把这次扩张描述成一次复仇性质的驱逐运动或者是基督教潮流的自然回归，是不同信仰和不同种族之间一个长期的、理性的、人道的，甚至是自由的融合过程，它给了中世纪的西班牙人和葡萄牙人伟大的荣耀。只是到了最近几十年，西班牙学者才跟随其他学者，尤其是法国学者在过去50年甚至更长时间里探索出的研究路子。再征服运动当然既是一项政治性和民族性事业，又是基督教会的一次大的胜利。不过最为重要的是，它是一项相互渗透和相互综合的工作，时至今日，依然使该半岛独一无二，尽管经历了16、17世纪的混乱。

在我们着手研究再征服运动时，作为事情发生起点的比利牛斯山峡谷、坎塔夫里亚（Cantabrian Lairs）沼泽地几乎都被弄清楚了，圣塔伦（Santarem）、托莱多、瓜达拉哈拉（Guadalajara）、塔拉戈纳（Tarragona）是四大王国在1118年至1128年前后的边界。葡萄牙于1147年定都里斯本（Lisbon），莱昂（león）和卡斯提尔则在五大"王"城利昂（leon）、布尔戈斯、萨拉曼卡、巴利亚多利德或托莱多城中任选一个作为首都。阿拉贡－加泰罗尼亚（Aragon－Catalonia）不久前才成立，第四个王国那瓦尔自此以后一直未与伊斯兰教世界发生联系。13世纪，阿尔穆哈德王朝发动了一次新的进攻，曾威胁基督徒的前进，这给了再征服运动一次决定性的推动。1212 年在托洛萨 (Tolosa) 的拉斯纳瓦斯 (Las Navas) 战役中，基督徒攻克安达卢斯的隘口，尔后在一代人的时间之内，拉曼查 (La Mancha) 和勒旺 (Levante)，瓜迪亚纳河和瓜达尔基维尔河 (Guadalquuivir) 流域、阿尔加维 (Algarve) 和巴利阿里群岛也被征服，1238 年巴伦西亚，1243 年穆尔西亚，1230 年帕尔马和巴达霍斯 (Badajoz)，1236 年科尔多瓦，1248 年塞维利亚，1265 年加的斯 (Cadiz)、格兰纳达和马拉加的穆斯林残军在卡斯提尔的控制下也慢慢消亡了。

值得强调的是再征服运动向前推进的速度和决断性，因为它向历史学家提出了难题。可以肯定，比利牛斯和坎塔夫里亚连绵山脉提供的牢固基础长期以来被人们低估了。木材、铁、肉、谷物资源，紧密衔接的山脉和紧密团结的武士团体（出于劫掠的目的，很容易被集结和领导）以及穆斯林的货币流通，所有这些都为更大野心的树立提供了坚实的平台。不过，来自其他地区的人们也是此次征服运动不可缺少的力量。11、12 世纪来自勃艮第、朗格多克和阿基坦的人们争先涌入西班牙，促使西班牙的经济发展超过了穆斯林，并且增强了农民征服军群体的自主性。我们从西班牙存留下来的资料中看到的以下内容不可能是一种偶然现象：特权、豁免权、司法权 (fueros) 正广泛授予城镇和农村（这种做法早于其他任何地区），同意居民武装保卫自己的家园，有时甚至允许农民骑马作战 (caballerria villana)，这在当时的西方是个一特例，占领区的磨房和熔炉也被允许武装起来御敌。或许是在 11 世纪，通过“征服”获得的土地，首先形成对商人和寻找新牧区的牧羊人开放的边界，这些土地的再发展需要更多的人力供应，西班牙的一些历史学家仍然认为这类地区渺无人烟。

但 1150 年之后的进步（在此期间，既没有屠杀，也没有驱逐）并不是在荒凉贫瘠的基础上取得的。城镇和乡村都很富足，人口稠密，它们持续不断地发展，并未被再征服运动所扰乱，不管其速度有多快。各种族之间的逐渐融合必定已经发生了，诸侯王公和贵族们都很明智，虽然他们将不同信仰的人重新组织于各自的聚居区或村庄，但并不强迫人们的意志，而且保留既定的权利和法律。正是这一态度使人们相信仅存在一个表面“阿拉伯化”的西班牙，很大一部分穆萨拉布基督徒 (Mozarabic Christians) 在伊斯兰领地内幸存下来。除了伊斯兰教影响令人难以置信地保留在表面层次上以外，伊斯兰占据西班牙 5 个世纪以后（比罗马占据高卢的时间还长），城镇里，法国人 (francos)、莫德哈尔 (mudejares) 人①、犹太人和西班牙人的居住地并行存在，就像辽阔的平原上存在着许多不同的地名一样，这是住户和政策（阻止被征服者群起反抗的必要手段）多样性的一个很好的例证。要调查清楚基督徒的村镇 (aldeas) 土地占有条件是不是比让与穆斯林的村镇 (alqueiras) 土地占有条件更好，还需要做大量的工作。

---

① 西班牙复国后仍居住在西班牙中部地区的阿拉伯人。——译注

托莱多城所在地。11世纪它是穆斯林一个独立王国的首都。统治者比较开明，允许在此建立犹太人的学校。阿方索六世 Alfonso VI) 于1185年占领此地，并使其成为卡斯提诸国王的驻地，一直续到16世纪。

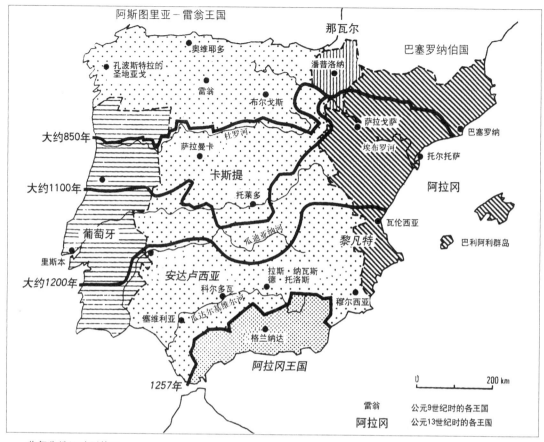

收复失地运动形势图。

我们估计，在这两个世纪之间（在此期间，欧洲人口大量增多），欧洲有 15% 到 40% 的土地得到了开垦，这些土地或者是先前没有触及的土地，或者是在损害西部基督教国家边界（或者相当偏远地方）的人们的利益而得来的。自中心向北、向南、向东的延伸最终使土地面积约增至一百万平方公里，这意味着可用于粮食生产的土地面积增加了一倍。但是，即使如此庞大的土地扩张也不能使西欧吸收欧洲自 11 世纪中期以来所释放出来的能量。这可以从以下的事实中看出来，即海外扩张与欧洲内部扩张是相伴而行的。

对海洋的征服

欧洲北部的大河可以获取的丰富的渔业资源以及从巴斯克的乡村地区到普鲁士这一大片肥沃的新月地带所具有的地理优势，表明大多数日耳曼和凯尔特民族会自然而然地对大海感到

233

厌倦。而阿莫里卡（Armorica）①和不列颠西部贫瘠的土地却迫使阿莫里卡、威尔士、斯堪的纳维亚的诸民族转向深海捕鱼业和航海活动，从河口开始再到峡湾。但是，尽管康沃尔（Cornish）的白蜡、北方国家的富有、波罗的海的琥珀曾经令古人大为惊喜，威纳蒂人（Veneti）曾使尤里乌斯·恺撒（Julius Caesar）负债累累，冰冷的海洋在欧洲西北部却没有起到"拉丁海"在南部所起的重要作用：在那里，城镇和渔民仅靠海洋生活，这里是货物交换和人们流浪的地方。由于被从沿海地区赶了回去，而且由于"不会在海上浮行"（像伊弗里基亚 [Ifriqiya] 所吹嘘的那样），基督教世界被切断了传统的财富来源，受制于锄头和牧场。正如我们已经看到的，拜占庭已经在某种程度上为自己扫清了道路，再一次部分地控制了从巴里港远至塞浦路斯，甚至安条克的道路。但是在西方，拉加德－菲奈特（La Garde-Freinet）撒拉逊人，埃布罗河口、巴利阿里群岛的撒拉逊人，实际上是所有岛屿的撒拉逊人，都"像山羊一样"爬过了亚平宁山、阿尔卑斯山，有时还包括比利牛斯山，如我们所知，皮朗从这一迁移中看到了将这一时期与古代区分开来的断层。

北部海域的生活

海洋一直向西边延伸，无边无际，波涛汹涌，狂风暴雨掀起滔天巨浪。在未来很长一段时间内，这里仍将是一片荒蛮之地。即使在英格兰发现了几枚西班牙钱币，或者即使在孔波斯特拉或爱尔兰发现的巴斯克水手的标志，表明他们肯定已经通过了桑岛（Lsle of Sein）或者是横贯了比斯开湾（Bay of Biscay），我们也还是没有证据表明，在广阔的海洋上已有频繁的贸易往来。来自阿斯图里亚斯、波尔图（Porto）、巴约讷（Bayonne），特别是来自布列塔尼的渔民不会冒险到离海岸很远的地方去。诸如布尔讷夫（Bourgneuf）的盐（对它的需要远及德国）或者1115年后拉罗谢尔（La Rochelle）或1172年后波尔多的葡萄酒（穿越海洋到达了英格兰）之类的贸易仍然仅在沿海地区或海峡对岸艰难地进行。

正如我们可能会料想到的那样，只有斯堪的纳维亚人不畏惧大西洋的危险。从9世纪起，他们就曾穿越直布罗陀海峡(Gibraltar)进攻塞布河谷(Sebou)附近的莫罗坎(Moroccan)海岸，那些前往西西里的人遵循着在12世纪帮忙把摩尔人（Moors）驱逐出里斯本的人所走的路线。不过我们并非确切地知道这条线路，而且在意大利——佛拉芒航线（Flemish axis）开辟以前，很可能在进入13世纪以后，这仍属个别例子，大西洋仍然是不能战胜的。

另一方面，靠近欧洲大陆的大西洋的海域，很可能在1100年以前就已经是人们熟知的一

---

① 布列塔尼地区。——译注

部分沿海地区了。捷尔佩（Terpen）的弗里西亚人（可能已经有一千多年）、朱特人和萨克森人，最为重要的是斯堪的纳维亚人都曾冒险穿越海峡、爱尔兰岛和北海、波罗的海以及北冰洋不冻地带。由于长期没有任何真正来自沿海地区的敌对行动，再加上这些地区的海水温度、颜色和咸度明显不同，使得深海航行和捕鱼技术得以缓慢发展，这种发展与造船技术的进步是同步的，从而使该地区成为航海技术的发源地之一。航海专家很重视北欧日耳曼人的各种类型的船只的发展，他们将其追溯到 1100 年。瑞典的科纳（knar）和丹麦的斯奈卡（snekka）船体很长，两侧各有 20 名划桨手，当然敢到北部海域的深水区冒险。这些是斯堪的纳维亚英雄传奇中提到的船只，他们出发去征服爱尔兰，在格陵兰岛停了下来，并到达了拉布拉多（Labrador）。但是那些没有甲板、快捷但却不稳当的战船或渔船未曾参与买卖旺迪（Vendée）的盐、加斯科涅（Gascong）的葡萄酒以及波兰的粮食和木材之类商品的贸易活动，更不用说参与 10 世纪在鲁昂和波美拉尼亚之间进行的毛皮、鲱鱼和鲸肉贸易了。这些船逐渐被船身庞大的大型船只所取代，这种船宽度和长度几乎是一样的，其容量可达 300 到 500 吨，带甲板，船尾有楼和船员住处，每天约能航行 180 到 200 公里。波罗的海的商船（par excellence），霍格（hogge）或考格（kogge，一种小船 [cog]），是后来的帆船和卡拉维尔式帆船（caravels）的雏形。11 纪初，当丹麦的卡纽特大帝（Cnut the Great）和挪威的圣奥拉夫为争夺制海权而进行战争时（1026 年），他们只有斯奈卡（snekka）这种进行战争和远征的船，1066 年征服者威廉进攻英国时用的也是这种船。同一年丹麦的赫特比贸易据点被德国人摧毁，这是北部海域控制权发生转移的一个标志。1104 年至 1110 年，在卑尔根、隆德和锡格蒂纳（Sigtuna）附近已经发现了德国商人从 12 世纪初就开始使用的小船。自此以后，波罗的海，继而北海，将成为德国人控制下的地区。

　　所有这一切都不是瞬间发生的。1158 年至 1161 年吕贝克的创建作为标志性事件，是适合的，也是合理的，这需要感谢萨克森的狮心王亨利和勃艮第的黑熊阿尔伯特这两个重要人物在易北河东部地区的日耳曼化过程中所做的努力，他们之间的竞争是互补的。德国商人组建了从格但斯克到不来梅（Bremen）的汉萨同盟，该同盟的诞生以及 1175 年以前获得的通过丹麦海峡的自由通道，使得德国人有可能控制奥斯特林根（Osterlingen），从泰晤士（Thames）河口到里加（Riga）（1200 年）和诺夫哥罗德。自 1210 年以来，汉堡和吕贝克居民热衷于把咸鲱鱼和牛奶制品、沥青和谷物运往佛兰德尔和伦敦，也热衷于把羊毛、白蜡和葡萄酒运往另一方的斯拉夫国家。而 1236 年以后，立陶宛地区的贸易逐渐落入条顿骑士（Teutonic Knights）的手中，他们是东欧的圣殿骑士，既为商业贸易也为宗教皈依而随时准备战斗。所有这些仅仅是原有活动的扩展或发展，直到放纵的 20 世纪，北海大量的鲱鱼才被捕捞殆尽。在中世纪，很多欧洲人的日常生活就是靠鲱鱼来维持，如果鲱鱼捕捞不如香料贸易红火的话，我自己倒觉得这是一件更为有趣的事。

西部地中海的反击

当然，穆斯林给基督教欧洲南部造成的无法忍受的压力不是1000年左右才出现。尽管在970年、992年和1005年教皇曾几次提出严正的谴责，但是威尼斯人和加泰罗尼亚人仍然从事非法的木材、奴隶和武器贸易。自992年起，通过一系列关税协定，拜占庭和威尼斯之间所建立的相当贫乏的贸易关系，不足以取代欧洲货物向南或向东的自由流通。在后一个方向的贸易中，1000年左右匈牙利皈依基督教之后重新开通的多瑙河航线提供了一些帮助，一些德国商人曾使用过这一航线。但是，如果我们相信犹太商人或拜占庭商人的描述，那么我们看到的是一条坎坷之路，河面上及沿岸有着重重危险。此外在航程行将结束之时（航程中最艰难的时期），也就是在"铁门"（Iron Gates）地区和巴尔干地区，正如1050年以后佩切涅格人的进攻在多瑙河下游地区所造成的影响那样，匈牙利人的侵扰严重束缚了商人的活动。对于一个普罗旺斯人（Provençals）或者一个意大利人来说，这样一条道路似乎是无法利用的，这样一来，毫无疑问的是必须开辟南方航线。

要做到这一点有双重的障碍。首先，地中海地区的航海技术进步很小。在古代航路沿线仍在建造快速的单层甲板大帆船。船上有两根桅杆（用于比赛比用于贸易更为有利），还附带着建造大型的快速帆船（dromon），这种船有两排划桨手，每排25人，船体长40至50米。由于后者能适应地中海上较

吕贝克平面图。城镇中心是集市，完全控制在商人手中，仅有为数不多的商店和街道由零售商和专业手工业者所控制。由于这个新建殖民城镇缺少长期稳定的修道院，所以自1225年起，多明我派修士和方济各派修士很快就在此地定居下来。

低的巨浪，因而可以当作货船使用，不过这种船行动迟缓而且吨位很小（仅 300 吨）。就当时的航海技术而言，这一地区几乎没有什么进步，与罗马时代相比，甚至可能还有所倒退。另外，这些船与拜占庭和穆斯林所使用的船一样，因此西欧没有任何优势可言，更糟糕的是，巴塞罗纳、圣吉尔（Saint-Gilles）、热那亚和加埃塔这些地方的船坞继续受到来自科西嘉、巴利阿里群岛或西西里的进攻威胁。只有亚得里亚海的威尼斯人和来自巴里的希腊人能在没有太多危险的情况下自由航行。伊里利亚和阿尔巴尼亚海岸的斯拉夫海盗较之撒拉逊人更易对付。

第二个障碍是，直到 11 世纪末，潜在的来自基督教的反击基地的分散性。政治和军事势力强大的王公似乎有其他的顾虑，或者赞成其他的办法。975 年萨克森皇帝肯定曾帮忙捣毁了拉加德－菲奈特（弗赖克西奈图姆）的毒蛇巢穴，但是在意大利他却失败了，甚至惨败于西西里的阿拉伯人之手。此后他一直对海洋持有戒心，而拜占庭皇帝却愿意紧紧地控制住那不勒斯和塔林顿（Tarentine）的滩头堡。在普罗旺斯、朗格多克和伦巴第什么事情都没有发生，而在加泰罗尼亚，巴塞罗纳伯爵获得了一定规模（on terra firma）的胜利。在巴伦西亚有一支属于勇士罗德里格·迪亚兹（Rodrigo Diaz Campeador）的半基督教的海上力量，但是"埃尔熙德"却受雇于摩尔人，并不仅仅为自己工作。1092 年左右卡斯提（Calstile）的阿方索六世取得了很多政绩，但他是通过从内部反攻取得的。在这些情况下，基督教的反击只能是单个城市主动反对海盗劫掠的结果，至少在开始的时候是这样。

对伊特鲁里亚海的再征服是欧洲中世纪史上的一个重要事件，但这是一个最不为人所熟知且研究最少的事件。有一些参考性的观点是很不错的，但是有关征服的动机、方式及其演进等问题仍然是一个广阔和模糊的领域。不过有一件事是很清楚的，即这些事件是在一种怎样的制度结构中展开的。1045 年至 1058 年间希拉利入侵伊佛里基亚之后，尽管曾尝试过协调，凯鲁万和马赫迪叶的齐里王朝还是把入侵者的首领交给了西西里和撒丁尼亚的地方官，他们对从北部海岸靠近布日伊（Bougie）的设防的城堡（ribats）而来的入侵者也是这样做的。1014 年以后，塔赫特的哈姆德王朝对入侵撒哈拉比劫掠商船更感兴趣。与此同时，1031 年以后科尔多瓦的哈里发向 15 个与之竞争的埃米尔王国的扩张清除了西班牙的海上危险，只有本尼·穆德斯基迪德（Beni Mod-schedid）依然控制着巴利阿里群岛。而且此时正是意大利城市公社动荡不安的时期，不仅阿马尔菲、萨莱诺、加埃塔等这些在拜占庭的势力范围内与东方航线保持联系的城市如此，比萨、热那亚和卢卡等北部城市也不例外。然而直到 1035 年以后我们才发现一个使地方力量紧密结合的组织，这让我们做出了这样的推测，即关于入侵的最早记录是海盗们留下来的。他们按自己的需要行事：最初是比萨人，约在 1013 年至 1015年出现于科西嘉和撒丁尼亚，1034 年远达波尼（Bône）；随后是热那亚人，他们沿利吉里亚海岸（Ligurian coast）一带驻扎。然而主要的动力来自 11 世纪中期以后，诺曼人的到来给了

地中海上传统的单层甲板大帆船。意大利人将其用于贸易之前，它是拜占庭舰队中最快的船，它只有一层甲板，靠划桨而非风帆前行（12世纪皮特罗·达·埃博利 [Pietro da Eboli] 绘制的《自由而荣耀的奥古斯都时代》[Liber ad honorem Augusti] 的彩饰画，伯恩，中产者图书馆）。

他们很大的帮助，如前所述，诺曼人恰好在1017年至1030年以后在南意大利占有一个据点。那些由朝圣者转化成的雇佣军变成了征服者，他们为了自己的利益逐渐消灭了来自阿威尔萨（1038年）、阿普里亚（1042～1060年）、卡拉布里亚、坎帕尼亚（1060～1070年）、加埃塔（1073年）和萨莱诺（1077年）的希腊首领和地方权贵，并且在把阿马尔菲和那不勒斯合并以前（1027～1030年）一直统治着这两个地方。在这一阶段的后期，一条决定性的航线贯通了，地中海的要地西西里岛再一次变成了基督教的领地。然而这是一次战斗异常艰苦的征服，一方面是因为诺曼人以及帮助罗杰和罗伯特·吉斯卡德的意大利战士数量很少，另一方面是因为墨西拿（Messina，1061年）、巴勒莫（1072年）、特拉帕尼（1078年）、锡拉库扎（Syracuse，1086年）、马耳他（1090年）等地的穆斯林地方势力的顽强抵抗。埃尔·熙德的失败；热那亚人发动的野蛮入侵，这次入侵导致1087年马赫迪叶的突尼斯港口被焚毁；穆斯林对巴利阿里群岛控制的中断，这是1113年比萨人、热那亚人、加泰罗尼亚人和普罗旺斯人联合努力的结果（1131年穆拉比特王朝 [Almoravids] 涌现之后，他们不得不再次联手）——这些是这场征服运动的所有阶段，这场运动在不到一百年的时间里见证了穆斯林持续了几个世纪的制海权的逐步丧失。而且，形势实际上已经逆转了，一旦诺曼底的罗杰二世成为西西里的国王，他将把所有的人都投入战斗，并且保证他们占有穆斯林领地好几年，如1148年占据斯法克斯、杰尔巴（Djerba）和的黎波里，1150年占据马赫迪叶，由此切断了阿尔梅里亚和达米埃塔（Damietta）的海上联系，而这是伊斯兰贸易在西方的主要交通枢纽。所以，当西部海域脱手时，穆斯林世界的一根基柱就倒塌了。

东方的通道

虽然(地中海)再次变成了基督教世界的内湖,并且从马耳他(Malta)到奥特朗托(Otranto)的海港都控制在西方人手中,但伊特鲁里亚海对于一个正在扩张的欧洲来说实在是太小了。当然,非洲的黄金、马格里布的珊瑚和油料、安达卢斯的羊毛和毛皮已不再是不可企及的奢望,但是西欧贵族的需求,最终将是中产阶级的需求使得与东方的交通成为必需。然而这完全是另外一码事,因为沿着敌对地区的近海航行要更为艰难,而且距离又加剧了危险,无论拜占庭还是埃及的法蒂玛王朝,或者叙利亚和安那托利亚的哈姆丹王朝和塞尔柱王朝都不是软弱的竞争对手,他们既不缺乏组织性也不缺少经验。从事这一事业必须要有足够的谨慎。

朝圣者从未停止过前往圣地的活动。10世纪及其以后,陆路不再对他们开放,他们就利用希腊船只,最好的是利用威尼斯人的船只前往圣地。在途中,蒙特卡西诺修道院的圣所、加甘诺(Gargano)的圣米哈依尔(St Michael)修道院或巴里的圣尼古拉斯修道院主动为他们提供歇脚的地方。除了11世纪初一个以艾尔-哈基姆狂热主义为特征的短暂时期外(哈基姆捣毁了圣墓),个别的朝圣者还是可以在一定程度的安全条件下旅行的,尽管这一点因他们的财力不等而有所不同。宗教改革之前的精神觉醒推动了向耶路撒冷和其他地方的朝拜活动,1033年(这一年是耶稣受难1000周年纪念),一群由不同身份的男女组成的朝圣者前往东方朝圣,这是艄公们的一笔意外之财。实际上个人租用船只仅属例外,例如途中在坎帕尼亚逗留的诺曼人。西方的编史传统给人们踏上塞尔柱人开辟的航线制造了大量的障碍,塞尔柱人对中东的控制曾经是相当牢靠的。他们曾被长期视为燃起武力热情的火花,其中不乏人为的因素,他们提出的问题只是某些管理混乱或财政勒索的问题,而且这些问题还被一些重返家园、心怀不满的诸如隐士彼得(Peter the Hermit)之类的旅行者夸大了。实际上土耳其人对圣城的占领是短暂的(1070~1089年),而且也没有妨碍东方的吸引力。

特殊困难显然是存在于这一航线上的拜占庭帝国。自7世纪以后,由于拜占庭帝国曾坚决要求的维持在东部地区的一些历史权利逐渐丢失,形势变得复杂化了。西方流行的观点是"罗马"有义务保护朝圣者,因而需要再度控制东方。无论10世纪萨克森的皇帝们,还是11世纪萨利安的统治者,都未对他们作为基督教世界的刀剑和盾牌的角色提出异议。即使在1054年,罗马教廷和君士坦丁堡正式分裂以后,西部教会也没有利用这次分裂来褫夺希腊人的这一使命。无论从经济上还是从道德观念上,原罗马帝国两部分之间的相互冷漠和日益增长的感情上严重的差别,没有为双方和解以对付共同的敌人创造最好的条件,各方对敌人的理解是相当不同的。希腊人迫于土耳其人的压力从直布罗陀海峡突然撤退,佩切涅格人在北方发动令人意外的进攻,这些都没有对西方产生很大的影响。只有西西里和阿普里亚的诺曼人看到了一次机会,1071年,罗伯特·吉斯卡德在亚得里亚海武装了一支舰队，只等着皇帝米哈依尔七世的儿子娶他的女儿为妻作为奖赏了。但是当后者去世时，他认为科穆宁王朝攫取希腊王位的时机已经来临，因而他便带着教皇的赐福从都拉斯（Durazzo）出发了（1084年），沿途曾进攻埃皮鲁斯，并向前推进到色萨利。然而当地的反抗，阿莱克修斯·科穆宁（Alexiox Komnenos）的到来，还有威尼斯人的威胁（1082年，他们与希腊人订立新条约，许诺维持现状）迫使他退回了基地。因此，希腊皇帝不太可能在1092年左右寻求这样的帮助，那时他还不知道如何对待这种帮助，而且这种帮助很可能是危险的，而他的合作方——西方似乎并没有意识到拜占庭的不幸。

同时代的人因此将目光转向了其他地方。当然自10世纪以来，意大利商人就一直保持着与东方的联系。自980年起，君士坦丁堡就有大批威尼斯人，而开罗和亚历山大里亚则有很多阿马尔菲人，他们在各地获得了财税特权，有时候还得到一个市场。约在1060年至1070年间，阿马尔菲著名的潘塔莱奥尼在耶路撒冷开了一家旅店，并从事往来于意大利、雅典和尼罗河三角洲之间的三角贸易，他的好运不仅表明运输是相对安全的，而且说明了海上贸易路线的恢复，这种恢复虽然缓慢但却是确定无疑的，这条海上贸易路线在穆斯林的近东和基督教的西欧之间曾被长期废弃不用。而当1088年至1090年阿莱克修斯·科穆宁被迫干预货币流通，并把诺米斯马贬值三分之二时，西欧最终获益了，东方商品更容易获得，因此也变得更加诱人了。而且，11世纪末，当帝国的税收制度听任全部或部分商品关税出售给免税的外国人时，可以说，欧洲商人被强烈的经济刺激吸引到了东方。这样以来，人们觉得契约的重订越来越有必要而且也是可能的，当然威尼斯支持的维持政治现状形成了契约重订和票据更换的基本条件。海上劫掠并非西部海域所独有，关于这一点虽然我们没有1100以前的证据，但毫无疑问这种行为肯定是更为古老的事，而且西方的护航队，特别是威尼斯的穆达斯（mudas），都有战舰护卫，这样，一切都向着积极的方向演化推进，虽然缓慢但却完全是和平式的。这是朝圣者，也是商人、希腊人和穆斯林所想的事情，但这样的期望将被无情地打破。

圣地冒险

十字军东征运动仍可以提供一些关于基督教的憧憬和穆斯林的噩梦的材料。这场声势浩大的冒险运动在两个多世纪里被当作欧洲幻想曲的背景，它已经在我们的集体意识中留下了一层深深的记忆，那些生动的故事以及高尚或别样的雄心就保留在其中，这些记忆既让人感到惋惜又让人觉得光荣。一个现实主义者可能会立刻从几乎所有的层面上谴责欧洲人的这次到穆斯林腹地探险的最后失败，甚至有人曾挖苦道：十字军东征的一个实质性结果是把杏树引进了欧洲！毕竟，一旦贸易中断，港口丧失，使团散去，欧洲与伊斯兰世界的接触只剩下西班牙或马格里布，而不是伊拉克和埃及了。尽管如此，除了在人力、物力和财力上造成的无可争议的浪费以外，十字军东征至少构成了欧洲心理史学上的一个伟大的时代，一种崇高的回忆——而回忆的不仅仅是死在突尼斯的圣路易（St Louis），他在临终前说的一个词是"耶路撒冷"。

有一种传统的解释认为，"上帝希望如此"的箴言是穷人和流浪者被送到圣地去的一个充分的理由。这一解释由于过于简单化而被否定之后，历史研究又揭示了一些更为复杂的原因，但同样不能令人信服。我认为这场对东方的武装远征在政治、军事和经济上缺乏一种存在的理由（raison d'être）。现在我们似乎又回到了历史学家在 20 世纪 20 年代提出的观点上来：十字军东征是一种不合理的和没有原由的冲动。历史学家不成功的考察至少给出了这样一个结论：一种持续了两个世纪的努力不能简单地归因为一位教皇的煽动性的话语，而且大半个欧洲都在争夺他的权威。圣战的观点，更确切地说是以武力传播教义的观点（这种观点在穆斯林的思想中占有一定的地位）对于基督徒的心灵并不陌生，例如，它在加洛林时代就已经成为很多血腥皈依的基础，而且还曾经是德国入侵波兰和立陶宛的大片领土的一个借口。人们不至于因为太吃惊而没有看到正是这种精神支撑着伊比利亚人的再征服运动。然而，如前所述，虽然柏柏尔人和摩尔人先后被赶回南方与这种虔诚的精神密不可分，但正如 1250 年或 1300 年以前西班牙的诸侯们普遍的仁慈态度所展示的，他们主要关心的是经济问题而不是宗教事务。这种容忍异教的做法让人想起了地中海另一端的拜占庭帝国的态度，睦邻友好是不难理解的。很显然，这样一种视野并非为基督教世界的其他人所共有。1063 年至 1085 年之间服务于巴尔巴特尔（Barbastro）或托莱多的卡斯提人的勃艮第或朗格多克的贵族被他们的仁慈所激怒，向其挑战。毕竟教皇亚历山大二世和格列高利七世已经许诺，如果他们能为基督教而战的话，将赐予他们特殊的荣誉，即圣彼得门徒的身份。难道他们不是武士、战士（the bellatores）、基督的骑士、基督的战士（milites Christi）吗？

在此我将对十字军运动做出基本解释。如果前往巴勒斯坦可以获救，如果作为战士，通过"把利剑尽可能深地刺入异教徒的腹部"（用圣路易仁慈的话语来说）而获救，那么，西西里和西班牙的十字军东征（所有阶层的人们都参与的武装远征）将不会采取它已经呈现出来的形式。除了十字军被许诺的好处或激起众人激情的布道——一种普遍意义上的心理压力，它是形成浪漫主义欧洲的元素之一——以外，还需要更多的东西。随着人们集体生活于庄园之中和至少在理论上是上帝所支配的社会的确立，虔诚和赢利性同时都在觉醒。对于今天的历史学家而言，"和平运动"是其最为清楚的标记，为了保护上帝的子民，并引导他们获得拯救，不能听凭上帝战争任意进行和复仇者与惩罚者恣意妄为。既然国王们不履行职责——没有人去耶路撒冷，所有的人都被其他的地方牵扯住了精力，或者被革除教籍——信徒们不得不自己承担拯救的责任：职业军人拿起武器参战，神职人员日夜祈祷，劳动者辛苦劳作。"和平"被认为是上帝法则的保证，如果必要的话需要强制推行，而且在"和平制度"中，武装朝圣占据着极其重要的地位。1095年，在克莱蒙特煽动南方的男爵们拿起武器完成自己义务的乌尔班二世并未预见到这一点。他可能希望得到来自普罗旺斯或图卢兹的远征队的帮助，能够在路上将其从神圣罗马帝国皇帝亨利四世的魔掌中拯救出来（但是各种可能的企图通常被虚伪的面纱遮掩起来，而这些企图永远没有被披露的机会了）。然而，结果却是一次普遍的战争动员，完全超出了他的控制力。各个角落——诺曼底、佛兰德尔、法兰西岛、莱茵兰、勃艮第、阿基坦、伦巴第、西西里——都被隐修士、自命不凡者、冒险分子点燃了怒火，一群由野心家、小角色、贵族幼子组成的乌合之众蜂拥而来；士兵和农民也来了，他们相信这是一条用血和剑开辟出来的通往末日审判、和平和拯救的庄严之路，这让教士和商人目瞪口呆。其他的人也受到了影响，犹太人最先遭受灾难，因为他们就住在莱茵河和罗纳河的附近，还有东方诸民族，他们不希望发生此类事情。

原先估计的10万人的数字已经被另一组数字所取代，即约有4000或5000名的骑兵和6万名步兵，还有许多妇女和儿童。这些数字在我们看来，似乎并没有什么特别之处，但却使同时代的人惊叹和害怕，特别是那些拥有劫掠的坏名声的农民军更让他们震惊。在此我不想简略介绍从1096年春天出发到1099年7月5日血腥夺取耶路撒冷为止的第一次十字军东征的行军和战斗过程，但对于西方历史学者而言，注意其中的几点是很重要的。特别需要注意的内容有三点，这在1099年之前便已非常明显了：首先，不可能形成受单一目标指引的统一运动。教皇使节蒙代尔的阿德马尔（Adhemar of Monteil）从一开始就被压抑着，图卢兹的雷蒙德（Raymond of Toulouse）作为理论上的领导者也受到挑战；地位最高的男爵，下洛林的公爵布永的高弗黎（Godfrey of Bouillon），心胸太狭窄；人们对希腊皇帝的态度也不一致，进攻路线分歧更多，更糟糕的是政治上的预谋很快就出现了。对于西西里的诺曼人，塔林顿和唐克里德的博希蒙德（Bohemond of Tarentum and Tancred）而言，这是一个在巴尔干重新开始吉斯卡德的计划的机会，对于布隆涅的鲍德温（Baldwin of Boulogne）或圣吉尔的雷蒙德（Raymond of Saint-Gilles）而言，这是在占领地上建立封地的机会。从一开始，这些嫁接在欧洲王朝野心之上的政治预谋就损害了此项事业的存在理由。其次，这种性质的任务只能由职业兵来完成，不久就变得显而易见了。他们很快就吃了战术的大亏，而对方的战术就像习惯、饮食和气候一样与他们的完全不同。与被包围和被袭击相比，高温、干旱、麻风病和狙击弓箭手的骚扰所造成的损失更大。对于那些步兵，早在穿越博斯普鲁斯海峡（Bosphorus）与土耳其人的第一次交锋中就惨遭屠杀了。在这样的形势下演化出两股不同的力量，它们的分离至今还未得到充分强调，一股力量是"特殊十字军"，当一个重要事件引发特别军事活动时，由王公诸侯们领导而进行的东征；另一股力量是"普通十字军"，由朝圣者、商人和冒险家组成，他们每年在可以穿越海洋的时节里往返东西方。最后一点，与上述的最后一点有关，沿多瑙河

十字军出征（左图）：开路的先锋（胸前或肩上佩戴十字章）和随从（12世纪夏朗德的克莱萨克地区圣殿教堂壁画）。

返回的十字军战士（右图）：一个"失踪的人"回到妻子身边。1147年沃德蒙特伯爵修一世（Hugh I）跟随路易七世参加第二次十字军东征，次年，返回洛林的骑士带回他战死的消息，但事实上，16年之后他返回了沃德蒙特，由于过度疲劳和穷困，不久后死去（12世纪后半期的墓碑，南锡的科尔德利教堂）。

的陆路——1096年被旅行者占据，1100年被援军占据，之后被路易七世（Louis VII）和康拉德三世（Conrad III），最后被腓特烈·巴巴洛萨之类的王公诸侯所占据——看起来如此漫长，如此危险，以至于远征的主要努力是使海路成为人们来往、牲畜运输、货物供应的主要交通线。就这方面而言，十字军向圣地的推进是基督教世界重新获得地中海东岸地区的基础性阶段。

欧洲和12世纪的十字军东征

除了调动的军事力量十分显著之外，第一次十字军东征还有其他出人意料的深远影响。我们知道，由于这次十字军东征，大约二十年之后，西方从伊斯兰教徒手中夺取了从西里西亚到尼罗河三角洲所有通往地中海的道路，而且，在1153年至1169年，希腊人和法兰克人控制了尼罗河下游地区。另外，如果我们考虑到，一直到1146年，基督徒（亚美尼亚人和法兰克人）还控制着托罗斯的通道和流经埃德萨（Edessa）的幼发拉底河上游的渡口，一直到1185年，还控制着去麦加朝圣的必经之路阿卡巴湾（the Gulf of Akaba），我们就可以理解伊斯兰世界所受到的威胁程度了。不过我们必须用以下事实来限定这点，其一，聚集在耶路撒冷国王周围的"国家"从未指望能控制伊斯兰的富饶的新月地区（摩苏尔－阿勒颇－大马士革－佩特拉），所以除了耶路撒冷王国之外，其余的都得依附海岸线；其二，这些国家面临着真正属于"殖民"

性质的问题。一旦圣城夺回，十字军解散，听命于圣地的"国王"和法兰克王公的士兵就只剩 2000 名了，这使得源源不断地向圣地输入马匹、武器、增加援军成为绝对必要的了，即使创建了驻扎于此的僧侣骑士团（1110 年或 1120 年之后成立的圣殿骑士团和医院骑士团）和巨大的防御要塞（所谓的"kraks"，至今仍然让建筑师们羡慕不已）以供避难之用，问题依然存在。将"殖民地"与西方相连的这条交通线至关重要，仅有一种方法可使之缓解一下，即吸收同化当地的叙利亚人和亚美尼亚人（例如通过内部通婚的方式），不过，这一做法挑起了安条克地区或阿卡莱地区年轻士兵（他们与当地人通婚，穿当地服装，并且谨慎地维持着与当地人的友好关系）与冒着被屠杀的危险前来朝圣后又返回家园（如果幸运的话）的人产生了不合与误会，他们愤愤不平并疾呼受到蒙骗。

法兰克人在圣地建立国家，有着另外的更加有利可图的意义，对意大利船主和商人而言，尤其如此。自 1065 年就在叙利亚立足的热那亚人首先发现了这一点。他们对外出租船只，并且在 1097 年被准许获得安条克、艾尔苏夫（Arsuf）、凯萨里亚、阿卡和的黎波里的码头、市场、关税收入。虽然比萨曾被对手打败，但很快就赶上来了。1099 年还在耶路撒冷安排了一位拉丁主教，在贾法（Jaffa）和拉塔基亚占有据点，并与埃及保持联系。遭受快速打击的威尼斯人立刻做了调整，此后一直占有海法（Haifa）、西顿、提尔、贝鲁特（Beirut）四大城市三分之一的地区，获得了大量税收，1101 年至 1110 年期间独领风骚。不过，在 1136 年之前（此时西西里的诺曼人正进攻突尼斯），其他来自马赛、蒙彼利埃（Montpellier）、圣吉尔和巴塞罗那的人也蜂拥而至。一般说来，西方人所控制的密集的东地中海贸易关系网的建立得益于希腊人的中立或帮助，精明的科穆宁王朝的统治者足以察觉到这一点。作为对控制安条克的回报，他们同意在首都保留意大利人的贸易港口，威尼斯人自 11 世纪就在此经商，比萨和热那亚分别于 1111 年和 1155 年获得同样的特权。希腊－意大利人为了各自利益而相互合作，这是 12 世纪中期埃及遭到侵犯的原因，但双方的和睦关系却也因此而破裂了。朝圣者日益尖刻地批评这类合作，斥责圣地的堕落和希腊人的口是心非。此后又不断有一些事情败坏了双方之间的关系。例如，无关紧要的埃德萨丢失以后，西方立刻于 1147 年发起战争；在圣伯纳德的号召下，法国卡佩王朝的路易七世和德国国王康拉德三世为此发动第二次十字军东征，不过他们义正辞严地拒绝了西西里诺曼国王罗杰二世的伪善提议，后者妄想占领拜占庭。这次十字军东征因为军事失误和自大心理而惨遭失败，罗杰二世不得不从仅占有一年（1148～1149 年）的科孚（Corfu）和维奥蒂亚（Boeotia）撤退，但西方却把这次失败的责任加在希腊人头上。当科穆宁王朝的第三个皇帝曼纽尔（Manuel）计划进入意大利，并登陆安考那（Ancona）时（1155 年），又一个警报吹响了，不过这次仅仅增加了西方人的焦虑而已。最后一个更为复杂的因素是，一直受压制且势力渐衰的伊斯兰世界似乎正试图振作起来：镇压法蒂玛派，占领埃及。而正当阿尔穆哈德王朝在西方创建从塞内加尔到塔古斯之大帝国时，库尔德

13世纪地图上的阿卡城。依此为指导，旅行者就知道如何到达圣琼医院的门口，例如，根据屋顶上的洛林十字架标志就可以辨认出来（14世纪的皇家手稿7号，现收藏于伦敦大英图书馆）。

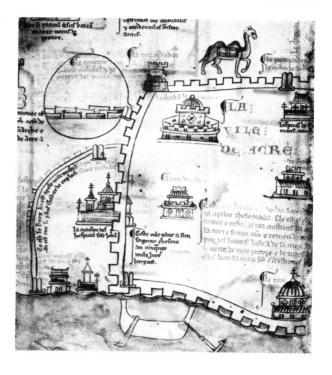

·萨拉·德－丁（Kurd Salah ad–Din，即萨拉丁）突然搅乱了政治舞台。

自此以后，东方的注意力或者向南集中于埃及，或者向北集中于拜占庭。1170 年至 1230 年这一时期极具重要意义，原先拥挤在美索不达米亚及其周围地区的所有贸易活动现在都转向了开罗、亚历山大和达米埃塔，而基督徒 1150 年就已注意到将会出现这种变化。对意大利人而言，去那里寻求调味剂、明矾、香料、珍贵石料变得更加有利可图。自 1154 年起，特别是在 12 世纪 70 年代，那里的贸易商埠就被比萨人和热那亚人打开了，来自萨莱诺、巴勒莫和威尼斯的商人与控制着乍得（Chad）、阿比西尼亚（Abyssinia）、印度洋和波斯湾航线的萨拉丁达成了一项持久和平协议。双方关系一直不错，即使基督教徒的每艘船须收起桅杆才能进入港口也是如此，据说在亚历山大有 3000 名拉丁商人。既然这样，何须过分担忧一次以夺取耶路撒冷为目标的虔诚征服运动呢？所以当萨拉丁清理了红海和朝圣路线，接着又在哈丁（Hattin）俘虏法兰克军队，并踏进耶路撒冷时（1187 年），意大利人并不因此而忧虑。而在北方，却引起了更为激烈的反响，发动了第三次声势浩大的十字军东征，目标是夺回圣墓。其统帅包括德皇腓特烈·巴巴罗萨、法王腓力·奥古斯都和在此次东征中获得"狮心王"称号的英王理查（Richard），但结果却十分悲惨，腓特烈在进军途中溺水而死（1190 年）。不久，腓力与理查分道扬镳，前者仅满足于巩固阿卡，后者继续向圣城缓慢推进，但最终未能夺回该城。当轮到理查返回时（1192 ~ 1193 年），法兰克人已经占据了一系列沿海城镇，但实际上都控制在意大利人手中，而阿卡"国王"的空头衔却引起了德国人和法国人的纷争。形势再清楚不过了，十字军东征现在只是一场贸易之战。

希腊人并未伸出援助之手，在西方人的头脑中希腊人狡猾的策略就是背信弃义。帝国再次面临小亚细亚的叛乱，并逐渐失去了对它的控制力。由此拜占庭帝国便改让步为镇压，既允许意大利海盗在爱琴海活动，又恕患他们反对首都的拉丁人,据帖撒罗尼加的尤斯塔切斯(Eustachios

245

of Thessalonica）估计首都的拉丁人总共有5万人。西方人的妒忌和蔑视激起了希腊人的憎恨，通过将过多的特权授予意大利人，拉丁人被限制于单调的地区性贸易之中，他们的骄傲也被络绎不绝的拉丁大使、持续不断的饥饿以及长期的精神折磨伤害了。许多暴力冲突接二连三地发生：1171年威尼斯人被捕；1182年拉丁人遭屠杀；进攻亚德里亚半岛的诺曼人于1185年焚毁了帖撒罗尼加城。科穆宁王朝末期的分崩离析，巴巴罗萨的儿子亨利六世警告西方必须采取果断措施了。

那么"耶路撒冷的钥匙"到底在哪里呢？在开罗，还是在拜占庭？在萨拉丁的子孙后代手中吗？他们虽是意大利人的可靠盟友，却属异教徒。或者是在东方的基督徒领地上？那里很早就已制定了宗教戒律。

十字军的衰落和失败

当教皇英诺森三世（Innocent III）号召对东方发动一次新的征服运动时，在意图上西方的模棱两可就显而易见了。统治者起初拒绝了，尔后又改变了主意。香槟伯爵和佛兰德尔的鲍德温（Baldwin of Flanders）之类的诸侯王公们虽答应了，行事则磨磨蹭蹭。至于意大利人，进攻埃及，甚至阿尤布王朝（Ayyubid Palestine）的巴勒斯坦的主意并不具诱惑力，他们更愿意看到穿越小亚细亚的商路——始于黑海或美索不达米亚地区——自由畅通，尽管他们已在克里特、塞浦路斯和西里西亚占有据点，但并未控制该地区。在被废黜的拜占庭皇帝阿莱克修斯四世（Alexios IV）于1202年提出的援助请求中，包含有请求西方人长期留在君士坦丁堡的明确表示吗？留下来支持君士坦丁堡的建议是出租船只的威尼斯人提出的。能说十字军是"趁火打劫"吗？毕竟，恢复威尼斯人对扎拉（Zara）和亚得里亚海的控制是正义的，而且如果目标是安纳托利亚的话，拜占庭当然是沿途停靠港，但结果众所周知，在完全缺乏理解基础，再加上在各自形势和利益迥异、力量极不均衡的背景下，希腊人和拉丁人之间的关系恶化了。1204年4月13日，十字军进攻君士坦丁堡，并在历史上首次占领该城。意大利人为一己私利对该城进行了彻底劫掠，从中获得巨大利润，威尼斯独自拥有50吨黄金！此行径的卑劣本质昭然若揭，事情本应该就此停止，但他们已被推上了罪恶之路：希腊帝国被宣布废止，佛兰德尔伯爵被宣布为皇帝，陆地和岛屿被威尼斯和法国十字军瓜分。

这虽是一种解决方案，但却极其糟糕，它使爱琴海周围所需的援军人数增加了一倍，使意大利人之间的敌对尖锐化（热那亚人感觉自己尤其受到苛刻对待），它并未提供解决安纳托利亚问题的办法，而且最为重要的是，它甚至没有消灭对手，因为一个希腊帝国退守尼西亚（Nicaea），另一个退守特拉布松，埃皮鲁斯还存在一个"专制政府"，阿卡亚（Achaea）、色萨利和色雷斯的居民也并未全部屈服。保加利亚人的向前推进和摆脱了希腊人控制的埃及对地中海所带来的压力更增加了"拜占庭解决方案"的令人难以置信的混乱。

　　"埃及解决方案"是不是会更好一点呢？令人失望的是英诺森三世抛出了这张牌，而玩家只他一人：意大利人公开反对，西方人也对此厌倦了，他只得向东方发出号召。由教皇使节皮莱吉厄斯（Pelagius）和耶路撒冷国王布赖恩的约翰（John of Brienne）率领的对尼罗河三角洲的远征是一次大为丢脸的失败（1215～1219年）。双方尝试和平谈判，德皇腓特烈二世比当时的大多数人都更为关注穆斯林世界（他说自己被穆斯林寺院祷告时报告人的夜间叫声所吸引），他与埃及苏丹达成了妥协。根据1229年签订的令人惊奇的条约，他获得耶路撒冷的正式归还，并前往此地受理，尽管被教皇开除教籍，但借助一次臭名昭著的王朝政变阴谋，他成为了该城的"国王"。不幸的是该解决方案是否可行仍然依赖于维持东方的政治现状，蒙古西进所引起的骚乱意味着基督徒不得不于1244年再次撤退。他们再次恢复到武装远征的状态。有一个明确的计划和一个指导性的意志来协调它们的行动，或许这是第一次。法国的路易九世（受虔诚信仰的驱使，不过也幻想进一步发展新近出现的已威慑百姓的军事忠诚）、流浪者、儿童和牧童（寻找新的拯救之路）共同领导了第二次对埃及的远征（1249年）。岂料这次远征迅速失败，产生了两大对比鲜明的结果。一方面，一次军事政变使埃及进入了马木路克的侵略视野，使得将来的任何干涉企图更加不可能；另一方面，曾被监禁过一段时间的路易九世的"热情"为其将来的"圣洁"奠定了一个基础。如果不从海路进攻，或许可从突尼斯夺取尼罗河三角洲，圣路易自己却相信其兄查尔斯提出的这个疯狂计划，继诺曼底人和德国人之后，查尔斯成为那不勒斯和西西里的新君主，对他而言，此计划有利于其挤进地中海的心脏地带。

　　最后一次十字军东征的惨败是众所周知的，圣路易既染上了瘟疫，又为猜忌所折磨，还未到突尼斯就去世（1270年）。事情的解决是这样的：马木路克在巴勒斯坦和黎巴嫩的城镇及要塞集结，1291年重新夺回了阿卡城，整个过程便告完成。30年之前仅有威尼斯人护卫的君士坦丁堡现在已回到希腊人手中。在黑海、爱琴海、克里特岛、塞浦路斯和摩里亚半岛（Morea），西方确实保持了自己的前哨阵地。在地中海东部的沿海诸岛和港口，甚至在埃及，也还继续保有一些权利，简言之，地中海仍然是他们的。但是，再次夺取地中海沿岸的希望仅是一个幻想了，此幻想作为一个牢固的记忆持续了一百年，甚至更长的时间，在此期间使耶路撒冷再度成为基督教圣城的希望从未熄灭过。

　　有一段时间，欧洲一直梦想着一个宏大的战略：从背后袭击伊斯兰东部，这是第三个解决方案，尽管看起来可能很世俗，但必定在这里发生。蒙古人（Mongol）对亚洲支配地位的确立或许长时期内并不被西方了解或理解，不过从圣地返回西欧的朝圣者，少数外出冒险远至戈壁滩边缘的商人散播了许多与此有关的传说，而且1220年至1223年于伊朗、格鲁吉亚和乌克兰发生的反穆斯林的突袭事件的事实，使西方产生了或许可以与鞑靼可汗（Tartar Khans）

合作的想法。据说聂斯脱利派教徒（Nestorians）在蒙古帝国首都卡拉库姆（Qaraqorum）扮演了重要角色，另外还有许多关于蒙古王公正在接受洗礼的传说。"牧师约翰"不正是要从那些地方过来帮助基督徒吗？方济各修士比商人更容易相信这种说法，因为他们早已听说过其他有关这些游牧部落不分青红皂白、实行骇人听闻的屠杀的流言。圣路易对此深信不疑，自1232年或者1235年起，离开西方前往亚洲的传教士络绎不绝。然而这一冒险的双重性质不久就显露出来了。1238年至1239年的大劫掠——最远到达北方雅罗斯拉夫（Yaroslav）的俄罗斯公国（Russian Principalities）和南方的基辅公国（Kiev）——暴露了蒙古人对宗教因素的完全忽视。更糟糕的是，1241年至1242年，金帐汗国（Golden Horde）的骑兵在返回根据地之前，劫掠了克拉科夫、奥尔米茨（Olmütz）和塞尔维亚，匈牙利国王安德鲁战败后，极为恐慌，宣布此为来自匈奴的新威胁。但是，法国仍然抱有幻想，蒙古人不是打败了安纳托利亚的土耳其人吗（1242年）？他们劫掠了巴格达，摧毁了阿拔斯王朝的哈里发政权，向前一直推进到叙利亚（1256年），并且制止了马木路克人的侵略（1260年）。法国卡佩王朝的国王又派出了两名传教士，普莱诺·卡皮尼的约翰（John of Plano Carpini，1245~1247年）和卢布拉克的威廉（William of Rubruck，1252~1255年），商人们比较容易地穿越小亚细亚到中国的广大商业区使他们传教的希望得到了增强。花了三十年时间漫游亚洲（1260~1295年）的保罗三兄弟尼克罗（Niccolo）、马可（Marco）、马太（Matteo）的长途旅行，至今仍然闻名于世，但是所有这些纯粹都是幻想，蒙古人根本不理解欧洲人的愿望和精神。他们是游牧部落，靠劫掠为生，不重视民族国家的宗教，把他们喜欢的任何信仰都归入一个基本的泛神论之中。对他们而言，联盟这样一个术语仅仅意味着屈服。这是一次聋子之间的对话，直到圣路易死后才结束。另外，如果不是假设的话，很难想象蒙古人会向离他们的根据地如此遥远的地方提供实质性帮助，而且因为特定的气候和风俗习惯，他们绝不容易长久屈服于人。

十字军东征事件对中世纪欧洲的心理产生了深远影响，它把各种千年福音说推向了极致，并把朝圣提升到殉教的高度，不过，这些都是道德方面的影响，在这儿并不是我们所要关注的。另一方面，我们必须理解，在物质结构的世俗事务的层面，基督教会也发挥着强烈影响，而且最初的表现是积极的。至少在一个世纪里，教皇和天主教世俗统治集团非常倚重世俗力量，即使不能总是使所希望的人都卷入，也几乎将贵族的所有军事力量都用来为其事业服务。因为十字军东征运动，至少直到1204年，欧洲政治生活中大量的自相残杀事件减少了，罗马教皇的威望也提高了。另外，武装远征，甚至朝圣者的长途旅行也涉及消费，这意味着一大笔财富转入了教会手中。为换得现金而被抵押出去的土地充实了教界（还未被赎回时），特别是使骑士团僧侣发了财（这些僧侣在远征的实际行动中发挥不了多大作用，但他们都是惟一拥有必不可少的流动资产的人）。不过我们必须反对这种在13世纪十分盛行的用来赢利的借贷，教皇和世俗王公在物质利益或政治利益方面的相互勾结，在某种程度上已经使东方的军事活动名誉扫地，尤其是在1245年至1250年之后，西西里的安茹王朝王公的野心，热那亚人或威尼斯人对教皇施加的压力，显然都与宗教信仰无多大关系。尽管因意大利纠纷已被格列高利九世革除了教籍，德皇腓特烈二世依然达到了一个卑劣目的，赢得了耶路撒冷，并迫使教皇同意禁止整个圣地的一切宗教活动。除此类荒唐事件以外，很多人怀疑教会一心想养肥自己，他们认为相对于祭祀和救助而言，教会更关心借贷和囤积居奇，随后的圣殿骑士团还为这一怀疑付出了生命的代价。

在东方的战斗中，许多军事贵族丢掉了性命，在死因并非瘟疫所致时，我们不应低估战争或长期监禁给法国青年所造成的伤害，尤其是在12世纪，之后是13世纪的德国青年，甚至简单武装起来的朝圣者在必要时也准备通过战斗打开通往东方之路，但也经常命丧黄泉。在欧洲的战斗中，无关大碍的无经验和轻率鲁莽在此却发挥了作用。显然我们算不出精确的死亡数字，但对贵族家谱的研究显示了谱系的突然中断，这在西方战争中从未出现过。1119年8月在布莱谬尔（Bremule）战役中（法国的路易六世和英格兰的亨利一世两位国王参加了战斗），有五人丧生，而两个月之前，五百多名诺曼人已在阿勒颇附近的"血染之地"丧生。而另一方面，大规模的人口迁移是不可能的，许多贵族家庭的确曾把某一幼子安排在圣地，但这并不等于人口殖民。贵族的财产损失和人员损失不相上下，除了那些被暂时抵押出去的财产经常是永久性失去这一事实之外，我们还有大量证据表明，沿途也涉及许多损失，当然损失大小随朝圣者地位的高低和旅途的远近而变化不一，不过在13世纪初，损失总额在20到30里佛尔之间变动，这相当于10到100公顷良田的价值（按最低估算，也大大高于3到5公顷土地的资本，而这是当时一对夫妇维持最低生活水平所必需的）。

虽然这样，但有一点是毫无疑问的，即尽管十字军东征使西方丧师失地，它却给了西方一个重要的经济推动力，在此主要指意大利人而言。不过，如果观察视野扩大到14世纪初的话，我们将看到普罗旺斯和加泰罗尼亚在其中扮演了极为突出的角色。而且，最根本的一点不是这些代理商的身份，而是与东方的贸易重新开始了这一事实。到1150年，当然也可以说到1200年，阻碍欧洲经济发展的双重束缚已松动了——穆斯林的海上掠夺不复发生，拜占庭的征税也消失了。现在，尽管形势并没有向这方面演化，但自问欧洲发展的催化剂是什么已经毫无意义了。有人可能提出反对意见说，诺曼人的扩张对欧洲人的发展无任何贡献，或者说16世纪富裕起来的欧洲仅占有半个地中海。但是，最基本的一点依然不变，地中海的征服对欧洲的发展至关重要，现在必须对此事实作进一步的研究。

第七章 欧洲经济的跃进

为生存而建立的新的社会组织或许证明了我们数十年来追踪社会发展阶段的做法是正确的。每一个社会发展阶段都为下一阶段的发展做好了准备。当我们见到枝头挂满累累硕果之时，我们一定能够明白处于萌发状况时的一切事情，因为所有的一切都来自同一个根源。我们不可能一下子就将这一切尽收眼底，但可以用笔将每一件事同时描述出来。于是，我不得不采用合理换位法，必要时再加以叙述，而这样又会掩盖整体的统一，但我只能将作为整体看待才有意义的事情分成部分。我不得不如此，但对各部分的次序安排则只是以易于表述为目的。显然，像林地的开发、海上危险的征服、

人类的进步和意识的演化、可耕地的增加以及城市的扩展，只有在相互关系之中才能得到解释。至少读者应抓住的是，所有的事情都在朝着一个方向发展，即朝着增长的方向发展。在一个半世纪的时间里，欧洲最终提供了行动的手段，甩掉了过去的包袱，用经济学家的话来讲就是开始了"起飞"，而这一"跃进"构成了中世纪史的主要阶段。

食物生产的激增

对中世纪史学家来说，恒久的悖论之一便是缺乏对主要历史现象的详细文献，如同我们在人口增长问题上已做过的解释那样。此次为人们所忽视的是食物生产的进步，尽管缺少证据，但我们仍能了解这种进步的确切性。重要人物在土地开发上所表现出的兴趣便是一个有力证据，12 世纪中叶，圣伯纳德就建议在"使种子得到百倍回报的地方"建立修道院，但是即使现在所处的时代这也是不能实现的。修道院院长叙热（Suger）为圣丹尼斯修道院的建设寻找并发现主力军；德意志的开发者通过许以丰厚的收获外加灵魂的永远得救来吸引森林开拓者；佛兰德尔伯爵阿尔萨斯的腓力（Philip of Alsace）监督格拉沃利讷（Gravelines）的建设，在各地骑士们乘雄马的时代，将罗昂（Rohan）领主的育马场变成了一项极好的事业。另一证据来自农书的写作，尽管这些农书的写作时间有些晚。因为大部分农书是英国人写的（*Fleta*，亨莱的沃尔特的《农书》[*Walter of Henleys Husbandry*]），所以观念上一直认为英格兰的农业比欧洲大陆先进，但是否如此却并不清楚。至于数字方面，13 世纪中叶以前都不确切，仅

有得自佛兰德尔、拉姆西（Ramsey）、温彻斯特、巴伐利亚以及地中海附近那些自然经济并不典型地区的零碎数据。我不得不利用有关的出售条例、救济记录、早期的征税单来对生产率做一个粗略的估算。早期中世纪是如此大有作为，考古学尚未出现，肖像画法则趋于定型。但是，我们知道小麦的产量：在安纳皮斯（Annapes）的王室地产上，9世纪时可得到2倍的回报，在克吕尼，1155年时可得4倍的回报；皮卡尔迪，1225年时可得7倍的回报；100年后，在阿图瓦耕种土地的回报是11倍，几乎接近1900年时法国的情况。一切事情产生的结果是一致的：人口、可耕地的区域及生产都扩大和增长了。1090年至1220年间，展现在我们面前的是"一个巨大发展的世纪"。尽管有这些不可否认的研究成果，加之英格兰及其他各地的庄园档案，历史学家们仍然需要面对一些令人不快的问题。就让我们对这些问题展开研究吧。

对自然力的控制

按照我们以往所见，为了空前增长的人口的吃饭问题，就需要生产越来越多的粮食，乡村就要清理出更大片的土地。耕地面积的扩大，是否就意味着动物被赶出了森林呢？而事实上，粮食生产的增加更多的是产量的提高而非可耕地面积的扩大。18和19世纪那种认为可耕地的开发是基督徒基于虔诚的热情而努力的结果的观念应该抛弃了。基于这种热情而做出的努力并不会持续很久，振奋的心情并不始终意味着强壮的体魄。将此类事情放在另外的世纪里也会得到确切证明，是适宜的气候使土壤变得肥沃，使生命变得坚强。让我们集中精力了解技术问题吧。

然而，技术情形一点也不清楚。首要原因是维持技术的可能性，因为每次战争都非常不幸地证明，常常是发明的结果比发明的原因重要；其次，是因为技术是在特定的方式下发挥作用的。所以，维吉尔（Virgil）就曾对水力磨做过描述，普林尼（Pliny）对重犁（the heavy plough）也曾有所提及，但是奴隶制度对此是不感兴趣的。与牛相比，马无疑是较好的耕畜，因为马的肌肉力量使它能够将犁铧从粘性土壤的泥潭中拖出，但是马易受惊吓，比较娇贵，价格也较高。如果是替换使用的话，要套两匹或四匹马。正因为如此，在英格兰到1225年，在巴伐利亚到1250年，在勃艮第到1275年，人们对牛仍情有独钟。如果再考虑到中世纪的抄写员，有时仅仅为了炫耀其典雅的文风便极力将他们所使用的地方术语翻译成拉丁文这种情况的话，我们对受迷惑的历史学家们只能小心翼翼地前进就可以理解了。

无论如何，有一件事情是确定的：除了像凸轮轴或涡轮这样一些古代世界所见不到的机械之外——尽管这可能仅仅是因为我们所发现的资料所致——维持中世纪生产的每件东西都来自希腊－罗马世界，或来自远东，尤其是印度，甚或来自中国。前者提供了维特鲁维乌斯（Vitruvius）、加图（Cato）、科鲁梅拉（Columella）和普林尼的技术性专论和古代思想概要。

犁耕图。两头牛一组并肩地拉犁，轭放在牛肩甲胛骨或牛角之间隆起的部位。马虽然较牛的行进速度快，但饲养的费用较高，13世纪时才逐渐取代牛的位置（来自伦敦大英图书馆，41230号手稿）。

然后是东欧的阿瓦尔人（Arars）、摩拉维亚人（Moraviars）卡扎尔人（Khazars）将他们或许是从其亚洲邻人那里借用来的方法和习惯传入西欧。因基础性的研究和改进而授予中世纪以桂冠，并不会贬低中世纪的成就。中世纪的人们坚信，对这些技术的实际采用和推广是有益于人类的。由于拥有丰富的森林、水源和铁，有利于西北欧在三方面将赫拉克利特（Heraclitus）或阿基米德（Archimedes）的"发明"由理论转化为现实。

首先，用被驯化动物作为动力取代不情愿的奴隶劳动的思想早在新石器时代就有了，但是到奴隶供应短缺时，在欧洲是1000年之后，牲畜的利用才有了自己的地位。虽然，13世纪时的通行税（toll）记录仍向我们展示出人力用袋子搬运、用脖子吊篮子、用小推车或扁担运输的情况，但是牵引四轮货车的牛都装备了前轭（a front-yoke），马或骡子也都有了颈圈。牲畜被驯着走直线，以便最大限度地发挥它们的牵引力，蹄掌上装有蹄铁以保护其蹄掌和增强其腿部力量。像在斯拉夫人的土地上一样，这些做法或许在10世纪的斯堪的纳维亚和特里尔就已经出现了，大约五十年后，在格罗诺布尔（Grenoble）和埃皮纳勒（Epinal）也出现了。在较早的戈壁沙漠里的商队中，在老普林尼的专题论文中我们同样也能看到这些做法，但是我们仍然不了解这些发展的进展情况和进展程度。征服者威廉时期的英格兰，一个郡一年内仅铸造120付马蹄铁，1082年安茹的一份通行税仍对上有蹄铁的马匹征收双倍的税。大约1175年时，畜力的使用才变得普遍起来。

其次，我们看到畜力被机械力所取代的情况。这是一个巨大的进步，以至于使马克思将其视为一种新的生产方式诞生的标志和全新的人与人之间关系建立的标志。这方面的大概轮廓是简单而熟悉的：最初是以水作为原动力，最后是利用风力代替人力驱动机器。这里需要再次强调，古代世界就已知道这一点了，维特鲁维乌斯就十分了解如何利用水流来使磨转动起来，就像拜占庭的小亚细亚地区和波斯对风力磨的了解一样。然而，这些自然力在地中海地区并不可靠，加之拥有供应充足的奴隶、骆驼、牛，致使对这些自然能源的利用停留在理论或简单的典型示范水平上。而且，犁队就是中世纪的人们将其接受下来并推广开来的。在伊斯兰世界以及从西班牙到叙利亚的整个欧洲南部的大部分地区，直到 20 世纪人们仍信守着古老的方法：用戽水车（安装有水桶的轮子）灌溉，用人的脚或牲畜的蹄子碾压谷物，供水或磨面也是用人力——这一切阻碍了技术的进步。而在西北欧，因为有着众多河流，人们在湍急的水流上、在桥的拱梁下、在人工筑坝而形成的水流上建起了水磨。将由气流或风驱动的垂直方向的旋转变成了水平方向的旋转，使谷物、豆荚、坚果和橄榄的去壳工作可以用机械代替。与此同时，绕轴心旋转的力也可以被用于锯木或碎石，与锤相连接可用于打铁或漂洗亚麻，当然也可以将水排入灌溉渠道。了解这些技术的使用过程中有不寻常变化的人，无不认为那些声称首次机械化发生于中世纪的人是有道理的，并不是到蒸汽机时代才有机械化，蒸汽机时代的机械化的动力是重新获得的。分散的但却是清楚明白的迹象表明，9 世纪和 10 世纪中叶，英格兰和莱茵兰的城市（如在图卢兹就有四十台磨）和乡村都可以见到机械的使用，但在法国的皮卡尔迪、普瓦图和贝里地区，则是 1125 年之后。获得栎木和榆木、轮轴和翼板、前置嵌齿轮、巨型磨、铁圈子已属不易，更别说是装配工的工资、运输设备费以及水本身的费用，财富是极其重要的。1200 年前后，亚眠（Amiens）附近要建磨坊，其费用相当于 20 公顷好地的价格。除了村庄的庄主，谁还能从事这项冒险活动呢？为补偿其花费，磨坊主必然要让农民交纳使用磨坊的费用。到 1175 年或 1200 年，这几乎成为强制性的义务。任何没向磨坊主及令人憎恨的领主的心腹支付费用的人都将被社会所抛弃。显然，这既是一种经济转变，也是一种社会转变。

最后，我们了解一下金属给人类社会所带来的影响。人类的历史开始于对火的掌握，因为有了火之后人们才能对金属进行锻造和锤炼。而武器、工具和礼器的质量取决于金属和燃料的质量。铁是最基本的金属，历史学家们早就提到德国和布列塔尼金属资源的优越性，解释了"蛮族"武器的特性及其燃料的优越性，以及——正像 E. 萨林（E. Salin）所主张的——北方的优良武器和工艺恢复的原因。但是，在 10 世纪中叶以前，这方面情况得不到确切了解。950 年至 1075 年，欧洲的冶金学似乎是突然之间产生了出来。在加泰罗尼亚、哈茨山附近、米兰周围、阿登、约克郡和巴伐利亚，金属矿层被挖开了，靠近森林或水源的地方建起了一座座锻炉，最终形成了村庄或城镇，这种情况在波希米亚和摩拉维亚或许发生得更早。这是一项本质性的技术变化，没有这一变化，林地的清理、磨坊的出现都是不可理解的。从事冶炼的人，尽管已经丧失了一些其先辈在尼布龙根（Nibelungen）时代所具有的神秘的光环，但仍是村庄里受人关注的人物：在他的烘炉房里，村民和领主一样，都与铁匠交换意见。乔治·杜比称熟练的冶炼工人为"技工"（mechanic），他们将弯曲的武器拉直、锻造车轴、调试车轮、给马钉蹄铁。像磨坊主和乡村教士一样，工匠们也十分小心地守护着他们的社会地位，直到 12 世纪之初，他们仍是村庄里的领袖人物。因为烘炉房紧邻磨坊，所以说，11 世纪之初在德国的中心地带，12 世纪之初在从勒芒（Le Mans）到比利牛斯山脉、从阿斯蒂（Asti）到维罗纳的广大地区有了前工业时期的工厂，并没有语言使用上的错误。商业税记录为历史学家提供了非常有价值的关键性资料，利用这些资料可以推测出 1030 年至 1160 年间这种工业的进展状况：康布雷和普瓦堤埃、布列塔尼的莱昂和默兹河地区的维塞（Visé）都有了此类工厂，11 世纪时生产出了铁条，12 世纪时生产出了粗糙的砍劈工具，13 世纪时已有刀具在市场上出售，接着便是铁钉、铁箍的出现。

市场萧条是继续影响手工业的主要因素。基督教欧洲的手工业正在取得较高成就的时候，法兰克人在武器方面的声望从伊斯兰的文献中消失了，考古学展现的也仅仅是一堆堆的废墟。此后，生产完全局限于地方需要，并全力满足这种需要，没有出口的余地。换言之，由奢侈品生产向功利性消费品生产的转变是地方性建筑和职业集中的首要结果，对我们来说是大有前途的发展。于是，不用到 1250 年之后，我们在科隆（Cologne）就能见到米兰的武器。在金属加工只是地方性，或在最好情况下有着区域性联系的时候，从事这一职业的人被牢牢地控制在他们所在城镇的工作场所，如同将谷物拿到磨坊去的农民那样。

但是，在这种情形下也存在着例外现象。在传统社会的边缘成长起来的西多修道院（the Cistercian Order），高傲地孤立于"荒漠"、森林或其他地方，很快就以其金属加工而出名。历史学家们可能被这些白衣修士所留下的丰富文献所误导，1140 年至 1190 年间，从朗格多克到莱茵河，从约克郡到勃艮第，烘炉房在西多会的地产上纷纷涌现，其制品在集市上出售，毫无疑问，大规模的商业化开始了。

土地的经营

我早就说过，在 13 世纪，英国人的农书出现之前，我们很难找到有关农业方面的理论。这些为富有的土地所有者编撰的有趣的资料汇编，劳动者本人无疑是得不到的，他们所依靠的是自己的经验，农民对土地"有着一种直觉"，他们是按照这种"直觉"劳作的。1250 年之前，农民很少冒险开垦劣等土地，极少在不适宜的土地上种植庄稼，也极少在没有确定结果的情况下进行单一作物的种植。在这种艰巨的斗争中，我们看到人们极力使自己适应土地的需要。经过两个世纪，人们才试图对土地施加影响。

不幸的是，历史学家们并没有对土地本身给予足够的重视。人类学家对一直保留到 20 世纪的基本农业习惯偶尔涉猎性的研究所展示给我们的是，在对土地状况的把握上，既有成功也有失败。通过对确切劳役（Corvées）状况和朴实的插图资料的研究，最好的是通过保存下来的古代耕作模式，如英格兰的沃拉姆·珀西（Wharram Percy）家族的土地耕作模式，我们可以注意到在对耕地碎土和使之肥沃方面取得的进步。动词"tertiare"是表示掘地和翻土之后的第三次翻耕，出现于 1120 年或 1130 年之后，目的是从矮灌木丛中获取土壤肥料。一个多世纪之后，在阿图瓦又出现了播种前的第四次犁耕。

令人惊奇的是，从马克·布洛赫提出有关犁耕条件的假设，到对这一基本研究主题的重新思考，期间隔了四十多年。研究确实遇到了术语模糊所带来的障碍，以及可能因为疏忽而导致的教会作家对此缺少记录造成的困难。但是，问题依然重要，因为难以回避的土地分割的秘密要依靠——至少是部分地——对这个问题的回答。我们越来越坚信古代"纵横交叉"的耕地——田地上的犁沟呈格状，促进了小块土地的集中，意大利的"quaderni"（畦）或南部法国的"aiole"——逐渐被长长的平行犁沟模式所取代。耕作技术的这种变化是否就是布洛赫所认为的那种呢？或许在一定程度上，提到犁耕的地方，牲畜一定在其中起着关键性作用，因为行动迟缓体态笨重但较适应崎岖杂乱地面的牛，被在这种环境下较难驾驶的马所取代。地产的分割合理吗？为什么它会导致如此大规模的条田呢？个人主义对此有责任吗？要是这样的话，后来地块集中和圈围时，我们却并没有见到这种情形。这是农业史上一个解决不了的问题。

当考虑到工具和设备问题时，我们就更不肯定了。古代世界里的耕犁（aratrum），是否是木质的锥状物，头上包有铁皮，像普林尼所说是能够弯曲的，除了挖土就不能有别的用途了呢？一付犁是否如我们想象的，有着不对称的犁铧和犁刀，为犁壁将土深翻下去做好准备呢？这两种工具的使用是全然不同的。重犁对法国南方（the Midi）的粉状土壤影响极小。重犁可能是德国人甚或是斯拉夫人发明的，由迄今发掘出的最古老的犁铧判断，可能在 9 世纪或 10 世纪。如我们所见，这两种工具可能是同时存在的，如直到 1130 年普瓦图或伦巴第就是如此。但是，我们的结论再一次由于某些作家的迂腐而归于不确定，在这些作家们看来，所有的犁耕工具称之为耕犁，而且就其他词的模糊性来说，原意为犁的"carruca"一词可能是指重型四轮车。这一迷雾直到 1125 年至 1150 年才被消除，带轮或不带轮的重犁在卢瓦尔河和多瑙河以北占据统治地位，这已不再是什么问题了。这种重犁由六到八头牛牵引或两到四匹马来拉，视各地的习惯而定，能够翻耕新近由林地开垦出来的不易耕作、潮湿的土地。这种沉重而复杂的工具所带来的限制——重犁转弯调头较难，需要至少两个人进行引导——是有所回报的，即谷物由此能够种得更深，以避免受冻或烂掉。尽管土壤得到了通风，但直到 1220 年左右，几乎还没有人为增强地力的做法出现。1220 年时，泥灰、石灰的使用以及定期施用家肥的租地契约中已有清楚的说明。沃拉姆·珀西家族的土地就有了将家肥仔细撒在耕地上的迹象。12 世纪 70 年代，这种现象在博斯（the Beauce）、皮卡尔迪和泰晤士流域同样可以看得到。

这种增强地力的做法使经常性播种成为可能，而这在很快就耗尽地力而又无法尽快恢复的土地上是不可能的。据我们判断，9 世纪时，每公顷土地人们所撒的种子为 70 公升，12 世纪后期，这一数字开始有所上升。从克吕尼修道院的账册和 13 世纪英格兰的庄园记录中以及

播种。秋天，播种者从小箱子里取出种子撒在地上。乌鸦对此类播种活动产生了兴趣（伦敦，大英图书馆，手稿编号4213）。

法兰西岛（the Ile－de－France）和皮卡尔迪所提供的证据来看，塞纳河以北地区，每公顷土地播撒的种子上升到200升至250升，在温彻斯特（Winchester）则提高到300升至360升。到13世纪结束时，巴黎附近地区则上升到约400升。

　　对上述数字的第一个反应就是怀疑，在没有现代耕作方法（特别是有机和无机肥的使用）的情况下，种植地力要求极高的小麦和谷物会很快耗尽地力的。但是我们看到该问题随着另一耕作技术的采用而得到适当克服。这种耕作技术就是土地的定期"休耕"。它与古代的"轮耕"（旧地的地力耗尽后，就转移至新的土地上耕种）正相反，在土地的组织管理上发生了根本性变化。一块土地像瓦罗（Varro）和科鲁梅拉所长期推荐的那样闲置起来不再翻耕，只是将其纳入一个受控制的耕作循环，这种耕作循环由冬季播种、春季播种和休耕期组成，并伴之以犁耕和施肥，或者必要时的冬季播种、春季播种和休耕地的替换。所以这一切意味着耕地或一块土地必须要划分为两组或三组，并定期轮换，或者是整合在一起的，或者是分散开来的。没有这一框架结构，休耕制也会归于失败。

　　显然，土地休耕与加洛林时期的微小进步相比是大不一样的，而且休耕制的采用相当缓慢。12世纪中叶，在皮卡尔迪和克吕尼就已经可以看到利用休耕制的企图了，但是这方面的确切标志——尽管并非整个农村地区都受此影响——得自1248年至1255年左右的法兰西岛（沃尔伦特[Vaulerent]、特朗布雷[Tremblay]），20年后的皮卡尔迪和佛兰德尔也有了休耕制的迹象。

　　1100年至1250年及其之后，整个的"飞跃"时期是持久的。这一持久努力有无丰硕成果呢？我们由此就要面对一个生产率问题。该问题是非常难以解决的，因为我们所掌握的资料很难提供有关播种和收获的数据。也只是在13世纪英格兰的伊利（Ely）、温彻斯特、拉姆西和格拉斯顿伯里（Glastonbury）地区，我们才对1250年以前的时期有确定的陈述。其他地方，如巴伐利亚、阿图瓦、法兰西王国、图卢兹、马孔内和伦巴第，对这些数据只有偶然性涉及。更进一步来说，我们不知道确切的播种面积、作物的品种，将之与今天每英亩一公担（每英亩100

公斤）相比较也是冒险的事。正因为如此，总体说来，对生产率的估算是以播种量为依据的，即获得的谷物是最初种子数量的多少倍。如果考虑到地区对比，我们至少可以看到一个综合性的上升曲线。加洛林时代令人难以置信的生产率——两倍或三倍的回报（使大部分落后农村处于长期饥荒状态）——到 12 世纪中叶时提高到四倍或五倍。这一数字是学者们认定的 1175 年至 1200 年间较低的平均水平，是能够消除饥荒的水平，但在淤泥冲积的士瓦本、泰晤士河流域和巴黎地区，这一数字高达七倍或八倍。13 世纪末和 14 世纪初，法兰西岛、皮卡尔迪和布拉奔特的回报达到十一二倍，接近 1900 年时法国的农业产量。这样的生产率水平只有在一些例外地区才能达到：如果对上述数字有所保留的话，每公顷的产量达到 13 至 15 公担（1300 至 1500 公斤／公顷）还是可以接受的。其他地区，即欧洲的大部分地区，在中世纪可耕地耕作的鼎盛时期，产量达到种子的六七倍是比较合适的。

就让我们关注一下这一平均数，按照这一平均数，当时的白小麦应该是每公顷产面粉 600 公斤。据此，去掉交给领主的部分，再去掉交给教会的什一税和拿到市场上出售以换取其他所需支付现款的部分，来年播种所需的种子当然也要扣除，这便意味着总产量的一半被减去了。如果我们将每人每天的粮食配给量估计为 400 克，那么从理论上说，每公顷土地将为一名农民提供三年的口粮。但是，要使一个拥有五个子女的家庭不受饥饿之苦，一个男子就需要播种至少 1.5 公顷的土地，才能保持地力，才能与其邻居实行作物轮种并为自己的牲畜提供饲料。如果没有这么多的土地，他就只好依靠他所能搜集到的所有东西了，或者是选种那些产量高所需地力少的农作物。

食物的获取

在收集食物生产的"传统"方法（地理学家含糊地这样称呼着）的证据时，我们易于忽略古代和中世纪生产方法中的一个很基本的因素，即森林和开垦土地之间平等的相辅相成的关系（山区和平原、远离村庄的土地和村庄附近的土地，时代不同，地区不同，语言不同，对两者的称谓也不同）。这种森林－耕地经济我们很难予以重构了，主要原因有三：首先，我们再也见不到在林地里放牧的牲畜了，它们吃着嫩草、嫩叶、山毛榉的果实和橡树子；其次，过去的浆果树、果树、草本植物和野菜如今只剩下栗子、黑刺莓或坚果的几种树篱标本了；再次，诱捕或设网式的打猎如今也受到限制。而在 12 世纪时，上述所有这些资源人们都是可以利用的，这不仅是由于当时的环境使人们到森林里寻求避护。此外，有着山毛榉、栗树和橡树的北欧森林，使生活在北方气候条件下的人们与生活在或许是古代遗弃下的矮灌木丛地区的人们相比，得到更多的恩惠。仅针叶林、林下灌木就足以给伐林人建住所了。到 14 世纪时，因从拉丁姆到孚日山脉（Vosges）的城镇对这些树木的需求量增加，这种情况有所改变（这在今天看来是非常自然的），人和野兽才被迫离开了迄今一直养育他们的森林。中世纪极盛时期从来也没有测量过的远离村庄的土地是无处不在的，它们环绕着村庄里的空地，是潜在的休耕地、森林资源地、基本材料贮备库。12、13世纪的习惯法尚没有对这种土地的使用制定格外周密的明确条件，因为这毕竟是大自然赋予胆怯而装备不良的人类的最不稳定的资源。

因此，两种初看似乎相矛盾的倡议同时存在、一起发展也就没有什么惊奇的了：向林地进军和之后对林地的保护。自12世纪初开始，便有了非常清楚的保护森林禁止乱伐乱砍的迹象，对此我将做更多的说明。1135年至1180年，法兰西中部的大片山丘地区，如奥尔良（Orléans）、马什努瓦（Marchenoir）、里昂和伊夫林地区就属于临时的"营地"，被排除在边界之外，是造林区和围栏区。林木被伐后可以得到再生的这种地区，同样可以作为禁猎区和授权予以控制的资源，授予提供服役的人。在这一点上，英格兰的王室森林是无人能比的：数百万公顷的森林孤立于经济运行之外，作为统治者为自己保留的林地、禁猎区、荒地，国王拥有绝对支配权。以剥夺或完全为私利而滥用森林的方式损害了社会关系，因为与欧洲大陆一样，在英格兰，农民强烈重申的要求就是能够自由地进入林地。圈围起来，由看林人（forestarii、custodes、gruarii）进行守卫是相当晚的事，如在卡佩王朝时期的1300年或1320年之前是没有的。这其中的原因不仅是因为许多领主担心自己不能维持的遗产如何完整保留而采取的权宜之计，而且也有他们在森林立法出现之初，恢复和选择植被的合理愿望。13世纪中叶之前，只有西多修道院构想和应用了长期的森林策略（每五年或七年进行一次砍伐，清理矮灌木和重新植树），但是西多修道院这种富裕的有着致富潜力的经济却被封锁在修道院中，并没有起到榜样模范的作用。

就犁耕地来说，尽管一个地区与另一个地区相比并不相同，但整个欧洲普遍存在着两大特点。第一，谷物种植是最最重要的活动，因为饮食是以碳水化合物为基础的：面包、粥、薄饼、面汤；其他的仅仅是佐餐副食（companaticum）。9世纪时，修士和佣人的粮食配给量每人每天为400克和1至2公斤之间。一直持续到9世纪中叶，此时，有关营养的信息才重现于我们的史料之中。仅仅面包就提供1800至2400卡热量，这在没有蛋白质作为补充的时候水平是有点高，但是对这一水平做一番回忆一定是有益的。在法国，直到1900年还处于这一水平，如果不是整个意大利的话，今天的西西里仍处于这一水平上。今日欧洲的可耕地是可以有不同用途的，但在谷物种植上，中世纪和20世纪并没太大差别。第二，正如下面我们要讨论的，混作农业的产生对中世纪的农村产生了深刻的影响。首先让我们详细考察一下谷物的情况。

尽管可能发生了许多生物学上的变化，但是现在我们所知道的谷物（除了水稻和玉米），在中世纪都已经出现了。谷物是指那些能够制作面包的作物，即"bladum"，一般说法就是包括所有带穗的谷物：软壳小麦(1000～1150年间,从加泰罗尼亚到那慕尔[Namur]取代了古代的白小麦)

和斯佩耳特小麦（spelt，壳硬、茎短而较粗，产量并不高）。毫无疑问，最好的谷物——那些出粉率最高、粉最白、质量最好的——在各地都没有种植成功，特别是在没有充足的硝酸盐或过于干旱的土地上。与传统的缺少根据的信念相反，小麦从来就不是庄园主餐桌上的惟一食物，支付的实物也并不是包括所生产的一切东西。在乡村市场上，小麦始终都是能够找到买主的，除了满足领主的愿望之外，农民种植小麦是另有原因的。他们还愿意保留那些劣质谷物的种植，如到处都能生长的粗糙的黑麦——在意大利、卡斯提或普瓦图的薄地上，在奥弗涅、布列塔尼或莱茵兰的寒冷土地上，在巴伐利亚的山地上，黑麦都可以生长。黑麦还可以与小麦一起同时种植，或混作在一起。黑麦的秸秆短，面粉有苦味，发霉的黑面包吃了会中毒，其毒害程度非常之严重，足以引发1090年之后整个南欧的幻觉症。但是，由于产量的不断提高，黑麦才得以幸存下来。再如大麦——埃及小麦，古典世界的谷物——意大利一直钟情于它，而在别处，大麦是用来饲养牲畜而非人食用的。再如亚洲人不喜欢的燕麦，其待遇也经过了极大的变化。首先，它是马的最好饲料，1040年至1150年时，从拉罗谢尔到威尼斯一线以北，燕麦种植的增长反映了马匹使用的扩大。其次，作为春播作物，燕麦在3月份播种比黑麦3月份播种更成功一些，这是轮作制的一个关键性因素。而且，燕麦始终都是粥和汤的重要成分，萨克逊麦片粥、皮卡尔迪稀粥（gaumel）以及凯尔特啤酒的酿造（长期以来都钟情于大麦）都需要燕麦。轮作制中的间作制于1200年就引进使用了，而且在巴伐利亚还出现了在三分之二可耕地上种植燕麦的例子。

同样，上述谷物的重要性掩盖不了农业制度的另一面，即直到14世纪，谷物种植更多的是为了满足生计而非为了贸易：是有组织的混合农业。混合农业的目标——在没有交换的情况下满足自己的消费需要——是孤立的或脆弱的社会的理想模式。即使在13世纪混合农业大发展时期，欧洲也没有挣脱出这一模式。

种植小麦的地方土地比较贫瘠，如地中海沿岸，需要替代小麦的其他作物。像黍（millet）和高粱（sorghum，1190年之前的卡斯提、西西里、托斯卡纳，一直到奥尔良都可以见到这些作物），还有豆类作物，如蚕豆、野豌豆、菜豆，但其卷须会绕到小麦的秸秆上（将其牵引到搭起的棍子上的做法还不常见）。作为牲畜的饲料和肉汤里的基本成分，这些淀粉类食物是富含热量的。豆类作物为中世纪农业的紧张状况提供了极好的例子，因为没有特定种植它们的土地，人们只好将其种植在其他作物中间，特别是与小麦间种。麦收时节为了保护豆类作物，麦秸秆只好留得很高，这样留作牲畜饲料的部分就比较少了，要得到盖房所用的茅草只有等待第二次收割——即豆类作物的收割。而第二次的庄稼所剩就极少了。技术和必需、功利主义与社会目的是紧密结合的。

混合农业对农村面貌产生了很大的影响，至今仍能看到。如果森林里再也找不到果实和根块类植物了，如果"小麦"需要特别的照看，如果甘蓝、洋葱、青蒜这些"蔬菜"再也得不

黍子的收割，黍子的面粉用于黑面包的制作（Theatrum Sanitatis，Codes 4182，罗马，卡撒那特图书馆）。

到充足的自然供应了，我们就必须划拨出一部分土地种植这些副食类作物。这些作物的收割是妇女的工作，种植这些作物的土地更需要领主的鸽子粪或人的粪便来增强地力。这些条件或许只有小范围内才能得到满足，即农村的房屋附近——甚或是城镇：意大利的 "ferraginalia" 和 "orticeli"，朗格多克的 "rivages" 和 "viridaria"，普罗旺斯的 "horts"，西班牙勒旺特的 "huertas"，北部法国的 "hardines" 和 "hortillns"。这些肥沃的土地，早于其他各地进行了灌溉和细心的照管及征税，在大多数居住区周围形成了一个环状地带。在南欧，这种居住区出现于 1080 年或 1100 年之前，略晚于北欧。

现在让我们转向葡萄。土地上所产的任何东西都没有产生过如此广泛的历史文献和如此多的权利。在基督教欧洲，葡萄酒的声望确实要归功于它在圣餐中的作用，归功于它比受污染的水、刺鼻且难以消化的啤酒和不发酵而味道极强的苹果酒或梨酒所拥有的优越性。追随罗杰·戴恩（Roger Dion）著作的历史学家们，已经创立了超过任何其他农产品生产和销售的神话。实际上，种植葡萄是一项既困难又令人失望的冒险性事业。13 世纪，在北部英格兰和丹麦这些地区种植的结果表明，收获是极差的。中世纪时的葡萄酒很难保存一年，如果妇女、修士和农民每天喝两升的话，那么，可以肯定葡萄酒的酒精含量一定非常低。此外，非常清楚的是，14 世纪"烈性葡萄酒"出现之前，还没有寻找到一种有益的作物：葡萄被种植在荒地上、城墙根或城堡的墙角，靠近水路便于装桶运输，根本不关心是何种土壤或适宜地点。当然，喝上自己的葡萄酒是一种特权，如果葡萄园不是很大的话，一个人就能经营过来了。而我想说的是，在中世纪，1020 年至 1050 年的南欧、1150 年至 1180 年前后的北欧，葡萄种植的成功作为变迁的社会条件的结果是非常明显的。几乎在各处，葡萄都成为间作作物，即与其他作物混合种植，特别是与地中海橄榄、普罗旺斯或朗格多克的 "oylata" 间作。当时葡萄的间作面积达土地面积的 10% 至 20%，在加泰罗尼亚有时达 30%。分成租地制——很长一段时间内作为葡萄的种植和管理期是不收费的，当葡萄园进入产出期时领主和佃户之间才分成——大大激发了农民对自由持有地的渴求，即使是租期 30 年。这往往是持有新开垦的土地或重新开发的旧有土地所具有的本质特点之一。

牲畜和耕地

在饮食上，动物蛋白的缺乏引起肌肉和神经组织营养不足以及血液系统的不平衡。如果人如同其最初那样是杂食性的，他们仍然善于食肉。他们必须而且也能够获得肉食。

关于中世纪牲畜的饲养问题，我们对中世纪末期的了解多于初期。在极为严谨的正式文献中我们得知：一片森林养猪的数量、按照家禽数量征的税、依据役畜交纳的通行税，或者最多按每座英格兰庄园里役畜的数量交的税。这些税收与牲畜本身的饲养或肥瘦毫无关系，或者说几乎毫无关系。以《末日审判书》中杂乱的列表为例，这些问题似乎完全没有受到重视。然而，我们知道，自 1130 年以来，圣伯纳德本人对牲畜杂交产生了兴趣，在佩尔什、鲁西永（Rous-sillon）和旺多姆（Vendôme）建立了育马场。罗昂的领主在西班牙投入了大笔资金饲养种马，如果在波罗的海沿岸的德国乡村遗址上发现了许多家养和野生动物骨骼遗存的考古学对饮食给予一些关注的话，我们所研究的时期就会有所提前。让我们努力建立一些关键点吧。

骑马武士的声望和马的品质，似乎取决于它是一匹坐骑、北欧的役马，还是到处可见的普通役马。其实，我们并不了解马的品种，或者这种动物的潜在用途。惟一可以确定的是其价值的提高，因为我们可以从交易率和售价中得知这一点。如果马的聚拢或征税在 1100 年至 1125 年之前就停止了，无疑说明，马已不是稀有动物了。可是，1197 年时，在英格兰——并非针对马的——一匹马仍抵得上六头牛。1165 年至 1180 年之后，在皮卡尔迪、沙特林（the Chartrain）和巴伐利亚，马的数量已相当多了，在一座一般的马厩里看到四匹马是极平常的事。12 世纪 60 年代至 1250 年间，马的价格是原来的 3 倍，达到 5.6 个里佛尔（Livres）或 1 公顷上好耕地的价格。用于托运和以马鞍运送东西的驮马与得到较好照看的战马之间，价格相差是非常大的，有马掌和无马掌的马之间，价格上也表现出一定的差异。没有马掌的马易疲劳，易跛脚，马一旦超过使用期，除了皮之外什么也留不下。考古学已经证明，马肉是被吃掉了，至少在西北欧是这样，尽管长期存在与之相反的对马非常虔诚观念。

有关牛的情况，我们没有更详细的了解，了解较多的仍是 1125 年前后的萨克森、苏格兰和贝桑地区（the Bessin）。作为经常交易的对象，牛的用途也是多种多样的，在海西地区（Hercynian soil）或阿尔卑斯山区，养牛是为了获取牛奶和肉，其他地方则是为了作役畜。这与 14 世纪作为一种投机事业的饲养是大不一样的。公牛极少用来提供肉食，其价值并不像马匹那样有所提高，尽管公牛的价格自 1180 年至 1250 年翻了一倍，但一头牛也不超过 6 至 10 个苏。维持人们日常营养的是猪的脂肪和肉，猪都是散放在林地中的，与今天的猪不同。自 13 世纪以来，猪的放牧不断地有所控制，但我们对其没有数量概念，只知道到 12 月时便结束了猪的屠宰和猪肉的腌制，一头猪便足以供一个家庭过冬了。

养羊是英格兰农村和伊比利亚山区经济繁荣的源泉，羊毛是纺织工业的基础；羊奶可以制成奶酪；腌制的咸羊肉可供保存（对牧羊人的通告，沙特尔大教堂的一块浮雕的局部）。

在英格兰，每有一头奶牛就有十只绵羊，在普瓦图是一比二十，在朗格多克是一比三十五，其肉不能食用的产毛的绵羊，是家畜中的主要成员。绵羊不是食物供应者，这里提到它的原因，是其特殊的饲养环境。夹杂着山羊的绵羊群所经过的地方对绿色植物就是一场灾难，林地禁止羊群通过已形成了规则。在未播种的土地上放牧羊群可以使土地肥沃，但是羊圈必须经常移动，因为这种贪婪的动物会将野草全部吃光的。荒地和劣等土地是承受不了羊群的，最好是在夏季时间里逐渐移动以寻找新鲜牧草。随季节变化将牧场由山地向草地转移，甚至从山谷向山上草原的移动成为影响粮食作物的一个重要问题，因为羊群经过耕地时是随意啃食的，通常说来，流动的牧羊人得不到法律的保障，而且也得不到村民的尊敬。从比利牛斯到普罗旺斯，按固定路线流动的牧羊人被称为"manades"和"bacades"，在加斯科尼被称为"drailles"，在伊比利亚被称为"canadas"，在伦巴底则被称为"tratturi"。收割牧草的地方常常都是定居人口的住地，如法兰西中部的"frosts"、"herms"和"causses"。早就制定了有关流动放牧的规则：在萨伏依（Savoy）、多菲内（Dauphiné）、阿普利亚制定于1090年至1120年左右；较后制定的是再征服运动之后的西班牙。毫无疑问，尽管档案资料在这方面并没有体现，但其中的冲突还是存在的。在强大政治力量的支持下，养羊者结合组成大的协会组织——如形成于1254年至1273年间的卡斯提的牧主联盟集团(mesta)和布里扬松(Briansonnais)的"escarterons"——与此同时，农民对牧羊人（drailles）和难以控制的羊群也加以阻止。这是古代世界就已存在的冲突，在沉寂一段时间之后又得以重新恢复。

就牛来说，一开始就是与绵羊混在一起随季节流动的，但从中可以看出另外的发展方向。一旦灌木林开始减少，牛就需要另外的放牧场。不适宜于小麦生长的河流、小溪边的草地早就存在了，1125年之后被圈围了起来用来养牛，其地价也上升了。牧场的扩大就意味着直接用于养活人口的可耕地的减少。这种情况在1225年前后的布里亚（Bria）、布雷斯（Bresse）、曼恩，在 1235 年的英格兰，在 1240 年博若莱（Beaujolais），以及在稍后的巴黎盆地（the Paris Basin）北部都得到了证实。王公们被迫限制这些"被圈占的土地"（Park）从村庄的耕地中分离出去，他们并没有意识到在林地之外受监管的草地上养牛的好处。最先是在 1260 年或其前后苏格兰的西多修道院建立了一个范例，但是这是一个不好的范例。一段时间内，大土地的所有者的牧牛场（vaccarie）和牧羊场（bercariae）对粮食生产体制似乎并没构成威胁。王室和贵族在这方面的发展最初占领的是沙地、滩地、"pacquis"、狩猎区和多石的薄地，但是这极大地刺激了将自己的耕地变为牧场用来放牧牲畜的行为。牧场和圈地开始在农村显现。

以圈养作为补救的办法并不适合绵羊和牛。另一方面，猪被圈养起来后，除了在空间上有所影响外，还改变了森林景观和家庭经济。用家庭剩饭、麸子和 9 月的橡树子就可以在家里将猪喂肥。因此，家中养头猪便成为富裕的标志，可以躲过冬天，避过饥饿。

手工业的转变与多样化

如果将这一方面的发展贴上"手工业的诞生"的标签的话，我想读者一定会感到惊诧。但如同农作物轮作制一样，这是一个术语问题。所谓"手工业"只是生产的一个阶段，向这一阶段转变的原因是技术、规则和规律性节奏，所有这些因素创造了走向市场活动的特殊经济氛围。由此便排除了家庭生产的产品和奴隶制时期的各种工业生产形式。当然，古典时期的珠宝、船只和服装是可以与中世纪的相应产业相媲美的，但是这些由非工人阶层（a working-class）所生产，甚至那些较大的公共作坊也不是专门为市场销售生产剩余产品的。确切地说，这是在中世纪欧洲缓慢发展起来的，尤其是在一个重要时期发展起来的一种生产形式。

从工棚到作坊

在加洛林时期的文献中，有大量词汇用来指称房地产上妇女和奴隶的工作场所，这些词似乎是不可互换的，用来指称各种各样的纺织场所、印刷场所或小的铸造场所。然而，如果我们接受圣高尔（Saint-Gall）的理想计划的话，这些场所将是精心组织起来、专门而"实用"、供特定行业的工人居住的街道上的附属建筑物，像哈瑞尔夫（Hariulf）对 9 世纪的圣里奎尔（Saint-Ripuier）所描写的那样。考古学再一次动摇了这一理想设计，不仅在有着重要地位的遗址（如蒂莉达 [Tilleda] 或沃拉 [Werra] 的帝国宫殿）上，更重要的是在英格兰、莱茵兰和图林根（Thurinpia）最普通的村庄遗址上，考古发掘展示了我们在文献上读到的"genicia"、"spicaria"和"camerae"的结构。因为其外观和功能，考古学家将人们做工用的约 12 平方米的建筑称之为工棚（hut），其中的设施证明这些工棚有着多种多样的用途。使用期相当短（或许 100 至 200 年）。这些工棚所在的地点各异，但都圈围在其主人的院墙之内。这些工棚的建立及其服役性状况清楚地表明，工棚内所从事的完全是一种家庭手工业。

但是，在同样的文献资料中，有些活动常常是不为人知的，如金属加工业，甚或是面粉制造业。显然，某些行业的发展受制于自然条件，如有些需要在燃料产地或水流附近，但是啤酒酿造是家庭手工业，啤酒锅几乎始终都名列于财产目录之中。于是，一些手工业活动逃脱了主人的控制，尽管我们并不知道这些活动是何时产生的。不受领主控制的手工业者所获得的名望与其说是来自于其手艺，不如说是来自于其自由身份。武器制造者就属于这样的自由人联合组织——其技术水平与炉火的控制有联系，而且为日耳曼史诗或骑士传奇故事中的英雄打造的剑是不可能出自受奴役者之手的。或许还存在着一种记忆——在 10 世纪的威尼斯和米兰仍是事实——即对某些关键性的行业实行政府（公开地）控制，如武器制造、烤面包和铸币，这些都是由国家所长期控制而拒绝放弃给大土地所有者来把持的行业。事情真是如此的话，自由手工业阶层能够成功地作为政府成员的事情也就得到了解释。

10 世纪和 11 世纪时，有两种手工业组织形式共存。一种是满足领主或村民需要的家庭手工业或维持生计的手工业，它又进一步发展成为庄园或农民家庭之外的手工业，如考古发掘出的 11 世纪的遗址所展现的，稍后的情况表明有时这种手工业是在野外，因为家用炉膛已不再是家务劳动的中心了。另外一种形式更加专业化——即出现了始终只做一道工序的个人或小的群体以及行业师傅。这种形式的做工场所往往地处林地或远离定居点的任何地方。这就是为什么 11 世纪"隐士"运动急速发展的原因所在，因为在拜占庭这意味着"不由政府控制的"手工业者阶层的发展。与此同时，在大地产上，还有篮筐编制、细木工、玻璃吹制、陶器制作和金属加工。在道德观上，这些手工业者不被世俗界所接受，但这并不能消除他们的经济特点。

正如我们现在所预想的那样，主要转折点是隐匿难见的，我们仅仅得到一些模糊的感觉。首先，教会不再诽谤手工业，教会主张举行圣礼是杰出者的灵魂所要求的，但是 1080 年至 1120 年间，西多会、加尔都西会（Carthusians），甚至律修会的修士（regular canons）也从事手工业劳动。这是他们恢复劳动的隐修士的名声的方法吗？因为阻塞了反对派和异端的道路，通过手工业劳动，社会下层的旅行变得容易了吗？是否因为奴隶制的消失，劳动者有着平等的基础的观念也不复存在了？世俗界也不甘落后，1100 年前，法兰西西部一些生产活动，如铁匠或砖瓦匠，即使是在主人的"家"里，也被视为在其封地中拥有足够的尊严。考古学证明，在其他地方，"工棚"越来越少，到 11 世纪末就消失了。到这一时期，在意大利和朗格多克，人们正在组成团体，据记载，第一个定居的手工业者的中心是围绕在城堡高台附近，在伊比利亚，1070 年至 1100 年间，紧随的再征服运动也出现了相同的现象。

肉店老板宰杀家畜、腌制和熏制肉类食品：小山羊、绵羊、猪、家禽。肉食的增加促进了肉店行业的发展（赫拉博纳斯·毛鲁斯，《世人》[De Universo]，蒙特卡西诺修道院）。

于是，12 世纪便出现了定居于村庄的手艺人。保留下来的旧的村落遗址表明：烧炭工、制陶匠所从事工作的地点是林地地区，而且他们的名声很坏，被认为是异端分子。另一方面，在城堡里，妇女们在为领主的家庭纺织和缝纫，而领主仍需要一些商品的供给，如篱笆桩、长杆及厚羊毛毛毯、法国北部的"keutes"，但其家务劳动很少雇佣家庭劳动力。村庄本身所建立的特殊手工业生产活动，是以手工业者在城镇或从旅行商那里取得的原料为基础的，如通行税记录中所称的"条"铁、原木、铅块、织羊毛用的纱线。如果领地控制权的建立或高价机械设施尚没有将他们划归领主的控制范围之内，领主很快就获得了这方面的垄断权，磨坊和葡萄榨汁机就是公用的。给牲口钉掌、修理车轮、锯木板或织外套大衣的人是来自农村的人，他们也是农民，既耕种土地又从事他们的手工业。1100 年后，我们在作证人名单中看到了他们，其社会地位正在逐渐提高，紧随乡村教士或骑士之后。如前所述，手艺人中铁匠是名列第一位的，因为他继承了驯火人的声望。但是，同细木工、木屐制造匠、织匠以及肉店老板（熏制、腌制和分割肉类食品）一样，铁匠的命运也是与技术进步联系着的。确实，手工业者的数量与技术进步是同步平行发展的，1070 年至 1140 年间，西北欧的大部分地区，正如我们将要看到的那样，在城镇的原始年表中还是存在某些变化的。

经济发展的这一重要阶段自然要归功于农村人口的聚集和定居，这一点我们前面已有所论及。手工业的集中并不排斥与之同时存在的庄园上的手工业活动的继续发展，尤其是那些根据领主的意愿可以在其家庭内部从事的、需要各种持续不断的工序的庄园手工业。这方面最明显的例子就是纺织业。实际上有证据显示，直到 1130 年至 1150 年前后，在德国和香槟地区，纤维织物或毛、麻织物的生产大部分是在庄园上进行的。伊万（Ywain）的名画所描绘的上百少女纺纱的一个车间，就坐落在一座城堡里。我们可以想见，在 12 世纪期间，这种与市场销售极少关系的手工业生产就衰落了。这时期不仅领主的"作坊"减少了，而且村庄作坊里所完成产品种类的低价格，使城堡里的产品成为了多余。当农村手工业者全身心地投入到原材料的转换工作、聘请一名助手、完善工具、扩大经营范围的时候，庄园手工业产品被取代的时刻便到了。这里再次强调一下做证者名单的重要性：名单显示，1150 年之后，村庄中不断增加的铁匠、细木工和肉店老板的人数并非原来的当地人口。如果他们是来自城镇的话，这是否就标志着古代的农村支撑着城镇的趋势走向相反的方面呢？或者某一地区的某些方面训练有素的专业人才较多，使他们试图在别处碰运气了呢？在这两种情况下，无论是获得原材料，还是吸收新的人手，城镇市场起着关键性作用。因此，让我们转向城镇的研究。

手工业组织

从定义上来看，城镇的情况从一开始就是不同的。这种不同并非单纯表现在本质方面，人们可以在城镇买到稀有的或高价的在农村永远也得不到的东西：精制的皮革、丝绸、珍贵的木材、雕花金器。但是，这些商品中的大部分是来自其他地方，是贸易的结果而非当地手工业生产出来的。除此之外，城镇手工业与农村手工业没有太大差别——最初以主教或伯爵的庄园为依托，之后再开设独立的作坊，顾客前来订货和观看制作过程。然而，城镇手工业的两大特征很快就使它与农村手工业判然有别了。第一，新的手工业者流入城镇，呈现出相互关系或邻里关系的集中，生活在一个相互支持的严密的关系网之中。一定程度上，这是城镇各种职业构成同质性的结果。就其本身来说，手工业者定居于河畔、城墙脚下或官邸附近是按照他们是制革匠、肉店老板，还是铁匠等情况而定的。同样，这种关系网也是由进城的途径所形成的。一个移民进入城镇之后，他的邻居也随之而来。这又导致城市布局的相似，当然这并不始终受到重视，在一定程度上我们今天的商业城市中也可以看到这种情况。于是，我们便可发现，铁匠、织工或细木工并不是固定于某一城市街道，而是几个街道都有。而这也并不意味着一种竞争氛围的存在，顾客可以从中受害或谋利，至少大量商品保持价格平等是始终受关注的事，这就消除了相邻作坊之间可能存在的影响。另一方面，雇佣几个帮手的手工业者的存在，意味着他们需要维持良好的关系、联系及相互帮助的状态，这种状态是农村所没有的。

下面我们看一下这种社会组织的本质，但这里涉及的只是它的某些特征。首先，这些手工业者在城市社会里很快就得到一定的社会地位。11、12 世纪手工业者在市政府中就已发挥作用，而且并不是因为他们经济上的必需——他们与当地的权力把持者之间的关系常常影响到城镇的发展或其政治发展的方向。如前所述，在农村中，铁匠是不同于庄稼汉的。同样，在城镇作坊内部，劳动分工也正在发生，这对生产工具的发展是至关重要的。1080 年以前我们照样没有这方面的确切资料。作坊主和工人这样的组织是何时形成的？长期雇佣起于何时？学徒何时出现？手工业者与雇佣他的保护人之间的障碍是何时消除的？对这些问题大多是一些模糊的、片面的回答：有关"手工业行会"（craft）内部关系调整的最古老的文献——法国的是"métier"，意大利的是"arte"，德国的是"Handwerk"或"Gesells"——可追溯到 11 世纪末和 12 世纪初。

木匠是木材加工的工匠，是影响无处不在的珍贵资源。他搭建房屋、修造船只、制作家具。直到1371年，橱柜制造匠才建立起自己的行会，与非专业的木匠有了明确的划分。这是一套12世纪的橡木衣橱（奥巴兹尼斯 [Aubazines] 修道院教堂，科雷兹）。

　　行会多少带有慈善会或友谊会的性质，每年一次盛宴（the patacio）和各项花费的认捐，但是行会中已有身居要位的精英分子和受雇的大众。后者可能是没有专业特长的人，当他们成为需求对象时，或正相反成为其工具和技艺的真正能手时，他们就会拥有极好的声誉，工资也会兑现。如果他们隶属于某一行会，受雇时间要依据签订的工作时间长短来定，而且可以续约，现在无需行会师傅去巴黎的格雷维（Gréve）、佛罗伦萨的蓬泰维科（Pote Vecchio）或威尼斯的圣马可广场（St Mark's）寻找工人了。只有需要额外人手时他们才这样做，才依靠能力不强和非常不可靠的人，这些人四处游荡等待着受雇，不用说他们焦虑不安且心怀不满。但是，这并不是一种前资本主义制度，因为一旦受雇，"受雇者"（valet、Knecht、puer、serviens）是与其师傅食住在一起的，得到的报酬往往是实物和其工作中所需的原材料，而不是每个工人所拥有的工具。如果受雇者要设法有所积蓄，得到其师傅同意后他便可以呈现一件他所从事行业的"代表作品"（masterwork），使其隶属于新的保护人。13 世纪前，这一过程，即可能的升迁过程并没有什么足迹可寻。另一方面，成年后，有时 6 至 14 岁的儿童被安排到某地学习一门技艺并不是什么新观念，一般人的感情是接受的。师傅为学徒支付费用，学徒则被随意驱使。但是，这种安排仍然具有家庭气氛，特别是学徒是师傅的儿子和可能的继承人时。

　　这种保守而相当严格的组织，早在初显于我们的文献之前就已经存在了。1045 年至 1050 年，当"同事们"，即手工工人们加入米兰的乞讨者行列时，或者当图卢兹以城镇周围拥有大量织机证明他们的存在的时候，背后一定隐藏着一段"社会史"。有鉴于此，将其作为城镇手工业者的最后一个特点是合理的。与此同时，农村的铁匠或木屐制造匠可以用各种方法生产他所期望的数量的产品，到何处去也由他们自己决定。在城镇，"行会规章"既掌管做工的物质条件，又控制着生产，产品的数量、质量和价格都是事先定好的。而且，为了公共秩序，地方当局也对行会规章极为尊重，即使是烧掉一张过短的纸或将烤坏的面包扔到河里这样的规章也是受尊重的。

在相对稳定的时期，手工业者的工作条件受三个变量的影响，即受雇者人数的变化、制造成本的变化和市场状况。第一个问题的各个方面是最容易理解的。稳定的移居城镇的人流，除了以农村为基础的林木加工、纺织、食品生产等技艺之外，没有什么特别的技能，结果是城镇人口不断增加，加入"自然过剩"劳动力的数量也不断增长。1100 年至 1250 年间，这种组合状况依然在继续。这对作坊主来说是一个好的趋势，他们可以任意提高加入"行会"的费用，特别是像 1255 年左右巴黎的三分之一成的行会所做的那样，需要"担保"（即携带受雇担保人和产品）。这种情况增加了临时劳动者的数量，行会师傅由此也可以拒绝大幅度地提高工资。在最后一点上，我们所掌握的资料并不确切，即使是 1200 年之后也是如此，因为赋予手工工人的实物费用的多少我们并不知道，而且对技能水平的要求不同，付给实物费用的比率也是不同的。如果将 1140 年至 1150 年左右工资额度估算为一天 8 至 12 德尼厄尔（deniers）的话，我们可以知道一个世纪之后并没有增加一倍，一位熟练工人的工资则是一名助手的两倍，技能差又缺乏训练的助手占受雇工人的大多数。

如果供给方面持续不断的压力多少有所缓解的话，这是因为生产成本没有明显提高的缘故。只要产品的生产达不到充足的数量，无论是因为经济失调还是因为意想不到的需求——如为十字军东征所进行的集中准备——或是因为担心物资匮乏，每个城市都会迅速做出决策用一切必要手段获取商品。自 11 世纪之后，威尼斯建立起陆地上的权力；12 世纪时，阿拉斯对某些产品免征通行税；13 世纪时，锡耶纳对周围农村发动袭击。这一切都是为了控制木材、铁、盐和羊毛，同以往物资匮乏时所发生的一样。在这种条件下，商品的价格从来没有像后来经济过热时那样忽高忽低。另一方面，处于主动状态的市场充当着调节阀的角色，避免了潜在的障碍，需求的压力并没有松弛，市场始终需要加以补充。显然，我们只能够观察到的社会富有者阶层，教会之所以由保障性的出售转向赢利性出售，原因是教会拥有者的权利是不能再生的；贵族则迫于 13 世纪的社会压力，只好用挥霍财富来留住自身的荣誉；作为城市精英的商人或知识分子则开始效仿贵族的生活方式。价格的上升和工资的增加之间迄今仍是不稳定的和模糊的。

机械设备及其用途的多样化

手工业产量的提高或生产技术的改进，无不受到引进的各种装备，或资料供应扩大的影响。对此进行更加细致的考察将为我们研究前工业社会进步各阶段提供最好的途径。不幸的是，我们得到的仅仅是城镇的脉动状况，尽管在大多数情况下发明创造都首次出现于农村。

可以肯定的是，任何情形下都要依靠燃料。燃料就是必要的木材，1177 年至 1206 年间，尽管在约克郡、朗格多克和埃诺首次提到煤炭，但这并不意味着两者竞争的开始。陶瓷窑和砖瓦窑像初次出现的锻造作坊一样，都地处森林的边缘或近海地区。在这方面，考古学展现出来的是，在德国的莱茵河地区、在加泰罗尼亚、勃艮第和圣通日地区，真正成批的陶瓷砖瓦窑可追溯到 11 世纪初。然而，除了通行税清单有正式记录外，陶瓷和砖瓦的出售像在帕德博恩（Paderborn）、梅泽堡（Mersebourg）、科隆、列日（Liège）、巴塞罗纳、米兰、布雷西亚和贝加莫（Bergamo）那样，是城镇中的事。对金属来说也是如此。矿藏自然是在农村地区，乡村（以及教会）在 1120 年和 1135 年的文献中提到挖掘的坑道、埋在多菲内（Dauphiné）、士瓦本和阿登地区的矿工的事。但是，通过城镇的"开矿法规"，我们才第一次看到有组织的开矿活动和贸易活动，其中自 13 世纪中叶以来托斯卡纳的马萨里蒂（Massa Maritima）和南部德国的伊格劳（Iglau）的开矿法是最为著名和最完整的，但并非是最早的。

前面我们已经涉及到磨坊的发展，这方面的竞争是激烈的。到 12 世纪末，水力磨已经能够安置在城市里或林地中了。要解决的问题是机械装置是何时、又是在何地被用于多种工作之中的。连柄曲轴装置与凸轮轴相连，是纺织中的水平转动和碾磨中的垂直转动的基础，可以确定的是，在 1080 年或 1100 年前后就已经出现了。当我们看到兰茨贝格（Landsberg）的赫拉德于 12 世纪末所写的、被称为当时的《百科全书》（Hortus deliciarum）中对各种机械装置的描写和描绘时，可以想见，这些都是当时非常熟悉的技术。打铁时的机械装置早在 987 年和 1010 年的德国、1085 年的勒芒就出现了，但自 12 世纪初才开始推广开来（1104 年在加泰罗尼亚，1116 年在伊苏丹 [Issoudun] 是最早的推广事例，1203 年至 1237 年间在香槟、奥弗涅、莱茵河流域和多菲内地区也得到普及）；漂洗用机械装置在 11 世纪时，确切地说是在 1170 年前就已经出现了。漂洗用机械装置抵得上 40 个男劳力——这 40 个非技能型工人只是被要求站在装有定型剂的大桶中踩踏织好的呢布。这些被机械装置所淘汰下来的人，除了移居城镇或者已经身处城镇之中寻求像非技能型工人那样低工资受雇外，还能干什么呢？他们进入城镇，增加了社会边缘阶层的人数，或者像在 1235 年至 1240 年的英格兰所发生的那样，组成了破坏这些机械装

技术设备的进步。13 世纪的一部法文《圣经》中，由监工抽打着一位转动着磨盘装置的大力士。说来也怪，这就是描写当时磨坊的样子，对其水平运动的方法及人力转动轮子的情况都有极其细致的描写（弗朗索瓦·卡尼尔的《圣经》（François Garnier's Bible），约1220至1230年，维也纳，国家图书馆，《圣经》抄本编号2554）。

置的团伙，导致法律诉讼，但所判罚金又不可能得到支付。同样的事情在毛纺织行业也出现过。我们并不能确认1280年或1285年前的皮卡尔迪是否使用了纺轮。在另外一方面，脚踏织机可能始于13世纪初，使布的长度达到15米。生产规模对我们来说并不重要，重要的是由此导致了普通劳动者更加社会边缘化。事实是，纺轮将妇女限制在了家里，一定程度上疏远了以前曾经参加过的一些田间劳动，如翻晒干草、拾落穗等。田间劳动一下子成了贫穷者、无技能者或者家庭生活的低贱者所从事的职业，被认为是不光彩的。同样真实的是，导致失业的织布业也准许——如同我们自1150年开始所看到的——根据市场情况进行大的调整：褐色、猩红色、巴路里（barruly）、黄褐色、灰白色等——布的名称并不仅仅以颜色做依据，同样还以织法、质量和价格为依据（1200年左右的热那亚，一匹2×10米的布价格在2至18镑之间不等）。

所有这些事例都是关于布匹的，正如我曾说过的那样，纺织业是中世纪惟一半"工业化"的行业，是最早觉察到社会紧张状况的行业。但是，同样的社会现象也出现在其他方面，如林木业。水力带动的锯在1268年前后的侏罗（Jura）地区是非常熟悉的，它能轻而易举地将树干劈开。林木业的不断改进与海军的发展相关，事实上，1300年之前，地中海和波罗的海上的船只已提高到吨级水平。如果建造一艘寿命为8年或10年的400吨级的大帆船，需要砍伐20棵栎树、40棵山毛榉和20棵松树来制作船体、桥楼、桅杆和桨的各个部分。由此我们可以想见，技术改进在欧洲"经济起飞"中所起的作用。

欧洲的四大经济支柱区域

如果不对集中的地区性工商业加以研究，我们在这方面的概括就是不完整的，无论这种地区性集中对1125年至1225年间100年的欧洲经济地理的划分是原因还是结果，这些生产区域和产品集散地的身份认定，对任何商业贸易的研究都是必不可少的，在一定程度上，也是城市发展的基础和政治区域划分的基础。

可以肯定的是，首批这样的工商业区域始建于加来海峡省（the Pasde Calais）：伦敦盆地、皮卡尔迪、佛兰德尔、默兹河周边地区、洛林和莱茵兰的中部。这一地区环绕着主要农业生产区域，可以说是当时欧洲最主要的农业区。这一地区又富含基础性原材料：有德尔（Der）、阿戈讷（Argonne）、贝桑和哈茨山的铁，有阿登、康沃尔的铜；有皮卡尔迪和洛林的盐；有丰富的木材；有充裕的高质量皮革和羊毛；当地还生产大麻和亚麻；英国人和诺曼底人在北海还从事着活跃的渔业。加之，这一地区还拥有与英格兰和皮卡尔迪的精致的或粗糙羊毛相结合的一流的织布业，其中心是佛兰德尔、阿图瓦和兰斯；拥有皮卡尔迪的靛蓝和阿登的白蜡。所以，在这一地区出现密集的城市、众多的人口和最早的农奴解放运动是不足为奇的。但是，我们同样应注意到，这也是一个谋取霸权的政治势力之间的纷争之地。尽管这一地区的主要地理景观是便利的自然交通枢纽系统——莱茵河、斯凯尔特河、默兹河、索姆河——由南向北，或由东南向西北流淌而过，但这也意味着产品交叉通过这一地区时，要经历频繁而费用昂贵的装卸过程。最后，这是一个人口和工作高度密集的地区（1300年之前基督教欧洲65个万人以上的城市，该地区就包括了20个）。这一方面是消费了该地区生产商品的大部分，另一方面，除了一些次要商品：食油、丝绸、毛皮、香料之外，本质上来说，它仍然是自给自足的。白蜡代替了明矾，葡萄酒用于医疗，但更是饮用的，可以饮用的还有啤酒。陶瓷业仍然是基础性的，冶铁和木材业只是补充。于是，我们得出了一个基本结论，极少有什么东西是西北欧所没有的。这一点是不言自明的，尤其是13世纪初巴黎开始崛起之后，纤维织物和毛织物开始南进，但比1125年前后人们在圣吉尔或热那亚所见的规模要小许多，与上述织物产品一起南进的还有一些铁制品和少量的盐。这一地区所要做的，就是将其他地区拖入它的活动范围之内。

1250年前后，我们在北欧可以较容易地看到一个新建商业区域，这就是地处波罗的海南岸，西起汉堡东至诺夫哥罗德的狭长的沿海地区。在很长一段时期内，这一区域是9、10世纪的斯堪的纳维亚人和新生的德国人之间的交汇之地。从这一地区到斯凯尔特河口的很长一段路是一个过渡地带，存在着一些类似于黎凡特地区中等规模、具有不同特点的"殖民性质的"港口城市，其中只有吕贝克的居民达到万人，其他地方仅仅是内陆产品的聚集点而已，有来自俄罗斯的成千上万的毛皮——狐狸皮、松鼠皮、黑貂皮、白貂皮、水貂皮；来自斯堪的纳维亚的鱼和树脂木；来自波美拉尼亚的亚麻和树脂；来自波兰的小麦。所有这一切都掌握在德国人手中，是德国汉萨同盟和普鲁士条顿骑士团的活动领域。但是，这一地区并不能靠自己的产品过活，它需要出口其商品到伦敦、布鲁日、鲁昂、杜伊斯堡或中欧的斯拉夫人各公国。作为交换，它从普瓦图进口盐和葡萄酒，进口用于再次出售到俄罗斯的布匹，这些贸易活动紧张而激烈，至关重要，但却非常脆弱。

当目光转向欧洲南部地区时，北部意大利成为最引人注目的区域。与西北欧相比，它具有明显的相似性，但也有惊人的差别。它保持着活力、多样性和密集的人口，此外，它还拥有古代城市传统，从弗留利地区（Friuli）到亚诺河流域（the Arno）万人以上城市达二十多个。然而，这一地区的经济也不能自给，需要从伊斯特里亚（Istria）、伊利里亚（Illyria）或阿尔卑斯地区进口大量木材；从诺瓦拉（Novara）、厄尔巴岛（Elba，进口）大量的铁；有上好的石料，但缺少皮革和充足的羊毛；盐产自拉丁姆或威尼托区（Veneto）；拥有充足的葡萄酒、食用油和奶制品，但粮食却极度缺乏，这也是困扰古罗马人的一个问题。大多数城市周围的土地所产粮食不足该城市六个月的消费，尽管他们有着令人羡慕的熟练技术。使事情更加复杂的是，在伦巴第的邻近地区和托斯卡纳地区之间，连绵不断的大山造成了极大的不便。于是，大

271

自然将意大利人不是赶到沿海地区就是逼到山里,卖掉他们的特产才能购买东方的商品（丝绸、明矾、食糖、棉花）,或者卖掉他们剩余的食油和没有染过的布匹,以换回小麦。12世纪的时候,他们曾步行到达香槟。13世纪的时候,他们曾驾驶着船只到达佛兰德尔,获取商品用以换取穆斯林和希腊人的财富（未加工的羊毛或厚重的布匹）以及他们所没有的盐和毛皮。由此发展开来,意大利人又建立了永久性的商业代理机构,改进了商业联合方法。意大利人正是掌握了这方面的先进方法,才在商业上领先于其他的欧洲人。

政治领域和经济领域一样,都是由控制着周边农村的城市所统治,即使是威尼斯也控制着自己固定的领土。在意大利,国家就是城市。越过阿尔卑斯山往西属于第四个经济区域,情形又有所改变——有其自身的特点,更加松散,更加微妙。这一区域由罗纳河流域、沃莱山地区（Velay）、喀斯地区（Causses）、朗格多克地区和加泰罗尼亚地区组成,是一半沿海地区一半内陆地区,整个区域被分成12块互不统领的领地。其中没有大的城市（万人城市不到十个）,但这一地区却是意大利与北欧之间的必经之地。像北欧一样,这里也是富有原材料和粮食产品的地区,有比利牛斯山的山林木材、铁,朗格多克和普罗旺斯的盐,季节性流动的家畜所带来的羊毛和毛皮,还有菘蓝、藏红花、葡萄酒、食油和粮食。但是,像意大利一样,这一地区也遭受着交通便利所带来的灾难,有来自西班牙的珊瑚、织锦和皮毛和来自非洲的黄金和羊毛诱惑,更不用说是来自东方商品的诱惑。东方商品从不友好的海岸是难以到达的,但在巴塞罗纳、艾格莫尔特（Aigues-Mortes）和马赛则成为东方商品的起点。

13世纪时的欧洲,在经济扩张方面具有潜力的其他地区无疑是存在的,普瓦图和波尔多附近地区就是一例。该地区有鱼、盐、葡萄酒及银,德国中部和波希米亚地区也可列入其中,该地区拥有织物、玻璃制品、珍贵树木及铁矿和银矿。但是,在这些地区中,都不像欧洲的四大经济支柱区域那样,有人员、商品和经济活动的集中。这里可以进行多种观察。经济支持缺乏到什么程度对政治结构才是有害的呢?或者说,经济的巩固程度能作为这种政治结构的基础吗?这里对如下情况做一解释是至关重要的,即到13世纪中叶时,脆弱的安茹帝国突然发现自己又回到了波尔多和英格兰,即回到了它的两个主要的经济活动区域。像德意志帝国一样,被分裂为波罗的海沿岸地区、莱茵兰地区和令人产生幻想的意大利几个部分,其中心则是非常虚弱的,是否与其1250年之后的崩溃非常相似呢?但是,正是在这时,米兰、威尼斯、热那亚、巴塞罗纳伯爵、阿拉贡国王或图卢兹的统治者、法国卡佩王朝和低地国家的君主们则都在争取他们的利益。主要的生产或消费区域的转移,无论是否有人为的愿望,显然都是与过去的决裂,这种迄今为止仅仅是由小商小贩或偶然出现的流浪者充斥其中的区域划分是以往的事情。所以我们可以这样说,随着以庄园为基础的社会内部的发展,欧洲的经济扩张促进了市场经济的建立。

市　场

　　9世纪的市民编年史，对城市自由充满着热情，对城市商业贸易复兴的观察倾注了大量笔墨，认为这是社会总体进步的一个标志，进而对其原因进行了研究。自从六十多年前比利时历史学家皮朗提出了一套理论后，历史学家们在这方面就始终徘徊在这套理论之中，或者对商人（皮朗称之为"双脚尘土的流浪的旅行者"）外部起源论展开争论或反驳，或者通过对储藏的货币、地方首领的墓葬、犹太人或阿拉伯人所留下的描述划分出国际贸易的发展阶段和路线。于是，我们对10世纪和11世纪早期的贸易概况，就可以进行较为详细的说明了：在北欧，由斯堪的纳维亚人所控制的大贸易流通，从爱尔兰一直伸展到里海；在南欧，尽管有地中海的海盗，11世纪前半叶，从厄布罗河以南、自西西里由海路和陆路到达亚历山大和拜占庭的贸易就已经存在了，在这方面加泰罗尼亚加入得稍晚一些；像阿马尔菲这样的一些著名城市，早在977年，伊本·霍克尔（Ibn Hawqal）便表达了羡慕之情；在葡萄牙、克拉科夫和较为遥远的基辅，还可以见到少数冒险的德国商人。在两大贸易区之间什么也不存在——除了无名商贩、流浪者和那些肩负其城里主人的任务的人。但是，1060年至1080年之后，陆路和水路以及后来的海陆都更加活跃了。交通得到了改善、贸易得以复苏、货币得以流通，1100年之后，欧洲便开始忙于区域间的贸易了，确切地讲是国际贸易。这是一幅经典的画面，但也似乎是不合逻辑的。

　　我们同时代的人像我们的前辈们一样关注数字，或者说，所有人都太容易做出综合性结论了，所以在方法上便犯了与皮朗一样的错误，他们将香料的流通及其在城镇的出售视为商业，对在农村教堂前的广场上挎着蛋篮子出售鸡蛋则没有给予足够的重视，而这同样也是一种商业行为。对此予以分析是非常简单的，历史学家之所以对这种行为没有给予解释，是因为这种商业行为通常是不受管制的，所以没有留下有关的估计数字，但是，这是其他各种活动的基础。

处于流通领域首位的活动

　　每个人都将欧洲的恢宏归之于罗马人，因为他们管辖着一个重要的道路交通网。每个人也都哀叹这一道路交通网的最终毁坏，而毁坏了的交通道路网似乎成了中世纪野蛮状态的特征。这种观点并没有考虑到高卢人、伊比利亚人或布立吞人的痛苦处境，因为他们惟一能够利用的就是这些"罗马人的作品"。更进一步来说，认为罗马人的道路被弃而不用的偏见也应予以纠正。事实上，在7世纪时这些道路还一直都在使用着。后来的作家在鉴定哪一条道路是罗马人修建和使用的时候极少有误，只是所用术语与其他道路所用术语有很大的差别，如"via publica"、"ferrata"、"calceata"、"strata"。此外，大部分军事上的调动都要利用这些道路来调动军队：

卡塞尔战役（Cassel）、莱尼亚诺战役、布汶战役、克雷西战役（Crécy）、普瓦提埃战役。许多长途旅行依然使用这些道路，即使迟至 14 世纪。如此说来我们并不是否认如下事实，即这些道路网自身并没有得到维护而是大部分都消失了。这可以被看做是因两个确切意图所致。一是从战略要地或城市所在地的最近路线来考虑。总体说来，西欧存在两大直角交叉路线：由意大利到布列塔尼和由莱茵兰地区的边境城墙到地中海。如果中世纪的人们发现这些线路中的某些有利于交通的话，这些道路自然会得到保护，如果发现它们对交通并不利的话，维护它们自然也就没有必要了。这些道路不具备经济功能，其路线、坡度、路面既不适合拖运货物也不适合地方运输，可能对徒步旅行者和骑马者是有用的，也就是说，对信使和士兵或许是有用的，对农民和商人来说则未必有用。因此，我较早进行的考察结果是：在中世纪，农村优于城镇因此拖运得到发展。驰道除了用于军队调动外变得几乎不能使用了，而用于军队调动则是其建造的初衷。所以，让我们抛开这些不适于当时人使用的罗马人遗迹，回想一下 12 世纪的人们是拥有足够判断力以避开这些不切实际的路线的，而利用那些已经存在的浅滩或桥梁。这些旧日驰道的惟一功能就是用于界定教会教区的边界了。

在许多情况下，罗马的工程师都是很好地利用了在他们达到之前就已存在的一些小路。一旦土地被重新安排，恢复使用的道路便与村民们以前所建的道路相连接了。如今这些道路网只适用于基本的和特殊的目的——通往田野和耕地。我们已不可能了解这些道路是何时产生的，或者是如何产生的了。此外，通过更详尽的考察我们认识到，任何一条线路都是由地面上类似于小径的一系列小路组成的，这些小路只表示出一个既定的方向而不是严格遵行的确定路线——根据土地状况、运输工具的性质、旅行者的愿望、逃避通行税的企图，一条路这样走，一条路那样走。这种交错复杂的交通网络产生了这样一种模糊的画面，即像在 12 世纪的佛兰德尔一样，作物开始成熟时，河岸两边的农民便被告知封锁好他们的农田，以防被毁坏，这也是其他地方的农民在畜群进行季节性流动时所做的。显然，土地所在的位置或者河流流经的方向是无法选择的，但是人们有这样一种印象，在最初的时候，即使在渡口地区所建的固定式桥梁或船只组成的活动式桥梁也不是规定的。因为在很长时期内，这些桥梁都是木质结构，即使在城市里也是如此，这就意味着这些桥梁经常遭受火灾（在昂热的一座桥梁 1032 至 1206 年间曾遭受六次火灾）。石桥的出现标志着人们慢慢地开始在宽阔的河流上架桥，勒芒建于 1034 年的石桥是最古老的石桥之一，但是直到 1130 年至 1170 年前后，在法国西部和南部建造一座石桥仍要等待很长一段时间。建造桥梁的事业可以由志愿者的联合组织来担当，如在阿维尼翁、蓬－圣埃斯普里（Pont－Saint－Esprit）和卡瓦永（Cavaillon）。在其他地方，建造桥梁需要专门的工程师。1237 年圣戈特哈德大桥的建成是值得后来的铁路隧道建设注意的一项伟大壮举，从商业发展来看也是值得关注的。就一个涉渡点来说，当我们限定一条河的一个区段涉渡次数比今天还多时，这便意味着存在着多种选择。

中世纪"道路"的可怜状况，无可置疑地阻碍了这一时期通过运输上的创新所带来的技术进步。982 年到 13 世纪之后出现了一种税收清单，一旦对这些落入俗套的清单进行详细考察，我们就会对货物运输方法有一个非常清晰的了解。毫无疑问，在亚洲"围绕着脖子"运送东西是最常见的一种方式，如用背囊或担子；1200 年或 1220 年前也提到用于背运的篮子、挑运用的担子和手推车；用于驮运的牲畜是一直不变的特色。但是，我们所关心的运输工具有古代就已经存在的单轴或双轴大车（biga，quadriga），其功效（尽管到 1275 年才有所显现）通过对耦合装置的改进得到了提高。用于支持领车牲畜的轭架、车前端的横木和用于耦合装置的坚韧绳索都呈一条直线，与古代的马车相比提高了牵引能力。

另一方面，一匹马的肩部器具和一头牛的前轭，意味着牲畜的整个骨架承受着重量而不是它的颈部，以前的做法限制了它们的能力发挥，如果我们将赫罗纳和贝叶挂毯上的画面视为真实的话，10 世纪之后的莱茵兰和 1100 年之后的西班牙及诺曼底就是这种情况。可移动的前车轴使四轮马车得到非常有益的发展（13 世纪后期）。最后是马掌的出现，如前所看到的，在这一点上，学者们的意见并不一致。

最主要的是看一下这些发明的结果。以马代替了牛、驴或人为标志的进步，必须从运输速度和功效上来看。配备了能保持一条直线的合适的马具、钉有马掌，4 匹马能拉动装载 30 袋英国羊毛——4.5 吨——每小时行进 5 公里的四轮马车。这相当于 8 头牛、16 头驴或 130 个人的功效，如果马具还像早期中世纪时那样的话，这些牲畜只能负载十六分之一的运载量。这便是运输革命。

在这种情况下，水路、河流仍然是许多旅行者所喜欢的选择，尽管陆路上的行进比较缓慢，但用牛或马拖运货物仍然很必要，因为河流两岸难以预料的情形使行进困难重重。更有甚者，水路上的驳船与马车相比更容易被监控和征税，杂草、水磨设施和渡口上拉起的绳索使驳船不得不延期或绕道。所以，偏爱水路运输就要在两个方面有所改进：一是安全性。水路没有陆路那么多的陷阱（沟壑和密林），适合运送怕陆路颠簸的一些产品（尤其是葡萄酒、食盐和油这样一些易于从破裂的桶中漏出的产品）；二是每次负载的大吨位。当然，自 11 世纪以来，航行在塞纳河、莱茵河或台伯河上的驳船（sandalae、lambi or chalani）的载重量不足 30 到 50 吨，但是与马车的载重量相比则多出了很多。1095 年或 1100 年之后，凸式码头、专用码头和卸货地点的数量增加了，使运输途中既可在城市也可在路边卸货以便转用马车运输。于是，一些集市或大的市场便在这些运输网络的节点上发展了起来。在佛兰德尔，水闸得到了发展，甚至在湍急的水面上也有水闸，这成为了一个例外现象（1150 ～ 1190 年）。

最后让我们来谈一下海洋。1250 年之前深海航行方面取得的进步前面已经提及，主要是

12世纪，这座造价高昂的石桥取代了木桥，这是与贸易的发展联系在一起的。桥头堡站着瞭望水面的哨兵（比利牛斯山东部地区奥塞克斯的桥梁，13世纪）。

由北欧人取得的。非常清楚，这种运输方法只是一种例外并非常规，在地方贸易方面它是发挥不了作用的，即使是沿海岸线的航行——如在意大利——也只有在陆路状况太差和有困难的时候才起作用。中世纪的一艘船的运载能力在我们今天看来是微不足道的（1300年威尼斯舰队的全部吨位估计不到10万吨——仅仅是今天一个小型油轮的运载量），但却大大超过了一个单一区域的货运要求。

因为中世纪的海上贸易是有利可图的，船只运送货物要走很远的路程，尤其是那些昂贵的或非常沉重的商品。这样的航行同样也是一种冒险性尝试，经常处于风暴和海盗的威胁之下——所以这种事业超出了几乎所有商人的能力，意大利人或许是一个例外。根据文献记载，海上运输与陆路运输相比具有极大的优越性，据测算海上运输300吨的货物每天可行进180公里，这一运输量如果改用陆路的话，则需要100辆四轮马车以每天20至25公里的速度走上2个月。但是，千万不要对给许多中世纪历史学家如此深刻印象的、这一非同寻常的差别产生任何幻觉，即并不是所有的船只都能安全抵达，尤其是超过预期很长时间的时候。我认为，与不停地奔波于陆地上成千上万的四轮马车、骡子和搬运工的运输相比，海运的总体规模还是小许多的。

现场买卖

领主对隶属于他的人的产品进行征税（无论是实物的还是现金的）——这是"封建制度"的主要基础和得到主人保护及公正的司法审判的正当理由所在——在历史学家们看来，估价的方式是多种多样的，我们就回到这个问题上来吧。现在我们强调如下这一事实就足够了，即这种税收是在领主制结构建立之后才有的，它构成了市场经济的基础。一旦需求得到满足、礼物分发完毕，领主就要处理剩余物。显而易见，根据家庭的大小、领主的品味或他的社会身份，他会保留不同量的葡萄酒、粮食、家禽和家畜；而毫无疑问的是，有关征税过程中的具体方法在10世纪阿登地区的圣徒传记中、11世纪西班牙莱昂地区编纂的法典中都有所透露，到12世纪时这方面记载就更普遍了。领主会将剩余物的出售安排在村庄里、城堡内或城堡的院落里。优先出售的是葡萄酒，但与其一起出售的总是有农民上交的产品。通常情况下，西班牙的"梅尔卡多"（集市，mercadol 即 Market）一周举行一次。如果我们确信温彻斯特主教的讲述的话，在这一年里（1208 年），这名高级教士将其所属土地上所获或间接收入所得小麦的 48.5%、大麦的 28% 和燕麦的 17% 卖掉了。假如一对农民夫妇要有所剩余的话（留出他们自己要消费的部分，扣除种子，付清了捐税、租金或罚金），至少需要四至六英亩好的耕地，但是据估计，只有三分之一的农民拥有如此多和如此好的土地。于是我们便看到,12 世纪贸易的"核心动力"来自领主。

根据某些伊比利亚人的记载，出售最多的是家畜和家禽，超过了产品和工具的出售数量。这些记载中显示上述三种基本商品的比例是：44%、23% 和 12%，这对当时财富的基础来说也是一个有趣的证明。在这一经济领域的特殊例子就是西多会，他们是不依靠庄园的干预进行直接生产开发的典范。他们所采取的是转售额外产品的形式。由于他们并不受制于一定程度上对世俗领主的恣意行为有所限制的一些习惯，所以白衣修士们（在这一方面是无人能比的）对地方市场及其价格起着至关重要的作用，有时他们储存一些粮食，有时又将这些储存的东西大量投放市场，最常见的情况是他们对三大基本产品的控制，即羊毛、葡萄酒和铁。

农民花钱极少而自身又是出售者，所以农村市场的商品交易规模并不大，对此感兴趣的是各类富裕阶层的成员或其代表。而附近的城市，除了自身对产品有所需求外，也是领主出售其葡萄酒或家畜和家禽的地方，更是领主寻求和购买其所需商品的地方：贵重的外衣、华丽的服饰、训练有素的马匹，或者寻求可以完成特殊工作并赋予特殊报酬的熟练工匠。正因为如此，城市的佛鲁（foro，古罗马市场）与农村的梅尔卡多（mercadel，地方市场）是密切相连的。而且一个时期里城市商人本身可能就是专程去往农村的。给人们的印象是，在 1250 年之前他们就是为农民提供少量五金器具的。重要的商业活动都是在城市里进行的，所以对许多离城市不远的农民来说，一个自然的发展过程就是到城市去直接向市民们提供他们要出售的东西。由锡耶纳的洛伦泽蒂（Lorenzetti）所作的著名壁画，虽然时间较晚，但却反映了农村人口进入城市的情况，洛伦泽蒂将这种情况视为"好政府"的一个象征，农民们携带着城市里所缺少的鸡蛋、山羊、柴火、牛奶等。除了意大利的城市将其经济控制权和征发权扩展至城市的"contado"（周围农村）之外，城市是以零售价购买这些必需品的，或通过专门的肉食和谷物的经销商购买。

城市市场仅仅在外观上与我们今天的相似：两条街道相交处形成的广场，或者由城市当局所监督的某一封闭的院落里，市场、公共度量衡、用于讨价还价的凉亭。但是，销售活动经常是在以一间屋子为基础外面挂着招牌的小商店里进行的：顾客可以看到产品甚或是手工技艺，窗板是敞开着的，保护和展示商品的货摊是摆在外面的。直到 13 世纪中叶，才像在穆斯林世界的城市里那样出现了以产品或行业来划分的街道，这是商品生产者（相互间没有价格上的竞争，竞争是被禁止的）与生产的环境要素（例如，制革工人需要有水、木屐制造者和家具制造者需要有卸载木材的空间）相结合的结果；我们的一些街道和附近地区仍保留有这方面的标志，尽管我们并不能始终确信这些商业机构对城里商业拥有的垄断权。更进一步来说，很难追溯这些内部商业网建立的时间。我们知道,意大利自 1080 年或 1100 年以来就存在专门的郊区市场,城墙内的商业街道都是划定的,如威尼斯的"merceria"、米兰的"inferno"是出售五金器具和盔甲的;稍后有圣里奎尔的哈瑞尔夫于 1125 年所描写的"街道";中欧地区的市场街的周围,如吕贝克的"Grosse Ring"、克拉科夫的"Rynek"。

市集：中世纪的象征

　　将谷物带到城市出售的农民,或将畜群驱赶到城市卖掉的买卖人就是"商人"。无论如何,我们一想起那种社会类型,就会想到由陆路或水路来的人——携带着钱袋子的流浪者或骑骡子的人——或者是较富有的由一排马车陪伴骑在马上的人。实际上这是一些去往某地、去往市集的图景,这种中世纪的典型性的社会聚集一定会吸引我们的。

　　携远方产品聚集一起的商贩并非为地方人士提供商品,而是为其他商贩提供货源,这种形式的"大的交易"几乎在各个时期都能见到,在西欧,它的表现形式更加纯正。有时这些节庆日 (feriae)、定期的交易市场是有着宗教根源的,如以圣丹尼斯修道院为中心的伦迪特市集 (the lendit fair) 的圣约翰纪念日,时间至少始自 9 世纪,或者像帕维亚的圣洁周 (Holy Week)。有时这只是地理位置优越的结果：用于货物卸载的地方 (如地处默兹河流域或北欧地区的后加洛林王朝时期的港口或码头);交叉路口,如香槟地区的查珀斯 (Chappes)、比利时领土上的维塞 (Visé)、瑟奥特 (Thurout) 或于伊 (Huy)。偶尔情况下,这些市集也是诸侯们的意愿所致,他们从财政目的出发给旅行商人以优越条件,如布拉奔特公爵 (Duke of Brabant) 或地处默兹大道上的列日主教。有证据显示,地方统治者的愿望必须克服地理上的障碍：1137 年之后香槟伯爵们开始向去往城市市场的商人提供引路人 (tractoria) 或雇员 (conductus),那些需要武装人员护送的人可能为聚集提供了动力。

　　中世纪市集的组织原则是地处城外但却处于城市的控制和"监管"之下,人员和货物的集中要延续很长一段时间,两至五个周不等,在此期间货物的保护和交易活动是有保证的。市集在帐篷内举行,很少有交易大厅,旁边有监管人员居住的"临时小屋"。监管人员的职责是决定市集期限、"结束"日期的敲定以及账目的结算。市集期间的展示比实际购买更多一些,在最后结算之前允许双方相互协商。毫不奇怪,富裕商人逐渐在城里获得了房子和庇护所,或者相反,地处市中心的某些货物摊位被禁止出售货物,与此同时市集时间延长,这便意味着市民可以经常光顾市集的交易市场了。当然,市集的任何设施——所用货币价值的宣布或"公示"、饮料出售规则、产品质量的检查——都不是一下子就建立起来的。很长一段时间内,形势是不稳定的：1127 年的布鲁日,当听到佛兰德尔伯爵被刺的消息后,商人们收拾起货物便溜之大吉了。进步是缓慢的，市集常常是专业化的基础，如北汉普顿、温彻斯特、斯塔福德、圣埃弗斯、波士顿的羊毛；朗格多克、西班牙、蒙彼利埃和坎波城（Medina del Campo）的牲畜；米兰、法兰克福、诺瓦拉、纽伦堡的铁；圣丹尼斯、兰斯、帕维亚、圣吉尔的原色织物和五金器具。从维塞市集出现（982 年）到 12 世纪早期各种喧嚣的交易中心的产生，如梅斯、图勒、列日、凡尔登、科隆、热那亚，在

大的交易是在城市里进行的，有屋顶的市场通常位于市中心的位置，向农民和手工业者开放（卡尔瓦多斯地区迪沃河畔的圣皮埃尔市场，13世纪）。

1010 年至 1080 年间，很难将城市、河边或路边市场与真正的市集区分开来。

香槟市集的情况有些例外，正如我们所看到的，从意大利北部到北海之间的旅行是比较容易的，人们只要沿着莱茵河顺流而下，或通过默兹河或者奥伊斯河和约纳河抵达索恩河就可以了，比横穿香槟地区要容易得多，几乎没有什么付出。普罗万（Provins）的贸易可追溯至 999 年，特鲁瓦的贸易可追溯至 1100 年，但意大利人出现于阿尔卑斯山以北的时间是：在布鲁日是 1127 年，在巴黎是 1140 年。也有来自其他地方的人，但是直到 1170 年香槟地区还没有发现定期到访的意大利人。从那时起，香槟的伯爵们开始鼓励在特鲁瓦、普罗万、拉格尼（Lagny）、奥布河畔的巴尔（Bar-sur-Aube）开辟市集，大体时间为 1145 年至 1160 年间。香槟市集是独特新颖的，它创立了每座城市一年两次市集的模式，即冬季和夏季，在特殊而有适当保护的地区，市集可以不间断地循环。这种现象足以吸引——尽管是人为的——旅行者去往南部和西南部香槟地区了，也足以促使远方的商人期望在此建立一个固定而正规的场合，有适当的监管、有储存物品的仓库，逐渐地也开始使用当地的记账方法。这种方法比较复杂但比现金结算风险小。锡耶纳、皮亚琴察（Piacenza）或加泰罗尼亚直到 1245 年至 1270 年前后还没有达到如此的发展阶段。必须加以强调的是，香槟市集通过这种方法大大促进了货币商业的发展。

另一方面，在 1200 年后，市集对传统城市市场发展所造成的影响，我们很难给以估计。大型定期贸易集会出现，尤其是在有着相当可观的地方产品的地区的出现，起初是有利于加强诸侯或城市的财政地位的，所以受到他们的欢迎。对人和商品征收费用，特别是为提供保护者或市集举办期间的保卫者收费，意味着这一时期的市场活动还不活跃。在意大利甚至还有这样的禁令（divieto），市集举办期间当地产品原则上不得出口到周边农村。可能许多城市市场是在市集水平上发展起来的，无论市集是在城墙内，还是被栅栏隔开或用其他某些办法分开的，列日就是如此。由此，城市本身增加了为一个或其他的"外来"组织提供的临时住房或"fundaco"的义务，这极易改变城市的布局结构。在我们当下所讨论的这一时期结束时，上述情况尤为显

著，特别是与德国汉萨同盟商人有关的城市，在伦敦如同在威尼斯一样，但在某些地方也有所不同，如吕贝克、日内瓦、杜埃、巴塞罗纳、莱里达、蒙彼利埃、梅斯，当然还有香槟、特鲁瓦和普鲁万地区的城市。

商人的出现

"中产阶级的兴起"确实是一个陈旧的话题，中产阶级在各处都能发现，在古代希腊有，在19世纪的欧洲也有。但在另一方面，古代专业商人的形象很不明显，而专业商人则是中世纪的最大特点。这里所说的商人是当地社会的有机组成部分，是城市的要素之一，在经济中有着固定的地位和作用，不像7世纪的叙利亚商人和9世纪的流动商贩（mercator），也不像11世纪的"灰脚商人"（dusty-footed vagabond），四处游荡受迫害或受剥削的小贩。在11世纪的大扩张时期之前，这些社会边缘人物占据着社会主导地位的原因有二：第一，长途贸易（来自科尔多瓦的皮革，东方的丝绸，捷克的玻璃器皿、香水、紫色染料）在货物数量和顾客规模上都有所减少，而且急切期待着这种贸易的，主要局限于少数社会精英。第二，即使这些外来者被授予朋友（amicus）的称号，如1021年贝加莫伯爵所做的那样，他们仍然是无助的，随时都会遭受威胁、被骗、被驱逐，像900年至1010年的都灵、克雷默纳、康布雷、沃尔姆斯和科隆的主教或大主教所做的那样。这一小部分外来者没有固定根基，来自更远地方的人更是如此，虽然花费很大气力幸存了下来，但在1150年之后也不见于史料记载了。在热那亚，最后一位致力于贸易事业的"外国人"是叙利亚的里瓦尔多·迪·萨拉菲亚（Ribaldo di Saraphia），他死于1175年。

到这时，城市商人已经产生和发展了一百多年。这些人最早可能是主教或伯爵的代理人，或者是农村大领主，尤其是教会领主住城市的代理人。或许他们当中还有像戈德里克的芬奇尔（Finchale of Godril）和其他人一样的移民，这是皮朗赋予城市商人的一项基本政治职责。

正像我们今天所称的那样，极容易将商人说成是一个"社会职业"群体。他们中许多人居住在城市的新区，1010年至1040年之后在城墙以外发展起来的堡（burgi）确实是新区，在北欧则是渡口或码头。开始时，商人的主要特点是其群体的聚合倾向和参与能力，毫无疑问这是因为他们对自身弱点有着比较深刻的认识所致。在我们所掌握的文字记载中涉及商人的起初并不完全是宗教组织：北欧和意大利的兄弟联谊会（fraternae、keures、compagna）以及1027年至1090年间在蒂尔、圣奥梅尔、艾尔、科隆、维尔茨堡、伦敦、巴塞罗纳、热那亚、威尼斯和皮亚琴察出现过的兄弟联谊会。当然，在这一阶段它只是一种互助组织，但是当时的一些组织已经具有了经济职能。不论它是借用伊斯兰教的方法——这在1100年之前是不可能的——或者是对拜占庭做法的一种模仿，950年至980年的威尼斯、相当晚后的托斯卡纳，甚至南部意大利和诺曼人占领的西西里都出现了这种组织的契约。这是由几个利益相关的商人组成的组织：协商组织（rogata），只有简单的约定，可能还是口头的，在合伙经营航海的过程中相互帮助；兄弟联谊会（fraterna 或 societas），有着家庭一样的气氛，但却是由努力和金钱组成的；同业联合会（colleganza and commanda），是更加严格的组织，它将所计算出的利润（或损失），或者按所提供资金数，或者按所承担的职能按比例分摊给每一位参加者。通常情况下，在这种组织中赢利比较适中的实际上也是最担风险的，而那些不做事情的待在家里的人却能得到利润的三分之二或四分之三。这可算得上是一种单边协议，但是装备一艘船或装备一支骡马辎重队是需要相当可观的投入的，损失是巨大的冒险，单边协议使安全利润合法化了。相反，如果不加入这样的组织，少数资金拥有者在财政上就得不到发展。Y.勒努阿尔（Y.Renouard）非常正确地将这种灵活做法视为意大利经济长期保持领先的基础和正当理由。

而且，这种社会组织又有更进一步的发展。1109 年在威尼斯，1143 年在热那亚，兄弟联谊会变成了"公司"。公司是一个古代术语，用以指一年一度的负责装备船队的组织，如同热那亚自 1090 年以来所做的那样。这时的合同包含有国内人员的因素和一至六年的固定期限（可以再续约），由本金的征集（the domestic corpo）和每个参与者（consors）应共同承担的各自的任务组成。这也使人想起了"sopracorpo"，个人捐献是作为"持股人"在该项事业中占有份额并希望从利润中获得收益的一部分，一般为 8% 至 12%，是非常有利的一项投资，比一般的资本回报要高，相当于由什一税中所期望得到的，而什一税并不是所有的人都可以得到的。经过了很长一个时期之后，这种做法才在北欧流行开来，商人们喜欢相互帮助，而且愿意利用本城人的支持而不是寻求外来的支持。萨克森人和诺曼人的"行会"是交纳费用才能加入的组织（geld，即金钱，可能源于斯堪的纳维亚人的词汇），大陆上德国汉萨同盟的发展则并没有超出非宗教的兄弟联谊会的阶段，它需要付费、宴饮、公共基金、负责成员事务的执事、相互施舍的道德约束、控制市场和垄断销售。另外，直到 1140 年或 1160 年，这种组织在伦敦、林肯、温彻斯特、列日、于伊、科隆、鲁昂和巴黎还没有出现，这些地方是由半民族性质的组织所接管的，如 12 世纪末规模较大的波罗的海地区的汉萨同盟组织，或者是控制着低地国家的织物销往香槟市集大权的"十八个城市"的类似组织。

很长时期里，"商人法"（jus mercatorum, the Kaufleutegerichte）都是按照王侯的意愿制定的，尤其是在德国，商人法始终没有产生。当确信这一点之后，历史学家们越来越相信，这些自发组织中是没有商人对公共生活的干预的。实际上，1135 年至 1165 年之前，我们并没有专门的具体证据表明有针对商人的规章的存在，表明他们私人的或公共的法律的存在；在 11 世纪末的时候，他们在实际上还遭受着迫害，对任何特殊法律还表现得无能为力。法律上的豁免权，像 1045 年或 1050 年左右在根特或图尔那样被授予在默兹河区段或阿拉斯附近安全行动的特权，或者像比萨约在 1130 年被授予的特权一样，是随着王侯的意愿可以修改的。另一方面，12 世纪中叶以后，商人在城市里的优势地位已无可争辩了，但是他们的活动仍集中在城墙以外的市场或市集。总体上，商人在城市主体中确立自己的地位有多种途径，因地而异，如同我们后面将要看到的那样。然而，商人们拥有自己的组织："执事"专门管理商人自己的事务，或一名高级市政官，由当局——佛兰德尔伯爵和加泰罗尼亚伯爵，列日、米兰和科隆的主教，巴黎和伦敦是国王自身——委派为商业法的代表（如 1111 年的阿拉斯、1122 年热那亚、1161 年的比萨、1185 年的米兰）。他们都没有达到得到国王保护的程度，像在 1288 年的法国一样，但是这是其合乎逻辑的发展方向。

如果我们不考虑商业风险，特别是海上商业风险大利润也大这一因素的话，就不可能解释商人不断增长的优势地位。无论在规模上还是在致富速度上，商人的财富都是令同时代的人惊讶的：到 11 世纪时，阿马尔菲的潘塔莱奥尼家族（Pantaleone of Amalfi）能够将他们家族的教堂大门、圣保罗的 "fuori le Mura" 和加甘诺的圣米歇尔用青铜加以装饰；在 12 世纪，热那亚的伊尼戈·德拉沃尔塔（Inigo deua Volta）和威尼斯的罗马诺·马亚诺（Romano Maiano）五年内将本金翻了四倍，只是稍后就垮掉了；13 世纪时，像巴尔迪或佩鲁齐家族这样的贷款人和商人每年都有成千上万的佛罗林进行周转。熟练的经营管理人员出现了，因为资本分配表现出投资上的谨慎和多样性，1268 年总督齐亚诺去世时，他所留下的财产中，48% 投资于海上或武器合同。他所插手的行业多达 132 个——25% 为建筑业，18% 为贷款生息，只有 8% 为流动资产。

权力与商业

在一个有秩序的理想社会模式中没有出现的商人，为何极力将自己与传统的权力持有者，即有着神圣起源的社会制度的维护者确定一种关系呢？这个问题不可能在两个世纪的时间跨度里得出一个惟一的答案。显然这是一个演变的过程，从前面的某些叙述中可以明确看出，这事关商人的利益，只是逐渐体现出来而已。

这方面发展缓慢的原因，部分地应归之于一个比较大的障碍，即教会以《圣经》为依据不承认商业活动的合法性。无论是以得到日用品为借口努力从某些不幸的购买者那里获取利润的活动，还是——这种情况更坏——从贷款中获利，都是在浪费时日，从本质上讲这是神意。承担着航海风险的水手是可以获利的，但停留在港口的商人则是不可以的。不必进行推理，猜测一下就足够了，之后是教会对商人活动的逐渐理解。1074 年，我们看到格列高利七世对卡佩王朝的国王腓力一世允许商人从事抢劫活动还是抱怨的。《康布雷主教的行为规范》（*Deeds of the bishops of cambrai*）一书的作者，曾提到 1109 年普遍感到痛苦的事情是，康布雷的威利姆鲍尔德（Werimbold）的去世，此人做了许多虔诚的工作。而且，临终前所给予的礼物，当然是弥留之际穿上法衣的行为，这虽然反映了商人阶层所具有的负罪感，但却缓和了一个社会等级，尤其是修道士们的愤怒，因为这个等级的成员并非不屑于从事商业活动。1198 年，克雷默纳（Cremona）的无名商人霍姆伯诺（Homobono）被尊为圣徒的时候，最终实现了这方面关键性一步的跨越。

这种处于基督教社会边缘的情感或许有助于在商人中间建立起一种较为团结一致的情绪，使他们自己组织起来对抗来自官方权力持有者们所带来的压力。这种抵抗部分是通过上面提到的公司达到的，也有通过他们自身的训练和教育达到的，并不仅仅依靠共同的意识或经验。为商人家庭的后代所开办的商业学校的出现，不仅是知识教育史上的一个重大转折点，而且也是人类渴望进步的标志和商人求得解放的标志。13 世纪前半叶的根特和布鲁日，1252 年至 1269 年间的吕贝克、布雷斯劳（Breslau）和爱尔福特（Erfurt）都出现了商业学校。

在中世纪基本经济区域的产生概况中，我对长途贸易的主要路线给予了简述，在这里需要重新提起这些主要的商业路线。从海路上看可以划分为三条：第一条，从威尼斯、热那亚、比萨、马赛和巴勒莫到黎凡特、埃及和黑海，这条路线是运送木材、武器、铁和羊毛织物去往东方以换回明矾、丝绸、棉花、小麦、食糖、香料的。1113 年至 1153 年间，意大利利古里亚地区的城市通过商业协定的形式，掌握了伊特鲁里亚沿海到纳尔榜地区的贸易，于是，他们能够在这一带搜寻满足这一贸易路线需要的商品。

另外，这里还有第二条贸易路线的存在，这实际上是一条单行线，从马格里布到巴利阿里群岛、巴塞罗纳、蒙彼利埃、那不勒斯或西西里。这是一条以西班牙的皮革、羊毛和珊瑚换取皮毛和黄金的贸易路线，但是伊斯兰世界与基督教世界之间是需要中间人才能沟通的，这个中间人通常由犹太人来担当。很难了解欧洲人用以交换的物品是什么：藏红花、未染色的织物、玻璃器具，可能还有银器。第三条贸易路线是经由英吉利海峡和波罗的海连接波尔多和里加，这是一条葡萄酒贸易路线（13 世纪时，每年运到英格兰的就有 7000 万升，1255 年运往波罗的海地区的也达 2000 万升），同时这也是一条盐、鱼、羊毛织物的贸易路线，商人们可以远达诺夫哥罗德，离开时再携带上木材（1230 年首次将挪威木材运抵格里姆斯比 [Grimsby]）、毛皮、谷物和更多的盐（1205 年运抵吕讷堡 [lüneburg] 的盐达 50 万公担）。1104 年至 1110 年，波罗的海为德国人所控制，1158 年至 1170 年北海也为德国人所掌控。实际上还存在着第四条贸易路线，即英吉利海峡一边到另一边的贸易路线，只是这条路线太短而已，通这条路线可以将英国的羊毛（约在 1220 年，达到 30,000 "袋"，每袋重 160 千克）、钢、锡和鱼换成靛蓝、铁、羊毛织物和铜。至于陆路或水路还有四条临时性支线：默兹河路线，进入德国远到帕德博恩和莱比锡，一方面是换取铜、羊毛织物和盐，另一方面是换取铁、银和小麦；从索姆河经过香槟地区到塞尼山口（Mont-Cenis）或辛普朗山口（the Simplon），这是一条运送精美织物

经商和借贷都是教会所不赞成的。这是12世纪有关资本的一种看法，在奥吞大教堂魔鬼被描写成手持钱袋的人。

和食物的路线；从巴伐利亚经布伦纳（Brenner）山口或圣哥达（St Gotthard）山口，这是一条将东方产品、意大利的铁和羊毛织物带到德国换回银、珠宝和毛皮的路线。西部路线沿着卢瓦尔河走上一段从普瓦图开始分开：一条路通向朗格多克，一条路穿过比利牛斯山通往西班牙方向。从隆塞瓦克斯到圣雅克（Saint-Jacques）或者从勒帕修斯到巴伦西亚，既是一条朝圣之路，又是一条携带北方的织物、花边、羊毛织物和盐南去再携南方的铜、鱼、葡萄酒，可能还有黄金北回的商路。

如此宽泛地描述商业路线图轮廓的目的，就是要展现一下长途贸易的主轴，它是由需求区域或生产区域所决定的，控制这些商业主轴的目的不是检查其活动而是为了获得利润。历史学家们常常强调中世纪的税收负担，认为是税收引起了社会瘫痪，指责税收窒息了进取精神。但是，即使在税收最重的14世纪初期，征税也很少超过产值的13%，与法国的间接增值税的水平相近。11、12、13世纪的人们并不习惯于税收的概念，对以"conductus"或"salvamentum"的名义在交叉路口、卸货地、涉水渡口、桥梁和隘口征收各种各样的通行税表现出强烈的反对。这些通行税有时是由城堡的领主征收，有时是由王侯的代理人征收。很难搞清楚应收费的这些地方究竟有多少，除了留下一张张税单之外我们几乎一无所知。税单对交通流量来说是一项宝贵资料，尽管其中难免有一些古语和对一年之内所征税收总额等项目的忽视。控制并征税的地方与庄园的布局是一致的。1035年至1080年之前，我们知道在默兹河、波河、罗纳河上，在佛兰德尔、皮卡尔迪和普瓦图境内的各种道路上，就有这样一些交费点。我们的印象是，自1150年之后一直到大约1200年至1210年，税收是不断上调的，卡尔卡松、尼姆和蒙彼利埃、波旁米（Baupaume）、阿拉斯和圣奥梅尔以及米兰、诺瓦拉和贝加莫，都有各种费用的变量表。要对人员和货物的流通进行控制，无论是在财政上还是在政治上，通行税都是非常重要的。

地方王公很快便对商业税产生了兴趣，尤其是意大利城市国家和13世纪的君主们。令人惊奇的是，随着王室领地在诺曼底、皮卡尔迪和安茹的扩张，腓力·奥古斯都便像建立城堡一样迅速设立起各种收税点。从自身利益出发，同时也是由于缺钱，1205年英国国王约翰试图对重要的羊毛贸易征收常规税，特别是在装货码头，也就是羊毛按袋装载的地方，赫尔（Hull）、南安普敦（Southampton）、伊普斯威奇（Ipswich）和多佛（Dover），但是并没有取得多少成功。然而，商业税作为收入来源要比不定期征收的封建"协助税"（从教会提取什一税或从不

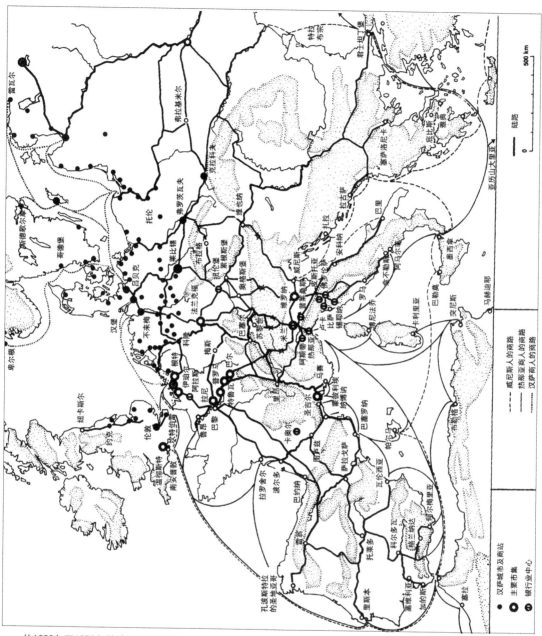

约1000年至1250年的欧洲贸易路线。

动产收入中征税都是非常困难的）稳定的观念很快就占据了优势。商业活动是公共税收的起点。

　　当然，人们不能指责商人们试图逃避税收——不仅仅通过豁免权和特权，而且还通过欺骗。从自然条件上来看，海上贸易不容易规避征税，尽管我们有布列塔尼、巴斯克地区、波美拉尼亚和皮卡尔迪的沿海居民秘密登陆和走私的证据。倒是陆路为避税提供了较多的机会，如前所

在市集上，妇女购买丝绸、小地毯、皮革制品、珠宝。商品常常是来自东方（阿方索十世的抒情诗，13世纪晚期，马德里，埃斯科里亚尔修道院）。

述，陆上道路是不固定的，总有可能寻找到另外的路线，绕过海关找到涉水而过的浅滩。罗纳河并不能像其他任何地方那样可以任意通过，但也比阿尔卑斯山甚或是勃艮第山区通过的机会还要多些；另外，还有骑在马上的征税者，他们巡逻着一个广阔的地区搜寻着逃避税收的人。我们永远不会知道幸运逃脱者会有多少。

金币和银币

虽然货币并不充足而且钱币铸造也很难控制，但货币对于12世纪后半叶的欧洲发展起来的市场经济来说是十分必要的。货币问题在这一研究中已经出现过多次了。纵观整个早期中世纪，与拜占庭和穆斯林世界相比，基督教西方的主要弱点是货币手段的缺乏，将经济局限在物物交换和贮藏的水平上，这显然不适应持续发展的要求。事实上，常为历史学家们所关注的加洛林王朝，在这方面的努力似乎旨在净化和适应邻近的货币体系，而不是货币数量的增加，不过他们所尊崇的两个因素直到12世纪仍然有效，即货币的单本位制（只铸造银币迪纳里厄斯）和一个价值标准，这是罗马、伦巴第，甚至盎格鲁－撒克逊货币使用方法的混合物。含银491克为1镑（里佛尔）价值20索里达，12迪纳里厄斯为1索里达，这是在这一特定流通领域里所使用的惟一的铸币。一般认为，这些价值标准是到后来才最后决定下来的——在德国可能是1015年——除此之外，1马克是1里佛尔的一部分，是首选的贵重金属切割单位。今天所有作家都同意，货币问题及其解决是欧洲对外扩张的关键因素。莫里斯·伦巴德甚至走得更远，以"穆斯林的黄金作为注入欧洲的强心剂"来解释欧洲的加速发展。虽然这一理论已不再被人所相信——或者仅仅适合于某些与伊斯兰世界接壤的地区（如加泰罗尼亚而不是坎帕尼亚）——而且这些地区之外是没有什么影响的，但至少我们可以认为第尔汉、

军事、市政和宗教建筑需要大量货币（D.L.科顿·尼禄（Ms Cotton Nero D.I）的手稿，大英图书馆）。

拜占特（bezant）和第纳尔（dinar）作为货币中止流通是欧洲贸易复兴的一个基本条件。

银币的复兴

1010 年至 1050 年前后，我们从一开始看到银币复兴的兆头时，形势就不容乐观。首先是，欧洲并不能提供丰富的银矿脉。银矿脉主要局限于阿斯图里亚、卡尼古山（Canigou）、梅勒地区（the Melle）、诺曼底以及最重要的地区德国拉梅尔斯贝格（Rammelsberg）和哈茨山，而且每吨也只能提炼出 400 克银。所以，只有技术进步、系统勘探和提高萃取率才能克服银产量方面的困难。而进步是缓慢的，尽管 1130 年至 1170 年间，卡林西亚（Carinthia）、斯提尔（Styria）、苏格兰的矿脉，每吨能提取 1 公斤白银，但是处理矿石获得 1 吨优质白银则需要 500 立方米的木材。尽管如此，进步还是有的，1050 年至 1080 年，帕维亚每年铸造银币为 25,000 第纳里（denarii），大约需要 30 公斤的白银，百年之后的克吕尼修道院则需要大约 40 万第纳里的银币，而英格兰则需要铸造 30 吨的银币。

其次，是进步速度迟缓。加洛林王朝时期，就已经重申铸币权的公共性，但是他们也开创了委托铸币制的先例，或者说他们对此疏于管理，结果是，到大约 1020 年时，欧洲已经出现成百家铸币厂（如皮卡尔迪就有 20 家，贝里地区就有 14 家），这些铸币厂由王室、伯爵、主教、修道院院长、市政当局和庄园领主所掌控。这种混乱局面直接影响了铸币的基本重量标准，一般在 230 至 255 克之间浮动，即使是货币价值标准也是如此，因为些微的品质变化是随着它的使用情况而变化的，英国与汉萨同盟的铸币斯特林（名称源自“Oaterlingern”，意为东方人），其价值是图尔的铸币的 4 倍，是巴黎的货币的 4/5，是威尼斯货币的 1.25 倍，如此等等。

已经产生的各种金属代币间的竞争是与紧迫的通货需求相适应的。产品出现局部短缺时就需要大量地购买（如葡萄酒或谷物，尤其是奢侈品）。购买设备（军事的和农业的机械以及材料）、支付赎金、支付工人的工资、朝圣的费用，所有这一切都需要有现成的货币。而最繁重的费用无疑是军费、市政费和宗教建筑费，1187 年，佛兰德尔伯爵花费中的 32% 用于这一方面。伴随着庄园制的建立而出现的地产重组，同样需要大笔的资金用于土地的购买和交易，12 世纪中叶，克吕尼修道院 20 年的租金是 1000 里佛尔，圣斯曼德修道院 50 年的租金为 4000 里佛尔。显然，领主或城市当局都对货币有着极大的需求。他们都努力争取司法利润，建议全部的强迫性劳役用金钱购买，并极力提高地租。但是，为了适应这些新的需要——这些被认为是可耻的需要（坏的习惯）——农民和市民同样需要使用第纳里，而依靠地方市场的微薄销售来增加资金收入是非常困难的。

打破这一恶性循环的途径有三：第一，提高白银的萃取率，这在前面已经提及；第二，教会和私人停止贮藏贵重金属（贵重金属贮藏在私人金库中是不流通的）；第三，扩大与拥有金银的国家的贸易。这导致斯拉夫国家的日耳曼化，其目的就是掠夺波兰的财宝，攫取波希米亚和西里西亚的矿藏，向波罗的海的扩张使维京人所持有的财宝释放了出来；这也导致了对伊比利亚半岛的入侵，其中的战利品被穆斯林王公用沉重的赎金或贡金买回。这同时也导致了对地中海的再征服，从热那亚或加埃塔直到巴勒莫或马赫迪叶，然后再往东。所有这些因素都是相互联系的，时间也大致相符。

由赎金得来的黄金是以穆斯林金币或金锭的形式支付的，自970年至980年以来，每年以40公斤的速度流入了卡斯提，这使卡斯提的国王每年支付给克吕尼修道院1000至2000第纳尔的资金成为可能。正如我们所见到的，这一过程在地中海地区出现得稍晚一些，大约在1040年至1090年出现于伊特鲁里亚海，1100年至1150年出现于巴斯特地区。到那时，德国人已经占领了波罗的海并抵达了奥得河。而且，遵循着这些发展阶段，西欧自身经历了货币向统治阶级以外的社会阶层渗透的历程。在皮卡尔迪，1040年之后，尤其是1100年以来，以现金支付各种费用的比例超过了实物。1080年，修道院从其所属农民征收来的现金为200里佛尔，而到1155年时这一数字上升到2000里佛尔；到1020年，意大利的法尔法（Farfa）修道院收入中的20%为现金，两代人之后，这一比例便上升到60%；在加泰罗尼亚，货币交易的比例（用黄金）在公元1000年时为30%，1030年时上升为53%，1080年时达到77%。城市里的情形也是这样，无论是货币支付的商业税，还是支付意想不到的武器或建筑方面所需的各种罚金都是一样的情形。在林肯，商人包税的权利在1060年时为30镑，1090年时上升为100镑，1130年时为140镑，1180年时为180镑。在威尼斯，1139年之后，以货（annonario）贷款的原则让位于理论上可以偿还的预付款的形式。1162年在比萨，1168年在锡耶那，1182年在卢卡都接受了这一原则。

毫无疑问，银币复兴的崭新阶段开始于12世纪中叶，特别是在12世纪的最后25年。动产的重要性在贷款给十字军的过程中已显得非常重要了，它可以由某一商业区的营业额做出衡量（如1180年前后，布商由阿拉斯带到热那亚的商品达6000里佛尔；在1176年莱尼亚诺战役之前，米兰人为了军事目的而积聚的动产达30,000里佛尔），或者由农村支付的货币地租的数量来衡量，如1155年支付给克吕尼修道院的地租为4000马克，这一点前面已经有所提及。

从银币到金币

经济体制方面，历经百年的变化是否只有积极影响是令人怀疑的。对白银的渴望可以由我上面谈到的方法予以缓和。同样，尽管可能不是故意的，但货币趋向贬值的可能性是有的。1200年之前，这种现象得不到很好验证，首先是因为我们对12世纪的铸币没有足够的"化验测定"，这使我们有可能低估了它们的重量和标准；其次是因为各种币制在各种流通领域的混杂交织，并没有任何一位国王对此有明确的指示，使我们无从判断货币操纵的影响和原因。于是，我们只好依靠孤立的事件来分析这一问题：当时铸造于罗马的第纳尔（其品质可由它在市集上的繁荣状态得出判断）、铸造于帕维亚的第纳罗（Paviadenaro）被认为是良币，因为它们都是由贵重金属直接分割而成的，当时已经引进了复式计账法，即坚挺的第纳尔新币与成色不足的第纳尔旧币之间是可以换算的。旧币以"黑币"（brunetti）而著称，因为其中有很大比例的含杂质的合金。自 1180 年以来，在中部意大利，良币被藏匿和窖藏了起来，早期的格雷希姆法（Gresham's law）中的事例就有劣币驱赶良币的描述。相应的现象在其他各处也存在：在朗格多克，"黑币"（brunos，莫吉奥［Mauguio］的 nigras）抵制了在图卢兹惟一流行的货币雷蒙丁（raymondin），一度使其贬值。在铸币充足的地方，对货币贬值的观察可能看得更清晰一些：1100 年巴黎的王家铸币厂铸造的第纳尔的贵重金属的重量为 1.36 克，1170 年为 1.28 克，1192 年为 1.17 克，1220 年时则为 1.02 克。显然 50 年当中 20% 的固有损耗是不能被视为"贬值"的主要原因的。无论如何，事实证明，面对不断增长的需求，旧的货币制度必须加以修订。正如人们所预料的，意大利在这方面提供了范例。很显然，随着价格的日益提高，用毫无价值的小硬币付款给交换带来了致命的影响。当时，1 匹价值 5 里佛尔的战马需要支付 1200 个第纳尔的硬币，当然，在黎凡特地区，要获得商队的负载运输是比较困难的。1192 年，威尼斯的总督恩利克·丹多罗（Enrico Dandolo）铸造了一种新的以"马塔潘斯"（matopans）而闻名的硬币，这一名称源自他已经环绕航行了的摩里亚半岛上的马塔潘海角（Cape Matapan）。这种硬币价值 2 索里达（即这一时期的 24 个威尼斯第纳尔）。尽管这一事例于 1203 年被维罗纳所效仿，但在一段时间内它仍是一个孤立的事件。1237 年时它被佛罗伦萨所仿效，1242 年被卢卡所仿效，之后于 1250 年至 1260 年间几乎被整个意大利所接受，发行了一种价值 12 第纳里，相当于 1 索里达的格罗西（grossi）。这一发展趋势稍后便越过阿尔卑斯山，1266 年，路易九世在法国铸造了"gros tournois"，重量为 4.22 克，与君士坦丁堡的金币索里达或拜占庭金币的重量相同（理论上），但却是银币。这种硬币的发行是非常成功的，它确实驱逐了其他的意大利硬币格罗西，对领主的铸币制度也是一个沉重打击，因为不再允许领主铸造硬币了。值得注意的是，1275 年前后，支付给罗马教廷的费用中的 40% 是用法国发行的这种硬币。而且，由法国卡佩王朝国王开创的这一先例，1273 年时为蒙彼利埃所仿效，1285 年为在巴塞罗纳的阿拉贡国王（the King of Aragon）所仿效，1275 年，佛兰德尔伯爵照此铸造了格罗特（groat），1279 年英国国王由此铸造了他自己的格利特（great），1278 年和 1300 年波希米亚和波兰的文策斯劳斯铸造了格罗升（graschen），1285 年时神圣罗马帝国的铸币厂也铸造了格罗森（grossen）。而特别应该予以注意的发明是王室铸造的格罗斯（gros），它由十二枝百合花组成的王冠构成硬币的边缘，这代表着一种企图，即重新引入一种有价值的观念并将它雕刻在硬币之上。这也代表着一种承诺或希望，希望这种硬币的使用从此能够稳定可靠。随着典范硬币的确立和边际货币的逐渐取消而来的是货币制度的发展，但是1310年或1315年之前我们很难见到有效的结果。

　　促进交换和贵重商品销售的另外一条道路也是存在的，即求助于黄金。根据所在地区的情况，如实行复本位制的阿拉伯伊斯兰世界的情况，黄金与白银的价格比是1.7∶1.2。起初，欧洲的形势并不理想，早期中世纪的很长时间里，欧洲大陆并不能提供金矿矿脉或麸金，罗马对东方的掠夺之后，大部分黄金都转化成了工艺品而被"冻结"。最多只有少量的黄金因为没有回程运费的贸易交换，或者通过掠夺，如在斯堪的纳维亚地区、南部意大利、英格兰和西班牙之间，而到达欧洲。1016年前后英格兰才开始铸造一些金币，诺曼人到达西西里和那不勒斯之后也开始铸造金币；1100年之前，在佛罗伦萨、埃诺、瑞士的库尔（Chur）可以见到希腊人的金币（bezants）。由于显而易见的各种原因，西班牙成了金币流通的天然场所。我已经提到过穆斯林西班牙贡金的影响，公元1000年之后，这一影响由柏柏尔王公们发行的第纳尔所代替。这些第纳尔在伊比利亚的基督教国家也被使用着并在伊特鲁里亚沿海各地流通。12世纪初，西西里的诺曼人，尤其是罗杰二世，仿照库菲克穆斯林的塔里斯（taris）铸造了金币塔里诺斯（tarinos）；同样，1139年在葡萄牙，1175年在阿方索八世统治下的卡斯提，铸造的金币穆拉维迪斯（maravedis）和"摩拉波丁斯"（morabotins，其名称可能源自对穆拉比特王朝和马格里布的征服），开始投入流通，1160年开始在普罗旺斯出现，1220年出现在马赛。而且，叙利亚的法兰克人的国家也必须铸造拜占庭金币，例如1135年至1150年在阿什凯隆、安条克、贾法，这对拜占庭的货币发行产生了极坏的影响，不能拒绝这种金币的科穆宁王朝被迫重新估价它们自己的索里达，使其重量降至18克拉，即75%的黄金。使其不再强大的希腊与拉丁世界的敌对，在1170年之后继续发展，显然是与希腊贸易的缓慢窒息相联系的。1204年君士坦丁堡的陷落可以看做是在东方支付工资的"金融战"的一段插曲。总之，在十字军带回家的大约60,000马克（15吨黄金）中，威尼斯人一下子便弥补了百年来与拜占庭在贸易上的赤字，而且还能够铸造几百万的拜占庭金币。

　　当然，这些都仅仅是权宜之计，或者说都是特殊环境的产物。在西方基督教世界，真正作为基督徒的金币既不充足也不能铸造。这时一个潜在的经常性的黄金资源是，埃塞俄比亚的金矿脉即"赛伯伊王国的黄金"[①]或者是来自班布克地区的塞内加尔、巴马科（Bambuk）附近的索宁克（Soninke）地区的片状砂页岩金矿石，即"加纳的黄金"。这条途经尼罗河或经乍得河再经尼罗河的黄金通道是由埃及人控制的。毫不奇怪，从萨拉丁时代到1250年甚至更远的时期里，

---

① 即《圣经》中提到的示巴王国（Sheba），地处阿拉伯南部，现今的也门。——译注

伊斯兰埃及与基督教徒之间的长期敌对，妨碍了这条通道的畅通。往西是柏柏尔人的商队，马克卡里(Makkari)到达奥德苟斯特之后再到西吉马萨 (Sijilmasa)，由此再转往摩洛哥和西班牙，或者转往塔赫特和阿尔及利亚沿海地区，这一切都是可以预料并容易确定的，诺曼人的罗杰二世对马格里布沿岸发动侵袭时是牢记这一点的。对他们来说，阿尔及利亚、休达、阿尔梅利亚、巴塞罗纳的犹太人与巴利阿里群岛或巴勒莫的犹太人

圣路易的盾形金币。在金币的背面带有如下题字："Christs vincit, Christus regnat, Christus imperat"（"基督占领、基督统治、基督命令"）。金币的正面带有百合花图案。国王向其封臣强行推行这种货币，进而使其流通于整个王国。

一起，很好地扮演了"走私者"的角色。11 世纪穆拉比特王朝统治的建立以及 50 年后阿尔穆哈德王朝的建立，使得从加奥到布日依、摩洛哥和西班牙中部，整个西非和马格里布都处于一个政权的统治之下，从而使黄金的贸易（再加上盐的贸易）又获得了新的活力，到 13 世纪末，运抵地中海沿岸的黄金估计每年可达 30 吨。在有或者没有马略卡的犹太人的帮助下，我们能够发现它们的存在。有证据表明，在迈尔斯－阿尔－卡比尔 (Mers－al－Kabir)，从 1120 年这种贸易就开始了。白银的不足，大大降低了摩洛哥的贵重金属的比率，在此基础上，两者的交换变得相当容易和有利。自 1225 年以来，塞内加尔的黄金已出现在帕尔马，1232 年巴勒莫也有发现（也正是这时，腓特烈二世铸造了漂亮的被称为奥古斯塔利斯的奖章，并在某些文件上加盖有金牛图案的印章，俨然一幅皇帝的气派）。1226 年马赛获得了铸造金币的权利，但却并没有承担起真正推行它的风险。像已往一样，意大利是这方面的先锋，1246 年卢卡发行金币格罗斯，1252 年热那亚发行金币热那维诺 (genovino)，价值 240 第纳里，即 1 里佛尔。佛罗伦萨的金币菲爱林诺德罗 (fiorino d'oro) 出现于 1254 年，含纯金 3.56 克，价值 1 里弗尔的银第纳里，金银的比率为 1：9.2 或 1：9.5，然后便在西欧普及了。1265 年是米兰紧随其后发行了阿姆布罗西诺，锡耶纳发行了山尼索 (Saneso)；到了很晚的 1284 年，威尼斯人在兵工厂，即里亚托铸币厂里铸造了金币杜卡特 (ducat)，其名称"西昆"(Sequin) 就源自铸币厂一词。阿尔卑斯山以北使用金币格罗斯存在着一定的时间差，1257 年英国人的金便士和 1266 年法国路易九世的埃居 (écu) 并不成功，因为佛罗林 (Florin) 的盛行它们很快便退出了流通领域。直到 1290 年至 1310 年，法国的"克朗"(crown) 或"皇朝"(royal)、英国的"贵族"(noble)，神圣罗马帝国的"什子"(chaise)、卡斯提的"皇朝"都证明了复本位制的推行是成功的。

　　但是，新的货币流通体制的优势也再次带来了局限性，自 1270 年至 1280 年以来，不断增长的压力所导致的困难越来越突出。保持两种硬币之间稳定的关系和基本的价值不变需要两方面条件：第一，适应不断增长的需求保持贵重金属的稳定供应；第二，经济和社会的稳定，能够承受不可容忍的财政要求或过度的公共开支。因此，货币流通中的复本位制仅仅有一段短

国王的仆人们正在收税，大约1148年的坎特伯雷（MSR17.1剑桥大学三一学院）。

暂的稳定期，最多有 50 年，即 1240 年至 1290 年。此后，因为马里的部落冲突和埃及马木路克王朝的分裂，某些运往北部非洲的黄金供应开始减少。王权和城市当局权力的加强，使大笔的现金转向城市里的工薪阶层、行政管理费和领主的税收。在市场上，马克的价值在稳定攀升，银马克的价值在 1266 年时为 54 个苏的图尔城的硬币，1285 年时为 55.5 个，1289 年时为 58 个，1295 年时为 61 个。

因为对东方蒙古人，甚至马木路克埃及贵重金属的需求，在朗格多克和威尼斯的走私活动有所发展。1310 年就有 40 万马克突然"消失了"。1305 年至 1311 年间，尽管威尼斯人和伦巴第人极尽努力，从亚历山大以合理的价格购买了黄金，但是黄金的价格依然居高不下，1285 年 1 金马克升至 28 里佛尔（与银币的比率为 1：9），到 1295 年时升至近 40 里佛尔（比率达到 1：12）。因此，1290 年时对贵重金属的"渴求"再次出现，而且没有发现 100 年前所采取的任何权宜之计：抱着赢利的希望，是选择控制货币制度，还是选择战争，或者为在产地寻找贵重金属而进行亚洲和非洲之旅，从中做出抉择是必要的。

经济增长带来的影响

在这种经济紧缩的过程中，需求与一定的市场紧缩相结合是我们的社会问题的根源所在，迄今为止这一根源为停滞的交换所掩盖。第一，除了面值之外，我们对价格的上升无法估计，原因是我们不知道这种实际用于支付的硬币的确切价值。在这方面，英格兰提供的数据最多，因此我将英格兰的数据作为理解这一问题的一般模型，但是这一问题在其他地区的确表现出相反和不同的发展趋势。无论是就大量的现金来说，还是就其低劣的品质，或与需求相比产品的匮乏来说，自 1140 年以来都呈现出较清晰的趋向。在这之后的 50 年里，土地始终都是供不应求的，每英亩的价格上升了 30%，再之后的 50 年上升了 50%。此后，其价格便停滞了下来，但是直到 1260 年至 1280 年前后，欧洲大陆的土地价格才慢慢地降了下来。在 12 世纪末叶之前，谷物、家畜和羊毛的销售没有太大的波动，但从 12 世纪末叶开始，其销售价格便飞速上涨了起来，1180 年至 1230 年间增长了 75%。后来，食品（1300 年之前增长了 60%）与原料（价格上升了 25%）的价格增长有了较大差距。1180 年至 1230 年间，我们看到了一种稳定而重要的推动力，1270 年之后又开始发挥作用，但在一个较长时期里，增长的幅度是相对稳定的，根据我们所选产品在 150 年中的价格估算，增长幅度为 200% 至 265%，这并不能称之为"暴涨"，即使将当时的货币操纵因素考虑在内也是这样。

总的来看，只有在货币与消费者的支付手段相一致的情况下才具有意义。雇佣劳动者阶层是这方面最易见到的"晴雨表"，这一"晴雨表"从此便开始出现了。每当季节性的田野劳动开始时——如割晒牧草、采摘葡萄——英国的卡特尔（茅屋农、农场雇工）、法国的雇佣劳动者和意大利的小佃农都在寻找额外的收入。但是，除了他们通常性的雇佣劳动外，额外劳动的报酬是不能做出精确计算的。在城市里，这方面并没有更好地进展，因为工人是领取实物工资的——由师傅负责食宿的费用，工具由师傅租借给工人——我们很难对其生活标准做出估算。然而，工资还是有一定的增长，例如在佛兰德尔，像工匠助理或漂洗工这样的非熟练工人的工资增长情况是，1210 年为 12 第纳里，1240 年为 24 第纳里，1300 年时则为 36 第纳里（即是原来的 3 倍）。在英国农村，1230 年一位收割工人的工资可望达到 3 第纳里，1260 年时则达到 6 第纳里，1290 年时则达到 9 第纳里（增长幅度与佛兰德尔地区工人是一样的）。城乡之间的工资水平相差非常大，这也是劳动者向城市移民的最重要动力。虽然初看起来一般"生活标准"与工资的上升趋势是相抵消的，但是这一乐观看法必需予以修正：一个需要 36 第纳里工资的家庭，估计食物就占去了 50%，从来考虑不到预留一笔钱用于家庭设备或个人使用。除了那些拥有自己的工具很快被雇佣的人（银匠、织布工、细木工）之外，其他的雇佣劳动者在城市里仍是遭到疏远。在农村，由于他们是众多个体中的一个，所以仍然受生产的不确定性和庄园税收的不确定性的影响，正如葡萄或锯木方面的专家所说，即使在当时，他也希望受到长期的雇佣。

但是，这种收入的增加与来自领主、城市或国王的税收压力的增长是相适应的，前面已经谈及此事。在农村，如果地租可以轻易提高的话，这一压力采取的是抵代税的形式，13 世纪时，伊利主教将其全部地租定为产量的 20%。1265 年之后，普瓦提埃的阿方斯（Alphonse）提出了分期付款的原则，当财产转入教会之手时，租金是由领主或宗主来征收的。这一财政压力也采取合法的税收形式，即使这样也不可避免地伴随有农村公社中的抗议。在城市里，常常征收的是个别税，在图卢兹是以大宗财产税"estime"的征收而闻名的。获得的税额似乎是巨大的：在比萨，1230 年至 1280 年期间的税收总额由 2400 里佛尔升至 4 万里佛尔；13 世纪末，巴黎的税收额在 10 万里佛尔。我们可以抓住这种新负担的一个标准是，大量的法国城市不得不放弃自己管理自己财政的做法，原因是他们已经被债务所累。

"经济繁荣"必然导致货币自身交换的发展。各类货币的大量存在便意味着各地市场必须处理相互间的兑换问题。"钱币兑换商"因此成了中世纪经济中的关键性的人物。这并不是一项受人尊重的活动，而且只有具备了大量保证金（1300 年前后的里尔城需要具有 5000 里佛尔）之后才能进行。这项活动自身并不需要特别列举，因为我们估计，放款人的全部佣金只有 4% 至 5%。长期以来，在专门的银行（banco）、毛石平台（tavola、taula）、门廊（loggia）

或卡辛那（casana，伊特鲁里亚海沿岸所用术语）从事活动的职业钱币兑换商，只是一些管理货币者，可能也是掮客，如13世纪时期佛兰德尔的佛勒莫·德·特瑞蒙德（Fremault de Tenremonde），或者是梅斯的蒂博·德·厄（Thibaud de Heu）。此外，1206年香槟市集上允许从事这一活动的运转金总额定为12,000里佛尔。但是，自13世纪中叶开始，正如公证人斯克里巴的书中所写到的，钱币兑换已经从简单的手工兑换变为写票据（一种多联文件）。从这一点来看，钱币兑换商已经能够筹集到最终所期望的能够获利的钱币了，他也变成一个正如热那亚人所说的"banchiero"（银行家）了。

因此也开辟了钱币投机的生意。实际上就是存钱获利，这种活动在贸易合同的原则中已经隐含存在着了，如今扩展为一项纯粹的商业领域。1260年之后，像锡耶那的阿里吉，热那亚的托勒梅伊（Tolomei，在其所在城市之外有时也很活跃），在香槟是来自皮亚琴察的意大利人，他们所有人接收的钱币绝不仅仅是为了贸易活动的稳定开展，而且也是为了"储蓄赢利"。在佛罗伦萨，佩鲁齐（Peruzzi）和阿尔贝特（Alberti）两大家族的投资返回利率可达9%至17%，而他们的同胞佛雷斯科巴尔迪（Frescobaldi）则持有资金122,000里佛尔。这些"银行"一般都坐落于城市中的一个特殊位置——布鲁日的"Halle d'eau"，佛罗伦萨的"圣米歇尔"、威尼斯的"Rialto"（里亚尔托），热那亚的"Piazza Bianchi"——其活动并不是孤立的。他们与兑换交易活动紧密相连，因为他们要对使用不同钱币的其他地方的交易活动进行担保，所以成为兑换票据产生的首要条件；同样，他们也与从事长途贸易的组织保持着密切联系，因为这些组织中有他们的股份，最终是与预付款和贷款相联系的。

货币经济增长的另外一方面的影响是债务的发展。前面提及的生活水平提高并不是对每一个人来说都是享受。确定经济贫困的界限并不容易。在农村，曾经确定每户持有土地在4至6公顷以下为贫困户，但是1300年左右的时候，圣伯丁地区的农民有三分之二符合这一标准。在城市，每天收入为2个苏被视为贫穷，70%的巴黎劳动者的收入低于此标准。他们都是贫穷者吗？或许不是，如果他们有其他的食物来源的话，如在公共地区采集和狩猎，或者在城市的"黑市经济"中工作。许多人借助于借贷，像领主遇到预料之外的开支时所做的那样。高利贷活动受到宗教界人士的强烈抨击，但从来没有爆发为真正的冲突，并最终成为一种职业。贷款是以个人的动产作抵押取得的，对于动产极少的人来说是以土地作抵押的。1200年之前，一两个周的贷款可由犹太人那里获得，也可由阿斯提、皮埃蒙特、苏萨的意大利人、伦巴第人、来自卡奥尔的西南欧的人那里获得，也可以从像梅斯的科林·勒格罗讷（Colin le Gronnais）或阿拉斯的威廉·凯德（William Cade）这样的钱币兑换商那里获得。银行家进入这一领域是1250年之后的事了，他们以收获物或者税收收入作为抵押，像皮亚琴察的银行家们是以英国的关税作抵押，像科隆、纽伦堡和吕贝克的德国银行家们是以城市上交给他们的税收作抵押。

一般来说，为了避免教会的制裁，利息的计算是拐弯抹角的。1163 年时，教皇亚历山大三世对为保证所借款项的归还而做出的"抵押"行为，仍然予以谴责，只是因为贷款期间所接收的产品和土地上所得来的收入问题。出售"再买回的东西"允许协商重新买回有关土地的部分，但是金额要高于交易之初的估价。换句话说就是，抵押品，尤其是对个人贷款的抵

长期以来，货币兑换业是犹太人的专利，因为他们并不遵守基督教的法律。在这幅插图中，犹太人贷出一笔款项，贷款总数登记入册。在背景中可以看到各种贷款抵押品。桌子上罩有带"卐"字符的桌布（手稿27695号，伦敦，大英图书馆）。

押品在估价时，是故意估计为其真正价值的三分之二，甚至是四分之一的，由此提供了一种最终偿还不了时的物质保证。这些规则早就开始出现了，但却是由于在经济觉醒时代需要为设备、种子和建筑而进行的借贷。我们已经发现，1025 年之前加泰罗尼亚人的遗嘱中有 30% 提及偿还债务的问题，1025 年之后的 25 年里，增加到 60%。12 世纪里，在十字军东征期间，这一趋势继续有所发展，而且扩展到了贵族阶层。在 13 世纪，王公们自身也陷入如此深的债务之中，以至于无法恢复国库收入向借贷者偿还了。1185 年，英格兰的亨利二世向林肯的阿伦借了 12,000 里佛尔，向威廉·凯德借了 6000 里佛尔；圣路易欠锡亚那人的债务达 10 万里佛尔，其兄弟安茹的查理欠 25 万里佛尔；1276 年，腓力三世的债务又增加了 20 万里佛尔。贷款数额大大超过王公们一般的日常收入，1250 年前后，国王的司法审判收入不足 10 万里佛尔。在这样的环境条件下，除非是通过操纵货币流通、剥夺财产或战争掠夺，否则根本无法偿还债务。

13 世纪作为无可争议的向经济增长"跃进"并带有初期的欣悦心境的阶段，长期以来被视为中世纪的繁荣时期，而现在呈现出来的则满是阴影和危险。这确实是一个大教堂的时代和大学的时代，但是前者还没有结束，而后者已经发生分裂和冲突。"圣路易的好时光"可能是由卡佩王朝或瓦洛亚王朝时代的人的天真所造成的，是一种虚假的想象，决不能轻易地将这一时代俏皮地说成是一个"美好时期"（belle époque）。

第八章　社会结构

在本书里，我曾多次——开篇伊始就已经——对"混乱的"中世纪这一老套的比喻提出了批评。事实上，很少有其他的历史时期像中世纪那样在人与人之间增加了那么多的束缚。12、13 世纪，在旧的且依然坚固的从属关系网上又增加了相互承担职责的横向关系网。这种关系网将强者与弱者牢牢地附着在一起，并给发育高峰期的欧洲添加了最后的亮点。每一社会层面都受到这种社会关系网的影响——所有年龄、所有职业，实际上是包括了整个的日常生活组织和思想组织。但是，如果我们必须要将这种社会组织结构（encellulement）中的大部分赋予强制性权力的话——如针对艰难而装备不良的社会，或者出于对单独个体的人不予容忍并对孤单的命运赋予极少机会的社会的恐惧，或者针对传统负担所产生的对保护、相互支持和生存的需要——便不会消除将人们结合到一种共同的语言组织（koiné）中的那种强大的精神上的渴望，正是在这种渴望之中，他们才能清楚地觉察到团结的因素。精神，尤其是从中激发出对得救的关切的那种精神，更加强了他们的努力，因为正如创作了《加兰·勒洛兰》（Garin de Lorrain）的诗人所说："一个人的心抵得上人间所有的黄金。"

家庭和家庭经济

中世纪欧洲的社会结构是由几股强大巨流汇合而成的，它们来自希腊－罗马、凯尔特、日耳曼和斯堪的纳维亚世界的部落、家庭和王朝习惯，我们已经看到它们在一些地方的融合和在另一些地方的个别遗留。但是，家庭是最基本的结构，它为个人提供了庇护所，使两性得以结合，而且它还是主要经济活动的基础。所以，当各种趋势与共同主题之间综合起来都汇聚到家庭这一点上的时候，追溯"古典"中世纪所特有的家庭的深刻变化是非常重要的。

家庭结构的转变

就我们所知，中世纪家庭（familia）的概念是最模糊的，家庭中不仅包含了相同血缘（the consanguinei）的一群人——"亲属"扩及到拥有一个共同祖先（the cognati）的一切人——

而且还包含了近亲（proximi），为了便于与经常光顾自己家庭（the mesnie、the familiares、vicini）的朋友建立起一种自然联系，这些被称为"亲属"的朋友也包含在家庭之中。"家庭"就是这样一个界线不明的大杂烩，其范围从部族（即日耳曼人的西普[Sippe]）到更加可靠的血族联系（Geschlecht），再到更加严格的与夫妻相关的组织（Haus）。此外，11世纪以后，罗马法和"蛮族"法与解释和实施这些法律的人一起，使血族关系的概念增添了一些有关家长制统治（父系）或旁系亲属的理论要点，这使家庭模式不仅没有得到澄清，而且更加模糊了。

容易使人想起的是，家庭结构反映着社会状况或经济的发展阶段，反映着作为在生产和对权威的关系中发挥职能作用的社会组织的不平衡性发展。早期中世纪大地产的分裂、旧的常识——如同曼西（mansi）这样的共同开发单位的瓦解、在开垦土地上安置拓荒者和技术的进步，使得旧有土地上的人口得以增加——告诉我们，所有这些发展都将促使家庭中的相互依赖关系走向衰落，使得家庭组织更加灵活。但是，这种现象是与人们聚居于村落相伴随的，这或许是自愿的，或许是为环境所迫，而且这种现象也是与各种约束相伴随的，如反对与共同体之外的人结婚，所有这些都将产生相应的后果。从土地和受奴役者的主人的角度来看，仅仅是摆脱了作为父亲或兄弟的监护权获得了行动的自由。与试图到黎凡特碰运气的人有所不同——像许多人所做的那样——他们拥有土地，但是对土地的分割则削弱了他们的权力。最好是加强而不是放松家族世系的纽带，而且只依靠一个继承人以防止遗产的分割，但这也同样面临着危险，即继承人意外死亡的话，世系也就终结了。做这些观察有两个目的：第一，强调家庭史在任何时期都不是一个简单的发展轮廓，而是呈阶段性前进的，经过再三思考和比较我们便可发现，家庭史并没有使历史学家的任务有所减轻。第二，分清这样一件事，即与11世纪领主庄园模式的建立相并行的，是城市的扩张和村庄的确立——所有这些事件共同确立了新的生活结构——创造了许多使家庭组织面对的选择机会，并且使之具有独特的决定性。

初看起来，认为当时的经济和社会发展几乎都趋向于"大"家庭的解体是有道理的，而且就我们所知道的来看，前面已经提及的人口运动所涉及的是单独的个人或成对的夫妇。经常用于衡量氏族权力衰落的方法论，是建立在对12世纪家族所认可的法律习惯基础之上的（家族认可也就是家族的赞成，在由某位亲属处理财产时，如给教会以捐赠或低价出售给教会等，必须取得家族的远近成员所给予的支持，无论是立即给予或赔偿之后）。正如保留下来的文献资料中所显示的许多事例那样，我们的证据是非常真实的。当然这些资料所涉及的是拥有财产权的人而不是那些手头不宽裕的人，而恰恰正是在这些富裕者（主人）当中，我们才能看到家族组织所表现出的最强烈的反抗。发展模式是清楚的，赞成或反对的百分比以及诉讼的百分比——从我们的目的来看，这些都反映着群体的情感——明显地下降了。在拉丁姆地区，1000年至1200年间，每50年下降的比例为：46%、25%、20%、15%；在皮卡尔迪则为36%、21%、

23%、15%；在马孔内则是从49%上升到70%，再降至50%、25%。将因不同比率所造成的不同趋势和不同结果（尽管这是学者们的研究领域）相对照再加以评述，我们看到：1150年之后，早期中世纪的大家庭（the consorzio familiare）缩小了。13世纪时，这一趋势更加明显，在皮卡尔迪，由8%（1200年）下降到2%。1247年，在那慕尔的47户人家当中只有3个大家族，但是1212年在根特的圣巴夫（St Bavo）仍有45%的大家庭。

然而，对于这一问题我们最好不要急于下结论。首先，我们的争论并没有包括未生效的赠赐或出售（因为它们在文献中没有留下任何踪迹），尤其是在那些家族成员对家族土地拥有优先权（the retrait lignager）的地方，最高极限是在名义上使家族丧失族群中的传统利益。我们还必须排除那些本质上不能减少或分割的土地——自9世纪以来被称为"the honores"的赐地，如公爵领地和伯爵领地等必须是完整地持有而不得分割的（una manu）。自1100年以来的安茹就可以看到大家族，在圣地的诺曼人当中看得更清楚，1153年至1159年左右德国皇帝腓特烈一世（巴巴洛萨，即红胡子）统治时期，这一习惯成为占统治地位的法则。与家族相比，王侯对这一习惯更有兴趣。在任何情况下，这一习惯只是对少数人有所影响。然而，有三方面阻力阻止了氏族权力的完全消失。

首先，如前所述，12世纪，骑士中的贵族观念有所加强，封臣观念有所发展。这一运动在贵族中唤起了对家族、家系和祖先的崇拜。12世纪，国王们将其合法性上溯到已经消失了的加洛林王朝，这是否是对国王们的一种效仿，或者是一种"贵族化的"反应，即对证明其统治合法性的血统纯正的追求呢？无论原因是什么，这确实发展出一股强大的表明统治者家族古老、纯正和光荣的文学运动和政治运动。从这些"家族文学"中产生了一些具有建设性的事实。这些"家族文学"是由雇佣的教士（如12世纪末期阿德尔的兰伯特 [Lambert of Ardres] 或比萨托的安瑟伦 [Anselm of Bisato]）、无名氏或王公们自己（如安茹伯爵福尔克·雷什 [Fulk Rechin]）撰写的。第一，这种文学的产生不可能使得对家族的回忆追溯到一定的界限之外（根据社会标准为875年或925年），这一界限表明那时的部族组织已经解体而家族世系已经出现。第二，存在着一种愿望——由各种传奇和发明所支持的——因为不可思议的图腾崇拜（动物或英雄）、加洛林或"特洛伊"的后裔、像梅留辛（Melusine）那样的精灵的干涉，或其他虚构的家族起源，这种愿望更加强烈了，家族的史诗般的传奇故事也因为祖先圣地的建造而增色。毫无疑问，这种事情也是用姓氏、绰号区别一个群体的成员并进行传承的原因所在，从社会的最顶层，如"金雀花"（Plantagenet）或"卡佩"（Capet）等，一直贯穿到最底层，如"威特菲尔德"（Wheatfield）等。这种趋势被有效地控制在统治者阶层，目的是希望搞清楚并巩固他们家族的主干和分枝——他们可能是国王、佛兰德尔伯爵或安茹的伯爵、安布瓦斯或吉讷的领主——但是，这也可能影响到社会的下层，他们建立起社团的教堂寄希望于人们对自身和其祖先的纪念。

　　尽管如此，第二种趋势则并没有局限于社会精英阶层。这一趋势的发展与适应某种特殊环境的大群体、合作性团体的总体衰落是相平行的，它包括与经济有着密切联系的公共集团（畜群的季节性迁移、土地的排水或清理）、贵族家族成员间、社会下层成员间也经常所见的联系密切的军事集团（守卫关口、防守边境）。这样的群体就是佛兰德斯的"faides"、比斯开湾沿岸的"bandas"、卡斯提的"hermandades"、法国中部的"parçonneries"。进而是财产继承方面的发展——这方面又影响到各社会阶层——导致"fraterne"的产生，在"fraterne"当中，继承人、兄弟尽可能是共同持有财产几代不予分割，即遗产的共同使用原则。但是，这一原则在兄弟的妻子或子女的必然纷争中也产生了自身的问题，这种家庭安排惟一可行的形式是血缘关系——对贵族来说这也是惟一正确的形式——以非常紧密的关系网覆盖了广阔的地区，例如，大约在1215年至1220年的皮卡尔迪，五个家族组织把持着八个以上的领主权。

　　血缘关系的第三方面情况是，它在城市里的重要性是不同的，这一点将在后面详细谈及，我所指的是血缘关系或朋友关系与随从（the bonds of Clientship）的关系之间的逐渐混合。当然随从关系早已存在了，但却被互惠的倾向所掩盖着。这种新型家庭并不是相互依靠的一群人围绕着一个或者同一个家庭的多个分支所组成。家庭关系扩展到家族事务领域的确切时间很难确定，但大约在1150年之前似乎是可行的。佛兰德尔伯爵好人查理于1127年被杀之后，对谋杀嫌疑人进行搜捕时，涉及埃兰巴尔迪家族的成员多达二百六十多人；而这些人中的大部分事实上可能是埃兰巴尔迪（Erlembaldi）家族的随从。这些人，在西班牙被称为"parentes minores"，在意大利被称为"seguti"（追随者），在德国被称为"贵族"，在英格兰被称为"制服和徽章"的穿戴者，他们更像是雇工而不是旧式的亲属，但是他们却有着受雇家庭的姓名并受到该家庭的庇护，不是"Doria"（"多里亚"）就是"degli Doria"。这是一种扩大了的家族组织的衰落形式，如果在友爱或金钱的形成过程中产生的作用极小的话，它是以暴力事务中的体力作为基础的。

夫妻家庭的确立

　　"一个男子离开自己的父母亲便会分离出一个妻子，而且他们将是同体的。"古老的圣经箴言最终实现了吗？对这一社会结构的基本问题，历史学家们是有分歧的，并不是对10世纪以后已经根除的一夫多妻制有不同的见解，也不是对早期中世纪以来十分活跃且看得见的亲属关系之外性结合问题有争议，而是对人类生活中作为本质内核的"婚姻模式"所处状况和阶段的争论。这并不是对以前所见事实的简单否定的问题，而是婚姻本身的问题。12世纪初，1125年至1250年左右，拉瓦尔丹的希尔德布兰德（Hildebert of Lavardin）、圣伯纳德、教会法学家格拉蒂安（Gratian）和教皇亚历山大三世便发动了一场旨在使婚姻神圣化的总攻，但就当时的形势来说似乎是不可能的。

另一方面，结婚是部落社会的残留，是直接、安全可靠地传递物质财产的保证，所依靠的是理智而非感情上的吸引。婚姻所采取的是血亲之间和同族内的结合，这是自史前时期以来最基本的情况，直到有了父母和子女、兄弟和姊妹乱伦的禁忌。婚姻结合需要父亲们之间进行的协商、财力上的保证、向公众展示的筵席，而婚姻结合的最严肃的特征是包括多个家庭，其目的是为了生育。婚姻结合的更进一步意图是不重要的，只要不生育，婚约便可终止。结婚也还有另外一层含义，是要表明这样一种观念，即结合双方是自愿的和有爱情的，当着证人（如果必须还要当着教士）发誓订立婚约但又非招引公众注目或订立契约，性交是必要的，但并不仅仅是对性欲冲动的一种放任。结婚惟一所需要的就是双方七代以内没有任何亲属关系，像教会法所规定的那样，这种婚姻结合是永恒的。

与这两者相反，双方没有任何承诺，或者是公开的或者是非公开的。11世纪活跃的反结婚运动仅满足于对肉体的蔑视，这是异教学说的一种折射，或者仅满足于与避孕法相结合自由婚姻的喜悦。 这两种态度一定程度上是建立在对现世与来世的蔑视之上的。

显然，急于加强自己社会地位的贵族对第一种类型的婚姻持鼓励态度，教会支持的是第二种类型，第三种类型的婚姻则是不现实的。民众遵循的是当地流行的习俗，或是故乡的生活习惯，或是城市里的生活方式，全然不顾及什么原则：有时法学家以罗马人的时尚登记嫁妆，而在罗马化了的日耳曼人的"Morgen-gab"中则是"donatio propter nuptias"，即嫁妆的前身；有时结婚的男女双方当着诸位亲属相互发誓、接吻、交换戒指；而有时则不发布任何正式的或法律的公告，并存在着普遍的非法同居现象，如在诺曼底多以丹麦人的方式非法同居。教会的胜利是人类历史上的一个根本性的转折点，尽管教会也有让步的时候。我们至今仍得益于教会的这一胜利。

婚姻的模范。圣路易与其妻子普罗旺斯的玛格丽特（Margaret）的精美雕像，雕刻于1290年左右，表现了幸福和睦的夫妻形象。圣路易对妻子有着温柔的情感，他的妻子曾随同他去过圣地，为他生了11个子女。在此展现的圣路易完全是一位十字军战士的形象，他一只手托着圣墓的模型，一只手持有带三朵百合花的盾牌。

毋庸置疑，正是11世纪的几位格列高利教皇们发起了这场带有异教根源的时尚运动，如强调相互交换套用语的结婚仪式所具有的社会意义，不照此办理便是发假誓（1096年）。但是，12世纪后半叶和13世纪初，在《格拉蒂安教令集》（Gratian's Decretum）和格列高利九世所取得的成就之间（1145～1235年）的这段时间，确是教会婚姻观形成的关键阶段。

双方的同意是必要的，这对离异是一种限制。性生活同样也是必要的，但与11世纪清洁派的反对不生育的性生活倾向正好相反。结婚公告（"结婚预告"）也是必不可少的，以便显示家庭

在婚礼上，贝济耶子爵（The Viscount of Béziers）将女儿交给年轻的鲁西荣伯爵（Count of Roussillon）高弗黎（Libro de Feudos，12世纪晚期，巴塞罗纳，阿拉贡皇家档案馆）。

联系。1214年时，追溯四代内（第二层次的表兄弟姊妹）有血缘关系的便被禁止通婚。配偶死后可以第二次结婚。教士的莅临是人们所期望的，但夫妇二人仍要举行相互之间的圣礼，正因为如此，教会将婚礼安排在了洗礼、补赎礼或忏悔礼之后。在获得妥协的过程中，除了以群体组织为代价鼓励了个人的发展之外，教会做出了积极的贡献，给了氏族监护权以沉重的打击，即使与贵族进行了无数次的较量。这也是婚后夫妇之间的战争被称为影响统治阶级内部斗争的插曲的原因之所在，教会对10世纪使之屈服的参战者施以了报复。但是，几个世纪没有改变的一条习惯性法令是：在图卢兹和普罗旺斯，结婚需要征得亲属的同意仍然是必需的。在诺曼底被给予嫁妆的女儿是不能继承遗产的，1180年至1190年前后，因为罗马法区域的扩大这一规定才结束。因此，并不是所有的动力都来自教会，但教会在这方面的贡献起着决定性的作用。

而且，婚礼还加强了与我们今天相比极不相同的婚姻结构。由人口统计学家为14世纪之前所建构的家庭"模式"，实际上是建立在以夫妇为核心的基础之上的，即将一个女孩——或许在青春期之前就尽可能地嫁出去，以鼓励多生育（"鼓励生育者"的示范作用常常被认为是这几个世纪人口膨胀的原因之一）——与一个已经"洁身自好"的男子结合到一起，一名单身汉有时一直到30岁还没结婚，显然是要引发有关卖淫、通奸以及同性恋等社会问题和生理调节问题的。无论如何，我们解决的是参加了圣礼的一对夫妇的问题，在配偶之间相差至少十岁的婚姻中，婚姻生活相当短暂（最多二十年），怀孕一次接着一次，过早的守寡，父系一方祖父母不在的情况

斜卧的握着手的夫妻。位于洛伊克（Lowick）的格林夫妇的墓室（the tomb of the Greens）雕像。

是很难避免的，母系一方的舅舅便起着极其重要的作用。舅舅的年龄与父亲的年龄相当，比较易于建立起与外甥在感情上的联系。最后，依附于一个老年妇女的身边，始终存在着引人注意的、迷人的、依然没有结婚的青年人。

在这种婚姻结构中，一些概念与我们今天的差别很大（如情感上的依附之类的），我们可以加上另外三种成分：第一，较高的婴儿死亡率对所有不到五六岁的儿童都是一个威胁；第二，过早进入忙碌的生活——对女孩来说过早地就结婚了，对男孩来说，十四五岁就成为战士、耕童或学徒；第三，普遍缺少祖父母。这样，"儿童时代"实际上被减少成为期十年的一段插曲。这对青少年人格的发展来说为期太短了，对婚姻结构施加任何影响也是不可能的，从摆脱婴儿死亡期到青春期这段时间很快就被推到成人的活动领域。同样，正如我们所见到的，青年（juvenis）一词并无年龄上的涵义，只是代表着一种社会身份，只是意味着尚未"独立成型"。所以，以现代意义使用"青年"一词是极其少见的。显然，能够充当媒人的老一代人的缺失，使家庭生活中保持自然平衡的两个基本因素也被剥夺了。夫妻之间的关系、青少年与成年之间的关系只能是迅速而短暂的。教会成功地建立起家庭生活的核心基础，这仍然是构建我们感情组织的基础，但是，中世纪历史上的其他方面则与我们的时代大相径庭。

妇女的权力

一个女子，16岁时嫁给一个30岁的足以做其父亲而在实际生活中也确实像父亲一样的男人，除非想再次怀孕，否则就要对婴儿进行母乳喂养。在贵族家庭中，她是被其未来丈夫的家庭所"购买"去的（或许有时是经她同意的，但并不一定完全理解）。一个女子如果始终无人问津的话，便注定要进修道院或处于屈辱的地位。在婚姻生活期间，她的嫁妆有被挥霍的危险，而一旦寡居，她的嫁妆又成为其子女们争夺的对象。如果犯有通奸或同性恋罪，比所受到的男人们的追究还要厉害的，是教会对她的追究。如果她承担某些政治职责的话，便会被排除在宗教事务之外，并在某一方面受到严格限制。对少女来说，最大的虐待是被极早地推向婚姻生活的领域，对寡妇或老处女来说，最大的威胁是男人的色欲，而非是她不能或不敢通过艺术或著述表达她的性欲、幻想、情感及活力——这一时期的妇女发挥着重要作用吗？看了上述列举之后人们可能对此表示怀疑，但上述列举并非是详尽全面的。确实，我们省略了教士所持的观点，对教士来说，妇女是人类堕落的原因，是邪恶的渊薮，是肉欲和金钱诱惑的集大成者，她们使人类被贬低，她们脆弱、嫉妒、不服从、爱争吵、残酷、奢侈，是欲望冲动的代名词；与她们的交往是罪恶之源，对上帝的创造来说，她们是令人遗憾的"污点"。

在大教堂的支柱上，双手合拢斜卧着的圣母玛利亚面带微笑怀抱着幼年基督；以无比的勇敢踏上征程的骑士为的就是（贵妇人的）一个吻；冒着被吊死的危险，行吟诗人也要"钻进红地毯的下面"，这是法兰西新娘的活动区域；纺织时妇女吟唱的歌曲；城堡里妇女们的房间；王太后和王后、苛刻的女伯爵、保管账目的银行家的妻子、田间收割的妇女、纺纱女工、刺绣女工、城乡中的售货女、敲打丈夫的高贵主妇、掩藏不住活泼的年轻妻子；混乱的出土文物中的女性物品，坟墓中男女混合在一起的骨骸；在高贵身份以及奴隶身份的传递中，偶尔也有母系方面的名字流入——妇女在这里绝不仅仅是被动者，也绝不是受害者。升天后的基督第一眼所见到的是妇女；他最终也与来自撒马利亚的玛丽·玛格德琳（Mary Magdalene）说话了；在《圣经》中一群强健的妇女消除了圣保罗那可疑的厌恶女人的心态。

在过去一百年左右的时间里，特别是在最近的一代人当中，历史学家们对过去几个世纪中妇女的社会地位和道德地位尤为关注，并唤起了现代人的一种情感上的反响。但是，在12世纪和13世纪，《妇女问题》（Frauenfrage）对这个问题便有了清晰的答案，尽管他们的解释仍有争论。一开始我们应该对两个总体观点予以解释：一是，估计某一社会群体的社会地位是上升还是下降仅仅是对照另一社会群体；二是，将兴趣固定在某一社会群体是否意识到其社会地位之类的问题之上，因为只有这类问题才有助于争论的发展。从第一种观点来看，可以肯定的是：1220年的妇女既无权利，也无20世纪后期妇女所发挥出的作用，然而，她们的境遇不仅好于中世纪以前的各个世纪，而且也好于自15世纪到19世纪的各个时期——这一状况适用于各阶层的妇女。从第二种观点来看，除了以前极少见到的妇女自己的表白成为可能之外（兰茨贝格的赫拉德 [Herrad of Landserg]、埃洛伊丝（Héloïse）以及法兰西的玛丽 [Marie] 除外），还有一些来自对妇女的地位和作用持激进立场的男子们的非凡的言论。以现行标准可以称之为"男女平等主义者"的，有布卢瓦的罗伯特（Rubert of Blois）、多伊茨的鲁伯特（Rupert of Deutz）、圣伯纳德或腓力普·德·纳维尔（Philippe de Novare）以及教会或教士中像阿伯拉尔、博马努瓦（Beaumanoir）或雅克·德·维特里（Jacques de Vitry）等对女人持厌恶态度者。

欧洲历史上被称之为"女权时期"，有三大领域可以找到充分的证据。首先是在实际的合法性方面。新的婚姻条件向妻子一方提供了法律担保，如前所述，妻子有权要求返还已被挪用的嫁妆（13世纪时教会对此有所规定），对遗产中属于她的那部分的权利也逐渐得到加强（大约从1140年至1145年开始到13世纪中叶，丈夫在遗产中留给妻子的部分越来越多，增加到三分之一，在意大利称之为"tercia"），并对其子女拥有监护权，最后，世系中母系也具有可靠性。最后一点涉及这样一个事实，即一位妇女与一位比较走运的男人结婚常常成为社会地位升迁的重要基础，有时还能够跻身贵族之列，并得到绅士般的礼遇。一个人可以像反对其他事物一样，反对这种标准化教科书中的思想，反对它的理论性和目的性，或者说，一个人可以强调在夫妇财产的管理中男性的统治地位（这在军事领域的职位传承中尤其如此）极大地增加了削弱这种担保的机会，但无论如何也不能否认，合法的防卫所带来的破坏，虽然是不合法的，但却始终是可能的。这不仅涉及教会在道德上的同意，而且也涉及普遍公正的问题，确实也涉及受伤害的亲属的报复问题。

　　比较难以判断但却比较接近日常生活的真实情况的，是妇女的经济和社会地位，这也是取得进步的领域。前面已经提到，男子在家庭事务中依然是头面人物。在我们所拥有的史料中，所描述的大部分是由传统或需要所规定的男性的活动：战争、耕作或手工劳动、长途旅行。但是，从这时起，描述超出了这些领域而主要是妇女的活动范围（纺织、拾落穗、经营菜园），正像考古学和圣徒传记文学或浪漫文学中所展现的那样——从修女赫罗斯维塔（Hrotsvitha）的劳动到伊万（Yvain）的纺纱工们，都对她们的低收入表示报怨——尽管古代有诋毁妇女的传统，但我们必须抓住问题的实质，即家庭劳动是社会所有活动的中心。作为一个家庭主妇并非是卑屈的或羞辱性的，而是社会基本细胞的核心。我们不要像19世纪和早期20世纪的资产阶级那样轻视炉灶和贮藏室。这里很难做出一个确定的结论，因为详尽的研究尚没有对谁拥有土地所有权、采邑如何传承、贵族称号甚或是地方的命名做出澄清，从而也无从判断女性采邑的重要性。

　　这方面占我研究领域的三分之一，即使将其概括成几句话也是非常具有启发意义的。对肉欲的引诱来说，教会对妇女的攻击比对男人的更容易，并鼓励妇女保持贞操，至少也要有正确的节制，但12世纪和13世纪，妇女则被卷进了性解放的旋涡。历史学家们对此也显得突然和难以解释。性解放首先是招致教士们发出一连串愤怒的警告，接着是突然的沉寂，这一点也不奇怪，因为在此期间教会取消了原来不可逾越的一些限制。在13世纪之前，一旦涉及被质朴的、苦行赎罪的立法以及对社会稳定的渴望所笼罩的这一微妙领域，我们所看到的仅仅是书本上的或标准化的作品。这些著作和作品至少在数量上和一致性方面足以引起我们的注意。11世纪初，沃尔姆斯主教布尔夏德编辑了长长的两性行为规范和不轨之举的目录，与此同时，奥维德的诗的成功翻译，从《娥摩拉书》（*Liber Gomorrhianus*）到兰斯洛特（Lancelot）的恋爱事迹，两者之间涵盖了众多领域。当然，在原则上，两性关系依然被局限于以生育后代为目的。但是，从12世纪中叶开始，彼得·伦巴德（Peter Lombard）和格拉蒂安将两性关系限定为尽力避免生育。他们自然是谴责两性间性行为的，但这是徒劳的。1220年和1265年之后，通过蒙彼利埃和萨勒诺传播开来的穆斯林有关避孕的方法，引起了堕胎和性交中止行为的出现。1250年前后，大阿尔伯特（Albert the Great）和佩纳福特的雷蒙德（Raymond of

Penafort)被迫设想性行为的动机——不良的健康状况、经济上的贫困、暴力——并非为了满足。教会方面的博士们，其中就包括托马斯·阿奎那在内，也被迫对一百多年前圣伯纳德所倡议的英雄般自治提出建议，所持立场或所提的防范措施只是倾向于抑制快乐，至少对妇女来说应该如此。但是，如果她经历过了这种快乐，就必须进行忏悔并为自己的行为赎罪。或许一种新的性放纵意识——表现在这一时期绘画和雕塑作品中的性冲动（男性的话语）——毫无疑问是对卖淫活动比较宽大的根源所在。13世纪拥有公共妓院的城市有所增多，而且多处于宗教机构附近，这并非偶然。最终被教会感化为仆人、护士甚至是修女的可怜的妓女们，对于婚姻世界来说，只是一种社会的调整性的角色，在限制男人们犯强奸罪中有着显著作用——而男人所犯的强奸罪是这一时代性别压迫的外在标志，是男性时代的标志。

尽管这种被认可的、惟利是图的组织在这一时期是最普遍的，但却不是惟一的形式。12世纪的迹象表明，在这一时期，通奸不亚于19世纪后期，这是一个通奸盛行的时代，同样，婚姻的构成也是需要承担义务的。然而，最令人惊讶的是浪漫文学和抒情诗的大量涌现，从南方的行吟诗人到圆桌骑士的传奇故事，都对自己的征服对象大加赞赏，而这一征服对象往往都是已婚妇女，这种爱始终都是柏拉图式的；文明（cortesia）使附庸的行为举止中又增添了性服务的因素。在寻求"快乐"时，这些青年或四处漫游的骑士们，像珀西瓦尔（Percival）或特里斯坦（Tristan）一样，显然不会满足于亲吻和爱抚，也会出现兰斯洛特或若弗尔·吕德尔（Jaufré Rudel）！但是，教会面对通奸的辩解则一直保持沉默，表现出耶稣对玛丽·马格德莱娜一样的宽容。那么，为什么这一切仅仅表现在12、13世纪呢？

除非发生了像美男子腓力的儿媳那样严重的情况，对通奸的惩罚通常采取的是当众羞辱的做法，外加漫长的苦修，但也存在着这样一种感情，在强大压力和纯洁派异端的禁欲主义面前，教会也会放过这些事情。在有关女性身体的两次布道中，圣伯纳德宣称：如果说夏娃在引诱男人的过程中使人类堕落，那么"新夏娃"玛丽则拯救了上帝所创造的一切。

人们住在何处?

就居住情况来说，仍是不稳定的，甚至流动性还较强，本质上来说是乡村式的。要想了解其中的日常生活和社会结构，我们必须借助于考古学的帮助。考古发掘既有茅屋的遗址也有大宅邸的遗址，同样还有生活垃圾的遗迹。这对了解14世纪至16世纪之间这一时期是有益的，在此期间许多定居点变成了废墟，成为不适合居住的村庄的遗迹。不幸的是，在11至13世纪，我们得不到家具清单，没有可重复利用的工具的资料，也没有现实主义的肖像学，城市与农村的情况一样，我们这里所面临的是后来修建起来的住宅。与我们在众多教科书中见到的

与游牧生活需要相伴的保险箱。在游牧过程中，它既可以作为食品和餐具存放箱，也可以作为休息时的座位，还可以当作箱子；衣物、文件、珠宝和武器也都存放在里面。这个保险箱可能是属于埃尔熙德（1043～1099年）的（存放于布尔戈斯大教堂）。

一样，可以追溯到堡主的住处——城堡。城堡作为一个定居点自然是集体性的，从本质上来说是一个发展了的农村，为我们留下了无可争辩的许多证据。同样重要的是，城堡还是一个有着特殊功能的军事性建筑，其组织机构是建立在各种不同目的所产生的以及城堡本身所具有的强制力基础之上的。虽然如此，对城堡的防御因素进行技术性研究之前，我要说的是，这并非我在此所要涉及的。

首先，城堡在成为战争设施之前是一个寄宿的地方，所选地点自然不会始终与后来的目的相一致，因此城堡是权力而非军事的象征（signum），是经济而非政治的象征。对阿德尔城堡的著名描述证实了这一点：埋在土石之中的酒窖、食品贮藏室、谷物贮藏室、储藏室、没有窗户的厨房；像在洛什（Loches）那样有时宽达近二百平方米的城堡大厅（aula）是家庭成员聚集的地方，亲属、仆人及家臣都睡在大厅里的草垫上；真正称得上是私人房间的是堡主夫妇睡觉的地方，在此他们所说的话可以不被别人听到，有着围幔的床下放置着箱子，箱子里放着裘皮服装、文件、漂亮的饰物以及钱袋；紧挨着的是密室，因为是孩子和病弱者住在此处，所以生有炉火，妇女还可在此处纺纱，听手摇风琴和萨泰利琴（Psaltery），或者听漫游诗人的吟唱。如果允许那些老兵，或像儒安维尔（Joinville）这样历经磨难的老者进来讲述他们的业绩的话，在此还可以听到他们的述说。之后便是阳台，此处由木梯相连，必要时可以将木梯撤掉以防遭到进攻。阳台与男孩子们的住处处于同一层，男孩子们可以来去自由。与此形成鲜明对比的是女孩子们的房间，像财宝一样被锁起来并严加看管，城堡下面还有兵营以及与之不可分离的小礼拜堂。之后，我们无疑要涉及城堡远处城墙之内、城堡庭院内或外墙内的一些设施，它们是为了满足城堡里的人的生活而建成的，有几间工匠或仆人的小屋、我们一直称之为"地牢"的秘密地窖、马厩、一片果园，如果可能的话还有一个蓄水池（在圣地巴勒斯坦，蓄水池常常是必需的）。

军事建筑学方面的专家们已经注意到，这两个世纪里，领主住宅在复杂性方面有所进步和发展，但反映的是民事作用而非军事作用的加强。从1100年或1120年开始，领主的住房开始用石头建造，并且改变了其正方形的形状（像洛什、科尔切斯特、伦敦或朗热），取而代之的是圆形结构（像多佛、日索尔、乌当、埃唐普或科尼斯伯勒[Conisborougn]），而且始终是将所有的附属建筑纳入到它的结构之中。12世纪末，像在巴勒斯坦的圣地一样，农村人口由于穆斯林的入侵而有所集中，住宅双墙两侧增加了保卫整个住宅的城堡，在向轻巧和舒适方面发展之前，部分住房似乎是围绕着内厅而分布的。这便是 1195 年前后的盖拉德城堡（Château-Gaillard）、1240 年前的昂热、拉菲尔（La Fere）以及卡尔卡松的情形，之后随着受地方习惯影响的建筑的出现，才有了阿普利亚的蒙特堡（Castel del Monte）、英国的康威（Conway）或威尔士的哈拉赫（Harlech）城堡的产生。由此，我们可以用"设防的宫殿"作为概括。巴黎的卢浮宫无疑是首选例证，根特堡也是其中一例，它们都有着简朴的风格。这方面最突出的例子或许是耶夫尔（Yèvre）、库西或博斯韦尔（Botnwell）（1230~1280 年）的城堡，所有这些城堡的建筑都代表着王侯住地设计的顶峰，有的还装饰着挂毯和嵌板，内部通道还进行了复杂细致的划分。但是，其军事作用的本质也不应该被忽略，人们很容易就会发现，13 世纪诸侯之间的战争使城堡的军事防御作用变得可以接受了。

让我们将明显是一种例外的城堡放置一边，考虑一下最大多数人所居住的多少有些密集的房屋吧。因为缺少文献记载，我们对此能说些什么呢？首先是逐渐发展出一种介于城市和乡村之间的住房结构，其中所存在的差别在今天看来是非常自然的，但它的起源则要追溯到这一时期很远的时代，恰巧出现在地中海地区，此处与住宅相连的石砌大农庄似乎就是模仿附近城镇的。首先面对的是低地的村庄，这不仅因为大多数人居住在此，还因为村庄在这一地区作为新事物显得特别突出。围绕着教堂或城堡组成的住宅群是西方土地占有的第一阶段，给早期中世纪的定居方式以致命的打击，12 世纪之初，地处霍恩罗达（Hohenrode）的最后的地窖式住宅，与地处莫比昂（Morbihan）的彭厄马鲁（Pen-er-Malo）的圆屋相类似。在英格兰的查尔顿（Hangleton）、罕格尔顿（Hangleton），或者在德意志的豪斯米尔（Hausmeer）的一些地方，我们依然可以看到类似的情况。木制结构的大厅，以柱子的支撑将其划分出过道，但是这种较早阶段的作为家庭和社会生活的建筑结构已经成为遗迹。自此以后，农村住宅的规模似乎缩小了，大多数情况下为 50 平方米，而且成为固定性建筑。沃拉姆·珀西是英国人住宅的典范，由八组住宅组成，在方位或基础方面已显出轻微差别。1150 年至 1500 年间，在同一定居地已发生了分层的现象。概而言之，农民住宅的总体发展趋势是出现了内部分区，在英格兰以及在鲁日耶（Rougiers）、瓦尔（Var），人们都可以看到这种趋势。一方面，出现了"大厅"与马厩完全分离的情况，因为壁炉移到了屋后，靠动物的体温取暖已不再是必需的。"大厅"作为主要房间是做饭、会客、过夜的地方，是死者停尸的地方，也是护理婴儿的地方，因此放置有三角凳和长凳。13 世纪以前的勃艮第尚无证据表明已经有了加盖的炉膛，而炉膛加盖意味着木材会燃烧得更旺、烟会更少。储藏室正对着主要房间，因为一般情况下，房屋的地基是不能建造夯土式地下室的，壁炉周围用平板石加以装饰。13 世纪中叶时，出现了二层建筑，第二层用作卧室和粮食以及节日服装等贵重物品的储藏之地。家具几乎就是一个手提箱而已，床是惟一重要的物品，睡觉时它可以容下三四个人或几个孩子，上面还用来堆放毛皮铺盖。带嵌板和围幔的床是否可以追溯

图尔奈的罗马式房屋建筑。

到这一时期，我们还不能确定。

建筑材料方面的问题更多。就地取材自然是首选，1250年前后的约克郡，石料运输费用就占整个石料建筑房屋总成本的60%。在其他地方，特别是在地中海地区，由于缺少各类木材，所以不用灰泥的单纯的石料建筑成为人们的首选。但总的印象是，占主导地位的建筑材料是木材，而在这方面的进步则表现在榫眼和榫舌接合技术以及镶板技术——或许部分来自造船技术——的运用上，这一技术催生了斯塔布尤（Stabbau）和霍尔兹布尤（Holzbau）这样的木板建筑，实际上就是用原木堆砌或钉起来。虽然易于引起火灾，但当时人所看重的是其保温方面所具有的优势。尽管如此，当时，草泥灰（稻草和泥土混合）或粘土（砂石、泥土和锯屑的混合）的使用，在石料建筑的上层再加一层柳条制品和半木料的建筑，也同木制结构的房屋一样是相当普遍的。另一方面，采石过程相当缓慢，至少在北欧地区是如此，因其代价高，所以石头建筑成为财富的标志。在沃尔拉姆·珀西，这种建筑技术到13世纪末的时候已经被废弃而不用了。在另一方面，屋顶的盖法始终没有变化，茅草，或者是在缺少茅草的情况下，用瓦片或石板，木制房瓦的例子则非常少见。无论用什么材料，无论屋顶多么轻盈，最显著的变化是门和窗户的出现。这是因为关闭门窗的困难造成的吗？或者是居民为了保持室内温度不受外界影响呢？或者更重要的是住在露天比住在室内好的原因？这还有争论。我们发现，虽然主要进步在于围绕着灶堂建起一座乡居，但住房的布局还没有达到与地理学者所描述的"传统的乡间住房"相分离的阶段。

但是，在城镇里，进步是显而易见的。毫无疑问，城镇的传统极少承载着古代的社会组织，因此可以取得较快的进展。当然，13世纪的城镇住房不同于我们今天的情况，只是确立了核心结构。首先表现在较为集中的特点上，住宅属于一个人，仆人、寄宿者同家人一样，都要由他来负责安排。对历史学家来说，在征税文件出现之前，与农村地区相比，房屋面积的计算是很成问题的。这一因素同样意味着城镇住房安排极不灵活，总体来看房屋呈长方形，最窄的一面对着大街，大约最多有一百平方米的空间冲着道路，用作大厅、做工场所、仓库或商店。开出一个口子用于采光，并装以窗板，升起来是遮篷，放下来可以支成货摊。住房的另一层或另几层，常常是三层，是主要房间和卧室。壁炉的火为住宅的第一层提供热量，但烟筒则直通另外一层，如果比较富裕的话，墙壁上还挂着用于保温用的羊毛织物或挂毯。铺板放置在托梁上，托梁是支撑着上面房间的支柱，于是，一旦房子的主人被放逐（谴责的话就是"拆毁他的房子"），他能够很容易地拆毁房屋。14世纪之前，房子是没有窗户的，甚至窗格子也没有。如果比较讲究饮食的话，洗东西用水桶。厕所位于房子的外面，朝向院子、大街——或者是朝向隔壁。房子的后面，有一块由外屋围绕着的空地或菜地，有时这两部分就占整个住房建筑的近一半。

城镇住房的建筑材料与农村相比毫无二致——木头、粘土和草泥灰。但是，城镇火灾的危害性比较大（13世纪里，鲁昂曾遭六次焚毁），所以石料的使用比农村发展得更快些，在意大利，从10世纪开始就经常使用石料了。为了在上层获得更多的空间，同样也是因为建筑结构易于下沉，房屋是球茎状的，外面需要一排支撑物以支持上面的各层建筑，但是通常所想象的对面的房屋顶端相接使街道变暗是不正确的。这是非常常见的一种观点，我在这里要做的就是纠正这一观点。从掌握的一些城镇财政档案来看，住宅质量上的差别以及住宅占有者之间的差别是非常大的，这也就对14、15世纪城镇生活方面的专论比较繁盛的情况做了解释。价值10里佛尔的住宅与价值130里佛尔的显赫的中产阶级的宅邸之间的差别，表现在家具、釉面砖瓦、家庭设施方面，当然，建造风格也拉大了相互间的差别，如带有竖框的窗户、有雕塑的大门、带装饰的立柱以及带有木结构店铺的石头住宅等。在这方面，建于桥梁之上的房屋——巴黎的圣母大桥上约有六十座这样的房屋——是最破烂和最不牢固的，但是每种类型都有它的优点，至少清除各种垃圾是没有问题的。

在乡村，绝大多数城堡有着显著的社会差别，而1300年前后的农民住房只有轻微变化。相比之下，此时的城镇则已经出现了如同我们今天所经历的结构和售价上的差别。正如我们即将看到的，社会的重组、社会职业差别很容易产生社会冲突。

乡村与城郊

家庭是基本的经济中心。在农村，生产仍然是"家庭"的事，即使从最宽泛的意义上来理解家庭一词也是如此，这也是除了年龄和性别上的差别之外，缺乏劳动专业化的生存经济特点产生的原因之一。在城镇，情形就有所不同了，因为在制造最终产品的过程中，手工业需要一系列的不相连的生产程序——生产过程中的不同阶段需要雇用特殊的工匠艺人。可是，作坊仍保持着某些家庭的外貌，如某些商号那样，当时人称之为"同业会"、"商号"、"兄弟会"，基本的组织结构一定是家庭和家务性质的。但是，日常生活的物质状况并不舒适和令人满意，即使是领主或生活富裕的中产阶级也是如此，他们也让步于社会生活中的其他情形，如宴饮，当时已开始出现，直到今天也没有完全消失。

乡村的社会模式

　　这自然要求助于教堂和城堡才能发现乡村社会生活的主题：礼拜仪式的履行和教区教堂的职责、墓地葬礼仪式、城堡里的劳作与防御任务，但是我利用这些活动仅仅是作为阐明其他公共生活方式的手段而已。

　　毫无疑问，星期天的礼拜仪式——如果被遵守的话，也仅仅是几名令人怀疑的传教士而已——礼拜过程同时也是聚会的一种方式。如同在奥弗涅、阿尔卑斯山和洛林地区一样，教堂有时就是一座设防建筑，同时也是一座社团大厅，每当有重要的农事决议要做出时，便成为召开会议的场所。从11世纪开始，教堂还是乡村"和平"的中心，村民们在此向"和平的守卫者"（1170年或1200年之后，在罗格和朗格多克被称为和平的审判）发誓。早期中世纪的大教区不见了，能够发出神谕或显圣的普通人构成了紧密的联系网，在各村之间形成了共同信仰的纽带，有时共同崇拜的圣徒的纪念日会被很大范围内的农民所奉行并成为重要节日。信仰似乎成为这类聚会的基础，但正如人们所看到的，12世纪中叶的皮卡尔迪和德意志拿起武器的村民们也有着同样的信念，或者当皇帝的"和平特许证"（Landfrieden，国内和平之意）扩展到分散的乡村组织时，人们一定会发现一种宗教仪式之外的世俗化的因素。

　　公墓也起着同样的作用，只是它更加关心来世的生活。在教堂建立之前，公墓是固定的——因为考古学证明了这一点，死者强迫活着的人记住他们，接受他们的图腾影响，相信他们复活的可能性。在此基督教让位于异教的媒介——鬼魂、吸血鬼、出没于墓地的小妖精以及纯朴的人们和女巫才知道如何与之沟通的占卜者。神奇的死者世界笼罩着充满生机的村庄，居民家庭的中庭、教堂的院落对生者和死者来说都是聚会之地。在德意志、意大利和凯尔特人那里，墓地不仅是夜间鬼魂、幽灵的世界，而且也是活着的人们白天避难、集会的场所，也是市场所在地和与领主进行无休止争论的地方——而且也是男女能够公开平等地约会的少数几个地方中的一个。

　　对男人们来说，他们要负责城堡壕沟方面的事情，因为壕沟是需要清理的，或者参加林间空地巡逻队，毫无疑问，他们是由经过训练的玩世不恭的管家带领着。对女人来说，她们列队于领主的磨坊外，被迫听着由教团派来的一些托钵僧们感化搬弄是非者的可怕的词句，1250年之后，强迫布道的办法得到强力推荐。当然，在两种情况下，申诉与参与者是紧密相联的，但是领主权的出现并不总是带来消极、敌对的影响。领主所进行的审判是另一种集会的机会。据我们所知，这种权力确立的典型形式是大的土堆和石头堆的形成，也就是"motte"①和"dunio"的形成，它们在1180年前后就出现了。之后，司法权的瓦解又使之从坚固的防御体

――――――――――――――

① 城堡的瞭望塔所在的土丘。——译注

系降为简单的要塞。当时用来俯视周围局势的这些指挥地点，其中的一个特征有着极其重要的意义，即无论它们是由封建徭役来维持的，还是由雇佣者来维持的，"motte"都象征着领主权的中心之所在。它必须是建立起来的，即使是自然隆起的——在地中海地区称之为"pech"、"podium"、"colli"、"rocca"——也只是省去了领主在这方面的任务而已。所以，如同其所具有的军事作用一样，"motte"也具有一定的象征意义。我们确实可以看到，18世纪的领主从新式楼房爬上已经废弃了的其祖先的"motte"之上，以便由此做出宣判，因为此地象征着正义。"motte"是无处不在的，仅以零散的例子来说，在士

挪威人建在墓地中央的木结构教堂（奥尔内斯，12世纪早期）。

瓦本有300个，在康克斯或阿让附近的农村有100个左右，数量是相当高的。正是在高台上，领主举行法庭的开庭会议，也正是在这种高台上，领主坐在平台的石头上解决各种纠纷。讨论领主的司法权非常困难，因为除了意大利或西班牙之外，其他各地并没有产生书面文本，但是我们可以将之视为由铁匠和神父为首的村庄全体男子的聚会构成了乡村社会生活最牢固的基础。正是在这里，每个人的权利和义务得以协商和确定，即使后来的人们是在墓地宣誓的。

　　共同祈祷、幽灵、闲谈、审判，对于聚会的动机来说是相当质朴的。我们拥有较多有趣的事例，然而农村中开玩笑般的仪式仍深深地植根于过去的异教之中，以至于多疑的教会公然抨击它们是巫术的残留。13世纪，多明我会的巡回布道者，如波旁的斯蒂芬列出了富有启发意义的这些"背离常规"的事情的目录，并希望对此有所纠正。在这些方面谈论得过多可能会背离我们的论题，特别是会影响对我们所谈问题意义的探讨，但是必须记住的是，节日是公共生活的一部分，是社会团体表达团结的重要方式；舞蹈是身体的交流，点燃的篝火净化了整个群体的人们并使安全和丰饶有了保证。5月里，在象征着耕地续耕的有关春天的节日里，年轻人装扮成森林之神的样子列

12世纪奥恩（Orne）的坎布瓦城堡（Chambois）。简单的泥土堆已经不能满足军事需要了。现在的防卫已经不是一个区域，而是一个行省，甚至整个王国了，偶尔还需为大批的卫戍部队提供供给以抵抗对城堡的长期围困。厚厚的城墙、稀疏的开孔、数量不断增多的锯齿般的塔楼更增强了防御能力。

13世纪加的夫（Cardiff）附近的卡菲利城堡（Caerpnilly Castle）。厚厚的防御墙对上面的建筑构成了有力的支撑，在其侧翼的拐角处有着圆形的塔楼以保证提供更安全的防卫，但内部的布置则越来越复杂了，增加了满足家庭的舒适生活所需的房间。

队行进，进行新一轮的播种、对土地的祈求和洒水（这些祈祷仪式是由教会承担的）。复活节和秋天里还要点燃驱魔用的火把，即圣约翰之火，人们跳过燃尽的灰烬，这一切都是平息神的情绪的标志。而在打谷场周围所进行的庆祝丰饶的仪式，同时还伴随着一些非法的性交行为，这些教会所不能控制的、抑制不住的行为，只能与之达成妥协的行为，肯定是残存的乡村习俗和坚持公共生活的一种方法。

我们对乡村习俗更多的理解应归功于当代人类学在这方面的认真研究——此前是不可能的！——我们似乎并没有考虑在其中被宽恕的那些人的社会地位或法律地位，惟一涉及到的标准是年龄和性别。不管怎样，集会的机会是有的，对特殊群体来说这一点是明确的，我们了解较多的是战士，尤其是青年参加的集会。这些集会就是比赛，起源于西北部法国。参加比赛的战士由一名在真正的演习中相互对抗的冠军率领，在夏天里，从一座城堡到另一座城堡，通过赢得奖品而获得金钱。这些比赛往往是为了顽强

的打斗和有利可图的收入，开始是为战争演练，其中作为消遣，妇女和金钱起着非常重要的作用，然而，在这种场合流血是难免的，这也是为什么教会坚决予以谴责（1179年的拉特兰宗教会议 [Lateran Council]）但终归无效的原因所在。比武同样也是豪饮、性放纵和性暴力的场合，这似乎是被禁闭在领主的城堡里几个星期的附庸们的一种过激性的反应。对于一个技术纯熟的人来说，收入是相当丰厚的！威廉·马歇尔（William the Marshal）作为12世纪中叶的一位

巡回比武的英雄，3 个月的时间里使 203 人成为了"俘虏"，获得的收益达 1000 里弗尔。

人们想进一步了解某个村庄的情况时，各种教科书都是难以满足的。夏日里牧羊人的房屋孤立于草原之上，但却复制着村庄一样的社会结构和等级结构；一些隐蔽的村庄的居民，我们仅能在一系列的画廊里看到对其房屋的临摹图，至少晚到 11 世纪，居住于山洞和储藏室里的农民的生活是我们所不了解的。考古研究显示，这些作为临时庇护所的居住点，不可能充分解释永久定居地的许多现象，而这些永久定居地如今已展现在我们面前了。

城镇的社会模式

在许多城市，尤其是在意大利和德意志地区的城市中，依然举行群众队伍的行进和城市庆典，虽然其完美的壮观场面使其原有的意义变得不那么清晰了，但其性质是相同的。这些活动都是对城市基本社交形式的模糊的反映，14、15 世纪的文献中有着很好的体现，但却比这一时期更古老，因为 6 世纪时的都尔主教格列高利就留下了这方面的记载。较为广泛的文献证据使如下两个方面成为可能，即对这些公共现象更为合乎逻辑的研究和更为深入的分析，这两者共同证明了社会学观察的正确性，在我们所涉及的农村，这是不可能的。

我们暂且将城镇里的教堂，特别是大教堂的作用置之一边，对其作用的研究所展现的是乡村景象的更进一步扩大而已。建筑物能够容纳的人口比整个城镇的人口还要多，像在沙特尔、兰斯或博韦一样，大教堂都是由大多数的人占据着，成为集会的场所，同样也是基督教节日里教士们自己公开上演戏剧的地方，是舞蹈和笑剧的上演舞台，所有这一切都与人们所期望的庄严的教士有着很大的区别。同样，我们也将"宫殿"和"城堡"放在一边。王室为了庆祝婚礼、举行葬礼以及象征性节日举行宴饮的时候，这些场所将有上千处招待客人的地方，像 1268 年的佛罗伦萨一样，大胆展示着的铭文丝带（从窗户上垂下来的条幅）、动物的挽具或肩舆、街道上的游行队伍，在 14 世纪的意大利，引起了限制奢侈的法律的出现。这其中有关家庭的现象我将很快予以回答。

在社会衡量标准的另一端，还存在着两种聚会的中心，首先是酒馆，在这里，人们总体上来说玩的意义大于饮酒，成为男人们集会的重要场所。在这里，他可能受到雇佣，其不满得到发泄，乞丐和失业者也能在此聚集。同样这里也是危险的地方——市议员们对这里的人始终保持着警惕——而且其数量也在迅速增加，14 世纪的伦敦就多达二百多个。在法国，圣路易不得不颁布法令抵制以金钱做游戏，因为这往往是争吵的根源，而且法令还指出，酒馆在晚钟敲响时必须清场。我们对 1330 年或 1350 年之前有关蒸汽浴的情况所知甚少。在中世纪的城镇这是极其少有的现象，因为当时的人们普遍忽视身体卫生所带来的益处。是否有一些与古代的浴室相联系的地方呢？这是不确定的，但是有类似地方的话，也是聚会、谈话的意义大于活动本身。这些公共浴室是男女同浴的，很快就得到一个坏名声——在阿维农的浴室中，确实是床的数量多于洗澡盆，这些场所被比喻为妓院（maisons de passé）、"女修道院"和其他类型的妓院。在码头、桥梁或洗浴处附近，这些场所是不断增多的。这里必须强调一下我们前面讨论过的"婚姻模式"问题，是它使妓女成了社会的稳定器。这也是为什么妓女在城镇所占比例较大（在15世纪的第戎占人口的1.5%）的原因所在。有市政当局的保护和教会的容忍，妓女们在"感化"（对老年妇女来说是可能的）的希望中生活着。确实，教会毫不犹豫地获得了集中和监管妓院的职责。但是，如果所有文明社会都熟知的这一社会风尚，使其并不令人奇怪的话，便值得在这里予以总结了，因为这一风尚包含着——像在古代社会，至少是在希腊，或者是与我们较近的"美好时期"①的法国一样——有着固定价格的娱乐等级制，而这又使这些娱乐场所提升到与奢华的高级妓女相联系的沙龙的水平。

　　然而，无论是好天气还是坏天气，正是广场或街道提供了城镇集会的天然场所。据说"公共文化"就产生于这些地方，我们后面的论述将会回到这一点上来。游戏在此进行，充斥着广场和街道的列队行进和游行也是各式各样，1210年至1255年的北部法国和罗退林基亚（今日的洛林。——译注）便存在着由宗教信仰而引发的戏剧演出。生动的舞台造型来自《圣经》或圣徒的生平，这也是15世纪"神秘"剧的先驱，1264年时，英诺森四世（Innocent IV）对此曾加以规范过。同古代一样，城市里的戏剧基本上依然是在教堂前演出，有时也在教堂里面或教堂的院子里演出，但是小型的滑稽剧、佛兰德尔的模仿贵族式竞赛的中产阶级俱乐部、马上枪术比赛和激情表演（soule），是需要空间的，于是他们在"prata"，而非特意准备的地方表演。从理论上讲，这些地方是属于城墙上的空地——在伦敦、萨勒诺、比萨和巴黎都是如此。然而，对邻居之间、同伴之间所进行的集体娱乐竞赛背后的观察以及对政治组织的起源的感知并不难。无论如何，街道是大家的，无处不在的表演活动是邻居们联合进行或轮流举办的。春天的节日或五月节或者是祈祷日是移植到城市里来的，今天已有些衰弱的狂欢节，是教会添加进四旬斋前夜的，像是对古老农神节的模仿：性自由加上暂时的社会秩序的大颠倒。显然，期盼已久的大众舞蹈、莫里斯舞的放荡模仿、围成圆圈的酒神舞以及如约克人所称的"疯子"大游行的戏剧表演、乔装打扮的年轻人、游行的花车和对众神的取笑等，对教士和市政官来说是令人不安的。虽然花费很大，但更为可取的是王侯们的光临，他们往往使之变成了豪饮、昂贵的装饰和慷慨的施舍的机会，当然那些任性、不易驾驭的贵族的到来是不在此例的。这些仪式展示了对权威的服从，有时是以古老的形式表示了对既定秩序的友好和效忠。

①"美好时期"（the Belle Epoque）指从法国社会从普法战争结束到第一次世界大战爆发前的一段时间，期间社会百科繁盛，上流社会一派歌舞升平。——译注

乡村社团的诞生

因为他们的眼光固定在城市，相信"民主"的根源是奠立于城市团体之中的，所以19世纪的历史学家们和20世纪的部分历史学家们忽视了农村里的解放运动，最多只是将其视为城市解放运动的反映，是简单的模仿而已。这些历史学家们既没有注意到年代顺序上所存在的差距，也没有注意到这些问题的本质区别，即使在和平时期，"公社"也就是起义者，因为它可以迅速确定范围以对付现有的局面。这些历史学家们赋予了社会团体以道德的特征，但却一直不采纳学者们的社会构想。乡村地方官统辖下的地区，毕竟是建立在领主领地的框架内的，是长期而缓慢的演变的结果。事实上，如果城市里的事情偶尔被乡村所接受，乡巴佬们有一些城市中产阶级的某些生活气息，那是因为两相比较，城市里的生活比乡村优越，因为城乡之间的对立并不像我们现在所看到的那样清晰。马克思主义历史学家将从这些社团组织的成立中发现统治者和被统治者之间对立的一个重要转折点，并从这些社团组织中而不是在统治公社的血族或财富寡头集团中，看到了社会前进的主要步调。

困难——或许是长期被忽视的缘故——来自对于文献处理方法的不当。农村组织对问题的探讨，仅是一个可说明性的程序，并不是人人都能搞清楚的，如在埃诺，直到13世纪末都是这样的。"诉讼"、"巡回审判"、特权特许状，或者更加简单的与地方领主订立的各自的权利记录，也就是默兹河地区所说"习惯的记录"（如德国的"Weistumer"，诺曼底和勒芒的"the firma burgi"），在1160年至1220年间数量是相当多的，但是他们所涉及的都是已经完成的特殊案例，并不是针对整个局面的。像任何其他处于发展初级阶段的事物一样，对整个局势的把握仍是不明确的，因此这里我所依靠的是一种共同的判断力而不是证据。让我们了解一下我们所能够建立的基本观点吧。

已经基本定居了的农民的聚集明显地是来自教区的推动，神像所在的房屋和教堂周围的空地既是开会的场所也是举行庆典的地方，我已经谈过这一点了，在此不予赘言。但是，我们必须强调的是，来自有着固定居所完全属于农村组织的这种意识是完全世俗性质的。长期居民（the mannat、the villanus）是全体居民中最优秀的部分，这一关系已经排除了陌生人、过路者，但乡村教士、手工工匠甚或是领主并不在排除之列。实质上，这就是城市里较固定的邻居们当中存在的影响人们生活的某种共同感情在农村的出现，房屋的归类（伊比利亚人称之为"linea"，在英国人称之为"row"，皮卡尔迪人称之为"coron"）或许并不像城市里那样布局鲜明，但是它们的特性是非常容易看出来的，如英格兰地方行政长官对农村做调查时，农村房屋的组织特征表现得就很明显了。在这方面，栅栏、简单的木栅的修建阻挡了那些不受欢迎的客人，有时甚至修筑的是墙或较大的土木工程，这加强了人们的统一感。10世纪和11世纪，在地中海地区，社团形成过程中常常伴随着防御工事的出现，以石墙环绕着的城堡与普通的房屋建筑形成鲜明对比。

　　一种设想认为，1020年或1050年之前建立村庄的努力，在居住地大扩张或谷物种植重组时期又获得了新的动力。扩张和重组是与土地的清理和耕地的扩大相伴随的，在新清理出来的土地上所建的新村庄，是沿着一条单一的街道而建的（斯特拉森多夫 [Strassendorf]、沃尔德哈芬多夫 [Waldhufendorf]），加斯科尼的小镇（sauvetés）或意大利的小镇（villafranca，以几何形式规划建设，或圆或方，但始终都建有城墙），卡斯提的基督徒所建的村庄（aldeas），标志着相互紧密联系着的组织的存在，这种组织比城市里的较容易赋予特权。从实质上来说，1075年至1160年这段时间里，改造已经开始了，这种改造是基础性的、持久的。无论旧有的村庄还是新建的村庄，最显著的特征是以一个城堡的影响力为中心形成了与教会和公墓相对立的核心。遍布整个西部法国的这些"城堡式的村庄"和西南部法国的城堡式村庄（castel-naus），在整个欧洲都可以找到效仿者，如位于中北部意大利的设防的要塞（rocca）之侧的城堡（castro）、南部意大利的"castilion"、收复回来的伊比利亚土地上的"klaat"、阿拉贡的"burgo"、波兰的"opole"（奥博蕾）、德意志的"Hofburg"、盎格鲁－撒克逊人的"burh"或"borough"。在这类村庄的发展过程中，始终存在着某种独裁专制的军事成分而非法定的内容，土地、"the destret"、领主保护地（the salvament）处于保护之下比作为劳动场所显得还要重要。在这种情况下，领主的影响力是非常强的，公社因素的发展非常缓慢，而在许多地区，这类村庄所占比例非常大，在诺曼底、缅因和英格兰有65%至70%；在普瓦图、加斯科涅、西部德国和意大利半岛，几乎占了一半。如果是在一片重新安顿下来的地区居住的话，领主将力争建立绝对必要的城墙和他自己的要塞，正像在中世纪法国南部乡村（bastides，设防的地方）所见到的那样，许多这样的乡村是1200年之后在法国卡佩王朝的边境地区建立的，在阿基坦，英国的金雀花王朝也建有这样的村庄。

　　与生产仅仅是为了满足城堡的需要的"城堡式村庄"不同，完全"农村性质的"和"古老的"村庄似乎是以经济为主，较少约束。朴素的德国人的"Dorf or Wohnburg"，古老的卡斯提的"poblaciones"，拉曼查、黎凡特和新卡斯提地区的基督徒的"poblaciones"和莫扎拉布[①]的"alqueiras"，阿斯图里亚的"pazzos"，北部和东部法国的城区"castro"，所有这些地方都慢慢地吸引了农村工业和各式各样的市场。在这些地方，木匠、铁匠、屠夫、车轮匠及杂货商的顾客多为村民，13世纪时，有人甚至还在那慕尔和埃诺附近见到了谷物商人（mercatores bladorum）和城市中间商。

　　我早就对每周一次的地方市场（mercadel）有过评论，这些市场对周围农村所提供的是：

---

① 9至15世纪摩尔人统治下的西班牙。——译注

乡村风光（左图）。城堡坐落于领主领地的中央，村舍地处绿地的边缘，绿地直接通往城堡。公共生活不出领主庄园的框架之内（约克郡的博尔顿城堡；剑桥大学收藏）。

小山村（右图）。建于朝阳的山坡上，地处教堂的下部，整个村庄建在灰色花岗岩之上，村舍分布于不规则的地势上（鲁西永的埃厄斯村）。

皮革、纱线、起绒果、瓦罐、盘子等。当然，这种市场所涉及的地域范围最多也只有几公里，但是一旦出现了争取特权的机会，流通的货币则给了村民与领主讨价还价的力量。因此，最初的公社组织极可能是经济性质的，如斯堪的纳维亚或黑森林地区负责防卫森林火灾的组织，或者佛兰德尔、弗里西亚的水渠堤坝的维修者组织。在放牧地区，特别是那些随季节变化向山区移动的牧区（那瓦尔、萨伏依），以及那些随季节变化大规模迁徙的牧区（多菲内、上普罗旺斯、伊比利亚的麦斯塔 [meseta]、贝阿恩和喀斯），尤其需要组成旨在将畜群以 "bacades"、"madaes" 形式集中起来的组织；布里昂松的 "escarterons"、汝拉地区的 "fruitieres" 以及后来在卡斯提出现的牧主联盟集团（Mesta），则是进一步发展了的牧羊人的组织形式。最后，在领主控制并不严格的地区，一些自治的军事活动作为对领主力量不足的一种补充还是存在的。在皮卡尔迪或莱茵兰地区，1145 年或 1155 年左右时，以和平巡逻为掩盖授权携带武器的现象随处可见。在大家族势力较强的亚平宁地区，如在加法冈纳（Gafargnana），除了贵族们所建立的组织外，我们还可以见到武装农民组织，即 "communia militum"。

加龙河畔的格勒纳德新城（the new town of Grenade-sur-Garonne）鸟瞰图。该城是应君主或领主的要求而建立的，新城布局规则有序，正像我们在这幅图中所看到的那样，一般为矩形格状。城市的建立是出于政治、经济，或者有时还出于战略的动机，与此相伴随的是对其居民授予特权（自由），以吸引他们前来定居。

对于农村自治基础的巩固有所助益的因素有两个，一个是精神上的（至少最初是需要的），这都是一些虔诚的、"帮会"性质、互助互爱的组织，由于入会成员的捐献，逐渐有了充足的资本用于购买公共用地（terrae francorum、Allmende、communia）以及租借工具。的确，1250年之后或许更早一些，通过任其选择的价格和时间租借工具的方法，比较重要的村民便能够比他们不幸的"兄弟"，确切说来是那些没有加入其组织的人，行使经济控制权而非监护权了。在此，我们并不涉及这些农民的分化过程。这些帮会的出现（其时间已不可考，在11世纪初或11世纪末）为平民提供了一种公共财产、敬奉基督的地产、圣体节所用的地产等经济力量。首先是排除了领主，接着又排除了外来人口和外国人（the Gäste、Landsassen），可能还不包括非自由人，那么农村帮会便完全成了佃农们（manants）的组织，成为他们聚会的机构。从某种程度上说，在农业活动占主要地位和实行敞地制的农村，帮会是第一个对土地集体负责的组织——以防止土地荒芜或落入陌生人（adjectio sterilium，这是古代希腊-罗马社会的人们对这部分人的称呼，当时由权力机构分配未开垦的土地是实现团结的强大动力）之手，同样也是在农村帮会组织中，针对作物轮作和土地管理，农民达成了一种共同的相互的协议。这些因素中的首要因素直到后来才出现，例如皮卡尔迪是在1162年至1193年。至于第二个因素则出现得更晚，是在 13 世纪后半叶。

　　在基本的内部组织出现时，第二个因素也已经显现出来了，这便是适应领主要求的司法委托制。将审判权授予"好人们"（the meliores and prudentes hominess、probi hominess、prudhommes）的起源并不清楚，是否是庄园法庭的延伸呢？因为参加审判的人员中领主的代表（在低地国家称之为"dinge"，在德意志称之为"Hofrat"）是主

执行法律的情景。对做假证者判处刺穿舌头之刑并在城中游行示众（13世纪西多修道院手稿，阿让图书馆藏）。

持人，与此同时，这种审判所处理的都是有关土地的纠纷，或者像律师们常说的那样是地产的确认（cognition fundi）问题。或者说这种审判是否是代表公共权力呢？即经协商后将公共司法权从领主那里收回，领主仅保留对最重大案件的审判权呢？还有就是出席案件审理的农民，法语称之为"écoutètes"和"échèvins"（拉丁文是"scabini"），同样，对小的刑事犯罪——殴斗、虐待、偷盗——所处罚金使我们想起了后者就属于此类案件。无论如何，这才是问题的实质，在法国北部和德国西部，这种情况是在 1120 至 1130 年出现的，1160 年至 1185 年前不久出现于中欧，在比利牛斯和伊比利亚地区出现得或许更早一些（在拜恩和阿拉贡出现于 1070 年至 1100 年）。

　　进一步发展的途径是村庄自己的组织得到领主的正式承认，一般来说这开始于 1130 年之后，在此之前，对伊比利亚的乡村"fuero"并没有留下任何这方面的记载，但这方面情况可能是存在的。1120 年以来，北部和东部法国以及低地国家都承认了这方面的"法律"（例如佛罗雷纳是在 1121 年，布隆纳［Brogne］在 1131 年，卡夫隆［Cavron］在 1141 年）。某些文献对村镇的特权或义务的罗列比实际运用更详尽，如由路易七世授予洛里斯－恩－加得奈（Lorris-en-Gâtinais）的特许状（1155 年）曾被 90 个地方所采用，再如埃诺伯爵授予普里斯彻斯（Prisches）的特许状（1158 年），尤其是兰斯的威廉大主教授予博蒙昂阿戈讷（Beaumont-en-Argonne）的特许状，曾在洛林的近五百个村镇中流行。总体说来，这一地区乡村村镇发展鼎盛时期的初级阶段，司法费用是固定的，例如通过习惯的确认，应付款项的最高价格的确定，对所需劳动力的廉价出售以及对任意要求的抵制等等。这一切皆发生于 1170 年至 1120 年间，与类似的城市特许状相比，这是非常偶然的。实际情况可能是，大部分领主将一定程度的权力委派给农民，或许始终没有文字记载，但是其中一定存在着金钱交易，埃诺的"villes batiches"（没有公社的城镇），像洛林或诺曼底和伯里所有的禁令一样，满足于自身所享有的法律特权。也有许多试图进一步发展的城市，如 1174 年左右琅城组成的农村"公社"联盟，或者皮卡尔迪地区于 1219 年至 1229 年在组建军事组织方面做出的努力。在所有这些情形中，军事贵族都能压服这些尝试性的活动。金钱交易的

过程，都是在小的让步中进行的。保持军事优势、控制更高的司法权和装备是必要的。在农村，面对暴力并没有什么可怕的，例如 1226 年、1249 年和 1256 年庞迪耶、布雷或诺曼底的不满农民拿起了斧头和刀叉，但却并非受其 10 世纪先辈们的革命精神的鼓舞所致。在城市，民兵则无力抵御山区骑兵的进攻。

在欧洲，除了西班牙的法律之外，地中海地区的情形并没有什么引起注意的，农民运动微弱，或者说，在对经济的关注水平上还有所萎缩（在乡村组织部分已经涉及到了），加之 12 世纪末领主权力的衰落，充分的国家权力的缺乏，这其中的原因是不易说清楚的。在其他地方，如意大利、普罗旺斯或朗格多克，城市对农村（contado）的控制窒息了农民的发展动力，但是法国中部或阿基坦的情况就不一样了。我认为，这要归之于农民动力不足的本性，这一本性源于"个人主义的"农作物占优势——葡萄、橄榄、"ferragina"等等——也可能是由于缺少中等规模的村庄所致，我们发现几个联系紧密的村庄在设防的城堡周围定居之后并没有发展成为小的城市。在意大利、维瓦赖（Vivarais）、图卢兹和里昂各地，书面形式的特许状、法令出现得非常晚，到了 13 世纪，有时到 14 世纪还受到质疑。市政法官（échevin）一词被市政官（syndic）一词所取代，这一语义上的演变是非常重要的，因为这标志着有利于代表经济利益的法律责任的消失。确实也有进一步的要求，值得注意的是 1247 年至 1252 年在隆河流域城市中，（市民）获得了携带武器的特权。但是，这一成果的取得是特殊环境的产物，因为此时的神圣罗马帝国皇帝腓特烈二世在意大利的势力发展受阻，急于在卡佩王朝的阵营中制造"社会"分化。这一运动没有取得任何成果便自行沉寂了。

城市的结构

在对 11 世纪最后几十年进行叙述之初，让我们避开令人苦恼的古典时代以来欧洲城市的连续性问题。公元 1000 年以后，城市运动的复兴是毋容置疑的，即使不轻易将其放入学者们异想天开的场景中也是如此。然而，为了掌握城市发展的阶段和形式变化，有必要就我们所涉及的这一时期进行一下分类。

我们需要首先关注的是向古老的城市与新建城市的移民问题。现今我们满足于从城市人物列传（Prosopography）[①]方面提出问题，认为能够从城市人物列传的角度看到其农村起源，并且继续与乡村中的许多"中产阶级"家庭相联系。城市人物列传显示，数代围绕着主教或伯

---

① "Prosopography"一词的翻译并不统一，有的译为"人物志"，有的译为"列传"，有的译为"集体的传记研究法"，有的译为"人学"。它是社会史的一个独立分支学科，包括系谱学、人名学和人口统计学等方面，是通过单个人的传记式的研究体现群体的状况，因此我们将其译为"人物列传"。——译注

爵并为其服务的官员和手工业者的核心，并不能对城市的发展予以充分解释。这里一定存在着城市发展的外部因素，随着旧庄园制度的解体，在土地上劳作的人们与土地的联系便中断了。非常自然的是，这些与土地分离的人，常常是 1200 年之后受大家族解体的影响的农民中的非长子。这些人中，很少有人像以前一样寻找一小块土地尽心尽力地加以耕种，他们指望在城市找到比在农村更好的合法身份和社会地位。作为受侵犯的领主可以在城里搜寻农奴，至少在一定时间限度内（通常为一年），至少在 13 世纪之前城市或许并非是具有吸引力的自由之地，如德国谚语所说的那样，"Stadtsluft macht frei"（城市里的空气使人自由）。即使是后来，在意大利，例如 1210 年的阿西西（Assisi）、1257 年的博洛尼亚，非自由人得到城市的接受是要付重税的。即使如此，错觉依然是非常顽固的，认为城市法律（the Stadtgerichte）似乎就是自由的保证了。仅仅是在收复失地运动时期的西班牙这种特定环境下，人们对那些新近进入城市里的人的过去才不进行仔细调查。进入城市的农民往往是来自附近的年轻人，没有工具或特殊技艺，在阿拉斯，1150 年前后，据估计有 72% 的人来自十公里以内的地区。如此小的范围或许能够解释新城市里的居民与其乡间出生地之间的联系强度。如果一个人取得了成功，向城市的移民无疑会扩大其家乡进城的人数。这反过来又可以解释与之相关的事情，即在 14 世纪，中产阶级回到乡间占有土地，1220 年以来，阿拉斯的于克迪厄（Hucquedieu）、卢沙尔（Louchard）或瓦贡（Wagon）家族，都是乡村土地所有者，从他们的先辈就开始了。在城市附近，即 "distretto"，如果一个土地贵族的房屋占一大部分的话，这一特征是比较明显的。在威尼斯，如同佛罗伦萨的圭迪、阿尔贝特两大家族一样，福斯卡里（Foscari）、孔塔里尼（Contarini）、奥尔塞罗（Orseolo）、齐亚尼（Ziani）和莫洛西尼（Morosini）家族，其产业都建立在特拉弗玛（Terra Ferma）的房地产上；奥尔西尼（Orsini）、科隆纳（Colonna）、弗兰吉帕尼（Frangipani）、奥塔维亚尼（Ottaviani）或卡塔尼（Caetani）家族的产业，在拉丁姆城堡比在罗马更常见。无论如何，人们可能强调，在被纳入城市之前，站在城墙前时，必须有一个等待阶段。有时这一等待要持续几个世纪，来自比利牛斯山到埃布河的塞拉诺斯（Serranos，山区居民），或者是 11 世纪中叶被吸引到米兰或诺瓦拉的乞丐（panosi、patarii），都是为了有收入的工作而涌入城市的，这为 11 世纪中叶的革命运动准备了群众基础。

　　在此介绍一下至少是两种类型的城市之间的清晰差别是非常必要的，因为两者对人员组合的反应完全不同。那些罗马时期的城市，有着悠久的历史，或者得以完好保存，或者在公元 1000 年前就得以复兴。这类城市的核心通常为伯爵官邸和主教所在地，周围环绕着主要始于 10 世纪的城墙。大部分居民为公共权力或宗教权力的代表（ministeriales）或贵族家族、手工业者和领主管家的代表。他们为自己古老的家族血统而自豪（很大程度上是一种错觉）并赋予他们自己以古老的头衔（cives、curiales、quirites），看重古老城市生活的遗存。加洛林时期

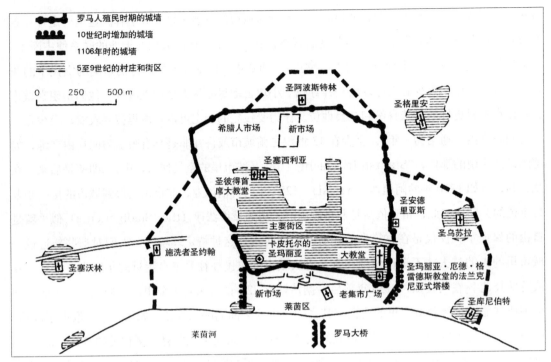

图例：
- 罗马人殖民时期的城墙
- 10世纪时增加的城墙
- 1106年时的城墙
- 5至9世纪的村庄和街区

0　250　500 m

圣阿波斯特林

圣格里安

希腊人市场　新市场

圣塞西利亚

圣彼得首席大教堂

圣安德里亚斯

圣乌苏拉

主要街区

卡皮托尔的圣玛丽亚

大教堂

施洗者圣约翰

圣玛丽亚·厄德·格雷德斯教堂的法兰克尼亚式塔楼

圣塞沃林

新市场　莱茵区　老集市广场

圣库尼伯特

莱茵河　罗马大桥

12世纪科隆城市平面图。

这一生活方式随着豪华宫殿（公共法庭或城市集会的地方）的兴起而复活了。但是，如果说与古代城市有什么显著断裂的话，正像在普罗旺斯或朗格多克一样，这一时期更多了一些"封建的"色彩。一些家族称自己为"骑士"家族（boni、hominess、castellani），其精神实质是一样的，即排斥新来者。考虑到这些因素，在城墙根，有时离城墙很远的地方，成为外来移民聚集之地——意大利的"borghi"、朗格多克的"barri"、阿基坦的"bordaria"、伊比利亚的"barrios"、普瓦图或巴黎地区的"bourgs"（设防的城市）以及莱茵兰的"burgum"。这一现象的产生（一般为980年至1060年间）多发生于城郊的修道院、十字路口或御敌瞭望楼附近。这一运动对科隆、雷根斯堡的影响如同对苏瓦松、康布雷、沙特尔、普瓦堤埃、图卢兹和纳尔榜、巴塞罗纳、塞戈维亚或塞普尔韦达（Sepulveda）、佛罗伦萨、热那亚和米兰的影响一样。城市最重要的本质部分来自这些卫星城市的相应的商业因素的确立。总的来说，直到12世纪中叶，旧有的城市才开始吸收新的细胞进入新的公共领域：比萨是1132年，热那亚是1152年，佛罗伦萨是1176年，图卢兹是1145年，阿维农是1157年，博韦是1180年，亚眠是1192年，巴黎和列日是1200年，雷根斯堡是1175年，科隆是1180年。此时，这些城市都已像其他类型的城市一样形成了一个整体，至少在原则上已经开始形成。

　　由于伊斯兰世界城市的影响，欧洲的城市陷入了沉寂，几乎没有什么相似的多样性，也没有其自身的创造性。再次提到的第二种类型的城市就是，有着古老的基础，其居民或自愿或被迫逃离了出去，但通过强制又重新恢复了其人口，这种重新恢复起来的城市伴随着居民的分配（repartimiento de suertes），其典型便是收复失地运动中的西班牙。一些城市是非常古老的，如萨拉曼卡、塔拉戈纳、巴伦西亚、科尔多瓦、塞维利亚，其他城市则是在中世纪早期成长起来的，如乌韦达（Ubeda）、哈恩（Jaén）、巴埃萨（Baeza）。换句话说，它们可能是由国王创立的（布尔戈斯、奥维耶多、比克 [Vich]、莱昂），或者是宗教圣地（哈卡、乌吉尔、莱里达、埃斯特里亚 [Estella]、萨哈冈），这些城市都局限于北部西班牙。在两种情况下，城市都建于农业区（alfoz），意在能够向居民提供食物和特殊的住处、种族的和宗教的背景（犹太人、归顺的莫德哈尔人），或者是商业的背景（"法兰克人"、热那亚人），其余的地方分为绅士居住区、日工居住区。这种专制行为一直持续到收复失地运动结束，如同 1232 年至 1243 年间穆尔西亚、塞维利亚和巴伦西亚的情形一样。伊比利亚的城市提供了从属于公共权力控制的范例，在迅速授予其一定特权的同时，也对其予以严密的监视。整个地中海区域的村庄，其形势大致相同。

对西班牙来说，移民与重新移民的形式并不特殊，在波兰的德国人占领区，人们仍能发现类似的情景，毕竟汉萨同盟城市，如吕贝克（1158 ~ 1161 年）是按照这一方式建立起来的，但是，整个欧洲北部的形势是非常复杂的。9 至 10 世纪大规模的斯堪的纳维亚与斯拉夫的商业贸易时代以来，封闭的、防御性的贸易站已经发展了起来，并都带有各自的种族起源的标志，维克（wik）、汉普顿（hampton）或格罗德（gorod）、普特图斯（portus）和安普瑞姆（emporiaum），如在赫特比、比尔凯、巴多维克（Bardowik）、奎多维克（Quentovic）、德斯提德（Duurstede）一样。斯堪的纳维亚人的商业活动的衰落，一般来说源自这些商业中心的整体性毁灭。接替斯堪的纳维亚人的第二代人，也接替了他们的商业中心的位置，只是远离许些许公里。它们由德意志人、佛莱芒人或罗退林基亚人控制，如汉堡、吕贝克、不来梅、布鲁日、于伊、蒂尔、马斯特里赫特、里尔，占据时间较长的地方有安特卫普（Antwerp）、布鲁塞尔、卡昂（Coen）、根特、杜埃。这种扩张活动发生于 10 世纪或 11 世纪早期，它并不排除自生城市的发展，如根特或杜埃，但是这些城市表现出一种社会的同质性，即几乎都起源于商业。但是，在欧洲大陆的腹地，莱茵河或多瑙河以外罗马帝国的非罗马化部分，城市则是精心策划而创建的（同西班牙一样），只是创建的原因不同于西班牙而已。10 世纪与 11 世纪的撒克逊人(Saxons)和撒利安人(Salian)的统治者们，因为急于在世俗教会（Kirchensystem）中建立起自己的权威和自身领地所有权，创建了各种规模的城市。从理论上讲，根据德国历史学家的分类，有 40 个主教城市、20 个修道院城市、12 个伯爵城市和 48 个帝国城市。这样建立起来的城市就不能没有系统的移民、精心设计的地点和司法特权，但缺乏像西班牙那样的强硬组织。在这些城市中以及起源于这些城市的商站中，市民（burgenses）一词在富有的贵族（viri hereditarii）的意义上已经流行开来了。在像科隆这样的旧有的罗马人的中心，在 11 世纪后期才出现该词。

来自城市的迎接

前面的观察有一定的冒险性：倾向于强调城市结构的多样性。先前认为这是矛盾的，至少在原则上是如此，但随后的观察与推测总的来看是适用的。相信读者会发现，这些观察与推测也是非常有用的。

事实上，像古代居民一样，无论这些城市的起源是怎样的，12 和 13 世纪的城市居民也是生活在露天的。我已经说过的他们居住的物质条件可以解释这一点。要抓住这种露天生活的重要性是非常困难的。在商业化的城市当中，街道仅仅是一条交通中轴线。但是，欧洲南部——西班牙甚于意大利——为我们提供了一幅中世纪的图景，当繁忙的时刻逐渐结束后，城市里的居民便自给自足了。在法国，人们必须到普罗旺斯或朗格多克的小城镇广场去寻找这种露天生活中的东西，这些中世纪城市街道非常普通的场景是无需回忆的。此外，在这方面必须指出的是，严格意义上的广场开辟出来之前——一般是在 14 世纪——在"领主的"建筑物（城市会堂或市议会大厅）前的露天市场、集市、货摊和大的场地，我们的先人们需要极大的勇气来忍受城市街道的状况。一般来说，一座城市只有一条肮脏的道路，在中心地段还被水沟所分割，满是车辙不说，还散落着各种各样的废弃物、杂物及死去的动物，还不时受到各家茅厕溢出物的威胁，小鸡、空桶、木棍四处散放。更有甚者，猪群也走在城市的街道上，想来这对食品消费来说是非常有利的。在各种各样的轶事中，路易六世的长子在巴黎所遭遇到的致命事故也可由此加以解释。颁布的无数法令鼓励邻里相互关照，据说，腓力·奥古斯都对巴黎市中心的街道上发出的臭味深感厌恶，并铺设了数百米的路面。这一范例在几座北部城市得以效仿，如 1270 年之前伊普尔（Ypres）和加来。之后，是作为东部城市的特鲁瓦、兰斯、科隆、纽伦堡的效仿。但是，在意大利则得到非常广泛的效仿，罗马的道路为他们留下了足够的模仿对象和部分未受损的道路。仅就排水来说，罗马人就已经走在了前列。

街道并不是一个简单的人们碰面、听演讲或看演出的地方。它用相同的技巧将人们汇聚在了一起。至少到 12 世纪末，大量人口涌入城市时，情况是这样的。非常自然的是，新来者被吸收到能够在同一行业中为其找到工作的同乡的家里。后来，按照行业进行的街道重组破坏了亲缘和睦，在这方面穆斯林城市或我们城市中的少数街道名称依然可以作为证据。谈到手工业者阶层的早期情况，就要触及到行业组织的起源与发展。像对待乡村组织一样，历史学家调查了这种互助组织最初的发展阶段。这些组织使我们想起了帮会的作用，在为纪念行业守护神而举行的盛宴中，帮会在欢宴中的重要性更显突出。手工业者常常聚会的临街地下室（Keller、Stube）

于是成了他们的公共场所，确实，在 1150 年左右便有了职业性质的聚会了。除了个别商人的某些信息之外，我们没有 1127 年至 1130 年之前整个商人这一主题的文献（维尔茨堡、施特拉斯堡），此后，这方面的文献才丰富了起来（萨拉戈萨、科隆、牛津、温彻斯特、鲁昂、图卢兹）。然而，1030 年或 1060 年以来，在意大利，这些组织中的大部分都已经出现了，50 年之后，欧洲大陆的北部也产生了此类组织。无论如何，手工业者阶层内部组织的逐渐加强最初源自地理上的急剧扩张。抬高加入某行业的水平，尤其是对那些后来成立的行业组织（1212 年之前对热那亚的屠夫、1244 年对羊毛商、1181 年之前的图卢兹并没有限制），或者是减少学徒的数量。最重要的是增加作为成为行业师傅途径的"代表作品"的制作难度，那些正在开业的人只能遵循传统的反竞争的、保守的政策，这是维持社会旧有秩序的关键。在对城市组织的研究中，上述行为有着两方面的影响：一方面，大大减少了合格劳动者的比例，使这些劳动者成为兼职者、地下劳动者，或者是失业者，这构成了 1245 年至 1250 年震撼城市的剧烈骚动的根源；另一方面，通过清除地方输出中所没有的产品，促进了城市专业化的发展：在英格兰，与生产羊毛和金属相比，人们开始更加注重毛皮和织物的生产；在德国的莱茵兰，皮革或铁的生产取代了布匹；在意大利，布匹、裘皮制品以及东方产品的经营取代了金属和玻璃的生产。这种"专业化"并不令人奇怪，也无需损害社会关系，但是从社会方面来看，在无力监督他们作为劳动者的情况下（因为中世纪的经济缺乏必要的柔韧性），它易于增加没有发泄途径的劳动者的人数，使他们形成秘密的、反对现行政权的、违法和掠夺性的、"帮派"合作性组织。最早见于记载的这样的组织出现于 1255 年至 1260 年间的隆河流域，由此，在城市社会组织结构中出现了新的裂痕。

中世纪的城市规模很小。14 世纪初期前后，留下记录的人口超过 1 万的城市不会多于 60 个，人口超过 5 万的也只有五六座城市（巴黎、米兰、佛罗伦萨、热那亚、威尼斯和巴勒莫），这也是有争议的。尽管规模适中，根据行政区划（quartier）而划分的组织比近代城市更令人熟悉。毫无疑问，是行政措施而非街道为某一组织的自我意识提供了框架。当然，它们中的某些组织，如意大利的"consorterie"（贵族集团），洛林的"pariages"，其团结意识来自家族属性、房屋属性或者拥有房屋的经济型住宿（albergo）的属性，归之于教堂的建造和家族住宅的营建。但是，即使在商人或贵族的监视下，联合也还是要建立的，依附者或对该家族负有职责（武装守卫用以瞭望邻居的"城堡"）的人联合在一起。而且，还存在着一定程度的社会同质性，必须指出的是，为了保持最大限度的手工业者的数额或单纯的"中产阶级"的数额供其支配，强势家族维持着非常低的房租，几乎不超过 14 世纪早期巴黎工人工资的 3% 至 6%。这一政策可能达到了预期效果，但是正如我们今天所理解的那样，租价的下跌或停滞迟早意味着衰退，首先是房屋的实际建造，紧接着的是社会地位的凝固。1300 年之前，我们对这些社会学方面的细微差别一无所知，但可以确确实实地想见到这些差别。其他社会组织的联合意识来

城市最显著的特征是它的城墙，它既是防御的手段，是权力的象征，也是城市艺术和建筑的表达方式（带城墙的热尔的拉勒桑格尔城［Laressingle］的城门和塔楼）。

自占主导地位的职业活动，如梅斯的木屐工场（Socherie）、威尼斯的绸布商（Merceria）、尚贝里（Chambéry）的屠户（Mezel）、米兰的金属加工工场（Inferno）、日内瓦的家具制造商（Fusterie）等等。在这些事例中，主要行业的选择依据，往往与该行业的技术所要求的自然条件相联系，如鞣皮业、制革业和漂洗业需要水，木材加工业需要靠近河流以便于原材料的运输，屠宰场需要处于偏僻地带，等等。因为潜在顾客的需求，这些行业不可预见的费用更加复杂，王宫吸引了银器匠和律师，著名的女修道院或大教堂里的修道院吸引着大批学生、销售皮革者和旅店开业者，这促进了各种人等的混合。要发现城市社会同质性的另一方面，人们必须回头看看那些"冷淡的"邻居们，这里指的是西班牙，特别是西班牙的犹太人居住区。

　　城市街区的组织形式与城市里的教会教区网络并不一致，是用贯穿街道的铁链和占主导地位的行业或家族的徽章这些可见物作为标志的，并在中产阶级首领的指导下进行有组织的巡逻。这些组织在行进或游行时所设计的名字，是以其所起的全部或部分作用为根据的，这些名字就是"旗帜"，在巴黎被称为"bannieres"，在佛罗伦萨被称为"gonfalonerie"，在里昂被称为"enseignes"，在低地国家和德国被称为"connetablies"，如此等等。这些组织不仅是社会实体，而且还是政治实体，如同14世纪和15世纪在意大利城市中展现出的动乱风暴一样。但是，此时我的研究便终结了，因为像巴黎的行政区划一样，各城市并没有公认不变的行政区划架构。

　　最后，必须涉及一下城墙，否则便不能对城市位置及聚居形式的快速考察画上一个圆满句号。从财政方面看，城市的建设与维持关系到城市中的每一个人——到城市维修阶段，需要吸纳数年的城市财政资金。城墙的守卫，尤其是城门的守卫也是关乎全体"市民"的事情。如果有卫戍部队的话，他们仅负责城堡自身的防御，城市市民负责与其街道相邻部分的城墙的守卫，而且这项义务似乎并没引起市民的抗议。城墙及其周围也是一个小的城市社会，那时像在漫画中一样，有污水、街道和公共厕所里的污物、逃亡者、妓女、小酒馆、养熊人和游吟诗人相互混杂；节日庆典和游戏也在这里进行，在城墙根还有集市存在。当然，在南部欧洲，一些村庄也拥有防护墙，但是这些围墙常常是房屋的后墙，很难称之为城墙。城市居民（肯定没有发生变化）是轻视乡下人的——因为每个人看世界的角度是不同的。早在5世纪时，圣奥古斯丁就承认了这一点，他提出，城市的构成不是由于城墙而是由于思想，即"non muri sed mentes"。近来，一位英国历史学家，对英国的法庭案卷研究后提出，1250年之后英格兰乡村与城市犯罪率的比较是非常鲜明的，但同样的比较在欧洲大陆的另一个百年里则没有进行。由此人们可以看出，如果城市里偶尔的冒犯行为在数量上多一些，始终是这样的，并不意味着谋杀案也同样多。谋杀案常常是由于荣誉上的侵犯而非是由于贪婪，采取的攻击形式是单独的而非是有组织的。至于凌辱方式，乡下人表达对组织之外的人的污辱方式是称其为"异教徒"、"犹太人"或"撒拉逊人"，而城里人羞辱某个自身组织内部的人而非将其排斥在外时，则喜欢称其为"臭狗屎"或"性变态"，所用词汇非常近似于我们这一时代的用语。

走向公社

"公社——一个崭新的、可以验证的单词"，琅城的教士诺让的吉贝尔（Guibert of Nogent）于1125年这样写道，因为他亲眼目睹了他所在城市里发生的暴动。但是，对目击者也必须报以怀疑的目光，他们往往对事物的发展没有了解。吉贝尔也不例外，但他的威望一直延续到这一个世纪，人们也一直以他的眼光来审视公社运动，直到琅城主教被残杀在木桶里。从任何方面来说，这一高级教士是罪有应得，但这也确实是整个公社运动时期仅有的一段血腥的插曲。正如我以前所说的，城市的解放必有起义和暴动。这并不是说这一运动是迅疾而激烈的，依据城市中各种活跃因素的情形，其表现是千差万别、多种多样的，权力和发展方向也是各有千秋。

土地贵族，甚至在城里的伯爵或主教那里拥有职位的人，是城市里的主要因素，因为1100年到1150年之前，他们是最富有和最强有力的人。在意大利、西班牙和低地国家，这些人分别被称为"显贵"（magnati）、"ricos hombres"和"有血统的人"，仅从这一点来看，拂去古代色彩，"贵族"一词也是可以用在这里的，相当于氏族、家族，但对银行家来说则是不适合的。这种来自皮朗的用法一定是不被接受的。这种人毕竟不很多，像以前所说的那样，他们常常居住在乡村，但是他们的案件、驻足的客栈（alberghi）则延伸到城市，在城里有他们的受保护人、朋友和亲戚。数字给人留下的印象是深刻的：在热那亚，多里亚"家族"（the Doria）有300人，斯皮诺拉"家族"（the Spinola）有400人；在比萨，1228年的人口调查显示，4270人中有2250人是这类公会的成员（在意大利称之为"conzorzi familiari"）。在其他地方也能看到这种现象：在列日，自11世纪以来，主教家族成员就有4000人；在梅斯有1500到2000人是有协会的；在波尔多，协会以"oustaus"而闻名，其成员达数百人。这些家族控制着城市的土地，控制着残存下来的取自某些现在已经遗忘了的公职的财政收入，或者是控制着10世纪以要求或放弃修道院院长职位的名义攫取的教会财产，或者是控制着完全以购买的形式获得的土地。总之，像领主一样，这些家族的人追求税收权、征用城市里没有建筑物的土地的权力。而且他们的军队理所当然地保卫着这些财产、城堡和要塞，无论他们是真正代表城市的利益的，像子爵们一样（如在米兰，使人联想到维斯孔蒂 [Visconti]，在锡耶纳联想到的是布翁西尼奥里 [Buonsignori]，在费拉拉 [Ferrara] 是埃斯特 [Este]，在帕尔马是马拉斯皮纳 [Malaspina]），还是直接强夺来的（如热那亚的恩布里厄西 [Embriaci]、佛罗伦萨的圭迪 [Guidi]、根特的乌腾霍夫 [Utenhove]、施特拉斯堡的措恩 [Zorn]、科隆的卢斯基尔兴 [Luskirchen]）。最后，他们还对所控制的教会教区拥有教士及教士团职位的提名权，如约克、南汉普顿、科隆和吕贝克、琅城和哈卡。

在城市里，家族的重要性可以通过物质的东西来加以衡量，这就是矗立于其房屋建筑之上的瞭望塔，这种瞭望塔与其说是为了防御，不如说是一种权力的象征。1180年前后的佛罗伦萨有135座、1226年的阿维尼翁有300座、雷根斯堡有80座；在巴塞尔、法兰克福、特里尔、梅斯，站在任何地方都能看到瞭望塔；在博洛尼亚或者是圣吉米那诺（San Gimignano），至今还能见到这种景象。这些家族也同样掌管着据点要塞，像图卢兹的城墙、尼姆和阿尔勒的圆形剧场等。这些贵族们所关心的事很简单，他们就是要保留着对城市的军事控制权和司法审判权，其他事情皆不重要。实际上，他们还是乡村的主人，拥有封臣，控制着农村（rocce），并渗透到各团体之中，随时准备参与经济的扩张，这一点是通过对其地产上生产的物品的出售来完成的。这无疑解释了该等级精巧的开放性，直到13世纪中叶，它还是上升着的等级，如通过婚姻从农村居民或管理者阶层吸纳新的成员，如威尼斯的丹多罗家族（the Dandolo）和巴尔巴里哥家族（the Barbarigo）、热那亚的斯皮诺拉和多里亚家族（the Doria）、佛罗伦萨的阿尔比齐（the Albizzi）和帕齐家族（the Pazzi）。直到1286年，威尼斯的"黄金册"中的各家族都没有自我封闭，他们的发展与"贵族"有着紧密的联系：1230年左右，威尼斯有180个大家族，吕贝克有46个，阿尔勒有95个，巴塞罗纳有25个。从而，这些家族可以向农民施加压力，在城市周围较为狭窄的范围内，正如北部法国所说的"追捕"那样，可以涉及到约7里格①的距离之内。通过上层贵族或财团（consorzio）的有关成员，这些家族密切注视着城市中一切重要的事情，与此同时，他们还操纵着关键的权力杠杆：司法和财政。

对教会贵族来说，情况就大不相同了。在11世纪，即使武力建立的王朝与主教制度之间也有着盘根错节的联系，教会贵族要解脱自己还是要进行长期斗争的（如在朗格多克和普罗旺斯），教会并不能使用与土地贵族一样的手段来达到目的。当然，教会贵族与土地贵族一

---

① 里格为长度单位，1里格长约3英里，等于5554.7米。——译注

样，都拥有大量的地产，而且可以自由处理，尤其是在旧有的罗马帝国时期的城市中，还拥有公民权或类似的权利。在比萨、米兰、帕维亚、科隆，高级教士同样持有大片土地，身边也聚集有持枪荷戟者。在纳尔榜、克雷莫纳、米兰和列日，这些武装人员自称为重要骑士（milites majores），与地方贵族将这些人称之为军营骑士（milites castri）形成鲜明对照。但是，在"上帝的和平"时期，这些方法常常遭到世俗贵族的反对，朗格多克的子爵、伦巴第的加斯托蒂（gastaldi）或上层贵族、罗退林基亚和德国的"advocati"或"Vogts"（辅佐者）都逃避了主教们的管辖。从 12 世纪初开始，城里主教们的处境像小贸易城市中的修道院一样危险，受到手工业者和商人势力发展的侵蚀。为了实地控制城市中的人，被逼无奈的教会拒绝在城市的行政和司法权方面做出让步。在军事问题上，教会已经失去了控制，在经济领域已是与世俗界平分秋色。如果城市平民的要求冲撞了这一敏感领域，即使教会的宗教地位受到威胁，教会也只能拒绝他们的要求，并采取严厉的措施。

　　所要讨论的平民——minores、popolo minuto、poulares、common people（普通人）——显然是城市居民中的主体，但是这一阶层却是分裂的。首先，分为主人和仆人，然后分为有技能的仆人和未登记注册的工人，在手工业中又分为受人尊重的（那些有着大量顾客的行业，如羊毛业、丝绸业、金银加工业）与其他人。最后是手工业者与商人之间的区分，商人是边缘人，非常有活力，能够迅速集结起来并且是危险的。平民有权参加大的定期性的集会（Bauding、balia、arengo、mallus），在那里可以通过呼喊将自己的意见表达出来，而对"商定"事情并不起作用。平民的这一权利只有通过邻里间或行业间的友善合作才能取得，前面已经提及此事但却为目标所限，并且没有进行研究的资料。有时，如 11 世纪的莱茵兰和 1103 年的科隆，教会教区设有作为男性群体首领的博梅斯特（Burmeister）；1066 年的于伊，列日主教用古罗马的兵营（castrum）守卫市民；1063 年的巴勒莫，其居民要求参加军事活动。在西班牙，参加军事活动被视为非常自然的事。在罗马人的区域里，这种群众组织自称为罗马市民，在其他地方则自称为市民，但并非都是无组织的。佛罗伦萨自 1014 年开始便提及到上层贵族问题（capitanei plebium），1020 年的帕维亚，像卢卡和克雷莫纳一样，是全体公民组织（universitas civium）；西班牙较为特殊，在那里，无论有没有军事任务，骑兵和乡村步兵（peones）都组成公社（communia）。

　　"公社"一词使用起来了，但在很长一段时间内，它有着多种含义。对亚平宁山区的村民们（12 世纪早期）来说，它意味着军事公社（communa militum），与此同时，在西班牙的卡尔多纳的商人也组成了商业公社（communa commercialis，1102 年），勒芒附近的造反农民也组成了公社（communio，1070 年），热那亚的船主们组成的是同伴公社（compagna communis，1099 年）。公社意味着"联合"，并没有更多意思，却很快成为城市居民联合体的概念。总之，公社便是上述各种因素联合的结果。对我来说，如今对公社一词进行地理上的考察，比进行容易使人误解的综合考察更有意义，但是强调其最初的意义是非常好的，因为在后来的发展阶段中，令历史学家们感到振奋的是，公社的共同特征是代表着"城市的民主"——实际上，贵族才是这场运动的主要动力，正是贵族引发或点燃了这场运动，虽然并不是沿着同一条道路或在同一时间产生的，但各地的情形一定是相同的。这场解放运动的主要动力是主教的委托人或农村来的移民，而不是皮朗所说的"流浪者"，或者是市民组织。

城市执政官

意大利是进行这一考察的最好例证。由于兄弟会（consorterie）家族对海上扩张或控制农村感兴趣，因此首开先例。各派之间所有的城镇元老和世袭家庭（boni hominess）以及放弃自己事业的一小撮教会官员的和解，是法庭产生的根源，他们控制着法庭，首席执政官（consules primores）掌握着方向，如克雷莫纳（1030 年）、威尼斯（1035 年）、米兰（1045 年）、皮亚琴察（1070 年）、维罗纳、帕尔马和比萨（1080 年）、热那亚（1099 年）、博洛尼亚（1105 年）。这场运动在各地的发展都非常迅速，并形成了经济组织，在沿海城市形成了商业组织。于是，1100 年热那亚的同伴公社就是先前的城市执政官的延展，但是执政官的首领也是兄弟会首领转变为造船主们的首领。在某些情况下也有例外，像在威尼斯，对所有地方传统势力或永久势力（总督也属此列）的攻击，意味着仅存的力量只有显贵了。各种政治压迫组织或经济组织的建立都是紧跟第一阶段之后，像 1156 年的热那亚或 1162 年的比萨，常常伴随着对既成事实予以承认的皇帝特权证书的颁发。执政官会议形成了真正的"显贵"（seigneurie），委派的手工业和商业方面的代表在佛罗伦萨被称为最高执政官（priors）。他们来自占主导地位的行业，即前面已经提及的大行会（arti maggiori）。

与其同时出现的，是按照街区组成的由负责公共秩序的人（gonfalonieri）所代表的组织，这一组织的人和他们的"首领"在理论上保有补选执政官的权利，在全体市民集会（la balia）时，他们依据这一组织来安排。在此，他们可以发泄不满，但却很难得到满足。我们何处能见到这样的"民主"呢？这仅是一种企图，是明显的失败。在罗马出现民主，要归功于罗马教皇和德国势力的消失，在布雷西亚的阿诺德（Arnold of Brescia）实行"普遍独裁"的时候，他梦想恢复其城市以往的荣耀，重建元老院，释放城市中心地带的人口（popolo of the rioni），恢复贵族宅邸基础上的城市区划（1144 ~ 1145 年）。充满幻想的护民官只是获得暂时的胜利，罗马的民众是反复无常的，由于贵族们的暗中活动，神圣罗马帝国皇帝巴巴罗萨最终回到了布雷西亚，重建了旧秩序：阿诺德遭逮捕并被处死（1155 年）。事实上，在发展着的城市中，完善市政组织花费了非常长的时间。13 世纪时，一旦帝国的权力消失，这些组织常常被不同利益集团所分割，任何一个集团都不能单独控制一切。意大利半岛历史上极端混乱的时期，是以各家族间的相互混战为标志的，古老的土地持有者家族和以海洋为基础的家族之间相互争斗不已。虽然我们对此并不能进行详细的了解，但是有两点是可以看出的：一是，在寻求理论上代表皇帝的外来势力的控制和仲裁时期，市政官通常是城市居民所不熟悉的陌生人，对意大利更是如此，虽然其拥有宅邸和卫戍力量，但却仅仅维护其自身的安全。独裁者获取权力的例子极少，在热那亚是博卡内格拉（Boccanegra，1256～1262年），在米兰是德拉·托雷（Della Torre，1266年），或者是比萨的乌格利诺·德拉·盖拉迪斯卡（Ugolino della Gher-adesca，1282～1284年），他们都被起义暴动所淹没。二是，政治面具掩盖了各家族为经济控制权而斗争的实质。一些家族为自己贴上德国人的敌人的标签，与教皇或南部意大利的国王相亲近，他们被称为归尔夫派（the Guelfs，得名于早期的巴伐利亚的威尔夫家族 [Welfs of Bararia]，11世纪时，该家族对条顿人进行了抵抗），与之相对的是自称的吉伯林派（Ghibellines，得名于士瓦本皇帝的一处世袭地产韦伯林根 [Weibelingen]）。总之，他们只是渴求较小范围内的秩序，但在整个德国则失去了秩序，1250年之后，每一个人都自称是归尔夫派。这些冲突到处都在进行着，佛罗伦萨始于1216年，热那亚始于1217年。相互间冲突的重起并不只是政治事件，事件发展过程中的沉浮关系到商业力量的逐渐扩张，而这是以牺牲最古老家族的利益为代价的。1223年、1237年和1250年在佛罗伦萨的起义，1217年、1241年和1262年在热那亚的起义，1254年和1270年在比萨的起义，1214年、1266年和1277年在米兰的起义，都为小手工业者跻身市长（实际上是"执政官"）的行列铺平了道路，他们既非商人也非贵族。在佛罗伦萨，这一转折发生于1293年，"正义法规"的被采用，将大约147个古老家族排除在政府之外，其中包括圭迪和阿尔贝蒂这样的家族，要求每一个居民都注册一个行业（但丁 [Dante] 选择的是杂货商行业！），并开始了21个行业对城市的统治权。这类颠覆活动，不仅在佛罗伦萨有着非常大的规模，在整个意大利半岛都比较普遍，如早在1281年的锡耶那、维泰博（Viterbo）、博洛尼亚，1309年的热那亚，1311年的米兰，都曾走过类似的道路。我们一定不要认为这是一种无政府状态，恰恰相反，这是城市发展历史中的重要阶段，是一个痛苦而艰难的探索过程，正如很久以前在古代城市中那样，城市国家、农民及经济的控制者都不受制于全国的君权。15世纪，通过城市统治者对这一梦想赋予一定的实际内容则是另外一回事了。这并不是一个无所作为任其发展的时代。首先，这是促进意大利繁荣的重要阶段，进而，这些"市民"——大部分为作战男子——都是战士。神圣罗马帝国皇帝巴巴洛萨在对其城市进行防御的过程中，像其前辈一样，遭受到罗马人的顽强抵抗。1176年在莱尼亚诺的痛苦经历使其发现，伦巴第城市的民兵与阿尔卑斯山另一面的步兵毫无二致，他亲眼目睹了德国骑士的失败。

再没有什么比中世纪的意大利城市更令人感兴趣和令人惊奇的了，在这里，我们仿佛进入了一座实验室，政治党派的萌芽、公众意见的作用、商业和公共利益的冲突、劳动关系问题、代议制政府的危险，都可以从中得见。意大利人思想的孕育，对法律行业的熟悉，对自由的享受是如此的渴望，以至于外来者的企图在此也被相互抵消了，这一点有助于解释其独特的历史。意大利是独特的，在其他地方我将做一简析，情况是比较简单的。伊特鲁里亚沿海地区有着自身的特点。首先，政治混乱和经济上的衰落使其处于衰弱状态，一直到公元1000年以及更远，后来在意大利商业城市的支配下，地方上强有力的诸侯权力的建立，加上城市中房租的提高，使其发展减缓了下来。但是，以军事而非以土地持有为基础的贵族们，同在意大利一样，对武力和土地有着稳固的统治权。来自都灵、热那亚和伦巴第的文化活动的扩展，对意大利半岛的效仿是一个刺激。在普罗旺斯、朗格多克以及远到普瓦图，1058年或1060年之后，公证人、律师（causedici）、法学专家（juris periti）都出现了，由此这些地方便发展成为司法中心。与其相伴的是：1129年在蒙彼利埃，1138年在阿尔勒，1175年在图卢兹，1190年在利摩日出现的行政实体。至于后者，其建立比穿越阿尔卑斯山还要迅速，但却并非一帆风顺，地方伯爵或子爵保留有一定的军事权力和城市中枪骑兵（cabalarii）的安置权。此外，犹太或意大利商人要比手工业者活跃（我已经提到商业的缓慢发展），自1110年开始，在蒙彼利埃被称之为公社（communitas）的组织，随时都准备达成友好协议。这一比较简单的局势的影响是，在南方执政官产生得较晚，但却非常协调。常常有着相同数量的贵族执政官和"平民"执政官，很大程度上商人控制公共权利也是没有争议的，但公平地说是后来产生的：1129年（阿维尼翁）、1138年（阿勒尔）、1141年（蒙彼利埃）、1144年（尼姆）、1152年（图卢兹）、1178年（马赛）、1189年（阿让）。在朗格多克的两大主要城市中，国民大会（comital）的权利最重要，圣吉勒和巴塞罗纳家族的权力是它所赋予的。当他们的野心，尤其是军事野心被发现时，它会从容地纠正这种不正确的苗头，但是下列时间是可以最终列入我们的表格的：图卢兹（1189年）、蒙彼利埃（1204年）。即使没有伦巴第的军事因素，朗格多克的城市也获得了相当多的控制农民的权力，例如，正如所看到的那样，城市商业法规的扩展（图卢兹，1182～1189年）。毫无疑问，通过农村公社中缺乏抵制的情况来看，城市中的这一情况也获得了解释。我们也可以将它放在城市中相对安静的环境下予以考察，当意大利城市处于频繁的沉浮变动之中时，在朗格多克，除了1175年前后蒙彼利埃的纺织工人有过短暂的示威运动之外，仅经历过一场反叛起义（1248年的图卢兹），14世纪第一个三分之一的时间里发生了其他事件。确实，清洁派（Catharism）的存在，以及直到清洁派消失之前对其所进行的长期镇压（1215～1270年），意味着城市对这一地区有着严密的外部控制力量，这一控制权逐渐归于王权。

　　在比利牛斯山地区的城市，也有着同样的特点，只是出现的时间要早一些，因为在这里有着持续不断的战争、黄金交易、移民的来来去去。1070年或1080年之前，经过几次争取自由的斗争之后，军事贵族便为伯爵或国王所控制了。另外，农村中的骑士也没有别处那样的严格区分。在城市中，重新获得的法律也被立即放弃了。国王颁布的法律在私人调解和行政组织中有着同样的作用：巴塞罗纳的"习惯"中的某些因素可以追溯到 1064 年或 1077 年，吸收了大量的特许状中的内容；哈卡从 1080 年（？）、卡尔多纳（1102 年）、塞普尔韦达（1104 年）、孔波斯特拉（1136 年）、托尔托萨（1149 年）、特鲁埃尔（1179 年），都被授予自治权（concejos），即可以指派法官和组织军队。不同社会阶层的人参与程度是不同的，像后来的北方地区那样，被指定为贵族的那部分与"平民"部分是大致相等的。控制城市的强硬措施的惯性与朗格多克在接近吗？或许其中原因是这一时期与收复失地运动相伴随的经济的扩张。还没等这一运动结束，1260 年至 1265 年收复失地运动的进展到格兰纳达的谢拉（the Sierra）山下时，伊比利亚半岛的社会环境就发生了变化，其变化是非常激烈的。1285 年在巴塞罗纳发生了贝仑格尔·奥利耶（Berenguer Ollier）的暴动，随后遭到残酷镇压。由此表明，像在 14 世纪一样，加泰罗尼亚地区的社会要求被压制的时间是非常长的。相反，即使在连续不断的反抗状态下，几乎是在同一时期，佛罗伦萨则已经知道如何避免此类痛苦经历了。

公　社

卢瓦尔河和阿尔卑斯山以北地区的情况则是非常不同的，有着稳固村庄的土地上，并没有如此强大的城市传统，即使不是较强有力的，但由国王严密控制着的这些地区，手工业活动与当地生产有着牢固的联系。在这一历史发展阶段，贵族发挥着重要作用，在此不必模仿威尼斯。商人是外来者，势力相对较弱，长期处于社会的边缘，不像在热那亚。至于教会，其势力强大又有国王的支持，紧紧掌握着虚弱的司法权，这却比不上米兰。这直接可以说是形势发展不一致的结果，实际上，三个地区有着非常清晰的差别。

首先，从塞恩河到莱茵河，是公社的"摇篮"，新兴的或古代的城市的巨大核心就建立在这片肥沃的土地上：阿图瓦、佛兰德尔和默兹河流域，从亚眠到列日。也正是在这一地区，产生了最早的专业化组织。另一方面，城市街区组织的相对虚弱，表明与南部欧洲相比，家族控制也较弱。也正是在这一地区，商埠——集镇——发展了起来，成为商人定期活动的中心。这些社会因素的最终要求并没有真正损害公共秩序，他们并没有军事上的要求，或者司法上的要求，只是渴望获得保护和经济上的自由。所以，这是一场缓慢的运动，但开始得较早，与之相伴的是集镇的发展，或对帮会或行业协会首批特许状的颁发。其时间可追溯到 10 世纪，或 11 世纪开始阶段：列日（1002 年）、根特（1013 年）、圣奥梅尔（1027 年）、布鲁塞尔（1047 年）。市民寡头统治，在残留于乡村的贵族的支持下，开始协商获得对税收和市场的监督权。沃尔

手工业者协会的印章。依此为手套制造者协会、鱼商协会和织工协会印章。

姆斯于 1073 年、科隆于 1074 年、康布雷于 1077 年，在教会教区范围内已产生了这类的要求。这些城市在这方面的要求是早熟的，也失败了。谈到失败的原因，首先，要归之于市民们的要求是向主教提出的，之所以列日的主教愿意将于伊的兵营委托给市民（1066 年），因为这并不损害到他的权力，但是在康布雷主教那里，他不能同意任何人在他之上强加一个"委员会"，惟一让他离开城市并恢复城市自由的办法就是武力。其次，比较激进的流行因素也是这一运动的一部分，他们希望在以前的中心重建 1050 年之前时期的革命气氛，当他们付诸实践的时候，又犯了违反规程的错误，使富人失去了参与热情。这方面的失败导致市民阶级更严格的联合意识：互助的宣誓兄弟会（conjuratio）。显然，这对教会来说是很难接受的，因为教会掌握着宣誓权，宣誓是宗教行为，是神圣的事情（sacramentum，宣誓）。从此，城市发展模式变得简单了，市民与地方贵族以誓言相约束，自治采取协商（或购买）的方式，特许状也得以起草发布。从实际情况来看，像贵族们一样，城市居民也有自己的宫殿、居处（市内住宅）和塔楼，像教会一样有自己的时钟，有自己的印玺。从司法方面看，他们能够委派——显然仅在上层人士当中——市政长官和市长，这是法律术语和庄园术语的一种混合，负责公共事务、税收的评定和低等级的法庭。通常情况下，武装力量和城堡与高等法庭和各种各样的税收一起，仍处于领主的控制之下。这一点对城市领主与农村的领主来说是一样的，是非常本质的因素，比在意大利重要得多。之所以领主将城墙的保护权和看守、保卫权给予城市居民，是因为这对他来说构不成危险，14 世纪之前，步兵在战斗中并不起决定性的作用。如果城市领主是地方诸侯的话，事情会得到非常快的解决，像在圣昆廷（Saint-Quentin，1090 年）、阿拉斯（1108 年）、瓦朗谢讷（Valenciennes，1114 年）、亚眠（1119 年）、根特（1124 年）和布鲁日（1128 年）。如果城市领主是类似于国王等这样的神圣者的话，便会更加密切关注城市的自由问题：卡佩王朝鼓励王室领地以外而不是以内的城市获得自由权，巴黎有王家行政官则没有公社。如果诸侯是一个强大的教会神职人员，情况也是非常相似的，他会保留着对关键要素的控制权，像在列日、兰斯和梅斯。但是，如果城市领主是一个拥有较少资源的主教的话，对城市的要求就会犹豫不决、耍诡计、拖延（像 1105 年在斯特拉斯堡 [Strasburg]、1109 年在努瓦永、1112 年在科隆、1115 年在沃尔姆斯和 1125 年在博韦），有时还会发生戏剧性事件（如 1112 年的琅城）。

上述所及远不是详细的清单，是非常简短的发展脉络，1090 年至 1130 年仅是一代人多一点的时间，比意大利或法国南部来说要短得多，但是我希望读者们能够理解，事实上，这一地区城市的"迅速发展"是长期酝酿着的社会聚合的一个最终结果。这些城市在日后的发展过程中，除了没有意大利城市的情况复杂之外，尤其是在制度、司法和社会发展方面的内容非常丰富，其中原因就在这里。大家族间的斗争这里就不再提了，正如我曾经解释过的那样，贵族对权力的控制是不稳定的。直到 14 世纪初，分享权力和利益的几乎始终都是相同的家族，这一点是令人怀疑的。如果说不存在相当于意大利城市那样的最高行政官的话，王权在一定程度上是对此的弥补。1224 年至 1239 年之后，卡佩王朝的干预加强了，特别是在公共秩序、酒的出售、防卫义务和商业法规的复核方面，如 1246 年艾蒂安·布洛瓦家族（Etienne Boileau's）在巴黎。还是在巴黎，该家族一旦出现欺骗行为，所享受的豁免权也减少了。即使在 1256 年，在路易九世控制下的部分城市中，路易九世依然通过地方镇长大大减少公社自治权来控制城市的财政。13 世纪中叶，正值普遍的经济困难和社会各等级的关系紧张引发各种要求的时期，为了对付不断上升的价格，进入各行业的门槛抬高了，雇佣劳动力的困难加大了，太多可见的经济压力增加了。北方地区是这一方面的主要舞台，如 1225 年、1253 年和 1260 年的阿拉斯，特别是在列日，1253 年至 1255 年时，一位受欢迎的领导者（下层医生），迪南的亨利（Henry of Dinant）曾提倡没收贵族和教会的财产。1302 年在布鲁日，佛莱芒人彼得·德·科宁克（Peter De Koninc）也提出了同样的口号："每个人的财产必须一样多。"在列日所发生的事件是血腥的，各处都有小规模的冲突发生（1267 年蓬图瓦兹 [Pontoise] 的市长被谋杀），但是直到 1280 年，特别是 1302 年之后，这些要求才在各地产生。像在意大利一样，这是城市历史的另一种类型。

跨过莱茵河的情形与跨过比利牛斯山是一样的，这一运动可控的公共方面是清晰可辨的，但获得的益处则要少得多。皇帝和诸侯们越来越倾向于关注城市问题。12 世纪中叶巴巴罗萨时期就这样了，如士瓦本的策林格（Zänringen）、巴伐利亚的维滕堡（Wittenburgs）和奥地利的巴本贝格（Babenbergs），或许只有波罗的海沿岸的城市才避免了此类情形。另一方面，新兴城市的发展都有规划的街区、集会的场所（the Dom、the Markt、the Ring and the Pfalz）。城市控制着城堡或教堂，控制着商业区、主要广场、诸侯的宫殿、要塞和铸币厂，通常情况下，还被授予自我管理权，但经济控制权——收税关卡、免税权、商人的活动——是排除在外的，尽管有时司法上涉及到商人的权利和新来者的自由之类的问题。一个完整的阶层体系使权利和义务趋于固定：国王、诸侯、伯爵，或辅佐者；每个街区的责任人（Burmeister、

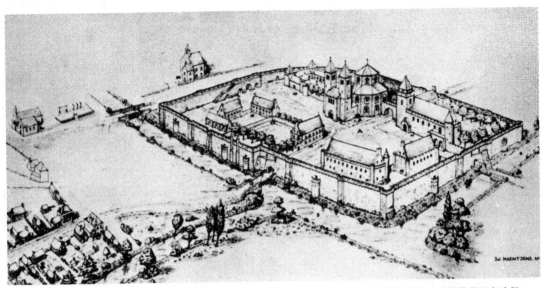

布鲁日。旧城的核心部分。有围墙的城堡和大广场仍然可以见到。12世纪时，佛莱芒的城市便获得了自治权。一个世纪之后，得益于1180年在布鲁日和其外围港口之间所挖掘的运河，使它成为国际贸易和海上贸易的中心（根据建筑师J.希恩·泰恩斯［J.Haen Tyens］的素描仿制）。

Schultheiss）；市民、地方法庭官员、商人和行业技师的后裔——从此，平民（the pestilens multitudo、the Muntmannen）都与其保持一定的距离。城市设有不宣誓的、由地理区划的代表而非职业组织的代表组成的委员会（Rat）。在德国，常常存在着时间上的间隔，除了弗赖堡（Freiburg，1120年）之外，这一运动直到12世纪中叶尚未开始：雷根斯堡（1156年）、奥格斯堡（Augsburg，1157年）、吕贝克（1159年）、汉堡（Hamburg，1189年）。在此情形下，14世纪之前甚或之后，没有发生社会动乱。但是，另一方面，根据获得自由的程度，我们能够做出一种分类，即使是某种理论上的分类，即朝着城市公社区域的方向，越往西获得"自由"的城市越多。于是，沿着莱茵河、法芬斯特拉斯（Pfaffenstrasse）这一"教士"之路——科隆、美因茨、沃尔姆斯、施派尔、亚琛、法兰克福、斯特拉斯堡、巴塞尔、康斯坦茨（Constance）——上的城市被认为是"自由的"、自治的，但是需要解释的是，它们要向皇帝宣誓效忠，斯特拉斯堡于1273年曾做过无效的努力；它们有负军役（Heerfahrt）、庇护和纳税（Steuer）的义务。其他城市中，仅有像雷根斯堡、纽伦堡、奥格斯堡、吕贝克和戈斯拉尔（Goslar）那样的"帝国城市"，确切地说是处于伯爵或驻防部队的首领的控制之下。

　　与建立公社的城市相比，下列城市只能算是以适中为优势了。英格兰、诺曼底和阿基坦的城市居民是那么的幸福，他们拥有一切。在这里存在着一个真空地带，如果不是意外的话，这至少是令人不安的，因为它证实了大西洋沿岸经济的落后和在"安茹帝国"的失败中所起的作用。盎格鲁－诺曼问题并不令人奇怪，就其实际情况来说，除了1066年的征服所导致的剧变之外,这是北欧最强大的王权,在非常小而分散的城市中设立司法官,尤其是在安茹王朝时期,城市里的统治者是决心支持商业组织的,由此,英国的行会得以繁荣。即使那时,因为政治环境的影响,狮心王理查授予鲁昂以特权(1195 年!),但与卡佩王朝给予自治权的城市相比仍不是处于同一个水平。然而,令人惊奇的是阿基坦的落后状况,长期以来没有公共权力的存在。这是经济力量削弱的标志吗?但是,盐、葡萄酒、朝圣者或去西班牙的骑士道路,对强大商人的出现一定是一种强烈的刺激,像普瓦堤埃、波尔多这样的城市,都有着市民的传统。尽管如此,情况仍不能做出估量:鲁昂的城市特权被扩展到了波尔多(1206 年)和拉罗谢尔(1214 年);其后来的历史证实,这些城市所获得的奖赏并不多,通过不可解释的个案历史对中世纪城市做出总体描述是危险的。

强权者与无权者

从乡村到城市,或者反过来,研究"典型的中世纪时期"的历史学家们所遇到的组织结构和社会关系无论多么复杂,都无法否认这样一个基本事实:"领主权"(seigneurie)是人事关系中的主要构架,由它产生了支配者和被支配者、强权者和无权者的对立。正统的马克思主义史学家援引"封建主义"这一术语——我自己认为这是一个不便于使用的术语,而不能说是一个错误的术语——来概括 10 至 15 世纪典型的相互依赖关系的性质。让我们设法给社会组织做一界定。

财 富

为了获得统治权,就必须拥有一些特殊的品质和无异议的物质资源,没有这些东西,权力的其他因素,法律及军事力量作为它的派生物也就不起作用。因此,我们现在所涉及的是历史研究的基础领域。单就财富本身来说没有什么争论或模糊的,无论是继承的世袭财产,还是作为采邑接受的土地,购买的土地,或者通过婚姻、大量商业活动所取得的各种获取物,都是财富,而最重要的就是土地和房屋之类的财产。我们已经讨论了 13 世纪末的意大利建立在个人资本基础上的财富的成长。在城市居民、商人和少数群体中,这些是例外情况。财富的积聚,或者换句话说,军事贵族或教会贵族手中土地所有权的集聚在时间阶段上有着清晰的划分。11 世纪前半期是第一阶段,此时,人们聚集了起来,居民被重新组合,领主制的核心内容已经确立。大致说来,1125 年至 1175 年是第二阶段,此时与之相伴的是现金交易向农村的大规模渗透以及可耕地的增加和基督教的扩张。正是在这一阶段,"惟利是图"性质的交换和出售方面的诉讼,构成了我们文献资料的 35% 至 40%。这些契约(磨坊、使用权、渔场冶金作坊、通行税)

见证了现实生活中我们称之为"有利可图的"利润的增长。就土地本身来讲，交易所涉及的面积常常是非常大的（如 100 公顷或 150 公顷）。第三阶段，大约从 1220 年至 1230 年直到 1270 年至 1280 年，呈现的是另外一种情形：作为对低地租的一种回应，"领主的反应"是通过转由直接开发恢复了土地占有权，如在洛林和法国北部地区；或者是侵占牧场草地（如在西班牙，1240 年前后，西多尼亚 [Sidonia] 和索托梅尔 [Sotomayor] 开始依据季节性游牧建立庞大的垄断基地，1273 年这些基地变成了牧主联盟集团）；或者是侵占公地，如在英格兰这一行为导致默顿法（the Merton Statute, 1253 年）的出现，在一系列长长的措施中，首要的是反对"圈地"。教会的获得物也是庞大的，最显著的是十字军东征期间所签订的土地合同也可以归于这一时期。正如我早先已经说过的那样，这种情形所产生的财政后果之一就是，促使国王建立对教会赠予、转让财产的控制体系（1265 年）。在美男子腓力（Phillip the Fair）统治时期，这一体系遍及整个法国，同时还要求教会起草近期获得物的清单（1295 ~ 1300 年），这对研究教会财产的历史学家们来说是天赐之物。

1300 年前，我们对富人们的财产持有情况毫无所知，无论是世俗的还是教会的。由人口普查或世俗的土地调查提供的分散的财产情况涉及的范围非常大，从 100 公顷土地的财产到 4000 或 5000 公顷土地的财产都有。人们的印象是，2000 或 3000 公顷土地作为一个单位的话，大约有三分之一的土地是由领主直接控制的，这其中包括森林、水域、狩猎场、一些被圈围的土地，同时，因为劳役制度的存在，自由体力劳动者越来越少了。此外，这些巨大财产的内部结构或平衡并不是始终相同的。在某些地方，分散的小块耕地妨碍了大农场的建立；在另外一些地方，因为相距较远，税收不易征集；在其他地方，花费很难抵得上回报，完全没有再投资，现金缺乏，财政部门无法运转。在这一记述结束的时候，庄园制度的这些困难既不普遍也不明显，但是在解释以后的发展阶段时，这些困难则是明显而基本的。

毫无疑问，这一时期的历史学家的理念是能够把握住"封建赋役"——领主强加于其管辖之人身上的负担——的标准。这肯定依然是一种理念，因为这幅双连画中的第二幅（农民的生产状况）是缺失的。尽管如此，我们还是试图描绘出一些轮廓。让我们站在一个领主、一个赋予公共权力的业主的地位上，虽然这不是"经典"状态，但却是非常普遍的情况。一个领主所控制的财产约有 4000 公顷土地、60 户人家，他所拥有的一切都是由其祖先而非他自己创立的。到 13 世纪，出租出去的土地不再具有强大的经济活力。由于习惯的约束，加之物价的上涨，地租已经失去了价值。据计算，土地资产的回报无疑是下降了，1210 年或 1220 年之后，达到中等比率，即 5% 至 7%；交给教会的什一税的突然中止，表明什一税（准确地说，应为产量的 9% 至 12%）已经被视为较好的回报；在意大利，价值的增长和成功，在相同情形下，商业上为 8%。显然，通过这种方式获得的收入是与出租土地的数量有关的，但是在 1230 年的圣丹尼斯，地租总数还不足全部收入的 1%；其他地方的比例可以达到 6% 至 12% 之间，但仍然是非常少的。另一方面，来自财产转让金的利润是可以计算的，以采邑形式授予的土地的转让金为地价的五分之一（1239 年）。在法兰西岛，普通土地的买卖转让金为地价的 8.33%，在博尔德莱（Bordelais）为 12.5%，在利奥奈（Lyonnais）高达 25%。总之，1225 年至 1230 年左右，侵夺依法占有土地的转让金为每块土地平均增值了 1 个苏或 1.5 个苏。无论如何，土地转让金上升得如此强烈，人们对新产生的苛刻的税金表现出强烈的反感和抵触，在卡斯提，这一税金被称作 "malsusos"，像在 11 世纪时听到的一样，现在又一次听到了这一称呼。雅克·德·维特里站在布道坛上指责土地所有者为 "贪婪的狼"。此类声讨是过激的，1225 年至 1230 年之后，带转让金的土地已经习惯性地成为世袭的了，尽管转让金常常并不征收，但仍是财政上大规模规避的手段。即使如此，我们的估值仍然显示，转让金与来自地租的收入是相当的，在总收入中由 8% 上升至 13%。因为直接来自不动产的产值，至少是来自出售农产品的收入——谷物、葡萄酒、家禽、木材——的增长并不会超过这一水平。我们知道，庄园里的基本收入依靠三大因素，也是领主拥有较高社会地位的本质因素：庇护权、司法权和对生产的控制权。

首先，税收总额在原则上是为了保证和平，即主要是为了完成武士的作战任务：questa、tolta、tallia、tonsio、bede、Steuer ——专用术语很多。非常重要的是，组成农村公社的主要目的之一，就是限制此类税收的额度。1150 年到 1180 年间，公社运动贯穿于整个西北欧，稍后遍及南欧，在农奴制非常稳固的地方，往往到 13 世纪时才出现（法兰西岛和香槟地区约为 1220 年至 1250 年）。非常不幸的是，这类税收的额度是变化着的。12 世纪中叶的克吕尼为每人 40 个苏，1200 年左右的普瓦图为 5 至 8 个苏，不及 13 世纪中叶时皮卡尔迪的一半；在意大利则变得微不足道了。即使如此，我们仍然看到，这类税收可以保证每年至少 15 至 20 里佛尔的稳定收入，对农民来说，这一收入是其地租的 4 到 5 倍。至于司法方面，不仅是有着巨大回报，而且对领主来说还是一项非常严格的道义上的职责，非常清楚，这是一条获取财富之路。但是，习惯使租金呈冻结状态，税收也要协商解决，罚金则成为较容易增值的因素。1270 年前后的英国大领主，每年的罚金收入达 1000 英镑，等于 7 万个劳动日；伊利主教当时征收罚金非常成功，罚金收入占其总收入的 28%，而且，在一个世纪之内又上升到 62%。使用磨坊和烤炉也要征税，劳役或款待领主的义务为现金所取代。在 1277 年的北部法国，领主的这方面权利可以估算出来，劳役为 6 至 24 迪纳尔，其余的则为几个苏，其收入达到领主总收入的 15% 至 20%。

所有这些观察引起两方面的评论：领主的要求很多，除了装备较差的农民或孤立于村庄协议之外的人的要求，所有的要求都不是决定性的。因此，我们正好发现了农民间的裂痕，起初是经济上的，最终演变为法律上的，一部分是能够应付各种赋役的农民，另一部分则是受着贫困威胁的农民。另一方面，领主财富的稳定，尤其是非常富裕的领主，只有依靠持续不断的法律和领主权上的高压才能有所保障。如果这些是惟一可依靠的东西的话，当它的被证明合理的功用——领主控制权和司法审判权——正在逐渐转入国王之手时，便出现了一种潜在的威胁（尽管是对地方贵族而不是对国王的），即部分意识到"封建契约"已经被破坏的农民的拒绝。

贵　族

无论如何，作为领主并不仅仅是活着，而且还要活得好，还要消遣和花费，要排场，以便实现其所承担角色的另一方面，即引领"贵族生活"。在城市和农村，公众舆论混淆了两种概念，即富有者（the rikes homes、the divites、the ricos hombres、the viri hereditarii）同时就是高贵者（the magnati、the proceres、the nobiles、the optimates）。

12 世纪初，有关贵族起源的混乱，在书面上依然是清晰的，正如我已经说过的那样，贵族并不始终是界定非常清楚的司法方面的分类，而是一个社会等级。其所拥有的财富是最为普通的标准，在此基础上，会聚着各种各样的趋向，尽管历史学家们像起初一样仍然存在着意见分歧。自由、世系、名门望族成员、领主权、杰出的军事才能，都交织在一起，对家族宗谱的强烈兴趣也起着不小的作用。当然，这两方面的结合并不是在任何地方都是同时形成的，在1170 年至 1180 年左右的皮卡尔迪、布拉奔特和那慕尔，骑士身份和贵族身份仍然是截然有别的。1250 年至 1260 年前后，在德国卑微的骑士中更是如此，在法兰西岛或阿拉贡也存在同样情况。与此同时，自 1100 年以来，意大利也存在着这种概念上的混乱，南部法国可能出现得更早。放弃绰号而以某人的领地或城堡取名成为了时尚，之后，这种时尚演变为通行的规则。这一非常抽象的符号的传递倾向于男性，因为在这一群体中，军事活动日益重要。

尽管如此，问题仍然存在，即贵族与封建制度下的封臣之间的关系问题。毫无疑问，两者在构成方面是极其接近的，而在法律方面则是迥然有别的。就个人来说，我依然确信封建社会是固有的，属于它的一些规则和例行习惯前面已经有所讨论，它仅代表少数富人、一小部分贵族，但其中的"自由持有者"的数量是更加庞大的。不能否认的是，在我们的文献中，封建制度的事例或者仅仅是有关封建制度的词汇的使用增多了，甚至在那些对封建习惯长期采取抵制态度的地区，如皮卡尔迪，这一比例也由 1050 年的 4% 上升到 1100 年的 9%，在 12 世纪的前半叶和后半叶，达到 12.5%，之后稍有衰落。在 1100 年至 1125 年左右的康什河（the Canche）流域，其中的 100 份契约中，仅有 25% 涉及采邑，与 35% 的自主地形成鲜明对照，而这还是封建制度非常强大的一个地区。13 世纪初或 12 世纪末，在皮卡尔迪的阿伊（Ailly）500 平方公里范围内有 60 个封臣，在诺曼底，30,000 平方公里范围内有 2800 个，在香槟地区，10,000 平方公里范围内有 2000 个，在神圣罗马帝国，每 500,000 平方公里范围内有 20,000 个；承诺能得到 100 个封臣的封建协助金的佛兰德尔伯爵，仅收集到 50 个封臣的协助金。必须承认，所有这些数字是不能划分为相同等份的，有时会低一些（在德国，100 平方公里范围内有 4 个封臣），有时达到平均数，如英吉利海峡沿岸的 9% 至 12%，或者更高一些，像在香槟地区。但是，在所有这些事例中，对我来说，贵族的比例应当比 1200 年之前那种似是而非的统计低一些，约为人口总数的 4% 或 5%。另一方面，封建社会的发展确实为那些并非真正贵族但却希望成为贵族的人提供了加入贵族队伍的可能性，部分原因是无土地因此也无赋役（特别是军役）的采邑数量的增多。如 1048 年的富尔达、诺曼征服后的英格兰、1079 年和 1087 年在诺曼底和佛兰德尔出现的"货币采邑"（采邑租金）。毫无疑问，这些采邑是针对参加军事活动的人，同样也是针对城市居民，那些不想手持武器的城堡的守卫者（Burgmannen）。但

君主的权力是通过象征物而得到确认的，这是西西里国王们加冕时所带的手套（维也纳艺术史博物馆收藏）。

是，也有对那些需要应付沉重的兵役负担的封建领主做出让步的情况（1135 年左右时，一个骑士的装备价值 20 里佛尔，是 150 公顷土地的价值！），而采用每年征收税款 "adjutorium"、"adoha"、"écuage" 的形式。在这一方面，1153 年之后安茹王朝的国王们树立了榜样，依靠征收到的税款来支付雇佣兵的费用，而雇佣兵不仅高效而且更易于管理。到 12 世纪末，这一做法已经很普遍，这包括一匹带鞍且装备齐全的马，并且将马交给领地的主人，以替代骑士自己应承担的军役。在多重效忠的习惯盛行的时候，我们极易见到危险（1046 年前后的旺多姆 [Vendômois]、1077 年的加泰罗尼亚就存在着这样的事例，在德国还存在着非常极端的事例，如 1229 年一个非常特殊的领主要向 48 个人效忠！）。在 1154 年的隆卡利亚，巴巴罗萨试图通过严格的臣民效忠形式超越这种混乱情况，但却归于无效，甚至在整个德国都没有取得效果。

    13 世纪期间，贵族经历了萎缩和重新定义的阶段，其中原因是多种多样的，正如我前面已经说过的，有些家族经受了经济资源集中的过程，一些标志着其上等社会地位的特征也移换了，有时甚至是放弃了，例如，有利于一座单纯的庄园的城堡的维护就是这样。骑士授封仪式的花费使得这一仪式只局限于一个儿子，即长子。并且，在后来，这一仪式逐渐变得毫无意义，迫使那些较贫穷的贵族满足于乡绅的社会地位。即使在封建组织内部，领主强加的财政负担也在不断增加，宗主权也变得不能忍受：在 1133 年的诺曼底以及后来的其他地方，领主建立起

了实际有效的税收，如女儿出嫁、儿子授封骑士、自赎金、因参加十字军而出卖土地，都要收取领主"协助金"。德国的封臣还要处理招致毁灭的去罗马朝圣的问题，每个人都试图避免这种事情的发生，即完全依靠自己的力量出发去往意大利，巴巴罗萨皇帝不得不改变这一做法（1156 年）。同样还存在着"救济"的负担，这一负担似乎是关键性的：传统已经将这种救济固定化了，在德国和低地国家被称为"库颇"（koop，继承税），每年得自封地的年收入的比率被解除了，但是维护城堡的费用则增加了（1170 年），如果存在竞争的话，其费用总数是随领主的意愿而定的。因此，腓力·奥古斯都向申请佛兰德尔权力的埃诺的鲍德温（Baldwin of Hainault）征收了 5 万马克（1192 年），向申请继承其兄狮心王理查在欧洲大陆领地的英王约翰攫取了 2 万马克（1200 年）。为了弥补这一损失，1214 年，英王约翰也开始在英格兰征收约为 100 至 125 英镑的遗产税。需要说明的是，在婚姻问题上，贵族是极其糟糕的马尔萨斯理论的实践者——即只有一个已婚继承人——这也确实是一些贵族支系灭绝原因之所在，在皮卡尔迪，1230 年至 1240 年左右近 30% 的世系都是新的。

　　这一切都伴随着数量的减少。据统计，1150 年时的威斯特伐利亚（Westphalia）有 120 个宗族，到 1200 年时降至 98 个，1250 年时为 64 个；与此同时，皮卡尔迪地区分别为 100 个、82 个和 42 个。一些家族在经济上的衰落甚至毁灭以及另一些家族通过新途径（1250 年之后是王室的提携）的兴起，直接导致了反映社会等级并非反映出身的级别和等级的划分。在神圣罗马帝国，这样的社会级别有着非常精确的标志：12 世纪的骑士（Heerschild），由法学家或法律系统化的学者所写的"法鉴"，如沃尔弗拉姆·冯·埃申巴赫（Walfram von Eschenbach）1225 年的《萨克森法鉴》（Sachsenspiegel），对帝国诸侯到奴隶般骑士的社会等级进行了划分，这些贵族中的一些人不乏有辉煌经历者。这一做法得到其他地方的效仿，如在法国，就被那瓦尔的腓力所模仿。但是，事实上，在更多情况下，是社会地位或者如西班牙人所说是"brazo"使贵族与其他人有了区分：他们是骑士，其他人则是侍从；他们是主人、领主，其他人则是"domicelli"、"donzeaux"；他们是主要承租人，其他人则是"vavasours"（封臣）、"vassi vassorum"；他们是低地国家的"贵族"，其他人则是确确实实是"一般的人"。从等级自身来看，这种划分并不是最根本的问题，社会等级由此建立的根本原因是：掌握着针对别人的权力。

权　力

　　12、13 世纪，尽管产生了对抗，但是职权的行施与我们所知道的并没有什么根本性的差别，职权行施的最好手段永远都是法律、武力和提供人身保护，物质基础则是经济，尽管很长一段时间里财政收入是属于帝王诸侯个人的。在举行了涂圣油仪式、笼罩着灵光的国王那里，情况则是不同的，因为今天已经找不这方面的踪迹了。如此说并不意味着否认这种差别的存在，首先我们目前所研究的这一时期，尽管有了公共机构"国家"的理念，但正处在萌发阶段。从词源学来看"res publica"就是"公共福利"的意思，源于对秩序的共同赞成，显然这是一个保守的概念。

然而，即使那些自称恺撒的国王，也更多的是从《圣经》而不是古代习惯中寻找先例，因而这其中奇妙地混杂着宗教的——通过国王在加冕典礼上面对圣物的宣誓引导人们寻求得救，维持上帝的律法——和一个官员要施行的公共职权的意义。由此引发出王权的两方面职能：因为国王列属于圣职，涉及其权威的任何事物，包括其人身都是我们称之为王权的标志，是不能侵犯的；因为国王要领导信仰基督教的人民、要颁布法令并提供使他自身服从其誓言的手段，所以应受到监督。在这种情况下，普世权利、以武力控制教会和罗马教皇的梦想大大超越了赋予国王这一角色的职权范围。不仅教会法学家，就是罗马法学家也不能接受这种情景，德国的君主们通过各种途径将这一观点强加于人，但都归于惨败。

对 12 世纪和 13 世纪欧洲的个别君主政治进行概括，或者叙述其政治史上的插曲，都是不可能的，但是像其他的许多社会因素一样，王权自身也需要适应环境，因此对其各个方面加以考察是必要的。像任何其他的贵族组织一样，王权在本质上是一个家庭组织、一个"家族"组织、族系组织、种族组织。国王也不再是贵族中最高贵的人，但是他的家族的生命以及他利用其家族成员扩大权力无疑是格外重要的工具。我们对中世纪君主的了解并不很多，通过他们钦定的传记作家或者通过考察他们所颁布的法律是很难对他们做出评判的，尽管在非常成功的时候这些法律确实反映了他们的计划。对 12、13 世纪来讲，鲜明的个性并不为人知晓。我们对这些君王的性格以及政治倾向的了解，主要是因为他们为其家族争得了荣耀，在他们的记忆中是很少没有阴影的，如卡佩王朝的腓力·奥古斯都、金雀花王朝的亨利二世、士瓦本的腓特烈巴巴洛萨是三个同时代的人，在他们之前，有西西里诺曼王朝的罗杰二世以及我们所研究的这一时期末期的卡斯提的阿方索十世、神圣罗马帝国皇帝腓特烈二世、法国的美男子腓力。法国的路易八世或德国的亨利六世生活得时间太短了，而亨利五世和圣路易则生活得又太长了。需要特别关注的重要之处是如下的特征：这些君主是依靠他们的妻子、兄弟及孩子的帮助才得以幸存的，像路易七世那样，他们为了得到一个男性继承人会毫不犹豫地与妻子离婚，或者像路易九世那样，将有危险的特权、属地授予他的兄弟，他们中的大多数都与其长子共同执掌大权。但是，在所有这些家族当中，只有一个保住了权力没被颠覆，这就是卡佩家族。在无休止的争吵中，安茹王朝分裂了——丈夫囚禁了妻子，儿子反对父亲，兄弟之间相互仇视，叔父辈被杀——此时的法兰西家族完全保持着平静，使其经历了两代未成年国王的统治而没有受到任何威胁。这无疑是幸运所致，当年长的儿子们准备亲政时，活跃的摄政和顺从的叔父们并没有制造骚乱。无论如何，从高层次上看，这不仅是机遇问题，更重要的是统治技巧。

为了便于统治，国王需要教会的帮助，教会向他提供了安全保障和劳动力。曾经不受圣职买卖影响的卡佩王朝的国王控制着26个作为封臣的主教和67个王室修道院，在主教和修道院院长的职位空缺时，享受着圣职的收入，保护着教士，并能够获得金钱上的帮助（"什一税"），身边围绕着高级教士，后来又有托钵僧们伴随左右。即使他个人生活是可疑的并有可能因此而被开除教籍，但罗马教皇信任他，因为教皇被驱逐后便寻求法国国王的支持和庇护。在关键时刻这一点成了巨大的资源，开始是诺曼王朝，后来是金雀花王朝，英格兰的统治者们对那些不服从的高级教士越来越采取主动进攻的措施，而不再仅仅是增加其负担而已。为了控制教士们，亨利二世向他们施加影响,结果他的朋友托马斯·贝克特（Thomas Becket）很快使其改变了态度。这一事件的后果是众所周知的，托马斯·贝克特被流放法国，得到原谅后返回英国，接着遭谋杀，亨利二世当众悔罪，王权受到削弱（1159～1172年）。而神圣罗马帝国的情形则与此不同，皇帝非常重视教会，他甚至习惯于帝国的教会体系，从中获得主教们的支持并建立起强大的联盟，如果失去这一支持，皇帝便会陷入众多的德意志王侯相互混战的泥沼。正因为如此，撒利安的皇帝们坚决拒绝教皇对圣职的任命和授权。1122年，当德国的统治者亨利五世被迫在沃尔姆斯做出妥协时，德国人并没有放弃这一权力，巴巴洛萨腓特烈一世继续推行打击教会并最终使其屈服的政策。虽然他受到伦巴第民兵组织而非罗马教皇亚历山大三世的抵抗，但是1177年，他的军队还是在威尼斯停了下来。继其祖父之后，腓特烈二世也失败了，他需要时间、金钱和同盟。

在某些问题上，教会与君主之间的观点时有差异，是依靠"忠实的人们"、朋友和诸侯与之对抗，还是回避？在12世纪，至少在12世纪早期，这种"封建式"想法还存在着。地方诸侯是国王的代表，封君封臣思想使他们不能走向反叛，也确实无人梦想摆脱国王的控制，如果真的有人与国王发生对抗，那也是因为他们真诚地相信国王背叛了他们。在佛兰德尔、香槟、勃艮第和图卢兹，像在那些不重要的地区一样，形势随时都会处于微妙状态。显然，某些冲突的爆发是因为不情愿的国王与其兄弟之间有关朗格多克的争夺,如佛兰德尔的继承权纷争（1071年、1127年、1191年），香槟地区的家族纷争以及阿尔比派（Albigensian）的贸然发展。但是，概而言之，1270年左右，除了西部地区之外，法国的局势是非常稳定的，尽管西部地区是孤立隔绝的，但占王国的大半。作为诺曼底公爵和英格兰国王，先是征服者威廉，之后是他的儿子亨利，往往都是麻烦不断。但是，这些事件仅仅是小的冲突而已，佛兰德尔、安茹和阿基坦都还是可以作为依靠的。同样的人但事情却完全改变了，金雀花王朝的亨利将英格兰、诺曼底、卢瓦尔河流域、布列塔尼、从普瓦提埃到贝阿恩（Béarn）（1151～1154年）的整个法国西南部都统一了起来，而且作为一名国王，他并不需要向法国国王效忠称臣。能够解救或至少能够得到保存下来的，对法国国王来说（安茹家族并不希望拒绝他，尽管他们能够这样做）当然是安茹王朝的王子们的不和、英王约翰的漠不关心、在布汶战役（1214 年）中他的联盟的失败、英国人的叛乱、腓力奥古斯丁的胆大勇敢、圣路易的温和适中。同样，还有安茹"帝国"的脆弱，强大的英格兰与欧洲大陆领地间的不相容使英王很难加以防卫。到 1259 年局势稳定了，但接着又开始恶化，这真的是一场国王与诸侯之间的较量吗？

在神圣罗马帝国，如此对抗的发展则比较缓慢，其主要原因是在于根据种族、财政和习惯而建立起来的一些大的"公国"，如萨克森、巴伐利亚、罗退林基亚、法兰克尼亚、阿尔明尼亚（Ale-mannia）、士瓦本以及向东进行日耳曼化运动期间，在勃兰登堡、劳齐茨（Lausitz）、迈斯（Meissen）、奥地利建立的"边区马克"（"marches"）。日耳曼人的政策是沿着两种不同的道路发展的。首先，依附于那些与德国国王或王室关系较密切的帝国诸侯（Reichsfürsten），必要时甚至能够保证其地位的世袭或从他们之中选出国王，巴巴洛萨试图通过这一

皇家王朝。腓特烈·巴巴洛萨（1152～1190年）与他的儿子亨利和腓特烈（摘自《威尔夫编年史》[Welf Chronicle]，黑森，国家图书馆）。

途径来加强封建等级制。不幸的是，神圣罗马帝国的各王朝持续时间并不长，职位的承诺和任命经常更新。与此同时，一些诸侯并不是维持其公国的地位，而是向外扩张，将触角伸向各个方向，如扩张到了意大利的罗退林基亚的诸侯们、11 世纪巴伐利亚的威尔夫家族、活跃于吕贝克到莱比锡的萨克森的狮心王亨利，扩张到了阿尔萨斯和瑞士。另一种策略也是必需的，这就是用武力将这些诸侯的势力分开，巴巴洛萨就是用这一办法最终成功地将狮心王亨利的势力分解开了。但是，腓特烈二世虽然在意大利花费了大量的时间，但还是没能坚持住这一政策。

较好的政策是国王由领取薪俸者拱卫着。以家族为中心、实行封建等级制的国王政府有着自身的特点，但是这样的政府必须有自己的代理人并听取专家们的意见。这一时期，这方面的典型是英格兰。威廉一世扩大了撒克逊人的郡长制（shire-reeve），建立了围绕其左右的王廷。安茹王朝吸收了这一做法，或许又仿效佛兰芒人的例子，由直接封臣、教士、财政官员和大法官（1129 年）组成王廷。自 1106 年，国王的法官开始在全国巡回，因国王需同时治理英吉利海峡两岸的事务，所以国王亲自治理一边事务时，另一边则指派最高法院的法官代理。仅有这一些是远远不够的，还需要有法规和财务计算。自 1130 年，国王已经开始保存收支记录，

在布汶战役（1214年）中，法国国王腓力·奥古斯都从马上跌落下来的情景。从王冠和带有百合花的盾牌可以将腓力·奥古斯都辨认出来（马修·帕里斯的《迈洛编年史》[Chronica Maiora]，约编于1255年；剑桥大学，基督圣体学院）。

此后便有了对封建领主和教士的巡回审判，如同在克拉伦敦（Clarendon，1166年）和北汉普顿（1176年）所进行的"巡回审判"一样。有了就军事问题和森林问题而进行的巡回审判（1181年和1184年）。王廷颁发国王的旨意，即"令状"。1177年时，所有这一切活动需要大约两千人的一个组织机构。而且，这类政府易于形成专家治国的局面——多为来自欧洲大陆的法律和财政方面的专家，如兰纳夫·格兰维尔（Ranulf Glanville）和沃尔特·迈普（Walter Map）。随着财政需求的增加，小的贵族——大诸侯不在其内——要求磋商解决征税问题，作为1214年失败的结果，约翰只好答应了他们的要求。1215年的《大宪章》规定，必须征税时男爵和教士需要集合起来一起商定，他们可以举行议会。国王的真诚不必传至后代，亨利三世操纵议会向司法的角色发展，由其官员加以监督，而亨利三世本人则建立起一个个人顾问班子，王室保管委员会。这些机构的发展结果同从前是一样的——财政混乱，外国人占据优势（特别是围绕在王后周围的普罗旺斯人），军队经常败北且反抗不断（包括1258年所发生的非常严重的那一次，因为这次运动的领导者是莱斯特伯爵、图卢兹的征服者的孙子西蒙·德·孟福[Simon de Montfort]）。国王需要一个委员会的控制，需要小贵族的制约，需要地方法庭的发展——事实上，需要一次真正的净化。亨利三世虽然放弃了原来的观点，但却与支持他的法国国王路易九世进行了协商（1264年）。加强了力量之后，亨利三世依靠武力返回英国击败了男爵们，杀了其为首者并将其碎尸万段。但是，西门·德·孟福的草率行为却获得了一个长期变化，这就是议会的召集和对政府的继续调查。英格兰的行政管理制度更加巩固了。

在那时，没有一个地方的行政管理制度像卡佩王朝的法国那样，在革新方面显得苍白无力。作为加洛林王朝"宫廷"的残余物的王廷虽然存在，但国王们似乎只关心自己管辖范围内的事。在腓力·奥古斯都的时候，他达到即位年龄之后认为大法官法庭（1187年）和王室执事（1191年）

过于危险,产生了设立领取薪俸的巡回(后来固定了下来)大法官(baillis)的念头,1254 年之后,路易九世又进一步扩大了它的作用。法国王廷向专门化方面的发展,由此产生了大法官法庭、最高法庭、财务部,但很难同英国的王廷相比。实际上,直到美男子腓力的时代,西欧最富有和最强有力的王国仍依靠少数教士和较小的贵族实行统治。其中当然存在着某些波动,但是路易九世的少数派统治时期的"男爵"运动(1229 ~ 1243 年)则是微不足道的。贵族们利己主义的孤立性要求缺乏总体性的设计。贵族利己的孤立要求并没有进行总体设计。在其他地方,或者是像德国那样,是无政府主义取得了胜利。1235 年至 1242 年,腓特烈二世既不能设立征税组织也不能建立自己的代理机构,更不要说是帝国议会的会议了。或者正相反,任何事情都是一次性解决了,但却始终处于战争和外国势力的影响之下,这种情况以西班牙最为突出。12 世纪时,西班牙的国王们建立起了王廷和国库,尤其是西西里的罗杰二世,其权力行使于整个国家,建立了由"洛戈塞特"(logothete,"执政官"主持的法庭)直接指导的财政机构,建立了由"埃米尔"直接控制的军队。

　　德国国王的失败、英国国王的成功、法国卡佩王朝所遇到的抵制都源于一个同样的因素,即作为中世纪权力基础的国家的财政收入。国家财政收入缺乏,对任何人,包括教士、王室宗亲、诸侯和代理人的依赖都将归于无效,但是国家的财政收入并不表现为税收的形式——在很长一段时间内欧洲人并不熟悉它。1232 年,腓特烈二世试图在城市中征税却彻底失败了。财富存在于不动产之中,国王应遵循"靠自己过活"的原则独立解决一切,但是在德国并不具备这样的基础。帝国领地确实存在,巴巴洛萨即位时,大约有 14 座宫殿、35 座城堡、50 处地处乡村的地产和 1400 处拥有产权的地方,这一切构成了王室财政收入,但这远不够开支。但是,无意识地重新册封(Leihezwang)的习惯,使萨利安皇帝不可能依靠没收地产,他们只能持有自己所拥有的那一点地产。与此形成鲜明对照的是法国卡佩王朝的统治者,他们有加洛林王朝的王室财政可供利用,而且通过购买、交换、接受遗产又加以扩大。这时的王室财产收入是不确定的,根据洛桑的柯楠(Conan of Lausanne)报道,1179 年,国王个人辖区的收入是 228,000 里佛尔,1223 年则为 438,000 里佛尔,1125 年有 24 个处理司法和财政事务的官职,1202 年达到 56 个,到 13 世纪末时则达到了 106 个。而英格兰王室辖区的结构则有些不同,因为它源于对原有地产的查抄没收,威廉一世时就已经将 16% 至 18% 的耕地划归王室(基本上是已经开发的地区和交通要冲——"森林"一词并非始终都是指林区)。之后,亨利二世于 1180 年左右,以及亨利三世通过 1244 年的令状进一步增加了王室领地,但这并不能对财政收入的获得有多大的作用,但由土地的性质所决定,它可以作为可分封的采邑的一种储备,或者为隔离两个强大的已经变成危险因素的领主提供了一种方便的形式。概而言之,人们可以得出这样的结论,王室领地向英格兰的金雀花王朝提供了服务,使法国的卡佩王朝得以维持。这些确实是强大王权的两个重要方面。

司法独立问题

在无权者当中，有着一种另外的倾向性，就是对自由权、自由度的追求。恰恰正是法律意义上的自由权是头等重要的一个问题，它不仅仅由是否有自由迁徙权、取得配偶权或遗赠财产权加以区别，而且同样以能否参加"公共"法庭、拥有自己的工具和装备、应邀招待主人、缴纳租税（仅仅给那些有名望者以保护的标志）相区分。或许从道德和心理方面来理解自由还远远不够，而这可能是一种最强烈的感受：不能在公共场合被人抽打、不能被禁止结婚、不能被教会拒绝、不能被狗追咬。为了消除这些屈辱，很多人会毫不犹豫地放弃任何东西去摆脱羞耻的束缚，这是与生俱来、不言自明的道理。

上述自由缺失的重要性已经引起了无休止的争论，而且争论至今还在继续，但是已经达成共识的一点是，尽管是比较边缘的一点，纯粹的像古代一样的奴隶制并没有从欧洲消失。在欧洲大陆的北部和南部边界地区依然很活跃，如果奴隶是爱尔兰人或挪威人的话就被运往伊斯兰世界，或者被伊特鲁里亚地区，特别是西班牙和普罗旺斯的基督徒所驱使。1240 年至 1280 年间，在巴塞罗纳，大部分黑人奴隶的价格从 3 里佛尔升至 10 里佛尔，远远高于被阿拉贡的宗教教团所雇佣的穆斯林。马赛似乎是另一个贩卖奴隶的中心，但是发展较晚。显然这是这一时期的次要现象，但仍然值得关注。取得的比较重要的第二点共识，关系到马克·布洛赫所提出的一种理论（存在于教科书中 50 年，但至今仍令人震惊的一种理论），即所有的农民都是农奴。如今这种理论已被普遍放弃了，但遗憾的是，西方历史学家们仍沿用现行的马克思主义术语"农奴"一词，就像使用"封建主义"一词一样，并没有详细说明其涵义。因为至少这在 1300 年之前的中世纪，除了法律上的让渡外，它还意味着经济上的让渡。

即使达成这些共识，不同观点还是很多的。作为农奴有无"特殊义务"呢？在北部和东部法国，以及在神圣罗马帝国，农奴（作为"别人所拥有的人"——a quotidianus、Tageschalk、Leibeigen）获得大片遗产的事，直到 13 世纪中叶仍有发生。"Besthaupt"或"Buteil"是对动产、家畜、钱或私有财产（Chattels）所征的税，但是这一做法使那些生来没有奴役身份的人也受到连累，如在香槟和贝里地区。只有对遗产的全部夺取、没收充公才是财产让渡的标志，但是这种做法非常少见而且是要冒风险的，所以领主对此是犹豫的，如果一个人到头来什么东西都失去了，他还努力什么呢？因此，没收全部财产的做法渐趋消失。1250 年前后，教会开始导入一种按比例继承的思想，如三分之一动产，五分之一地产。婚姻自由的障碍是昂贵的婚姻税（在领主地产范围以外寻找婚姻伙伴时所缴之税），作为自由人也要缴纳，例如在阿图瓦就是如此。仅仅是像"chevage"（在图卢兹称之为"questa"）一类的人头税，在 1210 年至 1220 年前后仍然在征收着，在北部法国是按领主的意愿征收的，而按西班牙的惯例，人头税是役地权的许可证。

庄园劳役。在监工的监视下，农民必须为领主从事体力劳动。

无论如何，需要强调的是，最初的数额是每人 4 个迪纳尔，非常类似于古代对释放奴隶所征的税。有关受奴役的人，尤其是没有知识背景的人的类别很多，使人们将所有这些类别的人都划归农奴的行列，如德国的 "censuales"（"自由佃户"）和英国的 "维兰"。至少后者是出现于庄园法庭且受 "普通法" 管辖的，我认为将他们称之为 "农奴" 是一个错误。作为个人来说，我倾向于将农奴制看做是一种残余，从其表现形式来看始终都是参差不齐的，古代残留的身份地位的名称比实际存在的情况还要多。自 1230 年开始，特别是从 1250 年以来，法国王室领地法兰西岛便出现了大量的个人的或集体的 "奴隶解放" 活动。毫无疑问，这有助于贝里、尼韦奈、弗朗什孔泰（Franche-Comté）、佛兰德尔、蒂耶拉什、韦尔芒和朗格多克这些薄弱地区合法农奴制的消除，同时，在法兰西王国境内，这种残留的农奴还不足总人口的 8% 至 10%。

　　自由不仅是人的自由，也关系到土地的自由，这同时也是学术界热烈讨论的另一个领域。"自主地" 就是除了在其上劳作的人之外没有别的主人，而劳作者既不需要纳税，也不需要服役，它既可以是贵族的土地也可以是农民的土地。1000 年之前，可能是贵族占有的自主地存在得比较广泛，之后几乎都划归到封建体系中了，"恢复" 封建采邑的地位的运动遍及整个欧洲。农民自主地的发展机理也是一样的，恢复为保有地似乎是非常自然的事。紧随这种自主地而产生的问题是，土地的主人对这种结果的反对。根据定义很难对此做出判断，准确地说是因为它涉及教会领主或封建领主对此的逃避和我们的资料来源问题。但是，现在流行的观点是，"自主地" 的大量存在大大出乎我们曾经的想象。11 世纪自主地数量的减少是与林地的开垦、新村庄的建立以及封建领主权力的收缩成反比的。12 世纪初，皮卡尔迪地区提及这种类型的财产的文献数量由 17% 降到 3%，但是在香槟地区，1150 年时这类文献的数量则高居 17%，沙特尔地区则高达 33%。这一数字在 1200 年之前略微有所上升，但是接着便降了下来。无论如何，到这一时期结束时，这类自主地遭抵制的现象上升了。在法律谈判中，像其他各地所签署的某些契约一样，南部欧洲存在的罗马法对此是一大促进，这方面的事例就是加泰罗尼亚的"aprisio"，在契约的最后以非常固定的术语正视了土地所有权向耕种者的转移。从司法层次上看，在埃诺、德国，无共同参加的普通法庭的存在，是这种社会群体存在的明证。我们对它所产生的影响并没有很多的衡量方法，但其意义是非常重大的。部分自由地持有者即使到处受到攻击，但直到中世纪结束财产所有权变革之时自由地仍然能够维持着，尤其是涉及农民劳动者的地方。

经济自由问题

显然，这一时代的人们，对生产什么的自由支配程度是最最重要的。可能有人会提出质疑，封建领主制组织和领主的各项征用所带来的约束已经将任何的"自由权"的概念给排除掉了，其实不然，这是在玩弄词句，因为这样说的话，只有那些徘徊于森林中的人才是自由的了。

与封建领主权控制下的农民相比，某些农民可以说在经济上是"自由的"，这一定义包含了各种各样的差别和限定条件，但是这一定义的正面问题是，农奴们自身能够拥有一定程度的经济自由。在这里，保有权状况起着关键性作用。很长时间里人们认为地租是固定的，习惯所规定的地租使其不易加以提高（某些恶意加以提高的情况是例外的），要提高必须得到农民的赞同。地租的总额并不高，确实存在不符合这一解释的非常不规律的现象：1260年左右，法兰西岛对开放田的固定地租每英亩由2迪纳尔升至12迪纳尔。与此同时，对葡萄园的租金也由每英亩的4迪纳尔升至60迪纳尔。依照区域制定统一的地租额的企图，如1276年在香槟规定每块地交纳一个苏和一定量的燕麦的企图最终归于失败。我们由此可以明白，为什么应付款项以收获量的比例来征收（这对双方来说都是能够保证的）具有非常诱人的前景，尤其是在新开垦的土地上。在欧洲南部，"agriére"和"tasca"定为土地产量的四分之一或五分之一，与此同时，在意大利这项征收则高达土地产量的一半。反之，在北部法国（以实物地租而闻名），这项征收则降至土地产量的八分之一。1220年或1230年之后，最令人震惊的是在多个生活领域内对契约的追求，即产生了佃农制。在法兰西岛、英格兰和佛兰德尔，佃农制始于1235年至1260年间，这方面已经做了充分的研究，至少在一开始，双方（农场主和租佃者）都是有兴趣的，但是这件事引起农民们的反对。有人可能会说，佃农制的推行大大增强了农场主和租佃者之间在经济自由方面的差别。然而直到13世纪末，还找不到农村中存在这种敌对的证据，但肯定已经出现了不平衡的状态。

随着农民在庄园上花费的时间和体力的减少，对领主来说，庄园上的劳役已经没有多少实惠，这也是经济自由的重要因素。总之，劳役被现金支付取而代之的结果是劳役劳动的衰落：1234年前后，皮卡尔迪地区的劳役劳动减少为每周两天为领主割晒牧草；在普罗旺斯由六天降至三天，之后，在1198年、1260年和1277年间则完全消失了。无论如何，这一时期的领主对此也掀起了反对劳役减少的运动。某些领主，常常是教会领主，在他们的役务中还重申劳役劳动的价值，并试图提出"无偿"劳动日的要求，例如，1210 年前后根特的圣巴乌（Saint Bavo）以及 1240 年前后的圣丹尼斯。在法国的里昂、波尔多、索罗涅（Sologne）、香槟，确实出现了劳役增加的趋势；在英格兰也出现过，1221 年至 1251 年间伊利主教就加强了劳役劳动。领主对劳役劳动的重申是与习惯相违背的并引起农民的敌意。1250 年至 1257 年间，在圣丹尼斯和佩罗讷（Péronne），劳役劳动遭到了蓄意破坏。支付劳役劳动者和劳役劳动的监管者之间的关系是非常严酷的，发生于这一时期的著名的诺曼底的韦尔松抗议是很好的例证。从 1250 年至 1260 年开始（1251 年至 1256 年在低地国家，1280 年在卢森堡），这种关系更加严酷了，现金交易成为普遍现象，至少那些比较富裕的农民，已经能够承担赎取自由所需的大笔现金，争取自由支配的时间比金钱显得更重要了。

在有利的条件下，农民持有的大规模地产是能够建立起来的。借助于领主的土地记录，我们可能对这种地产的分布做出调查，尤其是对 1300 年前后的此类情况。即使在此之前，在托斯卡纳地区、萨宾人（the Sabine）居住区、巴伐利亚、加泰罗尼亚、皮卡尔迪，温彻斯特和伊利附近，由"庄稼汉们"建立的面积在 100 至 150 公顷的农场或许也还是存在的。土地市场的相对松散可以用来解释此类现象，但是农民群众的分裂（化），使得被经济进步所淘汰的广大农民拥挤在狭窄的地块上，而其余土地则落到了少数成功人士的身上。1259 年和 1280 年左右，那慕尔地区或者是皮卡尔迪地区的事例可以作为这方面发展的一个反映，人们由此可以认为，35% 至 60% 的劳动者（假如他们在相邻土地上没有其他地块）是在小于 1.5 至 2 公顷的土地上劳作的，这个数量仅仅是土地肥沃地区生存所需土地最小量的一半。约 25% 至 40% 的劳动者劳作在 3 至 10 公顷的土地之上，大致说来，生存线便将这一社会群体分成了两半，剩下来的劳动者占有 10 公顷以上的土地（或许达到 60 公顷）。从领主的要求来看，事情可以稍微简化一下，在此我还是要重复以前的陈述，即在 10 个农民中，4 个生活于财政困难或贫困之中，4 个生活必须谨慎但却是安全的，只有 2 个人的生活是舒适的。

局外人

与上述贫穷的农民相比，一些人更加不幸。一个人只是因为物质上的贫穷并不一定成为无家可归者，他之所以是一个无家可归者的首要原因是，他不属于某一群体，是一个孤立而脆弱的人，从司法方面而非经济意义上来讲他是脆弱的。确实，这一时期不乏乞丐的身影，自从对那些或许是被上帝派来的人给予款待的观念消失以来，他们的处境也恶化了。在修道院的门口仍然发放着面包，并附带鳗鱼和啤酒，像康布雷的一座修道院，用于这方面的施舍占其预算的 6% 至 8%。但

局外人。经审判之后，罪犯被投入监狱（慕尼黑，拜恩国家图书馆）。

是，乞丐越来越趋于"职业化"，在意大利，乞丐是要登记的（immatri-culati）。在13世纪末的南特、巴黎和里尔，某些乞丐还形成了自己的"行业"或行会，拥有活动区域的进入权、身份标志和固定的活动区域。自10世纪开始，在法国东南部和意大利，乞丐们公开地聚集于旅馆，自1171年至1185年之后，其数量也有了上升（在巴黎主教区，乞丐的人数由1150年的4人上升到1200年的29人，到1250年时已达到83人）。如果他们到处闲逛的话，很快就会被怀疑为异端传播者，他们也确实是一些好幻想的人，像"匈牙利的主人"，或者像1235年至1250年那些穿梭于乡间的"牧师们"那样，我们很难说出他们是否是某些社会使命的承担者。在其他地方，他们与选择了贫穷生活的那些人混在了一起，如1170年彼得·韦尔多（Peter Valdes）的布道之后伦巴第的卑贱者（umiliati），或者是1245年之后维罗纳的彼得（Peter of Verona）的信徒，维罗纳的彼得是佛罗伦萨的赞美诗演唱者（laudesi），既演唱也乞讨。这不就是圣方济各会修士们的理念吗？当他们成为社会上的常见现象时，便被限制在一定的区域内，或者像在普瓦提埃那样强迫使其成为劳动者。我们很想能够估计一下这些乞丐的人数，我们也有一些这方面的数据（例如，1239年至1265年期间，托勒多有3000人，米兰和蒙彼利埃有6000人，根特有5000人），但是事实上，这些被排斥于行业和土地之外的乞丐（pannosi），可能是失业者或临时工人，或者像在朗格多克一样，是新近迁移来的尚未被城市所吸纳的农民——14世纪灌木丛林地区（tosca、Tuchins）的人。

社会的排斥使许多人转而成为绿林强盗。在森林中，他们常常与烧炭者、逃亡农奴、被驱逐的城镇居民或退伍的士兵不期而遇，他们是失去了曾经拥有的法律地位的人。作为遭受嫌疑的被抛弃者，这些人组成了乞丐帮。在城市里，他们在晚上被驱赶到某个区域内受到管制，在农村，他们也受到严密监视，一旦犯法，不需审讯便被吊死。1300年之前，这些人仅仅是一些并不重要的发动单个"恐怖"行动和"骚动"的团伙，在骚动中他们像浮在社会表面的气泡一样迅速破灭了。但是，他们一旦被别人列入名单或告上法庭，便由社会的边缘人变成了一个危险的社会阶层。

与麻风病人相比，上述这些人还不算是"活死人"，麻风病人则是完全断绝了与其他人的联系。13 世纪时，他们的人数有着惊人的增长。在巴黎主教区，1150 年时有 8 所麻风病医院（第一所可追溯到 1106 年），1200 年时达到 20 所，1250 年时则达到 53 所——当然，如此飞快地增长，其数字是令人怀疑的。无论如何，有证据表明这种疾病与东方有联系。在东方，这种疾病的流行都是地方性的，但是许多麻风病人的外表症状使我们想起了皮肤枯斑病——湿疹、脓胞病——这些不传染的疾病，但却带有麻风病的征兆。

由于疾病或特殊活动而与社会隔离开来的麻风病人和乞丐被故意排除在了社团之外，另外有一些人，则仅仅是因为他们是"另外一些人"而不被计入社团成员之列。这些人中有疯子、傻子、精神不健全者，他们是上帝彰显自己（力量）的一种途径，当时的人能够理解他们，因此并不需要锁定他们的活动范围。但是，对身处基督教世界的穆斯林（莫德哈尔人）来说，他们被束缚于土地之上（西班牙的"exaricos"），实行单独统治（Teruel，1176），或许并没受到不公正待遇，但却由于信仰而被无可挽回地分隔开来，即使他们能够证明自己具有哥特人或伊比利亚人血统也无济于事。在 12 世纪，即使在从事伊斯兰教改造很长时间的地区这些人的数量也很多，在埃布罗河以北地区的总人口中约占 35%。

因为种族、语言、信仰、法律和习惯而遭排斥的犹太人承受着所有不利的处境，但在某一方面，他们也有着优势，因为他们可以独享国王所给予的保护（腓力·奥古斯都曾称他们为"我的犹太人"）。犹太人构成了王国财政的一个组成部分，所以也得到像王国财政一样的保护。当然，他们在基督教徒的普遍轻蔑之中是要为"自由"付出代价的，而且基督教徒并不想取缔这些谋杀上帝的人，因为除了犹太人所具有的实际作用外，他们在《新约全书》中的核心地位是对《旧约全书》的证明，呈现这些受诅咒者的面孔只在于安慰上帝的信仰者。作为古代遗产，犹太人的社区建于伊特鲁里亚海周围，11 世纪时那不勒斯有犹太人 500 户，图德拉的本杰明认为在纳尔榜、吕内勒和蒙彼利埃有 400 多户。1085 年收复托莱多期间，卡斯提的阿方索六世曾争取到 3000 户犹太人的支持。我们知道，在阿尔勒、维也纳、里昂、梅肯、美因茨，甚至在布鲁塞尔和累根斯堡也同样居住着犹太人。在传统的历史记载中，犹太人常常被描述为放贷人或医生，但是 1150 年之前，犹太人能够耕种土地、种植葡萄、灌溉土地、携带武器。在朗格多克，他们还控制着盐、皮革和奴隶贸易。在巴利阿利群岛和西班牙，犹太人是非洲黄金的贸易代理人或者是作为西西里地区的贸易代理人。他们的情况是非常稳定的，尽管他们与基督教徒混杂居住，但他们受犹太教拉比的管辖，根据他们自己的法律断案并公开奉行他们自己的宗教。1090 年至 1140 年间，在西班牙、图卢兹和朗格多克，犹太人被看做是税收征集人、庄园的主人，甚至还能担任维齐尔（巴伦西亚），因为他们为国王提供了丰富而经常性的财政收入来源，借助于他们的经济活动避免了政治迫害。在乡村和城市市集上，犹太人受到侮辱和嘲笑，并且每一个星期天，牧师都要对"背信弃义的犹

一幅英国人反犹太人的漫画（1233年的税册；伦敦，国家公共档案馆；经英国皇家文书局管理人员许可而复制）。

太人"进行恐吓。但是，这些天生的中间人，毫无疑问是设法渡过了如此悲惨的境遇，因为他们并没有逃跑，也没有改变信仰。正是通过他们，古代世界和伊斯兰世界的信念、非洲的黄金、东方的草药传播到了萨勒诺、巴塞罗纳、巴勒莫和蒙彼利埃。正是他们在家族性或经济上没有被融合，六七个世纪的忍耐保证了他们的生存。

非常不幸的是，犹太人宗教上的不妥协性与格列高利的基督教信仰改革，使得犹太人陷入了无休止的仇恨之中。某些无知的幻想者，如隐士彼得，还发动同胞十字军来对付犹太人。1096年，科隆和美因茨（并不是沃尔姆斯或法兰克福）的犹太人被烧死在犹太人的会堂里。与此同时——作为上述情况的一个后果——犹太教拉比们在教义方面的不妥协更加剧了这方面的区分，严格而虔诚的德国犹太人曾经与西班牙的犹太人发生过对抗。犹太人越来越封闭，并被鼓励居住于单独的街区，即封闭的犹太人居住区（如巴黎的布列塔尼 [Bretonnerie] 区附近的犹太人隔离区和威尼斯的基乌德卡 [Giudecca] 地区）。

在现在的基督教徒的肖像画中，犹太人的体形是以漫画的形式出现的：身材矮小、一副鹰钩鼻、卷曲的胡须、黑眼睛。犹太人不能当兵，甚至也被排除于西班牙的"caballeria villana"（骑兵）之外。他们的土地被剥夺，被拒之于工商业之外，惟一能够从事的工作就是放贷和经营小本生意。于是他们成为穷人所憎恨的对象。1144年至1145年期间，第一次排斥和查抄犹太人的运动在法国和英格兰发起，之后，从1175年至1182年遍及整个西欧甚至卡斯提。正是在这一时期，许多犹太人群落撤退到了中欧，到了波美拉尼亚和西里西亚，或者到了基督教世界的边缘地带威尼斯、西西里和黎凡特。1215年拉特兰宗教会议确认了一项禁令，强迫犹太人戴一种帽子和六芒星形的标志，犹太人的宗教崇拜也只能在秘密中进行。1237年圣路易在虔敬热情的驱使下，允许对巴黎的犹太人进行大屠杀，逼迫犹太人穿戴不光彩的服装，焚毁《塔木德》的各种抄本，创造"各种奇迹"，极力鼓励犹太人改信基督教，1240年和1244年，对不服从者还没收其财产并予以驱逐，所有这一切都被软弱的英格兰的亨利三世所效仿，因而在地中海周围地区，马拉诺组织显著增加。这些犹太人公开宣布改信基督教的目的是，既能够继续从事医药学、药理学或占星术的研究，也能够秘密地保持原有的信仰，但同时也要冒着被烧死在火刑柱上的危险。只有西班牙仍然是犹太人的庇护所。1290年和1306年新一轮的财产没收和驱逐直接导致了一阵流放狂潮，继波兰之后，安达卢斯和黎凡特成为犹太人的向往之地。

　　时常引起人们注意的是，13世纪中叶在我们所讨论的大部分发展中体现着一种平稳，有时是一种尾声：已经获得技术，市场已经获胜，社会结构业已建立。地域上的扩张和商业上的拓展已近结束，大海和气候带来的危险也已克服。然而，这也是一个前景变化多端的时代，失败似乎是合理的，有时也是非常明显的。商品货币经济的渗透正在逐渐侵蚀着近于衰竭的生产体系，国家，或者确切地说是城市呈现出或重新呈现出掌控已有9个世纪的农业传统的世界的趋势。但是，给观察者印象最为深刻的是社会阶层裂变的出现。已有的社会组织形式或简单的习惯本身已经将统治者和被统治者明显地划分开来了，能够横跨于这两者之间的是有带踢马刺权力的商人，或者畅饮葡萄酒的中产阶级。他们也只有在与"贵族"的利益融为一体的时候才能获得承认，与此同时，中产阶级的权力在法官或武士这样一些有声望的阶层中体现得越来越少，而纳税权或纳税额方面权力的滥用则越来越多。社会的分裂在劳动者阶层中表现得也非常明显，包括师傅与帮工，帮工与无业者，商人与技师，农夫与那些有报酬或无报酬为主人忙家务的短工。这些紧张关系仍然被人口的持续增长、整体的繁荣、国王尊严的提高和正统观念的胜利所掩盖。13世纪前半叶是欧洲历史上成就卓著的时期。这一时期只有一个宗教团体，一种信念和一种表达方式。我们现在必须进入这一共同语的世界。我们已经考察了欧洲，现在必须转向基督教了。经证明这可能是一个非常敏感的问题。

第九章　文化上的严格标准化

对西方基督教世界来说，10 世纪和 11 世纪是一个动荡的时代，一个充满疑惑和革新的阶段。在痛苦和悲哀中一种新的权力结构诞生了，即封建社会。罗马教会试图摆脱帝国的监护，并且发起了一场旨在使宗教脱离物质掌控的改革运动。12 世纪和 13 世纪，这股汹涌的急流趋于平缓。与前一时段相比，这个时期不仅动荡较少，而且在各个领域都有一种稳定的趋势，同时这一时代重大事件的结局或过程的延续都始于 1120 年之前。

教权制的恢复

正如我们所看到的，12 世纪初，非常明显的事件就是教会同世俗政权签订了一系列协议，目的是为了结束过去几十年因相互抗衡而引发的冲突。冲突的延续将导致对最基本社会秩序的怀疑，对无政府状态将是一种鼓励。事实上，那些最忠实于格列高利原则和改革思想的教士们，对国内外有可能推翻已确立的秩序的任何事物都怀有敌意。他们和大多数同时代人一样，都有一种强烈的感情，那就是在社会和自然宇宙中都存在一种天意所定的秩序，并且每个人都从属于一个稳定的集团，有个人的权利和义务，处于一种不容个人质疑的教会秩序中。来自奥弗涅的威廉主张，对现实社会的扰乱等同于攻击天堂中的自己。

唤起中世纪的超然模式通常是为了唤起一种不变性。有别于我们社会的中心议题在于改变和寻求更美好的将来，12、13 世纪的社会尊崇稳定性并且把事物的无常看做是人类原罪的后果。命运轮的主题经常出现在

命运轮或人类盛衰图：今天的国王或皇帝明天有可能变成乞丐（路易斯安那州立大学图书馆）。

这个时代的绘画中，它不仅描绘了历史进程中的财富，也涉及了人的软弱性，是一种人类激情和野心的玩具。在当代教士眼中，惟一进步的可能就是把教会和基督教社会恢复为原始的完整性，也就是上古的辉煌，这是被多次改革刺痛的一种怀旧情结。

秩序和神的法则

一旦那些引发主教叙任权之争的重大问题得以解决，至少在原则上解决后，教会就不禁会再次靠近它曾反对过的政府。这种趋势或多或少地表明了教会对国家的依赖。教会与没有放弃普世主张的帝国之间的关系仍僵持了很长时间，并且在腓特烈·巴巴罗萨和腓特烈二世统治时再次发生了对抗。但还有一些相当另类的君王，如法国，圣丹尼斯修道院院长叙热就成为路易六世和七世的首要顾问，各地统治者的周围都是主教和教士，他们都是最坚定的合作者和最狂热的史官。除了英格兰这样的地区性的教俗冲突以坎特伯雷大主教托马斯·贝克特被谋杀而告终外，当时的主要趋势是王座和神坛越来越近，这是 1100 年左右由沙特尔主教伊沃提出的，一直延续下来并成为法国大革命前旧制度的一个特征。

特别为地方层次所关注的两大统治集团的关系恢复了和睦，原因之一无疑是担心民众对那种依存关系和把他们当作统治者来服从的局面产生疑义。自 12 世纪的头十年以来，教会已禁止一般信徒对教士的裁决提出抗议。如果教士自身行为不当，应由主教对他们进行惩罚。与盛行于格列高利七世时代的争论相反，并被一些大众的宗教行动所补充，那就是正式明确了只有那些自身品行正直的人主持宗教仪式，圣礼才有效。从此，这些人被授予适当的神职并被神圣化。由于担心像布吕耶的彼得这样的传道士取得成功，神职人员成为封闭的等级，并且更接近封建领主，于是贵族们的喜好和慷慨也不容忽视。

在许多地区，特别是法国北部和意大利，城市公社运动开始了，并且经常声称旨在削弱主教的权力。我们知道，在琅城起义期间，诺让的修道士吉贝尔指责了公众的"阴谋"以及商人和城市工匠的行为。虽然这些运动平息了，但城市和乡村都产生了自由的愿望，而且常常伴随着对那些占据高位而又顽固不化的教士们的敌意。这种情况以罗马为代表，1146 年教皇尤金三世（Eugenius III）被驱逐出这座城市，暴动的目的就是确保这座与罗马教廷密切相关的城市得以自治。领导这场运动的是一名来自布雷西亚名叫阿诺德（Arnold）的教士，他要求教会放弃世俗权力和地方财产的主张取得了巨大的成功。罗马教廷求助于新皇帝腓特烈·巴巴罗萨，镇压了罗马的自治运动，也带来了流亡、死亡和教阶改革。这造就了两大权力（教廷与帝国）的结盟，尽管随后十年彼此间时有争斗，但在任何颠覆信号前都会结成统一战线。

尽管教会力图缓和其主张以使自己更适应世俗政权，但并没有完全放弃格列高利改革的精髓。

11世纪以来,教会(至少在较高层次上)力争获得自由并放松对普通信徒的控制,但到了12、13世纪,更多强调精神世界超越世俗社会,并且试图最大限度地强化对社会的影响。事实上,自从格列高利七世以来,即使最严谨的教士所追求的目标已不再是建立几个热心的社团来拯救祈祷者,而是实现基督教社会真正期待的世间天国。当然在整个12世纪,修道生活仍然积极和盛行,西多会人数的增加可以作为证明,并于随后的数十年间在圣·伯纳德的推动下遍及西方,但这一时期的新特点是与宗教生活新概念相关的世俗教会的复兴。同时,剽窃和实施了一种著名的方法,那就是不再解释这个世界而是改变它。行动超越了计划,当然也并未完全排除它。从这一点看,隐修不再是宗教生活的惟一模式。同时,为了回归本原,修道生活变得日益远离社会,因而修道院也建于"荒凉"之处,也就是位于森林和沼泽的腹地,修士们也主张禁欲和遁世胜过田园生活。后来在乌尔班二世及其继任者的鼓励下,逐渐发展成为一种规范性的制度,特别是一些主教,经过长时间的迷茫后,排除了原有的怀疑,认定隐修的重要地位。在第一次(1123年)至第四次(1215年)拉特兰会议期间,拉丁教会的面貌发生了改变。1153年圣·伯纳德去世后,修士们的重要作用丧失了,而主教的特权被强化并进一步明确。在封建化过程中改变了的主教辖区体系又被恢复了,这得益于教堂的重建和恢复向普通信徒征收什一税的运动。1150年之后,几乎所有地区都建立起固定的宗教机构,这使得教士们能更好地控制宗教信仰活动。

教会组织与机构的复兴,可以从教阶顶层明显看得出来。格列高利改革提升了教皇的作用和特权。他在给世俗君主加冕的同时也获得了教皇的三重冠(一种代表教皇对教会和全世界统治权的两层,甚至三层的皇冠),无论在世俗还是宗教方面,教皇的行为日益变得像一个君主。用格列高利自己的话说,之所以要改革,是因为教皇事实上已变成普通教会的"领导和中心"。他的使节凌驾于大主教之上,能够召集和统辖地区或国家教会,迫使主教降级或把那些道德品行与教规不符的世俗君主逐出教会。

事实上,这一时期教会在普遍领域内也以越来越明确的法则来规范自身。1125年至1140年间,来自博洛尼亚的修道士格拉蒂安起草了教会法集成,也就是系统的教会法概要,即教令集,并很快赋予了权威性。这份文件是格列高利改革的直接衍生物,它明确了教士与一般信徒的区别以及因其特殊的传道活动而高于一般人的地位。它还强调了教会法的独立性,这一时期教会法庭遍布每个教区,而且可以审判那些违反道德和宗教秩序的教士和一般信徒,同时还通过教会法令等手段(如拒绝为其举行基督徒葬礼、逐出教会和取消教权)取得强制权。

实际上,格拉蒂安的教会理念就是一种集权君主制,即主教都服从教皇,各级主教在其任期和辖区内拥有有限的权力。这一工作应正确视为旧法(基督教纪元第一个千年里宗教会议所产生的教会法)和新法的综合,也包括了当时许多教皇的决定。这一趋势在教皇亚历山大三世任期内进一步强化了。他本人曾是博洛尼亚的一名法官,并赋予了教皇令以法律的强制力,即他本人及其前任的决定应被当作特例服从。这些文献于 1234 年格列高利上任之初被教会汇总，从此具有了权威性，而且按教皇意志确立的新法，将废止那些长期以来教会法学家不相信的地方传统和习俗。教会先于世俗社会制定了统一的法律，从此，在以往的诉讼中只有一个权威中心立法，并且按照制定它的原则来分配权力。

　　然而事实上，教皇对世俗权力的要求遭到强烈的反对，即使教士们能足够快地接受可以增加自身特权的新法律，德国皇帝及其德国和意大利的盟友们却都反对建立一种全权的神权政治。腓特烈·巴巴罗萨（1153～1190 年），甚至腓特烈二世（1208～1250 年）都从个人目的出发，试图强化其统治的意识形态的基础。他们通过吸收罗马法中普世主义的观点来提高君主在立法中的作用。其他政权，如意大利的自治政府和国家君主，也不愿一切都服从于罗马教皇的意志。这种情况很快就在 1201 年爆发了，即英诺森三世试图以新教令来调停法王腓力·奥古斯都同其竞争对手英王、诺曼底公爵约翰之间的冲突。当时的教皇尚有权干涉有"罪"的君主的事务，但法国国王拒绝接受这一声明，以保证其享有绝对的世俗自主权。此次教皇策略的失败并不能掩盖教皇权所受的政府形式的影响。从 12 世纪的头 30 年开始，教皇就被真正的宫廷，即罗马教廷所包围，他拥有自己的复杂的管理机构，如大法官和财政官，其功能很快就令人生畏了。罗马教会的发展在 12 世纪才刚刚起步，但已足够

教皇权力徽章。上图：教皇冠（英诺森三世。13世纪壁画，位于苏比克的一个低级教堂）。下图：主教礼冠，见于坎特伯雷大主教托马斯·贝克特的随葬品（出自谢格达里特，慕尼黑，拜恩国家博物馆）。

发达以致遭到深受教会尊重的圣·伯纳德的批评。他的文章针对自己以前的门徒教皇尤金三世，对 12 世纪 50 年代彼得的继任者像国王一样过着廷臣簇拥的生活而感到愤怒。在国家出现之前，除了西西里和英格兰，大部分的教会都醉心于模仿、采取一种集权君主制的模式。

统治者的共同文化

　　面对来自教士们的压力，即他们在学术和法律领域显著的进步，另外的统治集团，即世俗

贵族，准备用同类的价值和思想体系来应对。这种做法出现于 11 世纪的最后十年，在 1100 年至 1250 年间传遍了基督教世界。这种变化不仅仅是贵族的工作，也包含了许多有影响的人物。一些王室，如霍亨斯陶芬（Hohenstanfen）和卡佩家族的宫廷，尽管教会影响仍占统治地位，但也成为传统文化中心。他们在王室教堂的框架内发明了一种礼拜颂歌活动以及一些文学种类，如圣徒传、历史学和拉丁诗文。事实上，这些新事物源自贵族下层，即骑士和家臣世界，他们构成了贵族中最庞大的群体，但其地位长期以来并不稳定。与马克·布洛赫的主张相反，现在我们得知，除了 1066 年以后的英格兰或诺曼底，旧的加洛林王朝贵族并没有从公元 1000 年后的"铁的世纪"中消失。11 世纪当权的贵族家族并没有与军事封臣集团混合，那些在马背上战斗的自由人，并没有通过英勇的冒险和巧妙的婚姻而获得对城市和农村的统治。但是，某种程度上贵族们世袭的权力，可以作为对忠诚的报酬以采邑的形式转化给骑士，这些骑士有和贵族集团混合的趋势。一种新的领主阶层诞生了，包括资产阶级暴发户、暴富的乡下人和雇佣兵。他们通过设立障碍使自己区别于其他社会团体，那就是不再耕作土地和从事日常手工劳动，并且使新生力量进入统治阶层不再可能。12 世纪，一种新贵族制确立了，那就是一种一个人必须在骑士意识形态基础上，通过特定的标志和仪式才可以获得的生活方式。

这种共同的文化是通过一种双向进程确立的。首先是整个领主阶级的习惯和理念的扩展，而这原来只属于少数显贵人士，因此在 10 世纪，德国和法国君主造就了一种"皇家模式"，后来又渗透到下层贵族中，包括王朝观、家世门第观以及祖先崇拜，但在 1000 年左右仅限于少数王室家族。到了 12 世纪，这些观念的大众化成为整个领主阶层的标志，他们企图寻找一种基于门第基础之上的自身"血统"的权力来统治那些租用土地的最底层人士。从此，那些被确认为贵族的人能分享几个世纪前国王所拥有的权力。

但这并不是受到来自顶层的影响，例如关于骑士受剑式的传播就很引人注目。这种标志着成人的简单仪式现仍流行于士兵中，而高层贵族很长时间对此并不在意。但是，到 12 世纪中期，几乎没有一个贵族之子，甚至国王本

骑士。这是一个13世纪时的水罐（佛罗伦萨，巴杰洛博物馆收藏）。在战争成为常事的文明里，骑士首先是一个马背上的战斗者，是一个身佩长枪、头戴头盔身披护卫铠甲的战士。

身，没有参加过骑士受剑式，因为这一仪式已变成贵族的标志和一种广受欢迎的荣誉。事实上这是一种与战争价值有关的被骑士认可的方式，这表明新的贵族文化确立了。这种形式特别见于庆祝节日和比武大会等重大集会上。"上帝的和平"运动的扩张限制了私人战争的可能性，但也产生了更血腥的角斗（双方都被置于特定区域，在观众面前争斗）供人欣赏。这与领主宫廷的集会相同，在那里人们按骑士的愿望，特别是年轻骑士的愿望比赛。这些年轻骑士的地位还没有明确，他们在父兄的权威下战斗，并等待晋级的机会。

骑士授剑式。长期以来这一直是一种纯粹的世俗仪式，但在教会的影响下带有了宗教特点。这一仪式包括数个步骤，这里描绘的是骑士接受其佩剑的过程（MS Roy. 20D XI，大英图书馆，伦敦）。

　　如果用方言写作的新贵族文学结构在各地都非常相似的话，那么其文学措辞的地区间差异是非常明显的。在法国北部，从诺曼底到安茹和香槟地区，特别是那些生活在喜好作诗的庄园主身边的教士们最为明显，而这些领主们所作的多是些吟游诗人在那些为之吸引、着迷却是被动接受的听众面前吟颂的诗歌。骑士类故事的议题主要是针对听众的，如由于家臣的多重誓言或重罪复仇引发的道德问题。这经历了一个升华的过程，在已有资源基础上大多描写的是或多或少神话般的过去（查理曼时代）和一个不确定的地区，通常是指地中海地区（从隆塞瓦克斯经纳尔榜和奥兰治到达阿尔斯坎普（Alyscamps），而这类文学终结了为上帝服务的思想，擢升了尚武精神。与之相反的是，在法国中部（卢瓦尔河以南），新文学表现为真实具体化，因为创作和实践的文化背景大相径庭。方言诗歌的作者主要是世俗人士，他们以第一人称写作，并让自己扮演作品中的一部分。

　　读者也被限于一个严格的团体，教士被排除在外。他们不再被动接受而是介入其中并成功扮演其有创意的角色，有时还直接表白，即使这不是一种原始感觉，至少也是一种真实文化。因此，南方的作品篇幅较短，尚武性减弱，代之以更多的抒情，主要依赖的是高雅的格律和多变的曲调。它们歌颂爱情，特别是"最后的情人"，尽管其中也不乏战争和冒险。抒情诗表现出了比北方作品更加开明、城市化和世俗贵族特点。这些不同反映出了地区的历史，特别是教士和一般教徒间关系的差异。从利穆赞到普罗旺斯的广大地区，格列高利改革促进了修道院制度的复兴，而普通教士几乎没有受到运动的影响，看来让周边世界基督教化不需费太多的力。这导致了隐居遁世的圣徒与仍然崇尚节庆和享受人生乐趣的俗人们之间出现了明显的差别。

从那些古罗曼语诗歌中反映出来的信息是非常明确的，那就是人们在爱情面前是平等的（至少在骑士集团内），但高贵的灵魂更易邂逅那些中小地主和仅仅生活在希望中的年轻骑士们，而不是那些充满贪欲和纯粹肉欲的富有者，他们婚姻的结合是在合法框架之内或者是与仆人之间多情的冒险，这意味着他们不需要赏赐。高雅的爱不仅仅是占有，而那些赞美高雅爱情的人知道，占有爱情是非常困难的。一旦进入贵族宫廷，骑士们当然希望能得到贵族的女儿们，或与主妇通奸。但求婚者（抒情诗中称为"lauzengiers"）数量如此之大致使许多人与她们无缘，即使那些幸运者也无法完全拥有她的心，特别是一些高雅的男士希望能够从他的情人那里获得什么或某种荣耀感，而且得到贵妇人的认可意味着可怜的骑士和勇猛的年轻随从地位的擢升。

高雅诗的起源有很大争议。一些人从中分辨出基督教的影响（对贵妇人的崇拜可能是信奉圣母玛利亚的世俗反应）以及阿拉伯、拉丁文化的影响。这些假设都不能被排除，而且有些作品确实是奥维德时代拉丁诗歌的再现。12世纪一种表达爱情的作品，某些方面与吟游诗非常相似，但这些都不是其本质来源。正如我们所见，世俗文学诞生于南部法国，随后在法国其他地区、意大利和德意志世界取得了成功。这与国家内部下层贵族和宫廷中的高层封建主的紧张对峙没有关系，而且这两大集团本质的区别也被一种以普遍理想为借口的历史必然性所抵消。这种以高雅为基调的有点自相矛盾的爱（为了获得所追求的贵妇人更多的欣赏而否认直接的肉体愉悦），可能是年轻仆从的愿望的升华，他们尽管没有领地和归自己支配的金钱，但试图通过勇气和魅力来表白自己。

我们可能想知道这种源自法国南部小庄园主所创作的文学作品为什么会受到大领主的青睐，诸如阿基坦公爵威廉九世，他就是最早的知名的高雅派诗人和高雅诗的缔造者之一。上层贵族为什么要醉心于那些比自己地位低许多的人群的愿望和构想呢？无疑他们明白，通过个人誓言或其他更微妙的联系（骑士价值观中的爱情和忠诚）来强化封臣的忠诚是有必要的。是

流浪的行吟诗人比抒情诗人更大众化。这里描绘的是由两位行吟诗人构成的H形的图案，见于12世纪的手抄本《工作中的莫拉里亚》（*Moralia In job*），来自于塞提克斯修道院（第戎市政图书馆）。

否不应该提高他们的地位以便使他们与贵族思想一致呢？人们已确切地观察到，抒情文学时代与第二次封建化阶段一致，那就是领主对封臣的绝对统治权丧失了，他们之间的关系主要建立在个人关系上。当然领主再也没有土地可以赏赐，但是可以把封臣的孩子们带到宫廷中抚养，通过宴会和经常性的礼品来加强封臣和领主间的联系。为了提高伙伴关系的价值，领主试图建立一种合适的秩序，同时还伴有某种程度的爱和尊重，这构成了社会整合的强有力因素。因此，在这种体系中，贵族内部的紧张关系转化为审美疲劳，同时美的愉悦模糊了理想和现实的失望之间的界限，而且可以弥补大贵族和小封建主之间日益加深的裂痕。在法国北部和中部，高雅文学的主题趋于保守，12 世纪末，法国国王不再按亚瑟王的方式对待自己的随从和圆桌骑士们。卢

对贵妇人的爱和对玛利亚的崇拜。一名跪倒在圣母及其孩子面前的骑士（12世纪的手稿。圣·奥玛尔图书馆）。

瓦尔河以南，因受罗马法影响较深，封臣的联系变得更加必要，宣誓代替了承诺。被特鲁瓦的克里蒂安（Chrétien）所称道，如兰斯洛特、珀西瓦尔或戈德温（Gawain）等人物的冒险活动，日益被证明为幻想或是令人失望的，但是人们对高雅文学的感情并没有因此减弱，而且长期以来骑士精神仍令人着迷，它淡化了这一时期的残酷，从不同层面造就了一种看似可能的贵族社会的理想世界。

这种贵族文学的出现是中世纪西方历史上的重大事件。它是一种第一次以俗语而不是基于基督教的宗教和道德观造就的文化。自 11 世纪以来，高级教士和修士们都极力主张俗人应采取一夫一妻制这种永久婚姻关系，而贵族们反对这种爱情观，他们以事实上的一夫多妻制为基础并且忽视婚姻的维系纽带。从当时盛行的玛利亚崇拜中演化而来的是对贵妇人的挚爱，这成为礼拜仪式的真正目的和中心。按照传统的观念，妇女作为家庭关系中的生育者和母亲值得尊重，而男女之间是一种彼此愉悦关系的思想事实上存在着一定的争议。

无疑这只是一种游戏，我们应该能够看到最终几乎没有什么幸福。尽管如此，整个社会都参与这种游戏，从理想观念上认可并为其艺术的表达所陶醉，因此高雅文学很快就成为西方基督教各阶层真正的行为准则。1200 年左右，阿西西省一名富商的儿子圣·弗兰西斯（St Francis）受骑士生活鼓舞，在法国吟唱爱情诗，即使在他帮助了可怜的贵妇人之后，仍然还能对贵族的自由和雅量等价值观表现出最大的尊重。按高雅的方式生活也使他们与下层社会团体，如市民和农民区

别开来，因为这些人不能从欲望和金钱中解脱出来。抛开领主阶层内部的差异，谦逊代表了拒绝各种形式的"卑贱"，最终归纳为一种低等级的文化和行为。

书写文化的胜利与对其他文化的压抑

从语言学角度看，12、13世纪的主要发展就是日常用语的出现以及它作为高贵者创作文学作品的媒介。这种形式最早见于德意志的土地上，并结合饱受诺曼征服创伤的英格兰的文学，最终形成于法国，随后又传入加泰罗尼亚和西班牙。教会丧失了其文化垄断，拉丁语尽管还有一定地位，但在1250年之后仅作为一种概括性思维（神学、哲学和法律）的技术性语言。然而我们还不能确切地说普遍出现了一种非教会的文化。在一个和中世纪一样闭塞的社会中，普通信徒不可能形成一个同类的集团。如果骑士们仍为脱离教士的保佑感到不安的话，那么他们仍受其影响并且与农民和手工匠非常接近。然而，从11世纪末以来，西方许多地区的世俗贵族给予他们的孩子，至少是部分子女以最少的学校教育，阿伯拉尔和诺让的吉贝尔就是例证，因此我们看到这些贵族很快超越了对身体技能和战争功勋的简单需求，相反，他们寻求一种正义，也就是勇猛与从书中或至少从读过的文章中领会的才智之间的平衡。这逐渐导致了贵族文化与仍处于一个较低水平的所谓的世俗文化之间的距离。

从中世纪早期开始，世俗文化，主要是农民文化遭到教会的干涉和扼杀，我们可以从这一时期宗教会议的谴责、教士们的忏悔录和圣徒传记中略知一二。当时的一些作者传承了这些记述的片段，但为了免于指责几乎都做了篡改。自11世纪以来，民俗的影响增强了，或者说对学术文化上的压力更明显了，正如我们所见的对死亡崇拜的发展、祝福或诅咒程式的增加以及神灵裁判法的广泛使用。

12世纪以来骑士文学从这些口述的传说中有所借鉴，尤其是在德国和英国，也就是在高尚文学湮灭了这些世俗遗迹并且贵族的文化通过自己的主题有了统一的表达以前。如巴伐利亚的教士们在12世纪末写的一首德语叙事诗——《尼伯龙根之歌》记述了当时这一地区所盛行的暴力统治和所蔓延的悲观厌世的情绪，这使得人们回想起日耳曼人原始的英雄传统和斯堪的纳维亚人的神话。在这些故事中，墨洛温家族之间的敌视以及沃尔姆斯的勃艮第王国的兴衰给人们以启示，一些异教思想隐约出现：强烈的复仇心理、妇女相对男子的优越性和感伤情结的丧失。存在于中世纪中期的这些特征标明了一种完全不同于基督教的思想和价值观的出现。12世纪怀有骑士情怀的作者大量引用《不列颠记》（*Matter of Britain*）一书，这本书中收集了大量凯尔特人原始的民间传说故事。梅留辛真正的作用突出表现为：仙女给骑士们送去了土地、城堡和高贵的身份，并成为他们抱负的象征和神奇的化身的体现。

对特鲁瓦的克里蒂安（1180 年左右）的《雄师骑士》（the Knight of the Lion）或《伊万》的研究，成功地再现了森林主题的重要性，在这个边缘的无序的世界里狼人和野人大量繁殖，这体现了人们相信在人和动物王国及植物世界之外还有这样一个天地，使得教会不得不面对与上帝根据想象和自己的画像造人思想所不同的观点。在《默林的一生》（Life of Merlin）中，英国蒙茅斯的教士杰弗瑞（Geoffrey of Monmouth）描写了世俗女子和邪魔结合所生下的一个野人。12 世纪其他一些英国作家，例如蒂尔伯里的吉夫斯（Gervase of Tilbury）和沃特·曼普的作品中也反映了这种教会无法抹去并持续秘密流行的大众传说。在这个层面上，高雅文化的兴盛对于下层阶级而言，最终的结果是弊大于利。在给予书面文学生命的同时，它也带来黑暗，排斥了口头传说，使其只有在成为宗教审判的牺牲品时才有话语权。人们赞同"资产阶级"文学在 12 世纪晚期产生于法国北部的大城市，特别是在阿拉斯和意大利中南部的观点。如果对教士的批评不缺失，如果贵族阶层在模仿这种文化时能或多或少持怀疑态度，那么那些隶农、愚蠢鄙陋的农民还是这些作者们喜欢的靶子。作者们注意把自己同这些乡巴佬们区分开来，尽管他们过去也是其中的一员并且刚刚脱离那个世界。

　　然而，12 世纪，在人为划分的各个阶层之间还存在着沟通的桥梁，现实文化背景还不如后来的隔阂深。在某些方面我们甚至还能找到超越分隔的社会文化一个共有的传统，所以这个时期的教士表现出的一些做法和轻信与其他人没有太明显的区别。总的来说，没有什么现象能超越信仰，但人们相信他们看到的东西，而教会对于奇迹的态度的演变经历了一个长时期的过程，而且仅存在于教会上

死亡崇拜。一座12世纪的死亡灯塔，位于弗尼克斯（Fenioux，查理·马特时代）。死亡灯塔是一座中空的石柱，顶部有一盏灯，象征着永恒的灵魂。内部有螺旋形的台阶，柱基底部是一座骨灰堂。

层。抽象的理论还没有威胁到这些世俗想法。宗教的神圣性，在具有道德特性之前，它只被认为是一种有效的权利和仁慈的感化。同样的写实主义蕴涵着隐士的禁欲和对于苦行传道的渴望，这

和语法家们通过词法和词根努力探求字的真正含义是一样的。此外某些中间群体还保证了学校、街区和森林的联系，如放纵派吟游诗人这样一群难以界定的不墨守陈规的人。他们的诗中成功地融入了很多元素：古代文化、教士的信仰和像世外桃源的神话一样的乡村传统或世俗快乐，在那里富足且青春永存，是一幅黄金时代的农民生活图景。古代异教徒，直接或通过阿拉伯人的再发现使得一些学者能更好地理解民间文化，像中世纪动物寓言集的成功、宝石鉴定家和占星家的文章，但毕竟在这些领域里教会没有明确的教义，一些传统思想依旧有着旺盛的生命力。主要问题是"最后四件事"：死亡、审判、天堂和地狱。直到14世纪，这方面精确教义缺乏的问题才得到解决，在《启示录》和学者的世界末日预测等宗教文章的指导下，教会鼓励人们有信仰并且实践信仰，同时表达了千禧愿望和救世希望。同样问题还存在于黄泉，人们相信昏暗世界里居住着的鬼魂回来是为了打扰活着的人，所以必须尽快地将他们关在炼狱里。最后，还有恶魔存在的问题，教士们在他们的战斗中经常呼吁反对高利贷和一切形式的恶行，但世俗的人们依旧毫不犹豫地签订合同、冒险，就像提奥菲留斯（Theophilus）一样，损害他们自己灵魂的救赎。

　　文化还在宗教的控制之下，但教士和世俗文化之间的关系则趋于紧张，特别是教会控制宗教文书，他人难以企及。教士们是令人妒忌的这些财宝的守卫者，他们视之为自己的财产。将《圣经》翻译成方言是被禁止的，因为教会害怕俗人错误地翻译其中的疑难句子，从而成为异教徒。这是一个不可想象的冒险，12世纪后期的清洁派理想者对《福音书》做了二元的、有灵性的翻译。这导致了以大学为背景的一小部分专家的神学思想和大众宗教情感的自然表达之间的分化，并随着13世纪的进步变得更为普遍。从佛兰德尔到列日，从莱茵河流域到萨克森，以下层妇女为主的神秘主义妇女文学作品出现了，她们用日常生活的语言研究与上帝结合的各种方法。1232年至1233年，纳兹塔（Nazareth）的佛莱芒西多会的修女贝特里克（Beatrice）写了一部自传文学，其中有一篇名为《爱的七步曲》（*The Seven Steps of Love*），这是第一部由妇女用方言写作的神秘的文学作品。几年以后，一个来自于安弗斯（Anvers）的修女海德里茨（Haedwych）用家乡方言创作的作品达到了宗教抒情诗的高度。这一运动在德国尤为盛行，这自然引发了教会的恐慌，他们怀疑这种流行的神秘主义已经超出了他们的控制。德国圣方济各修会的修士莱登堡的拉姆普拉西特（Lamprecht）非常清楚地表达了这种感情，他写到：

> 自昨天以来，这种艺术出现了，
> 在巴伐利亚和布拉奔特的妇女中间。
> 什么是艺术，上帝啊，
> 比学识渊博的男子，
> 哪个老妪能理解得更好？

教会也极力控制这些文章的传播并将之送至神学审查机构。14 世纪初，借口修女已被异教徒腐蚀而使她们被判有罪。这样，教会镇压了中世纪文化中最具创造力和革新精神的文学形式，而它尤其关注的是世间俗人和妇女。

法学上的进步

从中世纪早期，西方再没有一个能让所有臣民共同遵守的统一民法体系。蛮族入侵之后，私法盛行，并由于民族和社会阶层不同呈现多样性。然后，随着整个国家统治的消亡，集权的司法审判更具多样性。领主制和封建制建立以来，法的概念消失并让位给经常没有记录下来的惯例。"法律和房子一样多"，这是 12 世纪博洛尼亚的一位律师在回忆这一时期时所做的描述，但在整个基督教世界，意大利的法律意识是保留最多的。它拥有数目最多的城镇并对周围的地区起着行政中心的作用，法官们根据伦巴第人的法律进行审判，而这一法律的孕育深受罗马法的影响。此外，11 世纪中期，属于神圣罗马帝国的半岛北部和中部，不管经历了日耳曼统治者宗教权威控制的多少苦难，政府权威优先的思想比其他地方要保留得多。而在罗马，教皇的权力不可挑战。这表明这一地区很早就确认了的公证员能依靠帝国或教皇的权威拟订正式的文件，而此前为了他们的契据的合法化不得不进行登记。学校为公证员队伍培训人员，使他们获取法律知识，这在帕尔马和拉文那有记载。经过了谨慎的开始阶段，从 11 世纪晚期，特别是 12 世纪开始，以博洛尼亚为中心，民法复兴并开始律法研究。最著名的设计师是这个镇的学校校长伊尔内里（Irnerius），他的巨大贡献是使民法有了自己的戒律和方法，与自由、内涵丰富的艺术框架不同。在其影响下，他的学生在 12 世纪造就了律法研究的显著复兴，这导致了帝国的罗马法权威文献的重新发现，特别是查士丁尼法典，但人们仅能从带有后来人添加的内容并有些残缺的汇编中了解它。

我们应该考虑求助于已经散失和遗忘的原始资料的原因。当然某种程度上，12 世纪所有地区的共同特点是一些领域存有回归古代和追寻传统的愿望，但尤其重要的是市场和城镇经济活动的复兴（在这一点上意大利早于其他地区）。这刺激了与合同相关的法律的需求，也超越了地域局限和各异的风俗。这里掺杂着一些理想主义的知识分子的愿望，作为追求逻辑的献身者，他们渴望一个权威来推行一部普通法。到 12 世纪中期，博洛尼亚法律界的教授们认为，他们发现了一个这样的先驱，名叫腓特烈·巴巴罗萨的人，他正极力建立一个超出意大利的帝国权威。这些知识分子通过声称法律的惟一来源是君主的意愿来支持腓特烈·巴巴罗萨的主张，作为交换条件，1158 年他们从他那里得到了许多特权，这提高了他们的声望和影响，但这种迟来的罗马法的重现，不能以单纯的对东罗马皇帝的立法的回归而告结束。历史的发展不容忽视，此外巴巴罗萨统治的兴衰，尤其是他最终在伦巴第人联盟城市手下的失败，更揭示了他的复辟是一种年代错位的本质。在1183年的"康斯坦茨和平"中，意大利自治城市的法律获得承认，不久开始制定城镇之间明显不同的社会法规。罗马法保留着它的声望并被认为地位高于其他法律，但它无法废止其他法律的实行。到中世纪末期，意大利司法工作中体现出民法、罗马法（jus commune）和特定社会法（jus proprium）共存的特点，但这不会误导我们。在13世纪制定的社会法规不是简单实行的或经验主义的条例，更不是封建主写下的惯例，而是真正的、被政治实体批准的地方法规。

罗马法在法国南部的传播既早又快。这些地区保留的习惯法与罗马法接近，而且一直保持着成文法的使用。图卢兹和蒙彼利埃欢迎法律学校的创办，那里培训的法律专家在执政和最有权势的君主的宫廷中都有影响。正是他们不顾行吟诗人的嘲讽，引进了卢瓦尔河南部根据《福音书》或遗迹发誓许愿的做法，取代了封建封臣关系和法庭审判中的简单的承诺。贵族说的话以及他们之间受习惯支配的关系不再被轻易相信了吗？发誓和保证仅仅是对商人和农奴有益。但是，尽管有佩尔·卡德纳尔（Peire Cardenal）的指责，契约关系在各个程度上被改变并被新的法庭保证书所排挤。用非直接的发散的方法，罗马法影响了当地的法律并帮助它用一种更理性的方法发展，恢复了已往的概念，如平衡法。在意大利，这表现为大量的采邑账册被重写。它的意义不在于大量的文件，而在于它是一种概念性的工具，被允许对立法和社会问题进行新的探讨，而且所用的语言很快被特定的法律人士所接受。

在法国北部，罗马法没有同样的幸运。在卡佩王朝时期的巴黎，提升了皇帝声望的令人怀疑的文献禁止与法律相关的教学，但在奥尔良，12世纪晚期的人们对此已有了研究，但北部地区也不是与法律权利复兴完全隔绝。从口头惯例可看出，首先在西部（诺曼习惯法，1200年左右编辑，布列塔尼的杰弗里伯爵的审判令），然后扩展到法国中部（亚眠的惯例法，1249年；方丹的皮埃尔的《教育法》（Enseignement），1254年；《审判书》（Livre de Justice），1265年）。在德国，运动的发展很相似，当时冯·拉普根（Eike Von Repgow）大约在1221年至1224年编撰了《撒克逊范例》（Sacnsenspiege）。学者们指出在佛兰德尔地区出现了新的刑法，目的是消除以前德国封建法律中认定的犯罪的私人性质问题。为了使政府合法地积极干预家族审判，作为公共议事会追随者的教士，极力恢复社会公共秩序的观念，实现这一点的保证是权力。这样这些犯罪在原则上就冒犯了公共议事会的权威，它有权处罚他们，镇压也成了公共事务。自治城市也做着同样的事情。资产阶级之间的和平宣誓禁止了世仇、私人复仇，争吵和辩论要在城市"执行人"义不容辞的仲裁之下进行。审判逐渐终止了个人之间的争斗行为，当局仅起证人的作用，它代替了犯罪的一方。古老的控诉谴责程序也让位给12世纪末和13世纪初的调查程序。私人可以通过大法官提起法律诉讼，随后封建民法法庭将立案。一个有效的针对犯罪的"公共部门"的出现是中世纪的重大创举之一。关于举证方面我们知道得更多些。自12世纪后半期以来，日耳曼传统中的火刑、水刑或决斗便被更理性客观的惩罚方式取代。审判在其中起了积极的作用，一旦诉讼到助理法官那里，对证人的调查和询问就在提供合法证据的基础上开始了。教会也是一样，在1215年第四次拉特兰宗教会议上也禁止了此类酷刑。主要是在13世纪，审判合理化和法律的扩展结出了硕果。它的产生直接或间接地得益于法学家在罗马法和教会法方面所受影响的增长，这当然是从罗马法那里借鉴来的。

它在政治方面的反响也是很重大的，法律影响的扩大也导致了"国家"思想的复兴。伟大的英国学者、沙特尔的主教索尔兹伯里的约翰（John of Salisbury）反映了他同时代人在政治问题上的流行想法，即君主是"公共人物，有公共权利"。在法国和英国，"君主"一词开始使用，它暗示超越个体君主继承的连续性。国王从原来审判的分配者到现在的立法者。法国的圣路易是一位革新者，几个世纪以后，通过法规在国土上的有效推行而实施了立法权。封建制还保留着，君主不与他的大臣们协商就不能决定任何事情。但是，君主制度已露端倪，并且前不久卡佩王朝的法学家声称："法兰西国王是他所统治的王国的皇帝。"

对宗教异议的镇压

1120年以后，西方民众的宗教运动开始挑战教会的权利和财富。后者在主教叙任权之争中变得更加强大和富有。大大小小的贵族在威胁和权威的准许下开始收回前几个世纪教会掠夺的世俗财产：寺院、什一税和流入教士手中的税款，特别是僧侣手中的，因为他们是以死亡联系者的身份经常得到慷慨捐赠的主要受益者。

挑战和异教中的大众运动

然而在同一时期，最虔诚的基督徒、教士和普通信徒受使徒生活理想的影响，愿意放弃私人财产重返公社般的生活。为了实现这一抱负，一些世俗人士以各种方式加入到教会，如果我们相信康斯坦茨人伯纳德（Bernold of Constance）的话，南部德国农民即是作为世俗成员成群结队地遵从西尔绍（Hirsan）的修道士们的行为规范，从事仆人和农工的劳动，但是也有许多人对教会授职制感到绝望，相信永远不会得到改革。他们分离出来并激烈地反对教士，极力呼吁信徒们不要交纳什一税、接受圣餐，特别是洗礼和婚礼。通过布吕耶的彼得（Peter of Bruys）和洛桑的亨利（Henry of Lausanne），我们认识到教会及其宗教仪式上的自我否定，惟一的要求是单纯精神上的信仰。

甚至在这些极端行为之前，许多教徒就希望教会在物质方面应该和基督及其门徒们一样保持清贫。布雷西亚人阿诺德就是这样的一个典型，他要求罗马教会放弃世俗权利和财富。他的失败和悲剧性的结局仅加深了他的支持者关于僧侣集团是传播《福音书》的障碍的想法。许多的世俗人士由于他们所过的清贫、禁欲的生活，也认为自己有资格传道，然而教会的神职却仅限于教士。

　　因为这些原因，12世纪中期，理解与合作——在11世纪，围绕教皇周围的教士中的改革精英与大众宗教运动之间形成的——仅成为一种回忆。通过加强教士特权同时强调他们与世俗世界的隔离，格列高利使他的后继者处境艰难。一方面教会完善结构、强化内部训练，另一方面使徒运动又朝着极度唯灵论的方向发展，这导致了两者之间深深的分歧。彼得·韦尔多和韦尔多教派（Waldensians）的历史清晰地说明了这些紧张情况。

　　从同时代的资料和13世纪的异端裁判所手册中可以知道，一位富裕的里昂人韦尔多创立了韦尔多派或里昂穷人派。他效仿榜样人物、为追求完美的传道生活放弃财产、甘于贫困。他还完成了方言本的《福音书》、《旧约》的一部分和教父言论的一些片段的翻译。这样他获取了《圣经》的直接知识，开始在街上和公共场合传教，积聚的众多听众又依次将他的宣讲带至城镇和村庄。第一时期应该发生在1170年至1176年。1179年3月，韦尔多带领这个小社区的代表团去了罗马，他想让罗马教皇亚历山大三世和第三次拉特兰大会承认他们的生活方式。这一时期他们和里昂教士们一定处境艰难，因为教会法禁止俗人传教，尤其是他们没有固定的住所。我们幸运地发现了中世纪法庭中一个英国人沃尔特·迈普的记录，他协助宗教裁判所枢机主教详细讯问了韦尔多派的请求：

　　　　我们看到韦尔多派信徒头脑简单，未受过教育，该派因其领导，一位隆河边的里昂公民而得名。……他们急切地希望得到宣教权，实际上他们几乎没有什么知识……正如对牛弹琴，以这样简单的思想不能领会《圣经》。更不用说他们能传下去什么东西，不能这样做，必须遣散……这些人没有固定住所，他们两人一组、赤着脚、穿着羊毛做的衣服并且一无所有，同那些传道者相同的是，他们一无所有地跟随着一无所有的基督。因为还没有根据地，所以他们开始时很谦卑。如果我们允许他们这么做，那么最终被踢开的将是我们。

传教士高傲、自大的典型态度是对没受过教育的世俗人彻底的轻视，他们觉得自己在《圣经》和世人之间特许垄断的媒介作用受到了威胁。

　　然而罗马教皇亚历山大三世却比他的顾问们目光敏锐，韦尔多建议实行的宗教生活方式得到了口头的准许，同时也准许在当地教士的同意下传道（可能仅限于他自己）。然而在实践中困难并没有慢慢消失。里昂的新主教让·德·贝莱斯梅恩斯（Jean de Bellesmains）极力想控制这一运动，但没有成功，他撤消了韦尔多和其同伴的传道许可。后者没有屈服，他们的回答是"人与上帝之间，先服从上帝"。这并不意味着韦尔多派反抗僧侣阶层或认为它是不值得重视的，他们只是认为让他们放弃传播《福音书》是不可能的。这样他们被驱逐出里昂并被开除教籍，这首先由大主教在 1182 年至 1183 年发起，然后又于 1184 年由罗马教皇卢修斯二世（Lucius II）继续。但这并没有阻止运动的传播，正相反，它首先传播到朗格多克和伦巴第，然后于 12 世纪晚期在法国其他地区和意大利扩展。尽管如此，我们不能过分评价 1184 年的逐出教会事件，甚至据说在那里许多教士和俗人还认为韦尔多派是仁慈的基督徒，毕竟他们遵守《福音书》，生活在清贫之中，并且传播正宗教义。此外，他们和罗马教会一起反对清洁派，像罗马天主教的辩护者那样激烈地反驳敌手。最后，韦尔多的信徒大部分是资产阶级和普通百姓。他们难能可贵地与教会僧侣集团保持联系并且继续去教堂祷告，就像没被驱逐出教区以前一样。1199 年在梅斯，罗马教皇英诺森三世不得不在主教的请求下，对韦尔多派煽动教徒反对他们认为不适合的教士的阴谋进行谴责。"他们中的一些人"，罗马教皇说，"除了蔑视他们的教士以外什么都不会，当要求他们进行救世宣讲时，他们偷偷地嘀咕着说他们能在书中找到更好的教义，他们自己能更好地表达它。"我们知道争论总是围绕着相同的问题：俗人和《圣经》的联系只能以僧侣集团批准的特定的教士为媒介吗？教会认为，即使不胜任工作，教徒们也不能谴责他们或建立派别或小的秘密组织，这将危害教士教区的统一。最后，毫无疑问的是，俗人自己僭越了宣教的权利，因为宣教是教会里教士特定的功能。

同时，在伦巴第（它是城市公社的领地和"所有异教的储藏所"，一个东正教作者这样描述它）屈辱派（Humiliati）运动正在发展。它首先出现在 1175 年左右的米兰，然后迅速扩展到波河平原的所有大的城镇。《琅城编年史》（1220 年左右）中描述他们是："城镇的居民，亲戚们住在一起，选择一种特定的宗教生活方式。他们摒弃撒谎和诉讼、穿着简单的衣服，为天主教信仰而斗争。"但有趣的是，在文章中未提及运动的起源，它一定是涌现于想追随使徒的生活方式的手工业者中，像韦尔多派一样，拒绝宣誓并要求布道权。加入到这个活动中的人多是已婚者，夫妇俩宣誓禁欲。他们中的一些人集中在一定的场所里，在那里的单独的团体里男女共处，宣誓生活是为了工作和祈祷，还有一些依旧在他们的家中。最初的时候，手工劳动是必须的，因为大部分支持者来自于普通阶层。在这些实践中我们看不到异教活动，但我们看到这些俗人断定他们能领导一个宗教实体并有《福音书》的证据，这好像是对大多数教士的中伤，他们倾向于谴责一个主题下的所有大众宗教运动。

世间的威胁：清洁派教徒

对教会更大的威胁不是这些唯灵主义团体，它们对基本教义没有疑问，但清洁派则不同，它长时间地探求信仰是从东方传入西方的还是源于本土。这个争论不会引起今天历史学家的极大兴趣。实际上是鲍格米勒教徒奠定了争论的基础。1164 年，在圣－弗莱克斯·德凯迈拉（Saint-Félix-de Camaran），来自于巴尔干的摩尼教徒（Manichaeans）出现于第一次普罗旺斯人清洁派社区代表的会议上，可以肯定的是，外来的他们没有被接受。他们提出来的神示是为了努力实现彻底的基督徒生活，因为在《新约》中已经有了启示。天主教会因为隐瞒了《福音书》的革新而遭受谴责，事实上改革属于二元论：上帝的"仁慈"和"灵魂"与邪恶撒旦的永存相对照。关于魔鬼，权威的说法仅把其看成是危险的、善于欺骗的堕落天使，而不是物质世界的创造者，对清洁派教徒有神圣的权利。这两股相反的力量的斗争结果是未知的，每个人的身体里都经历着这样或多或少的精神上的斗争。遵循宗教生活的目标是使人向上，人应该努力脱离所有堕落的形式。为了做到这一点，应该以基督为榜样，他不是清洁派里三位一体的人物，但他是最伟大的天使（或最完美的人）、上帝的儿子。教会关于他的描述都是错误的：他的身体和死亡仅是一个表象，拯救人类不是他的受难记，而是以《福音书》为基础的理论，尤其是圣·约翰的那本《福音书》。当然，在清洁派里也有几个层次，除了我们刚才介绍的二元论外，还有修正二元论，它坚持认为最初的被上帝派去启示人们的天使基督的作用是对的，并且人们可以通过苦行和用仪式与上帝结合的方式得到救赎（在死亡之时依靠他的手和仁慈的指点）。相反，绝对的二元论认为，从肉体的禁锢中得到解救只有在再生这一过程结束时才发生，在短暂的生命中做了善事，那么他的灵魂通过轮回成为超人。

不能确定在法国西南和意大利拥有大量信徒的清洁派对于其敏锐的教义是否能完全领会和理解。他们力量的壮大源于两种信仰的结合，如诺斯替教（Gnostic）满足了这种结合的召唤力或它敏锐的思想。它的有关肉体的纠缠不清的思想与地中海地区的民间文化有联系，尤其是自从它完全拒绝《旧约》这部邪神的作品以来，它便被看做是福音运动并且受到重视。它的教义是严格的，在"理想者"与朴素的信仰者之间的区别，使任何人都可以在某种程度上遵循它。"理想者"因苦行而赢得了大众的尊敬，而朴素的信仰者则不强迫信徒放弃性生活和工作。最后，清洁派教义成为致命的反教权的思想工具，对于俗人来说它不是那么令人讨厌。在一段时期内，骑士视教会为强加的严格的性道德，商人感到生活在教会法关于高利贷制裁的打击之下，妇女们感到在基督教社会中不能发挥积极作用，人们由此明白了，为什么拒绝以教会中的教士为媒介的运动会取得如此多的社会阶层的同情。圣餐仪式、教堂、什一税都是运动者所支持和关注的，如果不维护一个没有声望的罗马天主教的教士阶层，作为一个本来纯洁的社团中被破坏了的旁支，那么它的教义也是错误的吗？它的圣礼也不再有影响了吗？

中世纪之初的西方，像法国南部，或伦巴第和托斯卡纳的一些大城市里，在官方教会的边缘还有一个教会，它有着自己的僧侣集团和机构。从图卢兹到克雷莫纳，从贝济耶到佛罗伦萨，清洁派或者他们的支持者以他们的身份为荣，并且在公共争执中毫不犹豫地挑战天主教，其中也不乏对不合格的和无知的教士、富裕僧侣和主教的指责，相对而言，他们自身过着严格的禁欲生活和"理想者"的神圣生活。对基督教自身而言，一个与之相对的社会诞生了，并带来了有关现存秩序、教义的基础，即"道成肉身"的问题。

天主教会逐渐意识到了这种形势。长期以来部分教义保密的清洁派与其他一些持不同政见的宗教运动没有明显的区别。到 12 世纪的最后几十年才出现专题性的论文（论文标题一般非常明确），为教士们指明了方向。他们的信仰与天主教教义存在着一定的对立，到 13 世纪，一些传教士才系统地反驳了这些教义。与统治集团对立的势力首先是西多会修士，他们首创于意大利北部城镇附近，然后在那儿开始布教，就像圣伯纳德几十年致力于反对阿基坦的摩尼教一样，但是这些布教团体的效力非常有限，因为这些来自农村的修道士几乎不能应对城市的听众的那些通常带有挑衅性的、不可思议的质疑。1184 年教皇卢修斯三世在维罗纳发布的第一个对异教的定罪宣告没有产生什么作用。罗马教廷也表现出了对异教的一无所知，因为罗马教廷不分青红皂白地把目标对准几个被认可的活动，像韦尔多教派或屈辱派，他们的教义基本上像清洁派一样与基督教教义没有什么差别。

复　兴

对教会在意识形态上控制西方基督教世界产生的怀疑，使事态急速恶化，那一时代最具个性的人英诺森三世（1190～1216 年）两面出击予以对抗：一方面，他试着把天主教教义与对基督教基本教义没有疑问的流行的宗教活动重新统一起来；另一方面，他开始进行一场针对清洁派的毫不退让的战争。为了获得最大的效益，他努力把各种公众认可的权威联合起来。

事实上英诺森三世非常聪明地意识到了许多世俗团体的宗教热情的价值和积极作用，这些世俗团体中的主教和神父通常容易与清洁派教徒混淆，并不加区别地遭到迫害。1201 年，他通过给予他们一种规则而将伦巴第的屈辱派视为合法的教派，这种规则把他们实行几十年的大部分习惯神圣化，而且把其与传统上公认的教团统一起来。起初有三种宗教团体：第一种是过着修道生活的献身于神的兄弟姐妹；第二种是生活于双重社团中的俗人，包括男人和女人；第三种是吸收那些根据生活原则或计划继续与他们的家庭住在家里的人，这些人主要是忏悔和工作。为了说服屈辱派教徒加入基督教会，英诺森三世从两个方面做出妥协：一方面他承认他们拒绝宣誓的合法性，这是他们坚持固守的一种原则；另一方面他给予他们在任何地方（除教堂以外）布道的权利，然而他们的布道被限制在道德允许的范围之内，不能超出给神职人员制定的教义所允许的正常范围。这一区别主要是基于《圣经》中的两种文献：一种是明了的内容，关系到每个人都可直接理解的生活、行为；另一种则是深奥的内容，需要有神学知识和经过训练的神职人员的解释。通过这种方式，教皇解除了潜在的突发性形势可能带来的危险，并为新的试验，如圣弗兰西斯和其同伴所进行的试验，开辟了新的道路。屈辱派很快利用了身边存在的潜在价值。1216年枢机主教雅克·德·维特里游览意大利时是这样描写他们的："这些为基督放弃一切的人聚集在不同的地方，靠他们的双手生活，经常宣扬神言而且能很快地去听。他们的信念非常坚定，他们的活动非常有效。"

对韦尔多教派来讲，教皇试图将大众宗教活动中的传统因素重新归入天主教会的这种开明政策并不是很成功。1207年，在帕米耶（Pamiers）举行的一次"讨论会"的闭幕式上，卡斯提的主教奥斯玛人也可能是圣多明我修士奥西马的迭格（Diego of Osma，韦尔多教派运动领袖之一）、韦斯卡的多拉德（Durand of Huesca）与他的一些追随者改变了信仰。1208年英诺森三世在罗马接纳了他们并把他们置于自己的保护之下。以贫穷的天主教徒的名义，他们继续以游历布道者的身份存在，主张反对清洁派，反对福音。事实上他们也被赋予有权训练布道的、处于贫困状态下的全体教士。作为回报，他们需要屈从于当地的教会组织和罗马教会。但是，这些改变信仰的作用是有限的，许多韦尔多教徒并不追随多拉德，并不完全相信天主教会能承认他们使徒的天职和尊重他们布道的权利。除了屈从，他们还忍受了许多个世纪的迫害，结果韦尔多教会现在仍然存在，特别是在意大利。

阿西西的穷人

更加具有深远意义的，是英诺森三世对一群来自阿西西忏悔者的承认，他们由一个商人的儿子弗兰西斯（他在1210年去罗马拜访过英诺森三世）所领导。然而这个兄弟会成员不是很多，但是他们通过用福音表达他们生存的愿望来吸引当时人们的注意。这种热情已经激励了12世纪各种不同的宗教运动，但大都以持有异议或异端邪说而告终。而英诺森三世意识到了圣弗兰西斯深刻的正统观念，即他希望屈从于天主教会，特别是罗马教皇，就像他拥有拯救灵魂的热情一样，因此教皇信任他，对弗兰西斯遵从的规则——《福音书》中各段落的简单堆积——做了口头的批准。一些年之后，1223年他的继承者霍诺里厄斯三世（Honorius III）正式批准了一个统治教团的新规则。直到这时，这个教团才获得了"小托钵修士"的名称。

任何一个人都禁不住被这个新组织的创举所吸引，甚至创立者所选择的名称也是非常引人注

意的:用那一时代的书写形式书写的"minores"(小人物),
意味着社会的最底层,特别是城镇的无权之人、被剥削的
工人和失业者的世界。通过以新社会的名义提及贫困的社
会团体和谦卑的美德,圣弗兰西斯以一种有深度的、并不
混乱的方式打破了宗教国家和君主身份之间的联系。处于
他那个时代的修道士,甚至那些像西多会修士一样宣称自
己渴望逃离这个世界的人,其实都是大地主。修道院制定
了一种集体领主制来管理、保护和增加他们丰富的教会财
产,包括不动产和动产。即使俗人,特别是穷人中的一些
人非常圣洁,即使在很大程度上处于贫困状态,但在其意
识中,他们属于贵族世界。

阿西西人弗兰西斯(苏比卡,圣·格列
高利教堂壁画,13世纪)。

　　然而从其本意看,圣方济各会团体是以完全的拒绝财富,甚至是任何形式的占有财富为
特征。圣弗兰西斯厌恶金钱,他对于有形物品的态度一直是以轻视和反感为标志。他也禁止他
的同伴和追随者占有或垂涎有形的物品——小修道士必须有平等的地位,保持最穷的状态。像
穷人和基督那样"连枕头大的地方都没有",他们不能有储存物或供应物,必须避开买卖世界。
为了满足他们日常生活的需要,他和他的第一代同伴生活在普罗维登斯(Providence),用他
们的双手工作(当通过工作不足以生活下去时,乞讨就被设想成一种供给)。从同样的角度看,"贫
穷者"拒绝考虑任何形式的财产,无论是集体的还是个人的。所有的私人占有在他们眼中就暗
含着拒绝分享,因此揭露出人的罪恶贪婪的本性。他们也意识到这种事实的存在:接受商品的
宗教团体马上会以一种暴力的方式被吸引,即"假如我们拥有财产,我们会保护它们",将来
有一天他会对吃惊于他们贫困的阿西西主教作出反应。在他们看来所有权的本意是争吵和仇恨
的源泉,因此希望根据《福音书》生活的他们必须避开所有形式的占有权。

　　同样,新的教会团体在组织上和生活方式上不同于先前的宗教团体。事实上第一批小修
道士是作为游历的传教士而生活的,他们没有家,不住在修道院里。当他们暂住于某地时,会
被教士或俗人安排在简陋的小屋或不太大的房间里,甚至当他们开始选择永久居住地后,例如
1220年定居在博洛尼亚,他们会逐渐地出去布道或乞讨,但不会过隐居生活。

　　这一时期更具革命性的事实是,在这种秩序中教士和俗人地位平等。这种形势是修道院
组织形式的一次明显分裂,以封建等级制度为标志,例如西多会修士中,修道士和作杂役的
僧侣住在同一个修道院,但却形成了两个不同的团体,各自有各自的生活,前者致力于神职
工作,后者则只完成实际的任务。使二者分离有着文化的和社会的两方面因素:属于贵族阶
层的唱诗班修道士懂得怎样读拉丁文;农民出身的杂役僧侣是文盲。圣弗兰西斯希望通过赋

1215年第四次拉特兰会议谴责清洁派异端。画面描绘了枢机主教、大主教、主教和修道院院长（马修·帕里斯，《慢性历练》[*Chronila Maiora*]，剑桥基督圣体学院）。

予兄弟会所有成员同样的权利和义务来消除这些差别，在他看来，最重要的是共同的生活方式，对贫困不能做出任何妥协。

由于教规的要求，他自己必须剃发成为教士，但是他注意到这样做几乎没什么可能，为了不从简朴的兄弟们中间脱离出来，他也从来没有承认小的教团以外的组织。他最关注的是消除教团内部所有因知识和社会等级的不同而产生的差别。他认为在修道士和俗人之间仅有的差别是，前者必须每天阅读理解而后者则只是背诵祷文。很快这种生活方式被证明是成功的，在1230年，教团内有几千名成员和几百个机构。几十年后，整个基督教世界都确立了这种生活方式，在所有领域内产生了相当大的影响。

但是，与此同时完全不同的另一个宗教团体也产生了，并得到了发展。这一教团主要依靠教皇制来反对异端邪说，然后再去征服社会，这个教团就是由西班牙的大教堂中的教士圣多明我（St Dominic）在1216年建立的布道修士会。当它在11世纪产生时，就是以神父为重，而不是以俗人，确切地说是普通教士为重，但是圣多明我所建的教团的新奇之处在于使徒的目标：不像普通教士或修道士，新的宗教团体在修道院中将不被隔绝。如果他们过着女修道院似的生活，那么他们首先要通过进入社会宣传上帝的言语来寻求联络人。圣多明我和他的同伴首先在朗格多克建立了他们自己的教团，并在他们自己的领地内反对清洁派教徒。他们太挑剔了，不能生活于贫困之中，不能没有自己集体的财产，这一点与修道士教团相反。他们在教义中得知，在公开辩论中他们需要毫不犹豫地与对手对抗，因为牢固地掌握《圣经》知识是必要的。他们获得了一些成功，但是这种和平对抗的方式在朗格多克没有时间发展，由于特使卡斯泰尔诺的彼得（Peter of Castelnau）被谋杀英诺森三世愤怒了，在这一地区发动了所谓的阿尔比派的十字军征服。

因此，发展中的教团撤到了那时的学术中心巴黎和博洛尼亚，在那里吸收了一些新成员。

他的创立者明白，在宗教事务中忽视神职人员的作用往往就会使异端教派活跃，因此他强调神学培训的重要性，这主要是为了给基督教会培养高水平的专业传教士。这种提议正好符合罗马教皇的要求，罗马教皇对多明我的努力给予了肯定。1220 年后，托钵僧团在大城市，特别是在意大利，稳固地建立了，在保卫正统学说方面给基督教会提供了宝贵的支持。

镇　压

英诺森三世及其继承者的宗教策略的另一方面则是以一种武装斗争的形式反对异端，这与大众宗教运动的"复兴"相伴随。可以确信，教皇从图卢兹伯爵或米迪之主（the lords of the Midi）那里没有得到任何支持，因为他们是一些公开或秘密的清洁派，于是在 1208 年教皇选择了十字军镇压的方式。这个重要的决定产生了深远的影响。事实上，它意味着整个基督教世界将远离异教徒或穆斯林的信仰，但是教皇没有犹豫，确信在清洁派的"反基督教会"运动取得胜利之前必须将其消灭。为了在朗格多克取得这样的成果，他依靠北方的领主，像西蒙·德·孟福和勃艮第公爵，用纯粹的宗教动机吸引米迪之主。阿尔比派的十字军造成了严重的破坏。不可否认的是，从 1209 年到 1212 年北方的贵族们在南方的贝济耶、卡尔卡松、图卢兹犯下了惨无人道的大屠杀罪行，接着阿拉贡的国王彼得二世也想试试，于是，1213 年在米雷进行了毁灭性的摧残，这加剧了南北方的对立，并将这种野蛮之风吹向了法国南方的原始组织和文化。同时，卡佩王朝的干涉在西蒙死后（1218 年），极力召集大部分贵族阶级和中产阶级来从事这一事业，因此在这场运动中，只是王朝征服和帝国主义将它的势力推进至地中海地区。1229 年，图卢兹伯爵不得不做出让步并承诺在消灭异端的事情上与王室精诚合作。最后一个清洁派的城堡，如蒙特斯哥（Montségur）的城堡在圣路易统治时期被推倒了。但是，这一异端在局部地区仍然继续存在并得到支持，没有受到任何破坏，因此从这一点来看，镇压运动并没有取得任何成果。利用有效的恐吓和制裁政策，由多明我修士在其中扮演积极角色的宗教法庭（1223 年）非常耐心地追捕着异教徒。在 13 世纪末清洁派仅存在于一些偏僻的山谷地区，并以一种二元论的神话和民间信仰相结合的流行形式存在着，正如在 14 世纪早期的蒙塔尤（Montaillou）看到的一样。

介于不同的政治和社会背景，意大利的镇压采用其他的形式。每个自治城市喜欢的自治阻碍了常用方法的实施，例如 1224 年腓特烈二世在谋求圣座时公布用帝国的章程反对异端。而且，在许多城镇中，市政当局和主教中存在着相互冲突的权力和势力，这导致了有利于异教徒的氛围，这些异教徒也喜欢受到基督教会世俗权力的敌人吉伯林党的保护。因此，罗马教皇极力把这些章程填写在各个城镇的法律中。这主要依赖于托钵僧团的帮助。较好的威望导致他们在一些地区被给予最高权力以对异教徒采取敌对的方式来改变自治地位。1223 年，在博洛尼亚和维罗纳发生

几乎同时代的人对事件的描绘，贝济耶被占领的场景（1209 年）。左：十字军的营帐。右：在其壁垒内，城镇主要包括教堂高塔，同时骑士装好火药，几个步兵匍匐前进，不顾瞭望塔，进入城门。抢劫和屠杀已开始（《阿尔比之战》[La Guerre des Albigeois]）。13 世纪手稿，巴黎国家图书馆）。

了这样的情况，当曾有最高权力的多明我会的维琴察人乔瓦尼（Giovanni of Vicenza）将大量的清洁派教徒处以火刑时，圣方济各修会的修道士在伦巴第也做了同样的事情，但是这仅是短暂的插曲，这些宗教明星的声望在几个月之后就消失了。然后，得到教皇支持的这些托钵僧团开始从事创建如天主教团和教士义勇军之类的虔诚的世俗教团的活动。他们不仅带头反对异端和吉伯林派的支持者，而且还在市政机关获得一定的权力以使镇压更加有效。这方面最突出的例子是多明我会的圣彼得·马特（St Peter Martyr）所做的事情。他是一个伟大的传教士和宗教裁判官，1247 年在佛罗伦萨创立了"信仰社团"，最后被与他斗争的人所杀。在他死后一年，1253 年教皇宣布他为圣徒，这清楚地表明教皇对忠诚的保卫者——神职人员和俗人——所选道路的认可，所有这些努力的结果是起作用的。1250 年腓特烈二世下台，他的子孙被驱逐后，教皇政治上的成功就与最后完全消灭异端相伴随。这些异端屈从于宗教法庭的打击，宗教法庭不再让异教徒有任何逃避的可能。

趋 同

12 世纪最后三分之一时间里，得到教皇认可的罗马教会能够专心于实现改革方案的第二部分了，即确保不仅在社会金字塔的顶端，而且在社会的底层、在社会各方面取得宗教上的胜利。事实上自从 11 世纪以来，形势有了很大的改变，群众已不再满足于基督教领导人对他们的组织以及向教士交纳什一税的活动了。每个地方的民众正在从他们被动的角色中摆脱出来，异端运动的成功表明了这一点。基督教最高中心以全新的态度开始了斗争，即说服内部成员。第一位见证者和发起者是圣伯纳德。很快这场斗争便显现出重要性，它比武力反对异教徒需要更多的能量和资源。特别是因为害怕发生大规模的颠覆活动，清洁派的发展迫使罗马教皇迅速做出反应。这导致了巨大的努力，首先从第三次拉特兰会议（1179 年）开始实施，并在第四次会议（1215 年）上达到高潮，目的是使信仰和实践符合教会要求。

针对乡村的攻势

对乡村传教事件的转折，导致教士对简单诚实的宗教生活更加感兴趣，并非像是常见的单纯的基督教会结构的重组，而是将自身封闭起来。在问答式教学法方面确实是一个根本的改变，这种问答式教学法是以作为调解和劝说手段的语言的价值为基础的。与其让俗人参与教会的书面文化，教会宁愿使自己适应本质上属于俗人的口头文化，结果导致布道书超乎想象的发展。对 20 世纪一些习惯于把布道和宗教仪式联系起来的人来说，这可能并不值得注意，但在事实上，它代表了一种深刻的变化，因为在中世纪早期，宗教以及接受洗礼的绝大多数人所遵行的宗教已经蜕变成了仪式标志和姿态。对信徒来说，礼拜仪式上的语言，甚至是在罗曼语区，已变得不可理解。对主教们来说，除了担心与他们的会众谈论上帝外，还担心其他许多的事情。虽然如此，当特意去做布道时，他们也不一定会让一心指望从根本上得到保护、免于饥饿并进行降魔或突显奇迹的信徒所理解，但是大众的宗教要求在逐渐地提高。在俗的教士从来都不能使他们满意，在其他方面异端运动成功的原因由此得到了解释。意识到现有问题的统治集团和神职人员明白，为了说服听众回心转意，必须用听众们自己的语言给他们讲道。然而我们看到，在占西方人口绝大多数的农民中间，仍保持完整的大众文化，教会并不能成功地从他们身上驱除这种文化。有些修道士，特别是西多会修士和行乞僧团非常清楚这一点，并试着通过在布道中用世俗的主题和故事"驯服"他们的听众。这导致取自传说的短小生动的故事的流行，并以一种"寓意"而结束。这种"寓意"布道者不会用于自己，但他们会嫁接给听众。另一方面，致力于教导城市居民的神职人员意识到"基督教徒"和社会一样不是单一的团体，而是由三部分组成。战士、祈祷者和做工者之间旧有的差别不再符合社会现实，社会发展更趋多样化，因此假如一个人想深入了解所有团体和社会背景，他就必须以他们独特的趣味去认识它们。到 12 世纪末，基督教会为了这一目的开始了一种针对各种人的布道方面的超越，更精确一点说就是将布道范围扩展到劳动者领域，这种使骑士阶层适应的努力进行了将近一个世纪。12 世纪，军队中出现了热心于布道和宗教肖像学的圣徒，与之相同的是，现在工匠和商人中再现的圣徒成为城镇中逐渐发展的商业的保护人。1199 年，英诺森三世宣布克雷莫纳的布料商圣霍姆伯纳（St Homobono，两年前去世）为圣徒，认可了这种发展变化。1261 年比萨的大主教费代里戈·维斯孔蒂（Federigo Visconti）在布道中毫不犹豫地对商人说："如果知道他们的同行圣弗兰西斯本人也是一个商人，而且在我们这个时代被神圣化，那么商人们肯定会非常高兴！"从这一时期非常流行的忏悔者手册中，我们可以发现有利于商业和人们身份的趋势——在这里我们能看到一种使职业道德观念基督教化的努力。

使宗教更接近于人们生活的努力不总是奏效的，原因是宗教和世俗生活的不相容性，甚至当教士和修道士仅仅拥有着拉丁知识的假面具时，他们也确信比信徒们优越，即使用当地方言传教，他们所讲的内容也总是支离破碎。实际上，不像今天的宗教聚会，那时的人们无权使用教义的原始材料，也没有办法掌握它们。教士们也引用《圣经》和文学为自己的演讲润色，但很少唤起精神上的支持，更多的则是激起人们狂热的情绪或激烈的反抗。所以教士们将注意力转移到规划社会生活上，而不是关注世俗现实和行为态度的变化。教会文化一如既往地支持淳朴的乡村道德观。13 世纪中叶，圣多明我会的著名传教士哈姆伯特·德·罗曼斯（Humbert de Romoms）一直致力于向农民传教，认为农民远离充斥着暴力和金钱欲望的社会，能够通过自身的劳动赎罪。他反对城市中的资产阶级和手工业者，因为这些人依靠商品和财富的交换生活，有着太多腐化堕落的机会。

如果想确切了解 13 世纪教士进行宗教宣传的范围和程度，我们应该明白他们要达到的目的。教士们（他们参与灵魂的救赎）的工作不全是与不信教的行为开展斗争，因为这不是普遍现象。总而言之，教士们期望人们信仰正确的理念并按正确的理念行事。许多信徒因异端的行为而有所动摇，还有一些信徒仍服从于那些出自学校或大学的教士。这些教士很快被描述成巫术般或魔鬼似的人物。在异端和迷信之间，教士们要为他们的听众确定一个中间路线。为了达到这一目的，往往要通过宣讲一些基本的教义思想，尤其要规定统一的虔诚的宗教行为。此后，教会开始强调礼拜仪式，特别是强调忏悔的重要性。在著名的第四次拉特兰宗教会议（1215 年）所制定的《信经二十一条》中，要求所有信徒每年至少进行一次忏悔和参加圣餐礼。正因为这一原因，这一时期的讲道大多数安排在封斋期，这也是赎罪的主要季节。那些无视宗教义务的人们将受到惩罚。在中世纪大教堂的雕刻中，以冥顽不化的上帝的罪人、贪婪者和好色之徒之死为主题的插图频频出现，但我们无法统计它们究竟有多少。

教士们坚持不懈地进行宣讲的长期效果是显著的，宗教行为变得一致了。热爱圣母玛利亚和仁慈的基督成了罗马基督教中流行的语言。礼拜仪式本身作为一种新的制度开始在欧洲普及并且越来越相似，成为罗马教廷的惯例和日程表。在新实行的问答式教学法的影响下，礼拜仪式成了所有信徒关心的首要问题，但它也仅是持续困扰人们的问题之一。12 世纪以来，一些教士宣称：有这样一个地方，人们因罪而出现的肉体上的苦痛会在死后得到救赎。我们知道这在布道中和在西方人的意识中变得是多么重要——但丁在《神曲》中为我们提供了有关"炼狱"的文学上的解释。

为了使一种宗教信仰根植于人们心中并使其具有同一性，教士们所做的努力及其影响是难于测定的。如果通过这个时期充斥于书面的抱怨、批评来评价新问答式教育的效果是不负责任的误导，这和确信通过演示非凡的宗教活力可使狂热悔罪的人们遵守教规如出一辙。虽然如此，我们也得承认，在 13 世纪通过一些社团和第三教团，一个虔诚的宗教精英阶层形成了，他们并不是单纯从地位较高的贵族阶层中招募而来的。一些世俗人士，其中大多是妇女，他们不仅可以和教士在同一高度上对话，甚至可以在宗教层面上有所影响，像匈牙利－图林根的圣伊丽莎白或是法国的圣路易就属此列情况。但是，这些人毕竟是少数，大多数世俗人士还是处于短暂的大众宗教活动之外，对教士提出的宗教计划依然漠然视之，只是对教士的宗教实践和精神有所反映而已。事实上，所发生的一切事情的最终目的似乎是对俗人的教士化而不是促进世俗人士素质的提高。这种不完备局面的形成是文化造成的。教士们越来越带有烦琐哲学的特点，声称只有他们才知道真正的基督教义是什么，他们往往将教徒看成可塑造的材料，根据他们的模具进行打磨。这一时期，教会对信仰领域的界定越来越精确，同时愚昧也开始被当作一种错误对待。在宣讲日益增多的同时，异端裁判所的活动也增强了。通过加强体现着自身文化和价值体系的宗教模式，教士们最终脱离了大部分信徒并激起其他人群的反感，他们并不是不想成为而是更愿意按自己的方式成为基督教徒。

宽容的消失

从 12 世纪初到 13 世纪中期，这一时期的特点是包容性少了，异教徒和宗教少数派状况更差了。这种情况在意大利尤为严重，诺曼征服带来了一个讲希腊语的单一统治权力。继之而来的还有东正教的仪式以及阿拉伯人和犹太人。在西班牙，1212 年托罗萨的拉斯纳瓦斯（Las Navas de Tolosa）战役胜利之后，收复失地运动继续向前推进。

实际上，11 世纪中期到 12 世纪，这些地区是相对宽容的，堪称文化和文明的大熔炉，使其形成了一种特有的现象，而这主要是各种政治势力平衡的结果，而不是出于意识形态的考虑。在意大利南部和西西里，诺曼统治者，特别是罗杰一世和罗杰二世时期，不得不依赖各方势力、许以特权并尊重当地民族风俗习惯来维持自己的统治。此外，出于政治目的，他们也完全理解支持东正教传教士所带来的好处。这些教士不受教区教士的支配，却服从君主。至于穆斯林，在西西里为数不少，所以也得给予重视。此外，像犹太人一样，穆斯林在文化上的贡献是极其重要的，巴勒莫市一直认为该市的光辉得益于他们。

在西班牙，情况有些不同，大量的莫扎勒布基督徒居住在南部穆斯林酋长国，这迫使收复失地运动者在很长时间里不得不小心对待这些信奉伊斯兰教的臣民。然而 1150 年以后，这种脆

犹太人在西班牙一个犹太教会堂中祈祷（MS Or.2884，伦敦，大英博物馆）。

弱的平衡被打破了，少数派开始受到迫害，"十字军运动"无疑是其中的一个原因。在持续的诱导下，穆斯林被基督徒视为上帝的敌人，犹太人被认为是谋害基督者，因此导致敌意的产生并持续引发敌意。收复圣地的斗争在12世纪末深深挑拨着西方人的神经，"为基督的荣誉而战"是狂热基督徒的梦想，此时对伊斯兰的宽容也变得微小，甚至视这种宽容为背叛。圣路易对穆斯林的态度正像他所宣称的："不要与他们争论，袭击他们。"至于那些不属于罗马教会的基督徒，情形也变得不再乐观。对于"十字军"的到来，拜占庭人即使不是含着敌意也是抱着冷漠的态度予以欢迎的。这种态度在第二次"十字军东征"时尤其明显，这导致了西方人的强烈不满，并最终被威尼斯人巧妙而不留痕迹地利用了，致使1204年君士坦丁堡被占领。这次事件远甚于1054年的教会大分裂，被看成是天主教和东正教相互轻视和偶尔仇恨的开端，并持续了数世纪。

甚至在此以前，罗马教会内部僧侣集团结构的加强就有助于教士和礼拜仪式的拉丁化。从10世纪的撒丁岛开始，东正教的修道院制度受到重视，到12世纪下半叶在意大利南部也得到发展。在西西里，大量涌入的意大利人也支持这一进程。异教徒社团之间的平衡被打破了，在最后的诺曼国王威廉一世和威廉二世时期，东正教徒和穆斯林之间相互支持的格局不复存在了。前者想设法保住几个地区以便形成一个联盟集团，而后者则在腓特烈二世统治初期爆发起义，但最终失败，大部分人被杀。他们失去了传统的自治，从此成为人数众多的基督教人口的一部分。稍后，西班牙也与之相似。

封闭和相互排斥现象在犹太人和基督教徒之间更是显而易见。犹太人当然具有合法社会地位，但从中世纪早期就已被排挤到社会边缘。然而，除特定的局部紧张现象之外，实际上在墨洛温王朝和加洛林王朝统治下，犹太人的境遇并不是特别糟糕。在主教的保护下，他们提供重要的经济和金融服务，还可以在自治地位中获益并且无限制地从事宗教活动，我们已讨论了他们曾有什么样的政治和经济地位。此外，在 12 世纪以前，犹太人并非都住在城镇中，他们多在乡村生活，一部分人从事农业劳动。随着商业和交换的复兴，他们开始集中于城市。犹太人经常形成较大的自治团体，有自己的领导，有一个或几个犹太教堂和希伯来语学校，这些我们可以在鲁昂、巴黎或莱茵河谷一些大的主教城市中看到。他们通过旅行和通信保持来往。来自穆斯林西班牙，甚至东方的学者经常拜访西方他们共同的宗教家，正是得益于这些经济和文化交流，在 10 世纪和 11 世纪，地中海两岸的联系才得以保存。

在这一时期，犹太人和基督教徒尽管完全不同，但保持着一定的联系。在城镇里，犹太人住宅区环绕着犹太教堂，像一个有组织的基督教的教区而不像是异教徒聚居区。两者之间的影响是相互的，特别是在宗教和文化层面上。犹太人充当翻译，尤其是在与穆斯林世界和修道院的注释家的联系中。西多会的修士们积极请教犹太法学博士关于原始《圣经》的原文问题，并且努力寻求解决《希伯来人的真理》(veritas hebraica) 中拉丁文版《圣经》的含糊问题。另一方面，非常重要的是，1140 年至 1142 年，阿伯拉尔在写他的名著《哲学家、犹太人和基督徒的对话》(Dialogue betweena Philosopher, a Jew and a Christian) 中，雇佣了一个学识渊博、精通法律的犹太知识分子。最后，我们都熟知的是西班牙犹太知识分子在传播西方古代著作（特别是亚里士多德著作）方面的影响。所有这些意味着交流是在一个较高的水平上进行的，至少是在有教养的阶层之间，虽然不是田园牧歌般的，但至少犹太人能够安静地生活，这种交往情形并不是慢慢地变得处境艰难的。在这里我们再次重申，十字军东征是一个转折点，正因为这一转折才有了上面提及的大屠杀和排斥以及非基督教徒从原有居住地的逃亡和撤出。

而对这些暴力事件，当局采取了暧昧的态度。各级教会和罗马教皇为犹太人遭到的迫害辩解，主张这是由神而不是人决定的，如果有必要，上帝也会惩罚自己的子民的。圣伯纳德说，犹太人是基督受难的见证人，他们的存在对基督徒是有益的，但是从主教那里得到的帮助越来越令人怀疑，到 12 世纪末，犹太人被迫减少与基督徒的联系；任何改宗行为都不包括他们，尽管有措施鼓励犹太人转信基督教。至于世俗统治者，他们首先要做的是从这种情形中获得好处，充分利用民众对他们高价出卖保护权的敌意，定期对犹太人采取驱逐措施。这在法国国王腓力·奥古斯都时期最明显，这一做法很快被宽容时代所延续，每次犹太居住区都要为此付出大量资金。但不安全因素持续增长：13 世纪在英国，随后在法国，开始出现宗教谋杀案（基督教徒的孩子被犹太人谋杀），被冠以冒犯圣饼的罪名（例如，巴黎的里斯·巴列提斯教堂发生了圣饼流血的奇迹）。这将犹太人笼罩在一种迷信的氛围之下，成为各种有预谋的暴力事件的牺牲品，不论是被放纵的民众还是官方都乐于让他们成为替罪羊。

1100 年至 1250 年，宗教领域的异端和权力分离现象逐渐消失。最后，罗马基督教就成了同质文化实体，少数派和反对派遭到排挤，影响力大减。在内部，宗教法庭对异端穷追不舍，直到其最后的避难所。对外，在西方世界用大肆扩张的方法推行自己的宗教礼拜仪式和信仰。在东方，竭尽可能地建立罗马天主教统治集团。这仅是基督教统一的构想（我们能从第一次里昂会议和 1274 年第二次里昂会议看出），在这一体制下，"教会分离者"对罗马教皇的所有要求完全服从。

综　述

黄金时代、"我的君主圣路易时期"、著名的大学和宏伟的教堂给我们虚构出一个平稳的无可比拟的 13 世纪。首先应该指出的是，最后几十年不在这其中，因为潜在的危机正在浮现；这个世纪的整个前半期也有政治风暴。当然，在祈祷和研究中加入一个社团的天使般的想象也并不是完全错误的。这个世纪的精华一直延续（1200 年为中心）到今天：和平和文化，我们忘却了的战争、高利贷和宗教的禁锢，忽视世俗文化的崩溃、富人的狂欢以及教会盲目的骄傲自大。或许早已尘埃落定的大众记忆要略多于那些职业的历史学家的记述。我们应该给基督教世界画个句号了，因为人类将从少年最终走向成年。

学术的迸发

12 世纪最大的文化革新是城市学校的迅速蔓延。这并不意味着教会学校突然消失了，实际上，在英国和意大利，直到大学时期教会学校还保持着一定的权利，但新的教育形式出现了，它超出了教会的圈子扩大到更大的范围。这种教育的盛行与当时城市人口的增长和城市规模的扩大相联系。同时，乡村的发展也给予它大力支持，它们不仅为主教及其分支提供教堂建筑材料，而且吸引一部分教师来到基层。罗马教皇支持这一运动，希望借此提高教士们的文化水准。从 1079 年开始，主教座堂的教士团被迫开放并开办学校。一个世纪以后，教皇亚历山大三世要求每个主教区要有一名精通神学的老师，终身研究和解释神的世界。因为这些学校保留着教会的授职，它们在教会章程指导之下，学校管理者或大学校长有时自己从事教学，但更多的是将这个工作交给别人，他则专门从事神学。在最好的学术中心，召集城市或地区以外有声望的教士已成为惯例。学生们醉心于教会执事的法律地位和特权。在他们中会有未来的教士，但是他们中大多数不能将自己视做教士，甚至也不能获取低的教会等级。因为教授知识的教士是要求独身的，这就是为什么当阿伯拉尔（Abelard）提出和埃洛伊丝（Héloïse）（他的学生）结婚的请求时，埃洛伊丝拒绝阿伯拉尔的原因，她深爱着他，不愿因婚姻毁了其前程。与主教学校的发展并行，

12世纪出现了正规的大教堂的教士团，其中最著名的有巴黎的圣维克托和圣热纳维耶芙(Sainte-Geneviève)教会。

随着时代的发展，在12世纪，学校和当地教会的联系开始变得不那么紧密了。大量学生的涌入使得校长不得不批准更多的教士从事教育，但他只能遥控这些教师。教授知识还没有世俗化，但教士们还是有了很大的自由，他们充分利用了教会授职的多样性。像在巴黎，他们中的大多数聚集于塞纳河左岸的波西米亚区，对圣热纳维耶芙教士和巴黎的圣日耳曼德普雷修道院的修士负责，而不受主教权利的控制。在这里拉丁区（13世纪开始这样称呼）开始出现。

面对一些高级神职人员的不满，在教学执照（licentia docendi）上，教皇亚历山大三世采取了自由政策，允许创办学校。执事长不得不无条件地同意这一点，同时也不能拒绝任何

知识的扩张。天文学家和他的星座仪（用来测量星星在地平线之上的高度）、教士和计算工（《圣路易诗集和卡斯提的布兰奇》[*Psalter of St Louis and of Blanche of Castile*]，巴黎军事图书馆，编号为：1186)。

一个有能力持教的教士。这些措施使教师的数量大增并导致真正学校的"爆炸"——12世纪末扩展到社会各个阶层。各地对教育的要求都很高，在巴黎和博洛尼亚有许多有国际声誉的学校。这一时期，许多中等规模的城镇为初等教育创立了师资雄厚的专业学校。在意大利和佛兰德尔，我们甚至能看到独立于教会的学校的创办，许多公证人和商人能接受教育。拉丁语是基本科目，但这些学校也教本国需要的一些实际课程，这适用于那些商人和较富裕的农民。在英格兰，13世纪中期的一些农奴能熟练地记账和写农村租赁契约。

对这些小的专业学校（今天我们称之为技术学校），其运作我们知道得不多，但在原则上，教学课程和内容各地相同。这一学术机构，可追溯到加洛林王朝时期，并受到圣奥古斯丁所确定的知识概念和从晚期古代继承的自由七艺分类的启发，认为所教的课程对于《圣经》知识和基督教启示来说是起辅助作用的，它们被分为四门高级学科（算术、几何、天文、音乐）和三

门低级学科（文法、修辞、逻辑），但这仅是理论上的分类而不是必修的学习课程表。除了沙特尔和塞维利亚等中心，四门高级学科在各地都被忽视。就是大思想家阿伯拉尔也对算术和自然科学没有兴趣。实际上在古代它们就没有得到应有的重视，如果不是有不可思议的地方（植物志、刻在石头上的专题论文），在相当长的时间里它们都被视为相当滑稽的。在许多方面，对物质世界的解释很少超出《旧约》第一卷、柏拉图和亚里士多德的宇宙理论，我们知道在那里哲学和自然科学的分界线还没有出现。只有几个好奇的思想家，像英国人来自巴士的阿德拉德（Adelard of Bath）或莫利人丹尼尔（Daniel of Morley）对科学产生了特殊的兴趣，但他们仅限于用经验和机械的方法研究自然科学。

中世纪的学校向学生传授的主要是文学并深受古典范文的影响。它们的来源范围很广，从祷告文到像西塞罗、奥维德和波提乌（Boethius）这样的拉丁作者的文章，或是从希腊语翻译成拉丁文的柏拉图和亚里士多德的作品，他们在这个时期被重新认识。12世纪，教师们不再仅仅是这些权威人士的传承者，而是对权威人士的著作解释得更加广泛并最终形成自己的思想。他们也不再满足于解释疑难词句，而是挖掘出文章或教义的深刻含义。一些最无畏的教师还对古代伟大的思想家和原始教会的教父们采取坚决的批判态度。

控制人类的"思想"

尽管教会内部严格地加以管理并心怀嫉妒地保护着它的教义，然而还是没能抑制人类对知识的探索和思考。事实上，拓宽原有知识体系的人并非那些著名的修道士，而是神职人员自己。他们吸收了"非犹太教"的东西和古代先贤，甚至穆斯林的知识，而穆斯林在传播古代经典时则用自身的知识丰富它的内容。在反对封闭、好战的宗教教团（像圣伯纳德之类的人物一直在其中宣讲着"神圣的无知"）的过程中，我们看到了思想和头脑的开放，如克吕尼修道院院长彼得就是一个代表，一直以来他都希望能够翻译《古兰经》。而另外一些人更多的是希望在与他人的知识进行对比后可以获得一个什么样的宗教信仰。在12世纪之初出现的普罗万人古特（Guiot of Provins）的"圣经"反映了巴黎教士的希望，却被"讨厌而恐怖"的孤立时代所诅咒，正如霍诺里厄斯·奥古斯都尼斯（Honorius Augustodunensis）所宣称的："对于人类而言，无知意味着背弃。"

圣维克托的休、沙特尔的伊沃和可敬的彼得等圣徒，是一些著名的高级教士和修道院院长，他们与对柏拉图、亚里士多德、塞涅卡（Seneca）、毕达哥拉斯和奥维德的最新研究进行了"英勇的"斗争。13世纪的多明我会修士，聪明地紧随在这些先驱之后，对世俗教师和异教徒来说，他们确实拥有教义和哲学的比较知识方面的关键性武器。在十字军东征的中期，基督教向穆斯林打开了大门：阿拉伯的文章如洪水般涌入罗杰二世的西西里岛、加泰罗尼亚、朗格多克和普罗旺斯、坎帕尼亚和威尼斯。花拉子密（Al-Khwarizmi）的数学著作、阿维森纳的医学专著、拉齐和白塔尼（al-Battani）的作品都被翻译了过来。在1220年或1230年后，阿维罗依对亚里士多德的评论以及对迈蒙尼斯的反映跨越了比利牛斯山脉。巴勒莫、萨勒诺以及蒙彼利埃等地方的思想家、医生、几何学家既不蔑视也无奉承，比较中肯地检验、批判并吸收了这些著作。从此，理性之光闪耀起来。

教会学校讲授的推理、辨证的方法在"自由的艺术"中起着很大的作用。12世纪早期，在巴黎，尚波的威廉（William of Champeaux）也用这种方法来批判古代哲学家亚里士多德。这是因为亚里士多德关于物理或哲学的著作中宣扬物质世界远离神学，这些著作当时已形成一定气候，当权者害怕对社会产生腐蚀性的影响，所以就极力批判。1210年，巴黎禁止教授亚里士多德的思想理论。但是，所有这一切都已经太晚了，到1130年或1150年时，人们觉得自己除了不能创造世界之外，已经是一个在宇宙中有作为的人了。就是这样一个类似于上帝的人类——他的好奇心是无法被压制的，在他们无序、挑衅的示威运动中，游吟诗人攻击当时的社会秩序，用他们自己的方式来表达一种摆脱权威束缚的强烈愿望。

虽然当时还没有人能成为这种思想革命的典范，然而在法国，彼得·阿伯拉尔却扮演了第一个"教授"的角色。这个布列塔尼人并不关注《圣经》中那些不重要的细枝末节，他成为打破修道院教学传统的第一人。1120年公开反对巴黎的主教后，他带着其追随者们来到了拉丁教区，然而在这里他的生活依然受到搅扰，思想遭到压制，主教圣伯纳德对他的敌视迫使他又去了克吕尼，在那里一直到1142年去世，主教彼得对他很尊重和宽容。

在他的著作《是与非》（Sic et non [*Yes or No*]）中，阿伯拉尔提出一种方法并对其进行了实验，认为这种方法使他能够克服各权威理论相互之间存在的矛盾。提到里尔的艾伦（Alam of Lille）时，他写道："权威有着一个蜡样的鼻子（a nose of wax，指没有主见、任人摆布的人，蜡做的鼻子怎么捏都可以）。"这就是说对权威的引证只不过是一种形式。这样，12世纪知识的新生与文化的复兴中最重要的发展之一，或者是至少在文化水平以及思想态度上的普遍发展之一，就是逻辑学的急剧发展。当修道院还在首推修辞学时（语言和演讲的艺术），12世纪学校里的很多教师已将重点放在了辩证法上，这样判断每一件事情都是以其是否具有可理解性与真理性为标准的。系统提出这一方法的人是阿伯拉尔本人，但他仅仅是为了满足学生的期望："我的学生要求的是人性的、合理的理由，他们需要的是用智力能理解的知识，而非来自于权威的解释。他们认为仅仅'说'是没用的，除非这个所说的东西是可解释的，并且它是人们相信只能通过理解而掌握的知识。对于一个教师而言，讲授他或他的学生都不能理解的东西，那将是非常荒谬的。"（阿伯拉尔，《我的灾难史》[*History of my Misfortunes*]，第九章）

在其学生的压力下，"这个流浪的辩证法骑士"毫不犹豫地从理性思考转向揭示真理，他的目标也是要建立一种"神学"——这是令传统主义者如圣伯纳德反感的一个词汇。其特点就是虽与智力方法无关，然而这种方法却由处于这个宗教世界里的人类理性的范畴构成。不过，如果将巴黎的教师和克莱沃（Clairvaux）的主教之间的斗争解释为理性与唯灵论之间的简单的对立，那就错了。前者绝不认为他的对手与现实权威是一个概念，也不认为他们能够探索上帝的深远奥秘。相反，这只是两种学问之间的冲突：以修道院式的解释、文献和《圣经》为基础、以祈祷和冥想为目的的宗教神学，与满足于信徒的强烈好奇心和理性所具有的调查能力的经院哲学之间的冲突。1140 年，阿伯拉尔被桑斯法庭宣判有罪。在当时看来，他是被打败了，但事实上，他才是真正的胜利者，因为正是他的方法，那个相当善辩、有时还有点自满的乐观主义，最终成为中世纪学术的基本方法。另外，和他一起出现的还有一种新型学人：知识分子。很快他们就被称为学究。当然在以前的年代里已经出现了博学的人和高水平的思想家，如比德（Bede）或圣安瑟伦。但是他们主要致力于解释学，在宗教社会里，他们的角色是致力于分析、解释神圣的经书，研究文字，探求其隐藏的含义，力求比字面意思更真实可靠。通过这些努力，他们希望找到对历史和社会进行理解与解析的钥匙。圣徒中的传记学家、编年史家、《圣经》解释家，他们对于学问与生命拥有统一的世界性的眼光，他们寻求的是将这些学问顺利地传承下来。然而在阿伯拉尔之后，这种全球性眼光和稳定的必然性消失了。知识分裂了，出现了专业化，而且批判的态度成为了研究的规则。巴黎相当于一个新的耶路撒冷。在这种产生于教会内部的学问的引导下，为了自由进行活动，知识分子就需要建立一个新的团体，这项活动将与宗教权威越来越疏远，而与其他职业越来越接近。

新生的大学：人文主义

一些比较重要的学术中心，尽管开始时它们被称之为"非专业学习"的基地，然而从1180 年到 1230 年，在这里我们看到了大学的雏形。这些学校采纳了职业联盟的形式（"大学"一词在当时的拉丁文中是指任何一个有组织的职业），即教师与学生的组合。

不同的地方其组成方式也不同。在巴黎，世俗教师的创造精神缔造了那里的大学，他们人数很多且尽力摆脱教士的监管，他们和学生联合起来保护团体权利，反对国家和当地的教会权威；另一方面，在博洛尼亚，学校的专业主要是法律，正是来学习新学科的其他国家的学生们，组成了联合会或行会，起草法律并同行政当局进行谈判，以便为他们自己和教师争得特权地位。他们的努力得到皇帝巴巴罗萨的支持，并于 1159 年将其置于皇帝的保护之下。由于其自身的原因，巴黎的大学获得了罗马教皇的支持，显然，这个新的机构忽视了地方与国家的特

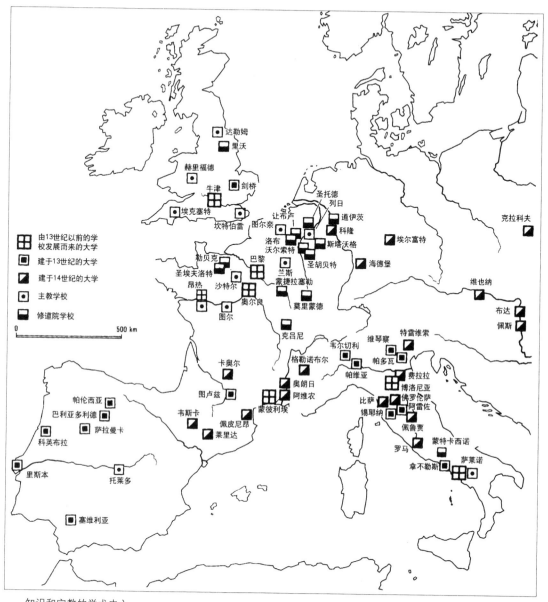

知识和宗教的学术中心。

殊性，还培训教士，尤其是神学家，以解释并保护基督教教义免被污蔑。大学也得到国王的支持，虽然国王对限制主教的思想并不反感。1194 年，巴黎的教师们只是获得了教皇塞勒斯廷三世（Pope Celestine III）的一个让步，而从 1200 年开始获取了他的支持，1205 年得到了英诺森三世的个人保护，1215 年其地位获得教皇使节罗伯特·德·库克（Robert de Courçon）的最终承认，并于 1229 年由摄政王卡斯提的布兰奇（Blanche of Castile）批准为一所合法大学。

13 世纪之初,其他的大学也产生了,如 1227 年至 1268 年建立的奥尔良大学 (文学研究和民法)、1225 年至 1256 年创立的蒙彼利埃大学 (医学与法律)、1214 年至 1240 年创立的牛津大学。

　　这些大学都是专家聚集的中心,因此人们不远万里来这里学习。就像托钵修会一样,大学从社会的各个阶层以及西方的所有国家招收学生。它拥有独立的立法机构,其法规又受到最高宗教和国家权威的保障,最终形成了一个新的社会群体,即"学者等级"(ordo scholasti-cus)。它超出了教士和外行人之间传统的差异,尽管大学受益于教士特权,但是他们不用削发,他们中仅仅有一小部分人继续从事圣职。进入大学的绝大多数人是为了寻求进入社会、国家的更高层的一个资格。正如之前所提到的,它起源于知识分子的毫无预谋的一个集合体,并不仅仅是一个公爵或教堂的希望就能成就的。大学从一开始就是一个具有高度自我意识的机构,从 13 世纪开始,在巴黎流传着这样一个传说,是查理曼大帝将最高的学问中心从罗马迁移到了巴黎。1229 年在博洛尼亚发现了一个伪造的文件 (当时被认为是可信的)。依据这个文件,法律学校的创建可追溯到罗马最后的皇帝之一,即提奥多西二世。这些都只不过是虚构,但是因为自我意识已经形成,大学是建立在知识与科学之上的,所以在当时,大学与教会和国家相平行,占据了第三大势力的位置。另外,从 13 世纪起,博洛尼亚的法学教授被称为多米尼 (domini,意为主人),他们要求拥有骑士地位,正如匹斯塔亚 (Ceno de Pistoin) 所言:颂扬科学使他们有资格"成为王公们的父辈与兄长"。

　　在获得宗教和传统世俗派别的承认之后,作为一种回应,大学不得不接受一种普遍原则,从调整服装的规定、庆典和公共仪式到研究的组织再到一系列相互联系的程序,13 世纪初,在巴黎,所有这些都稳定了下来。之前教师在学生面前可以自由地讲授,而当学生认为他们学习得足够多了的时候也可以离开,但这样的时代已经不再有了。教授通过院、系来分组 (艺术、神学、民法、教会法以及医学),为了进入其他院系,文科作为一门基础课程必须学习 (可能在 15 岁到 20 岁之间)。而且还拟订了最短的学习期限:神学和民法需要学 8 年,教会法要学 6 年。学校以几个年级作为区分的体制已经成形。在获得博士学历和学位之前,首先要获得学士学位,然后就可以凭硕士学位,也就是教师的资格再去攻读博士学位。在每个阶段都必须通过考试,尤其在口头阐述或讨论一个问题的过程中需要证明你把握问题的能力,当教师在场时,攻读学位者要用辩证法去答辩。从 12 世纪后期,学校还创办了一个教义团体,所以在学校里可以讨论不同的问题,同时还出版了一些著作,如彼得·伦巴德的《词句之书》(Book of Sentences) 概述了神学的主要问题,指出了巴黎教师所提供的解决方案。在法律领域里,主要是注释家的著作,如由约翰内斯·条顿尼库斯 (Johannes Teutonicus) 汇编而成的《口头规范》(Glossa Ordinaria) 或《亚佐信件概要》(Summacodicis of Azo,约 1230 ~ 1240 年),这本书直到中世纪末仍然是民法的基础教程。

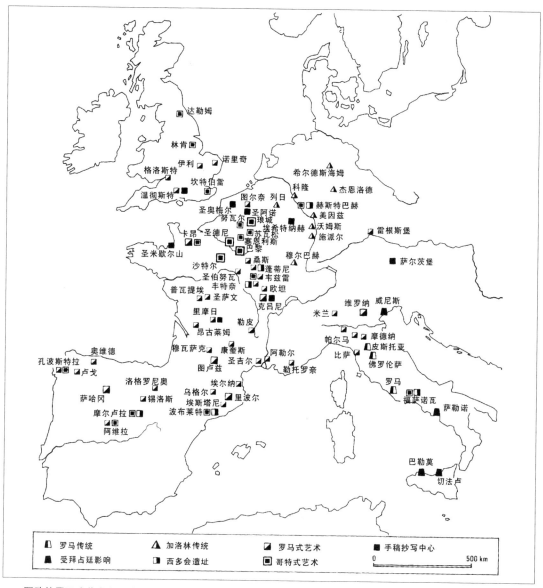

西欧的罗马式艺术和哥特式艺术分布图。

通过这些教学机构的引导，以及在这些总结性著作的影响下，即使学生们来自于不同的国家或民族，他们中间还是形成了一种共同的心理。这种新兴的学问主要建立在使用文献的基础上，因为教学的出发点就在于权威作家的评论，可是由于书都很昂贵，所以没钱买书的学生就从书商手里借来比较可靠的版本一页一页地将其抄写下来，这样书籍便渐渐地失去了其名望和神圣性，从而成为了研究工具，草书体代替了哥特式文体，还增加了缩略语。这些都是对僧侣圣书体那昂贵的书写方式发出的一种遥远的呐喊。13 世纪大学手稿都是统一的，没有了装饰精美的字母文字，也没有了颜色华美的说明，甚至在 1205 年至 1270 年间，教学中的花样也有了衰落的趋势，对宇宙的好奇心以及之前的知识分子那种无畏的精神在此刻变得是那么迟钝。作为教师，他们首先要做的是尽力组建知识并将其合成为手册，从而对整个领域的知识有了连贯而统一的认识。百科全书式的抱负，对问题进行学究式的、咬文嚼字式的研究，对理性的渴求——构成了当时大学的学术文化的典型特征。这种"经院主义"与 11、12 世纪的修道院，甚至教会学校里繁荣的学术氛围大不相同。

　　与同期其他形式的社团不同，这一时期的教学主要不是职业性目标。学生也可能成为教师，但那不是学生的目标。确切地说，他在学习，磨炼其心志。因为那里没有赞助，也没有薪水可拿，甚至没有一个图书馆。教师到哪里，学生就跟随到哪里，只要教师能给予解释就心满意足了。这种绝对自由的优势所带来的不自由也是很明显的，即这样便形成了一个令人遗憾的推选程序，学生必须富裕，否则贫穷会导致他去谋取薪俸。在某一"大学"找到一份工作就可以拿到薪水，如巴黎的罗伯特·索邦（Robert de Sorbon）的工作。教师也不得不寻求一些生活补偿，从 1220 年开始，他们所鼓吹的规则（其定义就是不受世俗需要的困扰）受到了挑战，因为多明我会修士不拿薪水，所以大学里就出现了学生流失的现象。

　　从 1220 年到 1270 年，所有这些都使得大学无法避免早期人文主义所遭遇的观念上的考验，而当时的人文主义是以一种脆弱的信念与理性的综合体的形式出现的。逐渐成为基督教"首府"的巴黎，汇集了一些外国教士并在此做出了一些贡献：英国人黑尔斯的亚历山大（1245 年左右）、林肯主教罗伯特·格拉斯坦特（Robert Grosseteste，1253 年左右）都是实验法的支持者；意大利人博那文图拉（Bonaventura，1274 年左右）和德国科隆的阿尔伯特（Albert），其说教被认为是 13 世纪中期圣托马斯·阿奎那的《神学大全》（*Summa Theologica*）一书的基础，还有一位意大利人和阿尔伯特一样都是圣多明我会修士。然而，形而上学思想的制高点就是在基督教的重重困难中最终形成的。它产生于教士和世俗教师之间的竞争，产生于对贫穷学生的驱逐，产生于对权力的渴望，这就是为什么大学的繁荣仅仅维持了非常短的时期的原因，不过这并没有减损其楷模的价值。事实上，在学院的影响之下，关于上帝的讨论对于非专家而言很快就变的晦涩难懂，圣伯纳德曾感叹道："每当关键时刻人们便谈论神圣的三位一体，并且仅要求能够接近信仰的最大秘密。"而在一个世纪后，这一感叹也不存在了。神学研究已成为学校里的一门考试课程，而且这门课程是用规范系统的语言来阐明的。

　　这就是为什么从 13 世纪之初学术界便开始发生变化的原因。如果神学家继续扮演一个重要角色，尤其在巴黎，他们就会与律师进行势均力敌的比赛。律师们不仅影响到教会，也影响了整个社会。从 12 世纪末的意大利开始，教会法规就与神学分开了，并且处于民法的影响之下。在博洛尼亚，第一个民法以及教会法博士亚佐（Azo）和阿卡西乌斯的约翰内斯·巴西尼乌斯（Johannes Bassianus）时期，创立了一套罗马教会法规并得到了广泛的传播。这种交汇一开始并不明显，但从图尔会议（1163年）到霍诺里厄斯三世（1219）时期，教会严禁僧侣和修道士去学习和教授民法。可是教会法学家意识到了罗马法律语言的精确性，并且在1190年到1250年期间从中进行了广泛地吸取。进而教皇肯定了传播法律的权利。在视教皇如皇帝的时候，罗马教会再也不能忽视国王不仅高于法律并且还有权创制法律这样的话题了。同时罗马法受到了基督教道德思想的影响以及拥有这些特征的世俗宪法的影响。教会和司法当局用的，是建立在《学说汇纂》

哥特艺术：布尔日教堂的大门入口，约建于1165年。

（Digest）和《格拉蒂安教令集》之上，混合了教会法和国家法的同一种语言。

13世纪，一种新的语言，即法学家的语言影响了整个社会；其次它也把一部分人排除在外，主要是中产阶级和农民，因为他们不能深入领会其中的奥秘。如此开始了律师和专业学校毕业博士的统治时期。

数字和光的艺术

没有任何人为的东西能够将艺术表达与哲学思考联系到一起，因为这二者仅仅是同一控制权和同一需要的两个方面而已。1060年至1130年，在不同地区几乎同时诞生的罗马风格的艺术表

库唐斯大教堂的唱诗班席位和穹顶（13世纪上半叶）。

亚眠大教堂的正面（13世纪中叶）。

现出强烈的原创性，也就是说它是真正独立表达欧洲人情感的艺术形式。据说更早的时候它的主要特征是充分表达当时的感情生活：带有一种"大众的"或神秘背景的人性形式的回归；长期酝酿和统一的计划所安排的宏伟任务的开始；大型建筑的优势与冲向天空的限制力的平衡。在12世纪中期，这些渴望不仅超出了带有浓厚帝国情结的普罗斯旺和意大利，而且也超出了勃艮第、阿维农和普瓦图。大量建筑，尤其是修道院建筑，比如在韦兹莱（Vézelay）、圣萨芬（Saint Savin）或拉卡里特（La Charité）等地，直到1150年后还没有竣工也没有装潢。

那时一种新的表达方式诞生了，这就是被后来复兴古典思想的新手们愚蠢地称之为"哥特式"或"野蛮式"的艺术形式。当时这种艺术源自"法兰西岛"，因此在中世纪它获得了法国作品（opus francigenum）的称号。

它是一种皇家艺术，一开始与卡佩王朝的胜利相联系，但也见于英国、卡斯提（西班牙）和中部德国。或许是因为在1175年或1200年之后的城镇建设或重建过程中这种建筑艺术的需求是最强的，所以它也是一门城市艺术。哥特式艺术并未从建筑风格中捕捉其特殊形式，不像罗马风格那样喜欢创新：建筑物有着同样的设计，外形也相似。以世俗的眼光来看，其中的

沙特尔大教堂的西面（12世纪中叶）。

沙特尔大教堂中部入口处的柱式雕像。

一些特征也是会乐于承认的——拱顶下的对角线结构、柱廊与拱门——从1100年开始已被人们所熟悉并到处使用，甚至蝴蝶柱也只是能够使拱顶的尖变得更高的支撑手段。另一特征就是高耸入云的建筑，巴黎的圣礼拜堂或特鲁瓦的圣阿本教堂从墙到玻璃笼的显著进步，迥异于罗马风格。单纯的数字不是主要区别（在博韦48米是最高记录），而在东方有更加令人钦佩的高度，同时还涉及到难计算的数学平衡以及光线问题。这种基督教艺术的最高代表还属于形而上学范畴，与当时的哲学思想很接近。

　　在装潢方式上可看到另外一种类似的轨迹（不仅包括覆盖在整个建筑表面的雕刻，还有壁画、彩色玻璃，甚至羊皮纸上的微型画），它拒绝罗马风格中的奇异性或象征性，重视比例均衡。人的面部更加真实自然，肖像上和布景里的文字都取自《圣经》，人物表情轻松而愉快，没有了罗马风格中那复仇式的、遭受苦难的情绪与基调，而是宁静而祥和的画面。换句话说，那就是表达对基督的盛赞，也是对圣母玛利亚的赞美，这似乎被夸张了，不过我们也能看到随季节变化而劳动的人们以及他们进行贸易活动与祈祷的场面。

　　第一个哥特式建筑的地点出现在卡佩王朝统治区域内是很自然的，因为罗马风格的艺术在

耶路撒冷的基督去往受难地的路。从理论上讲，耶路撒冷作为基督教徒团结的象征，是许多野心、仇恨及清算各种事情的一个借口。十字军仅仅是暂时加强了已不再是"阿拉伯人"的穆斯林的团结，但却给垂死的拜占庭帝国以致命的一击。

这里一直不显著。圣丹尼斯的皇家修道院在1135年成为一系列哥特式建筑中的第一个，尽管1128年左右桑斯和达勒姆的一些学者试图摆脱这一风格，但是无伤大局。

在这个半径逐渐增加的同心圆中，最有造诣的建筑缓慢地出现了，到1155年出现于沙特尔、琅城和努瓦永等地；到1175年见于巴黎、坎特伯雷、林肯等地；约1200年再现于沙特尔、布尔日和勒芒等地；1220年的亚眠、1225年的兰斯和博韦、索尔兹伯里、第戎、斯特拉斯堡、昂热相继出现典型建筑；然后，是远离最初摇篮的地方，1225年在布尔戈斯和托莱多以及班贝格、马格德堡和瑙姆堡等地也出现了。意大利仍在继续，从威尼斯的圣马克教堂和托西罗教堂到阿纳尼（Anagni）和斯波莱托（Spoleto）。这里勾画的仅仅是哥特艺术的原始形式，其典型形式只出现于意大利的北部。而当时这种艺术带有拜占庭、马格里布和古罗马的风味，根本不属于"哥特式"。

或许基督教欧洲再也无法达到能与1225年至1250年期间相比的统一的程度了。这一时代没有出现食物短缺，也没有大规模冲突，因为商业充满了活力，而且还可以获取到土地，所以人口增长的压力不再是一个威胁。在对能够结出丰硕成果的创造力的窒息中，教会把持着社会秩序的控制权——然而，这种秩序不是由恐怖和不公平所维系的。一种思维方式，一种语言，一种共同的表达方式，为最终形成的欧洲各成员国所认可。也正是这同一代人，见证了至今还占统治地位的两大东方文明的衰落、退缩和降格，而且它们的失败标志着世界历史一个重大的断裂。

第三编

东方的衰落：
1100年至1250年

第十章　伊斯兰世界的衰落

10 世纪末，在埃及和叙利亚建立的法蒂玛王朝深刻地改变了近东地区穆斯林世界的布局。阿拔斯哈里发统治时期在政治和宗教方面的和谐关系被分裂和复仇所代替。另外，法蒂玛王朝对叙利亚和埃及周边地区到地中海的占领，严重破坏了巴格达哈里发的经济支配权。法蒂玛王朝曾竭力占领阿拔斯哈里发的统治区域，1059 年对巴格达的再次短期占领，更燃起了这一希望，宣称只有法蒂玛和阿里的直系后代才能合法继承先知穆罕默德的职位。事实上，托格鲁尔的塞尔柱土耳其人（Tu-ghrul's Seljuk Turks）站在哈里发一边的介入，改变了局势，塞尔柱人的胜利，不仅允许阿拔斯哈里发在巴格达重建家园，而且把法蒂玛驱逐到叙利亚境内的限定区域。但是，塞尔柱人一点一点地驱逐他们，没有一下子把他们全部从巴勒斯坦赶出去。

战争阴影下多难的东方

总体说来，近东地区发生的战争产生了重大后果。这些战争激发了西方基督教徒的进入，以便从好战居民手中解放圣地。塞尔柱人的到来必定加强逊尼派穆斯林人反对什叶派穆斯林的力量，阿拔斯哈里发向穆斯林社团（the Muslim Community）精神领袖的转变过程突出了，世俗统治者的作用减弱了。这种转变在 10 世纪末 11 世纪初白益王朝维齐尔统治时期已经开始了。

塞尔柱人向西扩展，首先征服叙利亚，然后征服埃及，最后矛头直指亚美尼亚。当然，亚美尼亚在拜占庭皇帝的统帅下进行了顽强的抵抗，1071 年的曼济克特战役拜占庭皇帝被打败，成为囚犯，并且导致了希腊帝国为期 10 年的国内混乱局势。这次战争打开了希腊部落通向小亚细亚之路，其中某些部落很快获得了优势地位。从这个角度看，近东的命运改变了：土耳其人在多个世纪中起了决定性的作用。这一转变不仅在政治领域，而且还在人文、社会、宗教和经济生活领域产生了重要影响。正如在北非一样，阿拉伯的统治让位于柏柏尔人的统治者，土耳其苏丹们逐渐取得了在近东的优势地位。然而，阿拉伯－伊斯兰文明并未消失，它被新的统治者所采纳，仍然呈现出繁荣景象，在文学、科学和艺术方面大放光彩。至于十字军，虽然在政治和宗教方面失败了，但对已有的经济关系的发展却是一大促进。意大利著名的商业城市威尼斯和热那亚，吸取了法兰克人在近东成功与失败的经验教训。

两个不可调和的政权

当12世纪的曙光照亮全球的时候，近东和远东的伊斯兰世界被两个政权统治着：法蒂玛哈里发统治着埃及；塞尔柱苏丹控制着呼罗珊、伊朗、伊拉克、叙利亚，并将势力伸向小亚细亚。这些政权源于东方，权力观念与权力的行使，国内形势、宗教选择与经济地位等，相互直接对抗，犹如在叙利亚和巴勒斯坦的拉丁国家一样。在12世纪的历史进程中，塞尔柱人对这些省的统治被赞吉王朝（the Zangids）剥夺以后，又被阿尤布王朝所取代，但这仍是土耳其势力的继续。在阿拉伯化的库尔德人（Arabised-Kurdish）的幌子下，其势力扩展到埃及，并给予近东某种程度的政治和宗教上的自主。

在11世纪上半期，尽管法蒂玛王朝的权威在地方一级受到挑战，但是国王政权（当然是在开罗建立的）仍然直接或间接地控制着从摩洛哥到叙利亚北部的地中海沿岸地区。在政治上和经济上，它起着重要作用，但是正如我们看到的一样，法蒂玛王朝的政治影响力引起了来自马格里布（Maghrib）[①]的柏柏尔人部落以及对任何外部势力采取敌视态度的叙利亚王公贵族们的抵制。由于时而发生的迫害行为，法蒂玛王朝的宗教领袖也丧失了吸引大众对法蒂玛的同情心。最后，在11世纪后半期，法蒂玛政权行施权力必须借助于军队的作用，苏丹人、土耳其人、亚美尼亚人和切尔卡西亚人（Circassian）[②]等雇佣人员渐渐占到了很大的比例，并且逐渐在政治上发挥作用。然而，直到这一世纪结束，法蒂玛政权远未失去作用，并且在印度洋沿岸和地中海欧洲海岸之间以及在近东仍具有经济优势。

另一方面，在不到一个世纪的时间里，在东方构成阿拔斯人领土主体的中心地带，已经在塞尔柱统治者的直接控制之下。这些统治者采用苏丹的头衔（因此，事实上已经成为世俗政权的控制者），不再使用仅仅被视为穆斯林社团宗教领袖的巴格达哈里发的头衔，在忠实的逊尼派的名义下反对什叶派。塞尔柱人在呼罗珊、伊朗、伊拉克，并且此后在小亚细亚东部建立起来的政权，继承了土耳其人的部落特征和呼罗珊的行政体制以及阿拉伯和伊朗的政治文化，其具体解释出现在维齐尔尼扎姆·艾尔-穆尔克、苏丹阿尔普-阿尔斯兰（Sultan Alp-Arslan，1063～1073年）以及马立克沙（1073～1092年）的《政治论》当中。在近东地区，塞尔柱人的到来，接着是其他的土耳其和土库曼部落的到来，不仅改变了该地区的政治形势，

---

①非洲的一个地区，濒临地中海，包括阿特拉斯山地和摩洛哥、阿尔及利亚、突尼斯、利比亚等国的沿海平原。——译注
②高加索人的一支。——译注

塞尔柱人的客栈。这种客栈的起源和发展证实了塞尔柱人在与印度和中国的贸易中具有天生的中介作用。在12世纪和13世纪的土耳其也出现了许多类似的客栈。在它们之中，靠近科尼亚（Konya）和阿克萨雷（Aksaray）矗立着一座非常著名的苏丹·汗（Sultan Han）客栈（1229年）。注意这些石头的尺寸。

而且还出现了一个绝对全新的人的和社会的因素：体现在像穆斯林英雄（the ghazis）一样的兄弟般的战士的活动之中的具有活力的宗教行为，影响着一大片经济区域（在欧洲、印度和中国之间安居乐业十分重要）。塞尔柱人对叙利亚和巴勒斯坦港口的侵占，引发了塞尔柱王朝和法蒂玛王朝的危若累卵的对抗，但是这种对抗由于十字军及其入侵而推延了。

从其真正的本质来看，法蒂玛政权的整个基础是宗教性的。其首领必须来自先知的后代，他被授予伊玛目（imam，领导者或领路人）的称号，并且伊玛目必须来自先知的家族，由其前辈指定,但不一定必须是掌权伊玛目的长子。直到 11 世纪末,这种继承制发挥了很好的作用。艾尔－穆斯塔（al-Mustansir）哈里发去世后，伊玛目的任命开始出现竞争，竞争者或者来自哈里发家族，或者来自宫廷的重要人物，特别是王公贵族，或者不断地来自从诸多地区招募而来的哈里发的禁卫军，对禁卫军而言，伊玛目象征性的作用一文不值。法蒂玛哈里发召集穆斯林于其麾下同十字军作战的无能表现，甚至自己的军队也反对他们，已经成为反对哈里发和哈里发制度的标志。他们的不得人心，在 12 世纪后半期进一步增强，那个时候，法蒂玛王朝的统治者企图与耶路撒冷的拉丁国王结成同盟，后者的势力那时已延伸到开罗。因此，法蒂玛王朝被萨拉丁①取而代之，在埃及几乎没有引起任何反对，这就不足为奇了。

甚至在此之前，哈里发统治区的权力一直受到维齐尔的觊觎。他们最初曾经一直是哈里发政治的执行者，但是 12 世纪后半期在艾尔·穆斯塔哈里发统治区，巴德尔·艾尔－贾马利（Badr al-Jamali）改革了维齐尔的职权。改革使巴德尔·艾尔－贾马利掌握了全部权力，从法蒂玛王

---

① （1137? ～1193年）阿拉伯语姓名为 "Salah-de-din Yusuf ibn Ayyub"，埃及和叙利亚苏丹，阿尤布王朝的创建者，促进伊斯兰教的发展，击败十字军，占领耶路撒冷（1187年），抗击第三次十字军东侵（1189～1192年）。——译注

朝军队的首领（amir al-juyush）成为内政、司法和宗教事务的首领。追随他的维齐尔也享有同样的权力，如果有必要，可以通过武力向执政的哈里发施加压力。但是，随着对哈里发权力的如此削弱，反对派从宫廷以及法蒂玛政府内部显现了出来，维齐尔常常为此导致悲剧性命运。随着12世纪的消逝，维齐尔的地位变得更加不稳定，因为政权本身变得越来越专制。值得注意的是，最初维齐尔只是纯粹的伊斯兰教徒的状态被打破了，一些维齐尔是基督徒或者是前基督徒（特别是亚美尼亚人）皈依伊斯兰教者。这表明在埃及王朝的第一个时期，埃及人的某些成分比其他的逊尼派穆斯林更有机会与政府权威人士一起工作。政府权威依靠高度集权的等级森严的统治，依靠执政的哈里发或维齐尔进行的反对阿拔斯的统治，被认为是此类情况的一个典型。基督徒和犹太人是其内部很好的代表，并且对给他们带来物质和精神利益的政权表现出极大的忠诚。

　　法蒂玛王朝用同样的方法招募非阿拉伯雇佣兵组成其个人警卫，甚至组成军队的一部分，这是法蒂玛国家的特权因素之一，但是在12世纪期间，军队意识到其重要性之后，开始不断地向哈里发、维齐尔和各统治阶层施加压力。军队中的不同成分（柏柏尔人、土耳其人、苏丹人）开始为了控制已经不能再维持下去的政权而相互战斗。

　　塞尔柱人代表着一种完全不同的体制。当他们成为穆斯林并且向其国民灌输伊斯兰教教法（shari'a）原则的时候，他们并非是土耳其传统的继承者，而更多地继承了伊朗和阿拉伯成分。王朝的主要特性是军事集权和内政大权掌握在家族成员手中，家族的长者被推为首领，授予苏丹称号，主导国家事务，但是军队和内政中的重要职位分配给其弟弟、叔叔和侄子担任。这种体制能够盛行在于家族首领被认为是强有力的人，他显示权威，向外侵略，征服意味着在不使国家统一受到任何威胁的前提下，分给其远近亲戚关系的潜在欲望能够得到满足。一点点权力。这种分封属地的做法潜伏着塞尔柱王国内部灭亡的种子。事实上，从12世纪末开始，一些正在形成的小的独立公国在伊拉克北部、在贾兹拉和叙利亚北部兴起，它们名义上受一位塞尔柱王子的控制，事实上受阿塔贝（Atabegs）——年轻王子的监护人——的统治。他们逐渐掌握了实际权力，这是伊朗、伊拉克和叙利亚北部的塞尔柱苏丹统治地位被削弱的结果。然而，即使在12世纪末苏丹基利吉·阿尔斯兰二世（Kilij-Arslan II）在把其领地分给他的儿子们之后开始准备消灭它的时候，塞尔柱苏丹在小亚细亚的统治地位还是逃脱了被消灭的命运。

近东被一分为二

　　塞尔柱人属于逊尼派穆斯林，他们不再受到理论性问题的困扰，但是他们的确把宗教看做是王国的基本成分、政府秩序和道德的组成部分。他们只接受正统的伊斯兰教，同伊斯玛仪派的什叶派的信条进行艰苦卓绝的战斗。他们的正统教义来自伊朗伊斯兰教传统，特别是来自阿布·哈米德·艾尔－盖札利（Abu Hamid al-Ghazali）[①]的哲学。他是一位著名的思想家、哲学家和理论家,他实现了信念与理性(faith and reason)的和谐统一,迎合了塞尔柱土耳其人。正如他们的法蒂玛邻居和宿敌一样,他们对非穆斯林非常容忍,无论是基督徒还是犹太人。

　　法蒂玛和塞尔柱人之间还存在其他一些不同的特点。前者的政权,主要在11世纪后半期对阿拉伯人行施统治权,很少扩展到非穆斯林民族区域。事实上,从11世纪初甚至11世纪后半期开始,除了来自埃及的阿拉伯部落希拉利人的入侵之外,马格里布摆脱了法蒂玛的控制,接受了柏柏尔王朝的统治。另一方面,塞尔柱人统治着各种不同的人群：土耳其人、伊朗人、库尔德人、阿拉伯人以及后来的亚美尼亚人和希腊人。这些人中的大多数是逊尼派穆斯林,因此并不反对逊尼派的统治者。但是,还有一些非逊尼派的人群,譬如尼扎里特（Nizarites,the haschischiya,极端主义者,即暗杀团,他们遭到残酷无情的捕杀）和少数的基督徒,直到塞尔柱人占领了小亚细亚以后,整个穆斯林民族才承认阿拔斯哈里发是其领袖。作为惟一的合法政权,哈里发能够代表塞尔柱苏丹的某些权力,并且通过这种授权得到合法地位及其自身的权力基础。虽然这种权力最初局限于军事和行政事务,但是逐渐扩大到司法和宗教事务,并且苏丹在同法蒂玛的斗争中获得了相当的优势。出现在《政治论》（Siyasat-Nameh）中的塞尔柱法典的定义,是以塞尔柱政权的世俗性质和哈里发授予其宗教性质为基础的。到11世纪末——在12世纪更为常见——这种分散责任的体制在塞尔柱人之间存在着危险：在伊拉克,强大的苏丹政权的脆弱性助长了小亚细亚和呼罗珊其他苏丹的崛起。尽管他们在表面上承认阿拔斯哈里发作为宗教领袖,承认巴格达苏丹作为塞尔柱家族的领袖,但在实际上,他们坚持认为他们应该以合法代表的身份出现,并且拥有地方上一切领域的权力：政治的、行政的、司法的和宗教的。塞尔柱人影响下的这片土地上呈现出来的种族多样化,可能也助长了政治权力的分裂,并且帮助了这些苏丹统治区的建立。很明显,宗教团体不能保护政治团体。

　　在法蒂玛王朝统治下,哈里发并不能成为绝大多数人的精神领袖,也不能得到他们的忠诚,这便导致维齐尔权威的滋长,他们不含任何宗教色彩地掌握着真正的政治权力。由于一些维齐尔及其代理人（雇佣人员）的暴行,以及他们对十字军的不抵抗,在12世纪后半期出现了政治和宗教权力向逊尼派的强烈反弹,并且在统治权力阶层和平民之间出现了某些和解。与塞尔柱世界不同的是,叙利亚－埃及在萨拉丁统治下重新统一了起来,但只是一个有限的时期。

　　在11世纪后半期,地中海沿岸和近东由于各种不同的因素,经历了重大的商业转折。原因之一是政治因素：在埃及和叙利亚建立的法蒂玛王朝、拜占庭对叙利亚北部的重新占领、阿拔斯统治区域的崩溃、塞尔柱人和其他部落的出现所引发的动乱以及从黑海到阿拉伯海所引发

[①]　阿布·哈米德·艾尔-加札利（1058~1111年）,伊斯兰教神学家、哲学家和苏非派神秘主义者,将希腊哲学、神秘主义融入正统伊斯兰教,著有《宗教科学的复兴》等。——译注

的动乱。其次，是特定的商业原因：意大利商人（已经在易弗里基叶存在）的出现，并且很快出现在巴勒斯坦和叙利亚沿岸；法蒂玛王朝和来自阿马尔菲的商人之间建立起商业联系，很快又同比萨人、热那亚人，然后同威尼斯人建立起同样的联系，使欧洲人在东方永久地居住了下来；来自伊夫利基亚和埃及的犹太商人的作用也不断增强，法蒂玛最后控制了苏丹和东非的商业。突发事件，譬如位于波斯湾沿岸的西拉夫港在地震中遭到的破坏（地震有效地切断了巴士拉与巴格达之间的联系），在印度和伊拉克之间的海上关系方面也起了重要作用。正如我们上面讲到的那样，港口的破坏和波斯湾海盗的出现，刺激了通向红海和埃及的商业通道多样化的发展。最后，阿拔斯王朝在东方出现的纠纷和埃及建立的强大而稳定的政权也对商业产生了影响。

比较而言，近东的北部，从拜占庭的小亚细亚到呼罗珊，饱受诸多冲突所带来的痛苦，既有国内的（像在希腊人之间），也有地区的；土耳其和土库曼部落的到来，也给当地人的日常生活带来了某些变化。在道德上，此变化反映在某些传统经济活动方面以及对哈里发统治中心地带作用的减弱方面——所有这些都走着一条与波斯湾－伊朗－伊拉克的路线相反的路线，即使某些商队不断使用着这条路线。

我们不敢肯定，但塞尔柱苏丹很有可能曾企图恢复在其统治区域内的商业交通，可能直至地中海和黑海沿岸，这有助于解释他们对叙利亚，甚至对巴勒斯坦的法蒂玛王朝以及小亚细亚东部的拜占庭的袭击。然而，十字军的到来及其在叙利亚和巴勒斯坦沿海和内陆部分地区统治的建立，粉碎了塞尔柱人的这一企图。

在12世纪末，被打败的十字军放弃了绝大部分地域，穆斯林统一体似乎只是进行家园的重建。如果萨拉丁及后来的阿尤布王朝对叙利亚和埃及建立起的统治使伊拉克得以逃脱（正如小亚细亚一样），那么新的局势就会维持半个世纪之久，直到蒙古人对近东穆斯林的突然入侵，才再次打破了已有的秩序。我们会再次看到10世纪和11世纪在这里重现的局势：南部和北部地区的分界线，当然有时也被公开的冲突所打破。统一局势直到16世纪初才出现，那时奥斯曼苏丹在近东重建了穆斯林统一体。

基督徒的入侵

当十字军到达近东的拜占庭和穆斯林占领区时，他们见到的是一片分裂与冲突的地区。在小亚细亚，经历了1071年至1081年的无政府状态之后，开始了阿莱克修斯一世科穆宁（Alexios I, Komnenos）的稳定统治时期。然而，他不得不允许土耳其部落在安纳托利亚高原，甚至在马尔马拉海（the Sea of Marmara）沿岸建立自己的政权。因此，塞尔柱人在苏莱曼一世（Suleyman I），后来在基利吉·阿尔斯兰一世（Kilij Arslan I）统治下，占据了从尼西亚（Iznik,

伊兹尼克）到伊科尼乌姆（科尼亚）一线上的主要城镇。丹尼什门兹人（Danishnendids）占据了息瓦斯－凯西里－马拉迪亚(Sivas–Kayseri–Malatya)三角地带。阿尔图吉人(Artukids)和萨尔图吉人（Saltukids）占据了小亚细亚的东部和东南部。

1071 年，阿尔普－阿尔斯兰在曼济克特战役取得对拜占庭皇帝罗曼努斯·戴奥杰尼兹的胜利后，这些部落尾随而来，他们一步一步地向前推进，跨过了中部地区，甚至推进到了西部，他们在对希腊人的不断斗争中逐渐取得优势——它们要么支持拜占庭皇帝中的一个候选人（像塞尔柱人所做的一样），要么建立自己的统治以取代希腊人（像丹尼什门兹人所做的一样）。阿莱克修斯一世攫取政权之后，这些部落得利于周围有利的环境：皇帝一心想着复辟帝国权力，重新建立帝国的行政和军事组织，以及抵御来自意大利南部诺曼人对西部的入侵。

拜占庭政权的衰落与土耳其人之间的内部争吵相伴随。苏里曼的目的在于确保对所有塞尔柱人的霸权，并且同其在伊拉克的堂兄打了一场不成功的仗。他的继承者基利吉·阿尔斯兰放弃了向东扩张，转而是猛烈反对其邻国及其宿敌丹尼什门兹人，后者在幼发拉底河上游同亚美尼亚王朝（Armenian dynasty）处于更加频繁的战争状态。这就是十字军在小亚细亚登陆之后没有遇到大的抵抗的原因，也是他们进军从尼西亚、多里莱乌姆（Dorylaeum）和科尼亚，一直到西里西亚之门（Gates of Cilicia）都没有遇到什么麻烦的原因。

经过对安条克的长期围攻（1098 年）而进入叙利亚之后，十字军未遇到很大的困难就控制了叙利亚－巴勒斯坦沿海的主要城镇。同时，也由于对手们不久之前在这一地区曾发生过塞尔柱人反对法蒂玛王朝的斗争（法蒂玛王朝曾从土耳其人手里夺取了耶路撒冷，不到一年的时间法兰克人又获得了这个城市）。很显然，这些都使得建立一个统一的反对侵略者的联盟阵线成为不可能。在安条克受到围攻的时候，法蒂玛王朝曾派大使到法兰克，法兰克大使也去了开罗。对于此事，据说有一个计划，把叙利亚给法兰克，把巴勒斯坦给法蒂玛王朝，但这是难以置信的。且不说十字军的目的，即使是法蒂玛王朝的恳求态度，也使之不可能。在那时，成功的十字军也不愿意做出如此安排。然而，无论如何，此后不久法蒂玛王朝占领了耶路撒冷（1098 年 8 月），并且努力占领整个巴勒斯坦的北部。希望把法兰克人的威胁保持在最大可能的距离之外，正如始终存在的塞尔柱人的威胁一样。这种企图在 1099 年 7 月 15 日失败了。十字军残酷地占领了耶路撒冷并且很快占领了沿海港口，像贾法①一样，他们占领的时间是 1100 年到 1120 年。穆斯林在小亚细亚的分裂，犹如在叙利亚和巴勒斯坦一样，帮了法兰克人一个大忙。但是，在小亚细亚，他们在西里西亚和托罗斯（Tauras）②的亚美尼亚人的国家，不管是自愿还是征募，也建立了联盟。一些当地首领加入到他们的行列，或者至少服从他们的指挥。亚美尼亚王子，埃德萨的首领索

① 贾法，今以色列港市，特拉维夫（Telaviv）的一部分。——译注
② 托罗斯，今土耳其南部，主要是山区。——译注

当伊斯兰教世界曲解十字军的思想观念的时候，西方人的意象中也将撒拉逊人描绘成带着魔鬼般大笑的人（卢特利尔·普撒特 [Luttrell Psalter]，14世纪；大英图书馆，伦敦）。

罗斯（Thoros）号召布隆涅的鲍德温帮助他摆脱土耳其人，但是这个事件却使他将自己送上了断头台，鲍德温因此在东方建立了第一个十字军国家：埃德萨伯国（1098 年 3 月）。

十字军由此侵入这个地区，并使之在 11 世纪的最后一段时间处于完全的分裂状态。但是，我们必须注意，在法兰克人远征的初期，穆斯林世界并未意识到他们正面临着另一种形式的侵略。对他们而言，这是来自北方的基督徒的入侵，是自 10 世纪以来所习以为常的那种入侵，并且这似乎更加常见，因为他们当中有拜占庭帝国的基督徒，不管是在小亚细亚，还是在安条克。

他们的第一反应，是把入侵当作有限目的的短暂的侵犯，他们总会有时间组织起反对入侵者的联盟。直到他们面临着安条克的长期被围攻，叙利亚和巴勒斯坦遭到入侵，以及接着看到耶路撒冷王国的建立，现实才给了他们以沉重的打击，但是要抵制法兰克人带来的危险，已经太迟了。

然而，从 12 世纪初开始，无疑是入侵者长期趾高气扬的样子导致了一次旗帜鲜明的抵抗运动。首先，面对十字军对小亚细亚的第二次东征，塞尔柱和丹尼什门兹人组织了军队阻挡敌人通过自己的国土，因此在 1101 年 8 月，伦巴第人在接近阿马西亚（Amasya）的地方被击败。稍后不久，内维尔斯伯爵（Count of Neverns）的军队在埃里弗利（Erighli）附近被击溃，而且同样的事情也发生在来自阿基坦和巴伐利亚的分遣部队身上。由于安纳托利亚高原中部被土耳其人牢牢控制住了，因此增援部队只能通过海路抵达圣地。结果，贾兹拉的军队首领和伊拉克的塞尔柱人感到威胁减轻，但埃德萨伯国仍受到其邻居丹尼什门兹人不断地骚扰（对他们而言，安条克的鲍埃蒙德沦为了牺牲品），只能期待着圣地十字军国家的支持和增援。因此，在小亚细亚，成为穆斯林的土耳其人努力建立起抵制入侵者的统一阵线，但是一旦危险过去，他们会立刻回到争夺安纳托利亚高原霸权的斗争之中。

面对来自十字军不断增加的压力，塞尔柱人动员起来，并且很快阻挡了其陆上通道，因此从12世纪初开始，十字军不得不通过海路到达圣地（13世纪法国绘画，编号MS4274，国家图书馆，巴黎）。

另一方面，在叙利亚尝到第一次失败滋味之后，当地的国王、塞尔柱王公贵族和阿勒颇、哈玛（Hama）、霍姆斯（Homs）以及大马士革的军队首领抵挡了法兰克人的全部进攻。对安条克的长期围攻表明，法兰克人并非像一度想象的那样不可战胜，并且依靠环境，穆斯林要么能够建立起暂时的反对十字军入侵的联盟，要么必要时能够与后者签订和约。因此，他们一直努力控制着叙利亚内地的主要城镇，防御着阿勒颇－大马士革－麦加的路线，并且在需要时，从摩苏尔和巴格达获得援助。但是，这是地方性的具有机会主义色彩的政策，远非反对十字军的长久之计。这绝不是什么圣战，事实上是穆斯林商人和法兰克商人之间只要可能，都会建立起的一种商业关系。

再往南，法蒂玛王朝丧失了耶路撒冷和几乎全部的巴勒斯坦之后，他们最终接受了拉丁人在该地区的存在，接受了在圣地所建立的十字军国家。事实上，十字军的出现有助于塞尔柱人集中精力，并在土耳其人与法蒂玛之间建立了屏障。且不说埃及内部局势正在恶化，法蒂玛王朝不希望与任何人开战，因此在一段时期内，这种局势的维持还需要依靠法兰克人。另外，由于法蒂玛王朝仍然控制着一条通向印度洋的通道，他们能够向意大利商人提供有利的商业联系——比在叙利亚和伊拉克更加直接并且危险性更低。

拉丁人在东方的冒险事业

拉丁人在巴勒斯坦和叙利亚的定居，不断地激发起西方人的更大兴趣，但在伊斯兰历史上，

骑士城堡遗址。由于所需兵力不足，并且需要控制从高原到大海之间的某些要塞，法兰克骑士建造了令人生畏的堡垒，在叙利亚的城堡遗址，经过八个多世纪仍保留下了最典型的模式。

它只不过是一段插曲，其影响最后缩小到事实上的零。撇开一般理论问题（"十字架对弯月的斗争"，早期"殖民主义"等等），欧洲史学家的兴趣，来自于这种并不寻常经历的特性（强加给以前从未经历过的人们的一种社会组织形式）以及此类组织所产生的丰富的文件材料。把仍保持着原始结构的西方贵族社会引入到纯洁的国度里（没有经历西方自然发生过的演变），意味着封臣关系、王室特权以及法律程序的真正特性，比欧洲的多数习惯可能更好地适用于法律著作，诸如《国王之书》（*Livre an roi*）、《耶路撒冷审判》（*Assises de Jérusalem*）、《资产阶级法庭的审判》（*Assise de la cour aux bourgeois*）、《伊贝林的约翰之作》（*the work of John of Ibelin*）以及《女王的审判》（*Assise sur la ligece*）。

　　最重要是男子的数量问题。大多数十字军战士返回了家乡，大约在1120年进行征服的十字军遭受到毋庸置疑的损失，派来援助的远征军也失败了，圣地出现了一小部分基督教女人，如果不逐渐采纳各种特定措施的话，法兰克人的统治几乎是不可能的。困难最初来自于军事方面，据估计，十字军大约有接近1500至2000名重型骑兵和12,000万至15,000万名步兵，这些部队要控制8万平方公里的土地的话的确是少得可怜，但是他们每年都可以得到各地武装朝圣者的有力支持。朝圣者来这里是实践其誓言的，但是这些人不适应当地的环境，忍受着可怕的干渴和身着盔甲在太阳下的高温炎热。招募被称为"突厥棒子"（turcopoles）的当地武装人员作为雇佣军，在一定程度上缓解了兵力不足的压力，但是叛乱成为永久性的威胁。1112年至1120年以后，僧侣骑士团（医护骑士团和神殿骑士团）的建立及其所提供的武士精英，起到了长期的帮助作用，但是他们顽固到了可笑的程度，并且整日争吵、傲慢自大。与亚美尼亚人、希腊人，甚至叙利亚人的融合只是在乡镇才可能发生，并且，在西方，这些身着长袍和头巾的人很快就受到了歧视，被看做是更趋向于制造和平，而非去打仗。

　　最后，十字军所凭借的是优越的军事技巧和技术，即东方人并不习惯的令人恐怖的进攻、萨拉丁（或萨拉·艾尔-丁·本·阿尤布 [Salahal-Din ben Ayyub] 在废黜了开罗哈里发之后，他把埃及和叙利亚统一在一起，然后领导反对法兰克人的斗争，他重新占领了耶路撒冷，这导致了第三次十字军东征（在腓力·奥古斯都和狮心王理查的带领下）。在他偶然失去某些已占领土之后，巩固了从美索不达米亚到埃及的阿尤布王朝的政治和宗教统一（版画，来源：A.瑟尤特（A.Theuet）著《萨拉丁苏丹的埃及》[Saladin Soldand´ Egypte] 第8卷）。

身着弓箭不能穿透的盔甲的士兵、足以遮身的巨大堡垒，不管他们喜欢与否，武装起来的村民及其诸多典型的破坏仍然是对其力量的考验，其堡垒包括骑士城堡（Krak des Chevaliers）、塞赫云城堡（Saône）、波弗特城堡（Beaufort）、蒙特利尔城堡（Montréal）、查斯特尔布兰克城堡（Chastel Blanc）等等。但是，如果高头大马不堪重负、如果蓄水池变干、如果天气热得穿不住盔甲，怎么办？法兰克人仍然要坚持，因为他们已完全控制了海面，后方有了保障，同时，因为派到叙利亚的年轻后生们，在冒险过程中常常被证明是杰出的首领。譬如1120年以前有诺曼·唐克里德（Narman Tancred）、布隆涅的鲍德温一世，以及以后有安茹的富尔克（Fulk of Anjou）和的黎波里的雷蒙德（Raymond of Tripoli）。

危险不仅存在于小处，而且存在于这些掠夺成性者的侵略行为之中。教会对他们的承诺是通过流血获得拯救。尽管孤立的耶路撒冷"王国"创建于1100年，但是安条克和埃德萨的诺曼"公国"、图卢兹人的的黎波里"伯国"，然后是普瓦图人、普罗旺斯人以及13世纪随德国人而来的香槟人，这些人被迫停止了不断的争斗，并于13世纪从沿海撤退到了城镇。意大利人和加泰罗尼亚人在每个港口再起争端。正如我们看到的一样，在这些地方，商人们已经获得了特权和市场（fundug、fondaco），双方的不妥协不仅相互影响，而且也影响到曾经帮助过他们的基督徒少数派。

相反，应该引起注意的是，法兰克人并没有得到叙利亚和巴勒斯坦的基督徒的帮助和同情，而这是他们所期望的。这些地区的人通常是东正教徒，特别在叙利亚北部，他们对拉丁教会在那么多地区攫取精神的和物质的权力是绝不同情的。这种不相容增强了西方高级教士和贵族的反感，除了马龙派教徒（Maronites）[①]之外，他们没有多少盟友，即使马龙派教徒的联盟也是暂时的、个别的和姿态性的。尽管如此，法兰克人和东方基督徒之间的关系，正如他们之间传

———————————
① 黎巴嫩等地区的一种天主教教派。——译注

说的一样，对于后者是一个不愉快的结局，因为法兰克人撤退之后，穆斯林统治者视察了整个基督教徒的社团，只给了少数人以惩罚。

这些影响仍在持续不断地延续着，但是至少在 12 世纪，这并不能掩盖（十字军）为了适应水土不服所做出的巨大努力。应该认识到，非常尊重"习惯"的领主精英为数极少，法兰克人满足于征收土地税或从穆斯林政权那里征收国税、宗教税（zakat，扎卡特）、关税（dogana）以及土地租金。他们可能使用领地和庄园之类的西方术语，但是其政府和司法机构仍由地方首领（ra'is）和卡迪（qadi）掌管。有人认为，他们与农村的关系非常表面化，侵略农民的事件并不多见。他们并不祈求彻底的转变，或者改变当地的法律。他们在未开垦的土地和采邑上进行简单的种植，效忠君主，并且为自身利益进行各种服务。但是，在战争氛围里，苛刻的行为是必要的。在德国或西班牙式的封建等级制下，每一个人——国王、王子、伯爵、贵族、子爵、男爵、城堡主、地主——都有自己的位置。当然，这是一个保守的局势，但也具有保护作用。只是在有组织的城镇才发生着巨大的变化，这也是为何"阿卡王国"（Kingdom of Acre）几乎全在都市，并在 13 世纪经历如此之多的骚乱的原因之所在。在这方面，意大利人极力把他们的城市的行政实践经验引入到港口城市，建立了地方的行政区域（ruga、vicus），为每个社团指定"执政官"或管理者，特别是指定商业法庭（fonde）等等。

向伊斯兰世界进行制度方面移植的影响绝对不能夸大。必须承认，十字军向欧洲提供了通向东方贸易的正常的和特别的途径。这当然只是一个切入点——埃及和小亚细亚是主要场所。在萨拉丁之前很久，在东方占有领土所产生的影响很小，并不具有军事上的决定性的意义，对于商人的利益来说，它是第二位的。正是这一点给拉丁人的征服以致命的一击。

萨拉丁：是伊斯兰世界的拯救者吗？

在叙利亚，最初抵制法兰克人入侵的企图是由局部问题以及邻近的基督徒和穆斯林之间领地上的对立引起的，包括埃德萨、安条克、阿勒颇、摩苏尔、马丁和大马士革。这并非是圣战，而是王侯间的争吵，这些王侯们对潜在联盟的宗族或宗教是冷淡的。在 12 世纪 20 年代，一是由于法兰克人对其主要城镇的进攻，二是由于异端伊斯玛仪派穆斯林巴蒂尼安人（Batinians）在阿勒颇和大马士革的暴力行为，整个叙利亚北部危在旦夕。尽管经常发生惨败，譬如 1119 年阿勒颇和安条克之间发生的著名的"血田"大屠杀（Ager Sanguinis），法兰克人努力确保亚历山大到达西奈半岛的海湾，他们在外约旦沿着伊拉特（Eilat）海湾在著名的毛布城堡（Krak de Maob）安置了前哨基地。商队或朝圣者的队伍总是在它的控制之下。的确，1160 年以后，海盗船只只能骚扰远方麦加的海港吉达城（Jedda）。

　　1128 年之后，摩苏尔的埃米尔伊迈德·艾尔－丁·赞吉（Imad al-Din Zangi）给自己制定的双重任务是，收回叙利亚北部法兰克人已占领土，并且使正统的逊尼派在这一地区战胜什叶派。在收拾旧山河同真正意义上的敌人的战斗过程中，赞吉赋予圣战以新的内涵。然而，在其一生中，他在穆斯林的头脑中并不是一个清晰的概念——其活动多种多样且广为传诵，这使其同时代的人很难看出他的指导性原则是什么。当他处置什叶派、阿勒颇的巴蒂尼安人以及间接处置大马士革的巴蒂尼安人时，他争取到了许多穆斯林，但是他对大马士革人太严厉了，反而使他们投靠了耶路撒冷的法兰克人。此外，1144 年 12 月夺回埃德萨的战役，使得整个穆斯林世界都认为这是向拉丁人开战的第一步，也是决定性的一步。相反，埃德萨的失陷表明拉丁人在东方的统治是多么脆弱。这种脆弱是因为该地区拉丁人的人数有限，同时也因为希腊人和阿拉伯人的敌视，在最初的惊奇过后，马上便开始了强烈的反击。十字军需要增援，基督教欧洲也必须显示其力量和意志。这就是由克莱沃的伯纳德（Bernard of Clairvaux）宣传、国王们参与的第二次东征的原因。基督徒们希望他们的圣战必须抵挡得住穆斯林的圣战。我们知道，这次十字军东征（1147 ~ 1149 年）无法与第一次东征的成效相比，其实际影响可以说是微不足道的。

　　新的局势在东方由此发展起来，法兰克人在叙利亚北部和中部开始了防御，穆斯林在赞吉的儿子和继承人努尔丁（Nural-Din）的领导下逐渐统一了摩苏尔到大马士革地区。在同穆斯林异教徒和拉丁基督徒的战斗中，努尔丁追随父业并成功地使贾兹拉和叙利亚的土耳其人、库尔德人和阿拉伯人的王公们承认了他的权威。这当然是一项耐心的工作。从 1146 年继位到 1174 年去世，努尔丁渐渐成为穆斯林心目中的杰出信徒（the Muslim believer par excellence）。这不仅是因为他知道如何加强穆斯林的圣战精神以反对法兰克人，而且也因为他部分地歼灭了叙利亚的什叶派增强了逊尼派的力量。这一方面是通过发展宗教崇拜的地盘激励穆斯林正统派的传播，一方面通过对埃及法蒂玛王朝边缘化和隔离的政策，因为法蒂玛王朝的埃及与耶路撒冷的拉丁人曾签订联盟协议因而获罪。努尔丁被公认为穆斯林世界的首领和保护者，直接原因是在他的领导下穆斯林世界统一了起来，法蒂玛王朝也最终被消灭。埃及重归近东的穆斯林正统国家的行列，成为正统穆斯林国家中的一员，摧毁耶路撒冷的法兰克王国，这些事件的完成者是萨拉·艾尔－丁·本·阿尤布，西方史学者称之为萨拉丁。

　　在 12 世纪中叶，埃及似乎是近东的一个主要国家。维齐尔泰拉伊（Tala'i）反对耶路撒冷王国的努力无果而终，接着便与努尔丁、皇帝曼纽尔一世和国王鲍德温三世的使节进行谈判。最后阶段是由埃及内部的政治分裂而激发的：维齐尔之间的争吵、部队各方杂乱无序的干涉、某些省的冲突与反叛——这一切导致了努尔丁和耶路撒冷新国王阿马里克一世（Amalric I）都想把埃及拉到自己一边的企图。阿马里克在 1161 年和 1162 年的两次不成功的远征，导致了 1164 年库尔德贵族施尔科（Shirkuh）领导的反击，他是在大马士革避难的前维齐尔沙瓦尔（Sharvar）

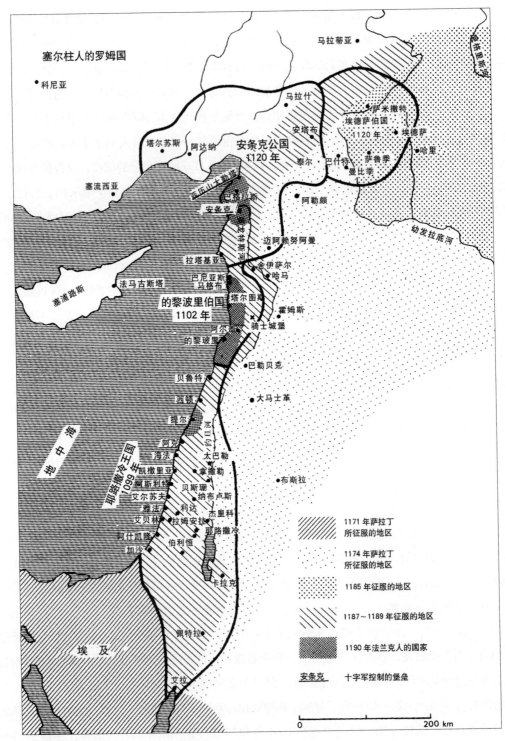

塞尔柱人的罗姆国

科尼亚

马拉蒂亚

塔尔苏斯 阿达纳

马拉什

安塔布

萨米撒特

埃德萨伯国
1120年

埃德萨

塞流西亚

安条克公国
1120年

泰尔·巴什特

萨鲁季

哈里

曼比季

亚历山大勒塔

安条克

阿勒颇

幼发拉底河

拉塔基亚

迈阿赖努阿曼

法马古斯塔

巴尼亚斯

舍伊萨尔

哈马

塞浦路斯

马格布

塔尔图斯

的黎波里伯国
1102年

霍姆斯

骑士城堡

阿尔嘎

巴勒贝克

的黎玻里

贝鲁特

西顿

大马士革

提尔

约旦河

阿克

海法

太巴勒

地中海

凯撒里亚

拿撒勒

布斯拉

耶路撒冷王国
1099年

瓜斯利耶

贝珊

艾尔苏夫

纳布卢斯

雅法

利达

杰里科

艾贝林

拉姆安拉

阿什凯隆

耶路撒冷

加沙

伯利恒

卡拉克

埃 及

佩特拉

艾拉

1171年萨拉丁
所征服的地区

1174年萨拉丁
所征服的地区

1185年征服的地区

1187～1189年征服的地区

1190年法兰克人的国家

安条克 十字军控制的堡垒

0 ————— 200 km

萨拉丁的征服。

412

的要求下，代表努尔丁的利益而采取行动的。沙瓦尔一旦官复原职，他立刻拒绝履行向努尔丁许下的诺言，并向阿马里克寻求帮助。在希腊人的帮助下，最初的远征发生在 1164 年 7 月，第二次远征在 1167 年，随后发生了施尔科军队的入侵，最后两个对手都撤退了。1168 年，阿马里克再次发动进攻，激起了努尔丁和施尔科的反击，尽管他采取平衡与许诺的精明政策，沙瓦尔最后听从了施尔科的调遣，后者在 1169 年成功地迫使法兰克人撤退。这位新维齐尔采取亲法蒂玛哈里发的政策，但是在他死后的几个星期里，他的继任者也是他的侄子萨拉丁，继承了维齐尔的称号，并指挥军队。萨拉丁抵抗了阿马里克的两次进攻，并且在法蒂玛哈里发艾尔－阿底德（al－Adid）死后，在开罗最终建立了逊尼派的正统地位。在 1171 年 9 月阿拔斯哈里发取得了库特巴（Khutba）的称号（星期五布道，包括了为伊斯兰统治者祈祷的内容）。努尔丁死后（1174 年），与萨拉丁一直十分真诚的关系，最后由于萨拉丁希望维持他在埃及和红海附近地区的独立地位而变得尖锐对立起来了，他在这一地区的政策主要是处于经济考虑。

努尔丁之死以及在继承人问题上的争吵，使萨拉丁能够发动对叙利亚和贾兹拉的远征。然而，直到 1180 年底，通过阿拔斯哈里发公开支持和自己经验的积累，当然并非没有地方上的挑战，他成为近东的真正统治者，获得了努尔丁所希望的统一。拉丁人的地位由此变得相当脆弱。一方面是出身于军事"贵族"的不顺从的人，另一方面，是耶路撒冷国王鲍德温四世的更加昏庸无权。鲍德温四世疾病缠身，受到军事贵族的强烈妒忌，拜占庭皇帝对他又是阳奉阴违。自从 1137 年至 1159 年以来，这些皇帝在安条克和西里西亚重建政权，觊觎埃及，同亚美尼亚人和土耳其人精心策划阴谋，其野心在西方，特别是在意大利引起焦虑和不安。1187 年，在哈丁俘虏法兰克军队及其国王之后，萨拉丁夺取了耶路撒冷及沿海地区，只剩下如安条克、提尔和阿什凯 隆很少的一些地方未被占领。

领土的统一完成于阿尤布王朝兼并巴勒斯坦。第三次十字军东征（1190 ～ 1192 年）使得法兰克人重新夺回了从提尔到贾法的巴勒斯坦的某些沿海地区。但是，最终导致了萨拉丁的胜利——结束了圣地上的王国，恢复了阿尤布王国的权力，这个王国包括上美索不达米亚、叙利亚、巴勒斯坦和埃及。随着逊尼派彻底战胜什叶派，我们看到了一个政治统一体的出现，这一统一体由于宗教的统一而加强了。这个统一体不是阿拉伯人的功劳，而是在军事政治和宗教斗争的最前线的土耳其人和库尔德人的功劳，正确地说，"阿拉伯"政权由此在近东消失了几个世纪。

耶路撒冷的占领，东方伊斯兰教分裂的结束，红海的开放，地中海上运送金银航船的恢复以及与黑非洲联系的恢复，弥补了萨拉丁的行为所造成的严重不平衡。而且，1193 年，萨拉丁死后，这一系列成功的持久性便产生了疑问，阿拔斯王朝哈里发国家因为埃及苏丹的出现而分裂了。港口仍然留在基督教徒的手中，土耳其人也不再是团结统一的了，从远东到欧洲的商路必须经由安纳托利亚和土耳其斯坦，埃及成为这条商路的支线。

事实上,在牺牲拜占庭皇帝的利益为塞尔柱土耳其获取利益,在摆脱丹尼什门兹的埃米尔和土库曼部落统治的情况下,早期穆斯林统一体在小亚细亚才得以创立:苏丹基利吉·阿尔斯兰二世击败了对手丹尼什门兹人(1164~1174年),1176年11月在米里奥克法龙(Myrio-kephalon)沉重打击了曼纽尔一世科穆宁皇帝。这使得拜占庭重新占领小亚细亚的希望化为乌有的曼济克特战役再次上演,它确保了塞尔柱政权在高原中部的统治,并在科尼亚建立了政教合一的塞尔柱苏丹政权。土耳其政权成为了现实,而在某种意义上说,第三次十字军东征的编年史家,已经给予塞尔柱人的小亚细亚以"土耳其"(Turchia)之名。因此,在12世纪末,伴随着新兴民族的兴起和胜利,穆斯林在近东有了一个不可遏止的发展过程。

希望的土地?

法蒂玛王朝控制巴格达以及抑制阿拔斯哈里发政权的失败,对其政治和经济产生了直接的影响。首先,法蒂玛哈里发艾尔-穆斯塔看到自己的政权已相当软弱,不得不启用一个强有力的人巴德尔·艾尔-贾马利来恢复国家的声誉,这项措施开始了维齐尔掌权的时期——正像一个世纪之前阿拔斯政权的例子一样。其次,因远征伊拉克,艾尔-穆斯塔不得不深挖银库,几乎到了掏空的地步,而军队由于国内争吵而分裂。在土耳其和苏丹军队里出现了兵变,并且几年来埃及遭受了可怕饥荒的侵蚀。

繁荣的埃及,12世纪东方贸易的中枢

巴德尔·艾尔-贾马利除了赢得维齐尔的称号外,也获得了军队的指挥权(amir al-jurush),并且把新思想引入到法蒂玛国家。其中最重要的是这样一个事实:获得维齐尔职位的人可以取代哈里发,掌管军事、内政,甚至宗教大权。此外,由于他是亚美尼亚血统,并且实实在在地当过叙利亚贵族的奴隶,因此他建立了一支亚美尼亚(基督徒)卫队,以加强他的权威,特别是在军队的各部分中逐渐剪除异己分子(苏丹人和土耳其人),把他们流放到伊夫利基亚(柏柏尔)。至于哈里发则被拘留在皇宫里,只是在正式庆典的时候才能露面。

在开罗的第一个法蒂玛哈里发时期,集权统治就已经开始了,在巴德尔·艾尔-贾马利及其后任者那里又得到进一步加强:省级政权直接依靠开罗。在开罗,迪万(diwans,政府机关)所掌管的国家行政和财政权力来自于维齐尔或哈里发,内政和军事人员则有着明确的等级制度,反映在他们的收入、勋章以及举行典礼时的位置上。这些官员大部分居住在开罗,这对法蒂玛政权既是一种支持,也是一种危险——在他们当中,反对派云集在一起,寻求更高的薪水、

更重要的职位以及维齐尔的庇护，孕育了妒忌和冲突。然而，巴德尔·艾尔－贾马利的统治，如同其继承者艾尔－阿弗代尔（al-Afdal）和艾尔－麦蒙（al-Mamun）一样，维齐尔的权威没有受到挑战，社会和经济生活的繁荣使其权威得到加强。

尽管在 11 世纪初，在哈里发艾尔－哈基姆以及后来的维齐尔亚朱里（Yazuri）统治下，基督徒处境艰难，但是在巴德尔·艾尔－贾马利时代，非穆斯林的生活转向了正常。基督徒被雇佣为政府雇员——他们中的一些还成为重要成员，如科普特的僧侣阿布·纳贾（Abu Najah），在 1129 年成为取代了艾尔－麦蒙的哈里发艾尔－阿米尔的顾问——并且我们知道，一些维齐尔就是基督徒。然而还有一种情况，被任命为维齐尔的犹太人皈依了伊斯兰教。基督徒和犹太人在经济复兴过程中起着积极的作用。处于这种原因，政府，特别是维齐尔艾尔－阿弗代尔政府和艾尔－麦蒙政府鼓励宗教节日庆典，并组织许多庆祝活动，允许国家财政支持基督教庆典事项以及教堂和修道院的建造和修复活动。对基督徒的自由政策渐渐产生了同化作用，并且在这段时间（11 世纪和 12 世纪），人们可以看到阿拉伯化进展迅速。发展引起了这样一个事实，阿拉伯人可能已经占了大多数，科普特语（Coptic Language）衰落了，逐渐成为基本的宗教仪式用语。

接近 11 世纪中期的时候，在维齐尔理德万·伊本·瓦拉克奇（Ridwan Ibn Walakhchi）时期发生了反对基督徒的事件，采取了一些严厉的措施（驱逐出行政部门，没收财产甚至处以死刑）。然而这种政策没有延续到这个朝代结束。基督徒和犹太人居住地并不是任何强烈偏见所进攻的目标。如果这些困难真正存在的话，一定是政治无序的结果。它始于开罗，最终导致了萨拉丁执政。

如果巴德尔·艾尔－贾马利到来之前埃及的经济生活处于糟糕状态的话，他采取的措施很快使之改善。他不仅恢复了秩序，而且通过削减三年税收获得农民信任，通过借款并且许诺归还而非没收财产的办法，取得了商人的信任。这种重现的安全感刺激了生产和贸易，同时也获得了税收和关税，结果激起了以开罗新城为中心的建筑和工艺上的成就。值得注意的是，12 世纪的政治分裂在很大程度上没有影响到经济发展，尽管这一时期其外部环境出现了导致尼罗河三角洲的提尼斯和达米埃塔纺织业的破产以及富斯塔特和开罗的迁徙。关于土地管理的文件几乎没有多少是幸免于难的，但是我们知道传统税收（Kharaj，什一税）体系在阿拔斯及其后来的法蒂玛统治时期仍在实施。虔诚的捐赠（waqf）很可能比以前更加广泛，宗教机构和建筑的创立主要靠这些基金的支持，但是这些收入主要来自城镇（如商店、市场和澡堂）。在国家严格控制下伊克塔制度似乎已经建立起来。

至于农业，1062 年至 1069 年间，埃及似乎没有经历任何新的自然灾害，因此生产既稳定又丰盛，拥有丰富的供给分发给居民和商店，政府通过税收和各种捐税获得充足的财政资源。主要产品有小麦、大麦、蔬菜（特别是蚕豆）、糖、甘蔗和作为饲料的农作物以及工业作物亚麻和棉花。然而木材贫乏且质地不佳，因此不得不通过意大利商人从西方进口，主要用于造船业。另一种财富来源是由冒险者从努比亚带到富斯塔特铸币厂（1122 年被开罗铸币厂所取代）的黄金。埃及铸币一直保留着它的价值，在萨拉丁与阿比西尼亚和乍得重新建立联系的阿尤布统治下，这一点还在继续。

政府对贸易者和工匠采取严格的控制，这一点可以从纺织车间的例子中清楚地看到，它向产品出口征收大额税收。根据艾尔－穆卡达西（al-Muqaddasi）的记载：

> 税收在提尼斯和达米埃塔特别重。得不到政府的允许，在乍塔（Chata）没有任何一个科普特人能够织一寸布。只有政府批准的代理人才有权出售货物，并且必须由政府官员进行出售登记。每一段布被一个雇工卷起，然后交给另一个雇工用棕榈纤维扎起来，传给第三个雇工装进箱子，接着传给第四个雇工绑起箱子，每一个雇工都收费。最后还要缴纳另一种税费。每一种税都有一个雇工在箱子上登记，并由检查员检查后送到出口的船上。

法蒂玛王朝工业的其他产品获得了很高的声誉，象牙和水晶制品、陶瓷和皮制品等促进了出口经济的增长。

自从在伊夫利基亚设立港口和城镇以来，法蒂玛王朝与意大利这些地方建立了良好的贸易关系。这种关系一直维持到他们在埃及定居之后。犹太商人和工匠当然在这些商业活动中起了一定的作用。这一点在开罗的犹太教堂的藏书阁档案馆（Genizah archives）里可以清楚地查到。这些材料最近已经现世并开始了研究。这些文件不仅揭示了马格里布的犹太人（10 世纪末在开罗定居）在地中海西部的贸易中所起的作用，而且揭示了马格里布的穆斯林从 11 世纪开始拓展埃及在阿拉伯和印度之间的联系中所起的作用。

向印度洋扩展贸易，与法蒂玛王朝的反阿拔斯政策以及这一地区的农业和工业发展政策有关系。主要因素是建立一支舰队沿着非洲东海岸纵横红海区域。通过红海的贸易逐渐取代了通过波斯湾的贸易，特别是在阿拔斯世界不断受到骚扰的时期。阿得哈布和库萨尔（Qusayr）建立起了一些商业港口。对也门的征服意味着他们可以利用也门人的航海技术。正如我们看到的一样，埃及在印度洋和地中海之间变成了一个市场和货物集散地。在临近 12 世纪最后二十几年的时候，我们发现，擅长于在红海和西印度洋之间进行贸易的商人卡里米人在阿尤布统治下第一次达到了他们事业的顶峰。

这种扩张性贸易政策延伸到非洲东海岸，很快到了信德、古吉拉特（Gujarat）、俾路支（Baluchistan）和印度的沿海地区，并且伴有宗教扩张的政策，因为一些埃及的穆斯林商人同时也是什叶派的传教士和宣传者，或者同什叶派传教士一起旅行于印度洋上的岛屿。在印度洋

开罗城复原图。该城在接近11世纪末的时候由巴德尔·艾尔-贾马利修建，部分开罗城墙，著名的胜利之门仍然留存至今，为了更有效地防御，在那里我们看到一个圆形塔代替了方形塔（1839年，大卫·罗伯特［David Roberts］的水彩画）。

沿岸建立起来的阿拉伯商队对哈里发大有好处。哈里发把埃及变成了东西方之间最重要的交流场所，当货物（通常是奢侈品）进出这个国家的时候，他们收取沉重的赋税。主要港口是亚历山大，意大利阿马尔菲、威尼斯、比萨的商人由此取道去东方，他们带着糖、纺织品、香料（来自非洲和印度的一切产品），根据要求换来木材、铁，甚至小麦。这种贸易开始于艾尔－穆斯塔哈里发统治时期，这对他花钱如流水、要求建筑成为旅行者眼里的奇迹是一个很好的解释，正如波斯人什·库斯拉纳绥尔·库斯劳记录的一样。

开罗和富斯塔特由此而财富外溢，为哈里发带来好运。在这里，政府官员、各类商人和工匠人满为患。建筑物连绵不断，开罗成为真正的首都，使巴格达和叙利亚城镇黯然失色。哈里发的奢侈口味刺激了我们称之为"法蒂玛艺术"（Fatimid art）的各类艺术的巨大发展，并在穆斯林世界广为传播。艾尔－哈基姆（al-Hajim）和艾尔－阿扎尔（al-Azhar）清真寺的建筑表明了纪念和装饰艺术的杰出发展。一方面，法蒂玛广泛借鉴了萨马腊时期的阿拔斯艺术（例如层级规模递减的环形寺院尖塔的使用）；另一方面，它们似乎保留了当地艺术根源，特别是科普特人的艺术的确激起了借喻的肖像画法，展现了一群动物、人、打猎场景、喝酒和跳舞的场景。木制板和象牙板以及我们所知道的纺织品、陶器和青铜器，所有这些都表现出很高的技术水平和技巧。但是这同时也是繁荣的象征，这种象征激起了穆斯林旅行者的羡慕。

这种财富满盈需要政府权力的强大而稳定，但是12世纪哈里发的软弱无能、维齐尔之间的对抗，导致了国内斗争以及对钱财的要求。权力之争最终使萨拉丁及其继承者受益，但是他们夺取居住地的企图，没有阻止阿尤布埃及明确地从叙利亚分离出去，并且产生了法蒂玛埃及的真正继承者。

埃及历史的中断：阿尤布王朝的烦扰

　　赞吉王朝和更远的塞尔柱的继承人萨拉丁以及其后的叙利亚和埃及的统治者，对这两个地方的政治、社会、经济生活带来重大转变。显而易见，首先是萨拉丁建立的政权类型，他引入了封地体系（一种完全的以家族为基础的权力概念），家族成员中的一员建立起权威成为公认的主要埃米尔，通常拥有苏丹的称号。这种体系能够限制萨拉丁统一起来的地区土地分散的情况。然而，稳定情绪占据着主导地位，即使发生争吵，阿尤布家族的成员（如艾尔－马立克·艾尔－阿迪尔（al-Malik al-Adil）、艾尔－马立克·艾尔－卡米尔（al-Malik al-kamil）、艾尔－阿尤布（al-Ayyub）也总是寻求恢复家族的统一。此外，封地体系导致国内各省被亲属关系所统辖，出现了小块封地，并且阿尤布王子统治下的军队构成的武装力量，导致了军队监督下的伊克塔的出现。然而，封地体系对于埃及自身而言并不适应。

　　在塞尔柱突耳其人统治时期，伊克塔得到很大发展，在形式上是将指定的土地上的收入给予某个人（muqta），通常是一个军人。特别是在王朝末期，为赢得军队的忠诚，迫使他们加强了伊克塔，并且有时还把它提高到与封地没有多大区别的程度。后来，在没有任何官方声明的情况下，赞吉接受了伊克塔拥有者的世袭权，尽管在理论上伊克塔只是人生中的一个私人礼物。随着法兰克人在那里出现，叙利亚的局势迫使阿尤布王朝建立一支强大的军队，伊克塔制度遍布全国。同样，它被置于军方（diqan al-juyush）的控制之下，既可以允许伊克塔存在又可以从个人那里获得金钱之类的税收。这个部门的雇员对土地清册特别负责，这对决定伊克塔十分必要。此外，个人必须从他的伊克塔税收中提供一定数目（10人、20人、100人，或者其他数目）的士兵，这要根据其收入的规模决定。在埃及，这种在法蒂玛统治下灵活机动的制度，却不像在叙利亚一样传播广泛，而被看做是加强国家行政和财政控制的严厉手段，但它保护了半数以上的土地所有权。

　　这种管理控制需要大量的行政人员，在等级制度下，各个层次的绝大多数职位被科普特人占据着，亚美尼亚人丧失了法蒂玛统治时期的优越地位。在阿尤布王朝统治下，非穆斯林——基督徒和犹太人——在叙利亚和埃及都被宽容相待。当犹太人皈依到逊尼派信徒行列的时候，什叶派的确也随着最后一位法蒂玛哈里发的消失而消失了。萨拉丁自己特别虔诚和尊重传统穆斯林法律，并且废除了一切与穆斯林法律相抵触的司法决定，这导致了某种混乱。在他和其继承者的统治下，伊斯兰教的大学有了很大扩展，大学也是宗教和司法训导机构，负责宗教

－司法和行政人员的训练。这种扩展在叙利亚和贾兹拉十分重要，但在埃及并非如此。统一的丧失使主要由土耳其人和库尔德人组成的军队受到创伤，这刺激了统治者中的反对者。军队渐渐地被土耳其人所控制，特别是在埃及，马里克·艾尔－卡米尔（Malik al-Kamil）在土耳其籍奴隶马木路克人之间进行大规模征募活动。他从 1249 年开始执政，并且在他们中间设置了一个首领艾尔－姆阿赞·土拉－沙（al-Muazzam Turan-shah），由此开始了马木路克苏丹政权的统治，该政权对埃及的统治一直到 1517 年。

政府差役或信使。这个骑在骆驼上的人一定是无数个受雇于政府和商人的雇员中的一员，维持着埃及的政治和经济组织之间的必要联系（埃及树胶水彩画，12 世纪，巴黎，卢浮宫）。

　　王朝表面上迅速而意外的灭亡，是 13 世纪初已植根于埃及的思想僵化的表现。这里必须充分重视苏丹投入了大量资源和精力的军事困难。正如我们以前提到的一样，拉丁人在黎凡特所占据的一系列港口的减少——但是很快在塞浦路斯支持下占领了爱琴海沿岸——并未尽快解决法兰克人出现这一军事问题。相反，埃及由此成为西方进攻的目标。开罗意识到了这一点，常常实行拖延或缔结协约的办法。我们很快就会看到从地中海贸易中所获得的收益是很大的，为此付出代价非常值得。因此，在 1198 年、1203 年和 1215 年出现了一系列的休战和贸易协约。1217 年，在"耶路撒冷国王"布赖恩的约翰（实际上是以阿卡城为基础）手下的基督教徒袭击达米埃塔的时候，艾尔－卡米尔（al-kamil）前去建议他们去恢复圣城。如果艾尔－卡米尔那时能够成功避免这样一种行为的话，那完全是因为十字军的愚蠢。十字军发现他们自己被尼罗河洪水阻挡在艾尔－卡米尔军营之外了。然而，1229 年德国人腓特烈二世接受了这个建议。他更亲伊斯兰教并且讲阿拉伯语。这个巨大让步同样引发了对叙利亚的不断威胁。这种威胁不仅来自阿尤布王朝的统治者之间的争吵和法兰克人的进攻（例如在 1239 年和 1241 年之间），而且来自于花剌子模人（Khwarazmians）的压力，后者在 1244 年劫掠了沿海并且洗劫了耶路撒冷。1248 年，路易九世（Louis IX）领导的从塞浦路斯向尼罗河三角洲的袭击，对埃及是个很大的威胁。再者，十字军明显的粗心导致了 1249 年 12 月在曼苏拉的惨败，国王被俘。很显然，苏丹们把这个惨败的教训留给了后来人，特别是留给了著名的贝巴斯（Baybars），他现在正在开始其辉煌的历程，这导致他取得了苏丹地位（1260 年），并且获得了巴勒斯坦和安条克的政治统治权。在这种不断的恐慌局势下，马木路克人攫取政权也就不足为奇了。

　　这与苏丹们的个人荣誉没有关系，他们大都支持埃及人的观点，成为自愿的和平主义者。

阿尤布王朝大力鼓励苏菲派（Sufi）宗教运动（特别是在叙利亚和上埃及），促进了安静而谦卑的神秘主义的发展。许多女修道院（Khanaqah）建立了起来，与早几个世纪的东方男修道院遥相呼应。但是，学校的发展还在持续，阿勒颇和大马士革，甚至开罗，代替了巴格达成为文化中心。尽管总体上阿拔斯传统已动摇，但是雕刻艺术——动物场面、用库法字体（Kufic）创作的铭刻以及花卉装饰的传播很快成为法蒂玛传统。

经济稳定的维持

在经济领域，阿尤布埃及似乎延续了法蒂玛或者可能更早一些王朝所制定的路线，至于国内财政，艾尔－马克朱米（al-Makhzumi）所定的《米纳德伊》（*Minhadj*）中，在这方面有着很典型的记载。非穆斯林（贾瓦利或者吉兹亚）的税收是有区别的，根据伊斯兰教教法缴纳者依照其财富分为三类：富者、一般富者和穷者。在12世纪晚期的埃及，第一类人似乎并不太多，大多数的纳税者是第三类人。在法尤姆按每人两个第纳尔的统一税计算，但这也有一个例外。税收的一切评估和收缴是特殊的政府雇员（hushshar、adilla、hussab等）的工作。他们每十天，然后每个月，最后到年底制订声明书。

札卡特（zakat）[①]——穆斯林缴纳的合法税收——的征收依据粮食、牲畜及主要贸易产品（进口和出口）。札卡特的受益人是不在地方名单之上的收税者（amil）、贫民、圣战志愿者以及一些其他少数类型的人。土地税由自然环境和作物的产量而定（有无受到洪水侵袭），这意味着精确的地籍名单已经建立，甚至谷物、蚕豆、黄豆、小扁豆等等的税收也分类征收，同时，对果树、经济作物（亚麻、棉花、甘蔗）和蔬菜所征的税要缴纳现金。此外，还有其他种类的赋税。像住房和商店这样的国家财产需要经常征税(riba)。现金支付的税收由大富商(jahbadh)先期提交，收集起来一起存入国库。

这种财政体系的运作需要大量的人员，并且依赖于地方按照事先安排的日程做出调整，有时会浪费很多时间，因为埃及现行的所有安排不是都适合于叙利亚的情况，尽管它们已经做了许多调整。

这并不是说，埃及在阿尤布王朝统治下实现了经济繁荣。萧条的原因应该从十字军在近东的出现以及随后而来的战争和入侵中来寻找，但是我们也不能得出经济衰退的结论，因为有利的条件仍然存在。与法兰克人的良好关系激励了商业关系的恢复与发展，不仅与意大利商人，

---

① 又称天课，伊斯兰教"五功"之一，中国穆斯林称为"功课"，即伊斯兰教法定的施舍，或称"奉主命而言的赋税"，又称"济贫税"。——译注

而且还有那些来自法国南部和加泰罗尼亚以及亚历山大港、达米埃塔和拉塔基亚（Latakia[①]，大马士革和阿勒颇的出口）的人。这种良好的关系一直持续到 13 世纪中期。毫无疑问，还存在着大的国际贸易活动。《米纳德伊》的文本内容表明，埃及在阿尤布王朝统治时期已经成了这种贸易的聚集地。达米埃塔出口亚麻、棉花、毛皮、鱼、香料、糖、明矾、谷物、盐和奢侈的纺织品，提尼斯出口金、银、丝、原料、油灰、木材、铁和沥青等货物。埃及更加成为贸易中心，因为在阿尤布控制也门的情况下，红海沿岸的通道禁止通向法兰克——特别是意大利。正是在这段时间里，被称为卡里米（Karimis，对于其起源而言，这个名字引起多种假设）的这些商人得以飞速发展，并且实际上垄断了红海贸易，损害了非穆斯林商人（包括犹太人）的利益。卡里米不仅仅是商人、生意人或船主，他们还是银行家，他们通常以家族为后盾组成贸易队伍。总之，他们控制了来自印度和印度洋地区的产品贸易，并且在阿拉伯半岛、也门、亚历山大、达米埃塔和开罗建立联系，他们还在叙利亚与法兰克商人有联系。

卡里米人可能是关税的最主要的提供者，他们很少受到阿尤布政权的影响，在马木路克王朝统治下继续其活动。在东西方贸易中所起的中介作用增强了他们的重要性，对此他们自己是知道怎样利用的，这对苏丹和他们自己都有益处。在 13 世纪中期，不管是蒙古人的威胁还是新的十字军的威胁都没有影响到他们的经济霸权。

在叙利亚和巴勒斯坦，意大利商人在口岸城镇建立的殖民地，与非侵略型政治一起促进了贸易关系的发展，意大利商人甚至到达了远方的阿勒颇和大马士革。如果埃及贸易路线到达印度洋的话，叙利亚路线就能把它们同伊拉克、伊朗以及中非国家联系起来。叙利亚北部和贾兹拉没有冲突，至少在花剌子模人到来之前，有利于中东产品的出口（丝绸、毛皮等等）。值得一提的是，13 世纪前四分之三的时间里，法兰克商人在东方的出现所带来的显著发展。在君士坦丁堡，他们不仅由此到达了黑海附近地区，而且还渗透到了塞尔柱小亚细亚以及叙利亚和阿尤布的埃及，甚至走得更远。商人以及方济各会修道士和多明我会修道士的使者，努力推进到了蒙古世界。这在 13 世纪末才完成。毫无疑问，阿尤布时期，像小亚细亚的塞尔柱一样，促进了此类扩展。马木路克政权在埃及和叙利亚的出现绝对没有阻碍西方的发展，甚至对这些地区新的统治者是有利的。

"土耳其"的诞生

塞尔柱人在伊朗和伊拉克统治时期的政治和社会结构没有影响到小亚细亚的塞尔柱人，

---

① 叙利亚西北部港口。——译注

尽管 12 世纪末期在基利吉·阿尔斯兰二世（Kilij－Arslan Ⅱ）统治晚期及其死后遇到一系列的危机。

曼济克特战役之后在小亚细亚定居的这支塞尔柱家族，仍然采用安纳托利亚塞尔柱人（来自安纳多卢 [Anadolu]，土耳其人对小亚细亚的称呼）的名称，或使用罗姆（Rum）（从"罗马"一词而来，曾应用于拜占庭帝国，它声称继承了前罗马帝国）的名称。在 12 世纪的大多数时间里，这些塞尔柱人仍然维持着统一。一部分原因在于反对拜占庭的政治和宗教斗争，一部分原因在于当时的竞争对手以及争夺控制安纳托里亚高原的斗争，使得他们共同反对丹尼什门兹人。1173 年击败丹尼什门兹人，以及后来在 1176 年击败拜占庭，标志着塞尔柱人的胜利。这种胜利与基利吉·阿尔斯兰在他的国家里建立封地体系以后他的 12 个儿子各统一一个地方相比，几乎算不上什么了。15 多年以来，安纳托里亚经历的局势非常像其他塞尔柱苏丹的统治区域，但是最后在苏莱曼二世（1196～1204 年）和凯·库斯罗一世（Kay－Khusraw Ⅰ，1204～1210 年）统治时期，重新建立了统一的王朝和权力。对安纳托利亚的塞尔柱人来说，13 世纪前 60 年是特别辉煌和繁荣的时期。

拜占庭的削弱——暂时缩小为尼西亚帝国（它与土耳其人保持良好关系）和特拉布松帝国（它不得不割让西诺普 [Sinope] 港）——促进了科尼亚苏丹地位的巩固，这座城市以前被塞尔柱人控制着其内地及边境。在南部边境线上，来自塞浦路斯的阿美尼亚人和法兰克人不得不放弃了西里西亚的托罗斯（Cilician Taurus）的要塞以及庞菲里亚（Pamphyia）港、安塔里亚（Antalya）港和阿莱亚（Alaiyya）港。在东方，塞尔柱人的领土扩展到埃尔祖鲁姆（Erzurum）。尽管库尔德斯坦被短暂征服，但是最终不能统一到苏丹统治区内。特别是由苏丹凯·卡乌斯一世（Kay－Kavus Ⅰ，1211～1120 年）和凯·奎巴德一世（Kay－Qubad Ⅰ，1220～1237 年）完成的这些征服与统治的巩固，产生了两个其他的后果：一是暂时阻止了土库曼部落在被蒙古前锋向西追赶的时候进入塞尔柱人的领土，二是由于塞尔柱苏丹统治下的和平与安全以及由于其长期的繁荣，鼓励了与意大利，特别是威尼斯商人的联系，他们可以不用冒很大风险穿越小亚细亚，因为他们与塞尔柱人签署了商贸协定。

从国内看也很稳定，塞尔柱人知道怎样建立一个在政治上和行政上组织良好的国家。在那里，不同种族和不同宗教的人能够没有冲突地生活在一起。这导致了城乡生活的显著发展以及文化和艺术成就的真正发展。

罗姆苏丹在其家族成员中保持着他的权威，而在原则上，他委派其家族成员统治各省，但是必须拥有军队长官（他直接领导下的拜依 [the beys] 或总督）和行政长官（Valis，代表迪万或维齐尔掌管国内行政，他自己直接向苏丹负责）的支持，因此权力是相当集中的。对这个国家所造成的影响长期以来争论不休，他们是拜占庭人、伊朗人、阿拉伯人，甚至是土耳其人吗？事实上，不管有何影响，必须记住的是，塞尔柱苏丹如果不是土库曼人的话，就是土耳其人的血统，部落传统之所以被维持下来，部分原因在于家族的杰出作用以及与其他首领的个人联系。自从丹尼什门兹人被驱逐以后，直到 1235 年至 1240 年左右土库曼各支的到来，在小亚细亚再也没有发生过与其他土耳其部落的战争。塞尔柱国家同样也是穆斯林国家，因此遵循着伊斯兰的规则、承认伊斯兰教教法和伊斯兰圣典。由于真正的土耳其人只是极少数，苏丹在国内事务中转而启用伊朗人和阿拉伯人来填充职位，导致阿拉伯语在行政方面十分重要（所有的官方文本及铭文都是阿拉伯文），所以文化领域主要由阿拉伯人和波斯人支配。当然，土耳其语言并未荒废，它是平常使用的语言，保持着对流行文学的解释，最基本的是，它是口头语言。拜占庭的影响同样表现在地方对其司法程序的采纳上，至于在社会和宗教联系方面，小亚细亚居住着无数希腊人并且可能构成了人口的多数。

11 世纪末期，土耳其人的渗透有两个主要方面。第一，尽管没有以个人的形式大批地涌入，但是他们紧紧地抱成一团，在这些团体内，团结就是原则，以此区别一切少数民族。第二，拜占庭帝国内部的斗争导致了一些人在小亚细亚的许多地方，包括小亚细亚西部，转向了土耳其人。拜占庭与亚美尼亚人之间的斗争以及亚美尼亚人之间的斗争，促进了土耳其人在中部和东部地区的渗透和定居，例如丹尼什门兹人、萨尔图吉人 (Saltukids)、蒙古车克人 (Mengucheks)。人们几乎可以说，土耳其人在小亚细亚的定居主要不是满足征服欲望的结果，而是当地统治者提供机会所致，是人口的不足使之不能承担政治风暴或战争引起的一系列变化的结果。人们还可以说，希腊人或亚美尼亚人保留在城镇或乡村的固定地方生活，离开的居民只有大地主以及一些拜占庭内政或宗教的高级政府官员，他们曾从希腊帝国那里获得了大量土地。拜占庭帝国对其臣民们施加的压力使他们离开居住地并不感到后悔，因为塞尔柱人的税收可能并不比拜占庭重。宗教问题并不存在，土耳其人允许现存的东正教僧侣统治集团自由信仰其宗教，希腊人和亚美尼亚人中的基督一性论者，在东正教徒离开以后，热情地欢迎新来者，并被允许信仰自己的宗教。

这些土地变成土耳其和伊斯兰人的土地经历了很长的时间，这是一个人性化的过程，结果导致了土耳其和土库曼民族部分占领了这个"开放的"国家，然后居住下来，并开始与当地农民发生联系。不同民族或不同宗教信仰的民族间通婚的数字我们无法估计，但这有利于土耳其和伊斯兰教的发展。在城镇里，一定数量的作为基督徒的希腊人和亚美尼亚人似乎自愿皈依伊斯兰教，目的在于维护他们已经获得的利益，或已有的社会或文化地位，在于获得行政职位。我们无法想象这种转化的程度，或者是否应该给予赞扬，然而，不争的事实在于，12 世纪末的小亚细亚具有明显的土耳其特色。到达那里的西方旅行者称其为"土耳其亚"(Turchia，而穆斯林作者仍称其为"罗姆之地")。穆斯林的面貌在宗教基础上有了明显的行会式的发展，或

一座清真寺医院。除了"大教堂型"的清真寺外，还有许多建筑用于日常祈祷。其他的建筑可以成为其附属建筑物，例如学校、医院等。此类复合型建筑在12世纪和13世纪的土耳其有了很大发展。迪夫里伊（Divrigi）的清真寺医院（1228～1229年）可以算作是此类建筑的最出色的例子。

者组成了特殊的团体（手工业者的、各种公司的和军事的）。在土库曼部落当中，表面上看，从中亚开始对伊斯兰教旧传统有了吸收。在14世纪，土库曼精神领袖（babas）似乎直接领导了挑战官方内政和宗教权力的运动。伊斯兰化的证据同时表现在数量不断增加的清真寺及其他宗教建筑上——学校、坟墓、医院——其中一些表现出阿拉伯装饰的原始风貌。

塞尔柱的税收体系非常像其他的穆斯林国家。伊克塔推行程度更低，并且得到政府的更好的控制。只是在13世纪的后半期，中央政府的瓦解才能使得伊克塔变得真正重要起来。塞尔柱国家直接管理着大片的占领区域，其税收、关税和各种税赋在塞比·迪万（Sahib-i diwan）领导下由当地财政官员征集。在城镇里，居民服从于传统税收，而贸易服从于进出口关税、市场税、交易税等。

塞尔柱人统治时期，城镇构成了社会和经济生活的重要成分。部分原因在于军队、政府官员、僧侣和土耳其工匠，伊朗人和阿拉伯政府官员（在规模最大的城镇里）、希腊人、亚美尼亚人以及犹太商人和艺术家，都集居在一起。在专业行会里，土耳其工匠可能与非土耳其人一起工作。但是，这一时期该方面的信息很少，我们不能依靠后期的资料。富土瓦（futuwwa，土耳其语为fütüvvet）可能已存在，正如阿吉（Akhi，与工匠关系密切）的宗教般的兄弟关系一样。但是，二者都是在14世纪才真正出现的现象。穆斯林与基督徒个人之间的宗教关系建立得稍晚一点，人们在听众中以及在土耳其神秘主义作者迈夫拉纳·热拉尔·卢米（Mevlana Jelal ed-din Rumi）的著作中找到了证据。

在整个12世纪，由于战争和冲突支配着小亚细亚，毫无疑问经济生活受到限制和隔离，一旦在世纪末建立起政治稳定与社会安全，经济生活便立即获得了新的发展动力。当地生产（农业、养牛业、木材、地毯、蜂蜜、明矾、金、铜）显著提高。在13世纪的第一个四分之一世纪里，塞尔柱人是黑海（西诺普、萨姆森 [Samsun]）和地中海（阿莱亚 [Alaiyya]）、安塔利亚（Antalya）出口的主人，这一事实刺激了出口的增长。

意大利商人在地中海港口落户，希腊商人在黑海港口贸易，亚美尼亚商人与伊拉克人，特别是伊朗人做生意，尼西亚的拜占庭人在约翰·弗塔特西兹（John Vatatzes）时期与希腊人贸易。商队道路交叉于小亚细亚，沿此建起了补给站，商队客店（khans）也可以在大一点的城镇中找到。主要道路把地中海安塔利亚港和阿莱亚港和内地的城镇连接起来——科尼亚、阿克谢希尔（Akshehir）、安卡拉（Ankara）、阿克萨雷、开塞利（Kayseri）、锡瓦斯（Sivas）和埃尔祖鲁姆（通向伊朗的运输路线）。这种交流与运输贸易对塞尔柱人特别有利，他们征收关税、捐税和进出口税。

除了通过迈夫拉纳·热拉尔·卢米撰写的宗教的和神秘主义的作品之外，我们对塞尔柱小亚细亚文学界所知甚少。他是用波斯语言和阿拉伯语言，但很少用土耳其语言撰写神秘主义作品的作者。他的儿子，苏丹·维利（Sultan Veled）以及他的信徒发现，在他的荣誉以及记忆里与迈弗利尼（Mevleni，伊斯兰教的苦修者，或称"旋转的苦修者"）有兄弟般的关系。文学作品是用阿拉伯和波斯语言撰写的，14世纪以前的作品很少流传下来。

另一方面，土耳其人却有着丰富并且原始的艺术文化。土耳其人把杰出的艺术连同可以感觉到的来自拜占庭和亚美尼亚的影响（我们知道塞尔柱清真寺设计师的希腊名字）一起带到了安纳托利亚，最初是借用伊朗人和阿拉伯人的东西，但是现在接受了当地的地理和社会条件。这种艺术在清真寺（在12世纪中期到13世纪早期所建的科尼亚的安拉清真寺、在1224年修建的尼德杰 [Nidje] 的安拉清真寺、在1229年修建的迪夫里伊的大清真寺、在1247年修建的马拉蒂亚的大清真寺）、在学校（在科尼亚、开塞利、埃尔祖鲁姆）、在多边形或圆形的坟墓里（迪夫里伊、尼克萨尔 [Niksar]、科尼亚、开塞利、锡瓦斯）、在宫殿里都是很明显的——很不幸，所有这些除了记忆之外几乎荡然无存——许多商队客店的遗址我们现在还可以沿着商队路线看到。这些建筑成为这个国家繁荣的证据，成为建设者有信心留下其名声的证据，并非仅仅在宗教水平上。还有装饰的感觉，不管是在建筑物的正门和正面留有的几何的、花卉的或字母的花边，还是在建筑物内部留有的蓝色的、黑色的和白色的瓦片。塞尔柱艺术并非夸张，都以人的标准表达了简单而直接的情趣。

后来追求并且扩大塞尔柱工艺的奥斯曼人（Ottomans）发现，塞尔柱人为他们提供了能够利用和发展的典型。土耳其世界学习并取代近东的穆斯林世界，通过小亚细亚的塞尔柱人学得远远多于通过伊朗人或伊拉克人。

波斯人的最后繁荣

1092年，苏丹马立克沙死后不久，从小亚细亚东部到呼罗珊的整个中东地区，伊拉克的塞尔柱人所建立的政权便立即陷入无休止的争斗之中，这些争斗耗费了马立克沙的后裔们大量的精力。王子之间的贪婪将伟大的塞尔柱苏丹所建立的家族统一撕得粉碎，更不用说其家庭教师、监护人、军队首领了；每个人都想支配一片苏丹统治区，因此产生了有时面积很少的公国领地。其统治者似乎只有一个目标——相互厮杀。在叙利亚，十字军的到来加强的这场争斗，主要是由于塞尔柱统治下的王公们的封地体系。即使在马立克沙生前，这个国家的最高统治集团就已经爆发了诸多的对抗。根据身份获得封地的统治者，为了确保军队方面的支持，几乎无一例外地增加了税收的定额，然而统治者力量的减弱导致了领地的转化，由终生授地变成了世袭的个人财产。甚至，一些军队首领为了建立起自己的权力，严重倾向于当地人。根据地区的不同，所依靠的主要有伊朗人、阿拉伯人或者库尔德人。直到那时，或多或少支持塞尔柱政权的这些部落打碎了这种枷锁，赢得了实际上的独立。

在巴格达，从塞尔柱苏丹国的分裂中获益的哈里发艾尔－纳绥尔（al－Nasir，1180～1245 年在位）阔步前进并充分利用了哈里发的称号。他想让穆斯林世界的不同派别都围绕在身边，包括什叶派。他还转向譬如富土瓦一样的政治的、协作的、社会和文化的团体，把它们转化成支持其哈里发地位的力量，特别是在巴格达，他在那里把这些团体转化成了支配这个城市的主要因素，因为这个城市由中产阶级和忠诚于哈里发个人的军人集团所操纵。

在这种混乱的政治局势下以及在反对由主要商路（或者是向北或者是穿越伊朗高原）转移而引起的经济逐渐衰退的背景下，人们惊奇地发现了一种理性和艺术上似是而非的现象——甚至可以说是理性和艺术上的高峰，理性和艺术在 10 世纪末或 11 世纪很容易被看做是同等的。但是，越往东它越遗弃了巴格达而转向了东方的设拉子、伊斯法罕和哈拉特。随着这种"东方化"的发展，伊朗、巴克特里亚（Bactrian），甚至印度的影响横扫波斯艺术，赋予了它第二次生命。这不仅仅是表面上的，这些影响渗透到了宗教建筑物的设计上，在中厅的两侧建有四个祈祷用的大型壁龛（iwans）、两个细高的尖塔，形成了新型的"土耳其式的"或"印度式的"清真寺。很显然，也是基于萨珊王朝，甚至是阿黑门尼德（Achaemenid）王朝宫殿的设计风格之上的。12 世纪和 13 世纪，在装饰方面还可以看到不断增加的亚洲影响——用人或动物图像作为雕刻背景的陶器和用花卉或幻想图案制成的彩釉陶器，我们可以从这里面看到诸多的远东成分。

11 世纪的学校出现了与西方不相称的知识与理性的高潮时期。相比之下，12 世纪和 13 世纪留下的印象是稳定或繁荣。死于 1111 年的艾尔－盖札利（al-Ghszali）是波斯人思想中的悲观主义传统的体现者，他的著作《哲学家的困惑》（*The Confusion of the Philosopers*）有力地批判了从古代和伊斯兰世界之初传承下来的无数思想体系。他强烈要求回归生命的纯真、隔绝与信任，这些观点苏非派已经倡导了一个世纪之久了。在我们看来，他像是一个倡导穆斯林简朴生活的伟大运动的先驱者，其思想在一百年后，给圣方济各的基督教以很大的影响，但是波斯思想中的乐观主义传统更加巩固了这种精神复苏的希望。苏拉瓦底（Suhrawardi，卒于1191年）对艾尔－盖札利做出了回应。他扫清了总是进行内部分裂的宗教异端之后，努力促进不同信仰的结合，这几乎是一种新柏拉图主义思想[①]，它被完全智慧的思想所支配，这与很久以前的那些思想是一致的。至于文学方面，也出现了"世纪末"（fin-de-siècle）的现象：将日常生活描绘为辛辣的、残忍的或者是抒情的戏剧的"散文集"（"木卡姆"）成为13世纪末的时尚流派。这些作品用生动活泼的语言给了我们一个富于生动细节的社会的缩影，其中不乏新思想。当这种道德危险威胁着深奥文化的时候，出现了几本具有世界价值的著作，但是也出现了某些宫廷和城市诗人最杰出的辛辣的作品：设拉子的萨迪（Sadi of Shiraz，卒于1290年，活了近一百岁）的最优美的作品是对玫瑰的描绘。

因此，在阿拔斯哈里发的信徒或捍卫者与法蒂玛哈里发的捍卫者之间饱受国内暴力冲突之后，在与巴勒斯坦和叙利亚的法兰克人武装对抗之后，东方穆斯林世界建立了表面上的统一。现在只有一个哈里发，即巴格达哈里发。逊尼派取得了胜利，什叶派和异端宗教信徒被击败或被消灭，然而，这种统一体只是表面上的，事实上，在政治和地理界限分明的地区，在苏丹国的名义下新的国家建立起来了——小亚细亚、叙利亚－巴勒斯坦、埃及、伊拉克、伊朗，且不提更远的地区，那里出现了其他的王朝：花剌子模－沙（Khwarazm-Shahs）的出现以及土库曼开始了新一轮的向东方的扩展。

甚至，权力也由此从阿拉伯和波斯人手中转到了迄今仍是其臣民的民族手中，譬如库尔德人和土耳其人，他们接受了伊斯兰教并且多多少少适应了周围的环境。阿拉伯文化及其传统在这里很容易得以维护，波斯人的底层或者新来的土耳其人注入的是导致地区差异的强制性的妥协。

值得注意的是，在13世纪中期，近东的穆斯林国家似乎克服了许多困难取得了胜利，并且明显地建立了稳固的、运作良好的政权。而且，在某些地区，即使传统结构随着游牧或半游牧部落的到来被推翻，与法兰克人的亲密接触也刺激了贸易关系的发展和总体经济生活的扩展。但是，只有在小亚细亚，例如在伊朗西部，中央权力的分散才导致了全面的崩溃。

然而，在大约1230年至1250年，东方穆斯林世界的分裂是最显著的特点。只是占主导地位的阿拉伯人和波斯人在宗教、权力、文学、科学和艺术方面的影响，才把这些根本不相同的地区联系在了一起。

蒙古人的失败

越过穆斯林前哨的最东端，连接撒马尔罕和布哈拉到中国北部的商队小路的北面，游牧

---

① 公元3世纪始于罗马的一种神秘主义哲学。——译注

是传统的生活方式。从半干燥的大草原的"交融点"开始，匈奴人、阿瓦尔人、土耳其人和马札尔人部落爆发了寻找新的牧场的活动，或者是向中国，或者是向伏尔加河流域，甚至到了伊朗。如果不是更早一些，便是在9世纪，伊斯兰教已经到达西部的边界，几乎是不可触及的维吾尔族土耳其人（Uigur Turks）的土地，它激起了两场运动：雇佣兵涌入的范围直达伊拉克，最终导致塞尔柱人和土库曼人的强烈渗透浪潮。与这一方向相反，商人和逃亡者则不断到来——聂斯脱利派基督徒（Nestorian Christians）和玛兹达克教的（Mazdakite）波斯人最远到达贝加尔湖寻找避难所。中国北部也发生相同的现象，那里黄种的鞑靼人和契丹人在北京定居，接受了汉族的生活方式，并且皈依了佛教。旅游者和朝圣者很少想到，游牧部落会在戈壁滩和西伯利亚针叶林带之间游动。然而我们所知道的他们的葬礼艺术以及他们有效的军事组织表明，他们已发展到了很高的水平，尽管他们的泛神论或者简单的上天（tengri）崇拜似乎使他们与一神论宗教的邻居完全不一样。

在12世纪的最后几十年里，居住在贝加尔湖和阿穆尔河①上游之间的蒙古人或突厥－蒙古部落开始逐步走向联合，有时他们把作为伟大的首领或至高无上的可罕（khan）的大汗（kha-qan）的头衔放在名字上。这可能是企图吞并、进攻中国而非是西方的前奏。在西方，花剌子模土耳其人（维吾尔突厥人）和契丹人（二者都皈依了伊斯兰教）似乎并不情愿让出土地。来自于贝加尔湖东南面的卡拉库姆地区的孛儿只斤（Yesügei）氏族，在"兄弟般"的誓言和联姻的基础上也组成了这样一个联盟。孛儿只斤的儿子铁木真，可能在1195年左右被推为大汗，他用军事组织和纪律激励其部落，在十几年的袭击和掠夺之后，获得了东部各民族鞑靼人、中国北部的蔑儿乞部落（Merkit）和南部各民族（克烈部落［Kerait］和乃蛮部落）的统治权。这发生在1212年左右，在他最后席卷定居在伊斯兰领土上的维吾尔人和葛逻禄人（Qarlug）的西部领土之前。

作为统治者，他取名为成吉思汗，在所征服的土地上建立起组织系统，这对一个建立在干燥草原上没有城镇的帝国来说是全新的事：各部落酋长定期召开的大会（库里尔台）、具有提升和特殊作用的常规体系的军衔世袭制度，任命负责向非游牧民族占领区征收贡物的政府官员（达鲁花赤）。整个政府依赖于可罕，但是其家族在被占领或将要占领的土地上享有很大权力（ulus）。有效的信使体系能够使成吉思汗获得来自儿子或"兄弟"，例如其他部落酋长方面的任何可能的不顺从的情报。

我们几乎不可能知道是什么激发了成吉思汗（1227年他死后，他的儿子窝阔台［Oge-dei］、察合台［Chaghatai］、他的孙子拔都［Güyük］和1251年被推选为大汗的其重孙子蒙哥

---

① 即黑龙江河。——译注

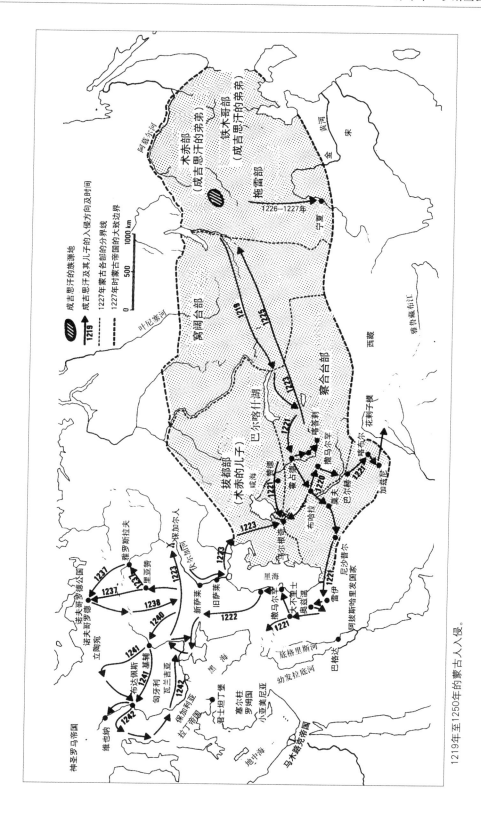

成吉思汗的族源地

成吉思汗及其子的入侵方向及时间

1227年蒙古各部的分界线

1227年时蒙古帝国的大致边界

0　　500　　1000 km

神圣罗马帝国

1219年至1250年的蒙古人入侵。

429

[Möngke]）从蒙古传统游牧地区走出去了那么远。漠视宗教、行政或者税收长期无方、对城镇生活或者农业毫无兴趣，13世纪中期的蒙古人似乎以几个世纪以前匈奴的方式处事：掠夺是为了攫取给养和马匹，屠杀是为了避免报复，占领是为了增强其控制。如此一个"政府"的基本概念，显然依赖于拥有一支足够数量的士兵任其支配，总数可能少于15万骑兵，但必须是轻装、机动、优秀的弓箭手、训练过全部骑术，甚至，他们知道怎样使用恐怖武器巧妙地应对野蛮的报复。由于具有匈奴般的天性，由于一切抵抗或者突然袭击都会导致有组织地屠杀其所控制的人口，并且展览其作为战利品的尸体，因此任何一次蒙古掠夺的迹象都会引起极度恐慌，并且导致迅速的降服。但是，定居民族之间所释放出来的无序状态，并不局限于心理剧变甚至死亡，蒙古人的行为方式是焚烧城镇、填充运河并且破坏城市住宅、扼杀整个地区的经济活动、驱散人口、消灭精英人物并且摧毁宗教。

东方伊斯兰教遭受毁灭性打击。1220年至1223年，一次灾难性的战役毁掉了布哈拉、撒马尔罕、喀布尔（Kabul）、巴尔克（Balkh）、加兹纳（Ghazima）、尼沙普尔和赖伊，这是在它抵达乌克兰和克里米亚之前。1233年和1241年之间，著名的战术家速不台（Sübötei）发动了另一次战役，劫掠了伊朗全境、库尔德领土和亚美尼亚，这发生在袭击西里西亚的亚美尼亚和罗姆苏丹之前，后者只能通过屈服于蒙古人才能容身。速不台继而横跨高加索，征服了伏尔加的基普查克人（Kipchaks）和弗拉基米尔的俄罗斯人所建立的基辅和莫斯科公国。他在向波兰和匈牙利进军之前，放火烧掉了拉多加湖附近的诺夫哥罗德，劫掠了维也纳，然后在世界末日的气氛下向亚得里亚海撤退——这种气氛遍布欧洲，主要是指斯拉夫和多瑙河基督徒的恐怖传说。第三次战役发生在1256年，是在旭烈兀（Hülegü）的领导下，他也是成吉思汗的孙子，他的目标是伊拉克和叙利亚：在1258年巴格达被占领，阿拔斯哈里发饱尝骑兵的洗劫和蹂躏，这是阿拔斯王朝的一个遗憾的结局。当这股潮流转向西奈的时候，只有贝巴斯的马木路克于1260年努力抵挡住了这股潮流。如果我们纵观这一切，在恐慌中逃脱被消灭或被奴役命运的彷徨的土库曼和花剌子模军队，他们曾彻底改变了近东的生活（例如他们1244年劫掠了耶路撒冷），那么我们就不难懂得一代伊斯兰人所遭受的骇人听闻的难以预料的大灾难。

应该承认教堂没有被遗弃，圣地也没有被亵渎，库尔德埃及仍然安全。即使在沦陷地，安纳托利亚土耳其人组成了强大的军队，并且正如我们将要看到的一样，蒙古的和平（pax Mongokia），也有利于商人和传教士的发展。但是，被战火燃烧了五个世纪的穆斯林文化的生长土壤，这个古代的、伊朗的、印度教和希腊文化遗产扩展的人类精神的交汇地，现在黯然失色了。我们必须等待，直到叙利亚、美索不达米亚和波斯伊斯兰教在12世纪下半期的重新觉醒——并且是以其截然不同的形式的觉醒。

马格里布在行动

穆拉比特帝国政权不应该使我们忘记，总体上，对于西方伊斯兰教来说，11 世纪和 12 世纪是一个领土退却的时期。基督教的城市和国家、经济和社会，都在全面扩展，并且最后被证明更具活力。西班牙马格里布王朝的编年史，记录的几乎都是不断的努力，虽然并不总是记录成功。阻止敌对的西班牙的向前推进，需要艰苦的而且花费昂贵的军队动员，部分带有封建性质的西班牙的社会 – 政治组织是非常有利于扩张的，而这又是以牺牲穆斯林社会为代价的。后者在其城乡形式上是根据不同的路线加以组织的，从其自身来说，其军事武装并不充分，不能为自身防御提供必要的军队。

在 11 世纪前半期，伊斯兰教对基督教世界的自卑感开始表现出来，注意到这一点十分重要。这是科尔多瓦哈里发统治的危机时期，卡斯提和加泰罗尼亚的士兵开始干预穆斯林西班牙的内部事务，并迫使他们从远征中撤回来，由此第尔汉和第纳尔^①成为了基督教世界冒险的梦想。然而，为了了解西方伊斯兰教相对衰落的最初迹象，我们可能要再往前追溯到 10 世纪末，安达卢斯海盗行为正在衰落，拉加德 – 菲奈特（弗赖克西奈图姆）的基础被破坏，基督教雇佣军已经被大批地招募到哈里发军队中了。

塔里法政治上不和，从自身上看可能不是伊斯兰软弱的原因。半岛北部基督教国家也同样分裂了，并且在 11 世纪的前几十年里，很难预料强大的托莱多（Toledo）王国会被卡斯提 – 莱昂集团（the Castilian–León bloc）同化，也很难预料贫穷的微不足道的群山环绕的阿拉贡最后会占领庞大的富庶的繁荣的城镇、可以灌溉的良田以及有着无限优越的经济和文化生活的埃布罗河谷地。与其基督教对手相比较，穆斯林统治者之间的竞争可能是泰发王国自卑的原因之一。这种自卑本身表现在经济和政治上的依赖性，这从本世纪后半叶对贡金的惩罚中可见一斑。毫无疑问，还有其他的更高层次的鲜为人知的原因，同样可以解释在意大利南部诺曼底人的袭击下西西里的分裂及其崩溃。西西里如同西班牙一样，政治无序与军事软弱在 11 世纪中期以前十分明显。从 1038 年到 1040 年，当巴勒莫的卡尔布（Kalb）王朝的统一国家土崩瓦解的时候，拜占庭再次在岛上获得落脚点。在 1061 年和 1091 年间，诺曼人占领了这个岛屿。那时，在西班牙，基督徒开始了领土扩展，不久就满足于向政治上臣服于穆斯林的国家征收贡金所获得的利益。莱昂 – 卡斯提的费尔南多国王进行了第一次的征服活动，代价是失去了北部的巴达霍斯（Badajoz）王国，现在的葡萄牙（1057 年至 1058 年失去拉梅谷 [Lamego] 和维塞乌 [Viseu]，1064 年失去可因布拉）。1085 年他的继承者阿方索六世进入托莱多，而且在

---

① 摩洛哥货币单位和伊拉克、南斯拉夫、阿尔及利亚的货币单位，此处指金钱。——译注

那时的巴伦西亚，在近二十年的时间里具有一支庞大的基督教军队。阿拉贡人于 1096 年在东部占领了韦斯卡（Huesca）。在地中海，意大利城市正在增长的力量吸引了我们的注意。

基于整体上的考虑，这些因素无可争辩地揭示了 11 世纪西方伊斯兰教世界军事衰落的事实，因为它面对着的是基督徒的军事力量和不断增强的活力，或许我们还应指出其衰落的国内原因。开罗犹太教教堂藏书中的某些文件似乎表明，11 世纪上半期，齐里易弗里基叶（Zirid Ifrikiya）面临着困难的局势。在大约 1040 年，一位突尼斯犹太人写的一封信，赞扬了他的客户定居埃及的主意，因为"整个西方将由此一文不值"。这个评价证实了即使在马格里布的希拉利入侵之前其经济和社会危机已经产生的争论。

希拉利：一次大灾难？

围绕着这个问题存在着尖锐的争论。殖民时期的编史工作趋向于把"希拉利大灾难"看做是中世纪马格里布历史的主要转折点。受开罗哈里发派遣为自身利益对齐里伊夫利基亚进行"再征服"的阿拉伯游牧民族，摆脱了法蒂玛王朝的控制。1051 年至 1052 年，他们的到来引起了这一带有罗马传统的城镇、定居文明的严重失衡，受这个国家生态条件的影响，这个文明变得特别脆弱。1052 年齐里德的军队在海达兰（Haydaran）的战败，标志着凯鲁万国家灭亡的开始。从 1057 年开始，齐里王朝不得不从马赫迪叶撤军，因贝都因人的袭击而放弃了内地。几年以后，同样的事在巴努·哈马德（Banu Hammad）国家再次发生。在那里，因为首都太暴露于希拉利了，所以艾尔－纳西尔酋长于 1068 年至 1069 年被迫离开都城卡拉（Qal'a），在海边建设新的城市布日依。游牧式的生活方式由此在马格里布中部和东部盛行开来，其代价是定居的农业和迄今繁荣的城镇。由于接受了几乎不受他们控制的这种农村的发展，希拉利人的生存遇到了一定的困难。这个国家在政治上分裂为无数个各种类型的自治地方政府：城市寡头统治、阿拉伯部落酋长国、充当独立领主的酋长（qa'id）掌管的小型地方公国——他们在这种无政府状态下都自发地奋起，并且与先前秩序良好的中央集权的大国形成了鲜明的对照。

这里描绘的总体蓝图中的某些成分，不能从理性的角度加以质疑。11 世纪下半叶的政治分裂是不能否认的，正如贝都因人在农村正在增长的影响一样。12 世纪上半叶，艾尔－伊德里西（al-Idrisi）描绘的马格里布中部的蓝图是足以使人信服的。布日依及其所属平原地区的繁荣，与摆脱了比班人（Bibans）束缚的"阿拉伯人的袭击所拓展到的"内部地区所经历的困难形成了鲜明对比。例如在卡拉地区，"与休战状态的阿拉伯人居住在一起的居民并不能阻止二者之间引起的冲突，前者通常在那里具有优势"。向东经过四天旅程便到达了米拉（Mila），这是"一座美丽堂皇的城镇，有丰富的水资源，周围环绕着结满水果的树木。其人口是不同部落的柏柏尔人，但是农村的主人是阿拉伯人"。然而，最后这个例子表明，我们不应该夸大 13 世纪中期来自埃及的这些部落所"劫掠"的范围。在许多地方，阿拉伯人和当地城市居民和农民之间的平衡被打破，正如在君士坦丁^①一样，"一座人口稠密的商业城市，其居民富庶，与阿拉伯人签订有利的条约，并且在耕作和收获方面与他们进行合作"。

这种新的东方种族因素在马格里布许多地方的传播，产生了诸多后果，其影响难以评判。希拉利人入侵最初遭到指责，"许多古代建立的城市以及更多的最近的作品消失了，譬如巴努·哈马德暂时的首都卡拉、阿契尔、迪赫特（Tihert）以及许多村庄湮灭了，许多肥沃的土地陷入凄凉和荒芜"。某些研究并没有怀疑发生在内地的"破坏"，而是强调希拉利人的到来对货币经济带来的影响；"一方面，希拉利人的入侵使苏丹黄金的注入停止了；另一方面，如此混乱的局势使得伊夫利基亚人去西西里购买粮食。由于诺曼人要求用黄金支付，人们可以看到黄金的明显外流。由此，在马赫迪叶出现了黄金短缺，为了购买粮食，必须确保黄金，需要劫掠对方商船（掠夺珍贵货物、黄金制品，而且基督徒必须用黄金赎身）"。至于"反殖民主义"作者，清楚地表明了在希拉利人到来之前马格里布西部经济和社会不适应的迹象，所以他们的到来只是加速了已经开始了的进程。这些作者趋向于强调贸易线路转向西班牙所引起的困难，以及在地中海增加基督徒的权力所引起的困难。至于某些马格里布的作者，甚至提出希拉利人到来的事件也有着积极的总体影响，"因为它改变了并且重新诞生了马格里布，在农村地区传播阿拉伯语言，加速了语言的统一。它在城镇和通常是和平与富庶的乡村之间建立联系，在乡村建立了有效的军事设施，阻止了中世纪基督徒在北非建立落脚点"。

事实上，这一时期的编史工作受到偏见和价值判断的损毁。我们对城镇生活崩溃的方式和时间，缺乏确切的研究，受城镇生活崩溃影响的是内地而非沿海地区，在那里，马赫迪叶、布日依和突尼斯城市国家保留了下来，还有许多或多或少独立的二流的中心地区。难道我们应该看到城镇的每个角落都变成"用壕沟围着的帐篷隔离在人口稀少的农村中间"？我们至少应该注意到，不管是穷乡僻壤的阿拉伯人的进步，还是基督徒在地中海地区军事和经济的发展，都不能阻止大型的沿海城镇走向繁荣，国家组织在它们四周得以维持。阿尔穆哈德事件（Almohad episode）之后，在突尼斯这个中心的四周，哈夫斯（Hafsids）的伊夫利基亚重新组织了起来。他们运用灵活和现实的手法努力恢复马格里布东部的政治统一体，在王朝衰弱的时候，允许阿拉伯部落、山区的柏柏尔人以及南部和西部的许多城市实行高度自治。如果我们通过事实来判断，并非所有的国家组织的推动力和建设性力量都从这些领土上消失了，即使在 14 世纪也有三种情况"通过占领突尼斯，君士坦丁的不同国家的统治者强行重建了哈夫斯统一体（Hafsidic unity）"。

---

① 阿尔及利亚东北部城市。——译注

阿尔穆哈德的间歇期

　　柏柏尔人复兴的最初印象至少与11世纪的穆拉比特人（Almoravids）一样令人惊奇，也是比较简单的。穆罕默德·伊本·图马特，一神论（al-muwahhid，因此取名阿尔穆哈德）的保卫者，属于摩洛哥阿特拉斯山区马斯穆达部落的柏柏尔人，是东方艾尔-盖札利（al-Ghazali）[①]的忠实的信徒，并且像他一样，确信需要回归根源。大约在1120年他开始在马拉喀什[②]袭击法官、富卡哈（the fuqaha）、犹太人和无神论者，他认为穆拉比特人中的这些人都是漫不经心和口是心非的。1125年左右他在廷马尔（Tinmal）山区被迫寻求庇护，在那儿建立一个富于战斗性的社团，他自称马赫迪，甚至在1130年临死之前就派信徒到平原地区传教。在50年的时间里，通过个人的袭击行为，或者是1145年以后由柏柏尔人部落组成的军团性质的袭击行动，阿尔穆哈德占领了整个马格里布。在10世纪法蒂玛人迸发的缅怀往事的气氛里，费兹（1160年）、马拉喀什（1147年）、布日依（1152年）、凯鲁万（1160年）也都落到他们的手中。但是，在那里，某些机警的指挥官，譬如西西里的诺曼人罗杰二世（the Norman Roger II）通过不断接近他们的土地和侵袭，占领了从突尼斯到马赫迪叶的领土。1145年以后，阿尔穆哈德人也跨入西班牙，科尔多瓦（1148年）、塞维利亚（1149年）、格兰纳达（1154年）和瓦伦西亚（1171年）全部被占领。马赫迪的孙子雅库布·尤素夫（Yaq'ub Yusuf），然后是他的曾孙尤素夫·雅库布（Yusuf Yaq'ub）成功占领了穆拉比特人的西班牙，但是警觉的卡斯提人在阿拉科斯（Alarcos）进行了坚决的抵抗（1196年）。

　　阿尔穆哈德的统治对比十分鲜明。一方面这些严厉的、其艺术体系严肃而抽象的"改革家"，毫不犹豫地投巨资于宫殿和清真寺的建筑上。拉巴特（Rabat）的哈萨塔（the Hasan tower）、马拉喀什的库土比亚（Kutubiyah）尖塔、塞维利亚的吉拉尔达（Giralda）尖塔，这些至今仍然矗立在西方伊斯兰世界的最美丽的尖塔，如果我们不将之归功于某些特殊的人物的话，那就应该归功于那个时代。另一方面，这些藐视异教徒哲学、诺斯替教的直觉和犹太人（他们迫害犹太人）系统化的思想，在那个时代的马格里布产生了三种最自信的原始的思想体系。第一个人是伊本·巴伊贾赫（Ibn Bajjah，在基督徒世界他被称为阿维巴斯 [Avempace]），先在非斯然后到塞维利亚（卒于1138年）当医生，是亚里士多德《形而上学》和《范畴》的第一个评注者。他是伊本·鲁世德（1126～1198年）的老师，后者在基督徒世界被称为阿维洛依，在13世纪成为西方知识界的灯塔。藐视艾尔-盖札利，确信需要理性的辩证法来支持教义，阿维罗依在把理性

① 盖札利（1058～1111年）伊斯兰教神学家、哲学家和苏非派神秘主义者，将希腊哲学、神秘主义融入正宗伊斯兰教，著有《宗教科学的复兴》等。——译注
② 摩洛哥西部的一个省或省会的名称。——译注

434

主义引入欧洲思想方面打下了基础。第三个原始的思想家是迈蒙尼斯（死于 1204 年）^①，他是一个受迫害的犹太人，是犹太社团里亚里士多德学说的最积极宣传者和传播者之一——并且正如我们知道的一样，犹太人在伊斯兰和基督教世界之间起了关键的媒介作用。

崩　溃

在 1212 年夏季，强行跨过莫雷纳（Morena）山岭之后，三个基督教国王——卡斯提的阿方索八世、纳瓦尔的桑丘（Sancho）和阿拉贡的佩德罗二世在托罗斯的拉斯纳瓦斯战役沉重打击了阿尔穆哈德人。各首领之间的反叛使得柏柏尔人对海峡的支配变得软弱。在 1235 年和 1265 年之间，基督徒横扫了西班牙的穆斯林要塞：葡萄牙人于 1235 年占领贝贾；阿拉贡人于 1238 年占领巴伦西亚，于 1235 年占领巴利阿里；卡斯提人到达了科尔多瓦（1236 年）、穆尔西亚（1243 年）、卡塔斯赫纳（Cartagena，1244 年）、塞维利亚（1248 年）以及加的斯（1265 年）。这是伊斯兰世界在伊比利亚的彻底的不可改变的崩溃，只剩下马拉加和格兰纳达的零星地区，但是穆斯林的艺术魂宝直到 15 世纪末还在闪烁发光。

大灾难像传染病一样在传播，在伊夫利基亚，1226 年之后，居住在突尼斯的哈夫斯王朝以巴利阿里一带的海盗掠夺为生，并且在 1236 年以后，齐亚尼德人（Ziyanids）占据阿特拉斯中部地区。在摩洛哥本部，柏柏尔人的反叛增强，特别是在扎纳塔，巴努·迈里恩部落（Banu Merin，迈里恩人）占领了平原地区，1269 年在马拉喀什定居了下来。统一的马格里布分裂成三块，只是到近代在奥斯曼人的表面影响下才恢复统一。

然而，犹如东方伊斯兰世界的崩溃一样，西方伊斯兰世界的崩溃的确产生了一定的积极的影响。小规模的但是重要的团体在某些地区重新聚集，他们在那里有着毋庸置疑的历史的和地理的根源，特别是在摩洛哥和埃及。崩溃使通向苏丹的黄金贸易路线获得了自由，迄今为止，仍然通向地中海的这条路线没有普世思想或原教旨主义的影响作为障碍；并且，正如蒙古人控制下的安纳托利亚和里海沿岸一样，通向黑非洲之门的撒哈拉小径，也全部开放用于了贸易。简言之，结局似乎是灾难性的。11 世纪末，正是重新获得了托莱多和占领了君士坦丁堡的时候，而 13 世纪中期的穆斯林世界全部被驱离了海岸，在其统治的核心区域里分裂成东西两部分；在以后的世纪里表现杰出的则是完全不同类型的穆斯林人了。伊斯兰世界进入了长达七个世纪的休眠期，一个比它已经存在的时间还要长的时期。

---

① （1135～1204 年）犹太教法学家、哲学家、科学家，出生于西班牙，定居埃及，著有阿拉伯语《密西拿评注》、希伯莱语《犹太律法辅导》及融合宗教、哲学和科学的《迷途指津》等。——译注

第十一章 拜占庭的垂死挣扎：1080年至1261年

1071 年与突厥人之战的惨败并未在一夜之间使帝国有所改变。衰弱之势只是逐渐地显露出来的，准确地说，如果在 12 世纪末进行穿越拜占庭之旅的话，可以发现人们的生活相当稳定，而且这种现象在乡村体现得尤为明显。帝国当时的结构也是非常稳定的，我们当代人能够明显地发现，它的疆土正在向其欧洲部分收缩，不知那个时代的人们是否意识到了这个问题。至少在 1180 年，即曼纽尔·科穆宁（Manuel Komneno）统治的后期，收复小亚细亚的失地仍是帝国计划中的重要一环。

曼济克特战役之后，安纳托利亚领地的丧失实际上并非不可避免。胜利者阿尔普－阿尔斯兰苏丹并没有真正驻扎在那里的想法。作为一名宗教独裁者，他的目标是除掉信仰伊斯兰教异端的埃及的法蒂玛王朝。事实上小亚细亚的命运注定是由于帝国内部的剧变和对于突厥人危险性的严重低估所造成的。

表面现象的背后

1071 年罗曼努斯四世戴奥杰尼兹驾崩后，在米哈依尔七世·杜卡斯（Michael VII Doukas，1071 ~ 1078 年）统治时期，亚洲地区发生了一系列军事暴动。当政府错误地相信苏丹是该地区最危险的人物时，政权领导者，无论是希腊人还是诺曼人，都经常性地从漫游在这个地区的突厥军队那里获得支持，并将驻扎在地峡周围的这些军队引入这一地区。新的塞尔柱苏丹马立克沙与拜占庭进行的谈判也归于徒然。

帝国并不相信苏丹是真诚的，于是将该地区的管理权赋予在帝国军队中服役的马立克沙的一位表亲苏雷曼（Suleiman）。隐藏在拜占庭内部工作的苏雷曼已经在 11 世纪 80 年代控制了马尔马拉海沿岸，并在对安纳托利亚东部的征服中与马立克沙对峙。帝国对西部地区同样无法控制：对格列高利七世的友好表示予以拒绝，将他置于诺曼人之手，造成了其对 1081 年至 1085 年诺曼人对阿尔巴尼亚（Albania）征服的默许。

牲畜四处散放、作物被毁坏——帝国在突厥人袭击安纳托利亚乡村时显得无能为力（希腊手稿135页，巴黎国家图书馆）。

拜占庭在欧洲的受限

　　无论如何，中央集权在 1081 年恢复了稳定，"分裂政变"（coup d'état）为阿莱克修斯一世科穆宁带来了权力。不管新皇帝的才干如何，他明确表示，拜占庭不可继续在几个前线同时作战。最严重的危险来自于正被蒙上一层阴影的巴尔干地区。首先是吉斯卡尔对阿尔巴尼亚的攻击，由于 1085 年威尼斯舰队的帮助才扭转了战局；然后是佩彻涅格人在 1086 年至 1091 年强渡多瑙河。拜占庭人依靠自身的努力逼迫他们后撤，但是由于他们这次距君士坦丁堡如此之近，以至于皇帝第一次被迫向一位拉丁领主佛兰德尔伯爵弗里西亚人罗伯特（Robert the Frisian）求助。在此期间，拜占庭军队事实上在亚洲并不活跃。他们对这一地区的惟一的（也是不适当的）干涉是为了击退马立克沙，后者想要消灭背叛自己的表亲并正在做着帝国应做的工作——由于对所攻击地区，如尼科美底亚的不满，当地的埃米尔动用海盗船对爱琴海地区施行了奇袭。1092 年，皇帝似乎最终控制了局势并与伟大的苏丹结盟，而后者在这一年的去世却使苏雷曼的后裔得以缓慢地恢复。

　　阿莱克修斯统治时期发生的主要事件——第一次十字军东征使得帝国的资源和目标暴露了出来。1095 年前后的二十年间，帝国第一次处于和平之中，但在此期间的种种磨难将帝国削弱到如此程度，竟无人提出以自己的部队对小亚细亚发动一次进攻。即使邀请拉丁人帮助毫无疑问的话，但这种情况是很难有所保证的，拜占庭仍梦想着像半个世纪以来所做的那样将拉丁人以雇佣兵的形式纳入自己的部队。拜占庭人可能在 1095 年派遣特使到皮亚琴察会议上提

西西里罗杰二世加冕所用的披风。他是诺曼人罗杰一世圭斯加德之子，从穆斯林手里夺得了卡拉布利亚和西西里。罗杰二世于1130年加冕，这一华丽的披风用丝绸和金线制成，缀以珍珠和宝石，由埃及工匠在巴勒莫手工织成（维也纳，艺术史博物馆）。

出了这项要求。我们知道西方人，尤其是拜占庭的夙敌鲍埃蒙德无意听命于皇帝并以限制自己为代价来重新获得权力。同样我们也知道十字军给曾经隶属于拜占庭的领土，特别是埃德萨和安条克以政治生命，引起了希腊人和拉丁人的对峙。对峙一直持续到1104年，在鲍埃蒙德制造的宣传材料中，第一次暗示了希腊人是帝国的叛逆者和突厥人的同盟者。返回西方的鲍埃蒙德将战争带入巴尔干地区并从中获利。1107年，第二次诺曼－阿尔巴尼亚征服以失败告终，阿莱克修斯被承认为安条克领地的领主。阿莱克修斯在1111年去世，他的继位者再次宣布了这种从属地位。十字军只能在小亚细亚地区使拜占庭的整体形势趋于复杂，同时这种复杂化还要加上拉丁敌人与老对手穆斯林的争斗。希腊人很难区分这与诺曼人的进攻有什么不同，从他们的观点来看，十字军对他们的西部边界，造成了直到此时对他们来说不可理解的持续不断的威胁。加之游牧民族向多瑙河的进犯以及如拉斯卡（Raska）和泽塔（Zeta）等一系列新的斯拉夫国家的诞生，鼓舞了他们布置处境艰难的核心战斗力以保卫巴尔干领土。这是阿莱克修斯的儿子约翰二世·科穆宁（John II Komnenos，1118～1143年）统治时期的主要特点。他为保卫西部边界与佩彻涅格人、塞尔维亚人和匈牙利人进行战争直至1135年，当在西西里的罗杰二世即位后，面对重新兴起的诺曼人的威胁，他的反应是加强帝国与拉丁政治体系的联合，使帝国与威尼斯、比萨紧密地联系起来，甚至与日耳曼帝国联盟。仅在1137年他就已经使安条克王子承认了他的宗主权，但这个协议的重新认可却要等到1142年，帝国开始了旨在摧毁东部拉丁人的战争，1143年4月皇帝约翰二世去世。

"欧洲的病夫"

无疑是突厥世界的消沉掩盖了约翰二世在西部发挥的作用,他的儿子曼纽尔一世(Manuel Ⅰ,1143～1180年)统治期间,也同样以西部为其重点。他在西部的伟业表现为使帝国更具进攻性,并确定了帝国的东部边界,但事实证明,在此期间帝国重新确立了巴尔干领土的核心地位,并恢复了对亚得里亚海(the Adriatic Sea)和爱奥尼亚海的控制。此时,第二次十字军正在使帝国疏远法兰西,并使日耳曼同盟保持了完整状态,但除此之外对付西西里人的威胁是曼纽尔统治前期的至关重要的任务。

1147年,罗杰二世占领了科孚岛并袭击了希腊,从底比斯和科林斯带走了大部分丝织工人。对亚得里亚海地区的这种倾向性,正好解释了1149年时拜占庭在塞尔维亚和匈牙利发生叛乱时尽力加强对这些地区控制的原因。威尼斯已经意识到了自己易受攻击的地位,因此帮助曼纽尔在同一年重新获得了科孚岛,但对该城市的围攻也造成了希腊人和威尼斯人之间的第一次重大冲突。1154年,罗杰二世去世,曼纽尔从中获了利,他重新在意大利立足并征服了马尔凯(Marches)和阿普利亚,威尼斯人的恐惧得到了证实。曼纽尔在1156年被驱逐并不得不在两年之后进行讲和,这标志着拜占庭对意大利领土要求的结束,但并不意味着对亚得里亚也是这样。1161年,曼纽尔利用自己扶植的候选人僭取了匈牙利王位并获利丰厚,赢得了在克罗地亚、波斯尼亚以及更有意义的达尔马提亚的权力。当塞尔维亚的大公史蒂芬·内马尼亚(Stephen Nemanja)向皇帝投降时,再次成为西海岸主人的拜占庭变成了威尼斯人真正的威胁,受威胁的还有德国皇帝腓特烈·巴巴罗萨、西西里国王,甚至教皇和伊达拉里亚海上的热那亚共和国和比萨共和国。因此,当曼纽尔于1171年征用威尼斯的财富到帝国内部时,所有这些势力在1169年至1177年间组成了大规模的联合。

然而,东部边界的平静不应掩盖此时突厥势力的复兴。1159年曼纽尔在东部完成了一次杰出的行动之后,安纳托利亚苏丹国和罗姆苏丹国以科尼亚(从前称为Ikonium)为中心已经兴起,也就是曼纽尔再次肯定他对安纳托利亚的宗主国地位,以及耶路撒冷王国对其霸权地位的默许。除此之外,这一地区依然存在着西方的影响,因为1162年巴巴罗萨通过外交手段解除了苏丹基利吉-阿尔斯兰与皇帝签订的协约。从1175年起这一破裂趋势更加明显,这场运动之后,1176年9月17日,曼纽尔在米里奥克法龙之战中被击溃。

1180年,曼纽尔去世,从这一年直至君士坦丁堡陷落的1204年,小亚细亚地区的阿马斯特里斯(Amastris)至米利都一线仍属于拜占庭的领地。这个地区看起来较为安静,但此时一群军事贵族正在为他们自己开拓或大或小的独立领地,这使得混乱局面更为严重了。欧洲发生的任何事情,对拜占庭来说都是大的灾难。帝国内部政治史由此成为一系列的分裂政变:1182

年，曼纽尔的堂兄弟安德洛奈卡一世（Andronikos I）攫取了权力，但他的王朝很快衰落并于1185年宣告结束了。然后帝国历史进入了屠弱的安吉洛斯（Angelos）王朝统治时期，首先是艾萨克二世（Isaac II），然后是他的兄弟阿莱克修斯三世，后者于1195年将前者刺瞎并放逐。在这种条件下帝国无法阻止巴尔干领地的瓦解，1181年至1183年，背叛帝国的塞尔维亚人和匈牙利人在阿森兄弟的领导下奇袭了马其顿和保加利亚，并于1185年至1187年重新获得了已经失去将近两个世纪的独立。阿尔巴尼亚沿海有一些虽已宣布独立，但仍由于害怕塞尔维亚人扩张而宣布效忠皇帝的诸侯，除了他们之外拜占庭失去了通往亚得里亚的通道。在这个地区甚至出现了对拜占庭的文化上的挑战。1202年塞尔维亚的乌肯（Vucan）承认了教皇的至高无上，1204年，保加利亚的卡洛扬（Kaloyan）甚至从教皇英诺森三世那里获得了王位。从此帝国要在其边境上面对两个斯拉夫强敌，并在与他们的对抗中遭受打击，在受威胁的情况下（即在新的拉丁人攻击下）与其订约。1185年西西里的诺曼人恢复了对帝国的进攻，甚至攻取并劫掠了帝国的第二大城市塞萨洛尼卡。虽然被迫后撤，但是他们又很快于1189年至1190年组织了第三次十字军东征，与此同时，获得塞尔维亚人和保加利亚人支持的巴巴罗萨加紧了攻击首都的步伐。事实上，拜占庭只是失去了被英国的狮心王理查所征服的塞浦路斯，但是巴巴罗萨的儿子亨利六世不仅（通过婚姻）继承了西西里，而且也继承了仇恨拜占庭人的传统。亨利六世重整了征服帝国的计划，但却由于1197年他的暴毙而中断。当1204年的十字军战士决定摧毁"欧洲病夫"——拜占庭帝国的时候，这个已深深扎根于西方世界的念头重现了。

　　因此帝国对巴尔干地区的关注导致了它的衰败。然而如果假设帝国的结构和精神前景发生改变的话，这种再次关注会成为复兴的惟一可能。在13世纪，拉斯卡利斯（Laskaris）王朝和巴列奥列格（Palaiologos）王朝在基础上进行了复兴的尝试。此外，如果科穆宁家族失败了，原因并非在于他们没有看到内乱形势的发展，尽管经常存在着由此产生的对他们的责难。直到12世纪中期人们才能够真正明显地看到这个地区的不平衡，此时曼纽尔一世结束了帝国的防御传统，发动了一次不适于帝国政治格局的侵略性的军事行动，结果是稳固的政治格局被严重削弱。

雇佣兵——战争的主人

　　如果你认为在科穆宁时代整个国家的资源都简单地从属于军事等级制度的胜利，那么这个观点是非常错误的。

　　毫无疑问，军事上的分裂政变在1081年将阿莱克修斯·科穆宁推上了王位。他的主要支持来自于旧的统治阶级，即那些在小亚细亚拥有财富的军事贵族和地主，因此他对权力的攫取表现为对新的社会支配阶层、新的社会管理者和资产所有者进行复仇，但是就阿莱克修斯的性格来看，征税者。11世纪末，帝国附庸的征税逐渐取代原有的制度，却没有彻底取消旧制度，但这并未阻止政府官员非常认真的征税活动以及纳税人的沮丧。

他根本就不具有新思想。即使考虑到他的女儿安娜·科姆宁娜（Anna komnena）的作品中所采取的圣徒传的标准，也是如此。安娜进行写作时她的父亲记性相当好，因此当她在书中赞颂其父"以战争和锁链使事物安静地各归其位"时，当她提醒读者最大的成功"并非靠流血或战斗"而获得时，并不完全是谎言。当她提到年轻人由于"未曾品尝过战争的悲惨"而变得残忍时，真正地做到了洞察那个时代人们的心理状态的程度。尼科塔斯·乔尼亚特斯（Niketas Choniates）非常苛刻地指责皇帝，因为他以公开敌对的措施对待第二次十字军的和平的颠覆，这并不仅仅是出于对曼纽尔·科穆宁的敌意。在曼纽尔时代，我们甚至可以认为人们崇尚和平的心理是由于皇帝持续不停的尚武政策所造成的。由于皇帝所发动的大多数运动是针对基督教徒的，并认为是具有诽谤性的，使这种心理愈加坚定。安娜·科穆宁娜提醒读者：上帝希望在基督教徒之间发生的所有事情都应该被宽恕。阿莱克修斯为了避免"内战"而自己结束了对塞尔维亚大公戴奥克雷亚（Diokleia）的战争。对尼科塔斯来说，他是赞颂约翰二世的，因为约翰二世由于"完全反对基督教徒之间的战争"而决定不将部队强行开入安条克地区。拜占庭人不愿发动战争的想法在很多场合都明显地表现了出来，1158年，在一次对亚美尼亚的远征中，曼纽尔从塞琉克（Seleukeia）军区召集部队但无一人响应。另外，科穆宁时代对雇佣军的广泛使用对军事化帝国的创建毫无帮助。当诺曼人第一次攻击阿尔巴尼亚地区时，我们已经发现了马其顿的斯拉夫人、突厥人、撒拉逊人、俄罗斯的瓦兰吉亚人（Russian Varangians）和诺曼人在皇家军队中的分遣队，我们也知道皇家卫队中充斥着日耳曼人以及在诺曼征服时期逃出自己国家的盎格鲁－撒克逊人。阿莱克修斯和约翰·科穆宁从这些人中继续征兵，但能够有计划地使用他们的则是曼纽尔。不仅他的部队是由法兰克人、日耳曼人、盎格鲁－撒克逊人、西西里来的诺曼人和高加索来的阿兰人所组成，就连他的西部属国也驻扎着由塞尔维亚人、匈牙利人和瓦拉奇人（Vlachs）组成的分遣队，而在黎凡特建立的法兰克属国使他获得了亚美尼亚人、突厥人和法兰克人组成的骑士。这显然表明他依靠通常的方法进行征兵是有困难的。我们可以怀疑刻画了这个时代特征的耕地与税务改革的目的并非是供养一支"国家"部队，而是为了支付外籍兵团迅速增长的军饷。

当然，11 世纪末，旧有的将土地或等额的现金给予士兵的重装骑兵制度彻底消失。从这一时刻起，底比斯土地清册的残篇不再提及重装骑兵的土地之事。征召大量雇佣兵毫无置疑地使国家在军役税（开始是对那些自己不能或不愿服役的人征收的一种附加税）之外设置一种涉及全部人口的税收。在米哈依尔七世和尼基弗罗斯三世博塔尼埃蒂兹（Nikephoros III Botaneiates）的官方文件中，这种税收被包括在人们要求免除的税款长单里。也就是说，如同我们这个时代的税收项目一样，军役税中的收益不再是专门用于军事目的了，而是成为一般的国库收入之一。

无论如何，这种税收仍是相当重要的，而且被认为是非常受欢迎的免税特许状也不能掩盖国家对此的关注，这也是此项税收征收的保证。基于此点，科穆宁时代（至少是约翰二世统治时期）并未对此做出任何改革。1089 年 4 月，阿莱克修斯为帕特摩斯（Patmos）修道院颁布的特许状表明，皇帝确认了由该岛发现者克里斯多杜罗斯（Christodoulos）重新安置在岛上的居民的免税权，但对科斯岛（Kos）土地上的农民征税，该岛曾经为圣徒所拥有并被皇帝以交换的方式将其重新收归国家。至少到 1130 年左右，征募新兵的困难表明旧体制的不完善以及科穆宁王朝如此之慢地察觉到了这一切，因此必须对这种体制加以改变。整个 12 世纪，包括佩彻涅格人、匈牙利人和塞尔维亚人在内的外来人口的军事殖民地在帝国的土地上建立了，虽然这也可以归为帝国的传统的做法，但只能被作为一种不完善的消除分歧的方法而存在。

军事赠予的增加

真正的改革可以被追溯至约翰二世统治时期，并为约翰二世的大臣普泽（Poutze）的约翰所推进。事实上，这个改革只是对持续了很长时间的先行状况本身的法制化和普及化。如果对农村结构的发展程度以及对起初在被严格限定的范围内使用的法律范例不予考虑的话，我们就无法理解这种改革。

科穆宁王朝并不想让农村公社从此消失。据我们所知，这种体制在 1080 年以前已经处于一种十分糟糕的状态，种种迹象表明虽然仍然存在着，但是颓势已是不可避免的了。那些"农村公社"以及其居民（choritai）仍被提及，尽管这种提法到 1098 年可以说是最后一次了。1098 年之后，也许这两种事物应该开始转化为"乡村"和"村民"。在阿莱克修斯三世统治下，雅典人试图接管城市附近地区，这些地区就可以被称作"乡村"，诚然近代克里特的"choria"可以同样被狭义地理解为乡村。毫无疑问，豪强一词不仅指那些大地主、权贵，还包括那些富有的城镇居民，正是他们应该对公社的衰落负主要责任，但是当这种情况发生时，相关政策也持续了近一个世纪。我们知道这种政策主要是指将农民附着于国家所有的土地上，因此这些国有土地（demosiarioi）成为了国家的主要依靠对象。科穆宁王朝并不是这项政策的发起者，但是他们对这个进程起到了扩展与系统化的作用，因而到 12 世纪中期的时候，国有土地在农村居民中形成了一个的巨大、也许是最大的部分。值得一提的是，针对私人领地国家继续执行严厉的配额制度，特别是在寺院领地上的农民。1175 年，曼纽尔命令僧侣们交还错误定居下来的农民，1186 年，衰弱的艾萨克二世也下达了同样的命令。曼纽尔在其统治末期更进一步采取措施重复了尼基弗罗斯·福克斯时期的立法以保护寺院的财产，但禁止寺院数量以及隶属于他们的农民数目的增长。

因此，12 世纪乡村的情况与帝国在其他时候的通常情况有很大的不同。国家对土地和人口进行了更加广泛的接管，并对非国有财产潜在的扩张进行了限制。通过这些措施，国家在商业兴盛但不足以吸收所有城镇资本的情况下，承受着冻结土地投资的危险。由于王朝必须补偿由于自身的兴起而受到损失的旧贵族，并必须供养那些控制了国家主要部门的王子、公主们以及皇亲国戚，这种冻结也就显得更加令人厌恶，因此，科穆宁王朝就像其前辈们一样分发丰富的赏赐，包括土地的继承权加上耕作者缴纳的赋税，而这些显然是应该直接充当国家财政的。这种制度在法律系统内并不包含任何新的内容，而只是简单地增加了世俗地产并将大规模的国有土地削减为私人领地。然而科穆宁王朝为避免自己的国家财产过分地流失而采用了更加坚定而有力的政策。从 1084 年起，阿莱克修斯将卡桑德拉半岛（Kassandra）赐予他的兄弟阿德里安（Adrian），并将这片国家土地的所有权和半岛上主要属于阿陀斯山上的拉夫拉寺院的私人领地的税收权完全赋予了他。对于阿德里安而言，受益的显然并非被赐予税收权的那片土地的主人，他只是简单地扮演着国家收税人的角色，而纳税者自身的状况却并未改变。然而，一些令人怀疑的危险的革新表现在地主的反应上，他们要求国家无条件地宣布他们的权利并不会因此而减少。1084 年，拉夫拉的僧侣正是这样做的。实际上，新的受益者在分配给他的土地上施行自己的税收管理制度。阿德里安·科穆宁的例子就是如此。同样如此的还有约翰二世的女儿玛丽亚（Maria），她在 12 世纪后半叶在伊里索斯（Hierissos）地区拥有自己的征税人（energontes）。显然这种新制度自从管理者与被管理者之间出现一个居于中间地位的人物之后，二者之间的关系便改变了，即使后者只是拥有财政权——毫无疑问是因为放弃了其他的皇家权利，特别是审判权——他也只是倾向于像真正的地主和中间纳税人那样，而并非像强有力的拉夫拉寺院那样做事，也并没有改变自身弊端的方法。

我们不应夸大这些赏赐的程度，但是显然他们构成了一种建构在可塑的新制度之上的法律模式。这种新制度就是军事监领地制（pronoia，普洛尼亚），它有着两个不可分割的目标：增加征兵量以及为这个目的开发闲置资本。最早提到普洛尼亚一词的时候，指的是来自修道院土地捐赠制度（system of charistike）的土地转让，而令人惊奇的是，第一次明确提及这一术语的

阿托斯山上一景。虽然这是一块长期受皇帝支持的修道院的封地，但这个半岛从未摆脱财政矛盾。这就是12世纪阿莱克修斯·科穆宁将卡桑德拉修道院赐予其兄弟的事件，此时他正试图抑制其他类似的特权持有者的野心，虽然他们已成为真正的所有者。

是来自约翰二世时期的一项制度。出自于拉夫拉的时间可追溯到1162年的一份材料中，提到"pro-noiarios"，其前身是重装骑兵制，而该词到那时已经不再指那种古老的骑兵制度了，而是具体指那些监领地的持有者了。

　　我们已经了解了多种税收中的一种军役税，而且已经证明无效了。毫无疑问它的全部或至少部分收益仍被负责征兵和军队给养的地方管理者所保留。它的收益一定是令人失望的，但是的确发生了渐渐的改革。显然是约翰二世做出了决定，将这项税款的一部分收益，即来自于沿海省份的部分和打算用于建立和配置海军的部分收归国库。但是，如果我们将尼基塔斯所讲的话当真的话，直到曼纽尔一世统治时期，军役税才真正集于中央。这意味着必然产生一种替换。这种替换是从农民中的大部分开始对国家负责的那一刻起开始生效的，此时，在庞大的帝国赠赐体系中，一种并不意味着任何所有权而只是国家收入的转让制度逐渐发展了起来。这意味着军事监领地制只是将国家的部分收入，也就是国家派代理人征收的部分，授予个人，而作为回报，这些领有者要承担军事义务，即提供"重装骑兵"。我们必须强调的是，这并非是一种土地赐予，即那种教科书中所说的"赐予私人领地"。后者显然是农民，他们的财政收益（显然并非个人）交给转让土地的持有者。这些将租税交给军队的农民以及他们所居住的乡村从此以后被认为是"军队的附属物"（estrateumenoi），这并不是说他们自身是军人，只是他们所缴纳的赋税却主要用于维持军队。

　　监领地制的重要性被过分地夸大了，特别是它被认为是帝国内部向贵族权力转移的一种重要的证据。然而事实上，监领地制似乎并不是在科穆宁王朝时期壮大的：在1152年塞巴斯托克拉特（Sebastokrator）的艾萨克·科穆宁给予色雷斯修道院的地产清单中，我们在15种地产（proasteia）和13个古老的村庄之中只发现了两个是"军队的附属物"。大体上说来，12

世纪的资料并未说明士兵是强大的贵族。拉夫拉所提供的1162年至1196年间的文件资料，描绘了一幅具有有限手段的不安分的、好斗的个人的图景，我们看到，他们将自己的土地租给修道院，即使这种做法是不光彩的。另外，监领地至多是终生享有，因此国家随时可以将它从土地持有者那里收回。在这种条件下，监领地制度对大地主或强大的政府官员来说几乎是没有吸引力的。这正如尼科塔斯所说的，当曼纽尔最终建立起这种制度时，他列举了抢先成为"赐予农民"的那些人。他们是"勤奋但生活艰难而痛苦的人，其他较幸运的以做马夫为生，还有一些是在砖厂的尘土中或铁匠铺的汗水中谋生的"。也就是说，从理论上说，监领地制度既加强了军队的力量，又为低等级的，尤其是拥有一定资产但不足以购置地产的城镇居民解决了出路。根据尼科塔斯列举事例中的金钱总额来看，付钱给征兵者的未来士兵，其目的是为了获得监领地，所付的钱并不是贿赂金，而是以正常的方式所纳的税，以此获得符合拜占庭传统习俗的课税权的"皇家证书"，因此这一制度也有利于将相当数额的资本放进国库。

因此，监领地制度本身对军队的征兵毫无影响。首先，它未曾为平衡不断增长的雇佣军提供一支"国家军队"，因为一个士兵完全可以是外国人，如12世纪末阿陀斯山的文件资料所记载的库曼人（Cuman）士兵那样。另外，相同的资料也记录着当时的情况，揭示了为了使负有义务者尽职尽责所经历的巨大困难。图德拉的本杰明（Benjamin of Tudela）的描述是，当他于1167年造访帝国时，希腊人已经不再拥有强大的兵力，这无疑有些夸大了事实，然而约翰·科穆宁和曼纽尔·科穆宁所关注的主要事务的确是财政，特别是着眼于当时已经处于糟糕的管理状态下的国库里金钱的总数，或者各省的失业状况以及他们可以从征兵中通过重装骑兵的征召增加何种报偿。从这个意义上来说，监领地制度是有一定的军事影响的，可以支付曾经被冻结的雇佣兵的酬劳，并至少保存一支希腊军队的外貌，但是这种效应无法持续很长的时间。当附加的财力允许国家维持长期的军事潜能时，这种制度在战争状态下对农村居民来说就是相当危险的，他们原来已经感受到贵族和僧侣对这一制度的滥用，现在则被小的暴君所控制，这些人会不顾一切尽可能地对农民施加压力，因为他们自身就不属于最富有的群体。我们可以想象到，直到曼纽尔·科穆宁去世，国家仍有充足的实力来阻止危险的发生。极有可能的情况是——正像文献中对骑兵制的不公正指责所显示的，即使到12世纪末——当安吉洛斯王朝中央政府的统治愈加衰弱的时候，这种管理制度仍然运转良好。但是，由此也奠定了帝国未来发展的基础，在1204年的混乱时期之后，拥有特权的人以及士兵忘记了他们最初的职责，试图将财政特权变成真正权利，由此再次降低了农民的地位。

于是，科穆宁王朝日益沿着军事需要而不是军事战略需要前进了（特别是从12世纪中叶开始）。拜占庭社会并未体现出明显的军事化征兆，但是试图满足雇佣军的需要导致了国家重要资源的逐渐枯竭。帝国的血液逐渐被中间阶层——即税款包收人、大地主和士兵所抽取。与此同时，中央集权的控制力被削弱。帝国的危险在于可能被分解为无数不稳定阶层组成的独立集团，这也是在拜占庭没有出现典型的封建制度的原因。

走向衰亡

雇佣军制度、对私人土地所有者和教会的私人领地赠予、监领地制度以及外来人口在帝国领土上的定居——所有这些并不意味着正常的人口增长。人口变得比土地更为缺乏，对农民进行极力支配的同时，对权力控制的渴望就像对税金控制的渴望一样突显出来。

农村的衰落

如果不将巨大的小亚细亚地区计算在内的话，科穆宁王朝统治下的帝国并非一个人口稠密的国家。在被突厥人占领的土地上自然地出现了人口减少，但是这种减少的程度不应被夸大，因为如果农民自身的状况不是糟糕到了难以忍受的地步的话，是不会离开自己家园的，这同科尼亚的哈里发领地出现的情况是不同的。金纳摩斯（Kinnamos）描述了希腊人口在突厥人统治下继续生存的状态，而尼基塔斯告诉我们，一些在帝国疆土上居住的希腊人由于穆斯林统治者的宽容和承诺而愿意到哈里发领地上去定居。另外，意大利行省的衰落只导致了一些权贵的迁出。最终，外来人口在帝国的定居被严格限制在少量军事殖民地的居民之中，因此拜占庭的人口逐渐减少到了自然增长的水平，在中世纪的条件下，这就意味着最好的情况就是人口停滞不前，而大多数情况下是人口减少。自然灾难在这种计算中显得并不重要，瘟疫和地震给12世纪的意大利和西西里，特别是在叙利亚的法兰克人和穆斯林聚居区造成了灾难，而在拜占庭，它们几乎是不存在的。我们可以在历史记录中找到饥荒和物资匮乏的记录，但在科穆宁时期，它们的发生也并非频繁而严重。笔者认为，我们主要应该从这一时期的战争来探讨不可否认的人口锐减。

从人口统计学的角度来说，最为严重的军事时期当属1081年至1118年和1180年至1204年两个阶段。因为这两段时间并不像马其顿王朝时期的战役，而是直接影响了帝国疆域，包括亚洲的突厥人的奇袭、欧洲的佩彻涅格人和库曼人的战争、诺曼人的征服、毁灭性的十字军东征以及保加利亚人和塞尔维亚人的叛乱。这些都标志着抢劫、屠杀与整个地区人口的灭绝。形成鲜明对比的是，曼纽尔一世统治时期，战争再次在边境地区展开，至少到1176年是如此，而战争主要是依靠雇佣军开展的，这可能对帝国自身的人口并无多大损失。荒谬的是，在两次战争间的"和平"时期的半个世纪中，人们期待着和平能够继续，但我们却无法看到人口出生率的增长。在1130年左右进行写作的安娜·科穆宁也抓住机会抨击了她所生活的"不知战争为何物"的时代以及无所适从的人们。

　　精确地描绘人口锐减的结果是非常困难的，然而，可以肯定的是，农村地区所付出的代价最大。农村的税收日益脱离国家的监控和管理，农民面临着失去自由人地位的威胁并成为战争和侵略的第一批受害者。国家与教俗土地所有者对劳动力资源控制权的争夺，引起了农村地区出生率的下降和农民从这些地区的迁徙。另外，农村人口的稀少也导致其他混乱的结果，例如希腊人口主要集中于农业生产，但他们从产量低的地区，特别是从山区迁出并开始对非本地人，尤其是游牧者开放，而后者则是为国家所不易控制的群体，因为他们在国家面临外敌入侵时也许会组织叛乱甚至帮助入侵者。因此，正是瓦拉奇人在1186年的保加利亚叛乱中扮演了重要角色。小亚细亚地区的领地曾经被拜占庭科穆宁王朝的前两位皇帝所恢复，这种重新征服将突厥人赶出了平原和山谷，但这不但没有使他们垮台，反而使其在高原地区重新崛起并形成了具有抵抗拜占庭同化作用的人口密集的中心，并成了日后小亚细亚地区的非常容易被肢解的原因。最终，在希腊人居于人口少数的地区，他们缺乏活力的状态有利于非本族人口数量在此后的稳定增长。伊利里亚的情况正是如此，在这里，阿尔巴尼亚人重新占据了那些他们曾经被驱逐的平原。在马其顿和保加利亚也同样发生了这样的情况。这种形势是严重的，因为上述地区是希腊或希腊化人口在城镇中聚居的边界地区，就像孤岛一样彼此之间缺乏联系并对周边地域产生不了足够的影响。

　　正如我们所努力描述的人口问题，特别是约翰·科穆宁和曼纽尔·科穆宁时期的情况所显现出来的情形那样，欧亚两洲之间旧有的平衡在12世纪的历史进程中变得更加难以捉摸。当约翰将塞尔维亚的囚犯驱逐至小亚细亚地区时，他就试图将那些已经废弃的土地重新投入到生产活动中并以此作为国家税收的一部分。曼纽尔将派雷（Pylae）地区菲洛梅里昂的基督徒迁往比提尼亚（Bithynia）的用意也同样如此。12世纪末这些空闲的土地开始被利用的现象是不足为奇的，结果导致了这些大规模的领土单位上的高官权贵开始走向完全独立。

货币流通制度的崩溃

　　上文所提到的动荡背景并非始终都能够引起人们的足够重视，相反人们看待科穆宁时代的眼光总是放在看起来富有光辉和活力的城市文明中。这主要是由于流通领域中存在大量铜币的缘故。人们在科林斯和雅典挖掘出大量的阿莱克修斯，特别是曼纽尔统治时期的铜币，在阿哥利德（Argolid）、马其顿、保加利亚、伊利里亚以及爱琴海周边地区也同样发现了大量的储藏钱币。然而，我们不应仓促地将这种情况视为高度繁荣的标志。小面额通货的大量存在体现了当地贸易活动的兴盛，但它们的应用范围却日益狭窄。科穆宁时期罕见的不同种类的铜币表明，此时未曾完全关闭日益体现出独立性的贸易区域，因此雅典和科林斯的大量铜币只是在当地被接受而已。阿莱克修斯·科穆宁时期的银币也同样注定仅在外高加索地区的特拉布宗，至多是在旁迪克（Pontic）沿海地区被应用，只有少部分到达了巴尔干地区。这无疑反映出跨地区贸易联系的减弱，一种"乡土化"的商业活动在很大程度上增强了地方自治运动，在1180年以后，这种现象体现得非常明显。另外，即使多数发掘是发生在巴尔干地区的事实能够部分地解释这种现象，但12世纪的货币主要为欧洲货币的现象也再一次确定了西部地区的相对重要性。1096年至1098年阿莱克修斯·科穆宁的货币改革导致了四个金币铸造厂（君士坦丁堡、尼西亚、特拉布松和科林斯）的建立。在1105年至1106年前我们还无法看到生产于科林斯地区的大量金币，但事实上这个铸币最晚的地区却生产了几乎一半数量的新硬币。

由于货币的金银标准混乱，大规模的国内贸易不可避免地瓦解了，特别是在1071年之后。与君士坦丁（单独战斗者）的改革不同，米哈依尔七世和尼基弗罗斯·博塔尼埃迪兹统治期间，对货币领域的调整导致了在货币重量和成色上的严重降低，体现了国家财政明显的危机迹象。而君士坦丁（单独战斗者）并不知道对货币进行改造，从11世纪末往后的历史资料的确开始反映出人们的不满，那时存在着信任危机，人们开始储藏良币，而这一趋势由于战争、叛乱和外来入侵而有所加强。因此，当科穆宁家族获得了权力时，局势变得更为混乱，至少在阿莱克修斯一世统治的前十五年内，皇帝非常关注军事的需要而并无时间关注货币改革。这是一个充满私利的年代，我们通过皇帝对教会的查抄以及对反对新皇帝的世俗阶层的剥夺中看到这一点。同样能够说明这种情况的还有旧有的不良习惯的传播，如用稳定的货币缴税、用贬值的货币进行支付等。此时不仅缴税者承受了过重的负担，就连国家财政管理也不再准确地知道应对税收执行什么样的标准，因此11世纪末阿莱克修斯的改革有两个目的：其一是明确获悉货币的贬值，此后一个金币将折合三分之二个银币；其二是建立两种货币间的新比价，由此当时通行的钱币（nomisma）等值于四个银币。

然而，情况却与稳定的期望大相径庭。一方面"对银子的渴望"此时席卷整个东方，银币从此消失，取而代之的是一种只包含60%银的合金。另一方面，货币的种类增加了，每一种通货都以其自身的特殊目的应用着。1136年，约翰二世和他的妻子爱琳娜（Eirene）在君士坦丁堡颁布的《全能的基督的货币法令（typikon，典章）》中列出了相当多种类的钱币，每一种在不同的情况下都有着精确的应用方法。修道院高僧被赋予使用"金币"（gold nomismata）的权力，他们的随从可使用"新币"（new nomismata），而糙银币（silver trachy nomisma）无疑与新合金币（skyphatos）一起被用于日常花费和救济款。商人，尤其是外国商人日益对帝国货币开始持不屑态度，并小心翼翼地在他们的合同中使用特别的货币进行交易。随之而来的就是货币的混乱严重干扰了国内贸易。这个时代的外国人，特别是意大利人，日益成为必要的商业伙伴。货币制度的不完善与混乱自然使商人售出越来越多的商品以获得稀有的金币，而帝国则只能买进越来越少的东西。威尼斯人深知其中的奥妙，在12世纪，他们只携带自己的低价旧银币而不是难以销售的货物。同样在此时，他们试图榨干帝国内仍然稳定流通的金币并运往西方。诸多合同，特别是与埃皮鲁斯制定的合同，直接将目标指向以威尼斯的低价旧银币购买这种帝国的金币。货币状况表明帝国经济正处于通往"殖民地"的道路上，12世纪末给予意大利人的特权只能使这种形势变得更加严峻。

商业的衰落

事实上，帝国商业经济第一次受到真正的伤害是自身造成的。1082年阿莱克修斯·科穆宁给予威尼斯人以特权，作为其在诺曼人攻击阿尔巴尼亚地区时期进行协调的回报。其中威尼斯人被赋予在帝国的大部分领土范围内（除了黑海和克里特、塞浦路斯这样的大岛）进行商业贸易的自由，并且免征其所有商业税。同样，威尼斯人获得了君士坦丁堡的一个区域，包括教堂、房屋和码头。我们不应夸大这些特权的直接影响的重要性，11世纪末的威尼斯拥有的只是一种温和的商业力量，起初依靠建立于私人微弱的财政基础之上的小船队（Arsenal，阿森纳，直到1104年才建立）。至少到12世纪中叶，威尼斯的财富还主要处于它所占据的土地上，商业的重要性只位居次要地位，因此环礁湖的城市只是逐渐地开始开发自己被赐予的额外的优惠条件。另外，当时的人在很长时间内没有意识到这些优势所潜藏的危险。事实上，在整个事务中拜占庭商人做得最好，因为不用征税的威尼斯人可以从此将商品以更合适的价格提供给他们（如威尼斯人带给大地主们的小麦和油类）。

结果，威尼斯不久就将帝国视为自己的势力范围了。1106年，威尼斯人俘获了罗德岛附近的比萨人并拒绝释放他们，除非他们保证放弃在爱琴海地区进行商业贸易活动的权利。也许帝国政府开始意识到了让威尼斯人形成垄断的危险性，比萨人于1111年也被赋予了一些较小的特权，即4%至10%的减税权，这可能是为了鼓励它与威尼斯人的竞争。这一协定同时也表明皇帝保护自己的商人的企图，因为他指示：如果比萨人将商品带入帝国的某一行省并转售给其他行省，那么他们有责任缴纳与希腊人同样的赋税，特别是商品关税。

当我们看到约翰二世统治初期威尼斯人的显著进步时，比萨人所起的平衡作用也就变得愈加清晰了。当1082年约翰二世试图避免延续威尼斯人的特权时，威尼斯人释放了爱琴海诸岛屿上的一支以抢劫为目的的探险队，因此皇帝于1126年被迫承认了威尼斯人获得的优惠权利，甚至将这些特权增加至从前未曾赋予他们的那些大的岛屿上，也许约翰二世相信自己仍有保卫臣民的财力。1126年的协约为那些与威尼斯人进行贸易的希腊商人免除了商品税。事实上这是很危险的，它鼓励了冒着饿死拜占庭消费者的危险而先与威尼斯人通商的行为，最重

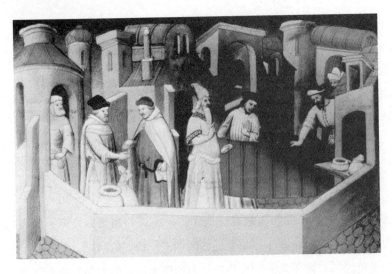

威尼斯商人。这些宁静而富有的贸易者很快变成了啮咬拜占庭商业结构并最终摧毁其根基的蛀虫。如果1199年的十字军东征不是得到欧洲王公们的热情响应的话，各方面的情况，包括意大利商人不断增长着的贪婪，均是建立在占领君士坦丁堡的基础上的（《马可·波罗游记》，14世纪，巴黎，国家图书馆）。

要的是使中小商人失去了在竞争中取胜的希望，因此他们的衰落就在所难免了。不久商业贸易就只为那些直接将商品投入市场的生产者们留下了空间，整个拜占庭商人阶层逐渐陷入毫无生气的状态。由此意大利人的崛起至少产生了两个严重的后果：它并没有导致繁荣的相对同质的商人阶层的产生，而是产生了一个由小的地方性贸易商与大的出口商组成的混合组织，为了保证他们的销售量，经常致力于扩大所控制的地域的范围，因此这反而增加了大地产的数量，加强了对农民阶层的奴役程度。

开始走下坡路

因此，自1130年起，社会上普遍存在着对拉丁人的不满，破产的商人与农民及城镇居民都为生存而担忧。当威尼斯人对帝国显示出严重威胁时，正是另外一些意大利商人对威尼斯产生了极端的愤恨，因此帝国政府所能够做的就是利用一部分意大利人对付另一部分意大利人。虽然皇帝需要很多徒劳的劝说和寻求以获得比萨人对抗西部帝国的承诺，由此比萨在1136年和1170年两次获得了特权，热那亚也于1155年获得了同样的特权并于1170年再次获得，但是拉丁人变得越来越傲慢。早在1149年，当他们帮助拜占庭从诺曼人手里重新获得科孚时，威尼斯人公然对皇家典礼仪式进行了拙劣模仿，当1155年热那亚人造访君士坦丁堡之后不久，比萨人和威尼斯人便于1162年举行起义并掠夺了被他们的对手所占据的地区。在后一个事件中，有意思的是相当数量的希腊人参与了掠夺并非常高兴地掠夺了拉丁人，甚至旁边站着他们更为憎恶的其他一些拉丁人。

在这种条件下，政府试图寻找新的武器。对习惯于封建制度的比萨人和热那亚人，政府可以像阿莱克修斯一世对十字军封建领主所做的那样，利用封建附庸关系的纽带，但对于抵抗封建制度的威尼斯人则不能如法炮制，因为类似的效忠在他们之间是很不稳定的。在君士坦丁堡，威尼斯人甚至在 1150 年之前就使他们的城区属地变得极为混乱并难以控制，因此曼纽尔授予他们"市民"的称号，以便使他们有责任终生为帝国效忠。这不是解决问题的最佳方案，因为它只对在帝国领土上居住的威尼斯人有效，而对那些来来往往的，也是最富裕的商人毫无作用。后者只能被 1082 年所采取的措施所束缚。至于犹太财政大臣阿斯塔弗特（Astaforte）对拉丁人征收的重税，则只对居住于帝国境内的商人产生影响，对那些意大利共和人士来说只能激怒而无法削弱他们。

　　大致在 1171 年初，只剩下了武力的威尼斯再次对皇帝的权威进行挑衅，占领并劫掠了热那亚刚刚重新占领的地区。3 月 2 日，曼纽尔命令逮捕帝国境内所有的威尼斯商人并查抄他们的资产。威尼斯遭受了价值 40 万金币的巨额损失，他们已经习惯于将君士坦丁堡作为自己的首府以便在其与东方的贸易中进行投资。另外，如果威尼斯人被驱逐出帝国，他们则必须重新适应在拉丁地区和黎凡特穆斯林地区的贸易网络，而他们的竞争对手比萨人特别是热那亚人，自第一次十字军东征以来就在上述地区获得了令人无法与之竞争的特权。然而，由于德国皇帝巴巴罗萨开始与帝国为敌，皇帝由此很快就意识到此时他不可以与威尼斯人恩断义绝。1171 年威尼斯袭击了爱琴海诸岛，次年他们又与日耳曼人一起参与了对意大利的最后一个希腊据点安科纳（Ancona）的围攻。1175 年，他们还与拜占庭人最危险的敌人——西西里的诺曼人签订了结盟条约。除此之外，对威尼斯人的打击并没有解决拉丁人的问题。比萨人和热那亚人从威尼斯事件中获利并扩大了他们对帝国的投机。尤其是 1180 年左右，据帖撒罗尼加的尤斯塔修斯（Eustathios of Thessalonia）估计，君士坦丁堡的拉丁人数量可能达到了 6 万人。曼纽尔去世前不久可能接受了威尼斯人的新条约，在条约中含有对 1171 年威尼斯人的损失进行赔偿的条款。

　　在拉丁人垄断了拜占庭经济的情况下，中央权力在曼纽尔死后也就只有衰落的份儿了。提尔的威廉认为，1180 年 9 月至 1182 年 4 月，拉丁皇后安条克的玛丽亚的摄政是一段黄金时期，被他称为"我们的时代"。这次摄政所依靠的是两股利益长期密切相关的势力：拉丁人和"强大的"土地所有者，他们是建立在生产者与购买者，

漂浮的平台。尽管即将衰落，也许是由于其即将来临的衰落，帝国加强了海岸线上的防御。这些平台配置了带角的战船，并以火船的方式攻击入侵者。（De Machinis Bellicis,12世纪；罗马梵蒂冈图书馆）。

尤其是希腊商人相互联合的基础之上的，越过了城市阶层。因此，当1182年4月摄政时期结束，曼纽尔的侄子安德洛奈卡一世科穆宁掌握权力时，在君士坦丁堡出现了针对拉丁人的大屠杀是可以理解的，尽管新皇帝并不希望如此。但是，西方商人是无法被跨越的，安德洛奈卡发现自己必须对没有在大屠杀中罹难的拉丁人提出建议。自1171年离开了帝国后，威尼斯人再次被安置在了帝国境内。显然这次的相互谅解与1185年诺曼人的攻击一起导致了安德洛奈卡的垮台，后者在其统治期间疏远了那些曾经带给他权力的反拉丁人的党派。

安吉洛斯王朝（1185～1204年）除了重新在各种团体之间采取不稳定的关系这一政策之外别无选择。1187年，威尼斯人从艾萨克二世那里获得了新的特权，并将比萨人和热那亚人置于防御的状态。后二者于1192年获得了新的优惠，比萨人在1195年之后成为了阿莱克修斯三世的主要支持者，直到1198年威尼斯人从阿莱克修斯三世那里获得了超乎想象的特权——开放从阿尔巴尼亚到保加利亚、西里西亚的整个帝国，赐予威尼斯市民前所未有的法律特权——允许他们最大限度地脱离皇帝的审判。

这种状况只能带来灾难。希腊人愤怒了，他们只能从自己的贸易中获得微薄的利润，拉丁人的所作所为俨然成了这片土地上的征服者。1192年，热那亚人俘获了一条由埃及驶往君士坦丁堡的威尼斯帆船，被俘获的还有乘坐此船的萨拉丁的大使，此举危及了帝国的对外关系。与此同时，比萨人的船只在达达尼尔海峡（the Dardanelles）入口处的阿拜多斯（Abydos）占据了相应位置，意在劫掠所有驶向海峡的竞争者。这些放肆的行为表明拉丁人在反复无常的奇特政策下的意愿，即希望在不对帝国进行政治接管的条件下更加牢固地控制君士坦丁堡。13世纪初流行着一种观念，尤其是在威尼斯，就是将毫无反抗之心的西方人的傀儡皇帝扶上皇位。

诱人的猎物

意大利人的经济侵略为12世纪拜占庭城市生活的自相矛盾做出了解释。人们的生活好像是非常繁荣的，甚至看起来好像达到了曼纽尔统治时期的最高点。实际上意大利人对拜占庭的穿透力可以说是越来越深了，他们寻求当地的产品，活跃了旧有的市场并引发了新市场的出现，例如，威尼斯人继续从希腊的底比斯购买丝绸，从斯巴达购买油，从莫顿（Modon）购买水果和酒。但是，1198年获得的特权表明，他们将自己的商业网络扩大到了此前外国人很少到达的大陆地区。在马其顿的尼什（Nish）、斯科普里（Skopje）、佩拉哥尼亚（Pelagonia）和普利莱普（Prilep），在色雷斯的迪迪莫特科斯（Didymoteichos）和阿德里安堡（Adrianople），在保加利亚的菲利波利斯（Philippolis），我们都可以找到威尼斯人的踪迹，他们在上述地区购买酒、谷物和饲料。在伊庇鲁斯（即卡斯托里亚 [Kastoria] 和小亚细亚，即尼科美底亚 [Nicomedia]）

的情况也同样如此。在这里我们必须想到的是，我们所看到的总是这种贸易中有利的一面，而不是它对当地贸易结构所造成的严重瓦解。例如，意大利人如今可以直接抵达马其顿或伊庇鲁斯这样的贸易的源头地,这种贸易僭越了像帖撒罗尼加（Thessalonica）和都拉基恩（Dyrrachion）这样的大港口内的商人阶层的地位，使他们退居到仅仅充当过渡人的角色。君士坦丁堡已不再是色雷斯贸易的真正主人，海峡也不再成为通往保加利亚市场的惟一通道，意大利人可以从他们那里通过爱琴海到达保加利亚。另外，城镇的布局也显得不那么安全并相对收缩了。通常由城墙（kastron）包围着的旧中心之上被强行修筑了用于纯军事目的的防御性的棱堡（akropolis），并明显地与其他地区通过中间的城墙（diateichisma）所隔开。这就是1205年后法兰克征服者所面对的城镇，如科林斯、阿哥斯（Argos）、帕特拉斯和瑙布里昂等，但这种加强防御的趋势不应被夸大，因为在13世纪初，它并未被广泛使用。《摩里亚年代记》（Chronicle of the Morea）告诉我们，在伯罗奔尼撒半岛上，从帕特拉斯到莫顿的多数城镇是坐落在平原上的，有些地方，如安德拉维达（Andravida）或尼克利（Nikli）甚至没有防御工事。无论如何，从战略上考虑，修筑没有城市功能的防御工事正在热火朝天地进行着，例如伯罗奔尼撒半岛中部的那些掌握了斯哥达（Skorta）狭窄通道的所有城镇都是如此。这些修筑了防御工事的城镇和城堡自然使当地的那些对抗中央的王朝在12世纪得以稳定，例如科林斯的利奥·斯哥罗斯（Leo Sgouros）、斯哥达的多克斯巴特雷（Doxpatres）、费拉德尔菲亚（Philadelphia）的西奥多·曼加法斯（Theodore Manaphas），甚至尼西亚的西奥多·拉斯卡利斯（Theodore Laskaris）。由于这些城镇因意大利客户而繁荣，所以如果在这些地方仍有希腊人供给者的话，包括中小商人和工匠在内的其余的平民阶层就逐渐失去了他们的传统生存手段。这就是那些陷于贫困的阶层，特别是在曼纽尔·科穆宁统治时期的那些在监领地制度下被迁到此地以寻求财政资源的人。

外国人的军事和经济投机给帝国造成了严重的损伤，同时这也影响到了文化领域。尽管西方文化不为大众所喜爱，但也经常成为典范。然而，竞赛风气、骑士习俗以及典雅的骑士文学并未过多地超越出狭窄的宫廷范围。通常来说，将自身隔离于舶来品影响之外的拜占庭文化的那些由"美好时代"（belleépoque）而来的形式和内容都很难维持，甚至只要是消除那些真正的希腊文化因素，就会打乱基督教希腊文化那美好的平衡。阿莱克修斯·科穆宁统治时期被颇塞留斯最为聪明的学生约翰·伊塔洛斯（John Italos）所谴责，这是十分有意义的。在这种情况下，柏拉图主义在近两个世纪的时间里被官方的索然无味的亚里士多德主义所掩盖，以至于此时懂得希腊文化的古典思想根本没有用武之地。最为重要的是，这种文化正在充满激情地努力寻求一种更为纯洁的语言，大家公认的是，优秀的希腊文正是在12世纪的拜占庭产生的。当一个人去读尼科塔斯·乔尼亚特斯这样的历史学家或乔治·托尼克斯、德米特里奥斯·托尼克斯（George and Demetrios Tornikes）、米哈依尔·伊塔利科斯（Micheal Italikos）、尼基福罗斯·巴塞勒斯

(Nikephorus Basilakes) 这样的演说家的作品时，他就无法从一种印象中逃脱，那就是当人们讲一种逐渐形成的语言时，他所见到的却是缀以受某种模式约束的迂腐的古代语言。事实上正是在 12 世纪无数新的希腊方言开始形成并通行帝国内部，并在两个世纪后得以胜出。雅典大主教米哈依尔·乔尼亚特斯（Michael Choniates）恰当地在 12 世纪末给出了令他自己沮丧的例子，说明了当时在阿提卡传播的方言。然而，科穆宁时代的人们有时意识到了方言及民间语言的丰富。曼加内奥斯（Manganeios）、米哈依尔·格莱卡斯（Michael Glykas），更重要的是西奥多·普罗德罗莫斯（Theodore Prodromos）这样的作家，他们用充满活力的讽刺长诗来品味生活的细节。我们不应认为这些诗中的语言是对方言的故意模仿。那时的民众并不能很好地理解这些古代语言。另外，这些作品是写给皇帝和其生活圈子中的人们的，就如同莫利耶雷（Molière）农民的土语一样流行。当我们就这件事本身来考虑的时候，教会仍想方设法把大众所喜爱的一切祈祷文转录为学者的语言，我们不能不对科穆宁王朝所普遍相信的文化的更为广泛的传播持怀疑态度。当然，这不是说他们的成就是微不足道的，尽管这些成就对大众来说是封闭的，但至少 12 世纪出现了一种接近于完美的出色的文化现象，这种文化在与外来文化的对抗中得到了锤炼，在其后的几个世纪中，获得新生之后，知道了如何大张旗鼓地利用并增强希腊价值观的实力与活力。

在死亡阴影的笼罩下

12 世纪的最后十年，帝国的内部分裂开始加速。一切都朝着如下的方向发展：分散的税源、免税权、赋予皇亲和同盟者以土地、经济与文化的地方化。1204 年以前，包括欧洲和小亚细亚的整个帝国，已明显地出现了或重或轻的分裂趋势，费拉德尔菲亚的曼加法斯（Mangaphas）、科林斯和阿戈斯的斯格罗斯（Sgorous）都已如同小国王一样。在拜占庭，从未产生严重怀疑的一条基本原则——即政治权力是神圣统一的——逐渐为人们所憎恶，因为新王朝与旧王朝的那些王位要求者相比没有任何相同点。当巴尔德斯·斯克莱勒斯用他的实力获得了霸权时，斯格罗斯的目标就是争取使自己的领地成为希腊中部的一个独立王国。

1204 年

1198 年，拉丁人对埃及的新一轮突袭（萨拉丁死后，英诺森三世的强烈盼望给予人们自平庸的第三次十字军东征开始夺取更多利益的愿望，甚至期盼着巴巴罗萨之子亨利六世的继位，后者也宣称是西西里诺曼人的继承者）开始策划。袭击可能是试图从拜占庭的那些缺乏支持的君士坦丁堡被占领。德拉克洛瓦这幅著名的绘画作品反映了此事件的重要性。1204年4月12日，新罗马城墙在第四次十字军和拉丁人的进攻下轰塌，此后他们沉溺于对城市的有系统地劫掠（德拉克洛瓦 [Delacroix]：《十字军进入君士坦丁堡的入口处》[Entrance of the Crusaders into Constantinople]，巴黎）。

沿海省区开始的。科穆宁王朝的衰落、（被民众赋予权力的）艾萨克·安吉洛斯和他的兄弟阿莱克修斯（不久继承前者）之间的敌对、君士坦丁堡发生的人们对抗拉丁人的断断续续的起义、地方势力的叛乱，所有这些都旨在与巴尔干人保持距离，但一股强大的反现状的势力将西方人引到了这里。虽然亨利六世的兄弟士瓦本的腓力通过一次争执占领了德意志王国，但他没有忘记自己已与艾萨克的女儿结婚。出于这个原因，意大利的蒙费拉（Montferrats）和阿卡的圣吉恩为了获得对爱琴海的安全掌握而进行争斗，西方人与"背信弃义"的希腊人之间的敌对日益滋长。

1199年发动的十字军远征并未引发人们的激情，太多的王公从圣地返回欧洲。指派的领袖香槟伯爵过早去世，十字军战士被迫寻求威尼斯人的帮助，而威尼斯总督恩利克·丹多罗开出了高价。1201年他为运送十字军领袖蒙特菲拉的卜尼法斯（Boniface）开出85，000马克的价钱，当付款被耽搁时，他强迫十字军保证占领威尼斯最近失去的扎拉（Zala）城。艾萨克之子阿莱克修斯四世·安吉洛斯对士瓦本的腓力朝廷的拜访以及他后来与十字军总督的斡旋，是否在1202年10月舰队撤走之后对其离开拜占庭起到了作用？威尼斯人是否计划在垂死的帝国秘密地安排自己的事务？意大利人和日耳曼人是否介入此事？这些在此后近八个世纪的时间内仍处于争论之中。不为拜占庭民众所接受的拉丁人在君士坦丁堡外发布了一份军事声明，以恐吓阿莱克修斯·安吉洛斯加入1203年8月的战争，然后他们赋予阿莱克修斯的侄子（与其同名）以王位。第一阶段为接下来的事做了准备：令十字军难耐的冬天、与希腊人误解的增加、在城市煽动叛乱、于1204年4月12日对迄今尚未被侵犯的新罗马的城墙所进行的一次成功的袭击。

对城市的烧杀劫掠说明了拜占庭所引起的艳羡和憎恶的程度，偷窃、残暴、亵渎圣物、强奸、与有组织的掠夺相伴随的渎神行为，构成了我们所目睹的威尼斯人对城市的大肆抢夺。除了将织物、圣像、书籍和象牙尽数毁坏或撕烂外，作为异乡人的西方基督教徒对抢劫暴行已经麻木，他们所瓜分的黄金和白银近三百吨。那时，所有的权威都明显地消失了，十字军在经过深思熟虑之后决定拥立佛兰德尔伯爵鲍德温为皇帝。作为安慰的奖赏，蒙费拉侯爵获得了北部半岛，另外那些从香槟来的十字军战士，如维勒哈杜因人（Villehardouins）或从勃艮第来的威拉洛克人（La Roches）窃取并定居在伯罗奔尼撒和雅典。威尼斯人得到了剩余的部分，包括克里特、沿海的城堡和几乎一半的首都！

抢劫的终止与争夺

帝国的分裂是纯理论上的，除了法兰克男爵之间的敌对之外，外来危险也同时威胁着帝国，1205年，鲍德温被保加利亚人击败并俘获。

当色雷斯和希腊的大部分落入拉丁人之手时，1204年至1205年，我们可以发现分裂了的帝国的剩余部分围绕着三个重要地点进行了重组：特拉布宗帝国（在拜占庭衰落前科穆宁家族至此定居）；尼西亚国家（其统治者西奥多·拉斯卡利斯于1205年自封为帝，如同合法的独立国家；阿莱克修斯三世·安吉洛斯在此时被蒙费拉侯爵所俘获）以及伊庇鲁斯僭主国家（即米哈依尔·安吉洛斯·杜卡斯在同年称帝的地方）。在这场复杂的游戏中，卡洛扬国王领导下的保加利亚人和罗姆突厥人的干涉使形势更加严峻。尼西亚和伊庇鲁斯两股拜占庭的主要力量有一个共同的目标，即驱逐拉丁人，通过再次占领君士坦丁堡来保证自己获得王位。尼西亚首先暴露在拉丁人的进攻之下，这种情况在1205年和1207年发生了两次。只是保加利亚人从后方的攻击迫使拉丁人从小亚细亚的领土上撤出。不管出于什么原因，拉丁人被击退。1208年，当西奥多在尼西亚被刚刚官复原职的君士坦丁堡大主教神圣地加冕为皇帝的时候，未来与拉丁人对抗的信心也就更好地表达了出来。另外，1211年至1215年，在击退了突厥人、吞并了特拉布宗帝国的一部分之后，西奥多成为了合法皇帝，他的声望甚至远达巴尔干地区。1219年，塞尔维亚的第一位独立的大主教萨瓦（Sava）由尼西亚大教长予以授职。

在米哈依尔一世统治下，伊庇鲁斯人满足于统一和构建从都拉基恩至科林斯湾的领土。西奥多于1224年跨越帖萨罗尼加对拉丁人发动了一次闪电攻势。不久他在那里为自己加冕称帝。与此同时，西奥多·拉斯卡利斯于1221年去世，将权力留给自己的养子约翰三世·弗塔特西兹，以对抗死去的统治者的兄弟的反叛。两个对手向君士坦丁堡进发，那里的拉丁人势力已不再发生影响。1225年，弗塔特西兹控制了爱琴海诸岛屿和色雷斯的一部分，包括阿德里安堡。然而伊庇鲁斯的西奥多与保加利亚人结盟，但是欲速则不达，已经成为首都主人的他，出人意料地打破了同盟。1230年，他在克罗克特尼萨（Klokotnitsa）遭遇了阿森二世（Asen

II）的部队，他在此战中被敌手击败并被投入监狱。伊庇鲁斯作为一个独立的国家而存在，但它的统治者们只是于13世纪中叶才得到僭主的称号，这无疑说明尼西亚是惟一的合法势力。

拉丁男爵们在帝国部分地区的定居最终证明，对该地区的发展是有某些意义的。需要承认的是，帝国北部已经扩展到君士坦丁堡城郊的来自保加利亚卡洛扬王的永久性威胁，不断地将西方人置于守势：鲍德温的兄弟和继承者埃诺的亨利，作为战士和统治者竭尽全力保卫自己，对抗尼西亚人、保加利亚人以及色萨利的卜尼法斯及其继任者。当他在1216年去世时，拉丁人的统治已局限于从拜占庭到塞莫皮莱（Thermopylae）的沿海一带，威尼斯人已经加强了通往科尔夫海峡的港口的防御使内部万无一失，这种自我陶醉与对所有意大利势力，特别是对热那亚人的普遍仇视，对拉丁帝国的命运产生了灾难性的影响。它将所有敌视威尼斯共和国的人收归到尼西亚的希腊人怀中。库尔特内家族在拜占庭即位的时候，没有得到职权或支持，为希腊王国的建立铺平了道路。

当北部的结果令人绝望之时，其他地区却出乎意料，走向雅典和底比斯的男爵们获得了长期的成功，他们占据了公国和公爵职位，如阿戈斯、帕特拉斯、瑙普里昂、科林斯、摩里亚的要塞（1205～1212年）。在安吉洛斯和维勒哈杜因家族之间明显存在的通过联姻结盟的策略，在伯罗奔尼撒位于摩顿和科隆（Coron）边缘的威尼斯要塞的令人警觉的出现，理论上色萨利和色雷斯的拉丁王国的彻底独立的本性，所有这些为摩里亚的法兰克人保证了在北部仍不为所知的安全。拜占庭人的确并未消失，因为在他们于1248年丧失最后一个要塞莫奈姆瓦夏和1261年的事件（后文将会提到）之间，只有一个短暂的间歇。而定居的拉丁人，虽然从数字看比较少，但却成功地扎下了根，这得利于他们依赖当地希腊贵族这一巧妙的——或许是不可避免的——政策。然而，这种提前的占领阻止了法兰克人对海峡地区的直接干涉，使尼西亚统治者的重新征服成为可能。

作为拜占庭末期的伟大统治者之一，约翰三世·弗塔特西兹（1221～1254年）耐心地在欧洲追逐着他的最终目标，尽管他面临着与希腊人和拉丁人轮换结盟的保加尔人的问题。1241年阿森二世（Asen II）的去世消除了这个问题，特别是紧随其后的蒙古人对欧亚地区的侵略。保加利亚人因此被永久性地削弱了，罗姆苏丹国也被迫屈服于征服者，这给领土未被蒙古人侵犯的拜占庭带来了极大的利益。在1246年成为帖萨罗尼加和马其顿的主人之后，弗塔特西兹促使伊庇鲁斯人向西推进，1252年又迫使他们的统治者米哈依尔二世将自己的儿子，也是继承者尼基福洛斯，送到尼西亚朝廷。1254年，弗塔特西兹去世，给他的儿子西奥多二世（Theodore II）留下了强大的足够抵抗保加尔人并向伊庇鲁斯进一步推进的基础。在绝望中的伊庇鲁斯人，除了通过与威尼斯的西西里国王曼弗雷德（Manfred）以及摩里亚王子威廉·维勒哈杜因结成四方同盟，使自己落入拉丁人之手之外，已经别无选择。1258年，皇帝英年早逝，米哈依尔·巴列

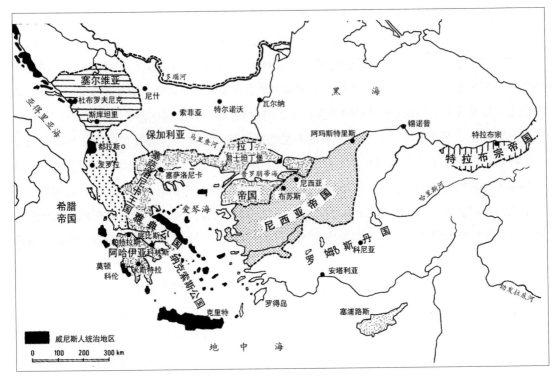

1214年拜占庭帝国的东方。

奥列格（Michael Palaiologos）篡位之后，于1259年在佩拉哥尼亚粉碎了针对帝国的同盟，并在热那亚人的帮助下最终于1261年重新获得了君士坦丁堡。同年，米哈依尔强迫自从佩拉哥尼亚事件后成为囚犯的威廉·维勒哈杜因（William Villehardouin）与其签订条约，获得了摩里亚的四个城市的所有权，其中包括整个拉科尼亚（Laconia）的关键部分米斯特拉（Mistra）要塞。

天翻地覆的人口问题

拜占庭成为一个欧洲国家的事实可在法兰克人的征服行为中被证实。直到1204年末，他们才试图征服小亚细亚，但这已经为时过晚了。在12世纪的最后四分之一的时间里，拜占庭在这里的势力得到了出奇的加强。需要承认的是，东部前沿地区已变得越来越荒芜了。

1176年，在米里奥克法龙战役中，曼纽尔·科穆宁发现菲洛梅里昂地区的荒芜和贫瘠，从北部的多利莱昂（Dorylaion）直到南部海岸的亚特雷阿（Attaleia）的广袤地区，人口的缺乏不仅是因为突厥的袭击，也是由于科穆宁王朝的政策，即将这一地区的希腊人口迁往西部省区。这一行为有两个优点：它给入侵者带来了困难，因为他们将无法从贫瘠地区获得物质供给，也意味着由于来自于爱琴海诸岛的大批希腊化先遣队的加入使西部的希腊人口不断增加。在控制得较好的这一地区，科穆宁王朝着手实施了一个大规模的城市防御计划，为遭到袭击的农民提供保护。这个计划甚至在安吉洛斯家族到来之时也未曾中断，在拉斯加利德王朝（the Laskarid），特别是弗塔特西兹统治时期也被认真地执行着，但这仍然不够，它疏于乡村地区的防范，甚至引起了一次大规模迁徙。这就是人们超乎想象地格外关注在小亚细亚地区的曼纽尔·科穆宁通过使农村的自我防御来完成这项工作的原因。这给予了农村阶层以更多的安全和稳定，并在某种程度上使农村和城市一样重获繁荣。斯库塔利奥特斯（Skoutariotes）形容弗塔特西兹防御城镇的行为是，"由于它们的面积偏小和默默无闻使它们应该被称作要塞而不是城镇"，这恰好正是后者所做的事。由此引起我们怀疑的是，在君士坦丁堡陷落之前，在小亚细亚是否存在希腊人口的增加。然而，这一事件将首都的人口驱逐至道路上和海上了，也就是横跨博斯普鲁斯海峡（Bosphorus）的比较安全的避难所里了。这无疑证明了希腊因素的增强，没有这一因素，拉斯加利德王朝（Laskarid dynasty）的成功是令人难以理解的。另外，对色雷斯和马其顿的重新征服之后仍然保留了在小亚细亚的首都，由此清楚地证明了小亚细亚地区的行省将继续成为帝国最具活力的心脏部位。

　　欧洲部分的情况更为复杂而不容乐观，法兰克人的征服是一次充满血腥的事件。在伯罗奔尼撒，《摩里亚编年史》（Chroncle of the Mored）强调，战争所必然引起的灾难，特别是人口的损失，意味着许多女人无从婚嫁或成为寡妇。在希腊南部，情况则更糟，因为在那里拉丁人、尼西亚人、伊庇鲁斯人和保加尔人彼此遭遇，特别是在1205年、1230年和1237年的运动中，保加尔人引起了色雷斯地区可怕的混乱，卡洛扬被称作"罗马人的屠夫"不是没有理由的。至于伊庇鲁斯和尼西亚之间的冲突，1225年至1260年间，在色萨利、马其顿和伊庇鲁斯形成了永久性的战场，在敌对双方之间，一些地区出现了占领和重新占领达三到四次的局面。除非是有城墙的庇护，否则马其顿和色萨利的希腊人口无疑会大规模下降，这对斯拉夫人和其他种族集团来说是有利的。有重大意义的是，色萨利在13世纪被称作"更强大的瓦拉齐人（Vlachia）"，紧接着的是瓦拉齐人的不停的流动。然而，伊庇鲁斯看起来是一个例外。不只是大量来自君士坦丁堡的难民退居此处，而且残酷的法兰克人和保加利亚人将大量马其顿希腊人驱至这里。特别是在1205年之后，希腊人在此聚居到如此种程度，在阿卡纳尼亚（Acarnania）和埃托利亚（Aetolia）省区我们一定会想起"再次希腊化"一词，这些地区甚至表现为人口的增长。在这里，我们应该再次指出人口的不规则分布，就像瑙帕克托斯（Naupaktos）大主教约翰·阿博卡乌托斯（John Apokautos）所说的，在1220年至1230年，科林斯湾沿线由于摩里亚的法兰克人的侵袭而变得荒无人烟了，这表明人们已迁徙到内地以寻求保护，这是一场同时影响了社会结构和农村人口的运动。结果导致了曾经非常少的居住中心数量的增长，例如，在1204年前，爱奥尼那（Ioannina）是个小城镇

（polichnion），伊庇鲁斯的米哈依尔一世将其变得规模庞大以容纳避难者。他们的流动是非常明显的，因为这使那些认为自己即将覆灭的当地居民产生了相应的运动，然而我们对这个问题下结论时应该谨慎一些。1204 年的混乱同样激励了非本族人口的扩张。伊庇鲁斯诸王被迫接受了阿尔巴尼亚人的存在，他曾经阻止阿尔巴尼亚人控制伊利里亚中部和北部以及培拉特的（Berat）北部，此时，在马其顿东部，保加利亚人的扩张已经使奥奇里德地区（Ochrid）不可改变地"蛮族化"了，这也正是伊庇鲁斯人于 1215 年重新进行征服的时间。通常承受了人口流动的地区以及希腊因素处于守势的地区正是 1225 年后尼西亚统治者重新获得的地区。我们不由地想到，这就是 1261 年重回君士坦丁堡的巴列奥列格王朝被击败的原因之一，即希望将这些迥异而衰弱的地区作为帝国的中心。

贵族的大胜

在小亚细亚地区，无论是社会还是经济都更有组织、更健康了。非常自然的是，那里存在着一些普遍的特点，最为重要的是对农村阶层强有力的控制进程加快了。1204 年后的人口迁徙使大批失去一切的农民流亡至小亚细亚和伊庇鲁斯。破产贵族同样加入了这一进程（例如在拉丁人和保加尔人那里遭到损失的色雷斯大地主）。无论他们是否需要，尼西亚和伊庇鲁斯的统治者不得不依赖于这些大家族，而这只能导致国家对农民控制的逐渐松弛，同样，它们面对监领地持有者时也只能甘拜下风。遵循着传统路线的拉斯卡利斯（Laskaris）家族确实对大地产继承权怀有自然的敌意，在第一次巴列奥列格（Palaiologoi）时期存在着的独立的土地所有权这时几乎已不复存在。但是，新的和有意义的特点是，1180 年至 1205 年的混乱导致了中等地产者的崩溃，以此为代价，长期以来被抑制的"豪强"地主通过廉价获得的手段扩大了地产。这使统治者关注于在监领地制度下国家对土地的绝对控制权。1233 年，弗塔特西兹重新禁止销售这些土地，提醒他的臣民"监领地制度下的土地永远处于国家的控制下"。同样希米尔纳（Smyrna）附近的大修道院的记录表明，在 1261 年之前，勒姆比奥提萨（Lembiotissa）的一些监领地持有者成功地将其权力传给了继承人。1261 年后，国家不断重申监领地制度，但运动已经开始无法停止了。而在尼西亚帝国，国家对土地的控制仍然有效，甚至试图通过复活马其顿时代旧有的骑兵制度重塑富裕的农民，尽管他们已变为农奴，农民仍旧知道他们的权利，毫不犹豫地在法庭上采取行动以对抗那些他们难以承认的"主人"。尽管我们的资料较少，但在伊庇鲁斯的专制统治时期，"贵族化"进程变得更加迅速和残酷。从 13 世纪 30 年代开始，理论上是一种纯粹的财政措施的监领地制度，与土地甚至是贵族权力紧密联系了起来。约翰·阿波卡乌克斯（John Apokaukos）告诉我们，监领地"由农奴、土地和橡树林构成"，监领地持有者从农民那里征收的是实物，如果有所抱怨，则会毫不犹豫地杀死他们。

今后所要强调的重要之处在于，复杂的"贵族化"表明，曾经被拉丁人控制的地区后来转到了拜占庭的统治之下。在摩里亚，法兰克人显然并未与《摩里亚编年史》中称"伟大的人"（megaloi anthropoi），如业已被消灭的斯格罗斯人（Sgouros），达成某种交易，但是法兰克人非常欢迎——由于控制着国家政权的法兰克人的人数过少，得不到帮助——显赫家族（archontes），而显赫家族中的大部分倾向于与其合作。相对于认为所有人都是自由与平等的拜占庭法律来说，这种做法取得了丰硕成果，虽然他们事实上存在着巨大的经济和社会隔阂。西方的习惯则在显贵阶层之间设置了一道难以逾越的障碍，倾向于将显贵整合到封建等级之中，而将普通民众（koinon）降为"农奴"。因此，希腊显贵通常保有自己的土地，并对该土地上的居民（相对于拜占庭的土地来说）拥有强大的处置权。通过再次征服，巴列奥列格王朝考虑到这种形势并保证了曾经获得的东西。另外，得益于法兰克人对土地的真实情况的无知，因为这个国家的所有管理文件，特别是地籍簿，都是用希腊文写成的，许多监领地持有者可以将短期的持有转化为世袭的财产。因此，从此以后，摩里亚的社会结构与帝国的其他部分便迥然不同了，14 世纪时，出现了真正的摩里亚的希腊暴君政治。

幸存之物

经济状况证明了小亚细亚地区的出类拔萃。在西方的拉丁地区和希腊地区，意大利人继续呈增长之势，经济中的殖民特征也愈加强烈。在摩里亚、帕特拉斯与克拉伦察（Klarentza）的商业殖民，为公爵和男爵们的宫廷提供了充足的供给，当地工匠的作用则几乎降为零。在伊庇鲁斯，独立的希腊国家的出现产生了重要影响，它打破了从戴拉奇昂（Dyrrachion）到马其顿、君士坦

尼西亚（今土耳其的伊兹尼克）：13世纪拜占庭悲剧的最后一幕的场地。这是西奥多一世·拉斯卡利斯的避难所，他在此建立了自己的王国与城市，随后成为都城。这是一段3世纪修筑的城墙，城堡前的痕迹依然可见。

丁堡与希腊的传统的陆路联系。在这一意义上，1230年保加利亚的阿森二世，1234年帖萨罗尼加的曼纽尔·安吉洛斯赋予拉古萨（Ragusa）的特权，只是进行贸易活动的邀请而不证明已经有了真正的商业活动。有意思的是，威尼斯人并不试图从伊庇鲁斯诸王手中获得特权。少数在戴拉奇昂稍事停留的威尼斯人只是购买当地的小麦而已。从拉古萨来的威尼斯人也是如此，尽管他们从米哈依尔一世那里获得了特权，并于1237年和1251年对这些特权进行了续订和扩展，但是小麦、盐、羊毛这些当地产品是他们进行贸易的惟一对象。这表明仅仅针对原料的海上贸易无可置疑地替代了从前来自东方的商品贸易，西方人直接从君士坦丁堡以及他们在爱琴海的占领区获得所需商品。一个地方性的商人阶层产生了，他们扮演着作为供应者的大地主与外国商人之间的中间人的角色，但他们具有寄生性并只是着眼于贸易的殖民特性，就像戴拉奇昂和阿尔塔（Arta）所表现的那样。

在小亚细亚，情况则有所不同。不可否认，1219年，将威尼斯人与其他拉丁人的利益区分开来的西奥多·拉斯卡利斯赋予威尼斯人的特权，确认了威尼斯人在1198年获取的好处，但这一行为更多的是由政治而非经济所引发的，因此不可能促进威尼斯的入侵。另外，在某一天，瓦塔斯采取的一系列措施几乎使这一特权形同虚设。在寻求帝国经济真正独立的过程中，他绝对禁止了奢侈品的进口，不管它们是来自于东方还是意大利，因此每个人都应满足于"罗马的土地生产的、罗马人的手工制成的"物品。皇帝施行了一个恢复农业生产的计划，这得益于安全意识的复活、人口的适度增长以及农村阶层较大规模的解放。

尼基弗罗斯·格里高拉斯（Nikephoros Gregoras）揭示了皇帝是如何将他的地产变为典型的农场，以及如何将这一事例推广到农村的。帝国的门外有一个出色的客户，即科尼亚的突厥苏丹国。从13世纪初开始，安纳托利亚内部的交通就已经相当活跃，这可以由商队旅店的修建密度以及商队在安纳托利亚周围的川流不息加以证明（这无疑是由于黎凡特沿海地区的衰

威尼斯战马。1204年君士坦丁堡的浩劫之后，威尼斯人获得的战利品的一部分。这四匹镀铜的战马从前装饰在著名的拜占庭首都竞技场上。六个世纪之后，波拿巴将它们带走以装饰小凯旋门。它们于1815年被归还给威尼斯而非君士坦丁堡，在这里它们仍旧装饰着圣马可教堂的正面。

通往孔波斯特拉的圣雅各墓的朝圣之路。从11世纪起，这个使徒的坟墓吸引着来自于整个欧洲的朝圣者。传说圣雅各曾经居住于西班牙，他的遗体曾经奇迹般地由于一颗星星而被发现，这也是孔波斯特拉这一名称的由来（意为星星的校园、星星的原野）。

落以及小亚细亚、亚美尼亚、西西里王国地位的提高造成的）。由于罗姆突厥人几乎是长期需要食品供应，他们以金子作为交换，并为得到拜占庭的粮食供应而进行生产，这成为尼西亚经济的主要资产之一，特别是1242年科斯达哥（Köse Daa）之役失败，突厥人面临着蒙古入侵威胁的时候。在这种条件下，尼西亚的财政变得非常健康、拉斯加利德统治时期的货币比他们的前任及伊庇鲁斯的对手要强得多也就不令人惊讶了。如果没有这些资源，弗塔特西兹便不能指导运动取得胜利，也就没有像斯库塔利奥特斯（Skoutarioters）为我们所列举的马格内西亚（Magnesia）、林迪亚（Lydia）的金钱、武器和奢侈品。

尼西亚的繁荣对它成为拜占庭思想文化的宝库做出了最终的解释。像尼科塔斯·乔尼亚特斯这样高水平文化的代表避居于此，新一代人中值得培养者在这里接受训练，历史学家乔治·阿克罗波利特斯（George Akropolites）是这一方面最好的代表。文献中强调弗塔特西兹给予学者的帮助，以及他在首都精心聚集的大量手稿。在西方同样有一个移民文化的群体，

神奇的迷宫。迷宫的中心是亚眠大教堂的奠基石。对迷宫有着各种各样的解释，有些解释过于深奥，最流行的说法是，耶稣受难日时，悔罪者沿着迷宫的线路跪行。在奠基石中有一块古法语与皮卡尔迪方言混杂的石碑，撰写着迷宫的建设者是吕扎什的罗伯特和托马斯·克芒德；大教堂的建造及竣工日期是1223至1288年。

最有名的代表即是伟大的奥奇里德的大主教德米特里奥斯·乔马特诺斯（Demetrios Chomatenos）。他和其周围的其他人能够唤起一种追逐东方文化的渴望，但希腊化在西方文化成就方面比尼西亚运动更为温和。在东西方，希腊文化都是一种需要保护的文化，可能只是在一定的精英范围内进行口头交流的，因为尼西亚帝国最热情的支持者也必须承认，其学校教育体制几乎是不存在的。

然而传统被保留了下来，另外1204年的危机可以被认为是1453年大溃败的一次总演练。也正是这一时期，相当多的受过教育的人，如艺术家和工匠，选择在斯拉夫国家避居，特别是在保加利亚，1204年至1206年间，好像这里是东正教惟一真正的家。这是一个具有双重重要性的事实，它不仅需要拜占庭文化在斯拉夫人中的新的传播——可以说，索非亚（Sofia）附近的波加纳（Bojana）壁画（1258～1259年）即属此类情况——而且最重要的是，这是形成真正的"东正教前沿"的明证，尽管希腊人和斯拉夫人之间存在流血冲突，但对他们来说首要的敌人来自西方。这个"前沿"的政治性很重要，但更重要的是它所包含的文化。

主要参考书目

注：以下书目仍保留了部分法文书目，旨在对原始文献的使用提供一个方便的导向。

基督教的西欧

总体的历史概况

M. 巴伯，《两种城市：中世纪的欧洲 1050 – 1320》（Barber, M., *The Two Cities: Medi-eval Europe 1050–1320*），伦敦，1992 年。

G. 巴勒克拉夫，《中世纪的东欧和西欧》（Barraclough, g., *Eastern and Western Europe in the Middle Ages*），伦敦，1970 年。

R. 巴特利特，《欧洲的形成》（Bartlett, R., *The Making of Europe*），伦敦，1993 年。

R.-H. 博捷，《中世纪欧洲的经济发展》（Bautier, R.-H., *The Economic Development of Medieval Europe*），伦敦，1971 年。

R. 布特吕什，《封建领主》（Boutruche, R., *Seigneurie et féodalité*），2 卷本，巴黎，1968 至 1970 年。

C.N.L. 布鲁克，《中世纪鼎盛时期的欧洲 962 – 1154 年》（Brooke, C. N. L., *Europe in the Central Middle Ages, 962–1154*），第二版，伦敦，1987 年。

C.M. 齐波拉，《丰塔纳欧洲经济史》第一卷：中世纪（Cipolla, C. M., *The Fontana Economic History of Europe, vol. I: The Middle Ages*），伦敦，1972 年。

P. 孔塔曼，《中世纪的战争》（Contamine, P., *War in the Middle Ages*），牛津，1984 年。

G. 杜比，《欧洲经济的早期发展》（Duby, G., *The Early Growth of the European Econ-omy*），伦敦，1974 年。

R. 福西耶，《欧洲的童年》，2 卷本（Fossier, R., *L' enfance de l' Europe, 2 vols*），巴黎，1982 年。

L. 热尼科，《13 世纪的欧洲》（Genicot, L., *Le XIIIe siécle européen*），巴黎，1968 年。

G. 霍姆，《牛津插图欧洲中世纪史》（Holmes, G., *The Oxford Illustrated History of Medieval Europe*），牛津，1988 年。

W. 库拉，《封建制度的经济理论》（Kula, W., *An Economic Theory of the Feudal Sys-tem*），伦敦，1976 年。

J. 勒高夫，《中世纪的文明，400 – 1500 年》（Le Goff, J., *Medieval Civilization, 400– 1500*），牛津，1988 年。

D. 马太，《中世纪欧洲的公社》（Matthew, D., *The Medieval European Community*），伦敦，1977 年。

J.H. 穆迪，《中世纪盛期的欧洲 1150 – 1309 年》（Mundy, J. H., *Europe in the High Middle Ages, 1150–1309, 2nd edn*），第二版，伦敦，1991 年。

J.–P.波利、E.布纳泽尔，《向封建社会的过渡，900–1200年》（Poly, J.–P. and Bournazel, E., *The Feudal Transformation, 900–1200*），纽约，1991。

R. W. 萨瑟恩，《中世纪的形成》（Southern, R. W., *The Making of the Middle Ages*），伦敦，1953 年。

经济与社会概况

《剑桥欧洲经济史》第一卷：中世纪的农业生活，第二版（*The Cambridge Economic History of Europe*, vol. 1：the Agrarian Life of the Middle Ages, 2nd edn），剑桥，1966 年。

《剑桥欧洲经济史》第二卷：中世纪的贸易与手工业，第二版（*The Cambridge Economic History of Europe*, vol. 2：*Trade and Industry in the Middle Ages*, 2nd edn），剑桥，1987 年。

《剑桥欧洲经济史》第三卷：中世纪的经济组织及规则，第二版（*The Cambridge Economic History of Europe*, vol.3：*Economic Organization and Policies in the Middle Ages*, 2nd edn），剑桥，1966 年。

G. 杜比，《西方中世纪的乡村经济与乡村生活》（Duby, G., *Rural Economy and Country Life in the Medieval West*），伦敦，1968 年。

R. 拉图什，《西方经济的诞生》（Latouche, R., *The Birth of the Western Economy*），伦敦，1961 年。

N. J. G. 庞兹，《欧洲中世纪经济史》，第二版（Pounds, N. J. G., *An Economic History of Medieval Europe, 2nd edn*），伦敦，1994 年。

C. 辛格，《技术史》，第二卷（Singer, C., et al., *A History of Technology*, vol.2），牛津，1956 年。

日常生活情况

人与环境

C．M.齐波拉,《世界人口经济史》, 第 7 版 (Cipolla, C, M., *The Economic History of World Population*, 7th edn), 哈蒙德斯沃斯, 1978 年。

G. 杜比,《大教堂的欧洲, 1140－1280 年》(Duby, G., *The Europe of the Cathedrals, 1140–1280*), 日内瓦, 1966 年。

《三个等级：封建社会印象》(*The Three Orders：Feudal Society Imagined*), 芝加哥和伦敦, 1980 年。

H.－W. 格茨,《中世纪的生活》(Goetz, H.－W., *Life in the Middle Ages*), 圣母玛利亚（印度）和伦敦, 1993 年。

J. 勒高夫,《中世纪的世界》(Le Goff, J., *The Medieval World*), 伦敦, 1990 年。

E. 勒华拉杜里,《盛宴的时代、饥馑的时代：公元 1000 年以来的气候史》(Le Rou Ladurie, E., *Times of Feast, Times of Famine：A History of Climate since the year 1000*), 伦敦, 1972 年。

J. 罗素,《古代晚期和中世纪的人口》(Russell, J., *Late Ancient and Medieval Population*), 费城, 1958 年。

"500－1500年欧洲的人口"见C.M.齐波拉主编《丰塔纳欧洲经济史》第一卷('Poupulation in Europe 500–1500' in C. M. Cipolla (ed.), *The Fontana Economic History of Europe, vol. 1*), 伦敦, 1972 年。

《古代晚期和中世纪的人口控制》 (*Late Ancient and Medieval Populatin Control*), 费城, 1985年。

法律与家庭

C.N. 布鲁克,《中世纪的婚姻观》(Brooke, C. N., *The Medieval Idea of Marriage*), 牛津, 1989 年。

J.A. 布伦戴奇,《欧洲中世纪的法律、性别和基督教社会》(Brundage, J. A., *Law, Sex and Christian Society in Medieval Europe*), 芝加哥, 1987 年。

G. 杜比,《骑士、贵妇人和教士》(Duby, G., *The Kinight, the Lady and the Priest*), 伦敦,

1984年。

主编《私生活的历史》第二卷，中世纪世界的新发现（[ed.] *A History of Private Life, vol. II, Revelations of the Medieval world*），剑桥（马萨诸塞）和伦敦，1988年。

《中世纪的爱情与婚姻》（*Love and Marriage in the Middle Ages*），伦敦，1991年。

G.杜比和J.勒高夫主编《西欧中世纪的家族与亲属关系》(Duby, G. and Le Goff, J. [eds.], *Famille et parenté dans l' Occident médiéval*)，巴黎，1977年。

E.安南，《中世纪的妇女》（Ennen, E., *The Medieval Woman*），牛津，1989年。

J.希尔斯，《中世纪的家族》（Heers, J., *Family Clans in the Middle Ages*）阿姆斯特丹和牛津，1976年。

D.赫利比，《中世纪的家庭》（Herlihy, D., *Medieval Households*），剑桥（马萨诸塞）和伦敦，1985年。

J.T.努南，《避孕：天主教神学家和教会法学家对待此问题的历史》（Noonan, J.T., Contraception：*A History of its Treatment by the Catholic Theologians and Canonists*），剑桥（马萨诸塞），1965年。

F.奥利维尔－马丁，《法国人权史：从开端到法国大革命》（Olivier-Martin, F., *Histoire du droit francais des origins a la Revolution*），巴黎，1948年。

E.鲍尔，《中世纪的妇女》（Power, E., *Medieval Women*），剑桥，1977年。

C.M.雷丁，《中世纪法学的起源：帕维亚和博洛尼亚850－1150年》（Radding, C.M., *The Origins of Medieval Jurisprudence：Pavia and Bologna 850–1150*），纽黑文，1988年。

R.C.冯凯恩吉姆，《英国普通法的诞生》，第二版（Van Caenegem, R.C., *The Birth of the English Common Law*, 2nd edn），剑桥，1988年。

S.D.怀特，《习惯、亲缘关系与圣徒的天赋》（White, S.D., *Custom, Kinship and Gifts to Saints*）查佩尔·希尔与伦敦，1988年。

经济与社会

地区专题性著作

W.阿贝尔，《德国农业史：从中世纪到19世纪》，第二版（Abel, W., *Geschichte der deutschen Landwirtschaft vom fruhen Mittelalter bis zum 19. Jahrhundert*, 2nd edn），斯图加特，1967年。

D. 阿布拉菲亚，《两个意大利》(Abulafia, D., *The Two Italies*)，剑桥，1977 年。

G. 比奇，《中世纪法国的乡村社会：11 和 12 世纪普瓦图的加蒂纳地区》(Beech，G.，*A Rural Society in Medieval France: the Gatine of Poitou in the Eleventh and Twelfth Centuries*) 巴尔的摩，1964 年。

M. 布洛赫，《法国农村史：关于法国乡村基本特征的论文》(Bloch，M.，*French Rural History: An Essay on its Basic Characteristics*)，伦敦，1966 年。

P. 博纳西，《从 10 世纪中期到 12 世纪末的加泰罗尼亚》，两卷本 (Bonnassie，P.，*La Catalogne du milieu du Xe a la fin du XIIe siècle*, 2 vols)，图卢兹，1975–1976 年。

H.C. 达比，《末日审判书时期的英格兰》(Darby，H. C.，*Domesday England*)，剑桥，1977年。

N. 戴维斯，《上帝的操练场：波兰的历史》，第一卷 (Davies，N.，*God's Playground: A History of Poland*, vol. I)，牛津，1981 年。

G. 杜比，《11 和 12 世纪马孔地区的社会》(Duby，G.，*La société aux XIe et XIIe siécles dans la région mâconnaise*)，巴黎，1953 年。

T. 埃沃根慈，《1152–1284 年，香槟伯爵治下的特鲁瓦的巴勒治的封建社会》(Evergates，T.，*Feudal Society in the Baillage of Troyes under the Counts of Champagne, 1152–1284*)，巴尔的摩和伦敦，1975 年。

R. 福西耶，《13 世纪末期之前的皮卡迪地区的家庭土地》(Fossier，R.，*La terre des homes en Picardie jusqu' à la fin du XIIIe siècle*)，巴黎，1968 年。

G. 富尼埃，《中世纪上半期下奥弗涅地区的农村移民》(Fournier，G.，*Lè peuplement rural en Basse-Auvergne Durant le haut Moyen Age*)，巴黎，1962 年。

H.E. 哈勒姆，《乡村的英格兰 1066 – 1148 年》(Hallam，H. E.，*Rural England, 1066–1148*)，伦敦，1981 年。

A. 哈弗坎普，《中世纪的德意志，1056 – 1273 年》第二版 (Haverkamp，A.，*Medieval Germany, 1056–1273*, 2nd edn)，牛津，1992 年。

J.K. 海德，《中世纪意大利的社会与政治》(Hyde，J. K.，*Society and Politics in Medieval Italy*)，伦敦，1973 年。

J. 拉尼尔，《但丁和彼得拉克时代的意大利 1216 – 1380 年》(Larner，J.，*Italy in the Age of Dante and Petrarch 1216–1380*)，伦敦，1980 年。

R.V. 伦纳德，《乡村的英格兰，1086 – 1135 年》(Lennard，R. V.，*Rural England, 1086–1135*)，牛津，1959 年。

D. 尼古拉斯，《中世纪的佛兰德尔》（Nicholas, D., *Medieval Flanders*），伦敦，1992 年。

L. 佩特森，《行吟诗人的世界》（Paterson, L., *The World of the Troubadours*），牛津，1993年。

J.P. 波利，《普罗旺斯与封建社会 879 – 1166 年》（Poly, J.P., *La Provence et la societe feodale 879-1166*），巴黎，1976 年。

B.E. 赖利，《中世纪的西班牙》（Reilly, B. E., *The Medieval Spains*），剑桥，1993 年。

W. 勒泽纳，《中世纪的农民》（Rösener, W., *Peasants in the Middle Ages*），剑桥，1992年。

B. 索耶与 P. 索耶，《中世纪的斯堪的纳维亚》（Sawyer, B. and Sawyer, P., *Medieval Scandinavia*），明尼阿波利斯和伦敦，1993 年。

P. 图博特，《中世纪拉丁姆地区的社会结构》，两卷本（Toubert, P., *Les structures du Latium mediéval*, 2 vols），罗马，1973 年。

J.A. 冯豪特，《低地国家经济史800 – 1800年》（Van Houtte, J.A., *An Economic History of the Low Countries 800–1800*），纽约，1977年。

C.J. 威克姆，《山区与城市：早期中世纪托斯卡纳的亚平宁山区》（Wickham, C.J., *The Mountains and the City: The Tuscan Apennines in the Early Middle Ages*），牛津，1988 年。

社会群体：贵族

B. 阿诺德，《中世纪德意志的诸侯及领地》（Arnold, B., *Princes and Territories in Medieval Germany*），剑桥，1991 年。

M. 布洛赫，《封建社会》（Bloch, M., *Feudal Society*），伦敦，1961 年。

O. 布鲁纳，《土地与领主权》（Brunner, O., *Land and Lordship*），费城，1992 年。

F.L. 谢耶主编《中世纪欧洲的领主权与公社》（Cheyette, F.L., [ed.], *Lordship and Community in Medieval Europe*），纽约，1968 年。

P. 孔塔米纳主编《中世纪的贵族》（Contamine, P., [ed.], *La noblesse au Moyen Age*），巴黎，1976 年。

G. 杜比，《骑士社会》（Duby, G., *The Chivalrous Society*），伦敦，1977 年。
《布汶传奇》（*The Legend of Bouvines*），剑桥，1990 年。

F.L. 冈绍夫，《封建主义》（Ganshof, F. L., *Feudalism*），伦敦，1964 年。

M. 基恩，《骑士制度》（Keen, M., *Chivalry*），纽黑文和伦敦，1984 年。

T. 马耶尔，《中世纪德国的贵族与农民》（Mayer, T., *Adel und Bauern im deutschen Staat des Mittelalters*），莱比锡，1943 年。

H. 米特利斯，《封建法与国家主权》（Mittlis, H., *Lehnrecht und Staatsgewalt*），魏玛，1933 年。

T. 路透主编《中世纪的贵族》（Reuter, T. [ed.], *The Medieval Nobility*），阿姆斯特丹与伦敦，1979 年。

S. 雷诺兹，《封土与封臣》（Reynolds, S., *Fiefs and Vassals*），牛津，1994 年。

《西地中海地区的封建社会与封建制度》（罗马学术研讨会，1978年）（*Structures féodales et féodalisme dans l'Occident mediterranéen [Colloque de Rome, 1978]*），罗马，1980年。

《阿基坦、朗格多克与西班牙的封建社会》（图卢兹学术研讨会，1968 年）（*Les structures socials de l'Aquitaine, du Languedoc et de l'Espagne* [Colloque de Toulouse, 1968]），1969 年。

社会群体：贵族以外的其他群体

K.S. 巴德尔，《中世纪德意志帝国乡村史研究》（Bader, K.S., *Studien zur Reichsgeschichte des mittelalterlichen Dorf*），魏玛和科隆，1957 至 1973 年。

B. 布吕芒克朗，《法国犹太人的历史》（Blumenkranz, B., *Histoire des Juifs en France*），图卢兹，1972 年。

P. 博纳西，《西南欧洲由奴隶制向封建制的过渡》（Bonnassie, P., *From Slavery to Feudalism in South-Western Europe*），剑桥，1991 年。

H. M. 卡姆，《中世纪英格兰的自由与公社》（Cam, H. M., *Liberties and Communities in Medieval England*），剑桥，1991 年。

R. 福西耶，《皮卡迪地区习惯法汇编：11–12 世纪》（Fossier, R., *Chartes de coutume en Picardie [XIe–XIIe siécles]*），巴黎，1975 年。

G. 富尔基，《中世纪民众起义剖析》（Fourquin, G., *The Anatomy of Popular Rebellion in the Middle Ages*），阿姆斯特丹和牛津，1978 年。

R. H. 希尔顿，《被束缚的人争取自由：中世纪农民运动与1381年英国农民大起义》(Hilton, R. H., *Bon Men Made Free: Medieval Peasant Movements and the English Rising of*

1381），伦敦，1973年。

S. 雷诺兹，《西欧的王国与公社900－1300年》（Reynolds, S., *Kingdoms and Communities in Western Europe 900-1300*），牛津，1984年。

K. 斯托，《被孤立的少数：中世纪拉丁欧洲的犹太人》（Stow, K., *Alienated Minority: The Jews of Medieval Latin Europe*），剑桥（马萨诸塞）与伦敦，1992年。

C. 韦兰当，《中世纪欧洲的奴隶制》，第一卷（Verlinden, C., *L'esclavage dans l'Europe médiévale*, vol. I），布鲁日，1955年；第二卷，根特，1977年。

F. 维尔纳，《贫穷的基督》（Werner, F., *Pauperes Christi*），莱比锡，1956年。

C. 威克姆，《土地与权力：意大利与欧洲社会史研究400－1200年》（Wickham, C., *Land and Power: Studies in Italian and European Social History 400-1200*），伦敦，1994年。

农　村

M. 阿斯顿、D. 奥斯丁、C. 戴尔主编《中世纪英格兰乡村的稳定》（Aston, M., Austin, D. and Dyer, C. [eds.], *The Rural Settlements of Medieval England*），牛津，1989年。

T. 阿斯顿主编《中世纪英格兰的领主、农民与政治》（Aston, T. [ed.], *Landlords, Peasants and Politics in Medieval England*）剑桥，1987年。

G. T. 比奇，《中世纪法国的乡村社会》（Beech, G. T., *A Rural Society in Medieval France*），巴尔的摩，1964年。

M. 贝雷斯福德与J. G. 赫斯特《被遗弃的中世纪村庄》，第二版（Beresford, M. and Hurst, J. G., *Deserted Medieval Villages*, 2nd edn），格罗斯特，1989年。

G. 博伊斯，《公元1000年的转换》（Bois, G., *The transformation of the Year 1000*），曼彻斯特，1992年。

R. A. 布朗，《英国的城堡》（Brown, R. A., *English Castles*），伦敦，1976年。

J. 沙普洛与R. 福西耶，《中世纪的村庄与家庭》（Chapelot, J. and Fossier, R., *the Village and the House in the Middle Ages*），伦敦，1985年。

R. 迪翁，《法国葡萄园和葡萄酒的历史》（Dion, R., *Histoire de la vigne et du vin en France*），巴黎，1965年。

C. 戴尔，《社会变迁中的领主与农民：伍斯特主教区地产680－1540年》（Dyer, C., *Lords and Peasants in a Changing Society: The Estates of the Bishopric of Worcester, 680-1540*），剑桥，1980年。

R．福西耶，《中世纪西欧农民的生活》(Fossier，R．，*Peasant Life in the Medieval West*)，牛津，1988 年。

G．富尼耶，《中世纪法国的城堡》(Fournier，G．，*Le château dans la France médiévale*)，巴黎，1978 年。

L．热尼科，《中世纪西欧的农村公社》(Genicot，L．，*Rural Communities in the Medieval West*)，巴尔的摩与伦敦，1990 年。

W．E．哈勒姆主编《英格兰、威尔士农业史》第二卷:1042－1350 年 (Hallam，W．E．[ed.]，*The Agrarian History of England and Wales, vol. II：1042–1350*)，剑桥，1980 年。

W．亨泽尔，《关于斯拉夫农村中心的研究方法和角度问题》(*Hensel，W．，Méthodes et perspectives de recherché sur les centers ruraux chez les Slaves*)，1962 年。

C．伊古内，《中世纪的新型村庄和农民》(Higounet，C．，*Paysages et villages neufs du Moyen Age*)，波尔多，1975 年。

《乡村法兰西的历史》，第一和第二卷 (*Histoire de la France rurale*，vls I and II)，巴黎，1975 年。

J．R．凯尼恩，《中世纪的城防》(Kenyon，J．R．，*Medieval Fortifications*)，伦敦，1990 年。

J．兰登，《马、牛与技术革新：1066－1500年英国农业中役畜的使用》(Langdon，J．，*Horses, Oxen and Technological Innovation：The Use of Draught Animals in English Farming from 1066 to 1500*)，剑桥，1986年。

F．梅南，《中世纪伦巴第的农村》(Menant，F．，*Campagnes lombardes de Moyen Age*)，罗马和巴黎，1993 年。

E．米勒与 J．哈彻，《中世纪的英格兰：1086－1348 年的乡村社会与经济变迁》(Miler，E．and Hatcher，J．，*Medieval England：Rural society and Economic Change 1086–1348*)，伦敦，1978 年。

B．H．斯利克·冯巴特，《810－1820 年的生产率》(Slicher van Bath，B．H．，*Yield Ratios 810–1820*)，瓦赫宁恩，1963 年。

J．Z．提托，《温彻斯特的生产状况》(Titow，J．Z．，*Winchester Yields*)，剑桥，1972 年。

T．昂温，《葡萄酒与葡萄，葡萄栽培的历史地理学与葡萄酒贸易》(Unwin，T．，*Wine and the Vine. An Historical Geography of Viticulture and the Wine Trade*)，伦敦，1991 年。

L．怀特，《中世纪的技术与社会变迁》(White，L．，*Medieval Technology and Social Change*)，牛津，1962 年。

城市与贸易

Y. 巴雷尔，《中世纪的城市》(Barel，Y.，*La ville médiévale*)，格勒诺布尔，1977年。

M. 贝雷斯福德，《中世纪的新兴城市》(Beresford，M.，*New Towns of the Middle Ages*)，伦敦，1967年。

W. 贝弗里奇，《10－19世纪英格兰的价格与工资》(Beveridge，W.，*Prices and Wages in England from the Twelfth to the Nineteenth Century*)，伦敦，1939年。

J. 布萨尔，《新编巴黎史》，第一卷(Boussard，J.，*Nouvelle histoire de Paris, vol. I*)，巴黎，1976年。

E.M. 卡勒斯－威尔逊，《中世纪的冒险商》(Carus-Wilson，E. M.，*Medieval Merchant Venturers*)，伦敦，1954年。

E. 沙潘，《14世纪初香槟市集城市的起源》(Chapin，E.，*Les villes de foires de Champagne des origins au début du XIVᵉ siècle*)，巴黎，1947年。

P. 多林格，《德国汉萨同盟》(Dollinger，P.，*The German Hansa*)，斯坦福，1970年。

E. 恩南，《中世纪的城市》(Ennen，E.，*The Medieval Town, Amsterdam*)，阿姆斯特丹，纽约和牛津，1979年。

J. 金佩尔，《中世纪的机械》(Gimpel，J.，*The Medieval Machine*)，伦敦，1970年。

R. 古龙，《中世纪朗格多克的行业规章》(Gouron，R.，*La réglementation des métiers en Languedoc au Moyen Age*)，巴黎，1958年。

D. 赫利，《早期文艺复兴时期的比萨：城市发展研究》(Herlihy，D.，*Pisa in the Early Renaissance: A Study of Urban Growth*)，纽黑文，1958年。

W. 海德，《中世纪黎凡特的商业史》，两卷本(Heyd，W.，*Histoire du commerce du Levant au Moyen-Age, 2 vols*)，莱比锡，1923年。

R.H. 希尔顿，《英国和法国封建社会的城市》(Hilton，R. H.，*English and French Towns in Feudal Society*)，剑桥，1992年。

R. 霍奇与B. 霍布雷主编《公元700－1050年西方城市的再生》(Hodges，R. and Hobley，B. (eds.)，*The Rebirth of Towns in the West AD 700-1050*)，伦敦，1988年。

J. 勒高夫，《你的金钱与生活：中世纪的经济与宗教》(Le Goff，J.，*Your Money and Your Life: Economy and Religion in the Middle Ages*)，纽约，1988年。

R.S. 洛佩斯，《中世纪的商业革命950－1350年》(Lopez，R. S.，*The Commercial Revolution of the Middle Ages 950-1350*)，剑桥，1976年。

H．米斯克明、D．赫利、A．L．乌多维奇主编《中世纪的城市》(Miskimin，H.，Herlihy，D. and Udovitch，A．L．[eds.]，*The Medieval City*)，纽黑文和伦敦，1977 年。

J．芒迪与 P．里森贝格，《中世纪的城市》(Mundy，J. and Riesenberg，P.，*The Medieval Town*)，普林斯顿和伦敦，1958 年。

C．珀蒂-迪塔伊，《中世纪的法国城市公社》(Petit-Dutaillis，C.，*The French Communes in the Middle Ages*)，阿姆斯特丹和牛津，1978 年。

C．普拉特，《英国中世纪的城市》(Platt，C.，*The English Medieval Town*)，伦敦，1976 年。

Y．勒努阿，《中世纪意大利的家庭生活》，第二版 (Renouard，Y.，*Les homes d'affaire italiens au Moyen Age, 2nd edn*)，巴黎，1968 年。

《10 世纪末到 14 世纪初的意大利城市》，两卷本 (*Les villes d'italie de la fin du Xe au début du XIVe siècle, 2 vols*)，巴黎，1969 年。

S．雷诺兹，《英国中世纪城市史导论》(Reynolds，S.，*An Introduction to the History of English Medieval Towns*)，牛津，1977 年。

F．勒里希，《中世纪的城市》(Rörig，F.，*The Medieval Town*)，伦敦，1967 年。

P．施普福德，《中世纪欧洲的货币及其使用》(Spufford，P.，*Money and its Use in Medieval Europe*)，剑桥，1988 年。

A．费尔胡尔斯特，《中世纪西北欧的农村与城市》(Verhulst，A.，*Rural and Urban Aspects of Early Medieval Northwest Europe*)，奥尔德肖特，1992 年。

D．韦利，《意大利的城市共和国》第二版 (Waley，D.，*The Italian City-Republics, 2nd edn*)，伦敦，1978 年。

P．沃尔夫，《图卢兹的历史》(Wolff，P.，*Histoire de Toulouse*)，图卢兹，1958 年。

《手工业时代：5 - 18 世纪》(*L'age de l'artisinat，V^e-XV0III^e siècles*)，巴黎，1960 年。

思想、权力和政治

权力与政治

D．阿布拉菲尔，《腓特烈二世》(Abulafia，D.，*Frederick II*)，伦敦，1988 年。

J．W．鲍德温，《腓力·奥古斯都的政府》(Baldwin，J．W.，*The Government of Philip Augustus*)，伯克利、洛杉矶和伦敦，1986 年。

D．贝茨，《1066 年之前的诺曼底》(Bates，D.，*Normandy before 1066*)，伦敦，1982 年。

G. 杜比，《中世纪的法国 987-1460 年》（Duby，G.，*France in the Middle Ages 987–1460*），牛津，1991 年。

J. 邓巴宾，《法兰西的形成 843－1180 年》（Dunbabin，J.，*France in the Making 843–1180*），牛津，1985 年。

R. 福尔茨，《5-14 世纪西欧的帝国观念》（Folz，R.，*The Concept of Empire in Western Europe from the Fifth to the Fourteenth Century*），伦敦，1969 年。

H. 富尔曼，《中世纪盛期的德意志约 1050－1200 年》（Fuhrmann，H.，*Germany in the High Middle Ages c. 1050–1200*），剑桥，1986 年。

J. 吉林厄姆，《安茹帝国》（Gillingham，J.，*The Angevin Empire*），伦敦，1988 年。

K. 莱泽，《中世纪欧洲的交流与权力》（Leyser，K.，*Communications and Power in Medieval Europe*），伦敦，1994 年。

A. 麦凯，《中世纪的西班牙：从边区到帝国，1000－1500 年》（MacKay，A.，*Spain in the Middle Ages: from Frontier to Empire, 1000–1500*），伦敦，1977 年。

D. 马修，《西西里的诺曼王国》（Matthew，D. *The Norman Kingdom of Sicily*），剑桥，1992 年。

H. 米泰斯，《中世纪的国家》（Mitteis，H.，*The State in the Middle Ages*），阿姆斯特丹和牛津，1975 年。

G. 塔巴科，《中世纪意大利的权力之争》（Tabacco，G.，*The Struggle for Power in Medieval Italy*）剑桥，1989 年。

基督教信仰与教会的教阶制

B. 博尔顿，《中世纪的宗教改革》（Bolton，B.，*The Medieval Reformation*），伦敦，1983 年。

C. 布鲁克与 R. 布鲁克，《中世纪的流行宗教》（Brooke，C. and Brooke，R.，*Popular Religion in the Middle Ages*），伦敦，1984 年。

J.A. 布伦戴奇，《中世纪教会法与十字军》（Brundage，J. A.，*Medieval Canon Law and the Crusader*），麦迪逊，1969 年。

M.-D. 舍尼，《12 世纪的自然、人与社会》（Chenu，M.-D.，*Nature, Man and society in the Twelfth Century*），芝加哥，1968 年。

N. 科恩，《追寻千年王国》第二版（Cohn，N.，*The Pursuit of the Millennium*，2nd edn），伦敦，1970 年。

H.E.J. 考德雷，《克吕尼运动与格雷戈里改革》(Cowdrey, H.E.J., *The Cluniacs and the Gregorian Reform*)，牛津，1970 年。

P. 德阿弗雷，《中世纪民间的宗教虔诚》(D' Avray, P., *La piété populaire au Moyen Age*)，都灵，1975 年。

O. 多比亚希－罗伊戴斯旺斯克，《13 世纪法国的教区生活》(Dobiache-Rojdesvenski, O., *La vie paroissiale en France au XIIIe siècle*)，巴黎，1911 年。

R.K 埃默森与 B. 麦肯金主编《中世纪的启示录》(Emmerson, R. K. and McGinn, B. [eds.], *The Apocalypse in the Middle Ages*)，伊萨卡和伦敦，1992 年。

B. 汉密尔顿，《中世纪的异端裁判所》(Hamilton,B., *The Medieval Inquisition*)，伦敦，1980 年。

《西方中世纪的宗教》(*Religion in the Medieval West*)，伦敦，1992 年。

T. 黑德与 R. 兰德斯主编《上帝的和平：公元 1000 年前后法国的社会暴力及其宗教回应》(Head, T. and Landes, R. (eds.), *The Peace of God. Social Violence and Religious Response in France around the Year 1000*)，伊萨卡与伦敦，1992 年。

M. 兰伯特，《中世纪的异端》，第二版 (Lambert, M., *Medieval Heresy*, 2nd edn)，伦敦，1992 年。

C.H. 劳伦斯，《中世纪的修道院制度》第二版 (Lawrence, C. H., *Medieval Monasticism*, 2nd edn)，伦敦，1992 年。

《托钵修会》(The Friars)，伦敦，1994 年。

J. 勒高夫，《炼狱观念的产生》(Le Goff, J., *The Birth of Purgatory*)，伦敦，1984 年。

E. 马尼努－诺迪埃，《8 世纪末到 11 世纪末纳尔榜教省的世俗社会和天主教会》(Magnou-nortier, E., *La société laïque et l' Eglise dans la province ecclésiastique de Narbonne de la fin du VIIIe a la fin du XIe siècle*)，图卢兹，1974 年。

M. 莫拉，《中世纪的贫民》(Mollat, M., *The Poor in the Middle Ages*)，纽黑文，1986 年。

C. 摩里斯，《教皇君主制：1050 – 1250 年的西方教会》(Morris, C., *The Papal Monarchy: The Western Church from 1050 to 1250*)，牛津，1989 年。

R.I. 摩尔，《政治迫害社会的形成》(Moore, R. I., *The Formation of a Persecuting society*)，牛津，1984 年。

I.S. 鲁宾逊，《教皇权 1073 – 1198 年》(Robinson, I. S., *The Papacy 1073–1198*)，剑桥，1990 年。

R.W. 萨瑟恩，《中世纪的西方社会与教会》(Southern, R. W., *Western Society and the*

Church in the Middle Ages），哈蒙德斯沃斯，1970年。

《圣安塞姆：大背景下的一幅肖像》（Saint Anselm：A Portrait in a Landscape），剑桥，1990年。

G.特伦巴赫，《10－11世纪的西欧教会》（Tellenbach, G., The Church in Western Europe from the Tenth to the Eleventh Century, Cambridge），剑桥，1993年。

A.沃什，《西方中世纪的宗教与社会》（Vauchez, A., Religion et société dans l'Occident mediéval），都灵，1980年。

表达方式

J.W.鲍德温，《主人、诸侯和商人：歌者彼得及其周围人的社会观》，2卷本（Baldwin, J. W., Masters, Princes and Merchants: The Social Views of Peter the Chanter and his circle, 2 vols），普林斯顿，1970年。

R.L.本森和G.康斯特布尔，《12世纪的文艺复兴及更新》(enson, R. L. and Constable, G., Renaissance and Renewal in the Twelfth Century) 牛津，1984年。

R.H.布洛赫，《讽刺性寓言的丑闻》(loch, R. H., The Scandal of the Fabliaux) 芝加哥，1986年。

R.R.博尔杰，《古典文化遗产及其受益者》(olgar, R. R., The Classical Heritage and its Beneficiaries) 剑桥，1954年。

主编《古典文化对欧洲文化的影响》([ed.], Classical Influences on European Culture），剑桥，1971年。

J.巴姆克，《高雅文化》（Bumke, J., Courtly Culture），伯克利，1991年。

M.T.克兰奇，《从记忆到记录》第二版（Clanchy, M. T., From Memory to Written Record, 2nd edn），牛津，1992年。

A.B.科班，《中世纪的大学》（Cobban, A. B., The Medieval Universities），伦敦，1975年。

R.克罗克与D.希利主编《早期中世纪到1300年》第二卷，新编牛津音乐史（Crocker, R. and Hiley, D. [eds.], The Early Middle Ages to 1300, vol. II, The New Oxford History of Music），牛津，1990年。

A.克龙比，《从奥古斯丁到伽利略：公元400－1650年的科学史》第二版（Crombie, A., Augustine to Galileo: The History of Science AD400–1650, 2nd edn），伦敦，1961年。

S.费罗劳，《大学的起源：巴黎的学校及其批评者，1100－1215年》（Ferruolo, S., The

Origins of the University: The Schools of Paris and their Critics, 1100–1215），斯坦福，1985 年。

P. 弗朗卡斯泰尔，《古罗马的人文主义》（Francastel，P.，*L'humanisme romain*），巴黎，1970 年。

R. 盖姆森编《早期中世纪的圣经》（Gameson，R. [ed.]，*The Early Medieval Bible*），剑桥，1994 年。

D. 诺尔斯,《中世纪思想的演进》(Knowles，D.，*The Evolution of Medieval Thought*)，伦敦，1962 年。

J. 勒克莱尔，《对知识的热爱与对上帝的渴望》（Leclerq，J.，*The Love of Learning and the Desire for God*），伦敦，1978 年。

J. 勒高夫，《中世纪的知识分子》（Le Goff，J.，*Intellectuals in the Middle Ages*），牛津，1993 年。

A. 墨累，《中世纪的理性与社会》（Murray，A.，*Reason and Society in the Middle Ages*），牛津，1978 年。

R. 内里,《行吟诗人的性观念》（Nelli，R.，*L'érotique des troubadours*），图卢兹，1983 年。

C. 佩奇，《猫头鹰与夜莺：1100 – 1300 年法国的音乐生活与思想》（Page，C.，*The Owl and the Nightingale: Musical Life and Ideas in France 1100–1300*），伦敦，1989 年。

C. M. 雷丁，《男人的世界：认知与社会，400 – 1200 年》（Radding，C. M.，*A World Made by Men: Cognition and Society, 400–1200*，查珀尔希尔和伦敦，1985 年。

H. 拉什戴尔，《中世纪欧洲的大学》三卷本（Rashdall，H.，*The Universities of Europe in the Middle Ages*, 3 vols），牛津，1936 年。

B. 斯莫利，《中世纪的圣经研究》第三版（Smalley，B.，*The Study of the Bible in the Middle Ages* 3rd edn），牛津，1983 年。

艺　术

M. 奥贝尔，《鼎盛时期的哥特艺术》（Aubert，M.，*High Gothic Art*），伦敦，1964 年。
《哥特艺术早期的法国雕塑 1140 – 1225 年》（*French Sculpture at the Beginning of the Gothic Period 1140–1225*），纽约，1972 年。

F. 夏朗东，《诺曼人在意大利和西西里的统治》2 卷本（*Chalandon,F.，Histoire de la domination normande en Italie et en Sicile,* 2vols），巴黎，1907 年。

F. 阿维里尔，I. 巴拉尔、K. 加博里-肖邦，《十字军东征的时代》（Avril，F.，Barral，X.，Alte，I. and Gaborit-Chopin，K.，*Le temps des croisades*），巴黎，1982 年。

《西方的王国》（Les royaumes d' Occident），巴黎，1983 年。

C.R. 多德韦尔，《800－1200 年西方的绘画艺术》（Dodwell，C. R.，*The Pictorial Arts of the West 800-1200*），纽黑文和伦敦，1993 年。

G. 杜比，《大教堂的时代：艺术与社会 980－1420 年》（Duby，G.，*The Age of Cathedrals：Art and Society 980-1420*），芝加哥，1981 年。

H. 福西永，《中世纪的西方艺术》2 卷本（Focillon，H.，*The Art of the West in the Middle Ages, 2 vols*），伦敦，1963 年。

L. 格罗戴奇，《哥特式建筑》（Grodecki，L.，*Gothic Architecture*），伦敦，1986 年。

P. 拉斯科，《神圣的艺术：800－1200 年》（Lasko，P.，*Ars Sacra 800-1200*），哈芒斯沃斯，1972 年。

E. 马累，《13 世纪法国的宗教艺术》（Male，E.，*Religious Art in France：The Thirteenth Century*），普林斯顿，1984 年。

R. 马丁戴尔，《哥特艺术》（Martindale，R.，*Gothic Art*），伦敦，1967 年。

H. 迈耶-哈廷，《奥托时期的书籍插图》2 卷本（Mayr-Harting，H.，*Ottonian Book Illumination, 2 vols*），伦敦，1991 年。

C. 威尔逊，《哥特式大教堂》（Wilson，C.，*The Gothic Cathedral*），伦敦，1990 年。

拜占廷帝国

概况与政治史

以下是对第一卷所列参考书目的补充。

H. 昂尔维勒，《拜占廷的社会和行政机构研究》（Anrweiler，H.，*Etudes sur les structures administratives et socials de Byzance*），伦敦，1971 年。

M. 阿诺德，《流亡中的拜占廷政府》（Angold，M.，*A Byzantine Government in Exile*），牛津，1975 年。

《拜占廷帝国 1025－1204 年：政治史》（*The Byzantine Empire 1025-1204：A Political History*），伦敦，1984 年。

F. 夏朗东，2 卷本（Chalandon，F.，*Histoire de la domination normande en Italie et en Sicile*，2 vols），巴黎，1907 年。

J. 法恩，《早期中世纪的巴尔干》（Fine，J.，*The Early Medieval Balkans*），密歇根，1983 年。《晚期中世纪的巴尔干》（*The Late Medieval Balkans*），密歇根，1987 年。

A.P. 卡日丹与 A．W．爱泼斯坦，《11－12 世纪拜占廷文化的变迁》（Kazhdan，A.P.and Epstein，A.W.，*Change in Byzantine Culture in the Eleventh and Twelfth Centuries*），伯克利和伦敦，1985 年。

P. 马格达莱诺，《曼纽尔一世·康尼纳斯的帝国，1143－1180 年》（Magdalino，P.，*The Empire of Manuel I Komnenos, 1143–1180*），剑桥，1993 年。

D. 马修，《西西里的诺曼王国》（Matthew，D.，*The Norman Kingdom of Sicily*），剑桥，1992 年。

D. 奥波连斯基，《拜占廷国家》（Obolensky，D.，*The Byzantine Commonwealth*），伦敦，1971 年。

《牛津拜占廷词典》，3 卷本（*Oxford Dictionary of Byzantium*，3 vols），牛津与纽约，1991年。

R. 波特尔，《斯拉夫人》（Portal，R.，*The Slavs*），伦敦，1969 年。

S. 朗西曼，《第一保加利亚帝国史》（Runciman，S.，*A History of the First Bulgarian Empire*），伦敦，1930 年。《罗曼一世·莱卡佩诺斯皇帝及其统治》，第二版（*The Emperor Romanus Lecapenus and his Reign*，2nd edn），剑桥，1988 年。

经济与社会问题

参见第一卷中的有关部分，尤其是 P. 查拉尼斯、K．雅各比、G．奥斯特罗戈尔斯基、J．斯塔尔有关城市与农村的著作以及 H. 阿尔韦勒、H．安东尼阿尼斯－比比库、L．布尔努瓦、P．格里尔森、P．勒梅勒、R.S．洛佩斯、C．摩里森、N．斯沃罗诺斯的著作。

《巴黎拜占廷历史研究中心的学术研究论文集》（*The Travaux et memoires du Centre de recherché d' histoire Byzantine de Paris*）也发表了很多有关这一主题的文章，尤其要注意 1976 年和 1979 年两卷。

G. 布拉蒂亚努，《里海地区的热那亚商业》（Bratianu，G.，*Le commerce génois dans la*

Mer Noire），巴黎，1929 年。

A. 哈维，《拜占廷帝国的经济扩张》（Harvey，A.，*Economic Expansion in the Byzantine Empire*），剑桥，1989 年。

M. 亨迪，《拜占廷货币经济研究，大约公元 300 – 1450 年》（Hendy，M.，*Studies in the Byzantine Monetary Economy, c. 300–1450*），剑桥，1985 年。

D. 雅各比，《中世纪希腊的封建社会》（Jacoby，D.，*La feodalité en Grèce médiévale*），巴黎，1971 年。

G. 奥斯特罗格尔斯基，《关于拜占廷封建社会的历史》（Ostrogorsky，G.，*Pour l'histoire de la féodalite Byzantiné*），布鲁塞尔，1954 年。

由十字军而引发的问题

M. 巴拉尔，《热那亚的古罗马人》，两卷本（Balard，M.，*La Romanie gènoise, 2 vols*），罗马，1978 年。

C. M. 布兰德，《拜占廷与西方的对抗 1180 – 1204 年》（Brand，C. M.，*Byzantium Confronts the West 1180–1204*），剑桥（马萨诸塞），1968 年。

B. 汉密尔顿，《十字军国家中的拉丁教会》（Hamilton，B.，*The Latin Church in the Crusader States*），伦敦，1980 年。

R.–J. 利利，《拜占廷与十字军国家》（Lilie，R.–J.，*Byzantium and the Crusader States*），牛津，1993 年。

J. 隆尼翁，《君士坦丁堡的拉丁帝国和摩尔人的公国》（Longnon，J.，*L'empire latin de Constantinople et la principautée de Moreé*），巴黎，1949 年。

D.M. 尼科尔，《拜占廷与威尼斯》（Nicol，D. M.，*Byzantium and Venice*），剑桥，1988 年

L. 蒂里耶，《中世纪威尼斯的罗马人》（Thiriet，L.，*La Romanie vénitienne au Moyen Age*），巴黎，1959 年。

文化与宗教

除了第一卷所引参考书之外再参见如下书目：

F. 德沃尔尼科，《佛提乌分裂》（Dvornik，F.，The *Photian Schism*），剑桥，1948 年。

《在斯拉夫人中拜占廷帝国的使命》(*Byzantine Missions among the Slavs*)，新布仑斯维克，1970 年。

G. 埃夫里，《拜占廷大教长 451 – 1204 年》(Every，G.，*The Byzantine Patriarchate 451–1204*)，伦敦，1947 年。

J.M. 赫西，《拜占廷帝国境内的教会与知识，867 – 1185 年》(Hussey，J. M.，*Church and Learning in the Byzantine Empire, 867–1185*)，伦敦，1937 年。

《拜占廷帝国的东正教会》(*The Orthodox Church in the Byzantine Empire*)，牛津，1986 年。

P. 勒默尔，《关于 11 世纪拜占廷的五点研究》(Lemerle，P.，*Cinq études sur le XIe siècle byzantin*)，巴黎，1971 年。

《千年圣山阿陀斯：963 – 1963 年》，2 卷本 (*Le millénaire du Mont Athos: 963–1963, 2 vols*)，舍菲东，1963 至 1964 年。

伊斯兰教

除了第一卷所引参考书之外再参见：

A.胡拉尼，《阿拉伯人民史》(Hourani，A.，A *History of the Arab Peoples*)，伦敦，1991年。

D. 苏戴尔，《中世纪的穆斯林》(Sourdel，D.，*Medieval Islam*)，伦敦，1983 年。

区域问题

近东、土耳其和蒙古地区

C. 卡恩，《奥斯曼之前的土耳其》(Cahen，C.，*Pre-Ottoman Turkey*)，伦敦，1968 年。

R.格鲁塞，《世界征服者》(Grousset，R.，*Conqueror of the World*)，爱丁堡与伦敦，1967年。

《草原帝国》(*The Empire of the Steppes*)，新布仑斯维克，1970 年。

P. K. 希提，《叙利亚史，包括黎巴嫩和巴勒斯坦》(Hitti，P. K.，*History of Syria, in-*

cluding Lebanon and Palestine），伦敦，1951 年。

P.M. 霍尔特，《十字军时代：11 世纪至 1517 年的近东地区》（Holt，P. M.，*The Age of the Crusades: The Near East from the Eleventh Century to 1517*），伦敦，1986 年。

H. 肯尼迪，《先知与哈里发政权时代：11 世纪至 1517 年的近东地区》（Kennedy，H.，*The Prophet and the Age of the Caliphates: The Near East from the Eleventh Century to 1517*），伦敦，1986 年。

D. 摩根，《蒙古人》（Morgan，D.，*The Mongols*），牛津，1986 年。

D.S. 理查兹主编《伊斯兰文明 950－1150 年》（Richards，D. S.[ed.]，*Islamic Civilisation 950–1150*），牛津，1973 年。

J.J. 桑德斯，《蒙古征服史》（Saunders，J. J.，*The History of the Mongol Conquests*），伦敦，1971 年。

P. 索罗，《埃及雄狮》（Thorau，P.，*The lion of Egypt*），伦敦，1992 年。

S. 佛里厄尼斯，《中世纪希腊文化在小亚细亚的衰落与 11 至 15 世纪伊斯兰化的进展》（Vryonis，S.，*The Decline of the Medieval Hellenism in Asia Minor and the Process of Islamicisation from the Eleventh through the Fifteenth Century*），伯克利和伦敦，1971 年。

G. 维特，《阿拉伯人的埃及》（Wiet，G.，*L'Egypte arabe*），巴黎，1937 年。

西　方

P. 博纳西，《10 至 11 世纪末作为中介的加泰罗尼亚：其社会的产生和变迁》，2 卷本（Bonnassie，P.，*La Catalogne du milieu du Xe à la fin du XIe siècle. Croissance et mutations d'une société*，a vols），图卢兹，1975－1976 年。

《剑桥非洲史》第三卷，约从公元 1050 年至 1600 年（*The Cambridge History of Africa, vol. 3: From c. 1050 to c. 1600*），剑桥，1977 年。

A.G. 谢纳，《穆斯林的西班牙，历史与文化》（Cheine，A. G.，*Muslim Spain, its History and Culture*），明尼阿波利斯，1974 年。

R. 弗莱彻，《摩尔人的西班牙》（Fletcher，R.，*Moorish Spain*），伦敦，1992 年。

I. 戈尔温，《齐里王朝时期的马格里布中部地区》（Golwin，I.，*Le Maghreb central à l'époque des Zirides*），1957 年。

H. R. 伊德里斯，《齐里王朝统治下的东部柏柏尔人：10－12 世纪》（Idris，H. R.，*La*

Berberie orientale sous les Zirides, X^e–XIIe siècles），巴黎，1962 年。

Y. 拉科斯特、伊本·卡尔顿，《第三世界历史的诞生和过去》（Lacoste，Y.，Ibn Khaldun. *The Birth of History and the Past of the Third World*），伦敦，1984 年。

J.D. 莱瑟姆，《从穆斯林的西班牙到北非的伊斯兰地区》（Latham，J. D.，*From Muslim Spain to Barbary*），伦敦，1986 年。

A. 普里托、Y. 比瓦斯，《伊斯兰世界小独立王国的国王，伊斯兰教历 5 世纪信奉伊斯兰教的西班牙人的古钱币研究》（Prieto，A. and Vives，Y.，*Los reyes de taifas. Estudio histórico-numismatico de los musulmanes españoles en el siglo V de la Hegira*），马德里，1926 年。

B. F. 赖利，《基督教的西班牙与穆斯林的西班牙之争夺 1031 – 1157 年》（Reilly，B. F.，*The Contest of Christian and Muslim Spain 1031–1157*），牛津，1992 年。

联合国教科文组织编写《非洲通史》第四卷，12 – 16 世纪的非洲（UNESCO，*General History of Africa, vol. IV, Africa from the Twelfth to Sixteenth Century*），巴黎、伦敦和伯克利，1964 年。

D. 于尔瓦，《5–11 世纪至 7 – 13 世纪安达卢西亚的乌力玛社会：社会学的研究》（Urvoy，D.，*Le monde des ulémas andalous du Ve–XIe au VIIe–XIIIe siècles. Etude sociologique*），日内瓦，1978 年。

十字军

A.S. 阿提耶，《十字军、商业和文化》（Atiya，A. S.，*Crusade, Commerce and Culture*），布鲁明顿（印第安纳），1962 年。

《十字军：历史及文献目录》（*The Crusades: Historiography and Bibliography*），布鲁明顿（印第安纳），1962 年。

C. 科恩，《十字军东征期间的北部叙利亚》（Cahen，C.，*La Syrie du nord à l'époque des Croisades*），巴黎，1940 年。

《十字军东征时期的东方与西方》（*Orient et Occident au temps des Croisades*），巴黎，1983年。

A.S. 埃伦克鲁兹，《萨拉丁》（Ehrenkreutz，A. S.，*Saladin*），纽约，1972 年。

N. 埃利舍夫，《十字军东征期间伟大的穆斯林国王努哈丁》，3 卷本（Eliséef，N.，*Nûr ad-Dîn, un grand prince musulman au temps des Croisades, 3 vols*），大马士革，1967年。

B.Z. 克达尔，《11－14 世纪法国人在黎凡特》(Kedar, B. Z., *The Franks in the Levant, 11th to 14th centuries*)，伦敦，1993 年。

B.Z. 克达尔、H. E. 迈尔，R. C. 伊斯梅尔，编《在海外：十字军耶路撒冷王国的历史研究，献给约书亚·普拉维尔》(Kedar, B. Z., Mayer, H. E. and Smail, R. C. (eds.), *Outremer: Studies in the History of the Crusading Kingdom of Jerusalem, Presented to Joshua Prawer*)，耶路撒冷，1982 年。

M.C. 莱昂斯与 D. E. P. 杰克逊，《萨拉丁》(Lyons, M. C. and Jackson, D. E. P., *Saladin*)，剑桥，1982 年。

A. 马卢夫，《阿拉伯人眼中的十字军》(Maalouf, A., *The Crusades through Arab Eyes*)，伦敦，1984 年。

H. E. 迈尔，《十字军》第二版 (Mayer, H. E., *The Crusades*, 2nd edn)，牛津，1988 年。

P. H. 纽比，《萨拉丁及其时代》(Newby, P. H., *Saladin in his Time*)，伦敦，1983 年。

J. 普拉维尔，《十字军的世界》(Prawer, J., *The World of the Crusades*)，伦敦，1972 年。

《耶路撒冷的拉丁王国》(*The Latin Kingdom of Jerusalem*)，伦敦，1972 年。

《十字军制度》(*Crusader Institutions*)，牛津，1980 年。

J. 理查德，《耶路撒冷的拉丁王国》，2 卷本 (Richard, J., *The Latin Kingdom of Jerusalem*, 2 vols)，阿姆斯特丹和牛津，1979 年。

J. 赖利－施密斯，《封建贵族与耶路撒冷王国》(Riley-Smith, J., *The Feudal Nobility and the Kingdom of Jerusalem*)，伦敦，1973 年。

S. 朗西曼，《十字军的历史》3 卷本 (Runciman, S., *A History of the Crusades*, 3 vols)，剑桥，1951 至 1954 年。

K. M. 塞顿编《十字军的历史》6 卷本 (Setton, K. M. [ed.], *A History of the Crusades*, 6 vols)，麦迪逊，1969 至 1989 年。

E. 西旺，《伊斯兰教与十字军：面对十字军穆斯林的意识形态与宣传》(Sivan, E., *L'Islam et la croisade. Idéologie et propagande dans les reactions musulmanes aux croisades*)，巴黎，1968 年。

经济与社会问题

贸易、城市和乡村

E. 阿什特,《中世纪东方的价格与劳动报酬》(Ashtor, E., *Histoire des prix et des sala-ries dans l'Orient médiéval*),巴黎,1969 年。

《中世纪近东社会经济史》(*A Social and Economic History of the Near East in the Middle Ages*),伦敦,1976 年。

M.A. 库科编《中东经济史研究》(Cook, M. A.[ed.], *Studies in the Economic History of the Middle East*),伦敦,1970 年。

S.D. 戈伊坦,《地中海沿岸地区居民的社会,开罗的吉扎文献中所描述的阿拉伯世界中的犹太人社团》(Goitein, S. D., *A Mediterranean Society. The Jewish Communities of the Arab World as Portrayed In the Documents of the Cairo Geniza*),伯克利,洛杉矶和伦敦,1967 至 1988 年。

W. 海德,《中世纪黎凡特商业史》(Heyd, W., *Histoire du commerce du Levant au Moyen-Age*),莱比锡,1923 年。

A. 胡拉尼与 S. 斯特恩编,《伊斯兰城市》(Hourani, A. and Stern, S.[eds.], *The Islamic City*),牛津,1970 年。

S. 拉比布,《埃及地中海贸易史》(Labib, S., *Handelgeschichte Aegyptens in Spatmittel-alter*),威斯巴登,1965 年。

R.S. 洛佩兹与 I.W. 雷蒙德,《中世纪地中海世界的贸易》(Lopez, R. S. and Raymond, I. W., *Medieval Trade in the Mediterranean World*),伦敦,1955 年。

艺术与思想

《剑桥阿拉伯文学史》,第一、二、三卷,(*Cambridge History of Arabic Literature*, vols I, II and III),剑桥,1983 至 1990 年。

J. D. 多兹编,《伊斯兰西班牙的艺术》(Dodds, J. D. [ed.], *Al-Andalus, The Art of Islamic Spain*),纽约,1992 年。

R. 希伦布兰特,《伊斯兰的建筑》(Hillenbrand, R., *Islamic Architecture*),爱丁堡,1994年。

M.G. 霍奇森,《伊斯兰世界的暗杀团》(Hodgson, M. G., *The Order of Assassins*),海牙,1955 年。

E. 库奈尔,《伊斯兰的艺术与建筑》(Kuhnel, E., *Islamic Art and Architecture*),伦敦,1962 年。

B. 刘易斯主编,《伊斯兰世界》(Lewis, B. [ed.], *The World of Islam*),伦敦,1976 年。

R. 尼科尔森,《阿拉伯著作史》(Nicholson, R., *A Literary History of the Arabs*),剑桥,1930 年。

J. 苏戴尔－托米, B. 施普勒,《伊斯兰艺术》(Sourdel-Thomine, J. and Spuler, B., *Die Kunst des Islam*),柏林,1973 年。

索　引

C

D

F

G

H

J

502

N

P

Q

Y

Z

译后记

2003年7月，首都师范大学博士毕业后，我回到聊城大学历史文化学院，继续从事世界古代史的教学工作。8月份接受了山东画报出版社翻译《插图剑桥中世纪史》第二卷的任务，原计划一年之内完成任务，不想中途出现变故，整个的工作程序都被打乱了，不仅很难独立完成译事，而且也很难如期交稿。经过沟通，得到出版社方面的谅解，使我有了组织翻译人选的时间。在这一过程中，得到中国社会科学院世界历史研究所的郭方研究员、首都师范大学历史系的夏继果教授、南开大学历史文化学院的陈志强教授的大力帮助。

凡是有过翻译经历的人都体会过译事的艰难，抛开学术环境不说，单是语言转换这一点，也是见仁见智。本书是法国学者的著作，我们所依据的是英译本，其中留存有大量的法语词汇，这对英语读者来说是不难理解的，但对汉语译者来说，理解和翻译则并非易事了。不仅如此，这部著作涉及的是欧洲中世纪史的内容，地理上涉及到整个欧洲版图上的各个国家和民族，语言上除了拉丁语外，还有西班牙语、斯拉夫语、意大利语等，这给翻译增添了更大的难度。在翻译过程中，我们得到多方的帮助，其中有我国世界中世纪史著名专家、北京大学历史系的马克垚教授、北京大学历史系的彭小瑜教授、清华大学历史系的张绪山教授。当然，翻译中出现的问题自当由译者和校者负全部责任。

整部书的翻译是分工进行的，李增洪：导言、第七、八章、全部地图、专用术语、参考书目、索引；李建军、陈志坚：第一章；杨丹：第二章；罗晓静：第三、四、五章；王建妮：第六章；田明：第九章；韩洪文：第十章；张振海：第十一章。最后，由李增洪通校全稿。在繁杂琐细的索引校对过程中，得到聊城大学历史文化学院科研秘书官士刚老师，研究生：李宗敏、杜存旺、颜二峰、赵建伟、张辉、袁鑫、姚树民，2004级本科生：刘风华、张丽、王春花的大力帮助，在此表示衷心的感谢。

在整个翻译过程中，首都师范大学的刘新成教授给予了积极的鼓励和支持，山东画报出版社的于建成女士认真负责、一丝不苟的工作态度给我留下深刻的印象，而且在给予多方协调的同时，还给予极大的理解和谅解，在此深表敬意和谢意。

李增洪

2007.9.25

再版后记

接到山东画报出版社关于《剑桥插图中世纪史》再版的通知，十分高兴。该书再版，说明该译著，一方面得到国内学术界的认可；另一方面其内容和呈现形式仍具有其现实意义。

《剑桥插图中世纪史》的问题意识和经济社会史的特色，至今仍具有理论和学术价值。主编罗伯特⊠福西耶为法国巴黎第一大学中世纪史教授，精神上继承了年鉴学派创始人马克⊠布洛赫的学术传统，一生致力于经济社会史的研究。其著作被翻译成中、英、德、日等多种语言，在世界范围内赢得广泛赞誉。

《剑桥插图中世纪史》英文版出版于1997年，2008年山东画报出版社出版了中文版，时隔不到10年再版，也足见其在中国学术界的价值所在。从第二卷的内容来看，欧洲的形成、欧洲国家的建立以及欧洲崛起的原因及途径这一主题仍有继续探讨的必要，详细阅读本卷会得到有益启发。

李增洪

2017年9月30日